Cornelius Polter

Das Betriebsverfassungsgesetz vom 15. Januar 1972

Vorgeschichte, Entstehung und weitere Änderungen

PL ACADEMIC RESEARCH

Bibliografische Information der Deutschen Nationalbibliothek
Die Deutsche Nationalbibliothek verzeichnet diese Publikation in der Deutschen Nationalbibliografie; detaillierte bibliografische Daten sind im Internet über http://dnb.d-nb.de abrufbar.

Zugl.: Kiel, Univ., Diss., 2016

D 8
ISSN 0531-7312
ISBN 978-3-631-71527-7 (Print)
E-ISBN 978-3-631-71548-2 (E-PDF)
E-ISBN 978-3-631-71549-9 (EPUB)
E-ISBN 978-3-631-71550-5 (MOBI)
DOI 10.3726/b10662

PL Academic Research ist ein Imprint der Peter Lang GmbH.
Peter Lang – Frankfurt am Main · Bern · Bruxelles · New York · Oxford · Warszawa · Wien

Diese Publikation wurde begutachtet.

www.peterlang.com

Meiner Frau
und
meinen Eltern

Vorwort

Die vorliegende Arbeit wurde im Sommersemester 2016 von der Rechtswissenschaftlichen Fakultät der Christian-Albrechts-Universität in Kiel als Dissertation angenommen.

An dieser Stelle möchte ich die Gelegenheit nutzen, um mich bei denjenigen zu bedanken, die mich bei der Erstellung dieser Dissertation unterstützt haben.

Allen voran möchte ich meinem Doktorvater Herrn Prof Dr. Werner Schubert danken, der das Thema angeregt und die Erstellung der Dissertation beispiellos und geduldig betreut hat. Der Diskurs mit ihm, seine Vorschläge sowie die zügigen Korrekturen der Teilabschnitte haben einen großen Anteil an dieser Arbeit und an deren Fertigstellung. Auch möchte ich ihm für die Erstellung des Erstgutachtens danken.

Herrn Prof. Peter Kreutz danke ich für die schnelle Erstellung des Zweitgutachtens.

Weiterhin möchte ich den Mitarbeitern der Kieler und Hamburger juristischen Fakultät und deren Bibliotheken und auch den Mitarbeitern des Bundesministeriums für Arbeit und Soziales und des Bundesarchivs in Koblenz, insbesondere Frau Dr. Elke Hauschildt, für die Unterstützung bei meiner Recherche danken.

Ganz besonders danke ich zudem meinen Eltern für meine umfassende Ausbildung mit Aufenthalten in verschiedenen Ländern und Studienorten und der Freiheit, meinen akademischen Weg unbeeinflusst gehen zu können. Auf diesem Weg standen mir meine Eltern jederzeit mit Rat, Tat und Geduld zur Seite. Ihnen und meiner Frau widme ich diese Arbeit. Ohne meine Frau wäre diese Arbeit wohl nie fertig geschrieben worden. Sie hat mir einerseits den erforderlichen zeitlichen Freiraum geschaffen und andererseits hat sie mich stets motiviert und an mich geglaubt. Schließlich möchte ich meinem Vater und meiner Schwester danken, die mir bei der Korrektur der Arbeit geholfen haben.

Inhaltsübersicht

Inhaltsverzeichnis

Achter Teil: Die Entwicklung des Betriebsverfassungsgesetzes von 1972 bis 2015 ... 299

Neunter Teil: Zusammenfassung und Schlussbetrachtung ... 335

Zehnter Teil: Anhang ... 357

Abkürzungsverzeichnis[1]

ABl.	Amtsblatt
AFG	Arbeitsförderungsgesetz
AGB	Arbeitsgesetzbuch
AHK	Alliierte Hohe Kommission
AOG	Gesetz zur Ordnung der nationalen Arbeit
ArbNErfG	Gesetz über Arbeitnehmererfindungen
ASiG	Gesetz über Betriebsärzte, Sicherheitsingenieure und andere Fachkräfte für Arbeitssicherheit
AÜG	Europäische Wirtschaftsgemeinschaft
AuR	Arbeit und Recht
BA	Bundesarchiv
BArbBl.	Bundesarbeitsblatt
BDA	Bundesvereinigung der Deutschen Arbeitgeberverbände
BGBl.	Bundesgesetzblatt
BGL	Betriebsgewerkschaftsleitung
BGO	Betriebsgewerkschaftsorganisation
BMA	Bundesministerium für Arbeit
BMAS	Bundesministerium für Arbeit und Soziales
BMS	Berlinische Monatsschrift
BMWi	Bundesministerium für Wirtschaft
BR	Bundesrat
BRG	Betriebsrätegesetz
BT	Bundestag
BVG	besonderes Verhandlungsgremium
CDA	Christlich-Demokratische Arbeitnehmerschaft
CGB	Christlicher Gewerkschaftsbund Deutschland
DAG	Deutsche Angestellten-Gewerkschaft
DB	Der Betrieb
DBV	Deutscher Bauernverband
DGB	Deutscher Gewerkschaftsbund
DLA	Deutsches Literaturarchiv Marbach
DP	Deutsche Partei
dpa	Deutsche Presse-Agentur
Drs.	Drucksache
E	Entwurf
EBR	Europäischer Betriebsrat

1 Für sämtliche hier nicht erläuterten Abkürzungen wird auf den GK-BetrVG, Bd. I, 10. Aufl. 2014, verwiesen.

EBRG	Gesetz über die Europäischen Betriebsräte
EGB	Europäischer Gewerkschaftsbund
EKD	Evangelische Kirche in Deutschland
EWG	Europäische Wirtschaftsgemeinschaft
FDGB	Freier Deutscher Gewerkschaftsbund
GBl.	Gesetzblatt
GMH	Gewerkschaftliche Monatshefte
GNDW	Gesetzesentwurf zur Neuordnung der deutschen Wirtschaft
Hdb	Handbuch
HDE	Hauptgemeinschaft des Deutschen Einzelhandels
HdG	Hilfsdienstgesetz
HZ	Historische Zeitschrift
IG	Industriegewerkschaft
KAB	Katholische Arbeiterbewegung
KPD	Kommunistische Partei Deutschlands
KRG	Kontrollratsgesetz
KSchG	Kündigungsschutzgesetz
MdB	Mitglied des Bundestags
MdL	Mitglied des Landtags
MinDir	Ministerialdirektor
MitbestG	Gesetz über die Mitbestimmung der Arbeitnehmer
MitbestR	Mitbestimmungsrecht
MontanMitbestG	Gesetz über die Mitbestimmung der Arbeitnehmer in den Aufsichtsräten und Vorständen der Unternehmen des Bergbaus und der Eisen und Stahl erzeugenden Industrie
MontanMitbestGErgG	Gesetz zur Ergänzung des Gesetzes über die Mitbestimmung der Arbeitnehmer in den Aufsichtsräten und Vorständen der Unternehmen des Bergbaus und der Eisen und Stahl erzeugenden Industrie
NGCC	North German Coal Control
NGISC	North German Iron and Steel Control
NPD	Nationaldemokratische Partei Deutschlands
NSBO	Nationalsozialistische Betriebszellenorganisation
NSDAP	Nationalsozialistische Deutsche Arbeiterpartei
PGZ	Politisch-Gewerkschaftlicher Zeitungsdienst
PrGS	Preußische Gesetzessammlung
Prot.	Protokoll
PStS	Parlamentarischer Staatssekretär
RABl.	Reichsarbeitsblatt
RdA	Recht der Arbeit
Ref.	Referat
Ref-E	Referentenentwurf

Reg-E	Regierungsentwurf
RGBl.	Reichsgesetzblatt
Rz.	Randziffer
SDS	Sozialistischer Deutscher Studentenbund
SE	Societas Europaea (Europäische Gesellschaft)
SEAG	Gesetz zur Ausführung der Verordnung (EG) Nr. 2157/2001 des Rates vom 8. Oktober 2001 über das Statut der Europäischen Gesellschaft (SE)
SEBG	Gesetz über die Beteiligung der Arbeitnehmer in einer Europäischen Gesellschaft
SED	Sozialistische Einheitspartei Deutschlands
SEEG	Gesetz zur Einführung der Europäischen Gesellschaft
SMH	Sozialistische Monatshefte
SozplKonKG	Gesetz über den Sozialplan im Konkurs- und Vergleichsverfahren
SpTrUG	Gesetz über die Spaltung der von der Treuhandanstalt verwalteten Unternehmen
StS	Staatssekretär
TVVO	Tarifvertragsordnung
UA	Unterausschuss
ULA	Union der leitenden Angestellten
UmwBerG	Gesetz zur Bereinigung des Umwandlungsrechts
UmwG	Umwandlungsgesetz
UntVerfG	Gesetzesentwurf über die Unternehmensverfassung in Großunternehmen und Konzernen
VA	Vermittlungsausschuss
VdK	Verband der Kriegs- und Wehrdienstopfer, Behinderten und Sozialrentner Deutschlands
VermG	Gesetz zur Regelung offener Vermögensfragen
WRV	Weimarer Reichsverfassung
ZDH	Zentralverband des Deutschen Handwerks
ZfA	Zeitschrift für Arbeitsrecht
ZUG	Zeitschrift für Unternehmensgeschichte

Einleitung

Als Folge der Selbstbestimmung ist der Wille zur Mitbestimmung der Arbeitnehmereigenschaft immanent. Fehlt es aufgrund der Größe oder Struktur des Betriebs an der Möglichkeit, Einfluss auf den Arbeitgeber zu nehmen, kann es daher erforderlich sein, institutionalisierte Mitbestimmungsrechte kollektiv einer Gruppe von Vertretern der Arbeitnehmer einzuräumen. Ein individuelles Beteiligungsrecht würde den Betrieb überfordern. Im Übrigen sind die Interessen innerhalb der Belegschaft meist nicht einheitlich, so dass zunächst im Kollektiv eine Willensbildung erfolgen muss, bevor eine Durchsetzung der Interessen beim Arbeitgeber erfolgt. Das Betriebsverfassungsgesetz räumt daher Arbeitnehmern die Möglichkeit ein, in ihrem Betrieb nach demokratischen Grundsätzen einen Betriebsrat zu wählen und stattet diesen mit Mitwirkungs- und Mitbestimmungsrechten an Entscheidungen der Betriebs- und Unternehmensleitung bei der Gestaltung der Arbeits- und Wirtschaftsbedingungen aus. Das Betriebsverfassungsgesetz regelt daher die Arbeitsbeziehung zwischen dem Arbeitgeber und den im Betrieb beschäftigten Arbeitnehmern, und zwar auf der Grundlage einer kollektiven Interessenvertretung.[2]

Auch wenn die Betriebsverfassung dem Vergleich mit einer Staatsverfassung auf betrieblicher Ebene nicht standhalten kann, ergibt sich, neben den demokratischen Grundsätzen zur Bildung des Betriebsrats, der konstitutionelle Charakter der Betriebsverfassung aus der sozialen Gemeinschaft des Arbeitgebers und den im Betrieb beschäftigten Arbeitnehmern, deren Zusammenwirken die Betriebsverfassung als Grundlage dient. Auf dieser Grundlage vertritt der Betriebsrat im Wesentlichen die Arbeitnehmer in kollektiven Angelegenheiten. Eine Vertretung der Interessen des einzelnen Arbeitnehmers findet nur nachgeordnet bzw. in Einzelfällen statt. Da es sich beim Betriebsverfassungsgesetz um ein arbeitsrechtliches Gesetz handelt, sind seine Bestimmungen nicht darauf gerichtet, auch die wirtschaftlichen und unternehmerischen Entscheidungskompetenzen des Arbeitgebers zu binden und zu beschränken und die Arbeitnehmer an der Ausübung dieser Kompetenzen teilhaben zu lassen.[3] Abgesehen vom Teilhabegedanken wird gemeinhin als wesentlicher Zweck des Betriebsverfassungsgesetzes der Schutz des Arbeitnehmers bezeichnet; Aufgabe des Gesetzes ist es daher, der Achtung des Arbeitnehmers als Persönlichkeit, seiner Würde und seiner Persönlichkeitsentfaltung (Selbstbestimmung) im Arbeitsverhältnis zu dienen.[4]

Die vorliegende Arbeit gibt einen Überblick über die gesamte historische Entwicklung des Betriebsverfassungsrechts in Deutschland. Das Betriebsverfassungsgesetz

2 *Fitting*, BArbBl. 1972, 277 f.
3 *Fitting*, BArbBl. 1972, 278.
4 *Wiese* in: GK-BetrVG, Bd. I, 10. Aufl. 2014, Einl. Rz. 77, 79; mwN.

vom 11. Oktober 1952 (BGBl. I S. 681) trat am 14. November 1952 in Kraft und wurde danach mehrfach novelliert. Wesentliche Novellen fanden 1972 (BGBl. I S. 13), 1988 (BGBl. I S. 2312) und 2001 (BGBl. I S. 1852) statt. Die weitreichendste Novellierung und Schwerpunkt dieser Arbeit stellte die Überarbeitung des Betriebsverfassungsgesetzes von 1972 dar. Aufbauend auf dem BetrVG von 1952 wurden der Inhalt und die Struktur des Gesetzes neu konzipiert. Unter anderem wurden die Mitbestimmungsrechte des Betriebsrats ausgeweitet, die Anzahl der Betriebsratsmitglieder erhöht, die Schutzrechte der Betriebsratsmitglieder, Wahlvorstände und Wahlkandidaten verbessert und die Möglichkeit des Betriebsrats zur Zusammenarbeit mit den im Betrieb vertretenen Gewerkschaften sowie deren Einfluss auf den Betrieb gestärkt. Strukturell umfasste das Betriebsverfassungsgesetz von 1972 über 132 Paragraphen und das Betriebsverfassungsgesetz von 1952 über 92 Paragraphen.

Die Novellierung des Betriebsverfassungsgesetzes von 1972 und die Gesetze zur Unternehmensmitbestimmung, die in dieser Arbeit mit behandelt werden, gehörten zu den gesellschaftspolitisch umstrittensten Gesetzesvorhaben der BRD im 20. Jahrhundert. Die Arbeit stellt dar, wie es hierzu kam, welche gegenläufigen Interessen existierten und wie es dem Gesetzgeber gelang, trotz widerstreitender Interessen ein ausgewogenes Gesetz zu schaffen.

Im ersten Teil der Arbeit wird das wachsende Erfordernis einer betrieblichen Mitbestimmung im 19. Jahrhundert, der Weg zur ersten einheitlichen Regelung 1920 mit dem Betriebsrätegesetz in der Weimarer Zeit, die NS-Zeit ohne jegliche Form von Mitbestimmung, die Besatzungszeit nach 1945 mit unterschiedlichen Regelungen und schließlich das Betriebsverfassungsgesetz von 1952 sowie die entsprechenden Entwicklungen in der DDR zusammengefasst dargestellt. Anschließend werden die Fortentwicklung des Betriebsverfassungsgesetzes von 1952 betrachtet, die Reformerfordernisse hervorgehoben und die Gesetzesentwürfe der unterschiedlichen Parteien und Interessenverbände chronologisch gegenübergestellt. Diese Gesetzesentwürfe der unterschiedlichen Parteien und Interessenverbände werden dann mit dem Regierungsentwurf von 1970 der sozialliberalen Koalition verglichen und das Gesetzgebungsverfahren, unter besonderer Betrachtung der Arbeit des Bundestagsausschusses für Arbeit und Sozialordnung, dargestellt. Die Arbeit schließt ab mit einer Übersicht der Fortentwicklung des Betriebsverfassungsgesetzes nebst dessen Novellierungen der Jahre 1988 und 2001 bis zum Jahr 2016.

Eine ausführliche Darstellung der Entstehung des Betriebsverfassungsgesetzes von 1972 unter Berücksichtigung der Entwürfe der unterschiedlichen Interessenverbände und Parteien sowie der Auswertung der Materialien der Ausschüsse des Bundestags und des Bundesrats ist bisher nicht erfolgt. Auch die archivarischen Unterlagen, soweit vorhanden, wurden für eine solche Arbeit bislang nicht ausgewertet.

Folgende Themenkreise werden im Interesse einer Beschränkung des Umfangs nicht berücksichtigt: die Regelungen zur Jugendvertretung (§§ 60–73 BetrVG 72; §§ 20 Abs. 2, 21, 26 Abs. 2, 35 BetrVG 52), zum Arbeitsschutz (§ 89 BetrVG 72; § 58 BetrVG 52), zu den Betrieben der See- und Luftfahrt,[5] der Forst und Landwirtschaft[6] (§§ 114–117 BetrVG 72; § 88 Abs. 3 u. § 8 Abs. 2 BetrVG 52) sowie zu den Tendenzbetrieben (§ 118 BetrVG; § 81 BetrVG 52) und die Regelungen zu den Straf- und Bußgeldvorschriften (§§ 119–121 BetrVG; § 78 f BetrVG 52).

---

5 Nach § 88 Abs. 3 S. 1 BetrVG 52 fand das BetrVG 52 keine Anwendung auf Betriebe der Seeschifffahrt und der Luftfahrt. Die Regelung für diesen Bereich sollte ausweislich des § 88 Abs. 3 S. 1 BetrVG 52 einem besonderen Gesetz vorbehalten bleiben. Ein solches Gesetz ist jedoch nie ergangen. Gemäß § 88 Abs. 4 BetrVG 52 fanden aber bis zum Inkraftreten eines solchen besonderen Gesetzes für die Landbetriebe der Seeschifffahrt und der Luftfahrt die Vorschriften des BetrVG 52 Anwendung. Das BetrVG 72 enthielt dann zu diesen Bereichen eine besondere Regelung.

6 Sonderregelungen für die Betriebe der Land- und Forstwirtschaft sahen entgegen § 4 BRG 1920 und § 8 Abs. 2 BetrVG 52 weder der Ref-E noch das BetrVG 72 vor.

Erster Teil: Von der Aufklärung bis zum Ende des Ersten Weltkriegs von 1807 bis 1918

A. Grundlagen

Auslöser und Voraussetzung für die Notwendigkeit einer Betriebsverfassung waren die zunehmende Liberalisierung und die damit verbundene Veränderung der gesellschaftlichen Ordnung. Hinzu trat die Intensivierung des Bergbaus und die Industrialisierung, durch die sich die Fertigung von kleinen zunftregulierten Manufakturen in größere Fabriken verschob.

I. Liberalismus

Die Aufklärung des 18. Jahrhunderts, die *Immanuel Kant* als den

> *„Ausgang des Menschen aus seiner selbstverschuldeten Unmündigkeit“*[7]

definierte,[8] bahnte nach dem Zweiten Pariser Frieden 1815 den Weg für den Liberalismus[9]. Als Folge der Aufklärung wandelte sich Anfang des 19. Jahrhunderts das Verhältnis des Volkes zum Staat; die erstarrten Herrschaftsordnungen kamen ins Wanken.[10]

Unter Liberalismus versteht man gemeinhin eine politische Weltanschauung, die die Freiheiten des einzelnen Menschen in den Vordergrund stellt und jede Form des geistigen, sozialen, politischen oder staatlichen Zwangs ablehnt. Dabei stellen die vier wichtigsten Prinzipien des Liberalismus das Recht auf Selbstbestimmung auf der Basis von Vernunft und Einsicht, die Beschränkung politischer Macht und die Freiheit gegenüber dem Staat sowie die Selbstregulierung der Wirtschaft auf der Basis persönlichen Eigentums (Gewerbefreiheit) dar.[11]

Als wegweisend kann die Sicherstellung beziehungsweise die Kodifizierung dieser Rechte durch die preußischen Reformen von 1807 und 1810 gesehen werden. Das *Oktoberedikt*[12] (= Bauernbefreiung) und das *Gewerbesteueredikt*[13], verfasst von

---

7 *„Unmündigkeit ist das Unvermögen, sich seines Verstandes ohne Leitung eines anderen zu bedienen. Selbstverschuldet ist diese Unmündigkeit, wenn die Ursache derselben nicht am Mangel des Verstandes, sondern der Entschließung und des Muthes liegt, sich seiner ohne Leitung eines anderen zu bedienen. Sapere aude! Habe Muth, dich deines eigenen Verstandes zu bedienen! ist also der Wahlspruch der Aufklärung.“*

8 *Kant*, BMS 1784, 481.

9 *Teuteberg* S. 1.

10 *Buuck-Rupp* S. 7 f; *Teuteberg* S. 1.

11 *Schubert/Klein*, Das Politiklexikon, *Liberalismus.*

12 PrGS S. 170 ff.

13 PrGS S. 79 ff; *Koselleck* S. 588 ff; *Reichold* S. 15 f.

den Ministern *Stein*[14] und *Hardenberg*[15], gelten als Grundlage für die persönliche Freiheit und das freie Eigentum sowie gleichzeitig als Grundvoraussetzung für die Industrialisierung Deutschlands.[16]

Durch das *Oktoberedikt* wurde die Gutsherrschaft aufgehoben. Nach § 12 des Edikts galt:

> *„Mit dem Martinitage 1810 hört alle Gutsunterthänichkeit in Unseren Staaten auf. Nach dem Martinitage gibt es nur freie Leute."*

Außerdem gewährte das Gesetz weitestgehende Berufsfreiheit, mit der die Gewerbefreiheit einherging, sowie die Freiheit des Güterverkehrs.

Das *Gewerbesteueredikt* beseitigte den Zunftzwang[17] und verlieh den Bürgern einen Anspruch gegen den Staat auf Erteilung eines Gewerbescheins.[18] Entsprechend wurde mit der Herstellung der Gewerbefreiheit auch das Arbeitsverhältnis unter das Prinzip der Vertragsfreiheit gestellt,[19] so dass der Beschäftigung von Arbeitern nichts im Wege stand. Das preußische *Gesetz über die polizeilichen Verhältnisse der Gewerbe vom 7. September 1811*[20], eingeführt anlässlich des Gewerbesteueredikts, gab den Gewerbetreibenden, auch wenn sie keiner Zunft angehörten, nach § 7 das Recht, *„Lehrlinge und Gehülfen anzunehmen"*, und ordnete in § 8 an: *„In diesem Falle wird die Lehrzeit oder die Dauer des Dienstes, das etwanige Lehrgeld, Lohn, Kost und Behandlung blos durch freien Vertrag bestimmt"*.[21]

Ziel der wirtschaftlichen Liberalisierung war die *„Entfesselung der wirtschaftlichen Kräfte"*[22], da man den Nachbarn in England und Frankreich hinterherhinkte. Zudem hoffte man, das Steueraufkommen u. a. durch Steigerung der Produktivität zu verbessern.

II. Industrialisierung

1. *Mitbestimmungsforderungen vor der Industrialisierung*

Aber auch lange vor der Industrialisierung waren Forderungen nach Mitbestimmung erhoben worden.[23] Mitbestimmungsforderungen lassen sich in Deutschland im mittelalterlichen Berg- und Hüttenwesen in den Zusammenschlüssen der

---

14 *Heinrich Friedrich Karl vom und zum Stein*, preußischer Staatsminister in Sachen Zivilverwaltung (1807–1808).
15 *Karl August von Hardenberg*, preußischer Staatskanzler (1810–1822); vorher preußischer Außenminister (1804–1806).
16 *Henning*, Bd. 1, S. 37 ff, 59 ff.
17 *Koselleck* S. 185 ff; *Hedemann* S. 7.
18 *Reichold* S. 16.
19 *Richardi* in: MünchHdbArbR, 3. Aufl. 2009, § 2 Rz. 2.
20 PrGS S 263–280; *Ebel* S. 270,
21 *Richardi* in: MünchHdbArbR, 3. Aufl. 2009, § 2 Rz. 3.
22 *Hedemann* S. 5.
23 *Spie* S. 1.

Bergleute belegen. Diese organisierten sich in religiösen Laienbruderschaften, später in Knappschaften und die Handwerkergesellen in Zünften.[24] Im Vordergrund der Forderungen standen eine bessere soziale Versorgung, Sicherung der Beschäftigung, höhere Löhne, kürzere Arbeitszeiten, bessere und sicherere Arbeitsbedingungen und später auch die Forderung nach institutionalisierter Mitwirkung bei allen sie sonst betreffenden Angelegenheiten.

Der Prozess der Verrechtlichung dieser Forderungen hatte bereits im 17. und 18. Jahrhundert begonnen. Es gab durchaus Manufakturen mit arbeitsteiligen Strukturen, die eine Regulierung in Gestalt landesherrlicher *Manufactur-Reglements* erforderten,[25] genauso wie andere arbeitsteilige Betriebe wie z. B. Bergwerke, Hütten- und Hammerwerke, Salinen, Glashütten oder Seeschiffe.[26]

Hierbei handelte es sich jedoch nicht um Vorläufer der Betriebsverfassung. Dies würde voraussetzen, dass auch die sozialrechtlichen Regelungen hierfür gegeben waren. In Zeiten von ständischen Bindungen, merkantilistischer Wirtschaftspolitik und der Regelung des Arbeitsrechts durch Polizeiordnungen kann hiervon vor Eintritt in das 19. Jahrhundert nicht die Rede sein.[27]

2. *Verspätete Industrialisierung*

Anfang des 19. Jahrhunderts fand in Deutschland die Fertigung im Gegensatz zu England[28] fast ausschließlich noch in zunftregulierten Manufakturen statt.[29] Hieran änderte auch die Abschaffung des Zunftzwangs wenig. Die Manufakturen waren weithin familiär strukturiert und zunftreguliert. Der Wunsch nach einer Form der kollektiven Mitbestimmung war daher noch nicht stark ausgeprägt.

James Watt hatte zwar 1769 die Dampfmaschine zum handwerklichen Gebrauch weiterentwickelt und damit in England den Beginn des Maschinenzeitalters eingeläutet.[30] In Berlin aber existierten beispielsweise 1820 gerade erst acht Dampfmaschinen.[31]

Ob die langsame Durchsetzung der neuen Technik und damit die Ablösung der Manufaktur durch die Fabrik der *napoleonischen Kontinentalsperre*[32] geschuldet war, ist umstritten.[33] Nach einhelliger Auffassung lag jedenfalls ein wesentlicher Grund für die verspätete Industrialisierung in der Zersplitterung Deutschlands in viele

24 *Spie* S. 1 f.
25 *Reichold* S. 16; Bespiele bei *Ebel* S. 248 ff; *Willoweit*, JuS 1977, 575 f.
26 *Flohr* S. 77 f; *Reichold* S. 16.
27 *Reichold* S. 16.
28 *Borchardt* in: *Aubin/Zorn*, Bd. 2, S. 198; *Henning*, Bd. 2, S. 35; Industrielle Revolution in England 1750–1790, in Frankreich 1780–1820.
29 *Kiesewetter* S. 26; *Reichold* S. 16.
30 *Jantke* S. 20; *Treue* in: *Aubin/Zorn*, Bd. 2, S. 51.
31 *Mieck* S. 226; *Reichold* S. 17.
32 Kontinentalsperre (21.11.1806–20.03.1813).
33 *Jantke* S. 40; *Kiesewetter* S. 27.

kleine Staaten.[34] Grenzzölle, verschiedene Währungen und Maßeinheiten sowie eine schlechte Infrastruktur lähmten das wirtschaftliche Aufblühen Deutschlands während und nach den *napoleonischen Kriegen.* Die Stände hatten kein Interesse an ungewissen wirtschaftlichen oder sozialen Veränderungen, da sie ihre Macht gerade noch im Wiener Kongress gesichert hatten.[35] Und auch die Zünfte wehrten sich gegen die Liberalisierung der Wirtschaft in Form der Gewerbefreiheit.[36]

Erst Ende der 1830er Jahre wurden nach langen Bemühungen u.a. des Nationalökonomen *Friedrich List* und des *Deutschen Zollvereins* die innerdeutschen Zölle Schritt für Schritt abgebaut und Eisenbahnlinien installiert, wodurch die deutsche Wirtschaft auflebte.[37] In Berlin arbeiteten 1840 bereits 54 Dampfmaschinen und 1914 über 100.000.[38] Anfang der 1830er Jahre gab es in Deutschland nur wenige Fabriken mit mehr als 50 Arbeitern, Ende der 1840er Jahre waren es beispielsweise im Königreich Sachsen schon 74 mit 100–500 Arbeitern und elf Fabriken mit mehr als 500 Arbeitern.[39] Daher wird als Zeitpunkt für die industrielle Revolution in Deutschland allgemein von der Mitte des 19. Jahrhunderts ausgegangen.[40]

3. Folgen der Industrialisierung

Während anfangs nur die Arbeiter aus dem Bergbau und aus größeren Manufakturen kollektive Mitbestimmungsrechte einforderten, nahmen diese Forderungen im Laufe der Industrialisierung zu.[41]

Die Herstellung von Waren verlagerte sich durch die Industrialisierung aus kleinen familiären Manufakturen in schneller und günstiger produzierende Fabriken. Einhergehend veränderte sich auch die soziale Struktur. Während der Manufakturinhaber noch mit seinen wenigen Gesellen und Lehrlingen im heimischen Betrieb zusammen arbeitete und teilweise auch zusammen lebte, hatte der Fabrikinhaber nur wenig sozialen Kontakt zu seinen Arbeitern. Dies lag zum einen an der großen Anzahl von Arbeitern, die durch die maschinelle Unterstützung und die arbeitsteilige Fertigung beschäftigt werden konnten und zum anderen an der Trennung von Arbeits- und Wohnort.[42]

---

34 *Kiesewetter* S. 19, 307 ff, 312 ff, der in der Zersplitterung nach 1815 eine Lähmung des Fortschritts sieht u. nach 1850 wegen des regionalen Wettbewerbs einen Motor.

35 *Kiesewetter* S. 37 f.

36 *Mieck* S. 207 f.

37 *Henning*, Bd. 2, S. 169 ff; *Kiesewetter* S. 16, 27.

38 *Henning*, Bd. 2, S. 35; *Mieck* S. 228; *Reichold* S. 17.

39 *Kiesewetter* S. 56.

40 *Borchardt* in: *Aubin/Zorn*, Bd. 2, S. 198; *Henning*, Bd. 2, S. 35; *Kiesewetter* S. 16; *Reichold* S. 29 ff; *Siemann* S. 97.

41 *Spie* S. 2.

42 *Buuck-Rupp* S. 8 ff. Hierzu mehr bei *Kocka*, Lohnarbeit und Klassenbildung, Arbeiter und Arbeiterbewegung in Deutschland 1800 bis 1875, 1983, S. 73 ff.

Nach der liberalen Theorie basierte dementsprechend das Wirtschaftsleben nunmehr allein auf der isolierten Aktion des Individuums. Das *„freie"* Arbeitsverhältnis, der Individualarbeitsvertrag, löste damit das bisherige sozial-gebundene Arbeitsverhältnis ab, das durch seine patriarchalische Verfassung und eine enge Verknüpfung von Arbeits- und Lebensbereich charakterisiert war.[43] Der wirtschaftlich-soziale Verbund der Manufakturen, mit dem eine der Nähe geschuldete gewisse Mitsprache der Mitarbeiter einherging, existierte im neuen liberalen Modell der Fabrikfertigung nicht mehr.[44] Aufgrund der hohen Anzahl an Beschäftigten fühlte der Arbeitgeber sich gegenüber einzelnen Mitarbeitern nicht mehr verpflichtet.[45]

Zur selben Zeit stand durch die Freisetzung zahlreicher Landarbeiter durch die preußischen Reformen sowie eine ständig ansteigende Bevölkerungszahl[46] der Industrie ein unerschöpfliches Reservoir an Arbeitskräften zur Verfügung, die durch freie Arbeitsverträge angestellt werden konnten.[47]

Da Kündigungsfristen oder ein Schutz vor Kündigungen nicht existierten, konnte jederzeit das Arbeitsverhältnis aufgelöst werden. Dies führte dazu, dass bei dem Überangebot an Arbeitskraft die Löhne auf ein Minimum gedrückt werden konnten und der Arbeitgeber sich von Anliegen der Arbeiterschaft wie zum Beispiel dem Umfang der Arbeitszeit, Pausenzeiten, dem Arbeitsschutz, der Verpflegung etc. freihalten konnte.[48] Auch die Kinderarbeit florierte.[49] Erst mit Inkrafttreten des preußischen Kinderschutzgesetzes von 1839 durften Kinder unter neun Jahren nicht mehr in Fabriken arbeiten. Die Arbeitszeit von Neun- bis Zwölfjährigen wurde auf zehn Stunden täglich begrenzt.[50]

Durch die Massenmigration in die wirtschaftlichen Ballungszentren waren, neben den ohnehin schlechten Ernährungsverhältnissen, die Wohnverhältnisse katastrophal.[51] Da die Industrialisierung in Deutschland sich in der ersten Hälfte des 19. Jahrhunderts noch in ihren Anfängen befand, konnte die zur Verfügung stehende Arbeitskraft noch nicht genutzt werden. Diese Umstände führten zu einer hohen Arbeitslosigkeit in den Städten.

Auf diese Weise geriet Deutschland bis zur Durchsetzung der Industrialisierung in der zweiten Hälfte des 19. Jahrhunderts in die krisenhafte Übergangssituation eines wachsenden *„Pauperismus"* – soziologisch definiert als

---

43 *Buck-Rupp* S. 8.
44 *Adelmann* S. 89, ein patriarchalisches Einvernehmen sei bis zu 100 Arbeitern möglich.
45 *Adelmann* S. 89, *Buuck-Rupp* S. 9 f; *Neumann-Duesberg* S. 24; *Spie* S. 2.
46 *Köllmann* in: *Aubin/Zorn*, Bd. 2, S. 10; *Henning*, Bd. 1, S. 19; *Kiesewetter* S. 123 f.
47 *Spie* S. 2.
48 *Buuck-Rupp* S. 9 f; *Neumann-Duesberg* S. 24; *Spie* S. 2.
49 *Kiesewetter* S. 56.
50 *Neumann-Duesberg* S. 24.
51 *Köllmann* in: *Aubin/Zorn*, Bd. 2, S. 10; *Henning*, Bd. 2, S. 106; *Kiesewetter* S. 132 f.

„Verelendung einer sich rasch verbreiternden Unterschicht landlos und zunftlos gewordener Elemente“.[52]

Nicht zuletzt durch Einführung des sog. Trucksystems[53] gerieten die Arbeiter in eine Spirale der wirtschaftlichen Abhängigkeit gegenüber dem Fabrikunternehmer. Dieser konnte in seinen Betrieben die absolute Herrschaft über die Betriebsmittel genauso selbstherrlich ausüben wie über seine Arbeiter. Daher können die Anfangsjahrzehnte der Industrialisierung auch *„als Periode der unbeschränkten Fabrikherrschaft“* bezeichnet werden.[54]

B. Vormärzliche Entwicklungen

I. Fabrikordnungen

Auch wenn die Fabrikordnungen (auch Arbeitsordnungen) den Arbeitern mitnichten Mitbestimmungsrechte zugestanden, so müssen sie doch in ihrer kodifizierten Form als Vorläufer des Mitbestimmungsrechts bezeichnet werden.[55]

Sie waren zur Regelung der Arbeitsverhältnisse erforderlich geworden, da die existierende Gesindeordnung nicht auf die Gegebenheiten einer Fabrik passte und zudem nicht auf Fabrikarbeiter anwendbar war.[56] Die Fabrikordnungen wurden einseitig von Arbeitergebern erlassen und bedurften meist einer behördlichen Mitwirkung bzw. Zustimmung.[57]

Entsprechend dieser Machtverhältnisse regelten die Fabrikordnungen im Wesentlichen das *„stramme und disziplinierte“* Arbeiten.[58] So sah z. B. die Fabrikordnung der Nürnberger Maschinenfabrik *Klett* von 1844 vor:

- *„Die festgesetzten Arbeitsstunden sind von 6 bis 12 Uhr Vormittags und von 1 bis 6½ Uhr Nachmittags.“ (§ 5)*
- *„Wer blauen Montag hält, wird der Polizei angezeigt…“ (§ 6).*
- *„Zum Ein- und Ausgang ist das bekannte große Thor bestimmt; wer über die Mauer, durchs Fenster oder über den Zaun des Nachbars steigt, wird sogleich entlassen.“ (§ 7)*

52 *Jantke* S. 41.
53 Bei dem die Arbeiter verpflichtet waren, ihre benötigten Waren in Läden der Fabrik zu überteuerten Preisen für einen fixen Anteil ihres Lohns zu kaufen, der andernfalls nicht ausgezahlt wurde; *Truck* abgeleitet aus dem französischen *troquer* – tauschen.
54 *Neumann-Duesberg* S. 25.
55 *Neumann-Duesberg* S. 26; *Reichold* S. 24.
56 *Reichold* S. 23; *Strobel* S. 127 ff.
57 *Neumann-Duesberg* S. 26; *Reichold* S. 23.
58 *Neumann-Duesberg* S. 26; *Reichold* S. 24.

- *„Alle jene Arbeiter, welche während der Arbeitszeit herumlaufen, mit einander plaudern oder schwätzen, und Nichts thuend bei einander stehend und somit ihre Arbeit versäumen, verfallen in einer Strafe von ¼ Tag Abzug.“ (§ 13)*[59]

Die Arbeitsordnungen regelten vielfach sogar das Leben volljähriger Arbeiter außerhalb der Fabriken.[60] Aufgrund ihres herrischen Charakters wurden die Fabrikordnungen auch als „*Zuchthausordnung*“ angeprangert.[61]

II. Der Weg über die Einrichtung von Betriebskrankenkassen

Ein erster Schritt zur Mitbestimmung war die Einrichtung von Betriebskrankenkassen, die häufig auf Initiative oder auch unter der Ägide der Arbeiter erfolgte. Kleinere Betriebe schlossen sich in betrieblichen Ortsverbandskassen wie die *Iserlohner Krankenkassen*[62] von 1833 mit freiwilliger Beteiligung zusammen[63]. In größeren Betrieben wurden hingegen ungleich effektivere eigene Unterstützungs- bzw. Betriebskrankenkassen zwangsmitgliedschaftlich eingeführt. So führten die *Harkortschen Mechanischen Werkstätten* in Wetter bereits 1820 und *Krupp* 1836 Fabrikkrankenkassen ein, letztere seit 1855 mit Beitrittszwang.[64]

Mit Erlass des Krankenversicherungsgesetzes am 15. Juni 1883 war jeder Betrieb, der mehr als 50 versicherungspflichtige Arbeitnehmer beschäftigte, verpflichtet, eine Betriebskrankenkasse zu bilden, bei deren Verwaltung den Arbeitnehmern bestimmte Mitbestimmungsrechte einzuräumen waren.[65]

III. Sozialreformer im Vormärz

Zur Befriedigung des Wunsches nach Mitsprache lebte der Gedanke einer betrieblichen Mitbestimmung auf. Während die Ideen der Frühsozialisten etwa aus Frankreich (*Saint Simon*, *Luis Blanc* und *Charles Fournier*), aus England (*Robert Owen*) und aus Deutschland (*Wilhelm Weitling*) als „*utopische Visionen*“ abgetan wurden,[66] wurden die Bestrebungen zur Gründung paritätisch besetzter Fabrikvereine bzw. Arbeiterausschüsse im Vormärz bereits konkreter.[67]

1834 forderte etwa der katholische Sozialphilosoph *Franz von Baader* eine ständische Vertretung der Arbeiter (des vierten Standes) in Form von Arbeiterlandräten.[68] Auch der liberale Staatsrechtler *Robert von Mohl* verlangte 1835 die Bildung von

---

59 *Kiesewetter* S. 72; *Reichold* S. 23 f.
60 *Neumann-Duesberg* S. 26.
61 *Neumann-Duesberg* S. 26; *Reichold* S. 24; *Willoweit*, JuS 1977, 576.
62 Eigentlich: Witwen und Waisenkasse.
63 *Puppke* S. 76 ff; *Reichold* S. 25.
64 *Jantke* S. 178; *Neumann-Duesberg* S. 27; *Puppke* S. 107 ff; *Reichold* S. 25.
65 *Teuteberg* S. 362.
66 *Jantke* S. 10 ff, 48 ff; *Spie* S. 3.
67 *Reichold* S. 29.
68 *Jantke* 56 ff; *Spie* S. 4; *Teuteberg* S. 10; *Otto*, GMH 1971, 612.

Arbeiterausschüssen als Kontrollorgan der von ihm geforderten Gewinnbeteiligung der Arbeiter.[69] Antrieb der Forderung *Mohls* war die Angst vor einem aufziehenden Pauperismus in Deutschland (*„Sklavenkrieg"*), genährt aus den Beispielen Englands und Frankreichs.[70] Der Österreicher *Johannes Alois Perthaler* entwickelte selbständig den Vorschlag der Arbeitervertretung im Rahmen der Gewinnbeteiligung weiter, indem er die Arbeiterausschüsse erstmals mit der Vorstellung einer sozialen Betriebsgemeinschaft verband.[71] Als erster Sozialreformer schlug *Perthaler* eine Neuordnung der Fabriken hin zu einer Art Betriebsgemeinschaft vor.

Eine Vielzahl von Stimmen erachtete die Bekämpfung der Armut hingegen als sinnlos. So war *Carl Godeffroy*, der den Pauperismus aus England kannte, der viel beachteten Auffassung, dass die Armut der Fabrikarbeiterschicht ein unabänderliches Naturgesetz und ein nicht zu vermeidendes Übel sei, als ein *„von der gütigen Vorsehung in ihrer Weisheit konstituierender Elementarstandard für jeden Staat"*[72]. Er sah das *„wegraffende Elend"* *„sogar als Heilmittel für die menschliche Gesellschaft"* an. Bestrebungen, die Armut zu bekämpfen, müssten unweigerlich zerrüttend und auflösend auf die Staatsmaschine zurückwirken. Daher empfahl *Godeffroy* die Wiedereinführung der Zünfte, Zwangssparkassen, Tugendlotterien und Tugendprämien sowie – zur Hebung der Sittlichkeit – Arbeiterhäuser, die Verminderung der Branntweinschänken, die Einrichtung eines Armenministeriums und das Verbot jeder privaten Mildtätigkeit.[73]

Immanuel Wohlwill erwiderte auf die Vorschläge *Godeffroys*, dass *„die Ungleichheit des Besitzstandes keine conditio sine qua non der bürgerlichen Gesellschaft"* sei. Der Armut liege die ungerechtfertigte Tatsache zugrunde, dass der aus der Arbeit hervorgehende Gewinn alleine dem Arbeitsherrn zu Gute komme. In Abkehr von *Godeffroys* Bevormundung der Arbeiter forderte er daher die Begrenzung der Unternehmergewalt durch Einrichtung einer öffentlich-rechtlichen Schiedsstelle, die, mit Sachkundigen, Arbeitgebern und Arbeitnehmern besetzt, das Verhältnis zwischen Arbeitgeber und Arbeitnehmer beaufsichtigen sollte.[74]

C. Erste Schritte in Preußen als Vorreiter im Deutschen Bund

Das Interesse, den Arbeitern besondere Rechte oder gar Mitgestaltungsrechte einzuräumen, war vor 1848/49 bei den einzelnen deutschen Ländern noch nicht vorhanden, da zu diesem noch frühen Zeitpunkt der Industriellen Revolution die Anzahl

---

69 *Teuteberg* S. 24 ff; *Spie* S. 4; *Reichold* S. 30; *Richardi* in: *Richardi*, BetrVG, 14. Aufl. 2014, Einl. Rz. 6.
70 *Teuteberg* S. 24 ff; *Reichold* S. 30.
71 *Teuteberg* S. 36 f; *Spie* S. 4.
72 *Godeffroy* S. 20; *Teuteberg* S. 21.
73 *Teuteberg* S. 21 f.
74 *Teuteberg* S. 22 f; *Spie* S. 4.

der in Maschinenfabriken beschäftigten Arbeiter noch sehr gering war.[75] Darüber hinaus hatte *Hardenberg* in seiner *Geschäftsinstruktion für die Regierungen in sämtlichen Provinzen vom 26. Dezember 1808*[76] in § 34 erlassen, dass aus Gründen des wirtschaftlichen Liberalismus eine Einflussnahme auf Handel, Handwerk und Industrie zu vermeiden sei. Diese Vorschrift wurde zu Ungunsten der Arbeiter ausgelegt.[77]

Aus der sozialistischen Utopie wurde der wissenschaftliche Sozialismus, dessen wesentliche Vertreter *Karl Marx* und *Friedrich Engels* waren.[78] Ihre Forderungen nach Sozialisierung schrieben sie im *„Kommunistischen Manifest"* nieder. In Frankreich, wo es bereits seit längerem gebrodelt hatte, stürzten kurz nach Erscheinen des Kommunistischen Manifestes im Februar 1848 die französischen Arbeiter die Monarchie und proklamierten die Republik. Die hierdurch motivierten Unruhen in Deutschland ab März 1848 konnten noch mit der Kapitulation bei der Festung Rastatt, der letzten Bastion der Revolutionäre, am 23. Juli 1849 durch die Macht der preußischen Armee niedergerungen werden.[79] Aus dem Konflikt traten aber die ersten überregionalen poltischen und gewerkschaftlichen Organisationen hervor.[80]

Im Anschluss an die Märzunruhen richtete *Preußen* zugunsten der *„arbeitenden Klasse"* das bereits von *List* 1806 und *Hardenberg* geforderte Ministerium für Handel, Gewerbe und Ackerbau am 18. April 1848 ein. Nach der Kabinettsordre sollte es sich *„den arbeitenden und gewerbetreibenden Klassen der städtischen wie ländlichen Bevölkerung"* widmen.[81] Dies erwies sich wegen der Vielzahl von Anträgen und Forderungen im Bereich der Wirtschafts- und Sozialpolitik bald auch als eine drängende Notwendigkeit. Bereits am 4. April war beim Ministerium der Antrag eingebracht worden:

> *„daß in allen Landesteilen sofort Kommissionen aus Arbeitgebern und Arbeitenden jeder Art gebildet werden, um gemeinsam die dringendsten Mittel zu beraten, welche am geeignetsten sind, die Verhältnisse der arbeitenden Klassen zu bessern und zu heben".*[82]

Die Antragsteller hatten sich ein Beispiel am Vorgehen des sächsischen Innenministeriums genommen, das bereits am 3. April 1848 die Bildung ähnlich paritätisch besetzter Gremien beschlossen hatte.[83]

---

75 *Teuteberg* S. 317.
76 PrGS S. 481 ff.
77 *Teuteberg* S. 317.
78 *Spie* S. 4.
79 *Siemann* S. 25.
80 *Spie* S. 5.
81 *Teuteberg* S. 320.
82 *Teuteberg* S. 321.
83 *Teuteberg* S. 321.

Außerdem wurde am 9. Februar 1849,[84] befördert durch die Märzunruhen, die 1845[85] in Preußen eingeführte einheitliche Gewerbeordnung reformiert.[86] Neben der Einschränkung der Kinderarbeit wurden die Gestaltungsmöglichkeiten von Arbeitsbedingungen enger gezogen. Dazu gehörte auch das Verbot des Trucksystems.[87] Nicht berücksichtigt wurde hingegen der Vorschlag, Voraussetzungen für die Einführung von Fabrikordnungen zu regeln.[88]

D. Verfassungsgebende Nationalversammlung 1848/1849

Der erste Versuch der Kodifizierung von Arbeitnehmerbeteiligungsrechten zur Gestaltung von Arbeitsbedingungen erfolgte im volkswirtschaftlichen Ausschuss der verfassunggebenden Nationalversammlung in der Paulskirche in Frankfurt am Main 1848.[89] Ein Minderheitsentwurf[90] der Abgeordneten *Carl Degenkolb, Moritz Veit, Friedrich Gottlieb Becker* und *Wilhelm Adolph Lette* zur Gewerbeordnung für das Deutsche Reich sah eine weitreichende Regelung von Mitbestimmungsrechten vor. Der Vorschlag, gestützt auf Gedanken *Mohls*,[91] beinhaltete die Bildung von Fabrikausschüssen, Fabrikräten und Fabrikschiedsgerichten.

§ 42 dieses Entwurfs bestimmte, dass ein Fabrikausschuss besetzt durch einen Fabrikarbeiter und einen Werkmeister aus jeder selbständigen Gruppe innerhalb der Fabrik gewählt wird. Nach § 43 sollten dem so besetzten Ausschuss folgende Mitspracherechte eingeräumt werden:

- die Vermittlung bei Streitigkeiten zwischen Arbeitgeber und Arbeitnehmer,
- das Entwerfen und die Aufrechterhaltung einer besonderen Fabrikordnung,
- die Einrichtung und Verwaltung der Kranken-Unterstützungskasse,
- die Überwachung der Fabrikarbeiterkinder,
- sowie die Vertretung der Fabrik in den Fabrikräten.[92]

Darüber hinaus sollte der Fabrikinhaber mit dem Fabrikausschuss auch die Arbeitslöhne und die Arbeitszeit vereinbaren.[93]

Weiterhin hatten die Verfasser geplant, dass nach § 44 für den jeweiligen Gewerbebezirk Fabrikräte gewählt werden sollten, in denen alle Industriezweige und

---

84 PrGS S. 93 ff: *Verordnung, betreffend die Einrichtungen von Gewerberäthen und verschiedenen Abänderungen der allgemeinen Gewerbeordnung vom 9. Februar 1849.*

85 PrGS S. 41 ff: *Allgemeine Gewerbeordnung vom 17. Januar 1845.*

86 *Flohr* S. 19; *Jantke* S. 197; *Teuteberg* S. 326; *Volkmann* S. 39.

87 *Volkmann* S. 41.

88 *Flohr* S. 19; *Jantke* S. 197; *Volkmann* S. 125 ff.

89 *Flohr* S. 19; *Reichold* S. 47; *Spie* S. 5; *Teuteberg* S. 109 ff; *Gamillscheg*, AuR 1991, 272; *Wiese*, JuS 1994, 99; *Wiese* in: GK-BetrVG, Bd. I, 10. Aufl. 2014, Einl. Rz. 1 ff.

90 Abgedr. bei *Haßler*, Bd. 2, S. 921 ff; *Teuteberg* S. 109 f.

91 *Reichold* S. 47; *Otto*, GMH 1971, 612.

92 Vgl. *Wiese* in: GK-BetrVG, Bd. I, 10. Aufl. 2014, Einl. Rz. 2.

93 *Haßler*, Bd. 2, S. 945 (Gesetzesmotive).

Fabrikarbeiter Vertretung finden. Als Aufgaben sollten den Fabrikräten nach § 45 des Entwurfs Rahmenbedingungen wie Kündigungsfristen oder die Verwaltung der Pensionskassen zufallen. Schließlich sollte nach § 46 in jedem Gewerbebezirk ein Fabrikschiedsgericht entstehen, das für Streitigkeiten zwischen Arbeitgebern und Arbeiternehmern, aber auch zwischen Arbeitergebern sowie Arbeitnehmern jeweils untereinander zuständig sein sollte.[94]

Diese bedeutsamen Ansätze scheiterten jedoch am Widerstand der bürgerlichen Mehrheit in der Nationalversammlung.[95] In keinem Land des Deutschen Bundes erging ein Gesetz, das die Mitbestimmung von Arbeitern vorsah. Dies blieb auch im Deutschen Reich bis 1919 so.[96]

E. Entwicklungen im Deutschen Reich bis zum Ersten Weltkrieg

I. Einzelbetriebliche Ausnahmen vor Gründung des Bismarckschen Reichs

Die progressiven Stimmen aus der Nationalversammlung wurden in den folgenden Jahren weithin verdrängt und es herrschte in deutschen Fabriken weiterhin der patriarchalische *„Herr-im-Haus-Standpunkt“*.[97] Auch die Sozialdemokraten und die Gewerkschaften wehrten sich gegen die Einführung einer betrieblichen Mitbestimmung.[98] Die Sozialdemokraten vermuteten in den freiwilligen Arbeiterausschüssen ein *Feigenblatt des Kapitalismus*[99] und hatten Angst, dass die Räte zu einer *„Unternehmenspolizei“* verkämen[100]. Die Gewerkschaften *„fürchteten die befriedenden und korrumpierenden Absichten des Herrschaftskartells aus Bürokratie und Unternehmen“*[101] sowie den Verlust von Macht durch eine Aufsplitterung der Zuständigkeiten[102].

Vereinzelt traten allerdings Unternehmer auf, die die Mitbestimmung innerhalb ihrer Betriebe zuließen oder sogar förderten.

Der federführende Verfasser des Minderheitenentwurfs zur Gewerbeordnung des volkswirtschaftlichen Ausschusses der Nationalversammlung *Degenkolb* gehörte bei den Unternehmern zu den Vorreitern. Er war der erste, der in seinem

---

94 Vgl. *Wiese* in: GK-BetrVG, Bd. I, 10. Aufl. 2014, Einl. Rz. 3.
95 *Spie* S 6.
96 *Richardi* in: *Richardi*, BetrVG, 14. Aufl. 2014, Einl. Rz. 6.
97 *Reichold*, S. 54 ff, 90 ff; *Wiese*, JuS 1994, 100.
98 *Schippel*, SMH 1919, 441 f.
99 *August Bebel* sprach 1889 vom *„scheinkonstitutionellen Feigenblatt, mit dem der Fabrikfeudalismus verdeckt werden soll“*, *Euchner/ Grebing* S. 241; *Neumann-Duesberg* S. 28.
100 *von Berlepsch* S. 311; *Reichold*, ZfA 1990, 36; *Gamillscheg*, AuR 1991, 272.
101 *Grebing* S. 192.
102 *Gamillscheg*, AuR 1991, 273; *Richardi* in *Richardi*, BetrVG, 14. Aufl. 2014, Einl. Rz. 7.

Unternehmen, einer sächsischen Kattundruckerei, im Jahre 1850 einen Arbeiterausschuss einrichtete.[103]

In den 80er Jahren des 19. Jahrhunderts kamen die ersten Unternehmer auf die Idee, eine Art Staatsverfassung in den Betrieben zu installieren. Ziel dieser Unternehmer war u.a. die Demokratisierung des Volkes. Die im Betrieb gelebte Beteiligung sollte als Vorbild für die Beteiligung am Staat dienen.[104]

Diesem Modell kam als erster der Berliner Jalousien- und Holzpflasterfabrikant *Heinrich Freese* am nächsten.[105] Im Jahre 1884 rief *Freese* die Arbeiter seines Unternehmens zur Bildung einer Arbeitervertretung auf und vereinbarte mit der Arbeitervertretung eine Fabrikordnung, in der den Arbeitern weitreichende Mitbestimmungsrechte eingeräumt wurden. Unter anderem verwaltete die Arbeitervertretung die Wohlfahrtseinrichtungen und wirkte seit 1888 bei der Feststellung der Gewinnbeteiligungsquote mit. Seine sozialpolitischen Vorstellungen veröffentlichte *Freese* in seinem Buch „*Die konstitutionelle Fabrik*“[106]. Dabei sah er sein Modell, wie von SPD und Gewerkschaften befürchtet, als Gegenstück zu den erstarkenden Gewerkschaften an.

Darüber hinaus ist *Ernst Abbé* in dieser Reihe zu nennen.[107] Im Jahre 1891 gründete dieser die *Carl-Zeiss-Stiftung*, in die auch *Carl Zeiss jun.* und *Otto Schott* ihre Anteile an den Unternehmen *Carl Zeiss und Jenaer Glaswerke Schott & Genossen* einbrachten. Schon die Stiftungsverfassung sah die Gründung eines Arbeiterausschusses vor. Dieser durfte sich allerdings nur beratend an der Verwaltung von Wohlfahrtseinrichtungen, der Regelung von Lohnangelegenheiten, der Entlassung von Betriebsangehörigen und der Gewinnbeteiligung der Arbeiter und Angestellten beteiligen.[108]

II. Der Volkswirtschaftsrat

Der noch jungen, aber erstarkenden Gewerkschaftsbewegung in Deutschland begegnete *Preußen* mit dem *Gesetz gegen die gemeingefährlichen Bestrebungen der Sozialdemokratie vom 21. Oktober 1878*[109].[110] Nach § 1 Abs. 1 und 2 des Gesetzes galt:

---

103 *Teuteberg* S. 213 ff; *Wiese*, JuS 1994, 100; *Wiese* in: GK-BetrVG, Bd. I, 10. Aufl. 2014, Einl. Rz. 5.

104 *Reichold* S. 98 ff; *Teuteberg* S. 254 ff.

105 *Reichold* S. 98 ff, 196 ff; *Teuteberg* 254 ff; *Wiese*, JuS 1994, 100; *Wiese* in: GK-BetrVG, Bd. I, 10. Aufl. 2014, Einl. Rz. 6.

106 *Heinrich Freese*, Die konstitutionelle Fabrik, 1. Aufl, Jena 1909.

107 *Reichold* S. 100; *Teuteberg* S. 266 ff; *Gamillscheg*, AuR 1991, 272; *Wiese*, JuS 1994, 100.

108 *Reichold* S. 100 f, 196 ff; *Teuteberg* 266 ff; *Wiese*, JuS 1994, 100; *Wiese* in: GK-BetrVG, Bd. I, 10. Aufl. 2014, Einl. Rz. 6.

109 RGBl. S. 351 ff.

110 *Teuteberg* S. 355 ff; *Otto*, GMH 1971, 612.

„Vereine, welche durch sozialdemokratische, sozialistische und kommunistische Bestrebungen den Umsturz der bestehenden Staats- oder Gesellschaftsordnung bezwecken, sind zu verbieten.

Dasselbe gilt von Vereinen, in welchen sozialdemokratische, sozialistische oder kommunistische auf den Umsturz der bestehenden Staats- oder Gesellschaftsordnung gerichtete Bestrebungen in einer den öffentlichen Frieden, insbesondere die Eintracht der Bevölkerungsklassen gefährdenden Weise zu Tage treten.“

Neben diesem Gesetz führte *Otto von Bismarck*, preußischer Ministerpräsident seit 1862, am 17. November 1880 den *Preußischen Volkswirtschaftsrat* ein. Als Vorbild diente der französische *Conseil supérieur du commerce et de l'industrie.* Dieser sollte als Beratungsgremium dienen und ein Gegengewicht zu den an Macht gewinnenden Parlamenten darstellen bzw. zu den sie beherrschenden Parteien.

Das Gremium sollte die Regierung in wirtschaftlichen und sozialen Angelegenheiten beraten. Besetzt war der 75köpfige Volkswirtschaftsrat mit 15 Ressortministern aus der Industrie, 15 aus dem Kaufmannsstand und 15 aus der Landwirtschaft, hinzu kamen nach freier Wahl der Minister noch 30 weitere Mitglieder, von denen mindestens 15 dem Handwerker- und Arbeiterstand angehören mussten.[111]

Auch wenn den Vertretern der Handwerker und Arbeiter nur eine geringfügige Rolle zukam, so stellte der Preußische Volkswirtschaftsrat doch die Vorstufe einer ersten überbetrieblichen Mitbestimmung dar.[112] Der wiederholte Versuch *Bismarcks*, den Volkswirtschaftsrat auf die deutschen Bundesstaaten auszudehnen, scheiterte. Neben unterschiedlichen Bedenken stand im Vordergrund, dass der Reichstag kein Beratungsgremium neben sich dulden wollte, das die Macht der Regierung stärkte.[113]

1887 wurde der Volkswirtschaftsrat bereits wieder aufgelöst, nachdem das Abgeordnetenhaus die Mittel für dieses Gremium verweigerte.[114] Der Gedanke der überbetrieblichen Mitbestimmung wurde erst nach dem Ersten Weltkrieg wieder aufgegriffen.[115]

III. Das Arbeiterschutzgesetz vom 1. Juni 1891 (RGBl. S. 261)

Im Juni 1888, nach dem Tod seines Vaters, wurde *Wilhelm II* deutscher Kaiser. Als Kraftprobe mit *Bismarck* sollte die Durchsetzung des Arbeiterschutzes dienen.[116]

111 *Teuteberg* S. 258.

112 *Otto*, GMH 1971, 613.

113 *Teuteberg* S. 359 f; *Otto*, GMH 1971, 613.

114 *Teuteberg* S. 361; *Hohmann/ Friedrich* S. 77; *Otto*, GMH 1971, 613.

115 *Otto*, GMH 1971, 613.

116 *von Berlepsch* S. 15 ff, 24 ff; *von Bismarck*, Bd. 3, S. 66; *Born* S. 7 ff; *Reichold*, ZfA 1990, 13; *Kaufhold*, ZfA 1991, 292 f.

Anlass hierzu gab der Bergarbeiterstreik von 1889.[117] Die Bergarbeiter fielen ursprünglich unter die Aufsicht der Bergämter und waren Angestellte des preußischen Staates. Das bedeutete einen sicheren Arbeitsplatz und sicheres Einkommen. Nach der Bergrechtsreform 1865 endete diese Sonderstellung und die Arbeiter unterlagen nunmehr den Regularien der Unternehmer.[118] Ob sich hierdurch die Arbeitsbedingungen tatsächlich, wie teilweise behauptet, dramatisch verschlechterten und stark steigende Kohlepreise schließlich zur Eskalation geführt haben, ist strittig. Manche sehen die Ursachen des Bergarbeiterstreiks eher in der Entfremdung zwischen Arbeitgeber und Arbeitern und damit in der Zerstörung des alten patriarchalischen Verhältnisses.[119]

Bis zu 90 % der Beschäftigten im Bergbau beteiligten sich an dem Streik. Während *Bismarck* den Streik *„gründlich ausbrennen"* lassen wollte, empfing *Wilhelm II.* eine Deputation der Streikführer zur Beilegung des ersten Massenstreiks.[120] Nach den massiven Streiks entwickelte der Kaiser im Januar 1890 Pläne zur Einführung eines besseren Arbeiterschutzes im Allgemeinen und berief eine Beratungskonferenz ein.[121] Das Ergebnis, den kaiserlichen *„Februarerlass"*[122] vom 4. Februar 1890, übersandte *Wilhelm II.* an *Bismarck*. Da dieser andere Pläne verfolgte, führte der Erlass zu einer Krise[123], die schließlich *Bismarcks* Entlassung am 18. März 1890 zur Folge hatte.[124] In dem Erlass heißt es:

> *„Ich bin entschlossen, zur Verbesserung der Lage der deutschen Arbeiter die Hand zu bieten, soweit die Grenzen es gestatten, welche Meiner Fürsorge durch die Nothwendigkeit gezogen sind, die deutsche Industrie auf dem Weltmarkte konkurrenzfähig zu erhalten und dadurch ihre und der Arbeiter Existenz zu sichern...."*

Am 1. Juni 1891 wurde der Erlass durch Änderung der Gewerbeordnung umgesetzt und stellte damit die erste normative Regelung einer Beteiligung der Arbeiter im Gesetz dar. Eine überregionale Regelung war möglich, da in der Reichsverfassung von 1871 verankert war, dass die Bestimmungen über den Gewerbebetrieb in die Gesetzgebungskompetenz des Reichs fielen.[125] Verfasst wurde das in die Gewerbeordnung

---

117 *Adelmann* S. 112, zum Bergarbeiterstreik S. 100 ff; *von Berlepsch* S. 15; *Reichold,* ZfA 1990, 12; *Gamillscheg,* AuR 1991, 272.

118 *Adelmann* S. 51 f, 58 f.

119 *Adelmann* S. 109.

120 *von Berlepsch* S. 17; *Jantke* S. 199; *Reichold,* ZfA 1990, 12; *Gamillscheg,* AuR 1991, 272; *Kaufhold,* ZfA 1991, 287.

121 *von Berlepsch* S. 20; *Gamillscheg,* AuR 1991, 272.

122 *Erlaß Kaiser Wilhelms II. an den Reichskanzler vom 4. Februar 1890;* Reichs- und Staatsanzeiger, Nr. 34 (05.02.1890); abgedr. bei *Huber*, Bd. 2, S. 510 ff; *von Bismarck,* Bd. 3, S. 66 f.

123 *von Berlepsch* S. 26; *von Bismarck,* Bd. 8, S. 591 ff.

124 *Jantke* S. 213; *Reichold,* ZfA 1990, 14; *Kaufhold,* ZfA 1991, 296 ff.

125 *Kaufhold,* AuR 1989, 230.

eingegliederte sog. *Arbeiterschutzgesetz* (§§ 134a ff. GewO 1891)[126] von dem preußischen Minister für Handel- und Gewerbe *Hans Hermann von Berlepsch* und wird daher auch *Lex Berlepsch* genannt.[127]

Das Gesetz schrieb vor, dass jede Fabrik mit mindestens zwanzig Arbeitern eine Arbeitsordnung haben muss (§ 134a GewO 1891). Diese sollte Bestimmungen enthalten über Anfang und Ende der regelmäßigen täglichen Arbeitszeit (einschließlich der Pausen), über Zeit und Art der Abrechnung und Lohnzahlung, über Kündigungsfristen, soweit diese von den gesetzlichen abwichen, über mögliche Kündigungsgründe, über etwaige Strafen, deren Art und Höhe, über die Art ihrer Festsetzung und, wenn es sich um Geldstrafen handelte, über deren Einziehung und über den Zweck, für welchen sie verwendet werden sollten (§ 134b GewO 1891).

Außerdem sah § 134h GewO 1891 eine fakultative Einrichtung eines Arbeiterausschusses vor, der aus der Mitte der Arbeitnehmer gewählt werden sollte. Die Mitbestimmungsrechte des Ausschusses beschränkten sich aber vorwiegend auf Anhörungspflichten, wie beim Erlass oder der Änderung der Arbeitsordnung (§ 134d Abs. 2 GewO 1891). Ein echtes Mitbestimmungsrecht bestand nur dann, wenn in die Arbeitsordnung Vorschriften über das Verhalten der Arbeiter bei Benutzung der Betriebswohlfahrtseinrichtungen und über das Verhalten minderjähriger Arbeiter außerhalb des Betriebs aufgenommen werden sollten (§ 134d Abs. 3 GewO 1891).

Die Novelle der Gewerbeordnung hatte keine entscheidenden Auswirkungen für die Arbeiterschaft, da ihnen nur geringfügig Mitbestimmungsrechte eingeräumt wurden.[128] Das Arbeiterschutzgesetz kann daher nur als *„Keimzelle für die betriebliche Mitbestimmung“* bezeichnet werden und nicht als Vorreiter des Betriebsverfassungsgesetzes.[129]

IV. Berggesetze

Zwar wurde in Preußen als Reaktion auf den Bergarbeiterstreik neben der Einführung der Arbeiterschutzgesetze auch das Preußische Berggesetz am 24. Juni 1892 novelliert[130]; aufgrund des Dreiklassenwahlrechts und wegen der *„absolutistisch-monarchistisch“* eingestellten Bergwerksbesitzer blieb die Neufassung jedoch hinter den Erwartungen der Bergarbeiter und Sozialreformer weit zurück.[131] Die Novelle stellte kaum eine Neuerung dar und ging nur geringfügig über das Arbeiterschutzgesetz

126 RGBl. S. 261.
127 *von Berlepsch* S. 127 ff; *Kaufhold,* AuR 1989, 231; ders. ZfA 1991, 305 ff; *Reichold,* ZfA 1990, 26 ff; *Wiese* in: GK-BetrVG, Bd. I, 10. Aufl. 2014, Einl. Rz. 7.
128 *Gladen* S. 81; *Gamillscheg,* AuR 1991, 273; *Wiese,* JuS 1994, 100.
129 *von Berlepsch* S. 303 ff; *Gladen* S. 81 *Reichold* S. 115 f, 125 f; *Teuteberg* S. 376 ff; *Richardi* in: *Richardi,* BetrVG, 4. Aufl. 2014, Einl. Rz. 8.
130 PrGS S. 131 ff.
131 *von Berlepsch* S. 396; *Gladen* S. 82 f; *Reichold* S. 177; *Teuteberg* S. 410 ff; *Kaufhold,* ZfA 1991, 316.

hinaus.[132] Kurze Zeit später, Ende 1892, reagierten die Bergarbeiter auf diese mangelnde Verbesserung ihrer Situation mit der als *Saarstreik* bekannt gewordenen Arbeitsniederlegung.[133]

Der *bayerische* Gesetzgeber reagierte und fügte am 30. Juni 1900[134] den § 80d Abs. 2 in das Bayerische Berggesetz ein:[135]

> *„Auf Bergwerken, welche mehr als 20 Arbeiter beschäftigen, sind ständige Arbeiterausschüsse einzusetzen".*

Hiernach war die Einrichtung von Arbeiterausschüssen in bayrischen Bergwerken obligatorisch. Die Einführung obligatorischer Arbeiterausschüsse fiel im durch Landwirtschaft geprägten Bayern erheblich leichter als im *„Kohlestaat"* Preußen, in dem nahezu 90 % der Bergarbeiter Deutschlands beschäftigt waren.[136]

Erst nachdem es im Ruhrgebiet im Januar 1905 zum nächsten *„Riesenstreik"* gekommen war,[137] sah sich der preußische Gesetzgeber unter der Führung des Handelsministers *Theodor von Möller* gezwungen, tätig zu werden. Bereits am 14. Juli 1905[138] wurde in das preußische Allgemeine Berggesetz die obligatorische Errichtung von Arbeiterausschüssen für Bergwerke mit mindestens 100 Arbeitern eingefügt (§ 80f).[139] Dem Ausschuss oblag es unter anderem, Anträge, Wünsche und Beschwerden der Belegschaft entgegenzunehmen und an den Arbeitgeber mit eigener Stellungnahme weiterzuleiten (§ 80f Abs. 2 S. 3). Außerdem sollte er auf ein gutes Einvernehmen innerhalb der Belegschaft und zwischen dieser und dem Arbeitgeber hinwirken (§ 80f Abs. 1 S. 1), die (zumindest) paritätische Mitverwaltung der Unterstützungskasse, in die Beiträge und Strafgelder flossen, führen (§ 80d Abs. 2) sowie Anhörungen bei der Einführung oder Änderung der Arbeitsordnung vornehmen (§ 80g Abs. 1, bereits seit 1892).

Der Durchbruch hatte aber auch seine Schattenseite. Denn der Gesetzgeber hatte gleichzeitig festgelegt, dass bei wiederholter Überschreitung der Befugnisse der Arbeiterausschuss für ein Jahr durch das Oberbergamt suspendiert werden konnte, § 80f Abs. 3. Gleichzeitig wurden an die aktive wie passive Wahlberechtigung derart hohe Anforderungen gestellt (§ 80f Abs. 4), dass eine Ausschusswahl zur Farce wurde. An den ersten allgemeinen Wahlen zu Arbeitsausschüssen im Jahr 1905 beteiligten sich daher lediglich 11 % der Wahlberechtigten.[140] Die erhoffte Befriedungswirkung blieb aus.

---

132 *Adelmann* S. 125; *Reichold* S. 177.
133 *von Berlepsch* S. 422 f; *Reichold* S. 177; *Steffens* in: *Tenfelde/ Volkmann* S. 124 ff.
134 GVBl. 745 ff, *Gesetz betreffend der Änderungen einiger Bestimmungen des Berggesetzes für das Königreich Bayern vom 30. Juni 1900.*
135 *Reichold* S. 179; *Teuteberg* S. 425 f.
136 *Reichold* S. 179; *Teuteberg* S. 426; *Wiese*, JuS 1994, 100.
137 *Adelmann* S. 133; *Reichold* S. 178; *Spie* S. 12.
138 PrGS 307 ff.
139 *Adelmann* S. 136; *Spie* S. 12.
140 *Adelmann* S. 137 f; *Reichold* S. 180; *Teuteberg* S. 443 ff.

V. Paritätische Arbeitsämter und Gewerbekammern

Die Idee von öffentlich-rechtlichen Arbeits- bzw. Gewerbekammern, die als gesetzlich anerkannte paritätisch besetzte Organe Einflussmöglichkeiten beider Seiten gewährleisten sollten, keimte bereits im Anschluss an die Märzrevolution auf.[141]

Gustav Friedrich von Schönberg griff diese Idee wieder auf und forderte in seinem einschlägigen Werk[142] 1871, das gesamte Reich mit einem Netz von paritätischen sog. *„Arbeitsämtern"* zu überziehen.[143] 1877 brachten *Friedrich Wilhelm Fritzsche*[144] und *August Bebel* einen Gesetzesentwurf in den Reichstag ein, der eine solche Struktur von Gewerbekammern vorsah, ohne jedoch nennenswerte Resonanz zu finden. Weitere Anläufe blieben ebenfalls ohne Erfolg.[145]

Auch in England flammten unter den Vorstößen von *Sydney* und *Beatrice Webb* die Forderungen nach einer *„Industriellen Demokratie"*[146] auf.

1899, 1900 und 1903 forderten die Sozialdemokraten unter Führung *Bebels* konkret die Einführung eines Reichsarbeitsamtes und regionale Arbeitsämter sowie paritätische Arbeitsämter (= Gewerbekammern).[147] Aufgabe des Reichsarbeitsamtes sollte es sein, Unfallverhütungsvorschriften zu erlassen, statistische Erhebungen über Lohn-, Arbeits- und Lebensverhältnisse der Arbeiter zu führen und in Jahresberichten zu veröffentlichen sowie die Bewegungen des Arbeitsmarktes, insbesondere Streiks und Aussperrung zu verfolgen.[148] Die untergeordneten Arbeitsämter sollten die Einhaltung der Unfallverhütungsvorschriften überwachen, Arbeitsvermittlungsstellen errichten und zugleich als Einigungsamt bei Arbeitsstreitigkeiten fungieren. Bei jedem Arbeitsamt sollte eine Arbeitskammer bestehend aus mindestens 50 Arbeitgebern und Arbeitnehmern errichtet werden und die Befugnis haben, Enquêten über Gehälter und Löhne anzustellen, Beschwerden und Missstände zu untersuchen und über wirtschaftliche und soziale Fragen bei den Regierungen Gutachten zu erstatten. Daneben sollten sie auch bei Arbeitsstreitigkeiten als gewerbliche Schiedsgerichte dienen.[149]

Im Kern ging es bei diesen Bestrebungen darum, den Arbeitern eine öffentlich-rechtliche Interessenvertretung zu schaffen, vergleichbar den Handwerkskammern, den Landwirtschaftlichen Vereinen und den Industrie- und Handelskammern.[150]

---

141 Vgl. S. 13.
142 *Gustav Friedrich von Schönberg*, Arbeitsämter, eine Aufgabe des Deutschen Reiches, Berlin 1871.
143 *Teuteberg* S. 466.
144 Pseudonym: *F. W. Dornbusch*
145 *Teuteberg* S. 466 f.
146 *Sydney* u. *Beatrice Webb*, Industrial democracy, 1897.
147 *Teuteberg* S. 467.
148 *Teuteberg* S. 467.
149 *Teuteberg* S. 468.
150 *Teuteberg* S. 468.

Der Reg-E eines Arbeitskammergesetzes vom 25. November 1908 im Reichstag scheiterte schließlich nach mehrfacher Überarbeitung des Entwurfs, der auf Vorschlag der Reichstagskommission gegen den Willen der Regierung die Wählbarkeit von Gewerkschaftsangestellten vorsah, an den unterschiedlichen Meinungen seiner Unterstützer. Das Gesetz ließ sich bis Kriegsbeginn nicht mehr realisieren und wurde erst im Anschluss an den Munitionsarbeiterstreik 1917 wieder aufgriffen.[151] Damit war die Möglichkeit einer Befriedung der Verhältnisse vorerst vertan und die Beantwortung von *Friedrich Naumanns* Frage, *„Wie werden Industrieuntertanen zu Industriebürgern?“*[152] blieb vorerst unbeantwortet.

VI. Zunehmende Einflussnahme der Gewerkschaften

Nachdem die Arbeiterausschüsse als Interessengremium versagt hatten, versuchten die Arbeiter, ihre Forderungen nach Mitbestimmung mit Hilfe der Gewerkschaften durchzusetzen. Was der Gesetzgeber und die Industrie versucht hatten, durch Einführung der Arbeiterausschüsse zu vermeiden, trat ein: die Arbeiter wandten sich den Gewerkschaften zu, wodurch diese an Macht gewannen. Dies auch nicht zuletzt, da die politisch-parlamentarischen Interessenvertreter sich als unfähig herausstellten, einen Konsens herzustellen und die Interessen der Arbeiter durchzusetzen.[153]

Zudem stellten viele Gewerkschafter die Verfolgung der Einführung eines sozialistischen Zukunftsstaates zurück und versuchten, mit praktischer Gegenwartsarbeit zur Lösung konkreter sozialpolitischer Probleme zu gelangen.[154] Entgegen der bisherigen Haltung – *Bebel* hatte 1889 die Arbeiterausschüsse noch als *„konstitutionelles Feigenblatt, mit dem der Fabrikfeudalismus verdeckt werden soll“* bezeichnet[155] – wandten sich die Gewerkschaften bald nach der Jahrhundertwende den Arbeiterausschüssen zu.[156] Nach der Evolutionstheorie *Eduard Bernsteins* betrachteten sie die Ausschüsse nunmehr als sozialistischen Vorposten im Betrieb, als einen Schritt zur Einengung der Unternehmerautonomie und eine wichtige Zwischenstation auf dem evolutionären Weg zu einer gerechten Wirtschafts- und Gesellschaftsordnung.[157] Demnach sollte nach der Demokratisierung der Betriebe und der Regelung der Arbeitsverhältnisse mit dem Arbeitgeber *„der letzte Schritt [...] dann die Uebernahme der Leitung der Production durch die Arbeiterschaft“* sein.[158] Durch die Wahl *„militanter Gewerkschafter“* in die Ausschüsse, wollten sie einen

151 *Teuteberg* S. 482; *Otto*, GMH 1971, 613.
152 *Naumann* S. 294.
153 *Teuteberg* S. 490.
154 *Buuck-Rupp* S. 18 f; *Teuteberg* S. 491.
155 *Buuck-Rupp* S. 17.
156 *Gamillscheg*, AuR 1991, 273.
157 *Teuteberg* S. 491 f.
158 *Legien*, SMH 1900, 112.

Fuß in die Tür bekommen.[159] Folge war, dass durch die neue Unterstützung der Gewerkschaften sich die Arbeiterausschüsse emanzipierten.[160]

VII. Enzyklika Rerum Novarum vom 15. Mai 1891

Papst *Leo XIII.* warnte in seiner Enzyklika *Rerum Novarum* vom 15. Mai 1891 vor den Extremen. Einführend erläuterte er, dass durch die Umwälzungen des vergangenen Jahrhunderts die alten Organisationen der arbeitenden Klassen zerstört und nicht durch neue Einrichtungen ersetzt worden seien. Dadurch seien *„die Arbeiter allmählich der Herzlosigkeit reicher Besitzer und der ungezügelten Habgier der Konkurrenz isoliert und schutzlos überantwortet"* worden. Hinzu sei *„ein gieriger Wucher"* gekommen und *„Produktion und Handel [...] zum Monopol von wenigen geworden"*, so dass *„wenige übermäßig Reiche einer Masse von Besitzlosen ein nahezu sklavisches Joch auflegen"* konnten.[161]

Während er das Unternehmertum geißelte, warnte er auch vor den Sozialisten, die die Besitzlosen aufstachelten. Er wandte sich strikt gegen die sozialistischen Bestrebungen, das Privateigentum aufzuheben und der Allgemeinheit zuzuführen. Dies würde auch nicht der arbeitenden Klasse dienen und sei zudem sehr ungerecht, da es die rechtmäßigen Besitzer vergewaltige.[162]

Ziel des Arbeiters sei es vielmehr, für seine Arbeit einen gerechten Lohn zu erhalten und hiervon neben dem Unterhalt auch Eigentum anschaffen zu können. Da der Lohn sich auf diese Weise zum Eigentum umwandle, hätten die sozialistischen Bestrebungen zur Folge, dass die Arbeiter schlechter gestellt seien als zuvor. Die Sozialisten entzögen den Arbeitern

> *„mit dem Eigentumsrechte die Vollmacht, ihren erworbenen Lohn nach Gutdünken anzulegen, sie rauben ihnen eben dadurch Aussicht und Fähigkeit, ihr kleines Vermögen zu vergrößern und sich durch Fleiß zu einer besseren Stellung emporzubringen. Aber, was schwerer wiegt, das von den Sozialisten empfohlene Heilmittel der Gesellschaft ist offenbar der Gerechtigkeit zuwider, denn das Recht zum Besitze privaten Eigentums hat der Mensch von der Natur erhalten"*.[163]

Papst *Leo XIII.* verurteilte Gewalt und Aufstand und forderte die Unternehmer gleichzeitig dazu auf, würdevolle Verhältnisse für die Arbeiter zu schaffen und sie nicht nur zur Mehrung des eigenen Reichtums auszunutzen. Er erinnerte die Unternehmer daran, dass die irdischen Güter für das Jenseits unbedeutend seien.[164]

---

159 *Gamillscheg*, AuR 1991, 273.
160 *Teuteberg* S. 493; *Schippel*, SMH 1919, 442.
161 *Leo XIII.* Ziff. 2.
162 *Leo XIII.* Ziff. 3.
163 *Leo XIII.* Ziff. 4.
164 *Leo XIII.* Ziff. 16 f.

Den Staat forderte er auf, die Sozialpolitik auszuweiten sowie Pflichten und Rechte der Unternehmer und Arbeiter zu kodifizieren.[165]

F. Veränderungen im Ersten Weltkrieg

I. Pause der Sozialreformen – der politische Burgfrieden

Der Staatssekretär im Reichsamt des Inneren *Clemens von Delbrück* erklärte am 20. Januar 1914, dass es vorerst keine weitere Sozialgesetzgebung geben werde.[166] Er war der Auffassung, dass die bestehenden Sozialgesetze zunächst mit Leben gefüllt werden sollten und dass eine verständige Sozialpolitik in den Grenzen des Wirtschaftlichen bleiben müsse. Hierdurch waren die Sozialreformer[167] in Aufruhr versetzt und sie kamen zu einer Großkundgebung am 10. Mai 1914 nach Berlin.[168] Sie forderten weitere Reformen in der Sozialpolitik und abermals die Einrichtung paritätischer Arbeitskammern.[169] Der Appell war von einer noch nicht da gewesenen Eindringlichkeit, ging aber mit Aufzug des Ersten Weltkrieges und der Woge der nationalen Hochstimmung unter.[170] Schon wenige Tage nach der Mobilmachung wurde zwischen den streitenden Parteien ein politischer Burgfriede geschlossen.[171]

II. Das Hilfsdienstgesetz vom 5. Dezember 1916 (RGBl. S. 1333)

Im Anschluss an die Materialschlachten zu Beginn des Ersten Weltkriegs deuteten sich im Frühjahr und Sommer 1916 Engpässe in der Versorgung der Truppen mit Waffen und Munition an.[172] Gleichzeitig erstarkte die Entente. Hierauf reagierte die neu geformte Oberste Heeresleitung unter *Paul von Hindenburg* und *Erich Ludendorff* mit dem *Gesetz über den vaterländischen Hilfsdienst* (HdG).[173] Ziel war die Erhöhung der Rekrutierungszahlen und die Steigerung der Rüstungsproduktion. Nach § 1 HdG sollte gelten:

> *„Jeder männliche Deutsche vom vollendeten siebzehnten bis zum vollendeten sechzigsten Lebensjahre ist, soweit er nicht zum Dienste in der bewaffneten Macht einberufen ist, zum vaterländischen Hilfsdienst während des Krieges verpflichtet.“*

---

165 *Leo XIII.* Ziff. 27 ff.
166 *Reichold* S. 185; *Teuteberg* S. 499.
167 Darunter waren: *Gustav Schmoller, Franz Hitze, Hans Hermann von Berlepsch, Heinrich Herkner, Arthur Graf v. Posadowsky-Wehner* und *Ernst Francke* sowie die Führer der Gewerkschaften.
168 *Reichold* S. 185 f; *Teuteberg* S. 500.
169 *Teuteberg* S. 501.
170 *Nipperdey*, Bd. 2, S. 778 f.
171 *Nipperdey*, Bd. 2, S. 779 f; *Reichold* S. 186; *Teuteberg* S. 502 f.
172 *Henning*, Bd. 3, S. 50; *Nipperdey*, Bd. 2, S. 794
173 *Gladen* S. 88; *Nipperdey*, Bd. 2, S. 795; *Reichold* S. 188; *Spie* S. 12; *Teuteberg* S. 508 ff.

Diese Regelung stieß auf heftigen Widerstand in der Bevölkerung und im linken Flügel des Reichstages.[174] Unter dem Druck des gravierenden Munitionsmangels wurde schließlich das Gesetz über den vaterländischen Hilfsdienst unter weitreichenden Zugeständnissen gegenüber der Linken bewilligt und trat am 5. Dezember 1916[175] in Kraft.[176] In kriegspolitischer Hinsicht war das Gesetz kein Erfolg.[177] Weder konnten die Rekrutierungszahlen noch die Rüstungsproduktion signifikant gesteigert werden. Für die Sozialpolitik bedeutete es jedoch einen großen Schritt vorwärts und ein *„neues Kapitel in der Geschichte der Mitbestimmung"*[178]:

Nach § 11 Abs. 1 HdG mussten in allen für den vaterländischen Hilfsdienst tätigen Betrieben, in denen in der Regel mindestens fünfzig Arbeiter beschäftigt werden, ständige Arbeiterausschüsse errichtet werden, sofern diese nicht ohnehin bereits nach § 134h GewO bestehen mussten (§ 11 Abs. 2. S. 1 HdG). Die Ausschüsse wurden nach § 11 Abs. 2 S. 2 HdG von den volljährigen Arbeitern aus ihrer Mitte in unmittelbarer und geheimer Wahl nach den Grundsätzen der Verhältniswahl gewählt. Unter denselben Voraussetzungen mussten auch Angestelltenausschüsse gebildet werden (§ 11 Abs. 3 HdG).

Nach § 12 HdG oblag es dem Ausschuss,

> *„das gute Einvernehmen innerhalb der Arbeiterschaft des Betriebs und zwischen der Arbeiterschaft und dem Arbeitgeber zu fördern"* und er hatte *„Anträge, Wünsche und Beschwerden der Arbeiterschaft, die sich auf die Betriebseinrichtungen, die Lohn- und sonstigen Arbeitsverhältnisse des Betriebs und seiner Wohlfahrtseinrichtungen beziehen, zur Kenntnis des Unternehmers zu bringen und sich darüber zu äußern"*.

Bei Streitigkeiten über die Lohn- oder sonstigen Arbeitsbedingungen zwischen dem Arbeitgeber und dem Arbeiterausschuss stand beiden Seiten, sofern eine Einigung nicht zustande kam, das Recht zu, einen Schlichtungsausschuss anzurufen (§ 13 Abs. 1 HdG). Dieser bestand aus einem Beauftragten des Kriegsamtes und aus je drei Arbeitnehmer- und Arbeitgebervertretern. Der Arbeitgeber war nicht an den Schlichtungsspruch gebunden. Ließ er ihn jedoch außer Acht, so hatten die Arbeiter das Recht, von ihm die erforderliche Entlassungsbescheinigung aus seinem Hilfsdienstbetrieb zu verlangen, die zur Einstellung in einem anderen Betrieb erforderlich war (§§ 13 Abs. 3 S. 1, 9 Abs. 1, 2 Abs. 1 HdG). Weigerten sich die Arbeiter, den Spruch des Schlichtungsausschusses zu folgen, so war der Arbeitgeber berechtigt, diese Bescheinigung nicht zu erteilen (§ 13 Abs. 3 S. 2 HdG).

---

174 *Teuteberg* S. 795; *Spie* S. 13.

175 RGBl. S. 1333.

176 *Nipperdey*, Bd. 2, S. 795 f.

177 *Nipperdey*, Bd. 2, S. 796; *Reichold* S. 190.

178 *Gladen* S. 88; *Neumann-Duesberg* S. 30; *Nipperdey*, Bd. 2, S. 796;*Teuteberg* S. 516; *Schippel*, SMH 1919, 444; *Wiese*, JuS 1994, 100.

Auch wenn das Gesetz am 12. November 1918 wieder aufgehoben wurde[179], *„die sozialpolitischen „Nebenbestimmungen“ überdauerten den kriegsbedingten Anlass und begründeten das Prinzip der – freilich staatsabhängigen – sozialen Selbstverwaltung.“*[180]

179 RGBl. S. 1303.
180 *Reichold* S. 188.

Zweiter Teil: Die Weimarer Zeit von 1918 bis 1933

A. Das Stinnes-Legien-Abkommen vom 15. November 1918 (RABl. S. 874)

Nach dem Ende des Ersten Weltkriegs und mit dem Ausbruch der Novemberrevolution vom 9. November 1918 und dem einhergehenden Niedergang der Monarchie und des Kaiserreichs befürchteten die Vertreter der Arbeitgeber die vollständige Sozialisierung der Unternehmen und damit den Verlust ihres Eigentums. Daher schlossen die Arbeitgeberverbände unter Führung von *Hugo Stinnes*[181] mit dem führenden Gewerkschaftsvertreter *Carl Legien*[182] noch vor Errichtung des neuen Staates am 15. November 1918[183] das sog. *Stinnes-Legien*-Abkommen.

Das Abkommen galt vor allem in Hinsicht auf die Gewerkschaften als Paradigmenwechsel, da diese nun von der Industrie als Verhandlungs- bzw. Tarifpartner anerkannt wurden.[184] So heißt es unter Ziff. 1 des Abkommens ausdrücklich:[185]

> *„Die Gewerkschaften werden als berufene Vertretung der Arbeiterschaft anerkannt."*

Auf Betriebsebene wurde unter Ziff. 7 geregelt, dass obligatorische Arbeiter- und Angestelltenausschüsse für Betriebe mit mindestens 50 Beschäftigten errichtet werden müssen. Außerdem wurde unter Ziff. 8 eine maximale Arbeitszeit von acht Stunden pro Tag ohne Lohnkürzung eingeführt und unter Ziff. 4 den Kriegsheimkehrern das Recht auf ihren alten Arbeitsplatz zugestanden.

B. Die Räterepublik – Tarifvertragsverordnung vom 23. Dezember 1918 (RGBl. S. 1456)

Der am 10. November 1918 gebildete Rat der Volksbeauftragten befürwortete die Vereinbarungen des *Stinnes-Legien-Abkommens*, der Rat befürchtete die Machtübernahme durch eine sozialistische Räterepublik nach russischem Vorbild, die mit dem Schlachtruf *„Alle Macht den Räten!"* beworben wurde.[186] Nach Vorstellung dieser extrem linken Revolutionäre sollte ein Betriebsrat die Betriebsführung überwachen

---

181 Ruhrindustrieller u. Verhandlungsführer in der Zentralarbeitsgemeinschaft 1918.

182 Zu dieser Zeit Vorsitzender der Generalkommission der Gewerkschaften Deutschlands.

183 RABl. S. 874; eigentl. *Abkommen der Zentralarbeitsgemeinschaft* genannt.

184 *Hainke* S. 93 ff; *Hartwich* S. 3 ff; *Wiese*, JuS 1994, 101.

185 abgedr. bei *Buuck-Rupp* S. 21.

186 *Richardi* in *Richardi*, BetrVG, 4. Aufl. 2014, Einl. Rz. 10.

und Schritt für Schritt die Funktionen der Betriebsführung übernehmen, so dass schließlich die gesamte Wirtschaft von Betriebsräten geführt würde.[187]

Um dies zu verhindern, machte der Rat der Volksbeauftragten am 23. Dezember 1918 im Rahmen der sog. *Tarifvertragsverordnung* (TVVO)[188] der Linken Zugeständnisse, die über die Vereinbarungen des *Stinnes-Legien-Abkommens* hinausgingen:[189]

Nach § 1 TVVO wurde der Vorrang des Tarifvertrages gegenüber dem Individualarbeitsvertrag festgelegt und eine Möglichkeit für den Reichsminister geschaffen, diesen als allgemeinverbindlich zu erklären. Daneben sollten in allen Betrieben mit mindestens 20 Arbeitern bzw. Angestellten, in denen nicht bereits nach dem Hilfsdienstgesetz oder den Berggesetzen ständige Ausschüsse bestanden, Arbeiter- bzw. Angestelltenausschüsse errichtet werden (§§ 8, 9, 12 TVVO). Dasselbe galt nach § 10 TVVO auch für den öffentlichen Dienst. Die Rechte und Pflichten der Ausschüsse umfassten:

- Die Wahrnehmung wirtschaftlicher Interessen der Arbeiter und Angestellten;
- Die Überwachung der Durchführung der Tarifverträge gemeinsam mit dem Arbeitgeber;
- Die Mitwirkung zur Regelung der Lohn- und Arbeitsbedingungen bei Fehlen eines Tarifvertrags gemeinsam mit den Gewerkschaften.

In § 14 TVVO befanden sich darüber hinaus Schutzvorschriften zur Einhaltung der Rechte des Ausschusses, und schließlich existierte auch eine Regelung über ein Schlichtungsverfahren.

C. Die Weimarer Reichsverfassung vom 11. August 1919 (RGBl. S. 1383)

Auch wenn am 9. November 1918 die Republik proklamiert wurde, kehrte aufgrund starker Verwerfungen innerhalb der Gesellschaft in Deutschland keine Ruhe ein. So kam es im Frühjahr 1919 zu Arbeiterstreiks in weiten Teilen des Landes, die in einem Aufruf zum Generalstreik endeten. Unter anderem forderten die Arbeiter die umgehende Sozialisierung Deutschlands und unter dem Schlachtruf *„Alle Macht den Räten“* die Einrichtung eines Rätesystems.[190]

Um Ruhe und Ordnung wieder herzustellen, sagte die Regierung[191] am 5. März 1919 zu, eine Sozialisierung zu prüfen und das Rätesystem in die Weimarer Verfassung aufzunehmen.[192] Am 31. Juli 1919 wurde die *Weimarer Reichsverfassung* (WRV)

---

187 *Arnold* S. 4; *Buuck-Rupp* S. 22; *Tormin* S. 104.

188 RGBl. S. 1456.

189 *Buuck-Rupp* S. 23; *Dreschers* S. 73; *Hainke* S. 100 ff; *Wiese*, JuS 1994, 101.

190 *Ritter*, HZ 1994, 77 ff.

191 Kabinett Scheidemann.

192 *Friese* S. 324; *Gamillscheg*, AuR 1991, 273; *Ritter*, HZ 1994, 81, *Böhm*, RdA 2013, 194, bezeichnet die Aufnahme des Rätesystems in die WRV als *„Placebo“*.

durch die Nationalversammlung verabschiedet, am 11. August 1919[193] ausgefertigt und trat am 14. August 1919 in Kraft. Art. 7 Nr. 9 WRV ordnete das Arbeitsrecht als eigenes Rechtsgebiet in die konkurrierende Gesetzgebung ein; nach Art 157 Abs. 2 WRV sollte das *Reich* ein einheitliches Arbeitsrecht schaffen. Zudem verordnete die Verfassung in Art. 151 Abs. 3 WRV die Freiheit des Handels und Gewerbes, die Koalitionsfreiheit (Art. 159 WRV) sowie die Vertragsfreiheit in Art. 152 Abs. 1 WRV. Kern der kollektivarbeitsrechtlichen Regelungen war Art. 165 WRV.[194] Dort wurden in Abs. 1 S. 1 die Arbeiter und Angestellten dazu berufen,

> *„gleichberechtigt in Gemeinschaft mit den Unternehmern an der Regelung der Lohn- und Arbeitsbedingungen sowie an der gesamten wirtschaftlichen Entwicklung der produktiven Kräfte mitzuwirken“.*

Gleichzeitig wurden die beiderseitigen Organisationen und ihre Vereinbarungen anerkannt (Abs. 1 S. 2). Zur Wahrnehmung der sozialen und wirtschaftlichen Interessen der Arbeiter und Angestellten sollten nach gesetzlicher Regelung Betriebsarbeiterräte sowie in nach Wirtschaftsgebieten gegliederte Bezirksarbeiterräte und ein Reichsarbeiterrat geschaffen werden, vgl. Art 165 Abs. 2 WRV. Hiermit sollte die Idee der Räterepublik umgesetzt werden, so dass die Räterepublik-Bewegung, die die Übertragung von politischer wie wirtschaftlicher Macht vorsah, in das Korsett einer nur wirtschaftlichen Interessenvertretung gezwängt werden sollte.[195]

Die Gewerkschaften, die nach den Zugeständnissen durch das *Stinnes-Legien-Abkommen* erst anerkannt worden waren, reagierten zunächst irritiert auf die Einführung des Rätesystems, in dem ihnen keine wesentliche Rolle mehr zugekommen wäre. Eine vollständige Umsetzung dieses Rätesystems scheiterte jedoch. Dies auch deshalb, weil die Koalitionsfreiheit es den Gewerkschaften ermöglichte, die wesentlichen Interessen der Arbeiter wahrzunehmen und durchzusetzen, so dass kein Bedarf mehr für die vollständige Umsetzung des Rätesystems bestand. Der Reichswirtschaftsrat, die oberste Stufe des dreistufigen Rätesystems, wurde nur auf vorläufiger Basis gebildet. Zur Einrichtung der mittleren regionalen Stufe kam es nie.[196] Lediglich die Wahl von Betriebsräten wurde durch das Betriebsrätegesetz (BRG) umgesetzt.[197]

---

193 RGBl. S. 1383.
194 *Ritter*, HZ 1994, 73 f; *Spie* S. 13; *Wiese*, JuS 1994, 101.
195 *Gamillscheg*, AuR 1991, 273; *Böhm*, RdA 2013, 194 f.
196 *Böhm*, RdA 2013, 194 f; *Richardi* in Richardi, BetrVG, 14. Aufl. 2014, Einl. Rz. 10.
197 *Buuck-Rupp* S. 25; *Friese* S. 318, 324; *Gamillscheg*, AuR 1991, 273; *Wiese*, JuS 1994, 101; *Böhm*, RdA 2013, 194 f.

D. Das Betriebsrätegesetz vom 4. Februar 1920 (RGBl. S. 147)

Das Betriebsrätegesetz trat am 4. Februar 1920[198] in Kraft. Es umfasste 106 Paragraphen zu denen verschiedene Ausführungsverordnungen[199] ergingen. Damit bestand in Deutschland losgelöst von der Gewerbeordnung erstmals eine eigene und umfassende Regelung der betrieblichen Mitbestimmung für Betriebe jeder Art. Nach Auffassung von *Anton Erkelenz* wurden hierdurch die *„Industrieuntertanen zu Industriebürgern"*, da das Gesetz die kooperative Arbeitsbeziehung begründete.[200] Das Gesetz deckte den Bereich der Betriebsverfassung ab und legte die Zusammensetzung, die Funktionen und die Aufgaben des Betriebsrats fest.[201]

I. Wahlordnung und Gruppenrechte

Nach § 1 BRG 1920 waren zur *„Wahrnehmung der gemeinsamen wirtschaftlichen Interessen der Arbeitnehmer (Arbeiter und Angestellten) dem Arbeitgeber gegenüber und zur Unterstützung des Arbeitgebers in der Erfüllung der Betriebszwecke"* in allen Betrieben mit mindestens 20 Arbeitnehmern Betriebsräte zu errichten. Als Betriebe galten dabei alle Betriebe, Geschäfte und Verwaltungen des öffentlichen und privaten Rechtes (§ 9 BRG 1920). Durch die Formulierung der *„Wahrnehmung der gemeinsamen wirtschaftlichen Interessen der Arbeitnehmer [...] und zur Unterstützung des Arbeitgebers in der Erfüllung der Betriebszwecke"* begegnete das BRG 1920 dem herrschenden Klassenkampf. Da der Gesetzgeber das Wohl der Arbeitnehmer im Gesetzeszweck nicht berücksichtigt hatte, sondern allein den Betriebszweck in den Vordergrund stellte, wurde das BRG 1920 dennoch als Modell konfrontativ gegenüberstehender Parteien betrachtet.[202]

In kleineren Betrieben ab mindestens fünf Arbeitnehmern musste ein Betriebsobmann gewählt werden, der die Interessen der Arbeiter und Angestellten gemeinsam und auch die besonderen Interessen jeder der beiden Gruppen vertreten sollte (§§ 2 Abs. 1, 7 Abs. 2 BRG 1920). Soweit sich Angestellte und Arbeiter nicht auf einen Obmann einigen konnten, sollte in Betrieben mit mehr als fünf Arbeitern und fünf Angestellten jede Gruppe je einen Betriebsobmann stellen, der jeweils die Gruppeninteressen wahrnehmen sollte (§§ 2 Abs. 2, 7 Abs. 1 BRG 1920). Waren beide Parteien in einem Betriebsrat vertreten, so sollten sie jeweils zur Wahrnehmung der speziellen wirtschaftlichen Interessen eigene Arbeiter- beziehungsweise Angestelltenräte bilden (§ 6 BRG 1920).

---

198 RGBl. S. 147–174.

199 RGBl. S. 522; RGBl. S. 563; RGBl. S. 902; RGBl. S. 1139; RGBl. S. 1689.

200 *Kellmann* S. 61.

201 Es war ein Arbeitsgesetzbuch geplant, in dem das BRG aufgehen sollte.

202 *Bulla*, RdA 1965, 121; *Dietz*, RdA 1969, 1; vgl. *Richardi* in: *Richardi*, BetrVG, 14. Aufl. 2014, § 2 Rz. 5.

II. Gruppenräte

Der Betriebsrat sollte als Gremium der Interessenwahrnehmung ein Spiegelbild der im Betrieb Beschäftigten darstellen. Unter Beachtung des Minderheitenschutzes (§ 16 Abs. 2 u. 3 BRG 1920) sollte dies auch für das Verhältnis von Arbeitern und Angestellten gelten (Abs. 1). Den divergierenden Interessen wurde dadurch Rechnung getragen, dass innerhalb der Betriebsräte Arbeiter- und Angestelltenräte gebildet werden mussten (§ 6 BRG 1920). Da sich die Interessen teilweise stark unterschieden, wurde nicht der Betriebsrat zur mächtigen Vertretungsinstanz im Unternehmen, sondern die Gruppenräte.[203] Dies hatte zur Folge, dass die drei Parteien – Arbeiterrat, Angestelltenrat und Arbeitgeber – sich je nach Interessenlage gegenseitig ausspielen konnten.[204]

III. Sprechstunden

In Betrieben mit über 100 Arbeitnehmern war es den Betriebsräten gestattet, eine regelmäßige Sprechstunde einzurichten, in der die Arbeitnehmer Wünsche und Beschwerden vorbringen konnten. Sofern die Sprechstunde innerhalb der Arbeitszeit liegen sollte, musste dies jedoch mit dem Arbeitgeber vereinbart werden (§ 76 BRG 1920).

IV. Mitbestimmung in allgemeinen und sozialen Angelegenheiten

Dem Betriebsrat fielen in allgemeinen und sozialen Angelegenheiten nach § 66 BRG 1920 die folgenden Aufgaben zu:

1. die Betriebsleitung durch Rat zu unterstützen und dadurch mit ihr für möglichst hohe Wirtschaftlichkeit der Betriebsleistungen zu sorgen;
2. an der Einführung neuer Arbeitsmethoden fördernd mitzuarbeiten;
3. für Ruhe im Betrieb zu sorgen und bei Streitigkeiten innerhalb der verschiedenen Interessengruppen, wenn durch Verhandlungen keine Einigung zu erzielen ist, den Schlichtungsausschuss oder eine vereinbarte Einigungs- oder Schiedsstelle anzurufen;
4. die Überwachung der Umsetzung eines anerkannten Schiedsspruches;
5. die Erstellung und Änderung von Dienstvorschriften;
6. das Einvernehmen innerhalb der Arbeitnehmerschaft und zum Arbeitgeber zu fördern;
7. Beschwerden entgegenzunehmen und auf ihre Abstellung in gemeinsamer Verhandlung mit dem Arbeitgeber hinzuwirken;

203 *Arnold* S. 9.
204 *Arnold* S. 10; *Neumann-Duesberg* S. 32.

8. die Bekämpfung von Unfall- und Gesundheitsgefahren und auf die Einhaltung der Unfallverhütungsvorschriften hinzuwirken;
9. die Mitwirkung bei der Verwaltung der Pensionskassen, Werkswohnungen und sonstiger Betriebswohlfahrtseinrichtungen.

Daneben fielen den Vertretern der Arbeitnehmer im Wesentlichen nur Beratungs- und Informationsrechte zu. So hatte der Arbeitgeber nach § 71 BRG 1920 dem Betriebsrat oder dem Betriebsausschuss über alle den Dienstvertrag und die Tätigkeit der Arbeitnehmer berührenden Betriebsvorgänge Aufschluss zu geben und die Lohnbücher sowie die zur Durchführung von bestehenden Tarifverträgen erforderlichen Unterlagen vorzulegen.

V. Mitbestimmung in personellen Angelegenheiten

Auch bei Einstellung und Entlassung von einzelnen Arbeitnehmern sah das BRG 1920 eine Beteiligung der Arbeitnehmervertretung vor, § 78 Nr. 8, 9 BRG 1920. Hinsichtlich der Einstellungen sollten mit dem Arbeitgeber verbindliche Richtlinien erstellt werden können. Abgesehen davon, dass die Einstellung eines Arbeitnehmers nach § 81 Abs. 1 BRG 1920 nicht von seinem Geschlecht, seiner politischen, militärischen, konfessionellen oder gewerkschaftlichen Betätigung, von der Zugehörigkeit oder Nichtzugehörigkeit zu einem politischen, konfessionellen oder beruflichen Verein oder einem militärischen Verband abhängig gemacht werden durfte, gab das Gesetz keine weiteren Inhalte einer solchen Richtlinie vor. An die vereinbarte Richtlinie gebunden, konnte der Arbeitgeber jedoch ohne Mitwirkung des Betriebsrates Einstellungen vornehmen. Nur im Falle eines Richtlinienverstoßes konnte der Betriebsrat einschreiten und bei Uneinigkeit den Weg über ein Schlichtungsverfahren suchen (§§ 82, 83 BRG 1920).

Nach § 84 BRG 1920 stand dem gekündigten Arbeitnehmer das Recht zu, binnen fünf Tagen nach der Kündigung Einspruch zu erheben, wenn der begründete Verdacht vorlag, dass die Kündigung aufgrund einer der in § 81 Abs. 1 BRG 1920 genannten Eigenschaften erfolgte, wenn sie ohne Angabe von Gründen erfolgte, wenn die Kündigung deshalb erfolgte, weil der Arbeitnehmer sich weigerte, dauernd andere Arbeit als die bei der Einstellung vereinbarte zu verrichten oder wenn die Kündigung sich als eine unbillige, nicht durch das Verhalten des Arbeitnehmers oder durch die Verhältnisse des Betriebs bedingte Härte darstellte. Bei einer fristlosen Kündigung musste der Einspruch des Arbeitnehmers gegen die Kündigung darauf gestützt werden, dass ein Grund für eine solche Kündigung nicht vorlag.

VI. Mitbestimmung in wirtschaftlichen Angelegenheiten

Nach § 71 BRG 1920 hatte der Arbeitgeber vierteljährlich einen Bericht über die Lage und den Gang des Unternehmens und des Gewerbes im Allgemeinen und über die Leistungen des Betriebs und den zu erwartenden Arbeitsbedarf im Besonderen zu erstatten. Darüber hinaus hatte der Betriebsrat in Betrieben mit mindestens 300 Arbeitnehmern oder 50 Angestellten einen Anspruch darauf, dass den

Betriebsausschüssen oder den Betriebsräten alljährlich eine „*Betriebsbilanz und eine Betriebs-Gewinn- und -Verlustrechnung für das verflossene Geschäftsjahr*“ spätestens sechs Monate nach Ablauf des Geschäftsjahrs zur Einsichtnahme vorgelegt und erläutert wird (§ 72 BRG 1920).

Bei Einstellung oder Entlassung einer „*größeren Zahl von Arbeitnehmern*“ wegen einer „*Erweiterung, Einschränkung oder Stillegung des Betriebs oder infolge von Einführung neuer Techniken oder neuer Betriebs- oder Arbeitsmethoden*“ war nach § 74 BRG 1920 der Arbeitgeber verpflichtet, sich mit dem Betriebsrat oder dem Betriebsausschuss möglichst längere Zeit vorher über Art und Umfang der erforderlichen Einstellungen und Entlassungen und über die Vermeidung von Härten bei letzteren ins Benehmen zu setzen.

VII. Mitbestimmung auf Unternehmensebene

Zudem sah das BRG auch erstmalig eine Form der Unternehmensmitbestimmung der Arbeitnehmer vor. Die Einführung des § 70 BRG wurde politisch äußerst kontrovers diskutiert.[205] Er lautete:

> „*In Unternehmungen, für die ein Aufsichtsrat besteht und nicht auf Grund anderer Gesetze eine gleichartige Vertretung der Arbeitnehmer im Aufsichtsrate vorgesehen ist, werden nach Maßgabe eines besonderen hierüber zu erlassenden Gesetzes ein oder zwei Betriebsratsmitglieder in den Aufsichtsrat entsandt, um die Interessen und Forderungen der Arbeitnehmer sowie deren Ansichten und Wünsche hinsichtlich der Organisation des Betriebs zu vertreten. Die Vertreter haben in allen Sitzungen des Aufsichtsrats Sitz und Stimme, erhalten jedoch keine andere Vergütung als eine Aufwandsentschädigung. Sie sind verpflichtet, über die ihnen gemachten vertraulichen Angaben Stillschweigen zu bewahren.*“

Am 15. Februar 1922 wurde das *Gesetz über die Entsendung von Betriebsratsmitgliedern in den Aufsichtsrat* erlassen.[206] Wurden nach der Satzung des Unternehmens in den Aufsichtsrat mehr als drei Mitgliedern gewählt, mussten nach § 4 dieses Gesetzes mindestens zwei zusätzliche Mitglieder des Betriebsrats in den Aufsichtsrat entsandt werden. Bei kleineren Aufsichtsräten war ein Betriebsratsmitglied zu entsenden. Eine paritätische Mitbestimmung war nach diesem Modell nicht gegeben, sondern im besten Fall ein Verhältnis der Arbeitnehmervertreter zu den Anteilseignervertretern von einem Drittel zu zwei Dritteln. Trotzdem sind diese Regelungen des BRG und des Gesetzes über die Entsendung von Betriebsratsmitgliedern in den Aufsichtsrat als erste Kodifizierung einer Art Unternehmensmitbestimmung anzusehen.

---

205 Vgl. Parlamentsprotokoll der Nationalversammlung der 136. Sitzung am 14.01.1920 zur Zweiten Lesung des Gesetzesentwurf zum BRG, S. 4203 ff; zu § 70 S. 4215 (Abgeordneter *Bender*), S. 4222 (Abgeordneter *Schwarzer*), S. 4225 f. (Abgeordneter *Weinhausen*), S. 4233 f. (Abgeordneter *Schiele*).

206 RGBl. S. 209.

Die Gewerkschaften forderten jedoch eine weitergehende Demokratisierung der Wirtschaft. So forderte der *Allgemeine Deutsche Gewerkschaftsbund* (ADGB) in seiner *Hamburger Entschließung* 1928:

> *„Die Demokratisierung der Wirtschaft bedeutet die schrittweise Beseitigung der Herrschaft, die sich auf dem Kapitalbesitz aufbaut, und die Umwandlung der leitenden Organe der Wirtschaft aus Organen der kapitalistischen Interessen in solche der Allgemeinheit.“*[207]

VIII. Stellung der Gewerkschaften im Betrieb

In § 8 BRG 1920 wurde ausdrücklich klargestellt:

> *„Die Befugnis der wirtschaftlichen Vereinigungen von Arbeitern und Angestellten, die Interessen ihrer Mitglieder zu vertreten, wird durch die Vorschriften dieses Gesetzes nicht berührt.“*

Damit wurden die Gewerkschaften als Tarifpartner weiterhin anerkannt. Weitere Rechte wurden den Gewerkschaften nicht eingeräumt. Insbesondere wurde darauf verzichtet, den Gewerkschaften bei der Besetzung des Betriebsrates oder einzelner Gremien Initiativ- oder Vorschlagsrechte einzuräumen. Da die Gewerkschaften somit bewusst in Abkehr zum Hilfsdienstgesetz aus den Betrieben ferngehalten werden sollten, ist diese Regelung als Geburtsstunde des *Trennungsprinzips* zu interpretieren. Unter dem *Trennungsprinzip* versteht man die Aufgabenaufteilung der Vertretung der Arbeitnehmerinteressen zwischen Gewerkschaften und dem Betriebsrat. Während die Gewerkschaften die Interessen ihrer Mitglieder gegenüber dem Tarifpartner, den Arbeitgeberverbänden, vertreten, indem sie insbesondere Tarifverträge abschließen und diese notfalls durch Arbeitskämpfe erzwingen, vertritt der Betriebsrat ausschließlich die innerbetrieblichen Interessen der Arbeitnehmer.

IX. Vorbildwirkung des Betriebsrätegesetzes

Aufgrund der umfassenden Regelungen und den Zugeständnissen gegenüber den Arbeitnehmern muss das BRG 1920 nach alledem als Vorbild für die Betriebsverfassungsgesetze von 1952 und von 1972 gesehen werden.[208]

---

207 *Klönne/Reese* S. 166.

208 *Gamillscheg*, AuR 1991, 273.

Dritter Teil: Die Nationalsozialistische Zeit von 1933 bis 1945

Vierzehn Jahre später fand die betriebliche Mitbestimmung und die Unternehmensmitbestimmung nach der Machtübernahme durch die NSDAP mit dem Gesetz zur Ordnung der nationalen Arbeit (AOG) vom 20. Januar 1934[209] ein jähes Ende.[210] Das BRG 1920 wurde zusammen mit seinen Nebengesetzen[211] nach § 65 AOG aufgehoben. Die Gewerkschaften und auch die Arbeitgeberverbände wurden aufgelöst.[212] Einen Tag nach dem *„Tag der nationalen Arbeit"* wurden am 2. Mai 1933 die Führer der Freien Gewerkschaften[213] festgenommen, ihre Häuser besetzt und ihre Mittel eingezogen. Die übrigen Gewerkschaften unterstellten sich der Deutschen Arbeitsfront.[214] In den Betrieben herrschte nunmehr das sog. *„Führerprinzip"*.[215] Ausgeprägt war das Führerprinzip in den §§ 1 und 2 AOG:

> *„Im Betriebe arbeiten der Unternehmer als Führer des Betriebes, die Angestellten und Arbeiter als Gefolgschaft gemeinsam zur Förderung der Betriebszwecke und zum gemeinsamen Nutzen von Volk und Staat."*

Der Unternehmer als Führer sollte in allen betrieblichen Angelegenheiten gegenüber der Gefolgschaft entscheiden und für sie sorgen. In Betrieben mit mindestens 20 Arbeitnehmern wurden *„Vertrauensräte"* gebildet (§ 5 Abs. 1 AOG), sie sollten das Äquivalent zu den Betriebsräten darstellen. Die Mitglieder der Vertrauensräte mussten im Sinne der nationalsozialistischen Ideologie politisch zuverlässig sein (§ 8 AOG). Um dies sicherzustellen, wurden die Wahlvorschläge vom sog. *„Führer des Betriebes"* (= Arbeitgeber) im Einvernehmen mit der Nationalsozialistischen Partei[216] bestimmt.[217] Die sog. *„Gefolgschaft"* (= Arbeitnehmer) wählte anschließend geheim *ihre* Vertreter (§ 9 Abs. 1 AOG). Sofern Uneinigkeit bei der Benennung des

---

209 RGBl. I S. 45; dasselbe galt für den öffentlichen Dienst, RGBl. I S. 220, 300, 352.

210 *Kranig* S. 38; *Flohr* S. 23; *Reichold* S. 338; *Rüthers,* AuR 1970, 98; *Wiese,* JuS 1994, 102; *Wiese* in: GK-BetrVG, Bd. I, 10. Aufl. 2014, Einl. Rz. 15.

211 Darunter die Tarifvertragsverordnung (§ 65 Nr. 6 AOG) und die Schlichtungsverordnung (§ 65 Nr. 7 AOG), was zur Beseitigung des gesamten kodifizierten kollektiven Arbeitsrechts führte.

212 *Dreschers* S. 91; *Reichold* S. 337; *Richardi* in MünchHdbArbR, 3. Aufl. 2009, § 2 Rz. 35.

213 Die Freien Gewerkschaften waren die sozialistisch orientierten Gewerkschaften, die nach Aufhebung des Sozialistengesetzes im Jahr 1890 neuentstanden waren.

214 *Dreschers* S. 91 f.

215 *Flohr* S. 23; *Reichold* S. 336 ff; *Rüthers,* AuR 1970, 99; *Nikisch,* RdA 1962, 362; *Wiese* in: GK-BetrVG, Bd. I, 6. Aufl. 1997, Einl. Rz. 15.

216 Obmann der NSBO.

217 *Kranig* S. 38 f.

Vertrauensrats zwischen dem Führer des Betriebs und der Gefolgschaft bestand, sollte der staatliche Reichstreuhänder der Arbeit[218] (§§ 18 ff. AOG) den Vertrauensrat ernennen. In diesen Fällen hatten die Arbeitnehmer auf die Ernennung keinen Einfluss.

Darüber hinaus fielen dem Rat nur noch beratende Funktionen zu (§§ 6 Abs. 2, 17, 28 Abs. 2, § 56 Abs. 2 AOG). Betriebsordnungen (= Arbeitsordnungen) wurden wieder einseitig vom Unternehmer erlassen (§§ 26 ff. AOG) und ab dem 1. April 1938 wurde mit dem Inkrafttreten des Gesetzes über die Verlängerung der Amtsdauer der Vertrauensräte[219] die in § 9 AOG zugesagte jährliche Neubesetzung ausgesetzt. Der Vertrauensrat war mit dem Betriebsrat des BRG 1920 nicht mehr zu vergleichen. Durch die Besetzung mit vom Arbeitgeber ausgewählten NSDAP-Mitgliedern oder politisch Gleichgesinnten verkam der Vertrauensrat vom Mitbestimmungs- zum politischen Überwachungsorgan. Ziel war es, das Arbeitsleben zu lenken, um besonders in der Kriegsindustrie Arbeiteraufstände wie 1918 zu vermeiden. Schließlich wurde auch die Dienstverpflichtung eingeführt und mit Ausbruch des Krieges die freie Wahl des Arbeitsplatzes und später auch die Gestaltungsfreiheit für die Regelung des Arbeitsverdienstes beseitigt.[220]

Dies war ein erheblicher Rückschritt gegenüber dem BRG 1920.

---

218 An Weisungen der Reichsregierung gebundener Vertreter der durch das *Gesetz über Treuhänder der Arbeit vom 19. Mai 1933* (RGBl. I S. 285) legitimiert wurde und auch für die Aushandlung von Tarifverträgen zuständig war. Das Treuhändergesetz beseitigte die Koalitionsfreiheit und stellte faktisch mithin auch ein Streikverbot dar.

219 RGBl. I S. 358.

220 *Richardi:* in MünchHdbArbR, 3. Aufl. 2009, § 2 Rz. 36.

Vierter Teil: Die Besatzungszeit von 1945 bis 1949

A. Beibehaltung des NS-Rechts

Nach der Beseitigung des nationalsozialistischen Regimes, das die freiheitsrechtlichen Grundlagen der Arbeitsverfassung abgeschafft und damit das Rad der Geschichte der betrieblichen Mitbestimmung zurückgedreht hatte, galt es nun, die Betriebsverfassung wieder gesetzlich zu verankern. Die alliierte Militärregierung hielt jedoch zur Ordnung der Verhältnisse zunächst an den bestehenden Gesetzen des NS-Regimes fest. Gewerkschaften wurden zwar wieder zugelassen, und es bildeten sich auch Arbeitgeberverbände; der Abschluss von Tarifverträgen war jedoch durch die noch in Kraft befindlichen NS-Gesetze nur in engen Grenzen möglich.[221]

Erst mit dem Kontrollratsgesetz Nr. 40 (KRG Nr. 40) vom 30. November 1946[222] wurde das AOG aufgehoben,[223] ohne dass gleichzeitig der frühere Rechtszustand aus der Weimarer Zeit wiedergeherstellt wurde. Jedoch wurde faktisch die Geltung des BRG 1920 und der Gewerbeordnung unterstellt, so dass die Arbeitsgerichte dazu übergingen, die alten Bestimmungen bei ihren Entscheidungen heranzuziehen.[224] So fanden bereits im Herbst 1945 in einigen Unternehmen wieder Betriebsratswahlen auf Grundlage des BRG 1920 statt.[225] Schon zuvor, ab dem 18. August 1945, hatte die britische Militärregierung mit dem Aushang von Plakaten in Betrieben dazu aufgerufen, nach angegebenen demokratischen Grundsätzen Sprecher aus der Mitte der Arbeiterschaft im Betrieb zu wählen.[226] Da nach § 70 BRG Betriebsratsmitglieder in den Aufsichtsrat zu entsenden waren, ist davon auszugehen, dass auch die Unternehmensmitbestimmung im Anschluss an die Wahl von Betriebsräten nach dem BRG wieder auflebte.

B. Das Kontrollratsgesetz Nr. 22 vom 10. April 1946 (Amtsblatt des Kontrollrats in Deutschland S. 133)

Eine erste gesetzliche Regelung zur Betriebsverfassung im Nachkriegsdeutschland schaffte das *Kontrollratsgesetz Nr. 22 vom 10. April 1946*[227]. Hierdurch wurde erstmals

221 *Richardi* in: MünchHdbArbR, 3. Aufl. 2009, § 2 Rz. 38.
222 Amtsblatt des Kontrollrats in Deutschland S. 229.
223 *Schleyer*, DB 1962, 1306.
224 *Flohr* S. 23; *Landmann/Rohmer*, GewO, Bd. 1, Teil 1, 10. Aufl. 1953, S. 359; *Teuteberg*, ZUG Beiheft 19, S. 60.
225 *Wiese*, JuS 1994, 102; *Wiese* in: GK-BetrVG, Bd. I, 10. Aufl. 2014, Einl. Rz. 17.
226 *E. Schmidt* S. 30 f.
227 Amtsblatt des Kontrollrats in Deutschland S. 133.

nach dem Krieg eine für alle Besatzungszonen geltende rechtliche Regelung für das Betriebsverfassungsrecht geschaffen.[228] Eine Betriebsverfassung, die dem Betriebsrat weitreichende Rechte zugestand wie das BRG 1920, war den Besatzungsmächten aber fremd und fand dort keinen Anklang. Daher wurde auf eine umfassende Regelung verzichtet und lediglich ein Grundgerüst in Form eines Rahmengesetzes erlassen,[229] das sich im Wesentlichen auf wenige Wahl- und Organisationvorschriften beschränkte[230]. In Art. I KRG Nr. 22 wurde dementsprechend nur die fakultative Einrichtung eines Betriebsrats verankert.[231] Die den Besatzungsmächten eher bekannten Gewerkschaften wurden im Gegensatz zur Weimarer Zeit nicht nur anerkannt, sondern abweichend von dem strengen Trennungsprinzip des BRG 1920 in den Betrieb integriert:

> *„Die Betriebsräte führen ihre Aufgaben in Zusammenarbeit mit den anerkannten Gewerkschaften aus.“* (Art. VII KRG Nr. 22.)

> *„Anerkannte Gewerkschaften können an der Bildung der vorbereitenden Ausschüsse und an der Organisation der Wahlen zu Betriebsräten teilnehmen und Kandidaten für den Betriebsrat aus den Reihen der Arbeiter und Angestellten des betreffenden Betriebes aufstellen.“* (Art. IV Abs. 2 KRG Nr. 22.)

Vom großen Einfluss, den das BRG 1920 den Betriebsräten zugestanden hatte, war das KRG Nr. 22 jedoch weit entfernt. Angelehnt an das amerikanische *collective bargaining* Modell wurde den Betriebsräten lediglich ein Verhandlungsmandat zugestanden, das es ihnen erlaubte, den Arbeitgeber zu verschiedenen Themen wie Arbeitsschutz, soziale Einrichtungen, Produktionsweisen, Beschwerden, Einstellungen und Entlassungen zu informieren und zu beraten und darüber hinaus mit ihm (Betriebs-)Vereinbarungen diesbezüglich zu treffen (Art. V KRG Nr. 22).[232] Hierdurch sollte das unechte Rahmengesetz einzelbetrieblich mit Leben gefüllt werden können. Die (Betriebs-)Vereinbarungen waren jedoch rein privatrechtlicher Natur, zu deren Abschluss kein Zwang bestand. Doch selbst wenn es zum Abschluss einer Vereinbarung kam, war deren Einhaltung nicht selbstverständlich. Zur Durchsetzung dieser Vereinbarungen blieb den Betriebsräten nur eine Klage auf das aus der Vereinbarung resultierende Recht, ohne dass das Urteil eine Auswirkung auf die entgegen der Vereinbarung getroffene Entscheidung gehabt hätte.[233]

228 *Fitting*, RdA 1948, 89; *Schleyer*, DB 1962, 1306.
229 *Erdmann*, BetrVG, 2. Aufl. 1954, Überblick S. 22; *Wiese*, JuS 1994, 102; wobei es sich um kein Rahmengesetz handelt, hierzu *Fitting*, RdA 1948, 89; *Schleyer*, DB 1962, 1306.
230 *Schleyer*, DB 1962, 1306.
231 *Erdmann*, BetrVG, 2. Aufl. 1954, Überblick S. 22.
232 *Reichold* S. 360 ff.
233 *Fitting*, RdA 1948, 90.

Das KRG Nr. 22 schloss daher nicht die Lücke, die durch die Abschaffung des BRG 1920 entstanden war.[234] Auf Grund dieser ungenügenden Regelung und durch einen Beschluss der norddeutschen Unternehmerverbände, etwaige Forderungen nach Ausweitung einzelbetrieblicher Mitbestimmung durch Abschluss von (Betriebs-)Vereinbarungen nach dem sog. *collective bargaining* Modell abzulehnen, kam es in mehreren Unternehmen im November 1946 zu Arbeitskämpfen.[235]

Als Folge dieser Unruhen und in Ausführung des *collective bargaining* Modells entstanden Vertragsmuster für (Betriebs-)Vereinbarungen,[236] die in von Arbeitskämpfen betroffenen Unternehmen von Arbeitgebervertretern und Gewerkschaften vorgelegt wurden.[237] Die Vertragsmuster erweiterten und konkretisierten die Rechte des Betriebsrates, wobei die von den Gewerkschaften vorgelegten Regelungen deutlich weiter gingen als die der Arbeitgebervertreter. Aber auch schon das Vertragsmuster der Arbeitergebervertreter stärkte die Rechte des Betriebsrats immens. So war ein Schiedsgerichtsverfahren unter paritätischer Beteiligung vorgesehen, bei dem auch ein unparteiischer Vorsitzender hinzugezogen werden konnte. Der Spruch der Schiedsstelle sollte bindend sein.[238] Zudem wurden dem Betriebsrat vierteljährliche Informationsrechte über Lage und Gang des Unternehmens eingeräumt. Außerdem sollte der Betriebsrat zwei Mitglieder in den Aufsichtsrat entsenden können, die aber im Gegensatz zum BRG 1920 kein Stimm-, sondern nur noch ein Teilnahme- und Auskunftsrecht haben sollten.[239]

Demgegenüber sah das Vertragsmuster der Gewerkschaften auf betrieblicher Ebene weitergehende Informationsrechte des Betriebsrats vor. So sollten Lohnbücher, Gehaltslisten, Personalakten, Bilanzen sowie Gewinn- und Verlustrechnungen der letzten fünf Jahre vorgelegt werden. Diese sollten so aufgeschlüsselt und erläutert sein, dass der Betriebsrat einen vollständigen Einblick über das Unternehmen erlangen konnte. Außerdem sollte ihm das Recht zustehen, auf Kosten des Betriebes durch einen Prüfer einen Prüfungsbericht erstellen zu lassen. Neben diesen Informationsrechten sollte der Betriebsrat auch bei Versetzungen und Beförderungen mitbestimmen. Auf Unternehmensebene sah das Vertragsmuster der Gewerkschaften ursprünglich auch eine paritätische Besetzung eines etwaigen Aufsichtsrates mit stimmberechtigten Arbeitnehmervertretern vor. Auf Einspruch der Alliierten hatten die Gewerkschaften ihr Vertragsmuster diesbezüglich jedoch an den Art. 6

234 *Fitting*, RdA 1948, 90.
235 Vgl. *Arnold* S. 19 ff.
236 *Zigan* S. 53 ff mit Musterbeispielen.
237 *Buuck-Rupp* S. 40 f.
238 *Zigan* S. 54; *Arnold* S. 21.
239 *Zigan* S. 55; *Arnold* S. 21.

Abs. 3 KRG Nr. 22[240] angepasst, der für die Unternehmensmitbestimmung ebenfalls lediglich ein Teilnahme- und Informationsrecht vorsah.[241]

In der britischen Besatzungszone kam es in der ersten Hälfte des Jahres 1947 zu 21 Betriebsvereinbarungen zwischen den Arbeitgebern und den Betriebsräten auf Grundlage von Kompromissen zwischen den beiden Vertragsentwürfen, die teilweise mit Streiks durchgesetzt wurden. Obwohl es ansonsten nur zu kleineren Streiks[242] nach Einführung des KRG Nr. 22 bis zum Ende des Jahres 1947 kam, wurde klar, dass das KRG Nr. 22 als unechtes Rahmengesetz keiner vertraglichen, sondern einer gesetzlichen Ausgestaltung bedurfte.

C. Einzelne Ländergesetze

Diese Ausgestaltung wurde mangels gemeinsamer Legislativgewalt durch die einzelnen Länder vorgenommen. Dabei entwickelten sich die Westzonen und die Ostzone in unterschiedliche Richtungen.[243] In der Ostzone wurde keine Konkretisierung des KRG Nr. 22 vorgenommen.[244] In den Ländern der Westzonen wurden teilweise sehr unterschiedliche Gesetze erlassen.[245] Einige Länder[246] verankerten das Mitbestimmungsrecht in ihrer Verfassung und setzten sie durch Betriebsrätegesetze um.[247] In der Regel entsprachen die Regelungen einer Fortentwicklung der Gedanken des BRG 1920. Durch die unterschiedlichen Strukturen der Länder kam es dabei aber auch zu gravierenden Abweichungen, die eine Rechtszersplitterung zur Folge hatte.[248]

---

240 Art. 6 Abs. 3 KRG Nr. 22: „*Der Betriebsrat und der Arbeitgeber treffen ein Übereinkommen über den Inhalt der dem Betriebsrat zu unterbreitenden Berichte und über Tag und Stunde von Zusammenkünften. Ein solches Übereinkommen kann die Anwesenheit von Vertretern des Betriebsrates bei Zusammenkünften der leitenden Organe des Betriebes zu Informationszwecken vorsehen.*“

241 *E. Schmidt* S. 93; *Arnold* S. 22.

242 31 Streiks mit 2.431 Beschäftigten; vgl. hierzu E. *Schmidt* S. 94.

243 *Richardi* in: *Richardi,* BetrVG, 14. Aufl. 2014, Einl. Rz. 13.

244 Vgl. Seite 61.

245 In Hamburg, Niedersachen und Nordrhein-Westfalen wurden keine weiteren Gesetze neben dem KRG Nr. 22 geschaffen; *Erdmann,* BetrVG, 2. Aufl. 1954, Überblick S. 22; *Richardi* in: *Richardi,* BetrVG, 14. Aufl. 2014, Einl. Rz. 15; *Reichold* S. 360 ff; *Wiese,* JuS 1994, 102.

246 So in Baden, Bayern, Bremen, Hessen, Rheinland-Pfalz, Schleswig-Holstein, Württemberg-Baden, Württemberg-Hohenzollern.

247 *Arnold* S. 24.

248 *Erdmann,* BetrVG, 2. Aufl. 1954, Überblick S. 22; *Wiese* in: GK-BetrVG, Bd. I, 10. Aufl. 2014, Einl. Rz. 18; *Richardi* in: *Richardi,* BetrVG, 14. Aufl. 2014, Einl. Rz. 15; *Wiese,* JuS 1994, 102.

D. Vereinbarung zwischen der Treuhandverwaltung in der britischen Besatzungszone und den Gewerkschaften

Nachdem die Alliierten (die Engländer) das Ruhrgebiet besetzt hatten, kontrollierten sie dort die Produktion aller Bergwerke und übten Eigentümerrechte aus. Später sollte die beschlagnahmte Schwerindustrie gegebenenfalls der öffentlichen Hand zum Besitz und zur Kontrolle zurückübertragen werden. Bis dahin unterstand sie den treuhänderischen Kontrollbehörden *North German Coal Control* (NGCC) und *North German Iron and Steel Control* (NGISC).[249] Der Leiter der NGISC, *William Harris-Burland*, lud den deutschen Leiter der Treuhandverwaltung, *Heinrich Dinkelbach*, und die Gewerkschaftsführung, u. a. *Hans Böckler*, im Herbst 1946 zu Gesprächen ein, die bis in den Januar 1947 fortgesetzt wurden. *Böckler*, der zu dieser Zeit Abgeordneter des Nordrhein-Westfälischen Landtags war und sich um den Wiederaufbau der Gewerkschaften bemühte, forderte in einem dieser Gespräche am 15. Oktober 1946 vom NGISC

> *„die verantwortliche Einschaltung der Arbeitnehmerschaft bei dem Wiederaufbau und der Neuordnung der Eisen- und Stahlindustrie durch Beteiligung bei der Besetzung der Vorstände und Aufsichtsräte"*.

Da die Gewerkschaften bereits kurz nach der Machtergreifung aufgelöst und verboten worden waren und damit im Gegensatz zur Schwerindustrie nicht mit dem Dritten Reich kollaboriert hatten, gingen die Engländer auf die Vorschläge *Böcklers* ein.[250][251]

Die Vereinbarung zwischen der NGISC und den Gewerkschaften sah eine paritätische Besetzung des Aufsichtsrats mit Arbeitgeber- und Unternehmensvertretern und einen Arbeitnehmervertreter als gleichberechtigtes Vorstandsmitglied, den sog. *Arbeitsdirektor*, zuständig für Personal und soziale Fragen, vor.

Bei der Entflechtung (Dekartellisierung) der Großkonzerne und Gründung neuer Gesellschaften zogen demzufolge 24 von den Arbeitnehmervertretern im Aufsichtsrat gewählte Arbeitsdirektoren in die Vorstände ein. Die Aufsichtsräte bestanden aus elf Mitgliedern, von denen je fünf auf die Arbeitnehmer- und Unternehmerseite entfielen. Drei der Unternehmervertreter wurden von den Konzernen vorgeschlagen, einer vom Vorstand bestimmt und einer von der öffentlichen Hand gewählt. Die Arbeitnehmerseite setzte sich aus zwei Betriebsratsmitgliedern (je ein Arbeiter und ein Angestellter), zwei Gewerkschaftsmitgliedern (je ein Vertreter von DGB

---

249 *Buuck-Rupp* S. 41; *E. Schmidt* S. 75; *Teuteberg*, ZUG Beiheft 19, S. 48.

250 *Buuck-Rupp* S. 41 f; *E. Schmidt* S. 76; *Teuteberg*, ZUG Beiheft 19, S. 48 f.

251 Umstritten ist, ob Ziel der Engländer durch die Unternehmensmitbestimmung die Lähmung der deutschen konkurrierenden Wirtschaft war, oder ob es das Ziel war, die Arbeiter durch die Unternehmensmitbestimmung zur Steigerung der Produktion zu motivieren, um mit den Gewinnen den englischen Haushalt durch die Kosten der Besatzung zu entlasten.

u. IG-Metall) und ebenfalls einem Vertreter der öffentlichen Hand zusammen. Das elfte Mitglied wurde von der North German Iron and Steel Control bestimmt.[252]

Die Gewerkschaften waren ob des Geschenks der britischen Militärregierung überrascht. Einige Industrielle wie *Karl Jarres* von der Klöckner-Werke AG oder auch *Hermann Reusch* von der Gutehoffnungshütte AG standen der Idee, die öffentliche Hand und Arbeitnehmervertreter in die Aufsichtsräte aufzunehmen, wohlwollend gegenüber. Dies aber wahrscheinlich mit dem Kalkül, einerseits bei der Entflechtung gemeinsam mit den Gewerkschaften einer Zersplitterung entgegenzuwirken und andererseits, um den Forderungen der Gewerkschaften nach Sozialisierung entgegen zu kommen, um so diesen Forderungen den Wind aus den Segeln zu nehmen.[253]

252 *Buuck-Rupp* S. 42; *Teuteberg*, ZUG Beiheft 19, S. 50.
253 *Buuck-Rupp* S. 39 f.; *E. Schmidt* S. 74; *Teuteberg*, ZUG Beiheft 19, S. 50 f.

Fünfter Teil: Mitbestimmung nach Gründung der Bundesrepublik Deutschland von 1949 bis 1952

Die zum Teil erheblichen Unterschiede in den Regelungen der Länder und die ausfüllungsbedürftigen Normen des KRG Nr. 22 machten schon aus wirtschaftlichen Gründen eine umfassende einheitliche Regelung nach Gründung der Bundesrepublik Deutschland erforderlich. Daher stand die Neuordnung der Betriebsverfassung in den Wahlprogrammen fast aller Parteien bei der Wahl zum ersten Deutschen Bundestag.[254] Nach dem Wahlsieg hatte Bundeskanzler *Konrad Adenauer* in seiner Regierungserklärung vom 20. September 1949[255] angekündigt, die Rechtsbeziehungen zwischen Arbeitgebern und Arbeitnehmern zeitgemäß durch ein Gesetz neu zu ordnen.[256] Im Zuge dieser Neuordnung sollte auch das KRG Nr. 22 abgelöst werden. *Adenauer* stellte klar, dass im Vordergrund nicht eine gesetzliche Regelung, sondern die Befriedung des Verhältnisses zwischen Arbeitnehmern und Arbeitgebern stünde.[257] Nach seiner und der Auffassung des Bundesarbeitsministers *Anton Storch*[258], der selbst ehemals christlicher Gewerkschafter war, sollten daher die Sozialpartner in den Dialog treten und der Regierung Vorschläge unterbreiten, bevor die Bundesregierung einen eigenen Gesetzesvorschlag vorlegen würde.[259] Die Vorstellungen der Sozialpartner, wie dies zu verwirklichen sei, gingen jedoch weit auseinander.[260]

A. Das Scheitern der Hattenheimer Gespräche

Die Sozialpartner, mit *Storch* als Vorsitzendem, trafen sich zum ersten Mal in Hattenheim bei den sog. *Hattenheimer Gesprächen* im März 1950, die in Bonn und Maria Laach fortgeführt wurden.[261] Auf eine überbetriebliche paritätische Mitbestimmung in Form eines Bundeswirtschaftsrates und Wirtschaftskammern konnte man sich schnell einigen. Probleme bereiteten vielmehr die betriebliche und die

---

254 *Schleyer*, DB 1962, 1306.
255 BT-Prot. Bd. 1, S. 26.
256 *Wiese*, JuS 1994, 103.
257 So zuletzt *Adenauer* in einer Besprechung v. 24.05.1950 mit dem Bundesarbeits- u. Bundeswirtschaftsminister als Reaktion auf den selbständigen Gesetzesentwurf der CDU/CSU-Fraktion *Entwurf eines Gesetzes über die Mitbestimmung der Arbeitnehmer im Betrieb* (BT-Drs. I/970).
258 *Anton Storch*, MdB, CDU, Niedersachsen.
259 *Buuck-Rupp* S. 51; *Teuteberg*, ZUG Beiheft 19, S. 60; *Schleyer*, DB 1962, 1306.
260 Zu den Positionen der Gewerkschaften, Unternehmer u. Kirchen ausführlich *Arnold* S. 43 ff.
261 *Wiese*, JuS 1994, 103.

Unternehmensmitbestimmung. Die Gewerkschaften forderten einerseits weitreichende Mitbestimmungsrechte in sämtlichen Angelegenheiten für den Betriebsrat, andererseits, und noch vordringlicher, die Integration der Gewerkschaften in den Betrieb, auch im Rahmen einer paritätischen Unternehmensmitbestimmung. Hieran hatten die Unternehmer kein Interesse. Sie versuchten stattdessen, über gewisse Zugeständnisse bei der betrieblichen Mitbestimmung einen Kompromiss herbeizuführen. Sie boten den Arbeitnehmervertretern ein volles Mitbestimmungsrecht der Betriebsräte in sozialen Angelegenheiten an. In personellen Fragen schlugen die Unternehmer ein Mitwirkungs- oder Einspruchsrecht und in wirtschaftlichen Angelegenheiten ein Informationsrecht des Betriebsrats vor.[262] Hinsichtlich der Einbeziehung der Gewerkschaften in die Aufgaben des Betriebsrats wollten die Unternehmer am Trennungsprinzip aus Weimarer Zeiten festhalten. Abgesehen davon lehnten sie eine Unternehmensmitbestimmung nach dem Beispiel der entflochtenen Unternehmen[263] ab.[264]

Während die Sozialpartner bemüht waren, *„Annäherung der beiderseitigen Auffassungen“*[265] öffentlich zu signalisieren, trat das Scheitern des Dialogs spätestens mit der Erklärung des Deutschen Gewerkschaftsbunds (DGB) vom 18. Juli 1950 zu Tage. Der DGB machte die Unternehmervertreter für das Scheitern der Verhandlungen verantwortlich und drohte gleichzeitig mit *„gewerkschaftlichen Kampfmitteln“* zur Durchsetzung seiner Ziele.[266] Die Vertreter der Unternehmer drückten tags darauf ihr Bedauern über die *„überraschende Wendung vom Geist der sozialen Gemeinschaft zur offenen Drohung mit Kampfmaßnahmen“*[267] aus. Die Gespräche zwischen den Sozialpartnern in Hattenheim, Bonn und Maria Laach galten mithin als gescheitert.

I. Tendenzen der Gewerkschaften

Der Streit ging für die Gewerkschaften über die Regelung einer Betriebsverfassung hinaus. Wichtiger als die Schaffung eines neuen Betriebsrätegesetzes war für die Gewerkschaften eine *Neuordnung der deutschen Wirtschaft.* Auf seinem Gründungskongress im Oktober 1949[268] hatte der DGB folgende wirtschaftspolitischen Grundsatzforderungen aufgestellt:

262 *Teuteberg*, ZUG Beiheft 19, S. 61.
263 Vgl. S. 41.
264 *Buuck-Rupp* S. 46.
265 Amtliches Kommuniqué v. 24.05.1950 abgedr. in RdA 1950, 223.
266 Zusammenfassung der weiteren Entwicklungen der Verhandlungen abgedr. in RdA 1950, 267 ff.
267 Zusammenfassung der weiteren Entwicklungen der Verhandlungen abgedr. in RdA 1950, 268.
268 *Buuck-Rupp* S. 34 f; DGB, Protokoll: Gründungskongress des Deutschen Gewerkschaftsbundes S. 318.

1. *„Überführung der Schlüsselindustrien in Gemeineigentum, insbesondere des Bergbaus, der Eisen- und Stahlindustrie, der Großchemie, der Energiewirtschaft, der wichtigen Verkehrseinrichtungen und der Kreditinstitute.*
2. *Mitbestimmung der organisierten Arbeiternehmer in allen personellen, wirtschaftlichen und sozialen Fragen der Wirtschaftsführung und Wirtschaftsgestaltung.*
3. *Eine Wirtschaftspolitik, die unter Wahrung der Würde freier Menschen die volle Beschäftigung aller Arbeitswilligen, den zweckmäßigsten Einsatz aller volkswirtschaftlich wichtigen Bedarfs sichert.“*

Auf Basis dieser Zielrichtung des DGB-Gründungskongresses und eines Grundlagenpapieres im Anschluss an die erste Verhandlungsrunde in Hattenheim legte der DGB am 22. Mai 1950[269] den *Gesetzesentwurf zur Neuordnung der deutschen Wirtschaft* (GNDW) vor. Regelungen zur Betriebsverfassung enthielt das GNDW nicht. Vorerst sollte wieder das BRG 1920 in Kraft treten. Nach der Präambel sollte erreicht werden, *„daß Arbeit und Kapital gleichberechtigte Faktoren der Wirtschaft sind“*[270].

Im ersten Teil des Gesetzes wurde vorgeschlagen, dass in jedem größeren Unternehmen[271], gleich welcher Rechtsform, ein Aufsichts- bzw. Beirat einzurichten sei (§ 1 GNDW). Hierbei sollte die Hälfte der Sitze auf Vorschlag der Gewerkschaften besetzt werden, von denen wiederum die Hälfte Betriebsratsmitglieder sein sollten (§§ 3, 4 GNDW). Unterhalb dieses Gremiums sollten paritätische fachspezifische Wirtschaftsausschüsse gebildet werden, die die Geschäftsführung beraten sollten (§ 7 GNDW). Auch hier räumten sich die Gewerkschaften einen Vorbehalt bei der Besetzung des Arbeitnehmervertreteranteils ein (§ 8 GNDW). In kleineren Betrieben (Mittelbetrieben), die gesellschaftsrechtlich ein Aufsichtsorgan besaßen, sollten die Betriebsräte zwei stimmberechtigte Vertreter aus ihrer Mitte dorthin entsenden.[272]

Im zweiten Teil des Gesetzes wurde ein Mitbestimmungsrecht der Arbeitnehmer in Organisationen der Wirtschaft vorgeschlagen. So sollten als Körperschaften des öffentlichen Rechts Wirtschaftskammern, Handelskammern, Landeswirtschaftskammern und ein Bundeswirtschaftsrat, paritätisch besetzt durch die Gewerkschaften, die wirtschaftliche Mitbestimmung auf überbetrieblicher Ebene sichern (§§ 17 ff. GNDW).

Neben dieser einfachgesetzlichen Regelung forderte der DGB, die Mitbestimmung auf betrieblicher und überbetrieblicher Ebene als unteilbares Ganzes anzusehen und

269 DGB-Entwurf v. 22.05.1950, abgedr. in RdA 50, 227; weitgehend ähnlich der Gesetzesentwurf der SPD-Fraktion zur Neuordnung der Wirtschaft, BT-Drs. I/1229.

270 *Arnold* S. 55.

271 = jedes Unternehmen, das mehr als 300 Arbeitnehmern oder in der Reichsmark-Schlussbilanz einen Betrag von drei Millionen RM oder DM verzeichnete oder verzeichnen werden würde.

272 Ab 20 Arbeitnehmern sollten auch hier Wirtschaftsausschüsse gebildet werden; vgl. hierzu *Arnold* S. 57 bzw. § 13 GNDW.

insofern in einem umfassenden Gesetz zu regeln.[273] Im Ergebnis sollte mithin die Mitbestimmung innerhalb der Betriebs- und Unternehmensordnung als Grundlage für eine Beteiligung der Gewerkschaften an allen Stufen einer vertikal konzipierten *Wirtschaftsdemokratie* dienen.[274]

II. Tendenzen der Arbeitgeber

Zu derart weitgehenden Zugeständnissen waren die Unternehmer nicht bereit. Nach der Aufbauphase der Nachkriegszeit sahen sich die Unternehmer zunehmend gestärkt. Die anfänglichen Forderungen der Bevölkerung nach Sozialisierung ließen durch die zunehmende Stabilisierung des Staats und den Aufschwung der Wirtschaft nach. So waren die Unternehmer zwar generell zu Zugeständnissen auf dem Gebiet der Mitbestimmung bereit, doch sollten diese nicht so weit gehen, dass ihnen die unternehmerische Freiheit genommen würde. Daher meldete der Gemeinschaftsausschuss der deutschen gewerblichen Wirtschaft grundsätzliche Einwände gegen die Forderungen des DGB an. Er war der Ansicht, dass demokratische Strukturen als Form des Gemeinwesens möglich seien, sich jedoch nicht ohne Weiteres auf ein Unternehmen übertragen ließen.[275] Darüber hinaus wollten die Unternehmervertreter eine Machtballung der Gewerkschaften innerhalb der Unternehmen vermeiden, die sich durch das alleinige Vorschlagsrecht bei der Aufsichtsratsbesetzung und den Besetzungsvorbehalt in den übrigen Gremien nach dem Entwurf des DGB vollzöge.[276] Es bestünde die Gefahr, dass durch die Mehrheitsverhältnisse im Aufsichtsrat der durch ihn zu bestellende Vorstand wiederum paritätisch besetzt würde. Dies würde sich dann auch auf untergeordnete bereits paritätisch besetzte Gremien wie den Wirtschaftsausschuss niederschlagen. In diesem bestünde dann ein Übergewicht zugunsten der Arbeitnehmervertreter, was mittelbar zu einer Machtkonzentration der Gewerkschaften im Unternehmen führe.[277] Ferner wurde kritisiert, dass der DGB nach Ansicht der Unternehmer das Element des Wirtschaftens übersehen habe.[278] Die vom DGB aufgestellte These, dass Kapital und Arbeit das Unternehmen ausmachten, verfehle die tatsächliche wirtschaftliche Lage. Zu diesen Faktoren trete noch der Faktor des Wirtschaftens hinzu, welcher nicht aus der bloßen Zusammenfügung von Arbeit und Kapital bestehe, sondern gerade auch die Ausrichtung an den Bedürfnissen des Marktes umfasse. Das Element des Wirtschaftens stehe somit als drittes, vereinigendes und steuerndes Element über dem Kapital und der Arbeit. Entsprechend ihrem Beitrag zum Unternehmen sei den Arbeitnehmern somit ein

---

273 Bevorstehender Entwurf des DGB über das wirtschaftliche Mitbestimmungsrecht abgedr. in RdA 1950, 72.

274 *Richardi* in: *Richardi*, BetrVG, 14. Aufl. 2014, Einl. Rz. 16.

275 *Arnold* S. 60.

276 Zusammenfassung der weiteren Entwicklungen der Verhandlungen abgedr. in RdA 1950, 223 ff.

277 *Arnold* S. 65.

278 *Arnold* S. 61.

Drittel der Aufsichtsratssitze zuzugestehen.[279] Überdies sei jedoch keine weitere Mitbestimmung in wirtschaftlichen Fragen vorzusehen, auch kein Arbeitsdirektor. Stattdessen sollten dem Betriebsrat weitgehende Informationsrechte zugestanden werden.[280] Zudem sollte der Betriebsrat Mitbestimmungsrechte bei der Verwaltung aller betrieblichen Einrichtungen sowie ein Verhandlungsrecht über Lohn- und Gehaltsbedingungen erhalten.[281] Für die personellen Angelegenheiten behielten sich die Unternehmer ein Letztentscheidungsrecht vor.[282] Allerdings sollte dem Betriebsrat zugestanden werden, durch Betriebsvereinbarungen mit dem Arbeitgeber Richtlinien für die Einstellung und Entlassung von Arbeitnehmern festzusetzen.[283] Zugeständnisse hinsichtlich einer Neuordnung der deutschen Wirtschaft machten die Unternehmervertreter nicht.

III. Tendenzen der CDU/CSU

Die Meinungen innerhalb der CDU/CSU-Fraktion gingen weit auseinander. So befürwortete die CSU eine „*angemessene Mitbestimmung der Arbeitnehmer*". Insbesondere bei bedeutenden Betrieben sollte den Arbeitnehmern ein Mitspracherecht auf höchster Ebene zugestanden werden. Für eine „*gleichberechtigte Teilnahme der Arbeiterschaft an der Führung der Wirtschaft*" setzte sich die hessische CDU ein. Nach dem *Ahlener Wirtschafts- und Sozialprogramm für Nordrhein-Westfalen* des CDU-Ausschusses für die britische Zone hieß es:

> *„In den Betrieben, in denen wegen ihrer Größe das Verhältnis zwischen Arbeitnehmer und Unternehmer nicht mehr auf einer persönlichen Grundlage beruht, ist ein Mitbestimmungsrecht der Arbeitnehmer an den grundlegenden Fragen der wirtschaftlichen Planungen und sozialen Gestaltungen sicherzustellen."*[284]

Nach den *Düsseldorfer Leitsätzen* von 1949 war hingegen eine derart umfassende Mitbestimmung der Arbeitnehmer nicht gewünscht. Das Programm hielt sich bei der Formulierung konkreter Ziele zurück und stellte die Mitbestimmung unter den Vorbehalt der „*Wahrung der echten Unternehmerverantwortung*".[285] Auch innerhalb der Regierung waren die Ziele nicht kongruent. *Adenauer* sagte in seiner Regierungserklärung hierzu:

> *„Die Rechtsbeziehungen zwischen Arbeitnehmern und Arbeitgebern müssen zeitgemäß neu geordnet werden. Die Selbstverwaltung der Sozialpartner muß an die Stelle der staatlichen Bevormundung treten. [...] Die sozial- und gesellschaftspolitische Anerkennung der*

279 Stellungnahme der Unternehmer v. 30. März 1950.
280 Zusammenfassung des 2. Hattenheimer Gesprächs in RdA 1950, 147 f.
281 *Arnold* S. 69; Die Hattenheimer Entschließungen in RdA 1950, 63 ff.
282 *Arnold* S. 69.
283 *Arnold* S. 69; wie auch schon in § 78 Nr. 8 BRG 1920 vorgesehen.
284 CDU, Ahlener Wirtschafts- und Sozialprogramm S. 12.
285 CDU, Düsseldorfer Leitsätze S. 24 f.

Arbeitnehmerschaft macht eine Neuordnung der Besitzverhältnisse in den Grundindustrien notwendig. Es scheint mir aber auch eine der wesentlichsten Grundbedingungen einer verständigen Sozialpolitik zu sein, dem Fleißigen und Tüchtigen jede Aufstiegsmöglichkeit zu geben.“

Ganz anders Bundeswirtschaftsminister *Ludwig Erhardt*, der, als Förderer der Sozialen Marktwirtschaft, die betriebliche Mitwirkung als einen Bestandteil der freien Marktwirtschaft verstand; die Mitbestimmung im Aufsichtsrat hingegen als einen Teil der Planwirtschaft.[286] Bundesarbeitsminister *Storch* sah es als Ziel der nächsten Etappe des wirtschaftlichen Aufschwungs an, dass im Rahmen einer Wirtschaftsdemokratie *„Arbeitgeber und Arbeitnehmer gemeinsam die Dinge so gestalten, daß sich alle Beteiligten als sozial und gerecht behandelt“* fühlen.[287] Am 17. Mai 1950 legte die CDU/CSU-Fraktion einen *Entwurf über die Mitbestimmung im Betriebe* vor.[288]

IV. Tendenzen der FDP/DP

Die Koalitionspartner der CDU/CSU, die FDP und die DP, übten Druck auf die CDU/CSU-Fraktion aus. Eine Unternehmensmitbestimmung wurde unter Androhung des Koalitionsbruchs abgelehnt.[289] Vizekanzler *Franz Blücher* forderte, dass von einer Mitbestimmung der Arbeitnehmer im Aufsichtsrat nicht gesprochen werde. Die berechtigte Mitbestimmung habe dort ihre Grenzen, wo es um die Existenz der Betriebe und vor allem um deren Kreditwürdigkeit gehe.[290]

V. Tendenzen der SPD

In Erwiderung auf den Entwurf der CDU/CSU-Fraktion legte die SPD am 25. Juli 1950 den *Entwurf eines Gesetzes zur Neuordnung der deutschen Wirtschaft*[291] als Gegenkonzeption vor. Dieser entsprach im Wesentlichen dem Gesetzesvorschlag des DGB. Der SPD-Vorsitzende *Kurt Schumacher* hatte kurz nach dem Krieg gesagt:

„Wirtschaftsdemokratie ist nicht mehr reiner Kapitalismus und noch nicht sozialistische Wirtschaft; sie ist Zwischenstufe zwischen Kapitalismus und Sozialismus, Vorstufe der Sozialisierung und ihr Wegbereiter. Auf zwei Wegen hat man dabei zum Ziel vorzustoßen: Ausdehnung staatlicher Kontrollfunktionen über die Wirtschaft und zum anderen

---

286 *Potthoff* S. 72; *Stollreither* S. 149; *Teuteberg*, ZUG Beiheft 19, S. 54.
287 CDU/CSU, Politisches Jahrbuch der CDU/CSU 1950 S. 133; *Teuteberg*, ZUG Beiheft 19, S. 54.
288 BT-Drs. I/970.
289 Telegramm von Blücher an Adenauer abgedr. bei *Hirsch-Weber* S. 100; *Teuteberg*, ZUG Beiheft 19, S. 61.
290 *Teuteberg*, ZUG Beiheft 19, S. 54.
291 BT-Drs. I/1229.

Demokratisierung der die Wirtschaftsführung repräsentierenden Organe der wirtschaftlichen Selbstverwaltung".[292]

Neben der Kontrolle durch den Staat und den Ausbau der Mitbestimmung verband die SPD mit ihren Forderungen zur Mitbestimmung auch die Frage eines einheitlichen Deutschlands. Demnach sollten nach *Schumacher* die arbeitspolitischen Fortschritte als Annährung der Ost- und der Westzone im Sinne der Konvergenztheorie dienen.[293]

VI. Tendenzen der KPD

Am entschiedensten wandte sich die KPD gegen das Regierungsvorhaben. Sie forderte eine Sozialisierung der Unternehmen, so dass ihr die geplanten Regelungen nicht weit genug gehen konnten. Zudem begriff die KPD, wie schon zu Weimarer Zeiten, die Betriebsräte weiterhin als „*Verrat an der Arbeiterklasse*",[294] so lange die Gewerkschaften nicht ausreichend an den Rechten der Betriebsräte partizipierten. Im Parteiprogramm der SED, deren Ansichten für die westdeutsche KPD als verbindlich galten, hieß es zur betrieblichen Mitbestimmung, dass das Mitbestimmungsrecht zu den „*elementarsten Rechten und Freiheiten*" gehöre.[295] Im Übrigen befürwortete die KPD die gesetzmäßige Anerkennung der Betriebsräte als Vertreter der Arbeitnehmer und die Mitbestimmung in sämtlichen Produktionsfragen.[296]

B. Das Ende der Mitbestimmung in Vorständen und Aufsichtsräten in Unternehmen unter der Treuhand der North German Iron and Steel Control

Die Findung einer gesetzlichen Regelung zur betrieblichen und Unternehmensmitbestimmung war durch den Erlass des *Gesetzes Nr. 27 vom 16. Mai 1950*[297] der *Alliierten Hohen Kommission* (AHK-Gesetz Nr. 27) nicht leichter geworden. Nach diesem Gesetz waren die Unternehmen, die der Treuhand der North German Iron and Steel Control unterstellt waren, auf eine neue deutsche Stahltreuhändervereinigung übertragen worden, die wiederum der Bundesregierung zur Neuregelung der Eigentumsverhältnisse unterstand. Die vom BMWi im November 1950 erlassene Durchführungsverordnung zum AHK-Gesetz Nr. 27 sah vor, dass für die Unternehmen wieder das deutsche Recht galt, mit der Folge, dass kein Anspruch mehr auf Mitbestimmung in Vorstand und Aufsichtsrat bestand.[298]

---

292 *Teuteberg*, ZUG Beiheft 19, S. 53.
293 *Schumacher* S. 36; *Teuteberg*, ZUG Beiheft 19, S. 53.
294 Vgl. auch S. 15.
295 Grundsätze und Ziele der SED abgedr. in *Mommsen*, Deutsche Parteiprogramme S. 744; *Teuteberg*, ZUG Beiheft 19, S. 53.
296 *Teuteberg*, ZUG Beiheft 19, S. 53.
297 Amtsblatt der Alliierten Hohen Kommission für Deutschland S. 299.
298 *Buuck-Rupp* S. 47 ff; *Teuteberg*, ZUG Beiheft 19, S. 52.

Dies begrüßten die Unternehmer, die nach der überstandenen Entflechtung und Demontage der Unternehmen von der hingenommenen[299] Unternehmensmitbestimmung nichts mehr wissen wollten. Bei den Gewerkschaften schürten diese Entwicklung und die Haltung der Unternehmer hingegen Unruhe und führten zu massiven Streikdrohungen.[300] Sie drängten darauf, die im Ruhrgebiet vereinbarte und von den Alliierten verfügte paritätische Mitbestimmung durch Bundesgesetz festzuhalten, wogegen die wiedererstarkte Ruhrindustrie erhebliche verfassungsrechtliche Bedenken erhob.[301] In einer Urabstimmung am 29. und 30. November 1950, zu der die IG Metall ihre Mitglieder aufgerufen hatte, votierte die ganz überwiegende Mehrheit ihrer Mitglieder dafür, die Forderungen nach mehr Mitbestimmung im Unternehmen notfalls mit Streiks durchzusetzen. In einem Rundschreiben vom 4. Januar 1951 gab der DGB-Vorsitzende *Böckler* den Beschluss der IG Metall bekannt, nach dem in allen Betrieben der Stahl- und Eisenindustrie ab dem 1. Februar 1951 die Arbeit ruhen werde, wenn nicht die Forderungen der Gewerkschaften nach paritätischer Mitbestimmung und der Besetzung des Vorstandes mit einem Arbeitsdirektor für die vom AHK-Gesetz Nr. 27 erfassten Unternehmen umgesetzt würden. Die Bergarbeiter schlossen sich nach einem entsprechend deutlichem Votum in einer Urabstimmung dieser Drohung an.[302]

C. Das Montanmitbestimmungsgesetz vom 21. Mai 1951 (BGBl. I S. 347)

I. Gesetzgebungsverfahren

Der Druck der Gewerkschaften und vor allem auch die an Zustimmung gewinnende kommunistische Agitation in den Betrieben führten dazu, dass *Adenauer* sich am 11. Januar 1951 mit *Böckler* im Palais Schaumburg zu einem in der Union umstrittenen persönlichen Gespräch traf. Nachdem *Adenauer* auch Druck auf die Arbeitgeberseite ausgeübt hatte, fanden unter Führung des Bundeskanzlers zwischen Gewerkschaftsvertretern[303] und Vertretern der eisenschaffenden Industrie und des Bergbaus[304] ab dem 19. Januar 1951 Gespräche über die zukünftige Regelung der Mitbestimmung in den Unternehmen des Bergbaus und der eisenschaffenden Industrie statt. Die Gesprächsführer kamen nach mehrtägigen Verhandlungen und nach entscheidendem Eingreifen des Bundeskanzlers am 25. und 27. Januar 1951 zu dem Ergebnis, dass für die Unternehmen der eisenschaffenden Industrie und des Bergbaus eine

---

299 Vgl. S. 41 f.

300 *Buuck-Rupp* S. 47 ff; *Teuteberg*, ZUG Beiheft 19, S. 52.

301 Der Spiegel, 44/1968, S. 60.

302 *Potthoff* S. 77.

303 Die Gewerkschaftsseite wurde vertreten von: *Hans Böckler*, *Hans vom Hoff*, *Heinrich Deist*, *Walter Freitag* und *Heinrich Imig*.

304 Die Unternehmerseite wurde vertreten von: *Hermann Wenzel*, *Heinrich Kost*, *Adolf Hueck*, *Günter Henle* und *Robert Pferdmenges*.

gesetzliche Regelung zur paritätischen Unternehmensmitbestimmung im Aufsichtsrat und der Besetzung des Vorstandes mit einem Arbeitsdirektor geschaffen werden sollte. Die Einigung entsprach dem *Ahlener Programm*[305], die Streikgefahr konnte in *„letzter Stunde"* gebannt und den kommunistischen Bewegungen der Wind aus Segeln genommen werden.[306]

Auf Grundlage dieser Vereinbarung erarbeitete die Bundesregierung den *Entwurf eines Gesetzes über die Mitbestimmung der Arbeitnehmer in Unternehmen des Bergbaus sowie der Eisen und Stahl erzeugenden Industrie vom 9. Februar 1951*[307]. Der Gesetzentwurf wurde nach erster Lesung im Bundestag an den federführenden Ausschuss für Arbeit und den Ausschuss für Wirtschaft überwiesen.[308] Beide Ausschüsse bildeten einen Arbeitskreis. Nach zwölf Sitzungen des Arbeitskreises fand am 4. April 1951[309] die zweite Lesung und am 10. April 1951[310] die dritte Lesung im Bundestag statt, in der das Gesetz angenommen wurde. Sowohl der Arbeitskreis bzw. die beteiligten Ausschüsse[311] als auch das Plenum[312] hatten noch erhebliche Veränderungen an dem Gesetz vorgenommen.[313] Zu beachten ist ferner, dass das Gesetz trotz der Drohungen der Koalitionspartner FDP und DP mit einer sog. *Krypto-Großkoalition* zwischen CDU und SPD durchgesetzt wurde.[314] Das *Gesetz über die Mitbestimmung der Arbeitnehmer in den Aufsichtsräten und Vorständen der Unternehmen des Bergbaus und der Eisen und Stahl erzeugenden Industrie vom 21. Mai 1951*[315] (MontanMitbestG) trat am 7. Juni 1951 in Kraft.

II. Zentrale Regelungen des MontanMitbestG

§ 2 MontanMitbestG sah zunächst einen Vorrang des MontanMitbestG vor Vorschriften des Aktienrechts, des GmbH-Rechts, der Berggesetze und des Betriebsverfassungsrechts vor. In § 1 stellte das MontanMitbestG für den Anwendungsbereich auf drei Kriterien ab:

1. das Tätigkeitsfeld des Unternehmens,
2. die Größe des Unternehmens und
3. die Rechtsform des Unternehmens.

---

305 Vgl. S. 47.

306 UiD/DUD v. 03.02.1951 S. 1 (Union in Deutschland, Deutschland-Union-Dienst, Informationsdienst der CDU/CSU); *Sabel*, GMH 1955, 138 f.

307 BT-Drs. I/1858zu.

308 BT-Prot. I/117, S. 4431 ff.

309 BT-Prot. I/129, S. 4900 ff.

310 BT-Prot. I/132, S. 5062 ff.

311 BT-Drs. I/2042; I/2042zu.

312 BT-Prot. I/132, S. 5062 ff.

313 *Sabel*, GMH 1955, 139.

314 BT-Prot. I/132, 5062 ff; vgl. auch *Hirsch-Weber* S. 72 ff; *Reichold* S. 371.

315 BGBl. I S. 347.

Demnach galt das MontanMitbestG nur für Unternehmen

1. der eisenschaffenden Industrie und des Bergbaus,
2. die mehr als 1.000 Arbeitnehmer beschäftigen und
3. die in der Rechtsform einer AG oder einer GmbH firmieren.

In diesen Unternehmen war nach § 3 MontanMitbestG ein Aufsichtsrat zu bilden, der sich nach § 4 Abs. 1 MontanMitbestG zusammensetzt aus

„a) vier Vertretern der Anteilseigner und einem weiteren Mitglied,
b) vier Vertretern der Arbeitnehmer und einem weiteren Mitglied,
c) einem weiteren Mitglied".

Sämtliche Aufsichtsratsmitglieder sollten von dem nach Gesetz oder Satzung vorgesehenen sog. Wahlorgan gewählt werden (§ 5 MontanMitbestG). Bei Aktiengesellschaften ist dies die Hauptversammlung. Hinsichtlich der vier Arbeitnehmervertreter im Aufsichtsrat sollte das Wahlorgan zwei dieser Aufsichtsratsmitglieder auf Vorschlag der Betriebsräte des Unternehmens und zwei Aufsichtsratsmitglieder sowie das *„weitere Mitglied"* auf Vorschlag der Spitzenorganisationen der im Betrieb vertretenen Gewerkschaften wählen (§ 6 MontanMitbestG). Für die sog. weiteren Mitglieder nach § 4 Abs. 2 MontanMitbestG galten besondere Voraussetzungen: Sie durften nicht einer Gewerkschaft oder einer Arbeitgebervereinigung bzw. deren Spitzenorganisationen angehören, nicht in dem Unternehmen tätig gewesen sein und kein wirtschaftliches Interesse an dem Unternehmen haben. Das elfte Aufsichtsratsmitglied – das weitere Mitglied aus § 4 Abs. 1 lit. c MontanMitbestG, auch *Elfter Mann* genannt – sollte vom Wahlorgan auf Vorschlag der übrigen zehn Aufsichtsratsmitglieder gewählt werden. Für den Fall, dass sich die Aufsichtsratsmitglieder nicht auf einen Vorschlag einigen können, sollten die Aufsichtsratsmitglieder einen paritätisch besetzten Ausschuss bilden, der dem Wahlorgan drei Wahlvorschläge für das elfte Aufsichtsratsmitglied unterbreitet (§ 8 MontanMitbestG). Bei größeren Unternehmen sollte es zudem möglich sein, den Aufsichtsrat auf 15 oder 21 Mitglieder zu vergrößern (§ 9 MontanMitbestG).

Nach § 13 Abs. 1 MontanMitbestG sollte der Aufsichtsrat einen Arbeitsdirektor als *„gleichberechtigtes Organ"* der gesetzlichen Vertretung des Unternehmens bestellen, was nicht gegen die Mehrheit der Arbeitnehmervertreter geschehen durfte. Auch der Widerruf der Bestellung war nicht gegen die Mehrheit der Arbeitnehmervertreter möglich.

Die Unternehmer interpretierten das MontanMitbestG als *„Eindringen der Gewerkschaften in die Funktion des Eigentums"*.[316] Die Gewerkschaften fassten das Gesetz als *„Anerkennung der Gewerkschaften als Organisation auf der gesellschaftspolitischen Ebene"* auf und sahen in der Anerkennung ihrer Mitbestimmungsfunktion eine Parallele zur Akzeptanz als Tarifpartei nach 1918. *Böckler* erlebte den Erlass des Gesetzes nicht mehr. Er starb am 16. Februar 1951 an einem Herzinfarkt.

---

316 *Grebing* S. 195.

D. Das Betriebsverfassungsgesetz vom 11. Oktober 1952 (BGBl. I S. 681)

I. Das Betriebsverfassungsgesetz in Bundestag und Bundesrat

Am 27. Juli 1950 fanden in der 80. Sitzung des Deutschen Bundestages erste Lesungen der genannten[317] Gesetzesentwürfe zum Betriebsverfassungsgesetz von CDU/CSU und SPD statt. Beide wurden zur Beratung in die Bundestagsausschüsse für Arbeit (federführend) und Wirtschaftspolitik verwiesen.[318] Von der Bundesregierung wurde schließlich am 31. August 1950 der von *Storch* ausgearbeitete *„Entwurf eines Gesetzes zur Neuordnung der Beziehungen zwischen Arbeitnehmern und Arbeitgebern in den Betrieben (Betriebsverfassungsgesetz)"*[319] vorgelegt und am 22. September 1950 dem Bundesrat zugeleitet,[320] der dazu Stellung nahm[321]. Der Entwurf wurde am 31. Oktober 1950 in den Bundestag eingebracht, am 16. November 1950 ohne Aussprache beraten und ebenfalls an die Ausschüsse weitergeleitet.

Die Bundestagsausschüsse für Arbeit und Wirtschaftspolitik bildeten einen Arbeitskreis, der unter Leitung von *Anton Sabel*[322] zum ersten Mal am 4. Oktober 1950 zusammentraf.[323] Dort hatte man sich am 10. Oktober 1950 dazu entschieden, dass die weiteren Beratungen nunmehr ausschließlich auf Grundlage der Gesetzesentwürfe der Bundesregierung und der CDU/CSU-Fraktion fortgesetzt würden.[324] Gleichzeitig scheiterte der Antrag der SPD auf Bestellung eines weiteren Arbeitskreises zur Behandlung der überbetrieblichen Mitbestimmung.[325] Nachdem die Alliierten, in Abstimmung mit dem BMWi, der Forderung des DGB nach paritätischer Besetzung der Aufsichtsorgane in der Chemie-Großindustrie unter Einräumung einer Drittelbeteiligung die Zustimmung versagt hatten, hatte man sich auch in der bürgerlichen Regierungskoalition, nach Schaffung der Ausnahme für die Montanindustrie, von einer paritätischen Besetzung der Aufsichtsorgane verabschiedet.[326]

Im Dezember 1951 legte der Arbeitskreis der Bundestagsausschüsse für Arbeit und Wirtschaftspolitik einen überarbeiteten Entwurf vor.[327] Der Bundesvorstand des DGB reagierte mit einer Denkschrift,[328] in der die Beschlüsse des Arbeitskreises scharf kritisiert wurden:

---

317 Vgl. S. 47 zum CDU/CSU-E (BT-Drs. I/970) und S. 48 zum SPD-E (BT-Drs. I/1229).
318 BT-Prot. I/2927, 2996; *Teuteberg*, ZUG Beiheft 19, S. 61; *Wiese*, JuS 1994, 103.
319 BT-Drs. I/1546, abgedr in RdA 1950, 343.
320 BR-Drs. 697/50.
321 BR-Prot. 1950, S. 588 ff.
322 *Anton Sabel*, MdB, CDU, Fulda.
323 *Arnold* S. 124.
324 *Arnold* S. 125; *Reichold* S. 379.
325 *Arnold* S. 125.
326 *Arnold* S. 79 ff; *Reichold* S. 372.
327 Veröffentlicht in: Der Industriekurier, 08.12.1951.
328 RdA 1952, 18.

„Werden die bisher gefaßten Beschlüsse Gesetz, so bedeutet das eine Entrechtung der Arbeitnehmer gegenüber dem bisherigen Zustand. Die Gesetze in einzelnen Ländern des Bundesgebietes sehen weitergehende Rechte der Betriebsräte vor. In den Ländern, in denen besondere Gesetze nicht bestehen, hat sich auf Grund des KRG 22 ein Recht der Betriebsräte entwickelt, das ebenfalls umfassender und weitergehender ist, als man ihnen künftig durch Bundesgesetz gewähren will, eine Entrechtung der Arbeitnehmer und ihrer betrieblichen Vertretungen führt aber zu Spannungen und zu sozialer Beunruhigung, auf die hinzuweisen wir uns verpflichtet halten, da sie uns angesichts der politischen Situation für die Bundesrepublik nicht tragbar erscheinen."[329]

Entsprechend der Regelungen des KRG Nr. 22 sprach sich der DGB gegen ein starres Betriebsverfassungsrecht aus und forderte die Möglichkeit, das Gesetz durch Tarifvertrag fortentwickeln zu können. Eine Autonomie des Betriebs sei weder sozialpolitisch noch arbeitsrechtlich zweckmäßig oder wünschenswert und könne zum Betriebssyndikalismus und zur Atomisierung des deutschen Soziallebens führen.[330]

Während der zweijährigen eingehenden Beratungen in den Ausschüssen für Arbeit und für Wirtschaftspolitik konnten die Mitglieder der Regierungsparteien mit denen der Opposition in vielen Themen Einigkeit erreichen. Es blieben aber auch viele Punkte strittig. Das betraf insbesondere das Wahlsystem, den Geltungsbereich des Gesetzes, den Umfang der personellen und der wirtschaftlichen Mitbestimmung und den Umfang der Vertretung der Arbeitnehmer im Aufsichtsrat.[331]

Als sich abzeichnete, dass die Gewerkschaftsbewegung ihre Ziele – allen voran die Ausweitung der paritätischen Unternehmensmitbestimmung – bei der Schaffung des BetrVG nicht durchsetzen würde, wandte sich der DGB-Vorsitzende *Christian Fette* an Bundeskanzler *Adenauer*:

„Der Deutsche Gewerkschaftsbund vermag die Verantwortung für diese Entwicklung nicht mehr zu tragen und ist daher gezwungen, seine Mitglieder zu gewerkschaftlichen Kampfmaßnahmen aufzurufen für die Schaffung eines einheitlichen Betriebsverfassungsgesetzes, das dem gemeinsamen Wollen nach einer neuen Ordnung gerecht wird."[332]

Nachdem *Adenauer* nicht einlenkte, rief der DGB zu Aktionen auf. Wie *Böckler* Anfang 1951 in der Montanindustrie,[333] beabsichtigte *Fette* nun, mit Streikdrohungen die Ausweitung der paritätischen Mitbestimmung auf alle größeren Unternehmen zu erzwingen. An den Protestkundgebungen, Demonstrationen und Warnstreiks beteiligten sich etwa dreihundertfünfzigtausend Arbeitnehmer.[334] Seinen Höhepunkt erreichten die Aktionen mit dem sog. *Zeitungsstreik*. Die Angestellten aller Zeitungsbetriebe, die sich auch gegen die beabsichtigten Sonderregelungen für

329 Denkschrift des Bundesvorstandes des DGB, so zitiert in: RdA 1952, S. 18.
330 Denkschrift des Bundesvorstandes des DGB, so zitiert in: RdA 1952, S. 18.
331 *Fitting*, DB 1952, 627.
332 *Hirsch-Weber* S. 103.
333 Vgl. S. 50.
334 *Hirsch-Weber* S. 104.

Tendenzbetriebe[335] wandten, folgten dem Aufruf der IG Druck und Papier, vom 27. bis zum 29. Mai 1952 ihre Arbeit niederzulegen.[336] Die dem Aufruf des DGB folgenden Aktionen und der Zeitungsstreik fanden in der mittelständischen Bevölkerung keine Zustimmung. Während die Bevölkerung ein organisiertes Vorgehen der Gewerkschaften und einen Generalstreik fürchtete, drohte die Wirtschaft mit Schadensersatzklagen[337] und strafrechtlicher Verfolgung gegen die politischen Streiks.[338] Nach einem Treffen zwischen *Adenauer* und dem DGB-Vorsitzendem *Fette* am 10. Juni 1952 unterließ es der DGB weiter zu politischen Arbeitskampfmaßnahmen aufzurufen.[339] Die Aktionen blieben im Ergebnis erfolglos.[340]

Am 8. Juli 1952[341] beendete der Arbeitskreis der beteiligten Bundestagsausschüsse seine Tätigkeit. Der Entwurf wurde nach geringfügigen Änderungen vom Bundestag in zweiter Lesung am 16. Juli 1952[342] und dritter Lesung am 19. Juli 1952[343] mit 195 Ja-Stimmen gegen 139 Nein-Stimmen der SPD und 7 Enthaltungen angenommen.[344] Am 3. September 1952 stimmte der Bundesrat dem Gesetz zu,[345] und am 11. Oktober 1952 wurde das Betriebsverfassungsgesetz von Bundespräsident *Theodor Heuss* ausgefertigt.[346]

II. Wesentliche Regelungen des Betriebsverfassungsgesetzes 1952

Das Betriebsverfassungsgesetz von 1952 war vor allem von dem Grundgedanken der *„vertrauensvollen Zusammenarbeit"* von Arbeitgeber und Betriebsrat (§ 49 Abs. 1), von der betrieblichen *Friedenspflicht*, vom Vorrang der Tarifautonomie sowie vom

---

335 Der Tendenzschutz wurde in § 81 BetrVG 1952 geregelt: Demnach fand auf Betriebe, die politischen, gewerkschaftlichen, konfessionellen, karitativen, erzieherischen, wissenschaftlichen, künstlerischen und ähnlichen. Bestimmungen dienen, die Mitbestimmung in wirtschaftlichen Angelegenheiten (§§ 67 bis 77) keine Anwendung. Und auch die sonstigen Bestimmungen sollten nur insoweit Anwendung finden, soweit sie nicht der Eigenart des Betriebs entgegenstehen.

336 *Hirsch-Weber* S. 104 f.

337 Hierzu fertigte *C. H. Nipperdey* für die BDA ein Auftragsgutachten: Die Ersatzansprüche für die Schäden, die durch den von den Gewerkschaften gegen das geplante Betriebsverfassungsgesetz geführten Zeitungsstreik vom 27.-29. Mai 1952 entstanden sind, Köln 1953.

338 *Hirsch-Weber* S. 105 f.

339 Hier zu näher *Hirsch-Weber* S. 106.

340 Der Zeitungsstreik blieb bis heute der einzige politische Streik auf Bundesebene; *Böhm*, RdA 2013, 193, Fn. 71.

341 BT-Drs. I/3585.

342 BT-Prot. I/9932.

343 BT-Prot. I/10239 ff.

344 BT-Prot. I/10281, 10295.

345 *Arnold* S. 125.

346 BGBl. I S. 681.

Prinzip des Betriebsrats als Vertreter aller Arbeitnehmer des Betriebs geprägt.[347] Im Einzelnen die wesentlichen Vorschriften:

1. *Wahl des Betriebsrats*

Voraussetzung für die Wahl eines Betriebsrats war nach § 1 BetrVG 52, dass in dem Betrieb mindestens fünf Arbeitnehmer ständig beschäftigt werden, von denen mindestens drei wählbar sind (§ 8 Abs. 1 BetrVG 52). In Betrieben der Land- und Forstwirtschaft konnten Betriebsräte erst ab zehn ständig beschäftigten Arbeitnehmern gewählt werden (Abs. 2). Auch wenn das Betriebsverfassungsgesetz von 1952 nach seinem Wortlaut davon ausgeht, dass in Betrieben, in denen diese Voraussetzungen vorliegen, Betriebsräte gewählt *„werden"*,[348] war die Wahl eines Betriebsrats fakultativ und lag in den Händen der Arbeitnehmer.[349]

Passiv wahlberechtigt waren alle Arbeitnehmer, die länger als ein Jahr im Betrieb beschäftigt waren und über das Wahlrecht für den Deutschen Bundestag verfügten (§ 7 BetrVG 52). Aktiv wahlberechtigt waren alle Arbeitnehmer, die das 18. Lebensjahr vollendet hatten (§ 6 BetrVG 52). Diese konnten je nach Betriebsgröße einen Betriebsrat mit drei bis 35 Mitgliedern unmittelbar und geheim wählen (§§ 9, 13 Abs. 1 BetrVG 52). Keine Arbeitnehmer und damit nicht wahlberechtigt waren Organmitglieder des Unternehmens und leitende Angestellte[350] (§ 4 Abs. 2 BetrVG 52).

2. *Gruppen- bzw. Minderheitenrechte*

Bezüglich der Vertretung der Angestellten im Betriebsrat wurde diesen ein Minderheitenschutz eingeräumt und auch die Geschlechter sollten entsprechend ihrem Verhältnis im Betriebsrat vertreten werden (z.B. § 10 BetrVG 52).

3. *Mitbestimmung in allgemeinen Angelegenheiten*

Für die Zusammenarbeit von Arbeitgeber und Betriebsrat galt zentral, den Regelungen zur Mitbestimmung vorangestellt, als Leitprinzip des § 49 Abs. 1 BetrVG 52 die *„vertrauensvolle Zusammenarbeit"*:

> *„Arbeitgeber und Betriebsrat arbeiten im Rahmen der geltenden Tarifverträge vertrauensvoll und im Zusammenwirken mit den im Betrieb vertretenen Gewerkschaften und Arbeitgebervereinigungen zum Wohl des Betriebs und seiner Arbeitnehmer unter Berücksichtigung des Gemeinwohls zusammen".*

---

347 *Fitting*, BArbBl. 1972, 278.

348 § 1 BetrVG 52: *„In den Betrieben werden Betriebsräte nach Maßgabe dieses Gesetzes gebildet."*

349 *Richardi* in: *Richardi*, BetrVG, 14. Aufl. 2014, § 1 Rz. 2.

350 Vgl. hierzu S. 75.

Die Zusammenarbeit wurde nun noch weiter als im BRG 1920 formuliert, was vor allem dem Adjektiv *„vertrauensvoll"* geschuldet war. Die Wortwahl sollte unterstreichen, dass es sich bei der Betriebsverfassung, im Gegensatz zum Tarifvertragsgesetz, um ein Kooperationsmodell handelt, das *„primär auf dem Gedanken des Zusammenwirkens"* abstellt.[351]

Ganz abstrakt hatte der Betriebsrat die allgemeine Aufgabe, über die Einhaltung der geltenden Gesetze, Verordnungen, Tarifverträge und Betriebsvereinbarungen zugunsten der Arbeitnehmer zu wachen (§ 54 Abs. 1 lit. b BetrVG 52). Zudem war er verantwortlich für die Behandlung von Beschwerden der Arbeitnehmer und deren Abhilfe durch den Arbeitgeber (Abs. 1 lit. c). Ferner sollte er Sorge tragen für die Eingliederung *„Schwerbeschädigter"* und *„sonstiger besonders schutzbedürftiger Personen"* (Abs. 1 lit. c).

4. *Mitbestimmung in sozialen Angelegenheiten*

In sozialen Angelegenheiten wurde den Betriebsräten ein vollständiges Mitbestimmungsrecht eingeräumt. Dies betraf konkret die Gestaltung der Arbeitszeit und Pausen, die Zeit und den Ort der Auszahlung des Arbeitsentgelts, die Aufstellung eines Urlaubsplans, die Durchführung der Berufsausbildung, die Verwaltung von Wohlfahrtseinrichtungen, Fragen der Ordnung des Betriebs und des Verhaltens der Arbeitnehmer, die Regelung der Akkord- und Stücklohnsätze, die Aufstellung von Entlohnungsgrundsätzen und Fragen der Unfallverhütung (§ 56 BetrVG 52).

5. *Mitbestimmung in personellen Angelegenheiten*

In personellen Angelegenheiten erhielten die Betriebsräte ein differenziertes Mitbestimmungs- bzw. Mitwirkungsrecht (§§ 60 ff. BetrVG 52). Das Mitbestimmungsrecht beschränkte sich auf Einstellungen, Umgruppierungen, Versetzungen und Entlassungen. Widersprach der zu informierende Betriebsrat einer solchen Maßnahme, konnte der Arbeitgeber die Maßnahme einstweilen durchführen und der Betriebsrat Antrag beim Arbeitsgericht auf Feststellung stellen, dass ein rechtmäßiger Grund für den Widerspruch vorliege. Die Widerspruchsgründe waren in einem Katalog in § 61 Abs. 3 BetrVG 52 aufgeführt. Im Erfolgsfalle war der Arbeitgeber dann gezwungen, die Maßnahme binnen zwei Wochen rückgängig zu machen (§ 62 Abs. 1 BetrVG 52).

Bei der Kündigung von Arbeitnehmern hatte der Betriebsrat hingegen nur ein Anhörungsrecht, das bei Versäumnis zumindest nicht ausdrücklich eine Unwirksamkeit der Kündigung vorsah (§ 66 Abs. 1 BetrVG 52). Auch an einen Widerspruch des Betriebsrats gegen die Kündigung waren keine veritablen Rechtsfolgen geknüpft.

---

351 BVerfG, Urteil v. 01.03.1979, 1 BvR 532, 533/77, 419/78, 1 BvL 21/78, NJW 1979, 699.

6. *Mitbestimmung in wirtschaftlichen Angelegenheiten*

Für die Wahrnehmung der Mitbestimmung in wirtschaftlichen Angelegenheiten sollte ein paritätisch besetzter Wirtschaftsausschuss gebildet werden (§ 68 BetrVG 52). Dem Wirtschaftsausschuss fielen jedoch im Wesentlichen nur Informationsrechte und Anhörungsvorbehalte zu (§ 67 BetrVG 52). Lediglich bei einer für die Belegschaft nachteiligen Betriebsänderung hatte der Betriebsrat selbst ein Mitbestimmungsrecht (§§ 72 ff. BetrVG 52).[352]

7. *Mitbestimmung auf Unternehmensebene*

Nach §§ 76, 77 BetrVG 1952 sollten die Arbeitnehmer von Aktiengesellschaften grundsätzlich und in übrigen Unternehmen ab mehr als 500 Arbeitnehmern im Aufsichtsorgan mit einem Drittel der Mitglieder vertreten sein. Die Regelung wird daher auch als *Drittelparität*[353] bezeichnet. Die Vertreter der Arbeitnehmer im Aufsichtsrat sollten, anders als nach dem MontanMitbestG, nicht von einer Art Eigentümerversammlung als Wahlorgan, sondern von den nach § 6 BetrVG bei der Betriebsratswahl wahlberechtigen Arbeitnehmern gewählt werden und mussten Arbeitnehmer des Unternehmens sein (§ 76 Abs. 2 BetrVG 1952). Wahlvorschläge durften von den Arbeitnehmern und vom Betriebsrat unterbreitet werden (§ 76 Abs. 3 BetrVG 1952). Die im Unternehmen vertretenen Gewerkschaften erhielten kein Wahlvorschlagsrecht und wurden mithin, wie auch sonst im BetrVG 1952, vom Betrieb ferngehalten.

8. *Stellung der Gewerkschaften im Betrieb*

Das Betriebsverfassungsgesetz beließ es beim Trennungsprinzip des BRG von 1920.[354]

III. Reaktionen auf das Betriebsverfassungsgesetz von 1952

Die SPD, deren Vorschläge weitestgehend nicht umgesetzt worden waren, lehnte das Gesetz ab. Auch die CDU-Sozialausschüsse bemängelten die geringfügige Mitbestimmung, die den Betriebsräten eingeräumt wurde. So kommentierte beispielsweise *Johannes Even*[355], dass das BetrVG 52 *„nur das Erreichen einer weiteren Etappe auf dem Wege zu einer echten Neuordnung“* sei.[356]

---

352 Vgl. S. 350.

353 Auch wenn dieser Begriff formell gesehen irreführend sein kann, da keine drei Drittel existieren; so *Wißmann* in: *Wlotzke/Wißmann/Koberski/Kleinsorge*, MitbestR, 4. Aufl. 2011, Vorbem. Rz. 1.

354 Vgl. S. 34.

355 *Johannes Even*, MdB, CDU, Nordrhein-Westfalen.

356 *Teuteberg*, ZUG Beiheft 19, S. 63.

Für die Gewerkschaftsbewegung wurde das Gesetz als *„entscheidendste Niederlage auf dem politisch-programmatischen Feld“* gewertet.[357] Es kam nicht nur nicht zur Einführung paritätisch besetzter überbetrieblicher Wirtschaftseinrichtungen und zur Ausweitung der paritätischen Unternehmensmitbestimmung, auch einer kodifizierten Beteiligung der Gewerkschaften in den Unternehmen war, unter Fortführung der Weimarer Tradition des BRG 1920, mit dem BetrVG 52 eine klare Absage erteilt worden. In § 2 BetrVG 52 heißt es zur Beteiligung der Gewerkschaften lediglich:

> *„Die Aufgaben der Gewerkschaften und der Vereinigungen der Arbeitgeber werden durch dieses Gesetz nicht berührt.“*

Das war für die Gewerkschaften gegenüber dem KRG Nr. 22 ein erheblicher Rückschritt. Denn nach dem KRG Nr. 22 waren die Betriebsräte verpflichtet gewesen, gemeinsam mit den Gewerkschaften ihre Aufgaben zu erfüllen. Auch in der Zusammensetzung des Betriebsrats, des Wirtschaftsausschusses und des Aufsichtsrats fanden die Gewerkschaften keine Beteiligung (§§ 7, 68, 76 BetrVG 52). Als Zugeständnis kann für die Gewerkschaften auch nicht der oben zitierte § 49 Abs. 1 BetrVG[358] begriffen werden. Die Formulierung ist nicht als Beteiligungsanspruch zu verstehen, sondern nimmt den Arbeitgeber und den Betriebsrat im Rahmen der *„vertrauensvollen Zusammenarbeit zum Wohle des Betriebs“* in die Pflicht, auf ihre überbetrieblichen Interessenvertreter einzuwirken. Im Gegensatz zum KRG Nr. 22 besann sich das BetrVG 52 demnach auf das Trennungsprinzip aus dem BRG 1920 und hielt die Tarifpartner bewusst aus den Betrieben fern.

Unabhängig davon wurde auf Grundlage des § 49 Abs. 1 BetrVG 52 das Gesetz gemeinhin als Friedensverfassung deklariert; jedoch sollte nicht mit den Gewerkschaften, sondern vielmehr mit den Arbeitnehmern im Unternehmen der Frieden geschlossen werden. Nach einem Vorschlag von *Wilhelm Herschel*[359] wurde deshalb auch begrifflich nicht der Name des *klassenkämpferischen* Betriebsrätegesetzes beibehalten, sondern der *arbeitsgemeinschaftliche* Begriff der *Betriebsverfassung* gewählt.[360]

Während die Gewerkschaften das Betriebsverfassungsgesetz als herbe Niederlage ansahen, erklärte die Bundesvereinigung der Deutschen Arbeitgeberverbände (BDA):

> *„Das Gesetz hat die Vertiefung der unmittelbaren Beziehungen zwischen Arbeitgebern und Arbeitnehmern im Betrieb, d. h. den sozialen Frieden zum Ziele. Es ist die gemeinschaftliche Aufgabe von Arbeitgebern und Betriebsräten, in diesem Geiste das Gesetz*

357 *Reichold* S. 373.
358 Vgl. S. 56.
359 Mitverfasser des BetrVG 1952.
360 *Reichold* S. 375.

> *zu erfüllen und die Praxis des Betriebslebens durch positive Anwendung des Gesetzes in diesem Sinne zu gestalten.*"[361]

Entscheidend für die positive Bewertung der Unternehmer war jedoch, dass das BetrVG 52 ihnen die Grundelemente des unternehmerischen Wirtschaftens zusicherte; nämlich dessen weitgehend unbeeinträchtigte Führung und die Entscheidungsfreiheit bei wirtschaftlichen Maßnahmen.

361 Zitiert in RdA 1967, 24.

Sechster Teil: Betriebliche Mitbestimmung in der DDR

Zunächst galt auch für die Ostzone das KRG Nr. 22. Eine Konkretisierung des KRG Nr. 22 erfolgte in der Ostzone nicht.[362] Vielmehr sollten entsprechend dem Willen des Gesetzgebers den Tarifpartnern die Ausgestaltung der Betriebsverfassung überlassen werden. Wobei die auf Grundlage des KRG Nr. 22 gewählten Betriebsräte auf der Bitterfelder Konferenz vom 25./26. November 1948 aufgelöst wurden und gemäß der *marxistisch-leninistischen* Ordnung in der Betriebsgewerkschaftsleitung (BGL) aufgingen, die der staatlich organisierten Einheitsgewerkschaft, dem *„Freien Deutschen Gewerkschaftsbund"* (FDGB), unterstellt war.[363]

Aufgrund der sozialistischen Ordnung erhielt die Betriebsverfassung in der Ostzone eine ganz andere Zielsetzung und wich stark vom westdeutschen Pendant ab.[364] Nach Gründung der *Deutschen Demokratischen Republik* am 19. März 1949 wurde das *Gesetz der Arbeit* ein knappes Jahr später, am 19. April 1950[365], in Kraft gesetzt. Die §§ 4 bis 9 des Gesetzes sahen ein *„Mitbestimmungsrecht der Arbeiter und Angestellten"* vor, das einerseits durch die *„demokratischen staatlichen Organe verwirklicht"* werden sollte und andererseits dem FDGB die gesetzliche Vertretung der Arbeiter und Angestellten übertrug.[366] Nachdem das Gesetz 1961[367], 1963[368] und 1966[369] ersetzt, geändert und ergänzt wurde, trat schließlich am 16. Juni 1977[370] das Arbeitsgesetzbuch (AGB DDR) in Kraft, in dem eine Art betriebliche Mitbestimmung verankert war. Nach § 22 Abs. 1 AGB DDR galt:

> *„Die Betriebsgewerkschaftsorganisation und ihre Organe vertreten die Interessen der Werktätigen im Betrieb."*

Nach dem Katalog des Abs. 2 fielen der sog. *„Betriebsgewerkschaftsorganisation"* (BGO), dem Äquivalent zum Betriebsrat, zwar auch Mitbestimmungsrechte zu, diese spalteten sich jedoch in tatsächlich betriebliche Mitbestimmungsrechte und Rechte zur Durchsetzung politischer Ziele auf.[371] Im Vordergrund der Aufgaben der staatlich gelenkten BGO stand nicht die Vertretung der Arbeitnehmer im Betrieb, sondern

---

362 Vgl. S. 37 ff.

363 Gesetz vom 15. 4. 1950, DDR-GBl. S. 349; *Richardi* in: MünchHdbArbR, 3. Aufl. 2009, § 2 Rz. 41; *Wiese* in: GK-BetrVG, Bd. I, 6. Aufl. 1997, Einl. Rz. 31.

364 *Richardi* in: *Richardi*, BetrVG, 14. Aufl. 2014, Einl. Rz. 14.

365 DDR-GBl. I S. 349.

366 *Wiese* in: GK-BetrVG, Bd. I, 6. Aufl. 1997, Einl. Rz. 31.

367 DDR-GBl. I S. 27.

368 DDR-GBl. I S. 63.

369 DDR-GBl. I S. 125.

370 DDR-GBl. I S. 185; *Richardi* in: *Richardi*, BetrVG, 14. Aufl. 2014, Einl. Rz. 14.

371 *Richardi* in: *Richardi*, BetrVG, 14. Aufl. 2014, Einl. Rz. 14.

vielmehr die Durchsetzung der sozialistischen Zwangsordnung.[372] In allgemeinen Belangen sollte die BGO auf die Verbesserung des Gesundheits- und Arbeitsschutzes Einfluss nehmen (§ 22 Abs. 2 lit. i AGB DDR). Die BGO hatte auch das Recht, Betriebskollektivverträge und andere Vereinbarungen mit dem Betriebsleiter abzuschließen (§ 24 Abs. 1 lit. a AGB DDR). Außerdem durfte sie ohne Zustimmung des Arbeitnehmers Einsicht in dessen Personalakte nehmen (Abs. 2).

In sozialen Angelegenheiten hatte die BGO ein Mitbestimmungsrecht bei der Gestaltung von Lohnbedingungen, der Verwendung des Lohnfonds, Prämienfonds, Kultur- und Sozialfonds und des Leistungsfonds (§ 22 Abs. 2 lit. f AGB DDR) darüber hinaus sollte sie *„die Arbeitszeit und Urlaubsplanung mitbestimmen, die Arbeiterversorgung und den Bau von sozialen und kulturellen Einrichtungen kontrollieren, den Bau und die Modernisierung von Wohnungen unterstützen sowie bei der Vergabe von Wohnungen mitwirken“* (Abs. 2 lit. h).

Auch in personellen Angelegenheiten sollte die BGO beteiligt werden. So hatte sie bei der Vorbereitung, beim Abschluss, bei der Änderung sowie bei der Auflösung von Arbeitsverträgen, bei Beurteilungen und bei anderen Personalangelegenheiten mitzuwirken bzw. mitzubestimmen (§ 22 Abs. 2 lit. k AGB DDR). Jegliche Kündigung erforderte die Zustimmung der BGO. Wurde eine Kündigung ohne Zustimmung der BGO ausgesprochen, so konnte die BGO, genauso wie der Arbeitnehmer, Einspruch bei der Konfliktkommission bzw. der Kammer für Arbeitsrecht des Kreisgerichts einlegen (§§ 24 Abs. 3, 60 Abs. 1 AGB DDR).

In wirtschaftlicher Hinsicht waren die Organe der BGO verpflichtet, unter Beteiligung der Werktätigen anspruchsvolle und reale wirtschaftliche Pläne auszuarbeiten (§ 22 Abs. 2 lit. a AGB DDR), *„den sozialistischen Wettbewerb zur Erfüllung und gezielten Überbietung der Planaufgaben“* zu organisieren (Abs. 2 lit. d) und auf die Intensivierung der Produktion unter Beachtung der Verbesserung der Arbeits- und Lebensbedingungen der Werktätigen hinzuwirken (Abs. 2 lit. e). Außerdem waren sie berechtigt, zu Fragen der Leitung und Planung des Betriebes Vorschläge zu unterbreiten und Stellungnahmen abzugeben und an Arbeitsberatungen der Betriebsleiter teilzunehmen sowie in betriebliche Unterlagen Einsicht zu nehmen (§ 24 Abs. 1 lit. a u. Abs. 2 AGB DDR). Die BGO hatte auch das Recht, *„bei mangelhafter Erfüllung der Aufgaben, bei Verletzung der sozialistischen Gesetzlichkeit und bei Mißachtung der Rechte und Vorschläge der Werktätigen und ihrer Gewerkschaften durch den Betriebsleiter oder leitende Mitarbeiter von dem übergeordneten Leiter zu fordern, daß die Betreffenden zur Verantwortung gezogen werden“* (§ 24 Abs. 4 AGB DDR).

Im Übrigen sollten auch die Frauen und Jugendlichen im Betrieb gefördert werden (§ 30, 31 AGB DDR). Außerdem genossen die Mitglieder der Organe im Betrieb einen Sonderkündigungsschutz (§ 26 AGB DDR). Darüber hinaus sollte die BGO in nichtbetrieblicher, sondern eher in ideologischer Hinsicht beispielsweise *„die Bewegung „Sozialistisch arbeiten, lernen und leben“ fördern“* (§ 22 Abs. 2 lit. c

372 *Richardi* in: *Richardi*, BetrVG, Einl. Rz. 14.

AGB DDR), „*bei der Erhöhung der politischen und fachlichen Qualifikation der Werktätigen, der kommunistischen Erziehung der Jugend sowie der Berufsausbildung der Lehrlinge mitwirken, die geistigkulturelle Arbeit entfalten und die sportliche Tätigkeit entwickeln*“ (Abs. 2 lit. g) oder auch „*die Einhaltung der sozialistischen Arbeitsdisziplin fördern und die Massenkontrolle über die Wahrung der Gesetzlichkeit sowie über die Gewährleistung von Ordnung, Disziplin und Sicherheit organisieren*“ (Abs. 2 lit. j).

Siebenter Teil: Das Betriebsverfassungsgesetz vom 15. Januar 1972 (BGBl. I S. 13)

A. Die erste bis vierte Legislaturperiode von 1949 bis 1965

In der ersten bis vierten Legislaturperiode nach Schaffung des BetrVG 52 erfolgten an dem Gesetz keine wesentlichen Veränderungen.

I. Wahlordnung vom 18. März 1953 (BGBl. I S. 58)

Kurz nach Inkrafttreten des BetrVG 52 am 11. Oktober 1952 trat am 18. März 1953 noch die Wahlordnung zum BetrVG mit der *Ersten Rechtsverordnung zur Durchführung des Betriebsverfassungsgesetzes* in Kraft.[373] Die Verordnung regelte die praktische Umsetzung des BetrVG 52. Das betraf in erster Linie die Wahl des Betriebsrats, die Wahl der Vertreter der nicht ständigen Arbeitnehmer und der Jugendvertretung, die Wahl der Vertreter der Arbeitnehmer im Aufsichtsrat und den Widerruf und die Bestellung eines Vertreters der Arbeitnehmer im Aufsichtsrat. Neun Jahre später, am 7. Februar 1962, wurde die Wahlordnung noch um die Möglichkeit der Briefwahl ergänzt.[374]

II. Montanmitbestimmungsergänzungsgesetz vom 7. August 1956 (BGBl. I S. 707)

Das Gesetz zur Ergänzung des Gesetzes über die Mitbestimmung der Arbeitnehmer in den Aufsichtsräten und Vorständen der Unternehmen des Bergbaus und der Eisen und Stahl erzeugenden Industrie vom 7. August 1956[375] (MontanMitbestGErgG) ergänzte das MontanMitbestG insoweit, als demnach Unternehmen, auf die das MontanMitbestG keine Anwendung fand, die sich aber an der Spitze eines Konzerns befanden, dem montan-mitbestimmte Unternehmen angehören, nun eine der MontanMitbestG nachgebildete vergleichbare Unternehmensmitbestimmung gelten sollte. Diese setzte voraus, dass die Unternehmen der Konzernmutter, bei denen das MontanMitbestG Anwendung fand, mehr als 50 % des Konzernumsatzes erwirtschaften mussten.

373 BGBl. I S. 58.
374 BGBl. I S. 64.
375 BGBl. I S. 707.

III. Arbeitnehmererfindungsgesetz vom 25. Juli 1957 (BGBl. I S. 756)

Das *Gesetz über Arbeitnehmererfindungen* (ArbNErfG) vom 25. Juli 1957[376] regelt die arbeitsrechtliche Behandlung von Erfindungen und technischen Verbesserungsvorschlägen von Arbeitnehmern. Hierdurch sollen die gegenläufigen Interessen der Arbeitsvertragsparteien – das wirtschaftliche Verwertungsrecht des Arbeitgebers und das Recht des Arbeitnehmers auf angemessene Vergütung – ausgeglichen werden. Auf betriebsverfassungsrechtlicher Ebene konnte der Betriebsrat nach § 21 Abs. 1 ArbNErfG nach Übereinkunft mit dem Arbeitgeber einen oder mehrere Erfinderberater bestellen, jedoch ohne dass eine Bestellung erzwungen werden konnte. Die Aufgabe des Erfinderberaters bestand nach Abs. 2 darin, dass er nach dem Willen des Arbeitnehmers diesen bei der Meldung oder Mitteilung der Erfindung unterstützt und auf Verlangen des Arbeitgebers oder des Arbeitnehmers bei der Ermittlung einer angemessenen Vergütung mitwirkt.

IV. Gesetz zur Änderung des Betriebsverfassungsgesetzes vom 15. Dezember 1964 (BGBl. I S. 1065)

Sowohl von Arbeitgeber- als auch von Betriebsrats- bzw. Gewerkschaftsseite war eine Verlängerung der Amtszeiten der Betriebsräte gefordert worden, um eine kontinuierliche Arbeit des Betriebsrats, vor allem in Großbetrieben, wegen der umfassenden und langfristigen Aufgaben des Betriebsrats zu gewährleisten[377]. Am 4. Juni 1964 leitete die CDU/CSU-Fraktion einen *Gesetzesentwurf zur Änderung des Betriebsverfassungsgesetzes*[378] dem Bundestag zur Beschlussfassung zu. Die Änderungsvorschläge waren überschaubar und beschränkten sich auf die Verlängerung der Amtszeit des Betriebsrats auf drei Jahre (§ 21 S. 1 BetrVG 52) und das Erfordernis von Neuwahlen, wenn innerhalb von achtzehn Monaten (bisher ein Jahr) die Zahl der Arbeitnehmer um die Hälfte stieg oder sank (§ 22 Abs. 1 lit. a BetrVG 52). Der Entwurf wurde ohne Begründung und Aussprache in erster Lesung am 10. Juni 1964 an den Ausschuss für Arbeit (21. Ausschuss) überwiesen. Der Ausschuss für Arbeit ergänzte noch, dass die Amtsperiode der Jugendvertreter zwei Jahre andauern sollte und beantragte im Übrigen, das Gesetz in dieser Fassung anzunehmen.[379] Der Vorschlag des Ausschusses wurde in dritter Lesung am 4. November 1964 angenommen[380] und das *Gesetz zur Änderung des Betriebsverfassungsgesetzes* am 15. Dezember 1964 verkündet[381].

---

376 BGBl. I S. 756.
377 *Schleyer*, DB 1962, 1307.
378 BT-Drs. IV/2301.
379 BT-Drs. IV/2655.
380 BT-Prot. IV/142, S. 7116.
381 BGBl. I S. 1065.

V. Allgemeine Haltung zum Betriebsverfassungsgesetz von 1952

Nachdem die Forderungen der Gewerkschaften bei Schaffung des Betriebsverfassungsgesetzes von 1952 nicht vollständig erfüllt worden waren,[382] erhoben sich sofort nach dessen Einführung Stimmen, die diese nichterfüllten Forderungen durch Arbeitskampf durchsetzen wollten.[383] Hieraus ergab sich eine von vielen Fragen, die sich nach Einführung des neuen Gesetzes stellten, nämlich ob und inwieweit durch Tarifvertrag vom BetrVG abgewichen werden kann[384]. Zudem wurde ausgiebig erörtert, in welchem Verhältnis Staat, Sozialpartner, Betriebe und die Partner des Einzelvertrages (Arbeitgeber und Arbeitnehmer) zueinander stehen. Das betraf einerseits die Rechte des einzelnen Arbeitnehmers und die Frage, inwieweit sich diese aus dem BetrVG ergeben, und andererseits ganz zentral die Frage nach dem Verhältnis zwischen Betriebsrat und Gewerkschaften. So wurde umfassend darüber diskutiert, wie weit die Regelung des § 49 Abs. 1 BetrVG 52,

> *„Arbeitgeber und Betriebsrat arbeiten [...] im Zusammenwirken mit den im Betrieb vertretenen Gewerkschaften und Arbeitgebervereinigungen [...] zusammen.“,*

die auch als *Generalklausel* bezeichnet wurde,[385] verstanden werden sollte. Die Gewerkschaften bekräftigten wiederholt, dass es nicht ihr Ziel sei, den Betriebsrat zu ihrem Vollzugsorgan im Betrieb zu degradieren[386] und vermissten, dass ausdrücklich von einer *„Partnerschaft“* zwischen Arbeitgeber und Betriebsrat im BetrVG 52 gesprochen wurde.[387]

Trotz der sich auftuenden Fragen und Forderungen wurde festgestellt, dass das BetrVG seit Inkrafttreten von allen Seiten nüchterner und selbstverständlicher betrachtet wurde und das Kämpferische in den Hintergrund gerückt war.[388] Ein Umstand, der dem wirtschaftlichen Aufschwung geschuldet und der vor allem für die Betriebsratsmitglieder bei ihrer täglichen Betriebsratsarbeit sehr dienlich war.

Der Arbeitgebervertreter *Hanns Martin Schleyer*[389] hob in einem Artikel zum zehnjährigen Bestehen des BetrVG besonders hervor, dass der in § 49 Abs. 1 BetrVG verankerte Grundsatz der *vertrauensvollen Zusammenarbeit* eine grundsätzliche Neuorientierung bedeutet hätte, die sich entgegen vieler Erwartungen durchgesetzt habe. Während der Betriebsrat früherer Gesetze *„der Stoßtrupp der Arbeitnehmerinteressen gegen den Arbeitgeber“* gewesen sei, sei er durch diesen Grundsatz

---

382 *Fitting*, BArbBl. 1972, 276.
383 *Pinther*, AuR 1968, 97; *Lillich*, GMH 1957, 197.
384 *Hueck*, BB 1952, 925; *Siebert*, RdA 1957, 361; vgl. hierzu SPD-E, S. 114.
385 *Galperin*, RdA 1962, 366.
386 *Lillich*, GMH 1957, 197.
387 *Galperin*, RdA 1962, 366.
388 *Schleyer*, DB 1962, 1306; *Muzzle*, GMH 1957, 43.
389 Zu diesem Zeitpunkt Vorsitzender des Verbandes der Metallindustrie Baden-Württemberg und Stellvertretender Vorsitzender der Daimler Benz AG.

auch eingebunden worden, zum Wohle des Betriebs zu handeln. Nach anfänglichem Misstrauen seien die Betriebe aufgrund der gegenseitigen Aufgeschlossenheit zügig von einer Bereitschaft zum Zusammenwirken geprägt gewesen.[390] Professor *Arthur Nikisch*[391] äußerte sich bei einer Veranstaltung zum zehnjährigen Bestehen des BetrVG in seinem Vortrag ähnlich und war der Auffassung, dass die vertrauensvolle Zusammenarbeit *„den Gemeinschaftsgeist zum Ausgangs- und Angelpunkt der neuen betrieblichen Ordnung gemacht"* habe und dass dies ein gar nicht hoch genug einzuschätzender Fortschritt sei.[392] Dies sei aber nur möglich gewesen, da das Gesetz den Arbeitnehmer auch tatsächlich gleichwertig behandle und sein Vertretungsorgan über Mitbestimmungs-, Beteiligungs- und Informationsrechte in die Mitverantwortung nehme.[393] Hinsichtlich der offensichtlichen Lücken im BetrVG 52 war *Nikisch* der Auffassung, dass ein lückenloses Gesetz kein Zeichen für Qualität sei. Ein ausufernder gesetzgeberischer Perfektionismus sei auch nicht immer dienlich. Besser sei es, wenn es den Gerichten überlassen bliebe, im Einzelfall bestimmte Grundsätze zu formen, die ständig überprüfbar und nötigenfalls auch ergänzungs- bzw. abwandlungsfähig seien.[394] Auch *Schleyer* relativierte die zu füllenden Lücken im BetrVG 52:

> *„Für die Entwicklung „unserer Betriebsverfassung" sei weniger ein lückenloses Gesetz entscheidend, als die Bereitschaft der Partner zu sachgerechten Lösungen."*[395]

Im Rückblick auf die Gesetzesfindung liege es in der Natur der Demokratie, dass die Sozialverbände mit der endgültigen Fassung des Gesetzes nicht zufrieden seien. Das Gesetz habe in seiner bisherigen Anwendung seine Brauchbarkeit bewiesen und sein Leitgedanke habe eine erstaunliche Ausstrahlkraft auf die Träger der Betriebsverfassung, die Arbeitgeber, die Betriebsräte und die Belegschaft. Das Gesetz habe zudem einen Klimawechsel im Verhältnis zwischen Arbeitgeber und Arbeitnehmer zumindest mitbegründet.[396] Auch wenn *Schleyer* einräumte, dass die Sozialverbände auf beiden Seiten mit der endgültigen Fassung des Gesetzes nicht zufrieden seien, lassen seine positiven Äußerungen zum BetrVG 52 den Schluss zu, dass die Arbeitgeber mit dem Gesetz zufriedener sein konnten als die Arbeitnehmervertreter.

Besonders aus dem Gewerkschaftslager hörte man deshalb auch andere Stimmen. So wurde auf einer Veranstaltung der Hans-Böckler-Gesellschaft zum zehnjährigen Bestehen des BetrVG heftige Kritik an diesem Gesetz an sich und an der Gesellschaftsordnung geübt, *„die ihre Glieder überwiegend im Stande des*

390 *Schleyer*, DB 1962, 1306.
391 *Arthur Nikisch*, Professor für Bürgerliches Recht und Arbeitsrecht in Kiel (1938–1941 u 1950–1957).
392 *Nikisch*, RdA 1962, 362 f.
393 *Nikisch*, RdA 1962, 363.
394 *Nikisch*, RdA 1962, 366.
395 *Schleyer*, DB 1962, 1307.
396 *Schleyer*, DB 1962, 1308.

Wirtschaftsuntertanentums" halte.[397] Die Diskussion bei der Veranstaltung führte dazu, dass die Frage aufkam,

> *„Warum überhaupt ein Betriebsverfassungsgesetz? Die Arbeitgeber wollen es sowieso nicht, und die Gewerkschaften haben weit mehr Kritik für diese Institution als Anerkennung übrig."*

Ludwig Rosenberg[398] lehnte es im Rahmen dieser Diskussion ab, im BetrVG 52 einen Fortschritt gegenüber dem BRG 1920 zu sehen.[399] *Otto Brenner*[400] ging so weit zu erläutern, dass die ideologische Quelle der *„vertrauensvollen Zusammenarbeit"* im nationalsozialistischen *Gesetz zur Ordnung der nationalen Arbeit* zu finden sei. Daher beherrsche noch immer die militärische Disziplin das Betriebsgeschehen. Im Ergebnis stelle das BetrVG *„ein Instrument zur Konservierung bestimmter Herrschaftsverhältnisse dar"*.[401] *Otto Blume*[402] ermahnte den Gesetzgeber in seiner Rede bei der Hans-Böckler-Stiftung, dass dieser tätig werden müsse, um die betriebsverfassungsrechtlichen Organe zu stärken, was vor allem auch durch Schulung der Betriebsratsmitglieder erfolgen müsse, sowie durch eine Neuordnung des Wirtschaftsausschusses, zu dessen Bildung es in den meisten Betrieben überhaupt nicht käme. Zumal die Mitbestimmung nach dem BetrVG 52 diese Bezeichnung nicht verdiene, da nur begrenzt von Mitbestimmung die Rede sein könne. Positiver als der Umgang mit dem BetrVG sei der Umgang mit der Montanmitbestimmung.[403]

Bei der Bundesvereinigung der Deutschen Arbeitgeberverbände (BDA) war man 1967 der Auffassung, dass sich das Gesetz in den vergangenen fünfzehn Jahren bewährt habe. Es sei Grundlage für ein partnerschaftliches Zusammenwirken von Arbeitgebern und Arbeitnehmern im Betrieb. Die Chancen, die das Gesetz zur Herstellung des sozialen Miteinanders im Betrieb biete, seien von Arbeitgebern und Arbeitnehmern überwiegend anerkannt und genutzt worden. Dabei hob die BDA besonders den Grundsatz der vertrauensvollen Zusammenarbeit hervor und rief die Arbeitgeber in einem Rundschreiben dazu auf, die Möglichkeit der Zusammenarbeit mit den Betriebsräten und anderen Organen der Betriebsverfassung voll zu nutzen. Verantwortungsbewusste und unabhängige Betriebsräte besäßen das Vertrauen der Belegschaft und könnten daher wesentlich zum Betriebsfrieden und der Erreichung der Betriebsziele beitragen.[404] Zwar erkannte die BDA die Veränderung der deutschen Wirtschaft, zog jedoch nicht den Schluss, dass an dem BetrVG etwas geändert werden müsste. Insbesondere sprach man sich im Jahresbericht von 1966 gegen die zunehmende Forderung der Ausweitung der paritätischen Mitbestimmung auf

---

397 GMH, 1963, 50.
398 *Ludwig Rosenberg*, Vorsitzender des DGB-Bundesvorstandes.
399 *Rosenberg*, so zitiert in: GMH, 1963, 51.
400 *Otto Brenner*, 1. Vorsitzender der IG Metall.
401 *Brenner*, so zitiert in: GMH, 1963, 51.
402 *Otto Blume*, Direktor des Seminars für Sozialpolitik der Universität Köln.
403 *Blume*, so zitiert in: GMH, 1963, 50 f.
404 *Balke*, BDA-Mitgliederanschreiben, RdA 1967, 323.

die übrigen Großunternehmen aus. Andernfalls würden die Grundprinzipien der freiheitlichen Gesellschaft in Frage gestellt. Zudem sei man im Rahmen einer Emnid-Umfrage zu dem Ergebnis gekommen, dass die Unternehmensmitbestimmung für eine weitere Integrierung der Arbeitnehmer in Betrieb und Gesellschaft nicht von wesentlicher Bedeutung sei. Für die Integration der Arbeitnehmer sei die betriebliche Mitbestimmung viel gewichtiger als die Unternehmensmitbestimmung.[405]

Der Präsident des Arbeitsgerichts Bremen *Hans Galperin*[406] lobte einerseits, dass der Betriebsrat nun alle Arbeitnehmer als Ganzes vertrete und man damit dem wesentlichen Mangel des BRG 1920 – die Gruppenvertretungen von Arbeitern und Angestellten – abgeschafft habe; andererseits bemängelte er, dass hierbei der Schutz von Minderheiten völlig außer Acht gelassen worden sei. Er wunderte sich, dass *„dieses unterentwickelte und unzureichend durchdachte System eines betrieblichen Minderheitenschutzes fast fünfzehn Jahre fast ohne ernsthaften Widerspruch bestehen konnte"*. Der Minderheitenschutz sorge vor allem auch zwischen den unterschiedlichen Gewerkschaften immer wieder für Ärger. Er hielt die Anerkennung der betrieblichen Gruppen und die Sicherung des betrieblichen Friedens für entscheidend für eine dauerhafte freiheitliche Ordnung der Betriebsverfassung.[407]

Die Arbeitnehmer selbst begrüßten die neuen Mitbestimmungsrechte des BetrVG von 1952. So äußerten sich in einer Studie achtzig Prozent der Befragten positiv zur Mitbestimmung, allerdings konnten sie nicht konkret festmachen, weshalb sie dies so sahen. *Karl Fitting*, Mitverfasser des BetrVG 52, war der Auffassung, dass die Anschauungen der Arbeitnehmer sich hinsichtlich der Mitverantwortung und Mitwirkung am Arbeitsplatz gewandelt hätten.[408]

Zwar bedachten die vorgenannten, zusammenfassenden Darstellungen das BetrVG 52 zu seinen Jubiläen mit Lob, die Verfasser hoben aber auch hervor, dass das Gesetz an vielen Stellen der Überarbeitung bedurfte. Dies sollte nun, nachdem sich die sozialen Spannungen nach Kriegsende verringert und die Verhältnisse sich eingependelt hatten, möglich sein. Zumal die Gewerkschaftsvertreter, wie dargestellt, im Gegensatz zu den Arbeitgebervertretern, nicht zufrieden waren mit dem *status quo*. Zudem hatte sich das Gesetz bisher nur in einer Phase des wirtschaftlichen Aufschwungs bewährt, und es blieb abzuwarten, ob sich die Gräben im Falle eines Abschwungs oder einer Depression wieder auftun würden.[409] Denn der Erfolg des Gesetzes war entscheidend geprägt vom guten Willen und der Bereitschaft des Einzelnen zur Mitverantwortung.[410] Zudem hatte sich die Ausrichtung der deutschen Volkswirtschaft stark verschoben. Während bisher der Sekundärsektor in Form der Montan- und herstellenden Industrie den Schwerpunkt der Volkswirtschaft bildete,

---

405 BDA-Jahresbericht von 1966, RdA 1967, 29.
406 Präsident des LAG Bremen und Hochschullehrer in Wilhelmshaven.
407 *Galperin*, RdA 1968, 445.
408 *Fitting*, BArbBl. 1972, 277.
409 *Nikisch*, RdA 1962, 366.
410 *Galperin*, RdA 1962, 370.

verschob sich der Schwerpunkt hin zur herstellenden Industrie und in den Tertiär- bzw. den Dienstleistungssektor. Aufgrund dessen und der sich weiterentwickelnden Technisierung und Automatisierung stiegen die Anforderungen an das fachliche Wissen und die Fähigkeiten der Arbeitnehmer stetig an.[411] Obwohl sich also das Betriebsverfassungsgesetz von 1952 in Teilen bewährt hatte,[412] gab es inhaltlichen Reformbedarf, der einer veränderten Weltanschauung der Deutschen geschuldet war.

B. Die fünfte Legislaturperiode von 1965 bis 1969

Bundeskanzler *Ludwig Erhard* hatte zunächst in seiner Regierungserklärung vom 10. November 1965 zum Ausdruck gebracht, dass die Bundesregierung nicht bereit sei, die qualifizierte Mitbestimmung über den Montanbereich hinaus auszudehnen. Nachdem die Regierungskoalition ein Jahr später in eine Krise geriet und *Erhard* schließlich am 30. November 1966 zurücktrat, verkündete der von einer großen Koalition gewählte Bundeskanzler *Kurt Kiesinger* in seiner Regierungserklärung am 13. Dezember 1966 unter dem Beifall der SPD-Fraktion, dass eine Kommission aus unabhängigen Sachverständigen zur Untersuchung der Frage der Mitbestimmung eingesetzt werde. Er stellte klar, dass die Bundesregierung Bestrebungen, die den bewussten und erkennbaren Zweck einer Aushöhlung der Mitbestimmung verfolgen, ablehnt. Zum Bundesminister für Arbeit und Sozialordnung wurde *Hans Katzer* ernannt, der bis 1963 Bundesgeschäftsführer der Sozialausschüsse der Christlich-Demokratischen Arbeitnehmerschaft (sog. CDU-Sozialausschüsse; kurz: CDA) und anschließend bis 1977 deren Vorsitzender war.

Obwohl der Erstfassung des BetrVG ein harter politischer Kampf zugrunde gelegen hatte, hatte sich das Gesetz, auch nach Auffassung der Bundesregierung, im Ergebnis bewährt, was in der amtlichen Begründung des Reg-E zur Novellierung des BetrVG vom 18. Dezember 1970 gewürdigt wurde.[413] Es verbesserte die Mitbestimmung der Arbeitnehmer erheblich und fand daher auch im Ausland große Beachtung. Es wurden zwar nur in sechs Prozent aller Betriebe[414] Betriebsräte gewählt, da in diesen jedoch zwei Drittel aller Arbeitnehmer tätig waren, hatte das Gesetz eine große praktische Bedeutung.[415] In der Anwendung zeichneten sich jedoch Unzulänglichkeiten ab. Von weitgehenden Änderungen des Gesetzes war bisher jedoch abgesehen worden, so dass das Gesetz seit 1952, wie dargestellt, nur geringfügig verändert und im Wesentlichen durch weitreichende Rechtsprechung konkretisiert wurde.

---

411 *Wiese*, JuS 1994, 103.

412 *Nikisch*, RdA 1962, 366.

413 BR-Drs. 715/70, S. 31.

414 In 25.000 von 400.000 existierten Betriebsräte; *Arendt*, BT-Prot. VI/101, S. 5804.

415 *Wiese*, JuS 1994, 103.

Unter dem Titel *Offenburger Erklärung* veröffentlichten die CDU-Sozialausschüsse[416] am 9. Juli 1967 ein Grundsatzprogramm.[417] In Sachen Mitbestimmung führten sie aus, dass bei der Abfassung des BetrVG und des MontanMitbestG nicht absehbar gewesen sei, dass sich die deutsche Wirtschaft derart wandeln würde. Kohle und Eisen seien nicht mehr die bestimmenden Faktoren der deutschen Wirtschaft. Dieser Wandel könne nicht wie ein Naturschicksal hingenommen werden, sondern müsse mitbestimmt und mitgestaltet werden. Dies entsprach der Forderung nach Ausweitung der paritätischen Mitbestimmung auf Großunternehmen. Daneben forderte die CDA in der *Offenburger Erklärung* den Ausbau der Rechte des einzelnen Arbeitnehmers und die Erweiterung der Mitbestimmungsrechte des Betriebsrats.[418]

Die DGB-Gewerkschaften begrüßten den Vorstoß der CDU-Sozialausschüsse, wohingegen die Reaktionen in der eigenen Partei eher zwiespältig ausfielen. Das galt vor allem für die konservative Unternehmergruppierung, den sog. Wirtschaftsrat.[419] Auch die Bundesvereinigung der Deutschen Arbeitgeber (BDA) hielt eine Änderung des BetrVG für überflüssig; das BetrVG habe sich bewährt.[420]

I. DGB-Entwurf vom 10. Oktober 1967

Mangels Umsetzung seiner Forderungen war der DGB mit dem BetrVG von 1952 nicht zufrieden und forderte seit dessen Inkrafttreten eine Novellierung des Gesetzes,[421] so auch *Hermann Beermann*[422] in einem Interview vom 3. Oktober 1967 mit dem sozialpolitischen Dienst der Deutschen Presse-Agentur (dpa) anlässlich des fünfzehnjährigen Jahrestages der Verkündung des BetrVG 1952.[423]

Neben dem Umstand, dass die Betriebsverfassung von Anfang an nicht den Forderungen des DGB entsprochen hatte, bemängelte er, dass nur in wenigen Fällen ein echtes Mitbestimmungsrecht bestünde und bei abschwächender Konjunktur dem Betriebsrat keine Mittel zur Verfügung stünden, die Härten für die Arbeitnehmer abzuschwächen. Zudem stünden die Arbeitergeber den Betriebsratswahlen häufig sehr ablehnend gegenüber. Im Vordergrund standen für ihn die Stärkung der Stellung des Betriebsrats und der Gewerkschaften in der Betriebsverfassung (= Beendigung des strengen Trennungsprinzips), die Ausdehnung der Mitbestimmungsrechte in allgemeinen, sozialen, personellen und wirtschaftlichen Angelegenheiten, die Erweiterung der Rechte der Jugendvertretung, die Einführung eines Kündigungsschutzes

---

416 Christlich-Demokratische Arbeitnehmerschaft (CDA), ehem. CDU-Sozialausschüsse.

417 Offenburger Erklärung der CDA v. 09.07.1967, abgedr. in RdA 1967, 324.

418 Offenburger Erklärung der CDA v. 09.07.1967, RdA 1967, 324.

419 *Kaßler*, GMH 1969, 234.

420 Jahresbericht der BDA von 1967, S. 34.

421 Entschließung des DGB, 7. Ordentl. Bundeskongress, 13.03.1966, RdA 1966, 263; *Pinther* AuR 1968, 97.

422 *Hermann Beermann*, stellvertretender Vorsitzender des DGB u. SPD-Mitglied.

423 DPA-Interview mit *Herrmann Beermann*, RdA 1967, 422.

für alle Mandatsträger und die Erleichterung der Bildung von Betriebsräten durch eine Neuregelung der Wahl des Betriebsrats.[424] Auch in überbetrieblicher Hinsicht verfolgte der DGB weitgehende Forderungen. So wurde gefordert, dass in allen Organen der europäischen Gemeinschaft eine gleichberechtigte Beteiligung der Arbeitnehmer bei den wirtschaftspolitischen Entscheidungen gesichert werden müsste.[425] In konkreter Form verabschiedete der Bundesvorstand des DGB am 10. Oktober 1967 diese Forderungen als *Vorschläge zur Änderung des Betriebsverfassungsgesetzes,*[426] der als *„Entwurf mit Maximalforderungen"* bezeichnet wurde.[427] Der Entwurf war eine Überarbeitung eines vorherigen Vorschlages zur Überarbeitung des Betriebsverfassungsgesetzes von 1952, den der DGB bereits 1962 vorgelegt hatte.

Vertreter der BDA reagierten bei der Klausurtagung zu dem im Entwurf befindlichen *Arbeitsrechtsbereinigungsgesetz*[428] am 19./20. Oktober 1967 sehr empfindlich auf die weitreichenden Vorschläge des DGB. In Abgrenzung zu den bisherigen Gesetzesentwürfen zur Novellierung des BetrVG des Christlichen Gewerkschaftsbundes (CGB) und der Deutschen Angestellten-Gewerkschaft (DAG)[429], stellte der Vorschlag des DGB deutlich stärker auf die Ausweitung der Mitbestimmungsrechte ab. Die Forderungen der DAG und des CGB, aber auch der Katholischen Arbeiterbewegung (KAB), der Kolpingsfamilien und der Christlich-Sozialen Kollegenschaft zielten eher auf den Ausbau des Minderheitenschutzes ab, der vor allem den Angestellten und den kleineren Gewerkschaften zu Gute kommen sollte. Der DGB drängte hingegen auf einen Abbau des bereits bestehenden Minderheitenschutzes. Einigkeit bestand bei der Stärkung der Jugendvertretung.[430] Im Einzelnen:

1. *Zusammenarbeit von Arbeitgeber und Betriebsrat*

a) Friedenspflicht

Nach dem Entwurf des DGB sollte es bei der *„vertrauensvollen Zusammenarbeit"* zwischen dem Arbeitgeber und dem Betriebsrat nach § 49 Abs. 1 BetrVG 52 bleiben. In § 49 Abs. 2 wurde jedoch der Satz gestrichen, nach dem Arbeitgeber und Betriebsrat alles zu unterlassen hätten, was geeignet sei, die Arbeit und den Frieden im Betrieb zu gefährden. Dieser Satz, der in Abgrenzung zu den Gewerkschaften einen Teil der Friedenspflicht des Betriebsrats beinhaltete, sei im Hinblick auf den Grundgedanken der *vertrauensvollen Zusammenarbeit* des beizubehaltenden Abs. 1

424 DPA-Interview mit *Herrmann Beermann*, RdA 1967, 422; *Pinther* AuR 1968, 97–104.
425 Entschließung des DGB, 7. Ordentl. Bundeskongress, 13.03.1966, RdA 1966, 263.
426 DGB, Vorschläge des DGB zur Änderung des Betriebsverfassungsgesetzes, Düsseldorf, 1967.
427 RdA 1967, 462 ff.
428 Das Arbeitsrechtsbereinigungsgesetz führte zu einer Vereinheitlichung des Kündigungsrechts.
429 DAG, Wünsche und Forderungen der DAG zur Novellierung des Betriebsverfassungsgesetzes: Minderheitenschutz, Hamburg 1964.
430 *Saller*, BArbBl. 1968, 334 ff.

überflüssig.[431] Gleichzeitig sollte aber an dem Grundsatz, dass Arbeitgeber und Arbeitnehmer Maßnahmen des Arbeitskampfes gegeneinander zu unterlassen haben, als übriger Teil der Friedenspflicht, festgehalten werden (§ 49 Abs. 3 DGB-E 67).

b) Politische Betätigung im Betrieb

Das Verbot der parteipolitischen Betätigung im Betrieb für den Arbeitgeber und den Betriebsrat aus § 51 S. 2 BetrVG 52 hatte von Beginn Fragen aufgeworfen und für Streit gesorgt. Das galt beispielsweise für die Frage, ob das Verbot auch die übrigen betriebsangehörigen Arbeitnehmer erfasste oder nur die Betriebsratsmitglieder. Entgegen dem Wortlaut bejahte die überwiegende Meinung ein generelles Verbot für alle Arbeitnehmer.[432] Dem schloss sich dann die Frage an, ob dies dann konsequenterweise auch in betriebsratsfreien Betrieben gelten sollte. Ziel des Verbots der parteipolitischen Betätigung im Betrieb war es, eine Verschlechterung des Betriebsklimas, eine etwaige Unruhe und eine Spaltung der Arbeitnehmerschaft im Betrieb zu vermeiden.[433] Das Verbot umfasste jegliche Verbreitung politischer Ansichten, soweit sie nicht unmittelbar mit der Gestaltung der betrieblichen Arbeitsbedingungen in Verbindung standen.[434] Ausgenommen war die schlichte Meinungsäußerung *„Mann zu Mann"*.[435]

Nach Auffassung des DGB sollte das Verbot der parteipolitischen Betätigung gestrichen werden (§ 51 DGB-E 67). Das Verbot führe bei Übertretungen zu ungerechten Ergebnissen, denn bei Verstößen des Arbeitgebers gegen dieses Verbot bestünde keine Handhabe gegen ihn. In der Vergangenheit sei das Verbot darüber hinaus zu weit ausgelegt worden, so dass jede politische Stellungnahme verboten gewesen sei. Es würde zudem implizieren, dass jede politische Meinungsäußerung untersagt sei, was in einer demokratischen Gesellschaft nicht wünschenswert sei.[436] Andere Gewerkschaften befürchteten dagegen, dass u. a. durch die Abschaffung des Verbots der politischen Betätigung sich *„zunächst die gewaltsame Ausschaltung aller gewerkschaftlichen und beruflichen Konkurrenzgruppen und anschließend die Politisierung*

---

431 Begr. zu § 49 Abs. 2 DGB-E 67, BA Koblenz, B 149–9853 S. 125.

432 *Dietz,* BetrVG, 4. Aufl. 1967, § 51 Rz. 16b; *Erdmann,* BetrVG, 2. Aufl. 1954, § 51 Rz. 3; *Fitting/Kraegeloh-Auffarth,* BetrVG, 9. Aufl. 1970, § 51 Rz. 21; i.E. auch *Nikisch,* Bd. 3, 2. Aufl. 1966, S. 237; a.A: *Hueck/Nipperdey,* Bd. 2, 7. Aufl. 1970, S. 1347; einschränkend *Galperin/Siebert,* BetrVG, 4. Aufl. 1963, § 51 Rz. 9; *Neumann-Duesberg* S. 442; die eine entsprechende Betriebsvereinbarung voraussetzen.

433 *Dietz,* BetrVG, 4. Aufl. 1967, § 51 Rz. 16; *Galperin/Siebert,* BetrVG 4. Aufl. 1963, § 51 Rz. 8; *Neumann-Duesberg* S. 443.

434 *Galperin/Siebert,* BetrVG, 4. Aufl. 1963, § 51 Rz. 8a; weitergehend *Molitor,* BB 1955, 167.

435 *Dietz,* BetrVG, 4. Aufl. 1967, § 51 Rz. 16c; *Erdmann,* BetrVG, 2. Aufl. 1954, § 51 Rz. 3; *Fitting/Kraegeloh-Auffarth* BetrVG, 9. Aufl. 1970, § 51 Rz. 21; *Hueck/Nipperdey* Bd. 2, 7. Aufl. 1970, S. 1348 f; *Neumann-Duesberg* S. 442; *Nikisch,* Bd. 3, 2. Aufl. 1966, S. 238; *Molitor,* BB 1954, 135; BB 1955, 167; *Neumann-Duesberg,* NJW 1964, 1701.

436 Begr. § 51 DGB-E 67, BA Koblenz, B 149–9853, S. 162.

der auf diese Art und Weise zustande gekommenen Betriebsvertretungen" vollzöge und die Betriebsräte *„zum verlängerten Arm der DGB-Gewerkschaften"* würden.[437]

2. Leitende Angestellte

a) Begriffsbestimmung

Nach § 4 Abs. 2c BetrVG 52 sollten die leitenden Angestellten nicht zu den Arbeitnehmern zählen, *„wenn sie zur selbständigen Einstellung und Entlassung von im Betrieb oder in der Betriebsabteilung beschäftigten Arbeitnehmern berechtigt sind oder wenn ihnen Generalvollmacht oder Prokura erteilt ist oder wenn sie Aufgaben wahrnehmen, die regelmäßig wegen ihrer Bedeutung für den Bestand und die Entwicklung des Betriebs nur auf Grund besonderen persönlichen Vertrauens des Arbeitgebers bestimmten Personen im Hinblick auf deren besondere Erfahrungen und Kenntnisse übertragen werden"*.

Insbesondere wegen der abstrakten Abgrenzung, die auf Indizien abstellte, war die Abgrenzung von leitenden Angestellten schwierig. Der Vorschlag des DGB sah eine restriktivere Abgrenzung vor. Demnach sollten nur noch solche Angestellten mit eindeutigen Arbeitgeberfunktionen, die objektiv feststellbar seien, in den Kreis der leitenden Angestellten einzubeziehen sein, die nicht unter den Anwendungsbereich des BetrVG fallen.[438] Das sollten diejenigen sein, *„die die Geschäfte des Betriebes oder wesentlicher Betriebsteile mit selbständiger Entscheidungsbefugnis führen sowie leitende Angestellte, die zur selbständigen Einstellung und Entlassung von Arbeitnehmern berechtigt" waren* (§ 5c DGB-E 67). Inwiefern die selbständige Führung des Betriebes oder wesentlicher Betriebsteile entsprechend der Begründung des DGB objektiv feststellbar sein sollte, blieb auch nach diesem Vorschlag unklar.

b) Sondervertretung der leitenden Angestellten

Wie schon aus der neuen Definition und der einhergehenden Einschränkung des Begriffs des leitenden Angestellten erkennbar, zielte der DGB darauf ab, den Personenkreis der leitenden Angestellten, die vom persönlichen Geltungsbereich des BetrVG ausgenommen waren, gering zu halten. Der Begriff sollte auf solche reduziert werden, die tatsächlich im Wesentlichen Arbeitsgeberfunktionen ausübten. Ziel war auch, die Anzahl der Arbeitnehmer, die durch den Betriebsrat vertreten wurden, zu vergrößern, um diesen zu stärken. Zudem wurde trat damit den vereinzelt lauter werdenden Stimmen entgegen, die eine gesonderte Vertretung der leitenden Angestellten anstrebten.

437 Vgl. im folgenden PGZ Nr. 43/67, 13.11.1967 S. 1 f.
438 Begr. zu § 5 c DGB-E 67, BA Koblenz, B 149–9853, S. 162.

3. *Wahl des Betriebsrats*

a) Einheitlicher Wahltermin

Der DGB forderte entgegen dem bisherigen Recht feste, einheitliche Termine für die Betriebsratswahlen. Er versprach sich hierdurch *„die Bedeutung der Betriebsratswahlen im Interesse der Demokratie stärker als bisher in das Bewußtsein der Öffentlichkeit“* bringen zu können.[439] Sofern innerhalb der Amtszeit Neuwahlen stattfänden, sollte der Betriebsrat trotzdem zu dem fixen Termin wieder gewählt werden, es sei denn, dass er bis dahin weniger als ein Jahr im Amt war. In diesem Fall sollte sich die Amtszeit des Betriebsrats bis zum darauffolgenden gesetzlichen Wahltermin verlängern (§ 12a Abs. 3 DGB-E 67).

b) Passives Wahlrecht

Nach dem geltenden Recht waren nur solche Arbeitnehmer für die Wahl zum Betriebsrat passiv wahlberechtigt, die das 21. Lebensjahr vollendet hatten, über eine Betriebszugehörigkeit von einem Jahr verfügten und das Wahlrecht zum Deutschen Bundestag besaßen (§ 7 Abs. 1 BetrVG 52). Der DGB forderte hier zwei Änderungen (§ 7 Abs. 1 DGB-E 67): Die ausländischen Arbeitnehmer sollten hinsichtlich ihres passiven Wahlrechts den Deutschen gleichgestellt werden, denn nach Auffassung des DGB musste entsprechend der VO Nr. 38/64/EWG des Rates vom 25. März 1964 über die Freizügigkeit der Arbeitnehmer innerhalb der Gemeinschaft die wahlrechtliche Unterscheidung bezüglich der ausländischen Arbeitnehmer beseitigt werden.[440] Zudem sollte von der einjährigen Betriebszugehörigkeit abgesehen werden können, wenn die Mehrheit der Arbeitnehmer dies beschlossen hatte. Zuvor war eine Abweichung nach § 7 Abs. 1 S. 2 BetrVG 52 nur möglich, wenn die Mehrheit der Arbeitnehmer und der Arbeitgeber sich hierüber geeinigt hatten.

Von der 1966 formulierten Forderung des DGB, dass nur diejenigen Arbeitnehmervertreter sich zur Wiederwahl sollten stellen können, die an Schulungsmaßnahmen teilgenommen hatten, Mitglieder der Hans-Böckler-Stiftung waren und Aufgaben in der Stiftung Mitbestimmung übernommen hatten,[441] sah der DGB in diesem Gesetzesentwurf ab.

c) Erleichterung der Betriebsratswahl

Um die Wahl eines Betriebsrats auch gegen den Widerstand des Arbeitgebers zu erleichtern, sah der DGB-E von 1967 zahlreiche Änderungsvorschläge vor:

---

439 Begr. zu § 12a Abs. 1 DGB-E 67, BA Koblenz, B 149–9853, S. 163.
440 Begr. zu § 7 Abs. 1 DGB-E 67, in: BA Koblenz, B 149–9853, S. 162.
441 Entschließung des DGB, 7. Ordentl. Bundeskongress, 13.03.1966, RdA 1966, 264.

aa) Vergrößerung des Wahlvorstandes

Es bestand allseits Einigkeit, dass eine Regelung zur Vergrößerung des bisher mit drei Wahlberechtigten besetzten Wahlvorstandes geschaffen werden müsste (§ 15 Abs. 1 BetrVG 52). Dies lag unter anderem an dem Umstand, dass nach § 12 Abs. 2 der Wahlordnung in jedem Wahllokal ein Mitglied des Wahlvorstandes vertreten sein musste. Damit war die Anzahl von Wahllokalen auch für Groß- und Größtbetriebe auf drei begrenzt,[442] was die Durchführung der Betriebsratswahlen erschwerte und die betrieblichen Abläufe durch Verzögerungen beeinträchtigte. Der DGB überließ es in seinem Vorschlag dem Betriebsrat, die Anzahl der Wahlvorstandsmitglieder auf das *„zweckmäßige"* Maß zu erhöhen (§ 15 Abs. 1 DGB-E 67).

bb) Bestimmung des Wahlvorstandes

Zur Erstgründung eines Betriebsrates sah § 16 BetrVG 52 vor, dass in einer Betriebsversammlung ein Wahlvorstand bestimmt wird, der in den folgenden Wochen die Betriebsratswahl einleitet. Mangels Regelung stellte sich die Frage, wer zur Einberufung dieser Betriebsversammlung berechtigt war. Während es unstrittig war, dass jeder Arbeitnehmer dieses Recht haben sollte, war dies für den Arbeitgeber und die im Betrieb vertretenen Gewerkschaften strittig, wobei die herrschende Meinung ein Initiativrecht des Arbeitgebers annahm und ein Initiativrecht der Gewerkschaften ablehnte.[443] Kam es nicht zu dieser Betriebsversammlung oder wurde dort kein Wahlvorstand gewählt, so konnten nach § 16 BetrVG 52 drei Wahlberechtigte oder eine im Betrieb vertretene Gewerkschaft Antrag auf Bestellung eines Wahlvorstandes durch das Arbeitsgericht stellen. Dasselbe galt, wenn ein bestehender Betriebsrat kurz vor Ablauf seiner Amtsperiode noch keinen Wahlvorstand bestellt hatte (§ 15 Abs. 2 BetrVG 52).

Zur Schaffung der Rechtsklarheit[444] regelte der DGB diese Frage nun in seinem Entwurf von 1967 und sprach jedem Arbeitnehmer und jeder im Betrieb vertretenen Gewerkschaft ein Initiativrecht zur Einberufung dieser Betriebsversammlung zu, während der Arbeitgeber entgegen der bisher h.M. leer ausging (§ 16 DGB-E 67). Für die Bestellung des Wahlvorstands durch das Arbeitsgericht wollte der DGB bestimmen, dass das Arbeitsgericht nun auch Mitglieder einer im Betrieb vertretenen Gewerkschaft in den Wahlvorstand bestellen kann, die nicht dem Betrieb

---

442 Begr. zu § 15 DGB-E 67; BT-Drs. VI/1786, S. 38 (Begründung Reg-E).

443 BAG, Beschluss v. 14.12.1965, 1 ABR 6/65, BB 66, 367 (AG ja); LAG Hamm, Beschluss v. 04.05.1955, 4 BV Ta 25/55, NJW 1955, 1415 (AG ja); LAG Tübingen, Beschluss v. 08.04.1954, I Sa 44/54, BB 1955, 129 (AG nein); *Dietz,* BetrVG, 4. Aufl. 1967, § 16 Rz. 3f (AG ja, GW nein); *Galperin/Siebert,* BetrVG, 4. Aufl. 1963, § 16 Rz. 3f (AG ja, GW nein); *Fitting/Kraegeloh-Auffarth,* BetrVG, 9. Aufl. 1970, § 16 Rz. 7 (AG ja); *Hueck/Nipperdey,* Bd. 2, 7. Aufl. 1970, S. 1143 f (AG ja, GW *„zweifelhaft"*); *Nikisch,* Bd. 3, 2. Aufl. 1966, S. 89 (AG & GW nein); *Bührig,* Handbuch, § 16 Rz. 4 (GW ja); *Gumpert,* BB 1955, 129 (AG ja); *Popp,* DB 1959, 404 (GW ja).

444 Begr. zu § 16 DGB-E 67, BA Koblenz, B 149–9853, S. 164.

angehören[445]. Das sollte auch für den Fall gelten, dass der amtierende Betriebsrat sechs Wochen vor dem Ende seiner Amtszeit noch keinen Wahlvorstand bestellt hatte (§§ 16 S. 3, 15 Abs. 2 DGB-E 67).

cc) Kündigungsschutz für Wahlvorstände und Wahlbewerber

Das BetrVG 52 sah nach § 19 Abs. 1 vor, dass die Betriebsratswahl von niemandem behindert werden durfte. Insbesondere sollte *„kein Arbeitnehmer in der Ausübung seines aktiven oder passiven Wahlrechts beschränkt werden dürfen"*. Nach Erkenntnissen des DGB wurde Wahlvorständen und Wahlkandidaten nach deren Berufung bzw. nach Bekanntwerden der Kandidatur jedoch regelmäßig gekündigt, um Betriebsratswahlen zu verhindern oder zu beeinflussen.[446] Über einen gesonderten Kündigungsschutz verfügten sie nach geltendem Recht nicht. Nach § 19 Abs. 1 DGB-E 67 sollten daher Kündigungen von Mitgliedern des Wahlvorstandes und von Wahlkandidaten für die Dauer der Wahlen und drei Monate nach Bekanntgabe des Wahlergebnisses unzulässig sein.[447] Ausgenommen waren außerordentliche Kündigungen. Da eine solche jedoch nach § 66 Abs. 2 DGB-E für ihre Wirksamkeit stets der Anhörung des Betriebsrats bedurfte, sollte eine Kündigung von Wahlbewerbern oder Wahlvorständen über das Mittel der außerordentlichen Kündigung zumindest erschwert werden.

4. Organisation des Betriebsrats

Das BetrVG 52 sah in § 9 Abs. 1 eine variable Staffelung der Betriebsratsmitglieder nach Anzahl der Arbeitnehmer vor. Die Staffelung, die bei mehr als 9.000 Arbeitnehmern endete und hierfür 25 bis 35 Betriebsratsmitglieder vorsah, war nach Auffassung des DGB in Betrieben mit über 12.000 Arbeitnehmern zu klein, *„um eine sachgemäße Betreuung aller Arbeitnehmer zu gewährleisten"*.[448] Daher ergänzte der DGB die Staffelung um zwei weitere Stufen von 12.001 – 15.000 Arbeitnehmern mit 27–39 Betriebsratsmitgliedern und von 15.000 und mehr Arbeitnehmern mit 31–45 Betriebsratsmitgliedern (§ 9 Abs. 1 DGB-E 67).

5. Gesamt- und Konzernbetriebsrat

Neben geringfügigen Änderungen zum Stimmengewicht und der Beschlussfähigkeit des Gesamtbetriebsrats, forderte der DGB, dass der Gesamtbetriebsrat mindestens jährlich zu einer Versammlung aller Betriebsratsmitglieder des Unternehmens einladen und einen Tätigkeitsbericht vorlegen sollte. An dieser Versammlung sollten auch Beauftragte der im Betrieb vertretenen Gewerkschaften beratend teilnehmen

---

445 Aber deren Gewerkschaft im Betrieb vertreten ist.

446 Begr. zu § 19 Abs. 1 DGB-E 67, in: BA Koblenz, B 149–9853, S. 164.

447 Bisher bestand ein Kündigungsschutz nur für Betriebsratsmitglieder.

448 Begr. zu § 9 DGB-E 67, in: BA Koblenz, B 149–9853, S. 162 f.

können (§ 48 Abs. 3 DGB-E 67). Zudem schlug der DGB eine bisher nicht existierende Auflösungsmöglichkeit[449] des Gesamtbetriebsrats vor. Nach dem Vorschlag sollten die Betriebsräte, in denen insgesamt mehr als die Hälfte der Arbeitnehmer des Unternehmens beschäftigt sind, die Auflösung beschließen können (§ 46 Abs. 2 DGB-E 67).

Ein Konzernbetriebsrat, der dem BetrVG 52 nicht bekannt war, sollte darüber hinaus nach § 46 Abs. 3 DGB-E 67 durch Tarifvertrag eingerichtet werden können. In diesem Fall musste dann auch ein (Konzern-) Wirtschaftsausschuss gebildet werden (§ 68a DGB-E 67).

6. *Arbeitnehmerrechte*

Rechte der einzelnen Arbeitnehmer spielten im BetrVG 52 keine Rolle. Die Stimmen mehrten sich jedoch, die auch auf betriebsverfassungsrechtlicher Ebene die Regelung von Arbeitnehmerrechten einforderten. Der DGB teilte diese Auffassung jedoch nicht.

7. *Gruppen- und Minderheitenrechte*

a) *Wahlverfahren*

Bei der Wahl des Betriebsrats ging das BetrVG 52 nach § 13 Abs. 2 grundsätzlich von einer getrennten Wahl der Vertreter der Gruppen – der Angestellten und Arbeiter – aus. Von diesem Grundsatz konnte nach dem BetrVG abgewichen werden, wenn zuvor beide Gruppen separat eine gemeinsame Wahl beschließen. Da der DGB für einen Abbau der Gruppenrechte war, forderte er, nunmehr vom Grundsatz der gemeinsamen Wahl auszugehen, wovon durch vorherigen Beschluss einer Gruppe sollte abgewichen werden können (§ 13 Abs. 2 DGB-E 67). Diese Umkehrung sei zur Vereinfachung gerechtfertigt, da in der Vergangenheit überwiegend gemeinsame Wahlen stattgefunden hätten und dies trotz der Tatsache, dass dafür jeweils zwei Vorwahlen erforderlich waren. Eine gemeinsame Wahl dürfe jedoch nicht entgegen der Mehrheitsentscheidung einer Gruppe stattfinden.[450] Im Übrigen sollte im BetrVG grundsätzlich von einer Mehrheitswahl ausgegangen werden. Auch dies diene der Vereinfachung.[451]

Der vom DGB geplante Abbau der Gruppenrechte, dessen Kern der Grundsatz der gemeinsamen Wahl war, wurde auf Arbeitnehmerseite nicht unkritisch betrachtet. So kritisierte der Politisch-Gewerkschaftliche Zeitungsdienst (PGZ)[452], den

449 BAG, Beschluss v. 15.12.1961, 1 ABR 6/60, BB 1962, 219; *Fitting/Kraegeloh-Auffarth*, BetrVG, 9. Aufl. 1970, § 47 Rz. 9, § 48 Rz. 13; *Galperin/Siebert*, BetrVG, 4. Aufl. 1963, § 48 Rz. 13; *Hueck/Nipperdey*, Bd. 2, 7. Aufl. 1970, S. 1210; a.A. *Neumann-Duesberg*, Anm. zu BAG a.a.O. AP Nr. 1 zu § 47 BetrVG.

450 Begr. zu § 13 Abs. 2 DGB-E 67, in: BA Koblenz, B 149–9853, S. 163.

451 Begr. zu § 13 Abs. 3 DGB-E 67, in: BA Koblenz, B 149–9853, S. 163.

452 Vgl. im folgenden PGZ Nr. 43/67, 13.11.1967 S. 1 f.

Entwurf des DGB. Statt die Situation der beruflichen und der gewerkschaftlichen Minderheiten im Betrieb zu verbessern, würden *„die ohnehin bescheidenen Rechte der Angestellten noch weiter abgebaut und alle beruflichen und gewerkschaftlichen Minderheitengruppen stranguliert"*. So stürze der DGB das geltende BetrVG vollständig um, *„um den in jeder Beziehung unbegründeten Monopolanspruch der DGB-Gesellschaften auf diesem Wege gesetzlich zu verankern"*.

b) Wahl von Vertretern der anderen Gruppe

Hinsichtlich der Verteilung der Gruppenangehörigen im Betriebsrat galt nach § 12 Abs. 2 BetrVG 52, dass eine Gruppe *„auch Angehörige der anderen Gruppe wählen"* kann. Da nach dieser Formulierung eine Wahl eines Angehörigen einer anderen Gruppe als Vertreter der eigenen Gruppe nur in der Gruppenwahl vollzogen werden konnte,[453] wurde die Möglichkeit auch nur auf diese Variante beschränkt und für die gemeinsame Wahl von der h.M. abgelehnt[454]. Der DGB wollte demgegenüber die Zuordnung der Gruppe nicht an der Wahl, sondern am Wahlvorschlag festmachen, womit die Möglichkeit zur Wahl eines Angehörigen der fremden Gruppe zum Vertreter der eigenen Gruppe für beide Wahlalternativen (gemeinsame Wahl und Gruppenwahl) ermöglicht werden sollte (§ 12 Abs. 2 DGB-E 67).

8. Mindestanzahl der Minderheitenvertreter im Betriebsrat

Das Ziel des DGB, die Minderheiten- bzw. Gruppenrechte abzubauen, zeigte sich auch in dem Umstand, dass der DGB trotz Anhebung der Zahl der Betriebsratsmitglieder um zwei Stufen bis auf über 15.000 Arbeitnehmer in § 9 Abs. 1, nicht analog die Staffelung der zu wählenden Minderheitengruppenvertreter in § 10 Abs. 2 anpasste.[455]

9. Schutz und Arbeitsbedingungen von Mandatsträgern

a) Freistellung von der betrieblichen Tätigkeit

Die Frage, ob eine Freistellung von Betriebsratsmitgliedern von der vertraglichen Arbeitspflicht im Betrieb erforderlich sei, oblag nach § 37 Abs. 3 BetrVG 52 allein dem Arbeitgeber. Der Betriebsrat hatte demnach zwar einen Anspruch auf

---

453 Bei der gemeinsamen Wahl kann schließlich nicht unterschieden werden, ob ein Angestellter einen Arbeiter wählt oder umgekehrt. *Dietz,* BetrVG, 4. Aufl. 1967, § 12 Rz. 14

454 BAG, Beschluss v. 20.10.1954, 1 ABR 17/54, AP Nr. 1 zu § 76 BetrVG mit zust. Anm. von *Dietz*; *Dietz,* BetrVG, 4. Aufl. 1967, § 12 Rz. 14; *Fitting/Kraegeloh-Auffarth,* BetrVG, 9. Aufl. 1970, § 12 Rz. 16; *Galperin/Siebert,* BetrVG, 4. Aufl. 1963, § 12 Rz. 6; *Hueck/Nipperdey,* Bd. 2, 7. Aufl. 1970, S. 1159; a.A. *Molitor,* PersVG, 1955, § 14 Rz. 8, der wie nun auch der DGB auf den Wahlvorschlag abstellt.

455 Die Staffelung endete bei 3.001 Gruppenangehörigen u. mehr und sah dann mindestens sechs Vertreter vor (§ 10 Abs. 2 BetrVG 52).

Freistellung, wenn dies erforderlich war, bei Uneinigkeit hierüber lag aber keine Regelungsstreitigkeit, sondern eine Rechtsstreitigkeit vor.[456] Da der Betriebsrat selbst am besten erkennen könne, in welchem Umfang Freistellungen erforderlich seien,[457] wollte der DGB die Regelung vollständig umkehren. So sollte der Betriebsrat über die Erforderlichkeit von Freistellungen selbst entscheiden können und, sofern der Arbeitgeber dem Freistellungsbeschluss entgegenstünde, die Einigungsstelle verbindlich entscheiden und nicht das Arbeitsgericht (§ 37 Abs. 3 DGB-E 67).

b) Freistellung zum Zwecke der Schulung

Die Betriebsräte bemängelten ihre eigene Unkenntnis mit dem Umgang des BetrVG, aber auch die Unkenntnis der Gewerkschaftsvertreter, von denen man sich eigentlich Hilfe erhoffte.[458] Deshalb intensivierten die DGB-Gewerkschaften die eigenen Fortbildungsangebote und forderten in ihrem Gesetzesentwurf die Verbesserung der rechtlichen Schulungsmöglichkeiten, die möglichst durch die Gewerkschaften selbst erfolgen sollten. Nach § 37 Abs. 2 BetrVG 52 war der Arbeitgeber zwar nicht berechtigt, das Arbeitsentgelt bei Versäumnis von Arbeitszeit für erforderliche Betriebsratsarbeit zu mindern, strittig war aber, ob dies auch für Schulungen gelten sollte. Das Bundesarbeitsgericht bejahte dies in engen Grenzen.[459] Der DGB formulierte in diesem Sinne nun konkret, dass dies auch für Schulungen während der Arbeitszeit gelten sollte, soweit sie der Betriebsratsarbeit dienten (§ 37 Abs. 2 DGB-E 67). Der DGB begründete, dass demokratische Einrichtungen nur dann ihre Aufgaben erfüllen könnten, wenn ihre Mitglieder in ausreichendem Maße für die Tätigkeit geschult und gebildet seien, woran auch der Arbeitgeber im Sinne einer zügigen und reibungslosen Zusammenarbeit ein Interesse haben müsse.[460]

c) Sprechstunden

Sprechstunden sollten nach dem geltenden Recht nach (Betriebs-) Vereinbarung mit dem Arbeitgeber in Betrieben mit mehr als einhundert Arbeitnehmern während der Arbeitszeit stattfinden können (§ 38 BetrVG 52). Der DGB forderte hingegen,

---

456 *Dietz,* BetrVG, 4. Aufl. 1967, § 37 Rz. 16; *Fitting/Kraegeloh-Auffarth,* BetrVG, 9. Aufl. 1970, § 37 Rz. 22; *Galperin/Siebert,* BetrVG, 4. Aufl. 1963, § 37 Rz. 29.

457 Begr. § 37 Abs. 3 DGB-E 67, in: BA Koblenz, B 149–9853, S. 167.

458 *Blume,* so zitiert in: GMH, 1963, 51.

459 BAG, Beschluss v. 10.11.1954, 1 AZR 19/53, RdA 1955, 39; AP Nr. 1 zu § 37 BetrVG mit zust. Anm. von *Galperin*; ebenfalls zust.: *Fitting/Kraegeloh-Auffarth,* BetrVG, 9. Aufl. 1970, § 37 Rz. 17; *Galperin/Siebert,* BetrVG, 4. Aufl. 1963, § 37 Rz. 26; *Bobrowski/Gaul* S. 542; *Neumann-Duesberg* S. 306; *Nikisch,* Bd. 3, 2. Aufl. 1966, S. 160; a.A. LAG Hannover, AP 53 Nr. 204; LAG Mainz, Beschluss v. 06.10.1964, 1 Sa 83/64, BB 1965, 244; *Dietz,* BetrVG, 4. Aufl. 1967, § 37 Rz. 10; *Erdmann* BetrVG, 2. Aufl. 1954, § 37 Rz. 9 f; *Herschel* zu LAG Frankfurt a.M. 23.02.1949, II LA 19/49, RdA 1949, 191; *Keylwert,* BB 1953, 30; *Vogt,* DB 1953, 378.

460 Begr. § 37 Abs. 2 DGB-E 67, in: BA Koblenz, B 149–9853, S. 167.

dass der Betriebsrat, unabhängig von der Anzahl der Arbeitnehmer, Sprechstunden während der Arbeitszeit abhalten können sollte. Zeit und Ort der Sprechstunde sollten lediglich mit dem Arbeitgeber abgestimmt werden und bei Uneinigkeit die Einigungsstelle verbindlich entscheiden (§ 38 Abs. 1 DGB-E 67). Nach bisher h.M. durfte dem die Sprechstunde besuchenden Arbeitnehmer kein Ausfall an Arbeitsentgelt entstehen.[461] Der DGB wollte dies nun ausdrücklich in einem neuen Abs. 3 geregelt wissen.

d) Allgemeiner Schutz der Betriebsratstätigkeit

Nach § 53 Abs. 1 BetrVG 52 durften die Vertreter der betriebsverfassungsrechtlichen Institutionen in ihrer Tätigkeit nicht gestört oder gehindert werden. Diese Vertreter und die Mitglieder der Einigungsstelle durften nach Abs. 2 *„um ihrer Tätigkeit willen nicht benachteiligt oder begünstigt werden“*. Diesen Schutz des § 53 wollte der DGB ausdrücklich auf sämtliche Mandatsträger ausweiten (§ 53 DGB-E 67).

e) Schutz vor Nachteilen in der beruflichen Entwicklung

Unter Benachteiligungen i.S.d. § 53 Abs. 2 BetrVG 52 wurden in der Regel lediglich konkrete Maßnahmen wie Kündigung, Zuweisung unangenehmer Arbeit, Nichtberücksichtigung bei Sonderzuwendungen, Versetzung etc. erfasst.[462] Da die Betriebsratsmitglieder ihrer Berufsarbeit nicht mehr in vollem Umfang nachkommen könnten, sei nach Auffassung des DGB eine Benachteiligung beim beruflichen Fortkommen nicht selten der Fall.[463] Daher sollte sich das berufliche Fortkommen im Gesetzestext als Unterfall der Benachteiligung ausdrücklich wiederfinden (§ 53 Abs. 2 DGB-E 67).

f) Freizeitausgleich für Betriebsratstätigkeiten neben der Arbeitszeit

Nach dem BetrVG war die Mitgliedschaft im Betriebsrat ein Ehrenamt (§ 37 Abs. 1 BetrVG 52), womit kein Anspruch auf eine entgeltliche Kompensation für Betriebsratstätigkeit bestand und zudem verboten war. Strittig war die Frage, ob dies auch für eine Betriebsratstätigkeit neben der Arbeitszeit gelten sollte. Die Rechtslehre hatte jegliche Kompensation strikt abgelehnt, ohne ausdrücklich auf die Möglichkeit des Freizeitausgleichs einzugehen.[464] Das BAG dagegen entschied in einem Fall, in

---

461 *Dietz,* BetrVG, 4. Aufl. 1967, § 38 Rz. 11; *Fitting/Kraegeloh-Auffarth,* BetrVG, 9. Aufl. 1970, § 38 Rz. 12; *Galperin/Siebert,* BetrVG, 4. Aufl. 1963, § 38 Rz. 5.

462 *Dietz,* BetrVG, 4. Aufl. 1967, § 53 Rz. 15; *Fitting/Kraegeloh-Auffarth,* BetrVG, 9. Aufl. 1970, § 53 Rz. 12; *Galperin/Siebert,* BetrVG, 4. Aufl. 1963, § 53 Rz. 8 ff.

463 Begr. zu § 54 Abs. 2 DGB-E 67, in: BA Koblenz, B 149–9853, S. 171.

464 *Dietz,* BetrVG, 4. Aufl. 1967, § 37 Rz. 5; *Galperin/Siebert,* BetrVG, 4. Aufl. 1963, § 37 Rz. 6; *Nikisch,* Bd. 3, 2. Aufl. 1966, S. 155, der meint, dass *„es freilich ein Irrtum wäre zu glauben, dass die Amtsführung mit gar keinen Opfern verbunden sein dürfe“* u. *„die amtlichen Aufgaben teilweise in der Freizeit verrichtet werden müssen“* und deshalb eine Vergütung hierfür als unzulässiges Entgelt ablehnt.

dem das Betriebsratsmitglied in Wechselschicht tätig war und alle drei Wochen vier Stunden Freizeit opfern musste, um an Betriebsratssitzungen teilnehmen zu können, dass dann Freizeitausgleich gewährt werden müsse, wenn das *„Opfer an Freizeit über den Bereich des Zumutbaren hinaus"* ginge.[465] Dem schloss sich der DGB an und regelte in seinem Entwurf, dass sofern Betriebsratstätigkeiten aus betriebsbedingten Gründen neben den Arbeitszeiten erforderlich seien, das Betriebsratsmitglied einen Anspruch auf Freizeitausgleich haben sollte, der innerhalb derselben oder der nächsten Woche in Anspruch genommen werden müsse (§ 37 Abs. 4 DGB-E 67). Der DGB argumentierte, dass die Betriebsratsmitglieder gegenüber den übrigen Arbeitnehmern entgegen § 53 Abs. 2 BetrVG 52 benachteiligt würden, wenn sie keinen Freizeitausgleich für ihre Betriebsratstätigkeit erhielten.[466]

10. Betriebs- und Abteilungsversammlungen

Arbeitnehmer, die gleich zu welcher Zeit an Betriebsversammlungen teilnehmen, sollten nach dem Wunsch des DGB ihr übliches Arbeitsentgelt erhalten und etwaige Fahrtkosten generell erstattet bekommen (§ 43 Abs. 1 u. 2 DGB-E 67). Andernfalls würden Arbeitnehmer, die aufgrund des Arbeitszeitmodells des Betriebes an Betriebsversammlungen während ihrer Freizeit teilnehmen müssten, gegenüber anderen Arbeitnehmern benachteiligt.[467] Zudem sollten entgegen dem bisherigen Recht bei der Betriebsversammlung nach § 44 nicht *„nur Angelegenheiten"* behandelt werden dürfen, *„die den Betrieb oder seine Arbeitnehmer berühren", sondern „alle Angelegenheiten (...), die den Betrieb oder seine Arbeitnehmer berühren, darunter auch solche gewerkschaftlicher und sozialpolitischer Art"*. Diese Themen stünden im unmittelbaren Bezug zum Betrieb und seinen Arbeitnehmern.[468]

11. Mitbestimmung des Betriebsrats in allgemeinen, sozialen, personellen und wirtschaftlichen Angelegenheiten

Der Entwurf des DGB sah eine ganz erhebliche Ausweitung der Mitbestimmungsrechte vor. Das betraf vor allem auch eine weitergehende Mitbestimmung im personellen und wirtschaftlichen Bereich. Die BDA betrachtete die Entscheidungsfreiheit in personellen und wirtschaftlichen Angelegenheiten als Grundvoraussetzung des gestaltenden erfolgsbegründenden Unternehmertums, die, auch zum Wohl der Arbeitnehmer selbst, nach ihrer Auffassung nicht eingeschränkt werden dürfte.[469] So hob die BDA beispielsweise ebenfalls 1967 hervor, dass wesentliche Voraussetzung

---

465 BAG, Beschluss v. 03.06.1969, 1 ABR 1/69, AP Nr. 11 zu § 37 BetrVG mit abl. Anm. von *Richardi*, BB 1969, 1434; ebenso: *Fabricius*, SAE 1970, 133; der Entscheidung sich anschließend: *Fitting/Kraegeloh-Auffarth*, BetrVG, 9. Aufl. 1970, § 37 Rz. 7.
466 Begr. § 37 Abs. 4 DGB-E 67, BA Koblenz, B 149–9853, S. 167.
467 Begr. § 43 Abs. 1 DGB-E 67, BA Koblenz, B 149–9853, S. 168.
468 Begr. § 44 DGB-E 67, BA Koblenz, B 149–9853, S. 168.
469 *Nikisch*, RdA 1962, 365; *Balke*, BDA-Mitgliederanschreiben, RdA 1967, 323.

für den erheblichen Aufschwung nach dem Zweiten Weltkrieg die unternehmerische Freiheit gewesen sei. Auf diese könne auch jetzt nicht verzichtet werden. Die BDA begründete dies auch damit, dass das Unternehmen bzw. seine Anteilseigner allein das Risiko für diese unternehmerische Freiheit in Form der Haftung trügen.[470]

Im Gegensatz dazu lag den Forderungen des DGB in seinem Entwurf der Wunsch nach vollständiger Gleichberechtigung im gesellschaftlichen Leben zugrunde. Man war der Überzeugung, dass von einer demokratischen Grundordnung nur ausgegangen werden könne, wenn arbeitende Menschen nicht nur als Bürger des Staates über Wahlen das öffentliche Leben und die Politik mitbestimmen, sondern erst, wenn sie auch im wirtschaftlichen Leben über denselben Einfluss verfügten. Dieser Einfluss sollte sich nach Vorstellung des DGB auf allen Ebenen, in den Betrieben, im Unternehmen, in den Industriezweigen und in den europäischen Institutionen wiederfinden.[471]

Die BDA setzte sich trotz dieser Gegensätze aktiv mit der betrieblichen Mitbestimmung auseinander und ermunterte ihre Mitglieder, ohne den Anschein der Beeinflussung zu vermitteln, auf Betriebsratswahlen hinzuwirken und auch qualifizierte Mitarbeiter zur Wahl zum Betriebsratsmitglied zu ermutigen. Zudem sollten die Arbeitgeber die Belegschaft regelmäßig unterrichten, denn vertrauensvolle Zusammenarbeit setze Wissen und Verständnis voraus.[472] Dies vermittelte den Eindruck, dass die BDA versuchte, durch Ausschöpfung der existierenden Rechte einer die Mitbestimmung ausweitenden Überarbeitung des Betriebsverfassungsgesetzes die Rechtfertigung zu entziehen.

a) Mitbestimmung in allgemeinen Angelegenheiten

Hinsichtlich der Erledigung der allgemeinen Aufgaben im Bereich der Mitbestimmung sollten nach dem Willen des DGB vordringlich die Informationsrechte des Betriebsrats aus § 54 Abs. 2 BetrVG 52 gestärkt und mithin die Einsicht in sämtliche erforderliche Unterlagen rechtzeitig, umfassend und zu jeder Zeit erweitert werden. Dies sollte nun auch für die Personalakten gelten. Die Personalakten hatten bisher unabhängig vom Einverständnis des Arbeitnehmers nach h.M. nicht zu den *„erforderlichen Unterlagen"* im Sinne des § 54 Abs. 2 BetrVG 52 gehört.[473] Bei der Abfassung des BetrVG 52 waren sämtliche Anträge in den Bundestagsausschüssen zur Regelung der Einsichtnahme von Betriebsräten in Personalunterlagen abgelehnt

470 *Balke,* BDA-Mitgliederanschreiben, RdA 1967, 323.

471 Entschließung des DGB, 7. Ordentl. Bundeskongress, 13.03.1966, RdA 1966, 263.

472 *Balke,* BDA-Mitgliederanschreiben, RdA 1967, 323 f.

473 *Dietz,* BetrVG, 4. Aufl. 1967, § 54 Rz. 6b; *Galperin/Siebert,* BetrVG, 4. Aufl. 1963, § 54 Rz. 18 f; *Erdmann,* BetrVG, 2. Aufl. 1954, § 54 Rz. 16; *Hueck/Nipperdey,* Bd. 2, 7. Aufl. 1970, S. 1351; *Nikisch,* Bd. 3, 2. Aufl. 1966, S. 251; *Mertz,* BB 1960, 1399; einschränkend *Fitting/Kraegeloh-Auffarth,* BetrVG, 9. Aufl. 1970, § 54 Rz. 24, die die Vorlage nur in der Regel für nicht erforderlich halten.

worden.[474] Sollte der Arbeitgeber die Unterlagen dem Betriebsrat entgegen seiner Verpflichtung vorlegen, war hierfür nach Auffassung der Literatur die Zustimmung der betroffenen Arbeitnehmer erforderlich.[475] Der DGB forderte demgegenüber, dass die Personalakten zu den erforderlichen Unterlagen gehören sollten, ohne Zustimmungsvorbehalt des betroffenen Arbeitnehmers (§ 54 Abs. 2 DGB-E 67), der zudem kein eigenes Einsichtnahmerecht erhalten sollte[476].

Gegenstand regelmäßiger Auseinandersetzungen zwischen Arbeitgeber und Betriebsrat war auch die Frage, ob der Betriebsrat zur Unterstützung Sachverständige, in der Regel Rechtsanwälte, auf Kosten des Arbeitgebers nach § 39 Abs. 1 BetrVG 52 beauftragen durfte. Nach der h.M. hatte der Arbeitgeber, wenn der Betriebsrat bei pflichtgemäßer verständiger Abwägung aller Umstände die Hinzuziehung für notwendig erachten konnte, die Kosten zu tragen.[477] Zur Vermeidung weiterer Streitigkeiten[478] sollte dies nach dem Dafürhalten des DGB im BetrVG ausdrücklich klargestellt werden (§ 54 Abs. 3 DGB-E 67).

b) Mitbestimmung in sozialen Angelegenheiten

Der Katalog des § 56 BetrVG 52 unterlag der echten Mitbestimmung. Das heißt, der Arbeitgeber konnte in diesen Angelegenheiten (Abs. 1) nur mit Zustimmung des Betriebsrats entscheiden, der zudem über ein Initiativrecht verfügte. War keine Einigung zu erzielen oder wollte der Arbeitgeber oder der Betriebsrat den Bereich nicht regeln, so war der Weg zur Einigungsstelle eröffnet, die eine verbindliche Entscheidung traf (Abs. 2).

Strittig war die Frage, ob die Mitbestimmung sich nur auf Angelegenheiten beschränkte, die alle Arbeitnehmer oder zumindest eine größere Anzahl betraf oder ob sie auch Einzelfälle erfasste. Hier sollte nach der h.M. differenziert werden:[479] Generelle Regelungen, die der Arbeitgeber auch ohne das Mitbestimmungsrecht nicht durch einseitige Erklärung auf Grund des Direktionsrechts bestimmen konnte, sollten dem Zustimmungsvorbehalt des Betriebsrats unterliegen und konnten nur durch Betriebsvereinbarung geregelt werden. Auch allgemeine Maßnahmen des Arbeitgebers durch Weisung im Rahmen seines Direktionsrechts sollten unter den Zustimmungsvorbehalt fallen, aber nur eine schlichte Regelungsabrede erfordern.

---

474 *Dietz,* BetrVG, 4. Aufl. 1967, § 54 Rz. 6b; *Fitting/Kraegeloh-Auffarth,* BetrVG, 9. Aufl. 1970, § 54 Rz. 24.

475 *Dietz,* BetrVG, 4. Aufl. 1967, § 54 Rz. 6b.

476 BGH, Urteil v. 10.07.1959, VI ZR 149/58, NJW 1959, 2011; *Mertz,* BB 1960, 1400.

477 BAG, Beschluss v. 12.02.1965, 1 ABR 12/64, AP Nr. 1 zu § 39 BetrVG; Beschluss v. 18.04.1967, 1 ABR 11/66, AP Nr. 7 zu § 39 BetrVG mit zust. Anm. von *Neumann-Duesberg* und von *Wiese,* SAE 1969, 121; *Fitting/Kraegeloh-Auffarth,* BetrVG, 9. Aufl. 1970, § 39 Rz. 9; *Boldt,* DB 1967; 1809; *Blank,* AuR 1959, 279.

478 Begr. § 54 Abs. 3 DGB-E 67, in: BA Koblenz, B 149–9853, S. 171.

479 Vgl. *Fitting/Kraegeloh-Auffarth,* BetrVG, 9. Aufl. 1970, § 56 Rz. 4 ff m.w.N.; *Galperin/Siebert,* BetrVG, 4. Aufl. 1963, vor § 56 Rz. 4 ff; *Nikisch,* RdA 1962, 364.

„Unter „allgemeinen Maßnahmen“ sind nur Fälle zu verstehen, die sich abstrakt auf den ganzen Betrieb oder eine Gruppe von AN beziehen, mag es sich auch nur um eine zeitlich vorübergehende Anordnung handeln. Demnach gehören nicht zu den mitbestimmungspflichtigen generellen Regelungen oder „allgemeinen“ Maßnahmen im Rahmen des Direktionsrechts Anordnungen und Vereinbarungen des AG, die durch die besonderen Umstände des einzelnen individuellen Arbeitsverhältnisses bedingt sind, z.B. Anweisung an einen AN, Überstunden zu leisten oder Vereinbarung eines übertariflichen Lohns im Arbeitsvertrag.“[480] Dementsprechend war eine Umgehung des Mitbestimmungsrechts durch vielfache einzelvertragliche Regelung unzulässig, denn es sollte nicht auf die äußere Form ankommen, *„sondern auf den in Wahrheit generellen Charakter derartiger Maßnahmen“*, mit der Folge, dass diese dem Mitbestimmungsrecht in solchen Fällen unterlagen.[481] Der DGB forderte, dass das Mitbestimmungsrecht des Betriebsrats aus § 56 Abs. 1 sich auch auf Einzelregelungen beziehen müsse.[482]

Zudem sollte der Mitbestimmungskatalog in sozialen Angelegenheiten nach dem Entwurf es DGB drastisch ausgeweitet werden: Das betraf zunächst die Dauer der Arbeitszeit sowie die Festsetzung von Kurz- und Mehrarbeit (§ 56 Abs. 1 lit. a DGB-E 67). Nach dem BetrVG 52 waren nur der Beginn und das Ende der täglichen Arbeitszeit sowie die Lage der Pausen mitbestimmungspflichtig. Dabei bestand ein Streit über die Frage, ob dies auch die Dauer der Arbeitszeit betraf[483], was die wohl h.M. verneinte[484]. Zudem sollte nach h.M.[485] bei der Festsetzung von Kurz- und Mehrarbeit nicht, wie vom DGB gefordert, das *Ob* sondern lediglich das *Wie* vom Mitbestimmungsrecht erfasst sein, also nur die Lage der verkürzten Arbeitszeit.

480 *Fitting/Kraegeloh-Auffarth,* BetrVG, 9. Aufl. 1970, § 56 Rz. 5 m.w.N.

481 *Fitting/Kraegeloh-Auffarth,* BetrVG, 9. Aufl. 1970, § 56 Rz. 6 m.w.N.

482 Begr. § 56 Abs. 1 DGB-E 67, BA Koblenz, B 149–9853, S. 172.

483 LAG München, Beschluss v. 17.04.1959, Sa BV 51/59 III, LAG Baden-Württemberg, Beschluss v. 24.11.1965, 5 TaBV 2/65, BB 1966, 247; SAE 1959, 153 mit zust. Anm. von *Dietz*; *Fitting/Kraegeloh-Auffarth,* BetrVG, 9. Aufl. 1970, § 56 Rz. 16; *Maus,* BetrVG, § 56 Rz. 16; *Adomeit* S. 76; *Groß,* AuR 1953, 303; *Bührig,* BB 1956, 964; *Farthmann,* RdA 1966, 255; *Herschel,* AuR 1964, 258; *Kraft,* AuR 1960, 353; *Baum,* AuR 1962, 272; *Boers,* BB 1963, 562.

484 BAG, Urteil v. 07.09.1956, 1 AZR 646/54; SAE 1958, 8; Urteil v. 15.12.1961, 1 AZR 310/60, SAE 1963, 15 mit zust. Anm. von *Neumann-Duesberg*; *Dietz,* BetrVG, 4. Aufl. 1967, § 56 Rz. 86; *Galperin/Siebert,* BetrVG, 4. Aufl. 1963, § 56 Rz. 23; *Erdmann,* BetrVG, 2. Aufl. 1954, § 56 Rz. 10; *Hueck/Nipperdey,* Bd. 2, 7. Aufl. 1970, S. 1361 f; *Nikisch,* Bd. 3, 2. Aufl. 1966, S. 392; *Gaul* S. 63.

485 BAG, Urteil v. 15.12.1961, 1 AZR 492/59, DB 1962, 442, SAE 1963, 15 mit zust. Anm. von *Neumann-Duesberg.*; *Dietz,* BetrVG, 4. Aufl. 1967, § 56 Rz. 99; *Fitting/Kraegeloh-Auffarth,* BetrVG, 9. Aufl. 1970, § 56 Rz. 16a; *Hueck/Nipperdey,* Bd. 2, 7. Aufl. 1970, S. 1363; *Nikisch,* Bd. 3, 2. Aufl. 1966, S. 395; *Baum,* AuR 1962, 272; *Farthmann,* RdA 1966, 255.

Neben dem Ort und der Zeit sollte entsprechend der bisher h.M.[486] auch die Art der Auszahlung des Arbeitsentgelts unter das Mitbestimmungsrecht fallen und wie zu früheren Zeiten in § 134b Abs. 1 S. 2 GewO nach Wunsch des DGB ausdrücklich in lit. b geregelt werden. Auch *„Fragen der Arbeitsorganisation, soweit hierdurch die Arbeit oder Leistung des einzelnen Arbeitnehmers beeinflußt"* würde, sollten nach lit. f des DGB-E 67 in den Mitbestimmungskatalog aufgenommen werden. Der DGB begründete dies damit, dass der Arbeitgeber durch bestimmte Methoden der Arbeitsorganisation in der Lage sei, die Arbeitsleistung der einzelnen Mitarbeiter einseitig zu beeinflussen, so beispielweise, wenn die Geschwindigkeit eines Fließbands beschleunigt würde. Daher sei hier ein Mitbestimmungsrecht erforderlich.[487] Darüber hinaus forderte der DGB noch die Ausweitung der sozialen Mitbestimmung nach § 56 Abs. 1 bei

- der Festsetzung der zeitlichen Lage des Urlaubs (lit. c),
- der Vornahme von Maßnahmen der Berufsbildung (lit. d),
- der Form und Ausgestaltung von Sozialeinrichtungen[488] sowie die Zuweisung und Kündigung von Werkswohnungen[489] (lit. e),
- der Vornahme von *„Maßnahmen zur Verhütung von Arbeitsunfällen, Berufskrankheiten und sonstige Gesundheitsschäden"* sowie *„Fragen der Anwendung von Einrichtungen zur Anzeige und Aufzeichnung bestimmter Daten"* (lit. f),
- der *„Festsetzung der Akkord- und Prämiensätze und leistungsbezogener Entgelte"* (lit. g)[490] sowie
- bei *„Fragen der betrieblichen Lohnabfindung"* (lit. h).

c) Mitbestimmung in personellen Angelegenheiten

Die Pläne des DGB sahen auch einen entscheidenden Ausbau der Mitbestimmung in personellen Angelegenheiten vor. So sollte dem Betriebsrat grundsätzlich, und nicht erst ab mehr als 20 wahlberechtigten Arbeitnehmern, ein Mitbestimmungsrecht in personellen Angelegenheiten zustehen (§ 60 Abs. 1 DGB-E 67). Außerdem sollten zu den personellen Angelegenheiten auch die Eingruppierung sowie die Umsetzung hinzuaddiert werden und auch Einstellungsrichtlinien und personelle Fragebögen der Zustimmung des Betriebsrats bedürfen (§ 60 Abs. 2 u. 3 DGB-E 67). Letzteres sei vor allem deswegen notwendig, *„da der Inhalt der Einstellungsrichtlinien und*

486 BAG, Beschluss v. 19.04.1963, 1 ABR 6/62, BB 1963, 814; *Fitting/Kraegeloh-Auffarth*, BetrVG, 9. Aufl. 1970, § 56 Rz. 20; *Galperin/Siebert*, BetrVG, 4. Aufl. 1963, § 56 Rz. 34; (red. Versehen) *Hueck/Nipperdey*, Bd. 2, 7. Aufl. 1970, S. 1364; *Neumann-Duesberg* S. 478; *Bulach*, BB 1959, 1266; a.A.: *Dietz*, BetrVG, 4. Aufl. 1967, § 56 Rz. 111; *Nikisch*, Bd. 3, 2. Aufl. 1966, S. 396; *Gumpert*, BB 1957, 1224.

487 Begr. § 56 Abs. 1 lit. h DGB-E 67, BA Koblenz, B 149–9853, S. 173.

488 Bisher Wohlfahrtseinrichtungen.

489 Diese Regelung fiel zuvor unter § 56 Abs. 1e BetrVG 52 u. hat daher klarstellenden Charakter.

490 Bisher *„Regelung von Akkord- und Stücklohnsätzen"*.

Fragebogen – insbesondere durch Eingriffe in die Intimsphäre – häufig zu berechtigten Beanstandungen Anlaß“ gäbe.[491] Das widersprach der Auffassung von *Nikisch*, der eine Kontrolle bei Neueinstellungen nicht zum Aufgabengebiet des Betriebsrats zählte.[492] Die *Mitwirkung* des Betriebsrats bei Einstellungen sollte zu einer *Zustimmung* erhoben werden. Sofern der Betriebsrat nach anspruchsgemäßer Information über den Bewerber seine Zustimmung binnen Wochenfrist verweigern würde (§ 61 Abs. 1 u. 2 DGB-E 67), sollte die Einigungsstelle hierüber verbindlich entscheiden (§ 62 Abs. 1 u. 2 DGB-E 67). Für dringende Fälle war die Möglichkeit einer vorläufigen Einstellung vorgesehen (§ 62a DGB-E 67).

Auch die ordentliche Kündigung eines Arbeitnehmers und die außerordentliche Kündigung von Mandatsträgern sollte nur mit Zustimmung des Betriebsrats zulässig sein (§ 66 Abs. 1 DGB-E 67). Bei sonstigen außerordentlichen Kündigungen sollte der Betriebsrat angehört werden müssen (§ 66 Abs. 2 DGB-E 67).

Pikanterweise sollte außerdem das Recht zur Entfernung von den Betriebsfrieden störenden Arbeitnehmern durch den Betriebsrat auf leitende Angestellte erweitert werden (§ 66 Abs. 4 DGB-E 67). Dies mit der Begründung, dass eine Störung des Betriebsfriedens durch diesen Personenkreis besonders nachhaltig wirke.[493]

d) Mitbestimmung in wirtschaftlichen Angelegenheiten

aa) Wirtschaftsausschuss

In zahlreichen Unternehmen, in denen Betriebsräte existierten und die Voraussetzungen für die Bildung eines Wirtschaftsausschusses bestanden, kam es hierzu nicht. Daher wurde die Institution vor allem von Gewerkschaftsseite kritisiert und z. B. auch als *„Stief- und Sorgenkind der Betriebsverfassung“* bezeichnet[494]. Der Wirtschaftsausschuss sollte nach den Vorstellungen des DGB Beratungsorgan in wirtschaftlichen Angelegenheiten bleiben (§ 67 Abs. 1 DGB-E 67). Er sollte sich jedoch nunmehr aus drei bis sechs Arbeitnehmern zusammensetzen, die durch den Betriebsrat bestimmt würden (§ 68 Abs. 1 u. 2 DGB-E 67).[495] Dabei sollte der Unternehmer oder ein Vertreter verpflichtet sein, dem obligatorisch[496] monatlich tagendem Wirtschaftsausschuss beizuwohnen (§ 69 Abs. 1 u. 2 DGB-E 67). Außerdem sollte der Wirtschaftsausschuss verpflichtet werden, dem Betriebsrat über jede Sitzung zu berichten (§ 69 Abs. 4 DGB-E 67). Ferner sollte der Wirtschaftsausschuss nun auch über Angelegenheiten unterrichtet werden, die Betriebs- und Geschäftsgeheimnisse betrafen (§ 67 Abs. 2 DGB-E 67). Der Katalog der wirtschaftlichen Angelegenheiten des § 67 Abs. 3 BetrVG 52 sollte daneben um geplante Investitionsprogramme, die

---

491 Begr. § 60 Abs. 3 DGB-E 67, BA Koblenz, B 149–9853, S. 173.

492 *Nikisch*, RdA 1962, 365.

493 Begr. § 66 Abs. 4 DGB-E 67, BA Koblenz, B 149–9853, S. 175.

494 *Kaßler*, GMH 1965, 146.

495 Nach § 68 Abs. 2 und 3 BetrVG 52 paritätische Besetzung mit Vertretern von Arbeitgebern und Arbeitnehmern.

496 Bisher eine Soll-Vorschrift; nun nach § 69 Abs. 1 DGB-E 67 ein Mindest-Muss.

finanzielle Lage des Unternehmens und Rationalisierungsvorhaben erweitert werden. Während die Bildung des Wirtschaftsausschusses an die Beschäftigung von mehr als 100 Arbeitnehmern gekoppelt bleiben sollte (§ 67 Abs. 1 DGB-E 67), sah der Vorschlag des DGB vor, dass in sämtlichen Kleinunternehmen die Belegschaft durch den Arbeitgeber zusammen mit dem Betriebsrat über die wirtschaftliche Lage und Entwicklung des Unternehmens vierteljährlich zu unterrichten sein sollte (§ 71 DGB-E 67).

bb) Betriebsänderungen

Hinsichtlich der wirtschaftlichen Mitbestimmung, sollten nach dem Willen des DGB zunächst die Informationspflichten auf alle geplanten Betriebsänderungen erstreckt werden. Bei geplanten Betriebsänderungen, die Nachteile für die Arbeitnehmer zur Folge haben könnten, sollte der Betriebsrat ein Mitbestimmungsrecht haben. Unter Betriebsänderungen sollten nunmehr neben dem bisherigen Katalog auch die Änderung der Betriebsorganisation, die Einführung neuer Fertigungsverfahren und der Wechsel des Betriebsinhabers subsumiert werden. Zudem sollte bei Betriebsänderungen von Teilbetrieben die Formulierung *„wesentliche"* Teilbetriebe gestrichen werden, ebenso wie die Einschränkungen in § 72 Abs. 1d u. e BetrVG 52, die eine weitgehende Ausschaltung des Betriebsrats u.a. in Fragen der Rationalisierung und Automation zur Folge hatten (§ 72 Abs. 1 DGB-E 67).[497] Der Unternehmer sollte nach dem Vorschlag in seiner wirtschaftlichen Entscheidung frei bleiben. Ein echtes Mitbestimmungsrecht in wirtschaftlichen Belangen sah der Vorschlag nicht vor. Der Unternehmer sollte jedoch Nachteile durch Betriebsänderungen auszugleichen haben, wenn diese entgegen einer Betriebsvereinbarung oder einem Einigungsvorschlag (Interessenausgleich), durchgeführt würden. Dies war bisher und sollte auch weiterhin nur der Fall bei Kündigungen sein – ergänzt durch Änderungskündigungen (§ 74 DGB-E 67).

12. Mitbestimmung auf Unternehmensebene

Der DGB sah das Montanmitbestimmungsgesetz von 1951 als einen ersten Schritt auf dem Weg der Gleichberechtigung von Arbeit und Kapital. Das Gesetz hätte sich auch in schweren Zeiten bewährt, denn ohne die Mitbestimmung in der Montanindustrie hätten die erheblichen Strukturveränderungen zu ernsten sozialen und politischen Folgen geführt.[498] Daher forderte der DGB in seinem Gesetzesentwurf schlicht die paritätische überbetriebliche Mitbestimmung für alle großen[499] Kapitalgesellschaften. Für Großunternehmen anderer Rechtsformen sollte der Gesetzgeber die nötigen Voraussetzungen für die Einführung der paritätischen Mitbestimmung

---

497 Vgl. auch *Pinther*, AuR 1968, 103.
498 Entschließung des DGB, 7. Ordentl. Bundeskongress, 13.03.1966, RdA 1966, 263.
499 = 2.000 Beschäftigte od. 75 Mio. DM Bilanzsumme od. 150 Mio. DM Umsatz pro Jahr.

schaffen.[500] Dass der DGB in seinem Gesetzesentwurf keine konkreten Formulierungen für die §§ 76 ff. BetrVG vorschlug, passte zu einer verbreiteten Meinung, dass eine paritätische Mitbestimmung im Unternehmen nicht ins BetrVG gehört. Auch nach *Nikischs* Auffassung musste eine solche Beteiligung im Rahmen einer grundlegenden Reform des Unternehmensrechts bzw. in den Einzelgesetzen wie beispielsweise dem Aktiengesetz umgesetzt werden.[501]

13. Stellung der Gewerkschaften im Betrieb

Neben dem Dasein als Tarifpartner war es auch Ziel der Gewerkschaften, ihren Einfluss innerhalb der Betriebe zu verstärken. Der DGB ärgerte sich, dass er teilweise auch von Betriebsratsmitgliedern selbst als Fremdkörper und störend im Betrieb angesehen wurde. Diese Einschätzung gegenüber den Gewerkschaften wollte der DGB, neben der Intensivierung der Schulungsmaßnahmen für Betriebsratsmitglieder, durch die Verstärkung der Rechte der Gewerkschaften im Betrieb beseitigen.

a) Zusammenarbeit mit dem Betriebsrat

Ein besonderes Anliegen des DGB war es, den Einfluss der im Betrieb vertretenen Gewerkschaften zu stärken, auch wenn die tatsächliche Stellung der Gewerkschaften im Betrieb erheblich stärker war, als der Gesetzgeber es mit dem strengen Trennungsprinzip vorgesehen hatte[502]. So sollten die Kernvorschriften § 1 und § 49 BetrVG 52 ergänzt bzw. geändert werden. § 1 BetrVG 1952 sollte durch den folgenden Abs. 2 ergänzt werden:

> *„Der Betriebsrat führt seine Aufgaben in enger Zusammenarbeit mit den im Betrieb vertretenen Gewerkschaften und mit ihrer Unterstützung durch.“*

Die erhebliche Aufweichung des bisher geltenden Trennungsprinzips wurde damit begründet, dass der Betriebsrat ohne die Beteiligung der Gewerkschaften gar nicht in der Lage wäre, seinen Aufgaben gerecht zu werden.[503]

b) Gewerkschaftliche Betätigung der betriebsverfassungsrechtlichen Funktionsträger

Ebenfalls zur Aufweichung des Trennungsprinzips sollte nach § 49 Abs. 1 ein neuer Abs. 2 eingeschoben werden, wonach Betriebsratsmitglieder, Sondervertreter und Jugendvertreter im Betrieb als Gewerkschaftsmitglieder im Rahmen der Aufgaben ihrer Gewerkschaft tätig werden können sollten. Diese Erlaubnis sei wegen der

---

500 Bem. zu §§ 76 bis 76a DGB-E 67, BA Koblenz, B 149–9853, S. 177; *Pinther*, AuR 1968, 104.
501 *Nikisch*, RdA 1962, 366.
502 *Blume*, so zitiert in: GMH, 1963, 51.
503 Begr. § 1 Abs. 2 DGB-E 67, in: BA Koblenz, B 149–9853, S. 161; *Pinther* AuR 1968, 98.

grundgesetzlich garantierten Erlaubnis zur gewerkschaftlichen Betätigung unerlässlich.[504]

c) Antrags-, Vorschlags- und Teilnahmerechte der Gewerkschaften

Aufgrund der großen Bedeutung der Gewerkschaften in der Betriebsverfassung,[505] sollten Gewerkschaftsvertreter das Recht haben, mit beratender Stimme an den Sitzungen des Betriebsrats teilzunehmen, sofern dieser zu einem Viertel aus einer im Betrieb vertretenen Gewerkschaft besteht (§ 31 Abs. 1 DGB-E 67). Dementsprechend sollte der Beauftragte der Gewerkschaft bei Teilnahme an einer Betriebsratssitzung auch eine Abschrift der Sitzungsniederschrift erhalten (§ 33 Abs. 2 DGB-E 67).[506] Darüber hinaus sollte den im Betrieb vertretenen Gewerkschaften ein Initiativrecht zur Einberufung einer Betriebsversammlung zustehen, sofern in den letzten drei Monaten keine stattgefunden hatte (§ 42 Abs. 3 DGB-E 67). Dabei sollten Betriebsversammlungen, wie bereits erläutert,[507] nun nach § 44 DGB-E 67 *„alle Angelegenheiten behandeln, [...] auch solche gewerkschaftlicher und sozialpolitischer Art“*. Wie ebenfalls bereits erläutert,[508] sollte zudem klargestellt werden, dass die im Betrieb vertretenen Gewerkschaften das Recht erhalten sollten, Betriebsratswahlen zu initiieren und dementsprechend eine Betriebsversammlung zur Bestimmung des Wahlvorstandes einzuberufen (§ 16 DGB-E 67). Zudem sollte ein Vertreter dieser Gewerkschaften[509] an den beschriebenen[510], jährlichen Versammlungen des Gesamtbetriebsrats nebst der Betriebsräte der einzelnen Betriebe beratend teilnehmen (§ 48 Abs. 3 DGB-E 67).

Die Minderheitsgewerkschaften betrachteten diese Vorstöße des DGB kritisch. Hintergrund ihrer Befürchtungen war auch der Vorschlag, dass Gewerkschaftsvertreter an Betriebsratssitzungen sollten teilnehmen können, sofern ein Viertel der Betriebsratsmitglieder der jeweiligen Gewerkschaft angehörten. Da dies auf Minderheitsgewerkschaften selten zutreffen würde, befürchtete man einen Macht- oder gar einen Mitgliederverlust zugunsten der DGB-Gewerkschaften. In diesem Zusammenhang wurde auch kritisiert, dass die Bewerbungsunterlagen eines jeden Bewerbers dem Betriebsrat vorzulegen seien und der Bewerber sich vorzustellen habe. Bei dieser Gelegenheit würde dann jeder Bewerber die Mitgliedschaft in einer DGB-Gewerkschaft nachzuweisen oder zu erwerben haben. Schließlich sei das

504 Begr. § 49 Abs. 2 DGB-E 67, in: BA Koblenz, B 149–9853, S. 170.
505 Begr. § 31 Abs. 1 DGB-E 67, in: BA Koblenz, B 149–9853, S. 166.
506 Entspr. dem Arbeitgeber nach bisherigem Recht.
507 Vgl. S. 83.
508 Vgl. S. 78.
509 Bei den hier und im Folgenden bezeichneten Gewerkschaften, sind dies solche, die auch im Betrieb vertreten sind. Sollte eine engere oder weitere Voraussetzung an die Gewerkschaften geknüpft sein, wird dies ausdrücklich klargestellt.
510 Vgl. S. 78.

BetrVG nach diesem Modell von „*kommunistischen oder syndikalistischen Systemen*“ kaum noch zu unterscheiden.[511]

d) Übernahme tariflicher Regelungen auf nichttarifgebundene Arbeitnehmer

In § 59 DGB-E 67 sollte zudem festgehalten werden, dass Betriebsvereinbarungen, die die Anwendung tariflicher Regelungen auf nichttarifgebundene Arbeitnehmer vorsehen, unzulässig sind. Tarifpolitik sei Angelegenheit der Tarifparteien. Daher dürfe dieser Grundsatz nicht durch die Übernahme tariflicher Bestimmungen in Betriebsvereinbarungen durchbrochen werden.[512] Ziel des DGB war es selbstverständlich, dass nur Gewerkschaftsmitglieder von den ausgehandelten Tarifverträgen profitieren sollten, um so einen weiteren Mitgliedschaftsanreiz zu schaffen.

II. CDU/CSU-Entwurf vom 2. November 1967 (BT-Drs. V/2234)

Auch in der CDU/CSU arbeitete man bereits seit längerem an einem Gesetzesentwurf zur Überarbeitung des Betriebsverfassungsgesetzes. Überraschend legten jedoch am 26. Mai 1967 Abgeordnete des christlich-sozialen Lagers der CDU/CSU-Fraktion den sog. *Winkelheide-Entwurf*[513] ihrer Fraktion vor. Nach einer gescheiterten Aussprache innerhalb der Fraktion brachten sie am 29. Juni 1967 die Novelle in den Bundestag ein und stellten damit die eigene Fraktion vor vollendete Tatsachen, obwohl geplant war, dass über diesen Entwurf zunächst in der Fraktion eine Woche später beraten werden sollte.[514] Dem Entwurf lagen Forderungen der Deutschen Angestellten-Gewerkschaft (DAG) von 1964[515] und des Christlichen Gewerkschaftsbunds Deutschlands (CGB) zugrunde. Die Forderungen der DAG wurden vollständig und die Forderungen des CGB zum Teil übernommen und sahen im Ergebnis weitreichende Änderungen des BetrVG vor. Neben dem Minderheitenschutz sollte nach dem *Winkelheide-Entwurf* die soziale, personelle und wirtschaftliche Mitbestimmung gestärkt werden und den Gewerkschaften unmittelbare Rechte innerhalb des Betriebs eingeräumt werden. Daher war auch im *Winkelheide-Entwurf* die Beendigung des strengen Trennungsprinzips angelegt. In Sachen betrieblicher Mitbestimmung sollte beispielsweise geklärt werden, dass die Nichtanhörung des Betriebsrats zu einer Kündigung deren Unwirksamkeit zur Folge haben sollte. In der am Tag nach der Einbringung in den Bundestag am 30. Juni 1967 stattfindenden Fraktionssitzung sprachen sich gewichtige Stimmen gegen den *Winkelheide-Entwurf*

511 Vgl. im folgenden PGZ Nr. 43/67, 13.11.1967 S. 1 f.

512 Begr. § 59 DGB-E 67, in: BA Koblenz, B 149–9853, S. 173.

513 Bezeichnet nach dem zentralen Verfasser des Entwurfs; *Bernhard Winkelheide*, MdB, CDU, NRW u. Sprecher der Arbeitnehmergruppe.

514 Kurz-Nachrichten-Dienst der BDA, 04.07.1967, S. 1; Industriekurier, 01.07.1967, S. 3.

515 Wünsche und Forderungen der DAG zur Novellierung des Betriebsverfassungsgesetzes: Minderheitenschutz, Hamburg 1964.

aus, so das zunächst die Druckerlaubnis für den Antrag vorläufig zurückgezogen wurde und kurze Zeit später der gesamte Antrag.[516]

Wie auch von Seiten der SPD, wies die Fraktionsspitze der CDU/CSU darauf hin, dass zunächst die von der Bundesregierung angekündigte Sachverständigenkommission ihre Prüfungen in den Betrieben vornehmen sollte, bevor weitreichende Änderungsvorschläge zum BetrVG vorgelegt würden.[517] Zudem ging der Vorschlag vielen Mitgliedern der Unionsfraktion zu weit.[518] So sollte unter der Leitung des stellvertretenden Fraktionsvorsitzenden *Ernst Müller-Hermann*[519] ein Kompromiss gefunden werden, der sich auf die Änderungen (Verbesserungen) der Minderheitenrechte beschränken und im Herbst 1967 in den Bundestag eingebracht werden sollte.

Die Verfasser des *Winkelheide-Entwurfs* waren sich hingegen darüber einig, dass nicht nur den Forderungen der DAG und des Christlichen Gewerkschaftsbundes als Minderheitengewerkschaften entsprochen werden sollte, sondern auch die Rechte des Betriebsrats und der Einfluss der Gewerkschaften gestärkt werden müssten, wie vom DGB gefordert. Dies gelte vor allem, wenn sich der Koalitionspartner SPD an der Gesetzesinitiative beteiligen sollte. Denn ohne die Stimmen aus der SPD erschien die Durchsetzung eines Gesetzesvorschlages nahezu unmöglich, da auch für die CDU/CSU einige DGB-Mitglieder im Bundestag saßen, deren Zustimmung für einen solchen Gesetzesvorschlag, der sich auf die Verbesserung der Minderheitenrechte beschränkte, nicht zu erwarten war.[520]

Dem entsprechend sah auch die FAZ im Kompromissvorhaben der CDU/CSU-Fraktion einen Angriff auf die Koalitionsabrede und eine Belastungsprobe für die Koalition.[521] Die SZ fügte hinzu, es solle von beiden Seiten der Regierungskoalition wohl der Eindruck vermittelt werden, die Novellierung des BetrVG stehe auf der Tagesordnung. Hiermit solle jedoch lediglich die jeweilige Klientel beruhigt werden.[522]

Basierend auf dem *Winkelheide-Entwurf* vom 26. Mai 1967, beschränkt jedoch auf den Ausbau der Minderheitenrechte und eine Stärkung der Jugendvertretung, legte die CDU/CSU-Fraktion am 2. November 1967 nach langem Zögern einen Initiativantrag zur Änderung des BetrVG vor.[523] Verbesserungen der Beteiligungsrechte, wie sie in gewissem Umfang im *Winkelheide-Entwurf* und auch in den Novellierungsvorschlägen des Christlichen Gewerkschaftsbundes und der DAG enthalten waren und

---

516 Kurz-Nachrichten-Dienst der BDA, 04.07.1967, S. 2; Industriekurier, 01.07.1967, S. 3.

517 Kurz-Nachrichten-Dienst der BDA, 04.07.1967, S. 2; Industriekurier, 01.07.1967, S. 3.

518 Handelsblatt, 03.07.1967.

519 *Ernst Müller-Hermann*, MdB. WP u. stellvertr. Fraktionsvorsitzender, CDU, Bremen.

520 Rheinische Post, 03.10.1967, S. 8.

521 FAZ, 14.12.1967, S. 3.

522 SZ v. 6. Dezember 1967.

523 BT-Drs. V/2234; RdA 1967, 460 ff.

in erheblichem Umfang vom DGB gefordert wurden, waren nicht zu finden. Einer Neuregelung der betrieblichen oder überbetrieblichen Mitbestimmung wurde damit eine Absage erteilt. Entgegen dem Entwurf des DGB und auch abweichend von den Entwürfen der DAG und des Christlichen Gewerkschaftsbunds, sah die Gesetzesvorlage der CDU/CSU-Fraktion in den folgenden Bereichen keine Neuregelungen vor:

- die Neudefinition der leitenden Angestellten,
- die Einführung eines Konzernbetriebsrats,
- die Stärkung der Arbeitnehmerrechte,
- den Schutz und die Arbeitsbedingungen von Mandatsträgern,
- die Ausweitung der Mitbestimmung des Betriebsrats in allgemeinen, sozialen, personellen und wirtschaftlichen Angelegenheiten,
- die Ausweitung der paritätischen Mitbestimmung,
- die Anwendung des BetrVG auf Tendenz- sowie Land- und Forstwirtschaftsbetriebe und
- die Stellung der Gewerkschaften im Betrieb.

Diese Punkte waren zum großen Teil noch im *Winkelheide-Entwurf* enthalten gewesen.[524] Im Einzelnen:

1. *Wahl des Betriebsrats*

Wie auch schon vom DGB gefordert, sollte zunächst der Wahlvorstand personell verstärkt werden. Im Gegensatz zum DGB-E 67 sollte der Umfang der Besetzung jedoch nicht in das alleinige Ermessen des Betriebsrats gelegt werden. So sollten Betriebe mit bis zu 500 Arbeitnehmern weiterhin mit drei Wahlvorstandsmitgliedern auskommen, während für Betriebe mit mehr Arbeitnehmern fünf Wahlvorstandsmitglieder vorgesehen waren (§ 15 Abs. 1 CDU/CSU-E 1967). In Großbetrieben mit mehr als 5.000 Arbeitnehmern sollte für die Durchführung sämtlicher Wahlen ein vom Betriebsrat einzusetzender Wahlausschuss gebildet werden,[525] der nach den Weisungen des Wahlvorstandes die Wahlen durchführen sollte (§ 15a CDU/CSU-E 1967).

Hinsichtlich des Initiativrechts zur Einberufung von der Betriebsversammlung zur Gründung eines Betriebsrats und zur Abgabe von Wahlvorschlägen für den Wahlvorstand schloss sich die CDU/CSU dem DGB-E 67[526] an und räumte den im Betrieb vertreten Gewerkschaften, jedoch nicht den Arbeitgebern, ein Initiativ- und Wahlvorschlagsrecht für diese Betriebsversammlung ein. Entgegen dem DGB und der bisher h.M. sollte das Initiativrecht der Arbeitnehmer aber erst ab einer

---

524 Änderungsvorschläge des Winkelheide-Entwurfs die nicht in die Gesetzesvorlage der CDU/CSU-Fraktion aufgenommen wurden vgl. Vfg. des Referats IIIa2 des BMA, 15.11.1968, Anlage I, BA Koblenz, B 149/9858, S. 119.

525 Entgegen den Vorschlägen des CGB müssen nicht die im Betrieb vertretenen Gewerkschaften vertreten sein.

526 Vgl. S. 77.

Anzahl von drei Arbeitnehmern bestehen (§ 16 Abs. 2 CDU/CSU-E 1967). Dabei sollte die Betriebsversammlung zur Bestimmung des Wahlvorstandes auch während der Arbeitszeit stattfinden können (§ 43 Abs. 1 S. 1 CDU/CSU-E 1967). Außerdem stellte der Entwurf noch entsprechend der bisherigen Handhabung[527] für die Wahl des Wahlvorstandes klar, dass für die Wahl der Wahlvorstände die Stimmen der Mehrheit der bei der Betriebsversammlung anwesenden Arbeitnehmer erforderlich seien (Abs.1)[528] und nicht die aller Arbeitsnehmer. Für den Fall der Bestellung des Wahlvorstandes durch das Arbeitsgericht sah der CDU/CSU-Entwurf zusätzlich vor, dass das Antragsrecht auch ein Vorschlagsrecht beinhalten sollte (Abs. 3).

2. *Organisation des Betriebsrats*

Statt der variablen Staffelung der Betriebsratsmitglieder nach dem geltenden Recht (auch *„von-bis-Staffeln"* genannt), bei der in einer Vorabstimmung im Rahmen der jeweiligen Staffelung eine Erhöhung der Mitgliederzahl des Betriebsrats beschlossen werden konnte (§ 9 BetrVG 52), sollte nach den Vorstellungen der CDU/CSU eine feste Staffelung eingeführt werden. Gleichzeitig wurde eine weitere Stufe bis zu einer Belegschaft von über 15.000 Arbeitnehmern eingefügt, die dann durch 35 Betriebsratsmitglieder vertreten werden sollte (§ 9 Abs. 1 CDU/CSU-E 1967), was keiner Erhöhung der maximalen Betriebsratsmitgliederzahl entsprach, da für Betriebe mit über 9.000 Arbeitnehmern auch nach dem BetrVG 52 bereits 25 bis 35 Betriebsratsmitglieder vorgesehen waren.

Außerdem wurde von den Verfassern des Entwurfs gefordert, dass in Großbetrieben der die Geschäfte des Betriebsrats führende Betriebsausschuss vergrößert wird. Bei Betriebsräten mit mehr als 23 Betriebsratsmitgliedern sollte der Betriebsausschuss um zwei Ausschussmitglieder vergrößert werden (§ 28 Abs. 1 CDU/CSU-E 1967).

Bereits 1962 hatte *Schleyer* kritisiert, dass der Betriebsrat alle Beschlüsse gemeinsam fällen müsste. Diese Konzentration der Entscheidungen auf das Gesamtorgan sei in Großbetrieben mit vielen Betriebsratsmitgliedern sehr hinderlich. Da *„die Übernahme der laufenden Geschäfte"* durch den Betriebsausschuss eng auszulegen sei, könne dieser allein nicht die Mitwirkungsrechte des Betriebsrats übernehmen.[529] Dementsprechend wollte die CDU/CSU die Delegationsmöglichkeiten des Betriebsrats stärken. Zwar konnte der Betriebsrat auch bisher zur Wahrnehmung bestimmter Aufgaben Fachausschüsse bilden, jedoch ohne konkrete gesetzliche

527 BAG, Beschluss 14.12.1965, 1 ABR 6/65, BB 66, 367; *Dietz*, BetrVG, 4. Aufl. 1967, § 16 Rz. 7; *Fitting/Kraegeloh-Auffarth*, BetrVG, 9. Aufl. 1970, § 16 Rz. 13; *Galperin/Siebert*, BetrVG, 4. Aufl. 1963, § 16 Rz. 4d; *Hueck/Nipperdey*, Bd. 2, 7. Aufl. 1970 S. 1143 Fn. 40; *Nikisch*, Bd. 3, 2. Aufl. 1966, S. 89; *Popp*, DB 1959, 404.

528 Diese Regelung findet sich in sämtlichen künftigen Entwürfen wieder (CSU, CDA-70, BDA, CDU/CSU 71, Reg-E, DAG 71) wieder. Nur der DGB hat die Formulierung in seinem Entwurf 1970 nicht aufgenommen.

529 *Schleyer*, DB 1962, 1307.

Regelung.[530] In einem zu § 28 BetrVG 52 hinzugefügten Abs. 2 sollte dem Betriebsrat ausdrücklich das Recht eingeräumt werden, Unterausschüsse zu bilden. Trotz der klaren Zielrichtung blieb nach dem Wortlaut des Vorschlags jedoch unklar, ob die Ausschüsse auch Beschlüsse ohne Hinzuziehung des Gesamtorgans fällen können sollten.

3. Gesamt- und Konzernbetriebsrat

Die CDU/CSU nahm im Bereich des Gesamtbetriebsrats vor allem Korrekturen hinsichtlich der Größe vor. Die nach § 47 Abs. 2 BetrVG 52 durch Tarifvertrag oder Betriebsvereinbarung zu bestimmende Mitgliederzahl des Gesamtbetriebsrates sollte auf 25 gedeckelt werden (§ 47 Abs. 2 CDU/CSU-E 1967). Sofern die Anzahl der Mitglieder nach Abs. 1 diese Deckelung überschreitet, sollten die nach Abs. 3 und die nach Abs. 1 entsandten Mitglieder den Wahlkörper zur Bestimmung der 25 Gesamtbetriebsratsmitglieder bilden. Zudem sollte ein Betriebsrat eines Einzelbetriebes, der nicht im Gesamtbetriebsrat vertreten ist, die Möglichkeit erhalten, dass er seinen Betriebsratsvorsitzenden zur Gesamtbetriebsratsversammlung entsendet, sofern Fragen diskutiert werden, die seinen Betrieb betreffen (§ 48 Abs. 2 CDU/CSU-E 1967).

Die Bildung eines Konzernbetriebsrats war nicht vorgesehen.

4. Gruppen- und Minderheitenrechte

Im deutlichen Gegensatz zum Vorschlag des DGB 67 wollte die CDU/CSU die Minderheitenrechte nicht abbauen, sondern stärken. Wesentliches Merkmal des Vorschlags der CDU/CSU-Fraktion war nicht die Intensivierung des Schutzes der Minderheitengruppe, sondern vielmehr die Stärkung der Gruppenrechte an sich. Und zwar trotz der schlechten Erfahrungen mit starken Gruppenvertretungen aus der Weimarer Zeit unter Geltung des BRG 1920[531] und trotz ablehnender Stimmen einer überwiegenden Anzahl von Experten.

a) Wahlverfahren

Der CDU/CSU-E ruderte im Vergleich zum DGB-E beim Wahlverfahren in die entgegengesetzte Richtung: Es war strittig, ob bei Abweichung von der Gruppenwahl zur gemeinsamen Wahl für den Beschluss

---

530 ArbG Hamburg, Beschluss v. 05.06.1956, 4 BV 163/1956, DB 1956, 648; *Dietz,* BetrVG, 4. Aufl. 1967, § 28 Rz. 25; *Fitting/Kraegeloh-Auffarth,* BetrVG, 9. Aufl. 1970, § 28 Rz. 25; *Galperin/Siebert,* BetrVG, 4. Aufl. 1963, § 28 Rz. 1a; *Müller-Forwerk,* BB 1966, 212.

531 § 6 BRG 1920 sah vor, dass *„zur Wahrnehmung der besonderen wirtschaftlichen Interessen der Arbeiter und Angestellten [...] Arbeiterräte und Angestelltenräte zu errichten"* sind.

1. die Mehrheit aller Gruppenangehöriger erforderlich ist,
2. die Mehrheit des Quorums genügt oder
3. wie nach einer Entscheidung des BAG, die Mehrheit des Quorums ausreichend ist, wenn die Mehrheit der Gruppe anwesend ist.[532]

Zur Erschwerung der gemeinsamen Wahl und mithin zum Schutz der Minderheitengruppe legte sich die CDU/CSU in ihrem Entwurf auf Variante 1 fest (§ 13 Abs. 2 CDU/CSU-E 1967).

Wahlvorschläge mussten nach geltendem Recht sowohl bei der gemeinsamen Wahl als auch bei der Gruppenwahl von einem Zehntel des Quorums unterzeichnet werden.[533] Zur Stärkung des Minderheitenschutzes sollte nach dem Willen der CDU/CSU-Fraktion dieses Quorum auf ein Zwanzigstel herabgesetzt werden (§ 13 Abs. 5 u. 6 CDU/CSU-E 1967). Auch das Quorum für die Auflösung des Betriebsrats oder den Ausschluss eines Mitglieds sollte von einem Viertel auf ein Zehntel der wahlberechtigten Arbeitnehmer herabgesetzt werden (§ 23 Abs. 1 CDU/CSU-E 1967). Außerdem sollten Neuwahlen nicht nur von der Veränderung der Anzahl der Arbeitnehmer an sich, sondern auch von den zahlmäßigen Veränderungen innerhalb der Gruppen abhängig gemacht werden (§ 22 Abs. 1a CDU/CSU-E 1967). Nur bei der Gruppenzuordnung der Betriebsratsmitglieder bei der Betriebsratswahl stellte der CDU/CSU-E 67 i.E. entsprechend dem DGB-E 67[534] bei der gemeinsamen Wahl nun auch auf den Wahlvorschlag ab, so dass bei beiden Wahlvarianten die Gruppen auch Mitglieder der anderen Gruppe zu ihren Vertretern im Betriebsrat wählen können sollten (§ 12 Abs. 3 CDU/CSU-E 1967).

---

532 Mehrheit aller Gruppenangehöriger erforderlich: LAG Düsseldorf, Beschluss v. 10.07.1953, 4 BVTa 2/53, 4 BVTa 4/53, 4 BVTa 5/53, DB 1953, 824; LAG Freiburg, Beschluss v. 30.07.1953, Sa 84/53, BB 1953, 706; LAG Hamm, Beschluss v. 08.01.1954, 1 BV Ta. 102/53, BB 1954, 286; *Dietz*, BetrVG, 4. Aufl. 1967, § 13 Rz. 13 ff; *Erdmann*, BetrVG, 2. Aufl. 1954, § 13 Rz. 6; *Galperin*/Siebert, BetrVG, 4. Aufl. 1963, § 13 Rz. 14; *Nikisch*, Bd. 3, 2. Aufl. 1966, S. 96; *Palme*, BB 1953, 240; *Monjau*, DB 1954, 557; *Reinicke* NJW 1955, 1382.
Mehrheit des Quorums genügt: LAG Mannheim, Beschluss v. 07.08.1953, Sa 73/53, BB 1953, 706; LAG Kiel, Beschluss v. 17.11.1953, 3 Ta 7/53, RdA 1954, 40; *Bührig*, AuR 1953, 138; *Schatter*, AuR 1953, 164; *Popp*, BB 1953, 296.
Mehrheit des Quorums genügt, wenn die Mehrheit der Gruppe anwesend ist: BAG, Beschluss v. 07.07.1954, 1 ABR 2/54, BB 1954, 745; dem anschließend: *Fitting/Kraegeloh-Auffarth* BetrVG, 9. Aufl. 1970, § 13 Rz. 20; *Hueck/Nipperdey*, Bd. 2, 7. Aufl. 1970, S. 1141 Fn. 35; *Hunn*, AuR 1954, 378; *Hess*, BB 1955, 133.

533 Das Zehntel musste mindestens drei Personen umfassen, außerdem sollte die Unterzeichnung von 100 Gruppenangehörigen in jedem Fall genügen (§ 13 Abs. 4, 5 BetrVG 52).

534 Vgl. S. 80.

b) Zusammensetzung des Betriebsrats, Initiativrechte, Freistellung

Auch in Sachen Besetzung des Betriebsrates hätten die Ansichten von DGB und CDU/CSU kaum gegensätzlicher sein können. Die CDU/CSU forderte, dass die Mindestanzahl von Vertretern der Minderheitengruppe im Betriebsrat, analog zur Steigerung der Staffelung der Betriebsratsmitglieder, erhöht wird (§ 10 Abs. 2 CDU/CSU-E 1967),[535] wovon der DGB trotz Steigerung der Anzahl der Betriebsratsmitglieder für Größtunternehmen abgesehen hatte. Zudem sollten die Voraussetzungen für die grundsätzliche Vertretung der Minderheitengruppe im Betriebsrat reduziert werden[536] (§ 10 Abs. 3 CDU/CSU-E 1967).

Zur Einberufung einer Betriebsratssitzung sollte neben einem Viertel der Mitglieder des Betriebsrats nun auch nach § 29 Abs. 3 CDU/CSU-E 1967 der Antrag der Mehrheit einer Gruppe genügen. Auch das Recht, einen Beauftragten einer Gewerkschaft zu Betriebsratsversammlungen hinzuzuziehen, sollte nicht mehr nur einem Viertel der Mitglieder des Betriebsrats zustehen, sondern auch der Mehrheit einer Gruppe (§ 31 CDU/CSU-E 1967).

Darüber hinaus sollte bei der Wahl der freizustellenden Betriebsratsmitglieder künftig nicht mehr nach dem Mehrheitsprinzip, sondern nach den Grundsätzen der Verhältniswahl gewählt werden, und, sofern mehr als ein Betriebsratsmitglied ständig freizustellen wäre, sollte jede Gruppe mit mindestens einem Freigestellten berücksichtigt werden (§ 37 Abs. 4 CDU/CSU-E 1967). Während hierfür noch keine getrennte Wahl vorgesehen war, sollte dies jedoch für die Auswahl der zu entsendenden Betriebsratsmitglieder in den Wirtschaftsauschuss und den Gesamtbetriebsrat der Fall sein (§§ 68 Abs. 2, 47 Abs. 1 CDU/CSU-E 1967).

Bei der Besetzung des Betriebsratsvorsitzes und des Betriebsausschusses sah das BetrVG 52 vor, dass der Vorsitzende und sein Stellvertreter nicht der gleichen Gruppe angehören *„sollen"*, wenn beide Gruppen im Betriebsrat vertreten sind (§ 27 Abs. 1). Bei dieser Aufteilung wollte auch die CDU/CSU bleiben, jedoch sollte das Vorschlagsrecht für den Betriebsratsvorsitz bei den Gruppen liegen und der unterliegende Kandidat automatisch Stellvertreter werden (§ 27 Abs. 1 CDU/CSU-E 1967). Andernfalls bestünde die Gefahr, dass die Mehrheit im Betriebsrat sich den Vertreter der Minderheitengruppe, auch entgegen deren Willen, aussucht. Außerdem sollten Vorsitzender und Stellvertreter explizit nicht derselben Gruppe angehören *„dürfen"*. Das war zwar bisher auch so, wurde aber im Gegensatz zu § 26 BRG 1920 im BetrVG 52 durch eine *Sollvorschrift* geregelt.[537] Auch der Betriebsausschuss sollte nach Vorstellung der CDU/CSU nicht wie abstrakt im BetrVG 52 formuliert aus

---

535 5.001 – 9.000 Gruppenangehörige = 7 Vertreter; 9.001 – 15.000 = 8; 15.000 u. mehr = 9.

536 Nach § 10 Abs. 3 BetrVG 52 u. auch § 16 Abs. 4 BRG 1920 musste die Minderheitsgruppe mehr als ein Zwanzigstel der Arbeitnehmer oder mehr als 5 Arbeitnehmer umfassen, nun sollten ein Zwanzigstel od. 5 Arbeitnehmer genügen (§ 10 Abs. 3).

537 Demnach konnte hiervon bei *„objektiven Gründen"* die *„betrieblich sachlich gerechtfertigt" waren* abgewichen werden, so BAG, Beschluss v. 06.07.1956, 1 ABR 7/55,

Angehörigen der im Betriebsrat vertretenen Gruppen bestehen (§ 28 BetrVG 52). Die Gruppen sollten vielmehr konkret entsprechend ihrem Verhältnis im Betriebsrat im Betriebsausschuss vertreten sein. Deshalb sollte auf Grund von Vorschlagslisten der Gruppen eine geheime Verhältniswahl stattfinden, auch im Falle der Bildung von Unterausschüssen (§ 28 Abs. 1 CDU/CSU-E 1967).

In der Öffentlichkeit wurden die Änderungen zum Minderheitenschutz bzw. zu den Gruppenrechten unterschiedlich bewertet. Während die DAG und der Christlichen Gewerkschaftsbund (CGB), den Vorstoß lobten, ernteten die Änderungsvorschläge von vielen anderen Seiten starke Kritik: So führte der DGB-Bundesvorstand *Helmut Pinther* aus, dass die Verhältniswahl und der Minderheitenschutz der Handlungsfähigkeit und einer sachlichen Betriebsratsarbeit entgegenstünden. Es solle damit nur dem völlig unbedeutenden Christlichen Gewerkschaftsbund und der DAG entgegengekommen werden.[538] Die Zeitschrift *„Der Arbeitgeber"* kritisierte ebenfalls den Entwurf der CDU/CSU-Fraktion als *„höchst zweifelbaren und sachlich anfechtbaren"* Vorstoß.[539] Die Bundesvereinigung der Deutschen Arbeitgeberverbände (BDA) warnte bereits in ihrem Geschäftsbericht von 1966 vor einer Ausweitung des Minderheitenschutzes.[540] Der den Angestellten nahestehende PGZ (Politisch-Gewerkschaftlicher Zeitungsdienst)[541] merkte an, dass es nicht jeder Ironie entbehre, dass der DGB-Nachrichtendienst vom 13. Oktober 1967 die Bestrebungen der CDU/CSU mit der Begründung abgelehnt hatte, dass ein verbesserter Minderheitenschutz *„zu einer nicht zu verantwortenden Politisierung der Betriebsratsarbeit führen und die Funktionsfähigkeit der Betriebsräte erheblich schwächen"* müsste, da der DGB selbst die Politisierung durch Abschaffung des Verbots der politischen Betätigung im Betrieb vorantreibe.[542]

Auch hinsichtlich der Unternehmensmitbestimmung dienten die Änderungsvorschläge ausschließlich der Stärkung der Gruppen- und Minderheitenrechte (§ 76 Abs. 2 CDU/CSU-E 1967). Demnach sollten die Arbeiter und Angestellten im Aufsichtsrat entsprechend ihrem zahlenmäßigen Verhältnis vertreten sein, wenn dem Aufsichtsrat mindestens drei Arbeitnehmervertreter angehören. Dabei sollte sich die Minderheitengruppe bereits ab einem Zwanzigstel der Arbeitnehmer oder fünf Unternehmensangehörigen im Aufsichtsrat wiederfinden. Die Wahlen sollten wie bei der Betriebsratswahl grundsätzlich nach dem Verhältniswahlprinzip in den Gruppen durchgeführt werden. Zudem sollte die Möglichkeit bestehen, dass Angehörige der anderen Gruppe als Vertreter der eigenen gewählt werden. Darüber hinaus sollte das Quorum für Wahlvorschläge wie bei der Betriebsratswahl von

NJW 56, 1613; *Dietz*, BetrVG, 4. Aufl. 1967, § 27 Rz. 6; *Erdmann*, BetrVG, 2. Aufl. 1954, § 27 Rz. 4; *Neumann-Duesberg* S. 442.

538 *Helmut Pinther* in Welt der Arbeit, 15.09.1967, BA Koblenz, B 149/9858, S. 109.

539 Der Arbeitgeber Nr. 21/67.

540 BDA-Geschäftsbericht 1966, in RdA 1967, 36.

541 Ab 1985 gab die PGZ-GmbH die Deutsche Angestellten-Zeitung heraus.

542 PGZ Nr. 43/67 v. 13.11.1967 S. 2.

einem Zehntel auf ein Zwanzigstel der Arbeitnehmer des Unternehmens herabgesetzt werden (§ 76 Abs. 3 CDU/CSU-E 1967).

5. *Schutz und Arbeitsbedingungen von Funktionsträgern*

Hinsichtlich des Schutzes von Mandatsträgern schlug die CDU/CSU-Fraktion nur geringfügige Verbesserungen vor. So sollte der Schutz, der bisher nur den Betriebsratsmitgliedern zustand, auf die Jugendvertretung und die Aufsichtsratsmitglieder erstreckt werden (§§ 53 Abs. 1, 76 Abs. 2 CDU/CSU-E 1967).

6. *Betriebs- und Abteilungsversammlungen*

Schleyer hatte es als bedauerlich erachtet, dass viele Arbeitgeber ihre Chance nicht nutzen würden, von der Möglichkeit der innerbetrieblichen Information Gebrauch zu machen. Es stimme bedenklich, wenn nur der Betriebsrat und Gewerkschaftsvertreter in den Betriebsversammlungen aktiv würden.[543]

Die CDU/CSU wollte daher die Möglichkeiten zur Abhaltung von Teilbetriebsversammlungen erweitern. Gleichzeitig sollte diese Möglichkeit jedoch von einer *„Verständigung"* zwischen Arbeitgeber und Betriebsrat abhängen. Diese Teilbetriebsversammlungen sollten ausdrücklich besonders für Jugend- und Gruppenversammlungen gelten (§ 41 S. 4 u. 5 CDU/CSU-E 67). Außerdem sollte nach § 42 Abs. 2 CDU/CSU-E 1967 der Arbeitgeber mindestens einmal in jedem Kalenderjahr die Betriebsversammlung über die in § 67 Abs. 3 BetrVG 52 genannten wirtschaftlichen Angelegenheiten des Unternehmens unterrichten. Außerordentliche Betriebsversammlungen sollten innerhalb einer angemessenen Frist nach Antragsstellung einberufen werden (§ 42 Abs. 3 CDU/CSU-E 67). Auch hierdurch sollte die Minderheitengruppe und mittelbar auch der Arbeitgeber in seinen Interessen geschützt werden, da die Einberufung dem Betriebsratsvorsitzenden oblag, der regelmäßig ein Vertreter der Mehrheitsgruppe war und damit die Einberufung bei zuwiderlaufenden Interessen unbeschadet hinauszögern konnte.

III. Erste Lesung des CDU/CSU-Entwurfs vom 2. November 1967 (BT-Drs. V/2234)

In der ersten Lesung des Entwurfes im Bundestag[544] stellte der CSU-Abgeordnete *Erich Ziegler*[545] den Entwurf vor und lobte das BetrVG 52 als ein *„gutes und brauchbares Instrument der Partnerschaft"*. Das Gesetz habe Spannungen gemildert und dem sozialen Frieden gedient. Gleichzeitig räumte er jedoch ein, dass Verbesserungen erforderlich seien. Von einer grundsätzlichen Novellierung sei jedoch Abstand genommen worden. Man wollte der zukünftigen Entwicklung nichts verbauen.

543 *Schleyer*, DB 1962, 1308.
544 BT-Prot. V/143, S. 7422–7426.
545 *Erich Ziegler*, MdB, CSU, Bayern.

Der Zeitpunkt für eine Novellierung sei noch zu früh, daher beschränke sich der Gesetzesentwurf auf die abtrennbaren Bereiche der Bildung der Vertretungsorgane bzw. die Stärkung des Minderheitenschutzes und die Gleichstellung der Jugendvertreter. Das Verhältnis zwischen Arbeitnehmer und Arbeitgeber solle mit dieser Gesetzesänderung nicht berührt werden. Unter anderem merkte *Ziegler* auch an, dass selbstverständlich bekannt sei, dass mit dem Minderheitenschutz auch die Gefahr bestünde, dass sich rechts- und linksradikale Gruppen als Nutznießer dieses Gesetzes bedienten. Namens seiner Fraktion beantragte der Abgeordnete *Ziegler* die Regierungsvorlage an den Ausschuss für Arbeit als federführenden Ausschuss sowie an den Ausschuss für Wirtschaft und Mittelstandsfragen und an den Innenausschuss zur Mitberatung zu überweisen.[546]

Als Redner der SPD in der ersten Lesung erinnerte der Abgeordnete *Max Seidel*[547] daran, dass die SPD bereits das BetrVG 52 wegen seiner unzureichenden Rechte für die Betriebsräte abgelehnt hatte. Zudem vertrat er den Standpunkt, dass die von der CDU/CSU vorgesehenen Änderungen des Gesetzes nicht genügten und die Arbeitnehmer enttäuscht sein würden. Hinsichtlich der Minderheitenregelungen kritisierte er, dass sich die soziologischen Voraussetzungen stark geändert hätten und inzwischen statt drei sieben Millionen Angestellte in den Betrieben beschäftigt seien. Gleichzeitig räumte er jedoch ein, dass offenkundige Unrechtstatbestände zu Lasten der Minderheitengruppe vorlägen, diese aber kein Grund dafür seien, diesen Bereich nach 15 Jahren als einzigen zu überarbeiten. Dies hätte ebenso in einer umfassenden Novellierung geschehen können. Zudem müsse die Rechtsstellung des Betriebsrats geändert werden, wenn bereits in Tarifverträgen auf Vorschlag des Bundeswirtschaftsministers die Rechte des Betriebsrats über die gesetzlichen Rechte hinaus vereinbart würden.[548] Auch habe man in der SPD die Sorge, dass die Verfasser des Entwurfs übersehen hätten, dass der extreme Ausbau des Minderheitenrechts auch politischen Gruppierungen, ob rechts- oder linksradikaler Art, den Weg in den Betriebsrat öffne. Überdies könne dieser Schutz zu einer gefährlichen Aufsplitterung des Betriebsrates führen, was in der Regel zu seiner Schwächung führe. *Seidel* stellte im Übrigen klar, dass die SPD bei den folgenden Punkten nicht „*mitmachen*“ würde:

- Wenn für die gesonderte Vertretung von Minderheitengruppen in jedem Fall fünf Gruppenangehörige genügen sollen,
- wenn nur noch ein Zwanzigstel der Wahlberechtigten für den Wahlvorschlag ausreichend sein solle und
- wenn die Zahl der wahlberechtigten Arbeitnehmer für die Antragstellung beim Arbeitsgericht von einem Viertel auf ein Zehntel gesenkt werden solle.

546 *Ziegler* (CDU/CSU), BT-Prot. V/143, S. 7422–7424.
547 *Max Seidel*, MdB, SPD, Bayern.
548 1967 wurde in den Tarifabschlüssen der Metallindustrie unter Vermittlung des Bundeswirtschaftsministers *Karl Schiller* eine Schlichtungsklausel zugunsten der Betriebsräte eingeräumt.

Außerdem äußerte er ganz erhebliche Bedenken hinsichtlich einer erfolgreichen Beratung des Entwurfs im Ausschuss. Dort werde die SPD beantragen, die Gewerkschaften, die Arbeitgeber und die Vertreter der Wissenschaft öffentlich anzuhören. Zum Schluss kündigte *Seidel* an, die SPD werde 1968 einen umfassenden Entwurf zur Novellierung des BetrVG vorlegen.[549][550]

Der FDP-Abgeordnete *Hansheinrich Schmidt*[551] erklärte, dass seine Partei mit dem Vorschlag der CDU/CSU-Fraktion einverstanden sei und einer Überweisung in die Ausschüsse zugestimmt würde, was im Ergebnis auch antragsgemäß geschah.[552]

Da die CDU/CSU-Fraktion mit der Überarbeitung der betrieblichen und überbetrieblichen Mitbestimmung bis zum Vorliegen des Ergebnisses der einzurichtenden Mitbestimmungskommission abwarten wollte, kam in einer Fragestunde des Deutschen Bundestages am 10. November 1967 auch die Frage auf, warum die am 13. Dezember 1966 angekündigte Kommission noch nicht berufen sei. In einer großen Tageszeitung hatte es geheißen, dass die Vorlage bereits seit Monaten dem Kanzleramt zugeleitet worden sei. Zudem wollte man wissen, wie es möglich sein werde, dass die Kommission noch in dieser Legislaturperiode ein Ergebnis vorlege und ob noch gesetzgeberische Konsequenzen zu erwarten seien. Bundesarbeitsminister *Katzer* antwortete auf die Anfrage. Man habe sich gerade im Bundeskabinett über die Besetzung geeinigt, die Dauer der Arbeit der Kommission hinge von der Aufgabenstellung und ein gesetzgeberisches Tätigwerden von den Ergebnissen der Kommission ab.[553]

IV. Forderungen des Arbeitskreises Mitbestimmung der Christlich-Demokratischen Arbeitnehmerschaft vom 6. Mai 1968

Am 6. Mai 1968 legte der Arbeitskreis Mitbestimmung der Christlich-Demokratische Arbeitnehmerschaft (CDA) seinem Bundesvorstand seine *Vorstellungen der Sozialausschüsse der CDA über die notwendigen Änderungen des Betriebsverfassungsgesetzes* vor.[554] Neben der Änderung des bisherigen BetrVG hatte der Arbeitskreis Mitbestimmung der CDA, wie bereits in der *Offenburger Erklärung* angekündigt, zudem einen weitreichenden *Entwurf* zur *Ausgestaltung der Rechte der Arbeitnehmer*

549 Entgegen der Koalitionsabsprache, nach der in dieser Legislaturperiode kein Vorstoß in Sachen Ausweitung der Mitbestimmung vorgenommen werden sollte.

550 *Seidel* (SPD), BT-Prot. V/143, S. 7424–7425.

551 *Hansheinrich Schmidt* (Kempten), MdB, FDP, Bayern.

552 *Hansheinrich Schmidt* (FDP), BT-Prot. V/143, S. 7425.

553 BT-Prot. V/133.

554 CDA, Vorstellungen der Sozialausschüsse der CDA über die notwendigen Änderungen des Betriebsverfassungsgesetzes und Entwurf zur Ausgestaltung der Rechte der Arbeitnehmer in Betrieb, Unternehmen und Wirtschaft vom 06.05.1968, BA Koblenz, B 149/9854, S. 8–35.

in Betrieb, Unternehmen und Wirtschaft ausgearbeitet, die dem BetrVG hinzugefügt werden sollten.[555]

1. *Arbeitnehmerrechte*

Als erster machte sich der Arbeitskreis Mitbestimmung der CDA für die Stärkung der betriebsverfassungsrechtlichen Rechte des einzelnen Arbeitnehmers stark.[556] Ihm sollte ein Recht auf Mitwirkung bei der Ausgestaltung seines Arbeitsplatzes und seiner Arbeitsweise zustehen, er sollte einen Anspruch auf Einsicht in die Personalakte haben,[557] ihm sollten Umschulungen, Bildungsurlaub und berufliche Weiterbildungen gewährt werden, das Zustandekommen und die Zusammensetzung seines Entgelts transparent dargestellt werden und betriebliche Verbesserungsvorschläge einem urheberechtlichen Schutz unterliegen.

2. *Beteiligung der Arbeitnehmer am Unternehmen*

Der Arbeitskreis Mitbestimmung forderte zudem für *Groß- und Größtunternehmen,* dass eine Unternehmensverfassung geschaffen würde, durch die sowohl die Bedeutung der Anteilseigner als auch der *„unverzichtbare"* Beitrag der Arbeitnehmer und einschlägige öffentliche Interessen institutionell zum Ausdruck kämen.[558] Danach sollte Basisorgan der *Groß- und Größtunternehmen*[559] eine öffentliche Unternehmensversammlung sein, in der Arbeitnehmer und Anteilseignern gleiches Stimmrecht gewährt würde. Außerdem sollte die Öffentlichkeit noch ein gewisses Stimmgewicht nach Intensität der Sache erhalten.[560] Die Funktionen sollten denen einer Hauptversammlung einer Aktiengesellschaft entsprechen.

---

555 CDA, Entwurf vom 06.05.1968, BA Koblenz, B 149/9854, S. 23 ff.

556 CDA, Entwurf vom 06.05.1968, BA Koblenz, B 149/9854, S. 25 f.

557 Der Arbeitnehmer hatte nach bisherigen Recht kein Einsichtnahmerecht und ein solches wurde von der h.M. abgelehnt: BGH, Urteil v. 10.07.1959, VI ZR 149/58, NJW 1959, 2011; *Mertz,* BB 1960, 1400.

558 CDA, Entwurf vom 06.05.1968, BA Koblenz, B 149/9854, S. 26 ff.

559 Unter Größtunternehmen wurden solche verstanden, in denen während der letzten 3 Jahre zwei der folgenden Kriterien erfüllt wurden: mindestens 20.000 Arbeitnehmer, mindestens 1 Mrd. DM Umsatz, mindestens 500 Mio. DM Bilanzsumme. Großunternehmen lagen nach denselben Bedingungen bei mindestens 4.000 Arbeitnehmern, mindestens 200 Mio. DM Umsatz, mindestens 100 Mio. DM Bilanzsumme vor.

560 Die Unternehmensversammlung sollte 100–300 Mitglieder in einem Verhältnis von 40 : 40 : 20 bis 45 : 45 : 10 umfassen.

3. Einrichtung von Arbeitnehmerkammern

Darüber hinaus sollten auf überbetrieblicher Ebene Arbeitnehmerkammern eingerichtet werden, durch die das Gleichgewicht gegenüber den Kammern der Arbeitgeber[561] wiederhergestellt werden sollte. Ihnen sollten folgende Aufgaben zufallen:

- *„die allgemeinen wirtschaftlichen, sozialen und kulturellen Interessen der Arbeitnehmer wahrzunehmen und die auf die Hebung der wirtschaftlichen, sozialen und kulturellen Lage der Arbeitnehmer abzielenden Bestrebungen zu fördern;*
- *durch Vorschläge, Gutachten und Berichte Regierung, Behörden, Körperschaften und Anstalten des öffentlichen Rechts sowie selbständige Vereinigungen von Arbeitnehmern mit sozial- oder berufspolitischer Zwecksetzung zu unterstützen, zu beraten und dabei das Gemeinwohl zu fördern;*
- *Einrichtungen, die der Förderung der wirtschaftlichen, sozialen und kulturellen Interessen der Arbeitnehmer dienen, zu gründen, zu unterhalten und zu unterstützen.“*[562]

4. Begründung der Forderungen

Eine schriftliche Begründung dieser Forderungen des Arbeitskreises Mitbestimmung der CDA lag nicht vor. Stattdessen fand zur Begründung dieser weitreichenden Änderungen am 29. Mai 1968 im Bundesarbeitsministerium (BMA) ein Treffen zwischen dem maßgeblichen Verfasser dieser Vorschläge *Helmut Duvernell*[563] und dem MinDir des BMA *Karl Fitting*[564] statt.[565] *Fitting* räumte der Einrichtung von Arbeitskammern eine Berechtigung ein, soweit diese nicht auf dem Gebiet des Sozialrechts und damit auf dem Gebiet der Gewerkschaften sich betätigten; in diesem Bereich bestünde kein Vakuum. *Duvernell* bestätigte dies, erklärte jedoch, dass die Forderungen der Sozialausschüsse, Arbeitskammern einzurichten, von dem Gedanken ausgingen, dass es rechtlich nicht haltbar sei, dass die Arbeitgeberseite durch *„ihre“* Industrie- und Handelskammern (IHK), einer Körperschaft des öffentlichen Rechts, vertreten werde und dabei vorgebe, für die Gesamtheit zu sprechen. Die Arbeitskammern seien allerdings nur eine Übergangslösung, das eigentliche, heute politisch noch nicht durchsetzbare Ziel sei die Errichtung von paritätischen Wirtschaftskammern und damit die Neutralisierung der einflussreichen Wirtschaftsverbände.[566]

Nach *Duvernells* Ausführungen nehme der Faktor Arbeit in der kapitalistischen Wirtschaft nicht den Platz ein, der ihm auf Grund der Erkenntnis zukäme, dass die

561 = Industrie- und Handelskammer, Handwerkskammer u. Landwirtschaftskammer.

562 CDA, Entwurf vom 06.05.1968, BA Koblenz, B 149/9854, S. 33.

563 *Helmut Duvernell*, Professor der Rechtswissenschaften, Leiter der Sozialakademie an der TU Dortmund.

564 *Karl Fitting*, MinDir. des BMA; Herausgeber eines Kommentars zum BetrVG.

565 BMA, Vfg. des Ref. IIIa2, 04.05.1968, BA Koblenz, B 149/9854, S. 5.

566 BMA, Vfg. des Ref. IIIa2, 04.05.1968, BA Koblenz, B 149/9854, S. 5 f.

Wirtschaft ohne ein Zusammenwirken des Unternehmens und des Kapitals mit den Arbeitnehmern nicht funktionieren könne. So seien weder der Unternehmer noch das Kapital in der Lage, ohne Arbeitnehmer zu produzieren. Dem finanziellen Risiko setzte *Duvernell* das Risiko der Gesundheit des Arbeiters entgegen. Im Mittelpunkt stünden deshalb nicht die Unternehmer, sondern alle Menschen, die zur Produktionsfähigkeit der Wirtschaft beitrügen.

> *„Wir wirtschaften nicht um des Profits willen, sondern um die Bedürfnisse unserer Gesellschaft zu befriedigen, was nur im Zusammenwirken, im echten Miteinander aller Menschen geschehen kann, die Kapital oder Arbeitskraft einsetzen."*

Grundlage und Ausgangspunkt allen staatlichen und gesellschaftlichen Geschehens sei nach dem Grundgesetz die Würde des Menschen. Alle übrigen Werte leiteten ihren Rang hiervon ab. So sei das Eigentum nicht als solches geschützt, sondern wegen seiner funktionellen Bedeutung für den einzelnen und für die Gesellschaft.[567]

5. Öffentliche Wahrnehmung

Während der Vorstoß des Arbeitskreises Mitbestimmung innerhalb der CDU sehr kritisch betrachtet wurde und auch in Kreisen der CDA selbst auf Bedenken stieß, begrüßten die Gewerkschaften diese Ideen: *„Die Konzeption der Sozialausschüsse ist konsequent im Sinne der katholischen Soziallehre, nämlich jenseits der kapitalistischen und der laboristischen Wirtschaftsweise eine Form zu finden, und zwar dergestalt, daß keine der beiden Gruppen (Kapital, Arbeit) für sich allein den Wirtschaftsprozeß organisiert oder gar die (Allein-)Herrschaft über ihn beansprucht; vielmehr erkennen sie einander wie im staatsbürgerlichen Bereich so auch im Bereich der Wirtschaft als gleichberechtigt an und organisieren die Unternehmen so, daß sie gemeinsam eine Leitung einsetzen, der beide sich gleicherweise unterstellen und die ihnen beiden – nämlich dem Kapital und der Arbeit – ebenso gleicherweise verantwortlich ist."*[568]

6. Keine Bestätigung durch den CDA-Bundesvorstand

Ursprünglich sollte der Entwurf vom CDA-Arbeitskreis Mitbestimmung an den Mitbestimmungsausschuss der CDU weitergeleitet werden, um Teil des Aktionsprogramms der CDU zu werden, das anlässlich des im Herbst 1968 stattfindenden Parteitags[569] verabschiedet werden sollte.[570] Eine Debatte in der Parteikommission war jedoch im Herbst 1967 ergebnislos geblieben.[571] Erst nach Veröffentlichung durch den Arbeitskreis Mitbestimmung wurde der Entwurf in einer Sitzung am 11. Mai 1968 im Bundesvorstand der Sozialausschüsse diskutiert. Aber auch hier kam man

567 BMA, Vfg. des Ref. IIIa2, 04.05.1968, BA Koblenz, B 149/9854, S. 6.
568 *Kaßler*, GMH 1969, 235.
569 CDU-Parteitag v. 07.11.1968, vgl. S. 105.
570 BMA, Vfg. des Ref. IIIa2, 04.09.1968, BA Koblenz, B 149/9854, S. 36.
571 *Kaßler*, GMH 1969, 234.

zu keinem Ergebnis, so dass man sich entschied, dass es notwendig sei, den Entwurf ausführlich in den Sozialausschüssen zu diskutieren, so der Hauptgeschäftsführer *Karl-Heinz Hoffmann*[572]. Anschließend wurde der Entwurf nochmals offiziell unter der Überschrift *„Zur Diskussion gestellt!"* veröffentlicht.[573] Einige Zeit später betonte auch der neue Hauptgeschäftsführer der CDA, *Norbert Blüm*[574], dass es sich bei dem Entwurf vielmehr um Diskussionsvorschläge handele[575]. Eine Bestätigung der Vorschläge durch den CDA-Bundesvorstand erfolgte nicht. Trotzdem zeigte sich *Blüm* kampfeslustig und betonte: *„Wir sind nicht die Hofnarren der CDU, die aus Zeitvertreib provozieren, dann aber zufrieden sind, wenn alles beim alten bleibt."*[576]

Erst am 15. März 1970 legte die Hauptgeschäftsstelle einen Novellierungsentwurf zum Betriebsverfassungsgesetz vor.[577] Dieser unterschied sich erheblich von dem Entwurf des Arbeitskreises Mitbestimmung, aber sah ebenfalls weitreichende Änderungen vor. In betriebsverfassungsrechtlicher Hinsicht griff der Vorschlag der CDA zunächst sämtliche Vorschläge der CDU/CSU-Fraktion auf und ergänzte diese um Verbesserungen der Rechte der Betriebsverfassungsorgane und Erweiterung der Mitentscheidungs- und Informationsrechte der Belegschaft.[578] Entscheidend neue Aspekte enthielt der Vorschlag nicht.

V. Großkundgebung des DGB vom 12. März 1968

Im Rahmen einer Großkundgebung am 12. März 1968 verkündete der DGB nochmals seine Forderungen hinsichtlich einer überbetrieblichen Mitbestimmung in allen Großunternehmen nach dem Muster der Montanmitbestimmung. Die Forderungen entsprachen im Wesentlichen denen aus dem Gesetzesentwurf von 1967[579]. Die Veranstaltung zielte auf den im Anschluss in Nürnberg stattfindenden SPD-Parteitag ab. Der DGB wollte, dass die Novellierung des Betriebsverfassungsgesetzes und Ausweitung der Mitbestimmung zentrales Thema des Wahlkampfes für die Bundestagswahlen 1969 würde.[580] Der DGB-Vorsitzende *Rosenberg* beschimpfte

---

572 *Karl-Heinz Hoffmann*, Hauptgeschäftsführer der CDU-Sozialausschüsse bis 30.08.1968, anschließend stellv. Vorsitzender der ÖTV.

573 Veröffentlichung der Änderungsvorschläge zum BetrVG *Ausgestaltung der Rechte der Arbeitnehmer in Betrieb, Unternehmen und Wirtschaft* durch den CDA-Vorstand unter der Überschrift *„Zur Diskussion gestellt!"*, BA Koblenz, B 149/9854, S. 39.

574 *Norbert Blüm*, Hauptgeschäftsführer der CDA (01.09.1968–1975) u. Bundesvorsitzender (1977–1987), Bundesminister für Arbeit und Sozialordnung (1982–1998).

575 BMA, Vfg. des Ref. IIIa2, 04.09.1968, BA Koblenz, B 149/9854, S. 38.

576 So zitiert von *Kaßler*, GMH 1969, 232.

577 BMA, Vfg. des Ref. IIIa2, 04.09.1968, BA Koblenz, B 149/9854, S. 57 ff.

578 CDA, Entwurf vom 06.05.1968, BA Koblenz, B 149/9853, S. 9 ff.

579 Vgl. DGB-E 67, S. 89.

580 Der Spiegel 12/1968, S. 78.

Mitbestimmungsgegner als *„mittelalterlich und reaktionär"*. Und ergänzte: *„Wer Herren will, muss Knechte wollen."*[581]

Die Anstrengungen der DGB-Gewerkschaften, ihre Macht innerhalb der Unternehmen zu stärken und auch auf Betriebsebene die Mitbestimmung zu intensivieren, war mehrmals an der bürgerlichen und industriefreundlichen christliberalen Koalition gescheitert. Aber auch unter den Arbeitnehmern, so zeigten Umfragen,[582] fanden vor allem die Vorstöße zur Mitbestimmung im Unternehmen wenig Anklang. Denn nach ihrer Auffassung profitierten hierdurch im Wesentlichen nur die Gewerkschaftsfunktionäre, die in die Aufsichtsräte oder den Vorstand als Arbeitsdirektoren der Montanindustrie ein- und in Villen umzogen, Vorstandsgehälter bis zu zweihundertfünfzigtausend Mark erhielten und Chauffeure hatten.[583] So wurde der Arbeitsdirektor und gelernte Schlosser der Krupp-Hüttenwerke Rheinhausen AG, *Wilhelm Zimbehl*, aufgrund seines Mercedes 300 von seinen neidischen Kollegen an den Schmelzöfen nur noch *„Drei-Liter-Willi"* genannt. Der DGB-Vorsitzende *Rosenberg* war Aufsichtsrat bei der Thyssen AG, bei der Deutschen Edelstahlwerke AG sowie bei der Kreditanstalt für Wiederaufbau und besserte sein Gehalt jährlich um vierzigtausend Mark auf. Der Vorsitzende der IG Metall *Otto Brenner* war in den Aufsichtsräten der Krupp GmbH, der Krupp-Hüttenwerke AG, der Volkswagen AG und bei der Aktiengesellschaft Ilseder Hütte mit einem geschätzten Nebenverdienst in Höhe von fünfzigtausend Mark. Um die zehntausend Gewerkschaftsfunktionäre und Mitglieder saßen in den Aufsichtsräten der Wirtschaft. Der Arbeitnehmer im Betrieb sah nicht, ob er von der Unternehmensmitbestimmung profitierte oder nur die Gewerkschaftsfunktionäre.[584]

Den Novellierungsforderungen des DGB nach Ausweitung der Drittelparität auf eine paritätische Mitbestimmung nach dem Vorbild der Montanindustrie folgte in der deutschen Wirtschaft ein Aufschrei. Durch Umsetzung der Forderungen des DGB zur Mitbestimmung im Aufsichtsrat müssten in 393 deutschen Großunternehmen die Aufsichtsräte zukünftig paritätisch besetzt werden. Dazu gehörten Unternehmen wie Daimler Benz, Volkswagen, Bosch, Grundig, Neckermann, Siemens, Allianz, AEG, BASF, Lufthansa, Axel Springer, etc.[585] Der Industriekurier zürnte: *„Die Demokratisierung der Wirtschaft ist so unsinnig wie eine Demokratisierung der Schulen, der Kasernen und Zuchthäuser."*

581 *Rosenberg*, GMH 1968, 194.
582 Der Spiegel 12/1968, S. 78.
583 Der Spiegel 12/1968, S. 78 f.
584 Der Spiegel 12/1968, S. 79.
585 Der Spiegel 44/1968, S. 46.

VI. Öffentliche Anhörung des Bundestagsausschusses für Arbeit am 9. Mai 1968 zum CDU/CSU-Entwurf vom 2. November 1967

Auf Antrag der SPD führte der Ausschuss für Arbeit am 9. Mai 1968 eine öffentliche Anhörung von Sachverständigen zum Gesetzesentwurf der CDU/CSU-Fraktion durch, die auch vom Fernsehen aufgezeichnet wurde.[586] Für den Gesetzentwurf der CDU/CSU-Fraktion sprachen sich dort allein die Vertreter des Christlichen Gewerkschaftsbunds (*Siegfried Weidner*), der DAG (*Günter Apel*)[587] sowie *Hans Galperin*[588] aus.[589] Entschieden gegen den Gesetzentwurf der CDU/CSU-Fraktion sprach sich *Helmut Pinther*[590] als Vertreter des DGB aus.[591] Er erläuterte, dass der DGB nichts von einer zweistufigen Novellierung des BetrVG hielte, bei der erst der Wahlmodus und anschließend die Beteiligungsrechte des Betriebsrates überarbeitet würden. *Pinther* kritisierte darüber hinaus den übertriebenen Wahlperfektionismus, der sich durch den Minderheitenschutz ergebe und nicht sachgerecht sei. Der Betriebsrat verlöre an seiner Handlungsfähigkeit und Durchsetzungskraft, da sich hierdurch die Arbeit in den Gremien durch die Zersplitterung in viele Gruppen erschwere. Damit sei, wenn überhaupt, nur dem Arbeitgeber gedient. Insbesondere warnte auch er, wie auch alle anderen Redner mit Ausnahme des Vertreters des Christlichen Gewerkschaftsbunds, vor der Herabsetzung des Quorums für Wahlvorschläge von zehn auf fünf Prozent der Arbeitnehmer, da hierdurch neben unbedeutenden auch links- oder rechtsradikale Gruppen das Instrument des Betriebsrats für sich gewinnen könnten. Hinsichtlich der Differenzierung von Angestellten und Arbeitern sei eine Abgrenzung nicht mehr sachlich zu begründen. Differenzierungen sollten eher abgebaut denn ausgeweitet werden. Der bisherige Minderheitenschutz genüge im Übrigen.

Apel, als Vertreter der DAG, stellte klar, dass auch von Seiten der DAG eine einheitliche Vertretung in Form des Betriebsrats befürwortet würde und keine Gruppenräte gewünscht seien. Er wies aber darauf hin, dass durch die Majorisierung insbesondere der DGB-Gewerkschaften ein erweiterter Minderheitenschutz erforderlich sei, in der Gestalt, dass sich auch in den Gremien Vertreter der Minderheitengruppen befänden. Darüber hinaus forderte er, dass in eigenen Angelegenheiten den Gruppen ein alleiniges Entscheidungsrecht zustehen solle. Überdies sei auch die DAG nicht für eine Herabsetzung des Wahlquorums. Andere Vorstöße waren auch kaum zu erwarten gewesen. Die DAG hatte erst am 6. Februar 1968 zu den Betriebsratswahlen eine Kampagne mit einer Kundgebung in Bonn unter dem Motto *„Angestellte fordern ihr Recht“* gestartet.[592]

---

586 Protokoll Nr. 61 zu BT-Drs. V/2234.
587 *Günter Apel*, stellvertr. Vorsitzender der DAG u. FDP-Mitglied (später SPD).
588 *Hans Galperin,* Prof. der Rechtswissenschaften u. Präsident des LAG Bremen i.R.
589 Protokoll Nr. 61 zu BT-Drs. V/2234.
590 *Helmut Pinther*, Mitglied des Bundesvorstandes des DGB.
591 Protokoll Nr. 61 zu BT-Drs. V/2234.
592 Protokoll Nr. 61 zu BT-Drs. V/2234.

Siegfried Weidner als Vertreter des Christlichen Gewerkschaftsbunds begrüßte den Gesetzesentwurf und setzte sich für ein Wahlvorschlagsrecht der Gewerkschaften ein.[593]

Die Vertreter der Bundesvereinigung der Deutschen Arbeitgeberverbände (BDA) und des Zentralverbands des Deutschen Handwerks (ZDH)[594] lehnten die Gesetzesänderungen wie auch eine vollständige Novellierung des BetrVG ab und betonten, dass sich das BetrVG in seiner bisherigen Fassung bewährt habe.[595] Auch die Arbeitgeber hätten Interesse an einem homogenen Betriebsrat, der in der Zusammenarbeit nicht vom überspitzten Minderheitendenken gestört würde. Die Gruppen würden ausreichend, die Minderheiten nur wenig, aber genügend geschützt. Hinsichtlich der Herabstufung des Quorums berichtete *Wolfgang Eichler*[596], dem BDA lägen Unterlagen der NPD wie auch des Sozialistischen Deutschen Studentenbundes (SDS) über eine beabsichtigte verstärkte Einflussnahme auf die betrieblichen Organisationen vor.

Wilhelm Herschel[597] und *Otto Blume* äußerten erhebliche Bedenken gegen die Ausweitung des Minderheitenschutzes. Insbesondere stellte *Herschel* in Frage, ob die Angestellten überhaupt eine *„soziologische Gruppe"* darstellten. *Blume* erläutere überdies wissenschaftliche Auswertungen, nach denen von Seiten der Angestellten kaum Kritik an den bisherigen Minderheitenregelungen bestünde. In nur 25 % der Betriebe seien die Angestellten tatsächlich im Betriebsrat unterrepräsentiert. Dies jedoch nicht als Folge des geltenden Wahlsystems, sondern vielmehr weil sie die Beteiligung an Mitbestimmungsorganen als Gefahr für ihre Aufstiegschancen sähen.[598]

Gerhard Müller[599] hielt sich mit seinen Einschätzungen als Präsident des Bundesarbeitsgerichts zurück, ließ aber deutliche Skepsis erkennen und merkte ebenfalls an, dass sich der soziale Status von Arbeitern und Angestellten immer mehr angleiche und eine scharfe Trennung problematisch sei. Hierbei verwies er auch auf den Grundgedanken der *„Einheit"* des Betriebsrats als Interessenvertretung der Arbeitnehmer als Ganzes aus § 49 BetrVG 52. Unabhängig davon fügte er der Debatte hinzu, dass das BetrVG der besonderen Situation der leitenden Angestellten nicht gerecht werde und auch die großen anwesenden Arbeitnehmervertreterorganisationen sich ihrer nicht annähmen. Der von *Apel* unterstützten Selbstbestimmung der Gruppen stand er skeptisch gegenüber. Die Belange der einzelnen Gruppen würden in den Vordergrund gedrängt und auch eine Zusammenarbeit mit dem Arbeitgeber schwieriger. Besonders im Aufsichtsrat habe der Gruppenschutz nichts zu suchen, da für diesen nicht Gruppeninteressen, sondern gesamtunternehmerische Interessen

593 Protokoll Nr. 61 zu BT-Drs. V/2234.
594 *Dr. Klaus-Joachim Kübler*, später Generalsekretär des ZDH.
595 Protokoll Nr. 61 zu BT-Drs. V/2234.
596 *Wolfgang Eichler*, BDA-Hauptgeschäftsführer.
597 *Wilhelm Herschel*, MinDir a.D. und Honorarprof. für ArbR an der Universität Köln.
598 Protokoll Nr. 61 zu BT-Drs. V/2234.
599 *Gerhard Müller*, Prof. der Rechtswissenschaften und Präsident des BAG (1963–1980).

maßgebend seien. Ohnehin sei eine solche Regelung im BetrVG systemwidrig und gehöre ins Gesellschaftsrecht.[600]

Die Mitglieder des Bundestagsausschuss für Arbeit zogen aus der öffentlichen Anhörung das Fazit: *„Der CDU/CSU-Entwurf zur Novellierung des Betriebsverfassungsgesetzes ist auf Eis gelegt.“*[601]

Die CDU/CSU-Fraktion hatte auf Drängen der DAG versucht, den Gesetzesvorschlag noch als kleine Novellierung einer Gesamtnovellierung vorzuziehen; diese Bemühungen waren aber damit gescheitert.[602] Im Ergebnis konnte bereits nach der ersten Lesung im Bundestag davon ausgegangen werden, dass Gesetzesänderungen innerhalb der 5. Legislaturperiode nicht mehr erfolgen würden. Die Ziele der Koalitionspartner CDU/CSU und SPD konnten kaum unterschiedlicher sein. Vorausschauend hatte sich die Bundesregierung in ihrem Regierungsprogramm deshalb auch lediglich dazu verpflichtet, eine Kommission unabhängiger Sachverständiger zu gründen, die die Erfahrungen mit dem BetrVG 52 ergründen sollte. Die am 14. Juni 1967 durch den Bundestag beschlossene Kommission wurde am 24. Januar 1968 als *„Sachverständigenkommission zur Auswertung der bisherigen Erfahrungen bei der Mitbestimmung (Mitbestimmungskommission)“* konstituiert. Die Leitung der Kommission erhielt *Kurt Biedenkopf*, sie wurde fortan überwiegend als *Biedenkopf-Kommission* bezeichnet. Bundesarbeitsminister *Katzer* besetzte mit zustimmender Kenntnis des Kabinetts[603] die Kommission[604]. Da mit einem Ergebnis der Kommission nicht vor dem Sommer 1969 zu rechnen war, die Ergebnisse jedoch als Voraussetzung für die Novellierung des BetrVG gesehen wurden und die Bundestagswahlen für den 28. September 1969 angesetzt waren, war mit einer Novellierung in der 5. Legislaturperiode nicht mehr zu rechnen.

VII. Entwurf der Union der leitenden Angestellten vom Herbst 1968

Im Herbst 1968 legte die Union der leitenden Angestellten (ULA) einen *Gesetzesentwurf über die Rechtsstellung des leitenden Angestellten in der betrieblichen Ordnung* vor.[605] Hierdurch wollte die ULA den zweihunderttausend leitenden Angestellten, die

600 Protokoll Nr. 61 zu BT-Drs. V/2234.

601 So zitiert im Industriekurier, 11.05.1968, S. 4.

602 Industriekurier v. 11.05.1968, S. 4.

603 Kabinetts-Prot. V/105, TOP D (05.12.1967).

604 Als Kommissionsmitglieder wurden die Professoren *Kurt Ballerstedt* (Universität Bonn), *Kurt Hans Biedenkopf* (Bochum), *Erich Gutenberg* (Köln), *Harald Jürgensen* (Hamburg), *Wilhelm Krelle* (Bonn), *Ernst-Joachim Mestmäcker* (Münster), *Rudolf Reinhardt* (Marburg), *Fritz Voigt* (Bonn) u. *Hans Willgerodt* (Köln) berufen. Hinzu kamen als von den Sozialpartnern benannte Berater *Gisbert Kley* (BDA), *Wolfgang Heintzeler* (BASF Ludwigshafen), *Ernst-Gerhard Erdmann* (BDA), *Otto Kunze* (DGB), *Wolfgang Spieker* (IG Metall) u. *Günter Apel* (DAG).

605 DLA 1968, 183 ff.

vollständig von den Mitwirkungs- und Mitbestimmungsrechten des Betriebsverfassungsgesetzes abgeschnitten seien, eigene Beteiligungsrechte einräumen. Dies sollte durch die Einrichtung einer gesonderten Vertretung der leitenden Angestellten, den sog. Sprecher bzw. den Sprecherausschuss, umgesetzt werden. Daher sah der der Entwurf zunächst eine neue Definition des Begriffs des leitenden Angestellten vor:

> *„Leitende Angestellte sind Angestellte, die nach Dienstvertrag oder Dienststellung regelmäßig und im wesentlichen eigenverantwortlich entweder übertragene Arbeitgeberbefugnisse wahrnehmen oder für den Bestand und Entwicklung des Betriebes wichtige Aufgaben auf Grund besonderer Erfahrungen oder Kenntnisse, insbesondere einer abgeschlossenen Hochschulausbildung oder einer anderen in dem jeweiligen Wirtschaftszweig erforderlichen Spezialausbildung, erfüllen."*

Diese Definition der leitenden Angestellten Eigenschaft, die beispielsweise auf die Befugnis zum selbständigen Einstellen und Entlassen verzichtete, bezweckte daher, im Gegensatz zu dem Entwurf des DGB,[606] eine erhebliche Ausweitung des Kreises der leitenden Angestellten, die nicht unter den persönlichen Anwendungsbereich des BetrVG fielen. Beachtlich ist auch, dass die ULA nur auf weiche Faktoren zur Abgrenzung abstellte, die sich dann schwierig gestaltet hätte.

Nach den Vorstellungen der ULA sollte in Betrieben mit mehr als zehn leitenden Angestellten ein Sprecher gewählt, in Betrieben mit mehr als einundzwanzig leitenden Angestellten ein Sprecherausschuss mit drei Sprechern und in Betrieben mit mehr als einhundert leitenden Angestellten ein Sprecherausschuss mit höchstens sieben Sprechern gewählt werden können. Den leitenden Angestellten sollten vor allem ein betriebliches Versammlungsrecht und Informationsrechte gegenüber dem Arbeitsgeber eingeräumt werden. Von Mitbestimmungsbestrebungen sah die ULA ab.

Der Entwurf kann im Verhältnis zur Stellung der leitenden Angestellten im Betrieb als gemäßigt bezeichnet werden. Unmittelbare Auswirkungen auf die Betriebsverfassung waren nicht enthalten.[607]

VIII. SPD-Entwurf vom 16. Dezember 1968 (BT-Drs. V/3658)

Der DGB-Vorsitzende *Ludwig Rosenberg*[608] hatte bereits im Frühjahr 1968 proklamiert, man werde das Thema Mitbestimmung zum zentralen Wahlkampfthema für die Bundestagswahl 1969 machen. Mitbestimmung, erklärte *Rosenberg*, *„heißt das Ende des Herr-im-Hause-Standpunktes, das Ende der Diktatur einer Gruppe der Wirtschaft über alle anderen, das Ende der traurigen Reste einer längst überholten Form des Liberalismus in der Wirtschaft"*.[609] Gleichzeitig musste der DGB nach Auswertung einer in Auftrag gegebenen Umfrage feststellen, dass ein Drittel der Deutschen mit

---

606 Vgl. S. 75.
607 *Gumpert*, BB 1968, 1488.
608 *Ludwig Rosenberg*, Vorsitzender des DGB (1962–1969).
609 *Rosenberg*, GMH 1968, 193.

dem Begriff Mitbestimmung nichts anzufangen wusste. Jeder Zehnte assoziierte den Begriff mit Atomwaffen, Frauenrechten oder dem Bundestag. Nur 45 % kamen auf die Mitbestimmung im Betrieb. Für vorteilhaft hielt nur jeder fünfte Deutsche die Mitbestimmung, allerdings immerhin jeder dritte Arbeitnehmer und jeder zweite Facharbeiter. Bei der Frage nach erstrebenswerten Verbesserungen im Arbeitsumfeld nannten die Arbeitnehmer die Verbesserung der Mitbestimmung erst an achter Stelle. Davor rangierten: allgemeine soziale Sicherheit, Vollbeschäftigung, mehr Urlaub, mehr Urlaubsgeld, mehr Lohn (13. Gehalt), bessere Ausbildung für alle, Vermögensbildung in Arbeitnehmerhand und kürzere Arbeitszeit.

Gleichzeitig vereinigten sich im Vorlauf zum CDU-Parteitag im November 1968 Vertreter aus der CDU/CSU und der Industrie im September 1968, um den Vorstoß des DGB durch *„ein gewaltiges Propaganda-Kartell"* abzuwehren.[610] Der vom CDU-Wirtschaftsrat gegründeten *Aktionsgemeinschaft Sicherheit durch Fortschritt* gehörten zweitausend Parteifinanziers aus Industrie und Handel an. Alleiniger Zweck des Vereins, dessen Vorstand auch *Schleyer* angehörte, war der politische Kampf gegen die Mitbestimmung. Es wurden binnen weniger Wochen zwei Millionen Mark eingesammelt und sechzigtausend Exemplare der Anti-Mitbestimmungs-Broschüre verteilt, in dreißig Zeitungen Anzeigen geschaltet und Mitglieder zu Vorträgen entsendet.[611] *Blüm* bezeichnete die Veröffentlichungen des Wirtschaftsrats als *„Bombenteppich von Inseraten und Broschüren"*.[612]

Problematisch wurde die Situation für die CDU und ihren Bundeskanzler *Kiesinger*. Während der Unternehmerflügel gemeinsam mit dem Bürgerblock der Mittelständler eine Ausweitung der Mitbestimmung ablehnte, gingen die Forderungen der CDU-Sozialausschüsse von *Duvernell* teilweise weiter als die des DGB. Das betraf beispielsweise den Vorschlag, die Aktionärshauptversammlung paritätisch mit Eigentümern und Arbeitnehmern zu besetzen.[613] Das Zerwürfnis über das Thema Mitbestimmung ging so weit, dass Parteimitglieder den Mitgliedern der Sozialausschüsse den Parteiaustritt nahelegten. *Blüm* reagierte erbost und erwiderte: *„Wer uns abschmieren will, der muss mit dem Aufstand christlich-demokratischer Proletarier rechnen."*[614] *Katzer*, Bundesarbeitsminister und Vorsitzender der CDU-Sozialausschüsse, stellte für den Parteitag in Berlin Anfang November 1968 klar: *„Wer glaubt, er könne in Berlin eine negative Entscheidung über die Mitbestimmung herbeiführen und hätte dann Ruhe für die nächsten Jahre, der irrt."*[615]

Trotz dieser Ohrfeige schaffte es Bundeskanzler *Kiesinger* auf dem Parteitag in Berlin am 7. November 1968, einen Kompromiss zwischen den Lagern innerhalb der CDU zur Frage der Mitbestimmung herzustellen. Er schlug vor, eine Kommission

610 Der Spiegel 44/1968, S. 49.
611 Der Spiegel 44/1968, S. 49 f.
612 Prot. 16. CDU-Parteitag, S. 299.
613 Siehe CDA-E 68, S. 103.
614 Der Spiegel 44/1968, S. 50.
615 Der Spiegel 44/1968, S. 65.

zur Erarbeitung einer Antwort auf die Mitbestimmungsfrage einzusetzen.[616] Der Wirtschaftsflügel hatte hingegen beantragt, dass eine Ausweitung der paritätischen Mitbestimmung auf die übrige Wirtschaft per se abgelehnt würde. Mit einer Kampfabstimmung riskierte er so die Spaltung der Partei. Arbeitsminister *Katzer* hielt jedoch eine Rede, die den Unternehmern den Wind aus den Segeln nahm und sprach sich für den vermittelnden Antrag *Kiesingers* aus. Er stellte im Sinne des Antrags klar, dass es nach seinem Empfinden notwendig sei, *„in den umstrittenen Sachfragen die Diskussion offenzulassen"*[617]. Da der Wirtschaftsflügel nicht für das Auseinanderbrechen der Partei verantwortlich sein wollte, einigte man sich mit Hilfe einer kurzfristig einberufenen Schlichtungskommission auf Folgendes: *„Die weitere Gestaltung der Mitbestimmung muß auf der Grundlage des Berichtes, den die von der Bundesregierung eingesetzte Kommission zu erstatten hat, sorgfältig geprüft werden."*[618] Damit hatten die Parteilinken mehr erreicht, als sie gehofft hatten. Und *Katzer* sagte abschließend: *„Schade, dass die das schöne Geld umsonst ausgegeben haben."*[619]

Während die SPD um *Wehner* und *Schmidt* sich zur Wahrung des Koalitionsfriedens zunächst noch zurückhielt, begann auch sie im Herbst 1968 beim Thema Mitbestimmung das Feuer zu schüren. Eine neunzehnköpfige Mitbestimmungskommission der SPD wurde damit beauftragt, vier Gesetzesentwürfe zur Ausweitung der Mitbestimmung im Betrieb und im Unternehmen zu erarbeiten.[620]

„Bei der Beschlussfassung über ihre Gesetzentwürfe zur Mitbestimmung ging die Sozialdemokratische Bundestagsfraktion von der Überzeugung aus, daß Führung auch in der Wirtschaft der demokratischen Legitimation und Kontrolle bedarf", so der SPD-Fraktionsvorsitzende *Helmut Schmidt*[621] einleitend zu den Gesetzesvorschlägen der SPD im Dezember 1968.[622] Dabei betonte er, dass die Demokratie keine starren Formen kenne, sondern in einer konstanten Entwicklung stünde. Daher könne, was heute ausreichend sein mag, später einer Reform bedürfen. Zudem zog er einen Vergleich zwischen Staat und Wirtschaft und kam zu der Erkenntnis, dass es sittlich nicht zu rechtfertigen sei, dass der Bürger einerseits fähig sei, darüber zu bestimmen, welche Partei regieren oder welche wirtschaftspolitischen Ziele eine Regierung verfolgen solle, dass er aber andererseits auf die Führung seines Arbeitgeberunternehmens keinen Einfluss habe, obwohl dieses zentraler Bestandteil seines Lebens sei. Dementsprechend gelte das Ziel, wie auch schon im Godesberger Grundsatzprogramm von 1959 festgehalten: *„Der Arbeitnehmer muss aus einem Wirtschaftsuntertan zu einem Wirtschaftsbürger werden."* Ihrem Parteibeschluss vom

616 Prot. 16. CDU-Parteitag, S. 39.
617 Prot. 16. CDU-Parteitag, S. 250.
618 Prot. 16. CDU-Parteitag, S. 364.
619 Der Spiegel 46/1968, S. 34.
620 Der Spiegel 44/1968, S. 50.
621 *Helmut Schmidt* (Hamburg), MdB, SPD, Hamburg.
622 Informationen der sozialdemokratischen Fraktion im Deutschen Bundestag Ausgabe Tagesdienst 647, 11.12.1968, BA Koblenz, B 149/9859, S. 3.

21. März 1968 entsprechend legte die SPD am 16. Dezember 1968 die nachstehend aufgeführten Gesetzesentwürfe aus dem Bereich der Mitbestimmung dem Bundestag vor:[623]

- *Gesetzesentwurf zur Neuregelung der Betriebsverfassung*[624]
- *Gesetzesentwurf über die Unternehmensverfassung in Großunternehmen und Konzernen*[625]
- *Gesetzesentwurf zur Erhaltung der Mitbestimmung der Arbeitnehmer in den Aufsichtsräten und Vorständen der Unternehmen des Bergbaus und der Eisen und Stahl erzeugenden Industrie (= Zweites Mitbestimmungssicherungsgesetz)*[626]
- *Gesetzesentwurf eines Personalvertretungsgesetzes*[627]
- *Gesetzesentwurf zur Änderung des Aktiengesetzes*[628]

Der Entwurf zur Neuregelung des Betriebsverfassungsgesetzes war das Ergebnis einer einjährigen Beratung einer durch die SPD gebildeten Mitbestimmungskommission, der u. a. zahlreiche Gewerkschaftsvorsitzende angehörten.[629] Im Ergebnis sollte das Gesetz durch die Novelle vollkommen umgestaltet werden. Von insgesamt 92 Paragraphen sollten 75 geändert und neun ergänzt werden. Der Vorschlag ähnelte inhaltlich sehr dem des DGB vom 10. Oktober 1967. Teilweise wich er jedoch von Entwurf des DGB ab.[630]

Im Einzelnen:

1. *Abweichungen vom BetrVG durch Betriebsvereinbarung oder Tarifvertrag*

Die Frage, ob durch Tarifvertrag oder Betriebsvereinbarung vom BetrVG abgewichen werden konnte, war strittig.[631] Eine ausdrückliche Regelung enthielt das BetrVG 52 nicht. Einerseits wurde argumentiert, der Umstand, dass an einigen Stellen ausdrücklich Abweichungen eingeräumt wurden, lasse Schluss zu, dass solche im

623 BMA, Vfg. des Ref. IIIa2, 21.01.1968, BA Koblenz, B 149/9859, S. 163.
624 BT-Drs. V/3658.
625 BT-Drs. V/3657.
626 BT-Drs. V/3660.
627 BT-Drs. V/3643.
628 BT-Drs. V/3659.
629 BMA, Vfg. des Ref. IIIa2, 21.01.1969, BA Koblenz, B 149/9859, S. 165.
630 Im folgen werden sämtliche erheblichen Abweichungen des SPD-E vom DGB-E 67 dargestellt. Im Übrigen wurden die Vorschläge des DGB vollständig, teilweise mit redaktionellen Korrekturen, in den SPD-E übernommen.
631 *Dietz,* BetrVG, 4. Aufl. 1967, § 2 Rz. 14d ff, Vorbem. zu § 49 Rz. 36 ff; *Fitting/Kraegeloh-Auffarth,* BetrVG, 9. Aufl. 1970, § 1 Rz. 27 ff; *Galperin/Siebert,* BetrVG, 4. Aufl. 1963, vor § 1 Rz. 43 ff; *Nikisch,* Bd. 3, 2. Aufl. 1966, S. 351 ff; *Hueck,* BB 1952, 925; *Muzzle* GMH 1957, 43; *Popp,* DB 1959, 404; *Galperin,* DB 1966, 620; *Müller,* RdA 1969, 227 ff.

Übrigen nicht gewünscht wären; dem wurde entgegengehalten, dass eine solche Auffassung der Vertragsfreiheit (Art. 2 Abs. 1 GG) widerspreche. Einigkeit herrschte aber darüber, dass das BetrVG 52 Mindestbestimmungen enthält, die nicht dispositiv sind. Die SPD wollte diese Frage in ihrem Entwurf nun ausdrücklich in § 2 Abs. 2 regeln. Demnach sollten durch Betriebsvereinbarung oder Tarifvertrag über die Bestimmungen des BetrVG hinausgehende Rechte der Arbeitnehmer und des Betriebsrats begründet werden können.

2. *Leitende Angestellte*

Auch der Entwurf der SPD sah eine einschränkende klare Neubestimmung des Begriffs der leitenden Angestellten vor, die nicht unter den Schutz des Betriebsverfassungsgesetzes fallen sollten. Neben dem von allen Seiten – mit Ausnahme der Union der leitenden Angestellten – anerkannten Kriterium der Befugnis zur Einstellung und Entlassung von Arbeitnehmern, knüpfte die SPD die Abgrenzung an klar abgrenzbare Kriterien an. So sollten daneben nur solche Arbeitnehmer leitende Angestellte sein, denen Prokura oder Generalvollmacht erteilt worden war (§ 4 Abs. 2c SPD-E). Die schwer handhabbare Definition des DGB-E 67 übernahm die SPD nicht.

3. *Wahl des Betriebsrats*

a) Passives Wahlrecht

Neben der DGB-Forderung, ausländische Mitarbeiter beim passiven Wahlrecht gleichzustellen, sah der SPD-Entwurf auch eine Reduzierung der Betriebszugehörigkeit auf sechs Monate[632] für die Erlangung des passiven Wahlrechts vor. Zugleich sollten Beschäftigungszeiten im gleichen Unternehmen oder Konzern angerechnet werden (§ 7 Abs. 1 SPD-E).

b) Erleichterung der Betriebsratswahl

Hinsichtlich der Initiativ- und Vorschlagsrechtrechte zur Einberufung der Betriebsversammlung zur Bestimmung des Wahlvorstandes und eines etwaigen Antrages auf Bestellung desselben durch das Arbeitsgericht schloss sich die SPD dem DGB-E 67[633] nebst den Ergänzungen des CDU/CSU-E von 1967[634] an (§ 16 Abs. 2 u. 3 SPD-E). Das galt auch für den Fall, dass der amtierende Betriebsrat es versäumt, einen Wahlvorstand zu bestimmen (§ 15 Abs. 2 SPD-E).

---

632 Vorher 1 Jahr.
633 Vgl. S. 77.
634 Vgl. S. 94.

4. *Organisation des Betriebsrats*

Auch bei Größe des Betriebsrats verwob die SPD die Vorschläge des DGB und der CDU/CSU. So sah der Entwurf der SPD eine feste Staffelung der Betriebsratsmitglieder vor und in Großbetrieben eine Erhöhung der Anzahl der Betriebsratsmitglieder (§ 9 SPD-E). Hinsichtlich der Vergrößerung des Betriebsausschusses um zwei Mitglieder für größere Betriebsräte schloss sich die SPD dem CDU/CSU-E 67 an, sah jedoch bereits bei mehr als 21 Mitgliedern und nicht erst bei 23 Mitgliedern eine Vergrößerung vor (§ 28 Abs. 1 SPD-E).

5. *Gesamt- und Konzernbetriebsrat*

Beim Thema Gesamtbetriebsrat schloss die SPD sich den Vorschlägen des DGB[635] an (§ 48 Abs. 2 u. 3 SPD-E) und ergänzte, dass nach Bildung des Gesamtbetriebsrates der Betriebsrat der Unternehmenshauptverwaltung den Gesamtbetriebsrat zur ersten Sitzung einladen sollte. Sofern in der Hauptverwaltung kein Betriebsrat besteht, sollte diese Aufgabe von dem Betriebsrat des größten Betriebs des Unternehmens übernommen werden (§ 46 Abs. 3 SPD-E).

6. *Arbeitnehmerrechte*

Im Gegensatz zum DGB-E 67 und dem CDU/CSU-E 67 schlug die SPD vor, auch den einzelnen Arbeitnehmer mit gewissen individuellen Rechten auszustatten. Die Arbeitnehmer sollten demnach ein Einsichtnahmerecht in ihre Personalakte erhalten. Dieses Recht war jedoch in die allgemeinen Aufgaben des Betriebsrats aufgenommen worden, so dass eine Einsicht an die Mitwirkung des Betriebsrats gekoppelt war (§ 54 Abs. 1 lit. d SPD-E).

7. *Arbeitsgruppenrechte*

Im Bereich stärkere Einschaltung betrieblicher Arbeitnehmergruppen zur Verbesserung der Unternehmenskommunikation griff als erstes die SPD in einem Gesetzesentwurf Überlegungen auf, die u. a. auch in der Denkschrift der BDA, *Freiheitliche soziale Ordnung – heute und morgen*, aus dem Oktober 1968[636] anklangen und auch von *Klemens Pleyer*[637], Professor für Bürgerliches Recht, befürwortet wurden. *Pleyer* kritisierte das aktuelle System, wonach sich zwischen Arbeitnehmern und Betriebsrat eine Distanz entwickelt habe, da der Arbeitnehmer gegenüber dem Apparat Betriebsrat einfluss- und machtlos sei, was Lethargie und Resignation zur Folge haben könne. Studien hätten ergeben, dass die Arbeitnehmervertreter teilweise

---

635 Vgl. S. 78.

636 Freiheitliche soziale Ordnung – heute und morgen, S. 11.

637 *Klemens Player*, Professor für Bürgerliches Recht an der Freien Universität Berlin; ab 1969 Köln.

zum *„Management"* gezählt würden.[638] Dabei würden die Freistellung und die hauptamtliche Tätigkeit diese Tendenzen verstärken, zumal sich die Gewohnheit eingebürgert habe, diese *„berufsmäßigen Funktionäre der Interessenwahrnehmung"* aufgrund ihrer erworbenen Sachkunde und Erfahrung immer wiederzuwählen. Aus diesen Gründen sah es *Pleyer* als notwendig an, den einzelnen Arbeitnehmer, aber vor allem die kleineren Gruppen innerhalb der Betriebe zu aktivieren, indem man sie an Entscheidungen, die ihren Arbeitsbereich betrafen, beteiligte. Nur so könne beim Einzelnen dem Eindruck vorgebeugt werden, er sei nur *„Befehlsempfänger"* und nicht ein mitspracheberechtigter und mitverantwortlicher *„Mitarbeiter"*. Die Betriebe würden dadurch profitieren, dass die Arbeitnehmer mehr Interesse an ihrer Arbeit hätten und auch ihre Leistung sich steigere. Zudem würden Kenntnisse und Erfahrungen gesichert und nutzbar gemacht. Das heißt, man sollte gewisse Mitbestimmungskompetenzen an die Basis abgeben, um dem Arbeitnehmer eine andere Perspektive zu schaffen und die Mitbestimmung für den einzelnen Arbeitnehmer erfahrbarer zu machen. Daher unterstützte *Pleyer* die Vorschläge zur Einrichtung von Arbeitsgruppen und Arbeitsgruppensprechern.[639]

Reinhard Hoffmann[640] kam zu demselben Ergebnis, stellte jedoch auf einen anderen Aspekt ab: Der Betriebsrat sei in Großbetrieben mit der Aufgabe überfordert, in die Verästelungen des Betriebes einzudringen und dem einzelnen Arbeitnehmer bzw. den Gruppen gerecht zu werden. Daher müssten in Großbetrieben ab fünfhundert Beschäftigten die *„einzelnen Abteilungen und Arbeitsgruppen als Teilkollektive aufgefaßt werden"* und unterhalb der Betriebsratsebene selbständig aktionsfähig werden.[641] Damit folgte *Hoffmann* dem Vorstoß des SPD-Bundestagsabgeordneten *Hans Matthöfer*[642], der einen kurzen Novellierungsentwurf zu den Arbeitsgruppenrechten am 15. August 1968 in den Gewerkschaftlichen Monatsheften (GMH) veröffentlicht hatte[643].

Der Vorschlag von *Matthöfer* war sehr weitgehend. Er sah die Einräumung weitreichender Mitwirkungsrechte am Arbeitsplatz bzw. in der Abteilung vor, bei denen notfalls der Betriebsrat einbezogen werden sollte. Der Industriekurier erklärte daher ironisch, dass *„vor jeder scheinbar wichtigen Entscheidung im Einzelfall demokratisch in Versammlungen diskutiert und abgestimmt werden sollte"*.[644] Aufgrund der zu befürchtenden Bürokratisierung der Prozesse übernahm die SPD auch nur Teile des *Matthöfer-Entwurfs*. Dass der Industriekurier die Vertretung der Arbeitsgruppen

---

638 *Pleyer*, RdA 1968, 447 f.

639 *Pleyer*, RdA 1968, 448.

640 *Reinhard Hoffmann*, Jurist und SPD- Abgeordneter der Hamburger Bürgerschaft, ab 1971 Professor für Öffentliches Recht, Kollektives Arbeitsrecht und Politikwissenschaft an der Universität Bremen.

641 *Hoffmann*, GMH 1968, 719 f.

642 *Hans Matthöfer*, MdB, SPD, Frankfurt; Leiter der Bildungsabteilung beim IG Metall Vorstand.

643 GMH 1968, 751 f; Vorwärts, 15.08.1968.

644 Industriekurier 15.08.1968.

wegen der etwaigen Produktionssteigerung auch begrüßte, kritisierte *Hoffmann* wiederum, da dies nicht der Zweck der Vertretung sei, sondern die *„Einschränkung der einseitigen Herrschaftsgewalt der Geschäftsleitung"*.[645]

Nach Auffassung der SPD sollte der Betriebsrat die Möglichkeit erhalten, für Arbeitnehmer, die im Rahmen ihrer Aufgaben einer Betriebsabteilung gemeinsam selbständige Teilfunktionen erfüllten, Arbeitsgruppen zu bilden. Diese sollten ihre Anregungen und Beschwerden dem Betriebsrat vorgetragen können (§ 56a Abs. 1 SPD-E). Durch Tarifvertrag sollten darüber hinaus Arbeitsgruppensprecher, Vertrauensleute oder ähnliche Einrichtungen installiert werden können (§ 56a Abs. 3 SPD-E). Dazu sollte auch die Möglichkeit bestehen, Teilbetriebsversammlungen abzuhalten, sofern lediglich ein Teil der Arbeitnehmer betroffen sei (§ 41 Abs. 2 SPD-E). Dem entsprach auch der Vorschlag des § 14 S. 2 SPD-E, wonach bei der Zusammensetzung des Betriebsrats *„möglichst auch Vertreter der verschiedenen Beschäftigungsarten der im Betrieb tätigen Arbeitnehmer"* berücksichtigt werden sollten. Außerdem wurde in § 51 Abs. 2 SPD-E festgehalten, dass der Arbeitgeber und der Betriebsrat dazu verpflichtet seien, die Bildung von Arbeitsgruppen zu fördern.

8. Gruppen- und Minderheitenrechte

Die SPD war wie der DGB gegen den Ausbau von Gruppenrechten, kam allerdings in einigen Punkten bei den Minderheitenrechten der CDU/CSU entgegen. So passte auch sie die Staffelung der Minderheitenvertreter an die Staffelung der Betriebsratsmitglieder an (§ 10 Abs. 2 SPD-E). Außerdem sollte ebenfalls auf Antrag der Mehrheit einer Gruppe ein Beauftragter einer im Betrieb vertretenen Gewerkschaft an Betriebsratssitzungen teilnehmen können (§ 31 SPD-E). Unabhängig vom DGB und angelehnt an den CDU/CSU-E forderte die SPD bei der Wahl des Betriebsratsvorsitzenden und seines Stellvertreters, dass nach § 27 Abs. 2 des SPD-E eine Minderheitengruppe, soweit sie mehr als ein Drittel der Betriebsratssitze inne hat, abweichend von Abs. 1 alleine ihren Gruppenvertreter wählen kann. Unter denselben Voraussetzungen sollte auch die Minderheitengruppe das Recht haben, ihren Gruppenvertreter im Betriebsausschuss zu wählen (§ 28 Abs. 2 SPD-E). Auch bei der Entsendung von Betriebsratsmitgliedern in den Gesamtbetriebsrat war, wie vergleichbar von der CDU/CSU gefordert, gemäß § 47 Abs. 1 SPD-E nach dieser Regelung zu verfahren. Schließlich sah der Entwurf in § 29 Abs. 3 auch wie der CDU/CSU-E[646] vor, dass nicht nur ein Viertel der Betriebsratsmitglieder eine Betriebsratsversammlung einberufen kann, sondern auch die Mehrheit einer Gruppe, sofern diese Gruppe mindestens zwei Mitglieder habe. Hinsichtlich der Zuordnung der Betriebsratsmitglieder zu den Gruppen blieb die SPD jedoch entgegen den Vorschlägen von DGB und CDU/CSU beim bisherigen Recht, so dass nach § 12 Abs. 2 SPD-E weiterhin im Fall der gemeinsamen Wahl nach h.M. keine Gruppenangehörigen

645 *Hoffmann*, GMH 1968, 725.
646 Vgl. S. 98 f.

der anderen Gruppe als Vertreter der eigenen Gruppe in den Betriebsrat gewählt werden konnten.

Auch hier stellte sich der Entwurf der SPD-Fraktion zwischen die Entwürfe von DGB und CDU/CSU. Hinsichtlich der Gruppen- und Minderheitenrechte kann daher von einem Kompromissvorschlag gesprochen werden.

9. *Schutz und Arbeitsbedingungen von Funktionsträgern*

a) Freistellung von der betrieblichen Tätigkeit

Während die CDU/CSU sich gar nicht mit Änderungen zur Freistellung von Betriebsratsmitgliedern zur Erledigung ihrer Aufgaben beschäftigte, plante die SPD, in Abweichung zum DGB, die Entscheidung über den Umfang von Freistellungen zunächst nicht vollständig dem Betriebsrat zu überlassen. Der Entwurf sah für Betriebe ab 300 Arbeitnehmern gestaffelt[647] eine Mindestfreistellung von Betriebsratsmitgliedern vor (§ 37a Abs. 1 SPD-E). Darüber hinaus sollten bei Bedarf weitere Mitglieder ganz oder teilweise freigestellt werden können (Abs. 2). Hierüber und über Freistellungen in Betrieben mit weniger als 300 Arbeitnehmern sollte wie beim DGB-E 67 entgegen der bisherigen Rechtslage der Betriebsrat und nicht der Arbeitgeber bestimmen und bei Uneinigkeit die Einigungsstelle verbindlich entscheiden (Abs. 3 u. 6).

b) Schutz vor Nachteilen in der beruflichen Entwicklung

Wie auch im DGB-E sollte das berufliche Fortkommen von Betriebsratsmitgliedern unter den Schutz des Verbots der Benachteiligung gestellt werden (§ 53 SPD-E). Außerdem sollten auch Freistellungen nach § 37a SPD-E dem beruflichen Fortkommen nicht im Wege stehen dürfen (Abs. 4) und das Entgelt nicht innerhalb eines Jahres nach Beendigung der Freistellung abgesenkt werden können (Abs. 5).

10. *Mitbestimmung des Betriebsrats in allgemeinen und personellen Angelegenheiten*

Im Wesentlichen schloss sich auch hier die SPD dem DGB-Entwurf an; dies trotz der Warnung des Bundesarbeitsgerichtspräsidenten *Müller*, die Mitbestimmung nicht dahingehend auszuweiten, dass die Arbeitnehmer zukünftig unternehmerische Aufgaben wahrzunehmen hätten. Denn dann würde das Arbeitsrecht, das grundsätzlich ein Arbeitsschutzrecht sei, diesen Charakter verlieren.[648] Nur in den folgenden Punkten wich die SPD von den Vorgaben des DGB ab:

---

647 300 – 500 Arbeitnehmer = 1 Freistellung; 500 – 1.000 = 2; 1.000 – 2.000 = 3 und je weitere 1.000 plus 1.

648 *Müller*, DB 1969, 749.

a) Mitbestimmung in allgemeinen Angelegenheiten

Zunächst übertrug der Entwurf einleitend dem Betriebsrat die Aufgabe *„über die Wahrung der Menschenwürde der Arbeitnehmer im Betrieb zu wachen und sie vor Willkür zu schützen, die Rechte des einzelnen Arbeitnehmers an seinem Arbeitsplatz zu sichern und die Interessen der Arbeitnehmer im Betrieb zu wahren"* (§ 1 Abs. 2 SPD-E). Außerdem war es nach dem Entwurf der SPD dem Betriebsrat und dem Arbeitgeber untersagt, die freie Entfaltung der Persönlichkeit der im Betrieb beschäftigten Arbeitnehmer zu behindern oder ohne zwingenden Grund einzuschränken. Stattdessen sollte die Selbständigkeit und die Eigeninitiative einzelner Arbeitnehmer und Arbeitsgruppen gefördert werden (§ 51 Abs. 2 SPD-E).

Die Informationsrechte des Betriebsrats sollten zwar gestärkt werden, jedoch nicht so weitgehend wie vom DGB vorgeschlagen. So sollte zwar auch die Einsichtnahme in die Personalakten durch den Betriebsrat ermöglicht werden, jedoch nur nach vorheriger Zustimmung des betroffenen Arbeitnehmers. Unabhängig davon sollte der Betriebsrat das Recht erhalten, Einblick in die Lohn- und Gehaltslisten der Arbeitnehmer zu nehmen (§ 54 Abs. 2 SPD-E).

b) Mitbestimmung in personellen Angelegenheiten

Bei der Einstellung von Arbeitnehmern sollte nach dem Entwurf der SPD entgegen dem DGB-E 1967[649] der Betriebsrat über kein echtes Mitbestimmungsrecht verfügen, sondern es sollte beim geltenden Recht bleiben. Zu den Gründen für die Möglichkeit der Verweigerung der Zustimmung zur Einstellung wurde lediglich hinzugefügt, dass die Zustimmung verweigert werden könne, wenn durch die Einstellung die Gefahr bestehe, dass bereits beschäftigte Arbeitnehmer gekündigt werden (§ 61 Abs. 3 lit. d SPD-E). Bei Uneinigkeit über eine Einstellung sollte der Arbeitgeber die Ersetzung der Zustimmung bei der Einigungsstelle beantragen können. Im Gegensatz zum Entwurf des DGB von 1967 sollte die Einigungsstelle jedoch nicht verbindlich entscheiden, sondern gegen die Entscheidung sollte beiden Parteien der Weg zum Arbeitsgericht offen stehen (§ 62 Abs. 2 SPD-E).

11. Mitbestimmung auf Unternehmensebene

Nicht wirklich gegensätzlich zu den Forderungen des DGB hielt der SPD-E an der Drittel-Beteiligung im Aufsichtsrat fest, denn die SPD legte gleichzeitig einen *Gesetzesentwurf über die Unternehmensverfassung in Großunternehmen und Konzernen*[650] (UntVerfG) vor, nach der in Großunternehmen[651] neben dem Betriebsrat ein weiteres

649 § 61 Abs. 1 DGB-E 67.

650 BT-Drs. V/3657.

651 = mind. 2.000 Arbeitnehmer und eine Bilanzsumme von mind. 75 Mio. DM oder mind. 2.000 Arbeitnehmer und mind. 150 Mio. DM Jahresumsatz oder mind. 75 Mio. DM Bilanzsumme und mind. 150 Mio. DM Jahresumsatz (§ 2 Abs. 1 UntVerfG).

Arbeitnehmervertretergremium gewählt werden sollte. Als Aufgabenbereich sollten der sog. Unternehmensversammlung[652] die Bestimmung der Vertreter der Arbeitnehmer im paritätisch besetzten Aufsichtsrat und zahlreiche Informationsrechte zufallen (§ 7 UntVerfG). Außerdem sollten bei mehr als einem Vertreter der Arbeitnehmer auch Betriebsfremde für den Aufsichtsrat vorgeschlagen und gewählt werden können (§ 76 Abs. 2 SPD-E).

12. Stellung der Gewerkschaften im Betrieb

Bundesarbeitsgerichtspräsident *Müller* hatte angemerkt, dass die Stellung der Gewerkschaften im Betriebsverfassungsgesetz *„nur höchst allgemein umschrieben"* sei und eine Klarstellung gefordert. Er äußerte sich jedoch zurückhaltend und mahnte, dass die Interessen der betrieblichen Vertretung im Vordergrund stehen sollten.[653] Ungeachtet dessen folgte die SPD dem DGB-Entwurf bei der Ausweitung der Rechte der Gewerkschaften im Betrieb vollumfänglich.

IX. Erste Lesung des SPD-Entwurfs vom 16. Dezember 1968 (BT-Drs. V/3658)

Am 22. Januar 1969 fand im Bundestag die Erste Lesung zu den fünf Gesetzesvorschlägen der SPD statt.[654] In seiner Begründungsrede zog *Helmut Schmidt* die *„Unruhen der Jugendbewegung"* heran und verglich die Reformbedürftigkeit der Hochschulverfassung mit der der Betriebsverfassung und warnte, dass der Stau von Reformen zu explosionsartigen Erscheinungen führen könne. Er sah jedoch davon ab, die Gesetzentwürfe im Einzelnen zu begründen. Vielmehr wiederholte er die gewünschte Wandlung vom *„Wirtschaftsuntertan"* zum *„Wirtschaftsbürger"* und dass im Unternehmen wie im Staat Gleichberechtigung herrschen müsse. Zudem gewähre *„Eigentum [...] niemals einen vom Grundgesetz garantierten oder gar vom Grundgesetz geschützten Anspruch auf Verfügungsmacht über Menschen"*. Die Unternehmensleitung sei nicht allein aus der Eigentümerstellung legitimiert, die Legitimation und auch die Kontrolle der Leitung müssten von beiden Seiten her (Arbeitgeber und Arbeitnehmer) gleichermaßen begründet sein.[655]

Als Sprecher der CDU/CSU-Fraktion teilte *Rainer Barzel*[656] nicht die Auffassung einer Parallelität zwischen Staat und Wirtschaft. Er bezweifelte, dass man die beiden Bereiche miteinander vergleichen könne, denn sie erfüllten unterschiedliche Funktionen: auf der einen Seite das Gemeinwohl und auf der anderen Seite

---

652 = 50 Mitglieder und ein weiteres Mitglied für 200 Arbeitnehmer ab 5.000 Arbeitnehmer.

653 *Müller*, DB 1969, 749.

654 Vgl. BT-Prot. V/210, S. 11336–11370.

655 *Helmut Schmidt* (SPD), BT-Prot. V/210, S. 11337–11348.

656 *Rainer Barzel*, MdB u. Fraktionsvorsitzender, CDU, Paderborn – Wiedenbrück.

Vollbeschäftigung, Bedarfsdeckung und Gewinn. Im Kern berief *Barzel* sich jedoch auf die Regierungserklärung vom 13. Dezember 1966 und verlas einen Auszug:

> *„Die Bundesregierung wird eine Kommission unabhängiger Sachverständiger berufen und sie mit der Auswertung der bisherigen Erfahrungen bei der Mitbestimmung als Grundlage weiterer Überlegungen beauftragen. Die Bundesregierung lehnt Bestrebungen ab, die den bewußten und erkennbaren Zweck einer Aushöhlung der Mitbestimmung verfolgen."*

Folglich sei der Bericht der Kommission abzuwarten, dies habe Bundeskanzler *Kiesinger* in einer Erklärung vom 16. Oktober 1968 ausdrücklich erklärt. Zu diesem Vorgehen habe sich auch die SPD-Fraktion anlässlich der Verabschiedung des Mitbestimmungssicherungsgesetzes am 15. März 1967 in einer gemeinsamen Koalitionserklärung bekannt, nämlich am *status quo* der Mitbestimmung festzuhalten bis die Ergebnisse der Mitbestimmungskommission vorlägen. Daher habe man im Entwurf vom 2. November 1967 sämtliche Mitbestimmungsaspekte ausgeklammert. Ungeachtet dessen würde man einer Ausschussüberweisung zustimmen.[657]

Wolfgang Mischnick[658] von der FDP kündigte zunächst an, dass die FDP-Fraktion ebenfalls in den nächsten Wochen einen Entwurf zur Novellierung des BetrVG vorlegen werde. Außerdem wies er darauf hin, dass das Gesamtthema Mitbestimmung, *„die eine entscheidende gesellschaftspolitische Frage"* darstelle, die nicht in einer Art *„Husch-Husch-Verfahren"* in sechs Monaten über die Bühne gebracht werden könne.[659] Zudem kritisierte *Mischnick*, dass die SPD-Fraktion ihren Entwurf zwar auf Grundlage der Mitbestimmungskommission treffen wolle, jedoch die Einsetzung der Kommission sowie deren konkrete Auftragserklärung verschleppe. Darüber hinaus wandte er sich gegen die Ausweitung der paritätischen Mitbestimmung nach dem Beispiel der Montanindustrie. Diese habe sich nicht bewährt. Dies sehe man daran, dass international die Gewerkschaften diesem Beispiel nicht folgten. Eine Expertentagung in Genf Ende 1967 sei zu dem Ergebnis gekommen, dass das deutsche Modell der Montan-Mitbestimmung für Schlussfolgerungen im Rahmen der Internationalen Arbeitsorganisation[660] ungeeignet sei. Die Übernahme sei auch kein wesentliches Anliegen der Arbeiter als vielmehr eine Forderung des DGB und nicht einmal der übrigen Gewerkschaften. Eine wesentliche Rolle für die Arbeiter seien Fragen zu sozialpolitischen Themen wie Rentenversicherung und Krankenversicherung. Für den Betrieb sei ein funktionierender Betriebsrat viel wichtiger als ein mit zum Teil betriebsfremden Mitgliedern besetzter Aufsichtsrat.[661]

Schließlich wurde der Entwurf der SPD an den Ausschuss für Arbeit – federführend – und an den Ausschuss für Wirtschaft und Mittelstandsfragen überwiesen.

---

657 *Barzel* (CDU/CSU), BT-Prot. V/210, S. 11337–11348.

658 *Wolfgang Mischnick*, MdB, FDP, Hessen.

659 Bis zum Ende der Legislaturperiode.

660 Die Internationale Arbeitsorganisation (ILO) ist eine Sonderorganisation der UN, mit dem Auftrag, soziale Gerechtigkeit und Menschen- und Arbeitsrechte zu fördern.

661 *Mischnick* (FDP), BT-Prot. V/210, S. 11352–11355.

X. Studie der Evangelische Kirche zur Mitbestimmung

Ende 1968 legte die Evangelische Kirche in Deutschland (EKD) ihre Studie unter dem Titel *Sozialethische Erwägungen zur Mitbestimmung in der Wirtschaft der Bundesrepublik Deutschland* vor.[662] Der Rat der EKD legte die Ergebnisse der damit beauftragten Kammer für soziale Ordnung der EKD dem Bundestag, der Bundesregierung, den Parteien sowie den Sozialpartnern vor und bat darum, bei künftigen Beratungen diese Ergebnisse der sozialethischen Erwägungen zu berücksichtigen.[663]

Prämisse war, die gesellschaftliche Ordnung so zu gestalten, dass sie allen Menschen Entfaltung und verantwortliche Teilnahme ermöglicht. Dies sei nicht nur ein sozialpolitisches Fachproblem. Diese Aufgabe sei vielmehr Gegenstand sozialethischer Überlegungen und stelle die Christen in die Mitverantwortung. Im Vordergrund der Betrachtung stand die Ausweitung der überbetrieblichen Mitbestimmung auf Großunternehmen. Wobei eingeräumt wurde, dass diesbezüglich unterschiedliche Auffassungen bei den Verfassern der Stellungnahme bestanden hätten und man daher nicht zu einen einheitlichen Ergebnis gekommen sei.

Einführend wurde erläutert, dass das Eigentum dem Einzelnen einerseits dabei helfe, sein Leben freier und unabhängiger zu gestalten, andererseits sich aber aus dem Eigentum auch soziale Pflichten ergäben. Eigentum dürfe aber nicht so verstanden werden, dass dadurch andere Menschen ihre Freiheit und ihre Eigenverantwortung verlören. Diese Gefahr bestünde jedoch, wenn das Eigentum an Produktionsmitteln in den Händen weniger liege. Es sei daher die Aufgabe der Mitbestimmung, dass *„alle, die ein Unternehmen gemeinsam zu tragen haben, in der Lage sind, ihre Interessen und ihre menschlichen Anliegen in einer wirksamen, dem gemeinsamen Auftrag dienlichen Weise vertreten zu lassen."* Da die Zweckmäßigkeit und Notwendigkeit von Entscheidungen und Anordnungen der Unternehmensleitung nicht durch den einzelnen Arbeitnehmer überprüft werden könne, sei eine *„mit partnerschaftlichen Befugnissen"* ausgestattete Vertretung erforderlich. Hierdurch solle dem Arbeitnehmer die Gewissheit verschafft werden, dass bei Entscheidungen, auch über sein Wohl und Wehe, seine Interessen vertreten würden und im Falle von Nachteilen, die Vertreter diese so gut wie möglich mit abgewogen hätten. Die Mitbestimmung solle zudem sicherstellen, dass jeder auch einen geistigen Beitrag erbringen könne und nicht nur als Befehlsempfänger fungiere. Dementsprechend müsse der Einzelne gehört werden und Gelegenheit bekommen, auf seinem eigenen Arbeitsgebiet sachkundig und verantwortlich mitzudenken.[664]

Die EKD warnte davor, dass die Maxime des Wirtschaftens nicht allein das Streben nach wirtschaftlichem Erfolg sein dürfe, sondern es müsse mit *„einer den Menschen gemäßen Gestaltung der Arbeitsbedingungen"* verbunden werden: *„Die Wirtschaft soll zugleich als ein Lebensbereich gestaltet werden, in dem der Mensch seine ihm von Gott gegebenen Anlagen entfalten kann."* Die Kirche gab zu bedenken,

---

662 EKD, RdA 1969, 354.
663 EKD, RdA 1969, 354.
664 EKD, RdA 1969, 355.

dass die Nichtbeachtung der Arbeitnehmerinteressen und die mangelnde Einbeziehung die Motivation der Mitarbeiter senken könne. Gleichzeitig wurde aber auch die Gefahr erkannt, dass unberechtigte Sonderwünsche von Arbeitnehmern Unternehmen lähmen könnten.[665]

Daher seien klare Weisungsbefugnisse heute wichtiger als in früheren Zeiten. Eine Ausgewogenheit der Interessen, die einerseits schnelle wirtschaftliche Entschlüsse zulasse und andererseits dem Mitwirkungswillen der Arbeitnehmer gerecht werde, sei daher erforderlich. Im Ganzen war der EKD ein Zusammenwirken und Austausch der unterschiedlichen Ebenen sehr wichtig. Hierfür sei erforderlich, dass alle Beteiligten und vor allem die Weisungsbefugten und die Vertreter der Arbeitnehmerinteressen nicht nur fachlich, sondern auch in ihrer besonderen Funktion umfassend geschult seien. Daher müsse der berufliche Aufstieg neben den fachlichen auch von den menschlichen Fähigkeiten abhängig gemacht werden. Hierauf müssten die Vertreter von Kapital und Arbeitnehmerschaft achten.

Das Eigentum und der Anreiz zur Mehrung desselben sah die Kirche als starke Antriebskraft der Kapitaleigner an, richtige wirtschaftliche Entscheidungen zu treffen.

> *„Das finanzielle Interesse der Kapitalbesitzer soll sich somit als eine dezentralisierte Kontrollinstanz auswirken."*

Dabei leiteten sich die Bestimmungsrechte der Kapitaleigner, nach Auffassung der Kirche, aus dem Eigentum her. Zugleich gelangt die EKD aber auch zu dem Schluss, dass das Eigentum an Produktionsmitteln in der Regel nur zusammen mit menschlicher Arbeitskraft einen Wert darstelle.

> *„Wo die Rechte der Kapitaleigner und der Arbeitnehmer aufeinander angewiesen sind, stehen beiden Seiten Mitbestimmungsrechte zu. Ein Wirtschaftsunternehmen wird von den Arbeitnehmern nicht weniger mitgetragen als von den Kapitaleignern. Es stellt daher keine Minderung der den Kapitaleignern zustehenden Rechte dar, wenn die Arbeitnehmer an den für sie wichtigen Entscheidungen des Unternehmens durch ihre Vertreter mitbeteiligt werden wollen. Es sollte daher eine Ordnung gefunden werden, in der weder über das Eigentum der Kapitaleigener gegen deren Willen zu ihrem Schaden verfügt, noch die Interessen der Arbeitnehmer bei den Entscheidungen übergangen werden können. Beide aber müssen zusammen willig und fähig gemacht werden, miteinander für die Befriedung der in der Gesellschaft vorhandenen Bedürfnisse zu wirken."*[666]

Neben den widerstreitenden Interessen der Kapitaleigner und Arbeitnehmer sollte nach Meinung der EKD auch aufgrund der Internationalisierung der Wirtschaft eine ausgewogene Form der Mitbestimmung gefunden werden, da anderenfalls

665 EKD, RdA 1969, 355 f.
666 EKD, RdA 1969, 356.

zu befürchten sei, dass nicht in deutsche Unternehmen investiert werde oder eine Abwanderung der Unternehmen ins Ausland zu befürchten sei.[667]

Auch bei der Gewichtung der Verhältnisse wollte die EKD die gegenseitigen Interessen gewahrt wissen. Die Beteiligung der Arbeitnehmerschaft sollte auf der einen Seite nicht durch die Möglichkeit der Überstimmung ausgehebelt werden können, da auch dies zur Desillusionierung und Lethargie führen würde. Auf der anderen Seite sollte sichergestellt werden,

> *„daß die Unternehmensleitungen für durchgreifende Maßnahmen, die im Interesse der wirtschaftlichen Entwicklung des Unternehmens notwendig sind, eine Mehrheit beim Aufsichtsrat finden. Das muß auch dort möglich sein, wo solche Maßnahmen für die davon Betroffenen bitter sind und Nichtfachleuten schwer einsichtig gemacht werden können.“*[668]

Hinsichtlich einer Neuordnung und Ausweitung der überbetrieblichen Mitbestimmung auf Großunternehmen zieht die EKD das Modell der Montanmitbestimmung heran, kritisiert aber, dass die Gewerkschaften hierdurch einen zu weitreichenden Einfluss auf Wirtschaft und Gesellschaft erhalten würden. Zudem könnte der Arbeitsdirektor aufgrund der Art seiner Bestellung kaum unbeeinflusst in Tarifverhandlungen mit den Gewerkschaften für das Unternehmen auftreten.[669]

Im Übrigen wandte sich die EKD auch ganz allgemein gegen eine Ausweitung der Rechte der Gewerkschaften. Das galt sowohl für die betriebliche wie auch die überbetriebliche Mitbestimmung. Es wurde zwar eingeräumt, dass die Gewerkschaften einen weitreichenderen Überblick hätten als die betrieblichen Arbeitnehmervertreter und von der Geschäftsleitung unabhängig seien, dennoch lägen die Aufgaben der Gewerkschaften in der Sozial- und Tarifpolitik. Deshalb sollten in jedem Fall die Arbeitnehmervertreter im Aufsichtsrat gleichermaßen aus betrieblichen und gewerkschaftlichen Vertretern bestehen und sämtliche Arbeitnehmervertreter im Aufsichtsrat von der Belegschaft gewählt werden und den Gewerkschaften nur ein Vorschlagsrecht zustehen.[670]

Auf betriebsverfassungsrechtlicher Ebene forderte die EKD zudem eine Stärkung der Mitwirkung des Arbeitnehmers am Arbeitsplatz. So sollte in das BetrVG eine Rahmenbestimmung aufgenommen werden, nach der es in bestimmten Betrieben möglich sein sollte, Arbeitsgruppen bestimmte Rechte und Funktionen zu übertragen. Für den Arbeitnehmer an sich und die Arbeitsgruppen seien laufende Informationen zu ihrem Arbeitsplatz sehr wichtig, und es sollte dem Arbeitgeber möglichst weitgehend zur Pflicht gemacht werden, den Arbeitnehmer zu beteiligen. Dies sollte sich vor allem auf *„die gestellten Arbeitsaufgaben und den Ablauf der Arbeit, auf Planungen, Umsetzungen, Änderungen im Produktionsablauf, Sicherheitsmaßnahmen sowie auf beabsichtigte Neueinstellungen und Entlassungen“* erstrecken.

---

667 EKD, RdA 1969, 357.

668 EKD, RdA 1969, 357 f.

669 EKD, RdA 1969, 358.

670 EKD, RdA 1969, 357 ff.

Hierzu sollten die Arbeitnehmer Einwände und Stellungnahmen einreichen dürfen. Würden diese gemeinsam mit der Arbeitsgruppe eingereicht, sollte der Arbeitgeber diese nur unter der Angabe von Gründen ablehnen dürfen. Anstelle der vierteljährlichen Betriebsversammlungen sollten regelmäßig in kleineren Einheiten Informationsrunden stattfinden.[671]

Im Ganzen blieb die Studie sehr vage. Die strukturell sehr wechselnde und repetitive Darstellung gelangte zu keinem greifbaren Ergebnis, was den unterschiedlichen Strömungen innerhalb der EKD geschuldet sein mag. Außerdem behandelte die Stellungnahme überwiegend die Unternehmensmitbestimmung. Die betriebliche Mitbestimmung wurde nur angeschnitten und allein im Zusammenhang mit der Ausweitung der Gruppen- und Abteilungsrechte ausführlich behandelt.

XI. FDP-Entwurf vom 20. März 1969 (BT-Drs. V/4011)

Am 20. März 1969[672] legte die FDP-Fraktion ihren *Entwurf eines Gesetzes zur Änderung des Betriebsverfassungsgesetzes* als Antrag dem Bundestag vor. Er sah vor, dass 37 der 92 Paragraphen des BetrVG 52 geändert und fünf zusätzliche Paragraphen eingefügt werden.

Im Mittelpunkt des Gesetzesentwurfs stand der Minderheitenschutz für Angestellte. Der Gruppenschutz sollte nahezu auf sämtliche Bereiche ausgedehnt werden. Wobei die FDP nicht sämtlichen Forderungen der DAG nachkam. So sah die FDP beispielsweise vollständig davon ab, die Rechte des einzelnen Arbeitnehmers in der Betriebsverfassung regeln zu wollen. Auch das echte Mitbestimmungsrecht bei der Erstellung von Einstellungs- und Auswahlrichtlinien und die zwingende Unwirksamkeit einer Kündigung bei fehlender Betriebsratsanhörung übernahm die FDP nicht.[673] Für gewerkschaftliche Splittergruppen sollte der Minderheitenschutz – wie er von den christlichen Gewerkschaften und analog von der CDU/CSU gefordert wurde – kaum erweitert werden. Dies galt auch für andere Gruppen (weltanschauliche, konfessionelle, politische etc.). Eine Stärkung der Gruppenrechte in dieser Form hatte auch *Hans Galperin*[674] gefordert. Er wandte sich gegen eine allgemeine *„Majoritätsgläubigkeit und gegen die Gleichsetzung eines brutalen Mehrheitsmechanismus“*. Der Schutz der Minderheiten leite sich bereits aus dem Begriff der rechtsstaatlichen Demokratie aus Art. 20 GG ab. Nach seiner Auffassung sind Toleranz und Minderheitenrechte einer Demokratie immanent. Das müsse sich auch in der Betriebsverfassung durch eine gerechte Repräsentation der Minderheiten und die Berücksichtigung der Minderheiteninteressen widerspiegeln.[675] Im Einzelnen:

---

671 EKD, RdA 1969, 358.

672 BT-Drs. V/4011; BA Koblenz, B 149–9859 S. 291 ff.

673 *Apel*, BB 1968, 1446.

674 *Hans Galperin*, Präsident des LAG Bremen und Hochschullehrer in Wilhelmshaven.

675 *Galperin*, RdA 1968, 446.

1. *Leitende Angestellte*

Die FDP plante die Angleichung des Begriffs der leitenden Angestellten an die Rechtsprechung[676] des Bundesarbeitsgerichts und folgte im Übrigen den Vorschlägen der ULA[677], wobei die FDP noch die eingrenzende Berechtigung zur selbständigen Einstellung und Entlassung einfügte (§ 4 Abs. 2a FDP-E). Eine Sondervertretung der leitenden Angestellten sah auch der FDP-E nicht vor. Jedoch sollte innerhalb des Betriebsrats stärker zwischen Arbeitern und Angestellten differenziert und die Minderheitenrechte gestärkt werden.[678]

2. *Wahl des Betriebsrats*

In Sachen Vergrößerung des Wahlvorstandes folgte der FDP-E dem CDU/CSU-E von 1967, so dass der Wahlvorstand in Betrieben mit mehr als 500 Arbeitnehmern fünf Wahlvorstandsmitglieder vorgesehen waren (§ 15 Abs. 1 FDP-E). Eine weitere Vergrößerung des Wahlvorstands durch die Bildung eines Wahlausschusses, wie es die CDU/CSU[679] vorgesehen hatte, lehnte die FDP-Fraktion jedoch ab. Die Voraussetzungen für die Bestimmung eines Wahlvorstandes und damit grundsätzlich die Wahl eines Betriebsrats wollte die FDP jedoch erschweren. So sollte der Wahlvorstand entgegen der seinerzeit h.M. nicht mehr von der Mehrheit der anwesenden Arbeitnehmer gewählt werden,[680] sondern mindestens von einem Fünftel der Arbeitnehmer. Das heißt, dass mindestens ein Fünftel der Arbeitnehmer nach § 16 FDP-E bei dieser Betriebsversammlung anwesend sein muss. Neu war die Idee der Einrichtung eines sog. Betriebsbeirats. Hatte ein Betrieb mit mehr als 20 wahlberechtigten Arbeitnehmern trotz Wahl eines Wahlvorstandes keinen Betriebsrat, sollte dem Wahlvorstand die Möglichkeit eingeräumt werden, einen Antrag beim Arbeitsgericht auf Ernennung eines Betriebsbeirates zu stellen (§ 45a Abs. 1 FDP-E). Wurde in einem solchen Betrieb auch kein Wahlvorstand gebildet, sollte der Arbeitgeber selbst den Betriebsbeirat ernennen dürfen (Abs. 2). Dieser sollte dann für drei Jahre die Aufgaben des Betriebsrates wahrnehmen (§ 45b FDP-E).

3. *Organisation des Betriebsrats*

Bei der Größe des Betriebsrates schloss sich die FDP der CDU/CSU an, verabschiedete sich von der variablen Staffelung und ergänzte eine weitere Stufe für Betriebe mit bis zu 15.000 Arbeitnehmern ohne an der maximalen Größe des Betriebsrats etwas zu ändern (§ 9 FDP-E). Eine Vergrößerung des Betriebsausschusses für

676 BAG, Urteil v. 28.09.1961, 2 AZR 428/60, NJW 1962, 73, BB 1961, 1382; Beschluss v. 28.04.1964, 1 ABR 2/64, NJW 1964, 1873, BB 1964, 963.

677 Vgl. S. 110 f.

678 Vgl. S. 128.

679 Vgl. S. 94.

680 Vgl. S. 94.

größere Betriebe war entgegen den Vorstößen der anderen Bundestagsfraktionen zwar nicht vorgesehen, nach den Wünschen der FDP sollten aber zur Entlastung des Betriebsausschusses Delegationsmöglichkeiten, wie auch im CDU/CSU-E 67[681] vorgesehen, geschaffen werden und der Betriebsrat Fachausschüsse bilden können (§ 28 Abs. 3 FDP-E).

4. *Gesamt- und Konzernbetriebsrat*

Wie auch schon von der CDU/CSU vorgeschlagen, sah auch die FDP eine Begrenzung der Anzahl der Gesamtbetriebsratsmitglieder vor. Die FDP wälzte aber die Zuständigkeit für die Regelung auf den Arbeitgeber und den Betriebsrat ab. Nach § 47 Abs. 3 FDP-E haben sich demnach Arbeitgeber und die Betriebsräte bei einem Gesamtbetriebsrat mit mehr als 40 Vertretern über eine Verringerung zu einigen.

5. *Gruppen- und Minderheitenrechte*

Wesentliches Merkmal des Vorschlags der FDP war eine über den CDU/CSU-E hinausgehende Intensivierung des Schutzes der Minderheitengruppe und eine weitergehende Stärkung der Gruppenrechte. Dies strebte die FDP trotz der schlechten Erfahrungen mit starken Gruppenvertretungen aus der Weimarer Zeit unter Geltung des BRG 1920[682] an.

Zwar hatten sich viele Sachverständige kritisch hinsichtlich eines verstärkten Gruppen- und Minderheitenschutzes in der Anhörung am 9. Mai 1968 geäußert,[683] es gab aber neben *Galperin* weitere Sachverständigenstimmen, die die Existenz der Gruppen- und Minderheitenrechte begrüßten. Bundesarbeitsgerichtspräsident *Müller* hatte beispielsweise im April 1969 deutlich formuliert, dass die Einteilung der Arbeitnehmer in Arbeiter und Angestellte im Bewusstsein der Allgemeinheit und vor allem im Bewusstsein der Arbeitnehmerschaft selbst unverändert lebendig sei; *„eine Gleichmacherei von Gesetzes wegen wäre daher nicht angebracht."* Zu verwerfen seien nur Bestrebungen zum Schutz von politischen Meinungsgruppen.[684] Zudem hatte *Galperin* die Frage gestellt, was zu einer demokratischen Repräsentation einer Minderheitengruppe, die über keine eigene Repräsentation verfügt, erforderlich sei.[685] Er fand seine Antwort bei *Nikisch*[686], emeritierter Professor für Bürgerliches Recht und Arbeitsrecht in Kiel, der die Auffassung vertrat, dass eine Gruppe wenigstens selbständig darüber sollte entscheiden können, wer in der gemeinsamen

---

681 Vgl. S. 95.
682 § 6 BRG 1920 sah vor, dass *„zur Wahrnehmung der besonderen wirtschaftlichen Interessen der Arbeiter und Angestellten [...] Arbeiterräte und Angestelltenräte zu errichten"* sind.
683 Vgl. S. 108.
684 *Müller*, DB 1969, 749.
685 *Galperin*, RdA 1968, 446.
686 *Nikisch* Bd. 3, 2. Aufl. 1966, S. 96.

Vertretung ihre Interessen wahrzunehmen hat. Das heißt, dass die Minderheitengruppe ihre Vertreter in einem getrennten Wahlgang selbständig und unabhängig vom Einfluss der Mehrheitsgruppe sollte wählen können. Denn nach *Galperin* könne die Minderheitengruppe innerhalb der betrieblichen Vertretungsorgane in überzeugender Weise jeweils nur durch diejenigen Personen repräsentiert werden, die das auf demokratische Weise ermittelte Vertrauen ihrer Gruppe hätten.[687] Dem folgte die FDP in ihrem Entwurf.

So sollten nach § 32 Abs. 2 FDP-E die Angestellten- und Arbeitervertreter im Betriebsrat über Angelegenheiten, die ausschließlich ihre Gruppe betreffen, getrennt abzustimmen. Bei Wahlen sollte aufgrund der unterschiedlichen Interessenlage, wie vom stellvertretenden DAG-Vorsitzenden *Apel* gefordert,[688] grundsätzlich jede Gruppe ihre eigenen Vertreter selbst und unbeeinflusst wählen. Demnach sollte nicht mehr durch Stimmenmehrheit gewählt werden, sondern es sollte eine Bindung an die Vorschläge der Gruppen erfolgen; so auch bei der Bestellung des Wahlvorstandes (§ 15 Abs. 2 FDP-E), der Wahl des Betriebsratsvorsitzenden und seines Stellvertreters (§ 27 Abs. 1 FDP-E),[689] der Wahl des Betriebsausschusses (§ 28 Abs. 1 FDP-E), der Freistellung von Betriebsratsmitgliedern (§ 37 Abs. 4 FDP-E) und bei der Entsendung der Mitglieder in den Gesamtbetriebsrat (§ 47 Abs. 1 FDP-E). Außerdem sollten nach § 38 Abs. 2 FDP-E Gruppen ab 100 Angehörigen eigene Sprechstunden abhalten können.

Wie die CDU/CSU[690] forderte auch die FDP, dass für die Abweichung von der Wahl in Gruppen die Mehrheit aller Wahlberechtigten jeder Gruppe erforderlich sein sollte (§ 13 Abs. 2 FDP-E). Zudem wurde die Staffelung der Minderheitenvertreter in § 10 Abs. 2 FDP-E wie auch im CDU/CSU- und im SPD-Entwurf an die Erhöhung der Staffelung der Betriebsratsmitglieder angepasst. Auch bei den Mindestvoraussetzungen für die Vertretung im Betriebsrat schloss sich die FDP der CDU/CSU[691] an (Abs. 3). Ebenfalls der CDU/CSU[692] folgend, wollte die FDP, dass Betriebsratssitzungen auch von der Mehrheit einer Gruppe einberufen werden können (§ 29 Abs. 3 FDP-E), was auch für die Hinzuziehung eines Gewerkschaftsvertreters zu Betriebsratssitzungen (§ 31 FDP-E) gelten sollte.

6. *Schutz und Arbeitsbedingungen von Funktionsträgern*

Im Bereich der Aus- und Fortbildung von Mandatsträgern sah der FDP-Vorschlag erhebliche Neuregelungen vor, die sich von den grundlegenden Vorstellungen des

---

687 *Galperin*, RdA 1968, 446.
688 *Apel*, BB 1968, 1446.
689 Nach § 27 Abs. 1 FDP-E sollten beide Gruppen einen Vorsitzenden und einen Stellvertreter bestimmen. Aus den Vorschlägen kann dann der Betriebsrat wählen.
690 Vgl. S. 97.
691 Vgl. S. 98.
692 Vgl. S. 98.

DGB[693] stark unterschieden. Allen Mandatsträgern[694] und jeweils deren Ersatzmitgliedern sollte ein Anspruch auf bezahlte Freistellung von drei Wochen während der dreijährigen Amtszeit zur Aus- und Weiterbildung für ihre besonderen Aufgaben zustehen (§ 37a Abs. 1 FDP-E). Diese Bildungsmaßnahmen sollten nach Abs. 2 von beiden Sozialpartnern gemeinsam durchgeführt werden. In Sachen Schutz der Mandatsträger vor Benachteiligungen des Arbeitgebers beschränkte sich die FDP darauf, den Schutz des § 53 BetrVG 52 auf die Mitglieder der Jugendvertretung zu erweitern.

7. Mitbestimmung des Betriebsrats in allgemeinen, sozialen und wirtschaftlichen Angelegenheiten

a) Mitbestimmung in allgemeinen Angelegenheiten

Bundesarbeitsgerichtpräsident *Müller* hatte sich gegen eine Regelung des Rechts auf Einsichtnahme in die Personalakte durch den Betriebsrat und den Arbeitnehmer selbst ausgesprochen. Er war der Auffassung, dass dies ohnehin geltendes Recht sei und systematisch individualrechtlich nicht auf diese Ebene gehöre.[695]

Trotzdem oder gerade weil es ohnehin dem geltenden Verständnis des Informationsanspruchs entsprach, wollte die FDP die Informationspflicht des Arbeitgebers im allgemeinen Teil der Mitbestimmungsvorschriften um das Einsichtnahmerecht des Betriebsrats in die Personalakte erweitern; dies jedoch in engeren Grenzen als von DGB, DAG[696] und auch von der SPD gefordert. Letztere hatte immerhin die Zustimmung des jeweiligen Arbeitnehmers hierfür vorausgesetzt. Die FDP ging noch etwas weiter und forderte, dass die Zustimmung schriftlich erfolgen und die Einsichtnahme auf ein zu benennendes Betriebsratsmitglied beschränkt werden müsse (§ 54 Abs. 2 FDP-E).

b) Mitbestimmung in sozialen Angelegenheiten

In sozialen Angelegenheiten entfernte sich der Entwurf kaum vom BetrVG 52. Der Katalog des § 56 BetrVG 52 sollte um einige Punkte erweitert und umgestaltet werden. Auch an anderen Stellen befanden sich Modifizierungen, die jedoch überwiegend nur klarstellenden Charakter haben.

c) Mitbestimmung in wirtschaftlichen Angelegenheiten

Bei der wirtschaftlichen Mitbestimmung sollte der Wirtschaftsausschuss in den *„technisch-wirtschaftlichen Ausschuss"* umbenannt und entsprechend der Vorstellung von SPD und DGB nur noch mit Arbeitnehmern besetzt werden, die jedoch im Zuge

---

693 Vgl. S. 81.

694 = Betriebsratsmitglieder, Jugendvertreter, Arbeitnehmervertreter im Aufsichtsrat, Mitglieder des technisch-wirtschaftlichen Ausschusses.

695 *Müller,* DB 1969, 750.

696 *Apel,* BB 1968, 1446.

der Betriebsratswahlen von der Arbeitnehmerschaft gewählt werden sollten (§ 68 Abs. 2 FDP-E).

Hinsichtlich des Mitbestimmungsrechts bei Betriebsänderungen folgte die FDP abermals nicht den Vorstößen der DAG und beließ es beim geltenden Recht. Die DAG[697] und der DGB[698] forderten dagegen einen Abfindungsanspruch für jede Kündigung, die abweichend vom Interessenausgleich ausgesprochen würde. Zudem sollte eine nachträgliche Rechtfertigung der Kündigung, die dem Arbeitgeber schon bei den Verhandlungen mit dem Betriebsrat bekannt war, nicht möglich sein.

XII. Erste Lesung des FDP-Entwurfs vom 20. März 1969 (BT-Drs. V/4011)

Der Bundestag überwies in seiner 227. Sitzung am 23. April 1969 – ohne Beratung – den Gesetzesentwurf der FDP in erster Lesung an den Ausschuss für Arbeit – federführend – sowie an den Innenausschuss und den Ausschuss für Wirtschaft und Mittelstandsfragen als mit beratende Ausschüsse.[699]

XIII. Arbeitsförderungsgesetz vom 16. Juli 1927 (BGBl. I S. 582)

Am 25. Juni 1969 löste das *Arbeitsförderungsgesetz*[700] (AFG) das *Gesetz über Arbeitsvermittlung und Arbeitslosenversicherung vom 16. Juli 1927* ab. In betriebsverfassungsrechtlicher Hinsicht wurde in § 8 Abs. 1 AFG dem Betriebsrat ein Recht zur Stellungnahme im Falle einer Massenentlassung nach § 15 bzw. § 17 KSchG eingeräumt. Demnach sollte der Arbeitgeber mit der Anzeige beim Präsidenten des Landesarbeitsgerichts auch eine Stellungnahme des Betriebsrats vorlegen. Zudem wurde das Arbeitsamt dazu verpflichtet, vor der Gewährung von Winterbauförderung und Schlechtwettergeld den Betriebsrat anzuhören (§ 17 KSchG).

XIV. Neufassung des Kündigungsschutzgesetzes vom 25. August 1969 (BGBl. I S. 1317)

Noch vor dem Ende der Legislaturperiode verabschiedete der Bundestag eine *Neufassung des Kündigungsschutzgesetz vom 25. August 1969*[701]. In § 15 Abs. 1 KSchG 69 wurde geregelt, dass Betriebsratsmitglieder nur außerordentlich gekündigt werden können, was den Ausschluss der Wirksamkeit einer ordentlichen Kündigung zur Folge hatte. Für den Fall der Betriebsstilllegung wurde geregelt, dass die Betriebsratsmitglieder mindestens bis zum Zeitpunkt der Stilllegung beschäftigt werden müssen (Abs. 2). Bei einer Teilbetriebsschließung, von der ein Betriebsratsmitglied

---

697 *Apel*, BB 1968, 1446.
698 Vgl. S. 89.
699 BT-Prot. V/227, S. 12581 f.
700 BGBl. I S. 582.
701 BGBl. I S. 1317.

erfasst wird, ist seither eine ordentliche Kündigung nur möglich, sofern eine Versetzung in eine andere Betriebsabteilung unter keinen Umständen in Betracht kommt (Abs. 3).

C. Die sechste Legislaturperiode von 1969 bis 1972

Mit dem Schlachtruf *„Mehr Demokratie wagen"* konnte die SPD mit *Willy Brandt*[702] als Spitzenkandidaten bei der Bundestagswahl am 28. September 1969 zwar nicht mehr Stimmen erlangen als die CDU/CSU, nach erfolgreichen Koalitionsgesprächen mit der FDP wurde *Brandt* aber am 21. Oktober 1969 zum Bundeskanzler gewählt. Hierfür hatte er sich in den Koalitionsgesprächen auf einen Kompromiss mit der unternehmerfreundlichen FDP einlassen müssen. So war im Koalitionsvertrag vereinbart worden, dass eine Regelung zur Ausweitung der paritätischen Mitbestimmung nach dem Beispiel der Montanindustrie auf deutsche Großunternehmen nicht in dieser Legislaturperiode vorgenommen werde. Zur Beruhigung der Gewerkschaften vereinbarte man jedoch mit dem kleineren Koalitionspartner eine vollständige Novellierung des Betriebsverfassungsgesetzes nebst Ausweitung der Mitbestimmungsrechte des Betriebsrats.

Nicht vollständig zufrieden nahmen die Gewerkschaften diesen Kompromiss hin. Für die Aufgabe der Ausweitung der paritätischen Mitbestimmung sah *Brandt* im Gegenzug davon ab, den favorisierten *Ernst Schellenberg* zum Arbeitsminister zu machen und überließ es den Gewerkschaften, sich zwischen *Walter Arendt* und *Wilhelm Haferkamp* zu entscheiden. *Schellenberg* wurde stattdessen Vorsitzender des Bundestagsausschusses für Arbeit und Sozialordnung. Die Gewerkschaften entschieden sich für den ehemaligen Bergarbeiterführer *Walter Arendt*[703] und hofften, dass der neue Arbeitsminister den Forderungen der Gewerkschaften bei der Novellierung des Betriebsverfassungsgesetzes immerhin auf der betrieblichen Ebene nachkommen werde. Gleichzeitig übten die Gewerkschaften aber Druck auf die FDP aus und stellten entgegen der Koalitionsabsprache eine große Mitbestimmungskampagne für den Fall in Aussicht, dass die FDP den strikten BDA-Ansichten folgte und bei der Gesetzesnovellierung nicht Wort halte.[704]

Am 14. Januar 1970 antwortete der Parlamentarische Staatssekretär beim Bundesminister für Arbeit und Sozialordnung, *Helmut Rohde*, auf entsprechende Anfrage des Abgeordneten *Breidbach* (CDU) in der Fragestunde des Bundestags, dass die Bundesregierung beabsichtige, in diesem Jahr den Entwurf einer Novelle zum Betriebsverfassungsgesetz vorzulegen. Die in der Regierungserklärung vom 28. Oktober 1969[705] übernommene Verpflichtung werde die Bundesregierung einlösen. Die Arbeiten an diesem Vorhaben seien im Gange; in Kürze würden hierüber Gespräche

702 Gewählt am 21.10.1969.
703 Vgl. dessen Biographie auf S. 357.
704 Der Spiegel 32/1970, S. 57.
705 *Brandt* (SPD), BT-Prot. VI/5, S. 28 f.

mit den beteiligten Gruppen und Institutionen, insbesondere den Tarifpartnern, aufgenommen. Es verstehe sich, dass bei der beabsichtigten umfassenden Novellierung des inzwischen 17 Jahre alten Gesetzes außer den bereits formulierten Gesetzesvorschlägen aus der vergangenen Legislaturperiode auch Wünsche, Anregungen und Erfahrungen, vor allem der Praxis, in die Überlegungen und Erörterungen einbezogen würden. Der Abgeordnete *Breidbach* zeigte sich daraufhin in der Fragestunde überrascht, dass es der Bundesregierung offenbar Schwierigkeiten bereite, den Gesetzentwurf kurzfristig vorzulegen, obwohl die sozialdemokratische Fraktion am 22. Januar 1968 einen Entwurf vorgelegt hat, der nach den damaligen Aussagen von *Matthöfer* und *Helmut Schmidt* (beide SPD) im Parlament *„praktisch der Wahrheit letzter Schluss"* gewesen sei und dessen Verabschiedung aus staatspolitischen Gründen unverzüglich erfolgen müsse.[706] *Breidbach* fragte, ob der Einbringung des damaligen Entwurfs der Koalitionspartner, die FDP, entgegenstünde. Dem wich *Rohde* aus und verwies darauf, dass man mit Nachdruck an dem Gesetzentwurf unter Beteiligung der Verbände arbeite.[707]

I. Bericht der Biedenkopf-Kommission vom 21. Januar 1970 (BT-Drs. VI/334)

Die von der vorherigen Bundesregierung eingesetzte Mitbestimmungskommission legte am 21. Januar 1970 Bundeskanzler *Brandt* ihren Bericht vor. Vor Pressevertretern führte der Kommissionvorsitzende *Biedenkopf* aus, dass die Kommission den Bericht als Entscheidungshilfe verstünde und dieser nicht nur zur Versachlichung der Mitbestimmungsdiskussion beitragen, sondern auch die politische Entscheidung fördern solle.

Am 4. Februar 1970 leitete *Brandt* den Bericht an den Bundestag weiter.[708] Der Einfluss des Berichts der *Biedenkopf-Kommission* auf die geplante Novellierung des BetrVG war jedoch erheblich geschrumpft. Dem lag einerseits der stattgefundene Regierungswechsel zugrunde und andererseits der Umstand, dass die Kommission sich im Wesentlichen mit der Unternehmensmitbestimmung auseinandergesetzt hatte, die jedoch von der sozialliberalen Regierungskoalition im Rahmen der Koalitionsvereinbarung ausgeklammert worden war.

Hinsichtlich der Reform des Betriebsverfassungsgesetzes wies die Kommission daher ausdrücklich darauf hin:

> *„Die Kommission legt zur Reform des Betriebsverfassungsgesetzes keine gesonderten Vorschläge vor. Änderungen ergeben sich jedoch aus den Empfehlungen der Kommission zur Mitbestimmung."*[709]

706 Vgl. zur Ersten Lesung des SPD-E 68 am 16.12.1968 S. 121 ff.
707 BT-Prot. VI/22, S. 835 f.
708 BT-Drs. VI/334.
709 BT-Drs. VI/334, S. 97.

Daher beschränkten sich die weiteren Empfehlungen im Wesentlichen auf Fragen der Unternehmensmitbestimmung.

1. *Empfehlung zur Mitbestimmung auf Unternehmensebene*

Der von der Biedenkopf-Kommission vorgelegte Vorschlag übernahm nicht die paritätische Besetzung des Aufsichtsrats nach dem Beispiel der Montanmitbestimmung. Die Arbeitnehmervertreter sollten zwei Sitze weniger erhalten als die Anteilseignervertreter.[710] Die Empfehlungen der Kommission zeichneten sich aber dadurch aus, dass versucht wurde, dieses Ungleichgewicht der Sitzverteilung an anderen Stellen auszugleichen. Dieses Ziel sollte u. a. dadurch erreicht werden, dass die Mitglieder des Aufsichtsrats zwei weitere Aufsichtsratsmitglieder durch Kooption bestimmen sollten. Diese Kooption der beiden weiteren Aufsichtsratsmitglieder sollte sowohl der Zustimmung der Mehrheit der Anteilseignervertreter wie der Zustimmung der Mehrheit der Arbeitnehmervertreter bedürfen. Damit nicht jede Gruppe die Wahl ihres Kandidaten im Rahmen einer Absprache durchsetzt und dadurch die Stimmenmehrheit unverändert bzw. unbeeinflusst bliebe, sollte auch der Unternehmensvorstand ein Vorschlagsrecht für die durch das Kooptionsverfahren zu wählenden Aufsichtsratsmitglieder haben.[711]

Als weitere Ausgleichsmaßnahme empfahl die Kommission, die Überstimmung der Arbeitnehmerseite dadurch zu erschweren, dass den Vertretern der Anteilseigner bei Entscheidungen gegen die Stimmen der Arbeitnehmervertreter ein Begründungszwang auferlegt werden sollte. Zudem sollte die Verschwiegenheitspflicht der Aufsichtsratsmitglieder aufgeweicht werden, um den Arbeitnehmervertretern die Möglichkeit zur öffentlichen Erörterung zu geben.[712] Ferner sollte auch eine paritätische Besetzung des Gremiums zur Bestimmung des Unternehmensvorstandes zum Ausgleich des Ungleichgewichts bei der Sitzverteilung dienen.[713] Durch diese Art der Besetzung des Vorstands hofften die Mitglieder der *Biedenkopf-Kommission*, dass bei der Wahl der kooptierten Aufsichtsratsmitglieder mit Wahlvorschlagsrecht des Vorstandes die Möglichkeit einer Parität im Aufsichtsrat bestehen könnte, auch wenn dies wohl eher unwahrscheinlich war.

Statt eines Arbeitsdirektors schlug die Kommission vor, dass jedes Unternehmen über einen Personalvorstand verfügen sollte. Entgegen gewerkschaftlicher Stimmen sollte der Personalvorstand jedoch nicht auf Grundlage eines besonderen Wahlverfahrens oder aus den Reihen der Belegschaft gewählt werden, sondern in derselben Weise berufen werden wie die übrigen Vorstandsmitglieder.[714]

710 BT-Drs. VI/334, S. 103.
711 BT-Drs. VI/334, S. 103 f.
712 BT-Drs. VI/334, S. 106.
713 BT-Drs. VI/334, S. 104 f.
714 BT-Drs. VI/334, S. 96, 110.

2. *Empfehlung zur Mitbestimmung auf betrieblicher Ebene*

In betriebsverfassungsrechtlicher Hinsicht war die Kommission der Auffassung, *„daß sich die unmittelbare Zusammenarbeit zwischen Vorstand und Betriebsrat oder Gesamtbetriebsrat hervorragend bewährt“* hätte.[715] So war man zu dem Ergebnis gekommen, dass regelmäßige Gespräche zur konkreten Unternehmensleitung zwischen dem Vorstand und der betrieblichen Arbeitnehmervertretung wesentlich zur Verbesserung des Informationsaustauschs in beide Richtungen geführt hätten. Deshalb plädierte die Kommission für eine Institutionalisierung dieser Zusammenarbeit. Einige Aufgaben, die bisher dem Wirtschaftsausschuss zugedacht waren, die dieser jedoch nicht erfüllen konnte, sollten daher dem Betriebsrat übertragen werden. Hierdurch sollte jedoch nicht gleichzeitig der Wirtschaftsausschuss ausgehöhlt oder abgeschafft werden, da diesem nach Auffassung der Kommission eine gewichtige Rolle zukomme und dessen Einrichtung auch deshalb zwingend vorgeschrieben werden sollte.[716]

Hinsichtlich der Frage der obligatorischen Einrichtung von Gesamt- und Konzernbetriebsräten, kam die Kommission im Rahmen ihrer Erhebungen zu dem Ergebnis, dass die Betriebsräte einer obligatorischen Einrichtung teilweise kritisch entgegen ständen, was in der Regel mit einem Machtverlust und dem Eingriff in die Kompetenzen des Betriebsrats begründet worden sei. Trotzdem sprach sich die Kommission für die obligatorische Einrichtung von Gesamt- und Konzernbetriebsräten aus. Gleichzeitig sollte aber auch die Möglichkeit bestehen, stattdessen ein gleichwertiges Organ *sui generis* zu bilden, das auf der Unternehmens- bzw. Konzernebene agiert. Hierdurch sollte den Befürchtungen des Machtverlusts entgegen getreten werden, aber gleichzeitig die nach Auffassung der Kommission unerlässliche Möglichkeit für die Anteilseigner fortbestehen, mit einem übergeordneten Organ zu kommunizieren und zusammenzuarbeiten.[717]

Zudem schlug die Kommission eine Pflicht zur Berichterstattung des Vorstandes an den Aufsichtsrat im Geschäftsbericht hinsichtlich der Zusammenarbeit mit der Arbeitnehmervertretung vor; so wie die Arbeitnehmervertretung gegenüber der Belegschaft berichtspflichtig sei, sollte auch der Vorstand im jährlichen Geschäftsbericht gegenüber dem Aufsichtsrat über die Zusammenarbeit mit den Institutionen des Betriebsrats berichten.[718]

715 BT-Drs. VI/334, S. 110.
716 BT-Drs. VI/334, S. 96, 110.
717 BT-Drs. VI/334, S. 96, 111.
718 BT-Drs. VI/334, S. 96, 106.

II. Entwurf der Deutschen Angestellten-Gewerkschaft vom Februar 1970

Nachdem *Brandt* in seiner Regierungserklärung vom 28. Oktober 1969[719] die Novellierung des Betriebsverfassungsgesetzes auf Grundlage der vorliegenden Entwürfe und der Mitbestimmungskommission in Aussicht gestellt hatte, verabschiedeten die Beschlussorgane der Deutschen Angestellten-Gewerkschaft (DAG) im Februar 1970 ihre *Forderungen zur Novellierung des Betriebsverfassungsgesetzes*[720]. Der Entwurf enthielt alte Forderungen der Novellierungsvorlagen von 1964 und 1966 sowie neue Forderungen. Der Entwurf war aber nicht als Gesetz ausformuliert, sondern lediglich in 93 Randziffern ohne Begründung zusammengefasst. Die Forderungen bezogen sich sowohl auf die betriebsverfassungsrechtlichen Institutionen der Arbeitnehmer wie auch auf deren Einzel- und Kollektivrechte und berührten in wenigen Fällen auch das Aktiengesetz (= Ausweitung der Rechte der Arbeitnehmer im Aufsichtsrat), das Kündigungsschutzgesetz (= Verbesserung des Kündigungsschutzes und Einbeziehung weiterer Personenkreise in diesen) und das Arbeitsgerichtsgesetz.

Auffallend war, dass sich der DAG-E stark dem SPD-E angenähert hatte. Das galt insbesondere für den Ausbau der Beteiligungsrechte. Allerdings hielt die DAG nach wie vor an ihrer grundsätzlichen Forderung nach dem Ausbau der Gruppenrechte (Arbeiter und Angestellte) fest und wiederholte insoweit ihre bereits bekannten Forderungen. Diese deckten sich weitgehend mit den Gesetzesentwürfen von CDU/CSU und FDP. Die Zugeständnisse, die der Gesetzesentwurf der SPD von 1968 beim Ausbau der Gruppenrechte den Angestellten machte, waren der DAG nicht weitgehend genug.

1. *Zusammenarbeit von Arbeitgeber und Betriebsrat*

a) Allgemein

Nach Auffassung der DAG 70 sollte im Grundsatz der *vertrauensvollen Zusammenarbeit* von Betriebsrat und Arbeitgeber in § 49 Abs. 1 BetrVG 52 der letzte Halbsatz *„zum Wohl des Betriebs und seiner Arbeitnehmer unter Berücksichtigung des Gemeinwohls“* gestrichen werden (Rz. 60). Betriebsvereinbarungen sollten innerhalb einer dreimonatigen Frist gekündigt werden können (Rz. 61).

b) Politische Betätigung im Betrieb

Auch wenn sich der Entwurf der DAG teilweise an die Entwürfe von DGB und SPD annäherte, sprach er sich ausdrücklich für die Beibehaltung des Verbots der parteipolitischen Betätigung im Betrieb aus (Rz. 47).

---

719 *Brandt* (SPD), BT-Prot. VI/5, S. 28 f.

720 Forderungen zur Novellierung des Betriebsverfassungsgesetzes und Entschließung zum Bericht der Mitbestimmungskommission (Biedenkopf-Kommission) des DAG-Bundesvorstands, Hamburg 1970; BA Koblenz, B 149/9854, S. 322–339.

2. *Abweichungen vom BetrVG durch Betriebsvereinbarung oder Tarifvertrag*

Wie auch im SPD-E vorgesehen, schlug die DAG eine Möglichkeit zur Erweiterung der betriebsverfassungsrechtlichen Rechte vor, im Gegensatz zum SPD-E allerdings nur durch Tarifvertrag und nicht durch Betriebsvereinbarung. Zudem sollten die Individualrechte der Arbeitnehmer erweiterbar sein und eine Möglichkeit zur Entscheidung über Nebenbetriebe geschaffen werden können (Rz. 77).

3. *Leitende Angestellte*

Ebenfalls ähnlich dem SPD-E war nach dem Vorschlag der DAG der Kreis der leitenden Angestellten, auf den das BetrVG keine Anwendung finden sollte, klarer abgegrenzt und nach Rz. 58 des DAG-E 70 auf solche beschränkt, die als Vertreter des Unternehmers oder der Gesellschaft oder qua Stellung im Unternehmen mit *„rechtlich gesicherter Entscheidungsvollmacht"* und Prokura ausgestattet sind.

Eine Sondervertretung für die leitenden Angestellten sah der DAG-E entgegen der Forderung der Union der leitenden Angestellten[721] nicht vor. Vielmehr war beabsichtigt, die Position der Angestellten als Gruppe im Betriebsrat zu stärken.[722] Ziel der DAG war es, die Zahl der Angestellten, die nicht unter das BetrVG fallen, zu verringern und ihre Position innerhalb des Betriebs ohne die Einräumung einer Sondervertretung zu stärken. Dies war auch im Sinne des Bundesarbeitsgerichtspräsidenten *Müller*, der die leitenden Angestellten aufgrund des geringeren Kündigungsschutzes für schutzbedürftig hielt und daher für eine Vergrößerung der Anzahl der leitenden Angestellten, die unter das Betriebsverfassungsgesetz fallen sollten, plädierte.[723]

4. *Wahl des Betriebsrats*

a) *Passives Wahlrecht*

Beim passiven Wahlrecht schloss sich der DAG-Entwurf der SPD an,[724] mit der Ausnahme, dass das Mindestalter auf das vollendete 18. Lebensjahr reduziert werden sollte (Rz. 2, 5).

b) *Erleichterung der Betriebsratswahl/Notbetriebsrat*

Dem von der FDP vorgeschlagenen Betriebsbeirat ähnlich, sah die DAG nach Rz. 11 u. 80 die Bildung eines durch das Arbeitsgericht zu bestellenden Notbetriebsrates vor, wenn alle Mittel zur Bildung eines Betriebsrates erfolglos ausgeschöpft waren.

---

721 Vgl. S 110.
722 Vgl. S. 139.
723 *Müller*, DB 1969, 750.
724 Vgl. S. 115.

Antragsberechtigt sollten drei Arbeitnehmer oder eine im Betrieb vertretene Gewerkschaft sein, im Gegensatz zum FDP-Vorschlag der Arbeitgeber jedoch nicht. Der Notbetriebsrat sollte nach dem Entwurf die Aufgaben des Betriebsrates wahrnehmen und jederzeit durch einen gewählten Betriebsrat ersetzt werden können. Für die ersten Betriebsratswahlen sollte den Gewerkschaften ein Vorschlagsrecht zustehen (Rz. 78). Für den Fall einer gerichtlichen Einsetzung des Wahlvorstandes sollte ebenfalls den Gewerkschaften ein Vorschlagsrecht eingeräumt und dem Arbeitsgericht die Möglichkeit eröffnet werden, *„Beauftragte der Gewerkschaften"* in den Wahlvorstand zu berufen (Rz. 79).

5. Organisation des Betriebsrats

Für die Besetzung des Betriebsrates in Großbetrieben schlug die DAG vor, die Staffelung bis über 25.000 Arbeitnehmer fortzuführen, für die dann 45 Betriebsratsmitglieder zuständig sein sollten (Rz. 3). Wie auch CDU/CSU und SPD forderte die DAG eine entsprechende Vergrößerung des Betriebsausschusses bei mehr als 21 Betriebsratsmitgliedern und daneben die Umbenennung des Betriebsausschusses in den *„Geschäftsführenden Ausschuss"* (Rz. 16).

Nach geltendem Recht durften Sonder- oder Fachausschüsse des Betriebsrats nur mit Betriebsratsmitgliedern besetzt werden.[725] Zur Erleichterung der Betriebsratsarbeit sah der DAG-E, wie auch die CDU/CSU und die FDP,[726] eine Stärkung der Delegationsrechte des Betriebsausschusses vor. Etwas abweichend sollten allerdings neben den Fachausschüssen, denen nur Betriebsratsmitglieder angehören, auch Sonderausschüsse mit mandatsfreien Arbeitnehmern gebildet werden können (Rz. 17).

6. Gesamt- und Konzernbetriebsrat

Die Kompetenzen des durch die Betriebsräte eines Unternehmens gebildeten Gesamtbetriebsrates sollten nicht ausgeweitet werden. Die Bildung des Gesamtbetriebsrats war nach geltendem Recht an hohe Voraussetzungen geknüpft. So wurde nach § 46 BetrVG 52 erst ein Gesamtbetriebsrat gebildet, wenn die Betriebsräte, die drei Viertel der Arbeitnehmer des Unternehmens vertraten, einen entsprechenden Beschluss fassten. In völliger Abkehr hiervon forderte die DAG für Unternehmen mit mehreren Betrieben, wie auch von der *Biedenkopf-Kommission* empfohlen, die obligatorische Einrichtung eines Gesamtbetriebsrats (Rz. 24).

Zudem sollte der dem BetrVG 52 noch unbekannte Konzernbetriebsrat als neues Gremium eingeführt werden, ohne den Gesamtbetriebsräten übergeordnet zu sein (Rz. 30). Gesamt- und Konzernbetriebsrat sollten für alle Angelegenheiten zuständig sein, die ihnen durch Beschluss einzelner Betriebsräte bzw. einzelner Gesamtbetriebsräte übertragen wurden (Rz. 29 u. 30).

---

725 *Dietz,* BetrVG, 4. Aufl. 1967, § 28 Rz. 25; *Fitting/Kraegeloh-Auffarth,* BetrVG, 9. Aufl. 1970, § 28 Rz. 25; *Müller-Forwerk,* BB 1966, 212.

726 Vgl. CDU/CSU-E 67, S. 95; FDP-E, S. 127.

7. Arbeitnehmerrechte

Die Forderungen des stellvertretenden DAG-Vorsitzenden *Apel*, für den einzelnen Arbeitnehmer *„betriebliche Grundrechte"* zu schaffen, die ihm bezüglich seines Arbeitsplatzes ein *„Maximum an Information"* und Mitwirkungsrechten garantierten,[727] spiegelten sich nun im Gesetzesentwurf der DAG wider. Die DAG griff einige Vorschläge der CDA[728] zur Stärkung der Rechte der Arbeitnehmer auf und modifizierte diese. So sah der Entwurf zunächst vor, dass dem Arbeitnehmer in seinem Arbeitsbereich das Recht auf Information und Mitwirkung an allen seinen Arbeitsplatz direkt berührenden Fragen[729] zustehen sollte (Rz. 48). Zur Durchsetzung sollte er das Recht haben, Maßnahmen mit Unterstützung eines Betriebsratsmitglieds mit seinem direkten Vorgesetzten zu beraten. Kommt eine Einigung nicht zustande, so sollte der Arbeitnehmer den Betriebsrat anrufen können, der, sofern er das Anliegen für *„gerechtfertigt"* hält, mit dem Arbeitgeber eine Einigung sucht, die bei Scheitern durch den Spruch der Einigungsstelle ersetzt wird. Zu den Informationsrechten des Arbeitnehmers sollte u. a. auch das Recht zur Einsichtnahme in die Personalakte gehören und die Möglichkeit zur Beifügung von Erklärungen.

8. Arbeitsgruppenrechte

Neben dem einzelnen Arbeitnehmer sollten auch zu schaffenden Gruppen innerhalb der Arbeitsbereiche konkrete Rechte zugestanden werden. So sollten zunächst aus den räumlich und sachlich zusammenarbeitenden Arbeitnehmern *„Arbeitsgruppen"* und aus in gleichartigen beruflichen Funktionen Tätigen *„Funktionsgruppen"* gebildet werden (Rz. 49). Diese Gruppen sollten im Betriebsrat angemessen vertreten sein (Rz. 8). Weitere Rechte und Pflichten dieser Gruppen sollten betrieblich oder tariflich geregelt werden können (Rz. 49).

9. Gruppen- und Minderheitenrechte

Auch die DAG hielt trotz entgegen stehender Meinungen an ihren schon häufiger formulierten Forderungen nach Stärkung der Gruppenrechte fest und forderte weitgehend dieselben Rechte für Gruppen wie bereits die FDP[730].

---

727 *Apel*, BB 1968, 1445.

728 Vgl. S. 103.

729 Bei wesentlichen und dauerhaften Veränderungen der Anforderungen an seine Arbeitsleistung, bei Einrichtung und Veränderung des Arbeitsplatzes und des Arbeitsablaufes, bei Wechsel seines Arbeitsplatzes und bei einer wesentlichen Änderung, insbesondere Einschränkung oder Erweiterung seiner beruflichen Funktion.

730 Vgl. S. 128.

10. Schutz und Arbeitsbedingungen von Funktionsträgern

Der Kündigungsschutz des § 15 KSchG 69 entfaltete keine Nachwirkung,[731] mit der Folge, dass regelmäßig ausscheidenden Betriebsratsmitgliedern gekündigt wurde. Dem trat der Vorschlag der DAG 70 entgegen. Der Schutz sollte auf drei Jahre nach Beendigung der Amtszeit ausgedehnt werden (Rz. 92); bei längerer Betriebsratstätigkeit sollte sich der Kündigungsschutz entsprechend verlängern, so dass der Kündigungsschutz bis zu zehn Jahre[732] nachwirken kann (Rz. 93). Zudem sollte, ähnlich dem Vorschlag des DGB[733], der Kündigungsschutz für Betriebsratsmitglieder aus § 15 KSchG 69 auf Mitglieder des Wahlvorstandes für die Dauer ihrer Amtszeit und auf Kandidaten für die Wahl zum Betriebsrat für drei Monate nach Bekanntgabe des Wahlergebnisses ausgedehnt werden (Rz. 12). Neben diesen Kündigungsschutzvorschriften sollte die Arbeit der Betriebsräte erleichtert werden. Dementsprechend schloss sich die DAG hinsichtlich der Freistellung von Betriebsratsmitgliedern der SPD[734] an. Im Bezug auf die Freistellung zum Zwecke der Schulung sollten sämtliche Funktionsträger, auch die Aufsichtsratsmitglieder, *„Bildungsurlaub“* zur Wahrnehmung von Schulungen erhalten (Rz. 23 u. 38). Ferner wollte auch die DAG die Mandatsträger in ihrem beruflichen Fortkommen besser schützen. So schlug sie vor, dass ihnen durch Übernahme eines Mandats oder auch bei Freistellung keine Benachteiligungen in ihrem kontinuierlichen beruflichen Fortkommen entstehen dürften (Rz. 22).

11. Betriebs- und Abteilungsversammlungen

Wie ebenfalls von *Apel* gefordert,[735] sah der DAG-Entwurf ähnlich wie der CDU/CSU-Entwurf vor, dass neben den Betriebsversammlungen auch Teilbetriebsversammlungen möglich sein sollten (Rz. 51). Das sollte für die Gruppen (Arbeiter und Angestellte) (Rz. 52) und für Arbeits- und Funktionsgruppen (Rz. 53) gelten. Neben der Betriebsversammlung sollte der Teil- und der Gruppenversammlung das Recht zustehen, dem Betriebsrat Anträge zu unterbreiten und zu seinen Beschlüssen Stellung zu nehmen (Rz. 56). Die Kosten, die den Arbeitnehmern durch die Teilnahme an diesen Versammlungen entstünden, sollten entsprechend dem Vorschlag des DGB von 1967[736] vom Arbeitgeber getragen werden (Rz. 55).

---

731 *Fitting/Kraegeloh-Auffarth* BetrVG, 9. Aufl. 1970, § 53 Rz. 21, 23.
732 Ab 10 Jahre Betriebsratsmitgliedschaft = 5 Jahre Kündigungsschutz, 15 = 8, 20 = 10.
733 Vgl. Seite 78.
734 Vgl. S. 119.
735 *Apel*, BB 1968, 1446.
736 Vgl. S. 83.

12. *Mitbestimmung des Betriebsrats in allgemeinen, sozialen, personellen und wirtschaftlichen Angelegenheiten*

Nach Auffassung der DAG sollten zu den allgemeinen Aufgaben die Förderung der Bildung von Arbeits- und Funktionsgruppen hinzugefügt werden. In weitgehender Anlehnung an den SPD-E sollten die Rechte des Betriebsrats erheblich erweitert werden. Neben den Vorschlägen der SPD war gleichzeitig auch die Verbesserung der Zusammenarbeit von Betriebsrat und Arbeitgeber und die Verbesserung des Informationsflusses vorgesehen.

13. *Mitbestimmung auf Unternehmensebene*

Da die Frage der paritätischen Mitbestimmung in der Regierungserklärung vom 28. Oktober 1969[737] bei Novellierung des Betriebsverfassungsgesetzes ausgeklammert wurde, nahm der Vorschlag der DAG hierzu keine Stellung. Mithin wurde vorerst an der *Drittelparität* festgehalten. Gleichzeitig sah der DAG-E eine entscheidende Stärkung der Mitwirkungsrechte der Arbeitnehmervertreter vor. So sollte der stellvertretende Vorsitzende des Aufsichtsrats auf Vorschlag der Arbeitnehmervertreter gewählt und sichergestellt werden, dass sein Informationsstand dem des Vorsitzenden entsprach (Rz. 37). Zudem sollte den Arbeitnehmervertretern das Recht zugestanden werden, in jeden Ausschuss, den der Aufsichtsrat bildet, ein Aufsichtsratsmitglied ihrer Wahl zu entsenden (Rz. 37). Ferner schlug die DAG vor, dass das Stimmverhältnis zum Beschluss über den Jahresabschluss und Minderheitsmeinungen[738] in den Geschäftsbericht aufgenommen werden muss (Rz. 37). Schließlich sollte für die Familien-Aktiengesellschaft die Mindestarbeitnehmerzahl auf 100 (bisher 500 nach § 76 BetrVG 52) reduziert werden und die Vorschriften für die GmbH analog für die GmbH & Co. KG gelten (Rz. 35).

Der stellvertretende DAG-Vorsitzende *Apel* hatte noch gefordert, für Großunternehmen die paritätische Mitbestimmung einzuführen. Dabei sollten die Arbeitnehmervertreter im Aufsichtsrat – als Pendant zur Hauptversammlung – von einer sog. „*Arbeitnehmervertreterversammlung*" gewählt werden, die mit Wahl- und Kontrollrechten ausgestattet ist. Der Aufsichtsrat sollte aus elf Personen bestehen, von denen drei durch einen Ausschuss des Bundestages, das Landesparlament oder durch Landeswahlausschüsse besetzt werden sollten. Der Vorstand sollte mit einer Zweidrittelmehrheit des Aufsichtsrats gewählt werden, so dass eine Wahl gegen den Willen der anderen Gruppe (Anteilseigner/Arbeitnehmer) nicht möglich wäre.[739]

---

737 *Brandt* (SPD), BT-Prot. VI/5, S. 28 f.

738 Auf Verlangen von einem Viertel der Aufsichtsratsmitglieder.

739 *Apel*, BB 1968, 1447.

14. Stellung der Gewerkschaften im Betrieb

Ziel der DAG war es, die Zusammenarbeit von Betriebsrat und Gewerkschaften zu stärken (Rz. 75). Daher wurden viele, aber nicht alle Vorschläge des DGB übernommen. Darüber hinaus forderte die DAG ein ausdrückliches Zugangsrecht zum Betrieb für Gewerkschaftsvertreter (Rz. 76). Zudem sollten die Spitzenorganisationen der Gewerkschaften für jedes dritte Aufsichtsratsmitglied ein Vorschlagsrecht (Rz. 33 u. 87) und die im Betrieb vertretenen Gewerkschaften ein Antragsrecht für die Einleitung von Strafverfahren gegen den Arbeitgeber erhalten (Rz. 88).

III. Entwurf der Bundesvereinigung der Deutschen Arbeitgeberverbände vom Februar 1970

Gemeinsam mit einer Stellungnahme zum Bericht der Mitbestimmungskommission legte die Bundesvereinigung der Deutschen Arbeitgeberverbände (BDA) im Februar 1970 abstrakt formulierte Änderungsvorschläge zum BetrVG unter dem Titel *Integration der Arbeitnehmer – Vorschläge zur Betriebsverfassung* vor.[740] Gemäß den einleitenden Worten des BDA-Präsidenten *Otto Friedrich* war es das Ziel des Vorschlags, die rechtliche, soziale und gesellschaftliche Stellung des Arbeitnehmers im Unternehmen durch dessen aktives Mitwirken zu verbessern. Zudem bekenne sich die BDA zur Tarifautonomie und damit zu den Ordnungsfunktionen der Arbeitgeberverbände und der Gewerkschaften. Ferner werde der Grundsatz respektiert, dass der Betriebsrat gemeinsam mit den Gewerkschaften seine Aufgaben wahrnimmt, allerdings lehne man *„eine Unterstellung der Betriebe unter gewerkschaftlichen Machteinfluß, wie sie der DGB"* fordere ab. *Friedrich* ging davon aus, dass dies auch nicht der Wille der Arbeitnehmer sei. Ihr Interesse sei vielmehr auf Mitverantwortung, Mitgestaltung sowie Anerkennung, Achtung und Entfaltung der eigenen Persönlichkeit gerichtet. Daher genieße der Ausbau dieser Rechte Vorrang *„vor weitergehenden, kollektiven Mitbestimmungsregelungen, die nur den Gewerkschaften, nicht aber den Arbeitnehmern Vorteile"* brächten.[741] Zudem war man bei der BDA der Auffassung, dass sich die in der Zeit des Wiederaufbaus entwickelte soziale und wirtschaftliche Ordnung bewährt habe. Diese ziele darauf ab, dem Menschen das in der Industriegesellschaft höchstmögliche Ausmaß an persönlicher Freiheit, Verantwortung und Entfaltung zu sichern, materiell allen Wohlstand zu fördern und den Verbraucher optimal mit Gütern und Dienstleistungen aller Art zu versorgen.[742] Im Einzelnen:

---

740 BDA, I. Integration der Arbeitnehmer – Vorschläge zur Betriebsverfassung, II. Erste Stellungnahme zum Bericht der Mitbestimmungskommission, Köln Februar 1970; BDA-Archiv, D VII b 11745a; zusammengefasst in BB 1970, 257.

741 BDA, Integration der Arbeitnehmer – Vorschläge zur Betriebsverfassung, S. 3.

742 BDA, Integration der Arbeitnehmer – Vorschläge zur Betriebsverfassung, S. 7.

1. Leitende Angestellte

Die BDA kam zu dem Ergebnis, dass die leitenden Angestellten eine gesonderte Vertretung wünschten und nicht durch den Betriebsrat repräsentiert werden wollten. Deshalb und angesichts der wachsenden Bedeutung der leitenden Angestellten durch die unternehmerische Mitgestaltung erwäge die Bundesvereinigung eine gesonderte Repräsentanz der leitenden Angestellten.[743]

2. Arbeitnehmerrechte

Die BDA wollte die Integration des einzelnen Mitarbeiters durch die Beteiligung und Verantwortung in seinem Bereich wirksam fördern.[744] So sollte jeder Arbeitnehmer über seinen Aufgaben- und seinen Verantwortungsbereich genau unterrichtet werden. Das galt für wesentliche technische, organisatorische und personelle Änderungen im Arbeitsbereich des Arbeitnehmers und für die *„Zusammenhänge zwischen seinen Aufgaben und dem Gesamtgeschehen des Betriebes"*. Zudem sah der Entwurf vor, dass der Arbeitnehmer zu ihn betreffenden Maßnahmen Stellung nehmen und durch eigene Vorschläge an der Gestaltung seines Arbeitsplatzes mitwirken können sollte. Ein Recht auf Einsichtnahme in die Personalakte sah auch die BDA vor, allerdings nur in begründeten Fällen. Zudem sollte jeder Arbeitnehmer das Recht haben, seine berufliche Situation mit dem Arbeitgeber zu erörtern und eine Erläuterung über die Berechnung und Zusammensetzung seines Entgelts zu erhalten. Ein Beschwerderecht sei nach Auffassung der BDA so auszugestalten, dass der Arbeitnehmer gehört werde und über sein Anliegen beschieden werden müsse. Über den Schutz der Persönlichkeit des Arbeitnehmers sollten Arbeitgeber und Betriebsrat gemeinsam wachen.

3. Arbeitsgruppenrechte

Wie auch schon vor allem von der SPD[745] gefordert, griff auch die BDA das Modell der Arbeitsgruppen auf. Ziel der BDA war es, sicherzustellen, dass neben dem Kontakt zum Vorgesetzten und zur Betriebsleitung auch der Kontakt des Arbeitnehmers zum Betriebsrat besteht. Da dies in Betrieben mit mehr als 3.000 Arbeitnehmern nach den bisherigen Regelungen schwer zu gewährleisten gewesen sei, sollte in solchen Betrieben der Kontakt zum Betriebsrat über Arbeitsgruppensprecher gesichert werden. Diese sollten von den Arbeitnehmern gewählt werden und ein Arbeitsgruppensprecher etwa 100 Arbeitnehmer vertreten. Neben dem Kontakt zum Betriebsrat sollten die Arbeitsgruppensprecher nach dem Entwurf der BDA auch

743 BDA, Integration der Arbeitnehmer – Vorschläge zur Betriebsverfassung, S. 11.
744 BDA, Integration der Arbeitnehmer – Vorschläge zur Betriebsverfassung, S. 8.
745 Vgl. S. 116.

unmittelbaren Kontakt zum Arbeitgeber haben und auch Sprecherversammlungen abhalten dürfen.[746]

4. *Mitbestimmung in sozialen, personellen und wirtschaftlichen Angelegenheiten*

a) *Mitbestimmung in sozialen Angelegenheiten*

Auch im Bereich der sozialen Mitbestimmung sah die BDA Reformbedarf, stellte aber sogleich klar, dass diese Rechte mit der autonomen Gestaltung der Arbeitsbedingungen und den wirtschaftlichen Erfordernissen des Unternehmens vereinbar sein müssten. Materielle Arbeitsbedingungen könnten nach Auffassung der BDA nicht Gegenstand der obligatorischen Mitbestimmung des Betriebsrats sein, da diese dann der „*Zwangsschlichtung*" unterlägen. Die BDA war der Meinung, dass Sozialeinrichtungen und Maßnahmen zur Arbeitssicherheit nicht ohne Zustimmung des Betriebsrats eingeleitet oder durchgeführt werden dürften. Hinsichtlich der sozialen Auswirkungen von Rationalisierungsmaßnahmen, der Grundsätze der Berufsausbildung und -fortbildung, der Grundsätze über die Mietpreise von Werkswohnungen und der Maßnahmen zur Schaffung von Arbeitsplätzen für ältere Arbeitnehmer sollte dem Betriebsrat jedoch nur ein Beratungsrecht zustehen. In den übrigen wesentlichen sozialen Angelegenheiten beschränkte sich der BDA-E darauf, dass der Arbeitgeber gehalten sein sollte, den Betriebsrat rechtzeitig und vollständig zu unterrichten, was nicht einmal einem vollwertigen Informationsrecht entsprach, da dem Betriebsrat kein Anspruch auf die Unterrichtung zustehen sollte.

b) *Mitbestimmung in personellen Angelegenheiten*

Im Bereich der personellen Mitbestimmung führte die BDA in ihrem Entwurf allgemein aus, dass die Informationsrechte des Betriebsrates gestärkt werden sollten. Konkret bekannte sich die BDA allerdings lediglich dazu, dass ordentliche Kündigungen, entsprechend der h.M., ohne Betriebsratsanhörung unwirksam sein sollten.[747]

c) *Mitbestimmung in wirtschaftlichen Angelegenheiten*

Kaum verwunderlich ist, dass die BDA in ihrem Entwurf auch im Bereich der wirtschaftlichen Angelegenheiten eine Ausweitung der Mitbestimmung u. a. unter Verweis auf die Haftungsverteilung und die Gefährdung der Entscheidungsfähigkeit der Unternehmensleitung ablehnte. Die vertrauensvolle Zusammenarbeit zwischen Unternehmensleitung und Arbeitnehmern müsse aber auch in diesem Bereich durch verbesserte Unterrichtung ausgebaut werden. Deshalb schlug die BDA vor, Einrichtungen, wie den Wirtschaftsausschuss, den Gesamtbetriebsrat,

---

746 BDA, Integration der Arbeitnehmer – Vorschläge zur Betriebsverfassung, S. 9.
747 BDA, Integration der Arbeitnehmer – Vorschläge zur Betriebsverfassung, S. 10.

die Betriebsversammlung und die Jugendvertretung zu diesem Zwecke zu beleben und weiterzuentwickeln. Ferner räumte die BDA ein, dass gutausgebildete Betriebsratsmitglieder für eine *„gesteigerte Zusammenarbeit"* erforderlich sind und deshalb, soweit notwendig und vertretbar, zur Aus- und Weiterbildung freigestellt werden sollten.[748]

Die BDA wurde nicht müde, die Gewerkschaften als Tarifpartner und die Tarifautonomie an sich in ihrem Entwurf anzuerkennen. Hieraus leitete sie ab, dass es den im Betrieb vertretenen Gewerkschaftsmitgliedern außerhalb der Arbeitszeiten und in den Pausen gestatten sein sollte, für ihre Gewerkschaft zu werben und Informationsmaterial zu verteilen,[749] was ohnehin der Rechtsprechung des Bundesarbeitsgerichts entsprach[750].

IV. Entwurf der Bundesvereinigung der Deutschen Arbeitgeberverbände vom Juni 1970

In Ergänzung zu den Vorschlägen der BDA vom Februar 1970 legte die BDA im Juni 1970 eine Konkretisierung ihrer Vorstellungen von einer gesonderten Vertretung der leitenden Angestellten neben dem Betriebsrat als Gesetzesvorschlag für die Rechtsstellung der *„leitenden Angestellten"*[751] vor:

Nach § 4 Abs. 2 lit. c BetrVG sollten leitende Angestellte nicht als Arbeitnehmer im Sinne des BetrVG gelten, sondern in einem neuen Abs. 3 definiert werden:

> *„Leitende Angestellte im Sinne von Abs. 2 Buchst. c sind Angestellte, die regelmäßig entweder übertragene Arbeitgeberbefugnisse im wesentlichen eigenverantwortlich wahrnehmen oder für den Bestand oder die Entwicklung des Unternehmens wesentliche Aufgaben überwiegend selbständig aufgrund ihrer besonderen Erfahrungen oder Kenntnisse, z.B. einer wissenschaftlichen Ausbildung oder eines entsprechend zu bewertenden beruflichen Entwicklungsstandes, erfüllen."*

Dieser sehr extensive Begriff des leitenden Angestellten war nach dem Willen der BDA die Grundlage für die Wahl eines Sprecherausschusses. Dieser sollte in Betrieben ab 20 leitenden Angestellten gewählt werden, die dann in Betrieben mit bis zu 100 leitenden Angestellten von drei Sprechern, in Betrieben mit bis zu 300 leitenden Angestellten von fünf Sprechern und in Betrieben mit mehr als 300 leitenden Angestellten von sieben Sprechern vertreten werden sollten.

---

748 BDA, Integration der Arbeitnehmer – Vorschläge zur Betriebsverfassung, S. 10 f.

749 BDA, Integration der Arbeitnehmer – Vorschläge zur Betriebsverfassung, S. 12.

750 BAG, Urteil v. 14.02.1967, 1 AZR 494/65, NJW 1967, 843; DB 1967, 341, Leitsatz: *„Der Betriebsinhaber darf es einer Gewerkschaft nicht untersagen, im Betrieb durch der Gewerkschaft angehörende Belegschaftsmitglieder Werbe- und Informationsmaterial mit spezifisch koalitionsgemäßem Inhalt außerhalb der Arbeitszeit und während der Pausen verteilen zu lassen."*

751 Abgedruckt in RdA 1970, 249.

Auch einen Unternehmenssprecherausschuss als Äquivalent zum Gesamtbetriebsrat sah der Entwurf vor. Dieser sollte auch die leitenden Angestellten im Unternehmen vertreten, in deren Betrieb kein Sprecherausschuss gewählt werden kann. Können in einem Unternehmen mit mehreren Betrieben keine Sprecherausschüsse gebildet werden, sollte ab 30 leitenden Angestellten im Unternehmen die Möglichkeit bestehen, einen gemeinsamen Sprecherausschuss zu wählen. Ferner schlug die BDA vor, den Wahlvorstand mit den drei dienstältesten leitenden Angestellten zu besetzen. Für die Dauer der Amtsperioden waren nur zwei Jahre vorgesehen.

Die Rechte des von der BDA vorgeschlagenen Sprecherausschusses beschränkten sich im Wesentlichen auf Informations- und Erörterungsrechte. Außerdem sollten verbindliche Richtlinien für die Dienstverhältnisse mit den leitenden Angestellten vereinbart werden können und der Sprecherausschuss vor jeder Kündigung eines leitenden Angestellten gehört werden.

V. Entwurf der Christlich-Demokratische Arbeitnehmerschaft vom 15. März 1970

Am 15. März 1970 legte der Arbeitskreis Mitbestimmung der CDU-Sozialausschüsse einen weiteren Novellierungsentwurf zum BetrVG vor.[752] Geschäftsführer der CDU-Sozialausschüsse *Norbert Blüm*, dem nach Auffassung des SPIEGELs *„in der CDU der Part des sozialen Alibis"* zufiel und der sich selbst als *„Blitzableiter der Partei"* bezeichnete,[753] mahnte bei der Vorstellung des Entwurfs, dass die CDU auf dem nächsten Parteitag in Hamburg eine klare Entscheidung in Sachen Mitbestimmung treffen müsse. Es drohe andernfalls die Gefahr, dass die Fragen der Mitbestimmung in einer *„Diskussionsinflation"* zerredet würden. Gleichzeitig kritisierte *Blüm* die *„Mitbestimmungsparalyse"*, in der sich die SPD seit der Koalitionsabsprache mit der FDP befände und wunderte sich über die Zurückhaltung des DGB seit der Bundestagswahl. Außerdem wies er darauf hin, dass sich die Oppositionspolitik nicht auf die Außen- und Deutschlandpolitik beschränken dürfe, sondern auch Felder wie die Mitbestimmung aufgreifen müsse.[754] Im Übrigen reichte nach *Blüms* Ansicht die im Bericht der *Biedenkopf-Kommission* empfohlene Unternehmensmitbestimmung nur für mittelgroße Betriebe aus. Bezüglich der eigentlich problematischen Großkonzerne wäre diese Lösung nicht sachgerecht. Für diese sei die Parität von Arbeit und Kapital zu fordern. Vermutlich müsse man dreistufig vorgehen. Für Kleinbetriebe müsse weiterhin die Drittelbeteiligung nach dem BetrVG 52 gelten, für Unternehmen ab 1.000 Arbeitnehmern eine erweiterte Mitbestimmung und für alle Großbetriebe eine paritätische Mitbestimmung.

---

752 CDA-Entwurf v.15.03.1970, BA Koblenz, B 149/9854, S. 68.

753 Der Spiegel 38/1970, S. 30.

754 Frankfurter Rundschau, 04.04.1970, S. 4.

Dem BMA wurde der Gesetzesentwurf der CDA vertraulich von der BDA nebst kurzer Stellungnahme übermittelt. In der Stellungnahme unterstellte die BDA der CDA eine Tendenz des *„Linksüberholens“*. Zudem sei man sich sicher, dass keinerlei Aussicht bestünde, dass die Sozialausschüsse mit diesem Entwurf bei der CDU durchkämen.[755]

Der Entwurf übernahm weitgehend die Fassung des DGB-E von 1967 und zwar teilweise wörtlich oder zumindest sinngemäß. Da der DGB-E und der SPD-E weitgehend identisch waren, entstand damit eine *Fraktion* zwischen den Sozialausschüssen der christlich-demokratischen Arbeitnehmerschaft und der SPD. Allerdings behielten sich die CDU-Sozialausschüsse Vorschläge zur Regelung der Mitbestimmung im Aufsichtsrat vor. Außerdem sollten weitreichende Rechte für den einzelnen Arbeitnehmer im BetrVG kodifiziert werden. Hiermit folgten die Sozialausschüsse eher den Tendenzen von DAG und BDA und nicht den Entwürfen von DGB und SPD, die allein das kollektive Organ stärken wollten. Im Einzelnen:

1. Zusammenarbeit von Arbeitgeber und Betriebsrat

In Sachen Zusammenarbeit zwischen Arbeitgeber und Betriebsrat war lediglich, wie auch schon von der DAG, ein ausdrückliches Kündigungsrecht nebst Kündigungsfrist für Betriebsvereinbarungen vorgesehen. Die Kündigungsfrist sollte in diesem Fall jedoch sechs und nicht nur drei Monate betragen und die außerordentliche Kündigung hiervon unberührt bleiben (§ 52 Abs. 3 CDA-E 70).

2. Leitende Angestellte

Nach den Vorstellungen der CDA sollten ähnlich dem Vorschlag der SPD[756] nur solche Angestellte nicht zum Kreise der Arbeitnehmer zählen, die zur selbständigen Einstellung und Entlassung berechtigt sind oder denen Generalvollmacht erteilt wurde (§ 4 c CDA-E 70). Die Erteilung von Prokura sollte jedoch keine Rolle spielen. Eine vom Betriebsrat losgelöste Sondervertretung der leitenden Angestellten wollte auch die CDA nicht einführen. Allerdings sollte der nach ihrer Definition vergleichsweise kleine Kreis von leitenden Angestellten die Möglichkeit erhalten, innerhalb des Betriebsrats ein Minderheitenrecht geltend machen zu können.[757]

---

755 Vfg. des Referats IIIa2 des BMA, 19.03.1969; BA Koblenz, B 149/9854, S. 57.

756 Die SPD-Formulierung enthielt noch das Abgrenzungskriterium der Prokura-Erteilung.

757 Vgl. S. 150.

3. *Wahl des Betriebsrats*

Entsprechend der Forderungen von SPD[758] und DAG[759] wünschte die CDA hinsichtlich des passiven Wahlrechts die Gleichbehandlung ausländischer Arbeitnehmer, eine Herabsetzung des Mindestalters auf das vollendete 18. Lebensjahr und die Anrechnung der Unternehmens- und Konzernzugehörigkeit bei der Betriebszugehörigkeit (§ 7 Abs. 1 CDA-E 70). Zudem folgte die CDA zur Erleichterung der Betriebsratswahlen dem DGB-E[760] und räumte dem Betriebsrat die Möglichkeit ein, die Anzahl der Mitglieder des Wahlvorstandes eigenständig zu erhöhen (§ 15 Abs. 1 CDA-E 70). Bei den Initiativ- und Vorschlagsrechten zur Bestimmung des Wahlvorstandes schloss sich die CDA den Vorschlägen von CDU/CSU und SPD an (§ 16 Abs. 2 u. 3 CDA-E 70). Der Wahlvorstand sollte nun aber in der Betriebsversammlung ausdrücklich von der Mehrheit der *„anwesenden"* Arbeitnehmer gewählt werden (Abs. 1). Diese Regelung hatte jedoch nur klarstellenden Charakter, da hiervon bisher ohnehin ausgegangen wurde,[761] die Frage aber dennoch regelmäßig zu Unsicherheit bzw. Streit geführt hatte.

4. *Organisation des Betriebsrats*

Entsprechend dem Vorschlag des DGB sollte die Anzahl der Betriebsratsmitglieder in größeren Betrieben angehoben werden, wobei die DAG zwei weitere Stufen eingefügte (§ 9 Abs. 1 CDA-E 70). Wie die CDU/CSU vergrößerte die CDA nach § 28 CDA-E 70 die Anzahl der Betriebsausschussmitglieder ab 23 Betriebsratsmitgliedern um zwei weitere Ausschussmitglieder. Zur Stärkung der Delegationsmöglichkeiten wählte die CDA einen etwas anderen Weg als die vorangegangen Gesetzesentwürfe[762]. So sollte der Betriebsrat nach § 9 Abs. 3 CDA-E 70 zur seiner Unterstützung *„Betriebsvertrauensleute"* bestellen können, wobei deren Bestellung, deren Anzahl und deren Aufgaben und damit die gesamte Ausgestaltung dieser Möglichkeit dem Betriebsrat obliegen sollte.

5. *Gesamt- und Konzernbetriebsrat*

Wie die DAG sah nun auch die CDA die obligatorische Errichtung von Gesamt- und Konzernbetriebsräten vor (§ 46 u. 46a CDA-E 70). Neu war jedoch der Gedanke der CDA, dass in einem Betrieb des Unternehmens ohne Betriebsrat der

758 Vgl. S. 115.
759 Vgl. S. 137.
760 Vgl. S. 77.
761 BAG, Beschluss v. 14.12.1965, 1 ABR 6/65, AP BetrVG § 16 Nr. 5, RdA 66, 119, BB 66, 367; *Dietz,* BetrVG, 4. Aufl. 1967, § 16 Rz. 7; *Fitting/Kraegeloh-Auffarth,* BetrVG, 9. Aufl. 1970, § 16 Rz. 13; *Galperin/Siebert,* BetrVG, 4. Aufl. 1963, § 16 Rz. 4d; *Hueck/Nipperdey,* Bd. 2, 7. Aufl. 1970, S. 1143 Fn. 40; *Nikisch,* Bd. 3, 2. Aufl. 1966, S. 89; *Popp,* DB 1959, 404.
762 Vgl. CDU/CSU-E 67, S. 95; FDP-E, S. 127; DAG-E 70, S. 138.

Gesamtbetriebsrat dessen Aufgaben wahrnehmen sollte (§ 48 Abs. 1 CDA-E 70). Beschlussfähig sollte der Gesamtbetriebsrat allerdings nur sein, *„wenn mindestens die Hälfte seiner Mitglieder anwesend sind und die Anwesenden mindestens die Hälfte aller Stimmen vertreten“* (Abs. 2).

Hinsichtlich des Konzernbetriebsrats verwies die CDA für die Zuständigkeiten, die Zusammensetzung und die Aufgaben auf die Regelungen für den Gesamtbetriebsrat (§ 46a CDA-E 70). Für die Besetzung des Konzernbetriebsrats war vorgesehen, dass je 3.000 Arbeitnehmer die Gesamtbetriebsräte jeweils ein Mitglied in den Konzernbetriebsrat entsenden. Sofern nur ein Konzern- und kein Gesamtbetriebsrat besteht, sollte die Entsendung von den Betriebsträten ausgehen (§ 47 Abs. 4 CDA-E 70).

6. *Arbeitnehmerrechte*

Wie schon im CDA-E von 1968,[763] wurden auch im Entwurf von 1970 in einer *„ersten Abteilung“* (Abt.) des Gesetzes Rechte zugunsten des einzelnen Arbeitnehmers verankert:

Nach Abt. 1 § 1 CDA-E 70 hatte der Arbeitnehmer in allen Angelegenheiten, die ihn persönlich betreffen, das Recht mitzubestimmen. Konkret umfasste das nach Abt. 1 § 2 CDA-E 70 den Inhalt der Pflichten aus dem Arbeitsverhältnis, insbesondere die Art und Weise der Arbeitsausführung am Arbeitsplatz, die Einrichtung und Beschaffenheit des Arbeitsplatzes der Betriebsabteilung sowie das Recht auf Information und berufliche Fortbildung. Der Arbeitgeber sollte in der Folge nach Abt. 1 § 3 CDA-E 70 verpflichtet sein, auf Verlangen des Arbeitnehmers schriftlich Stellung zu nehmen

- zum Grund der gegenwärtigen oder der geplanten Gestaltung des Arbeitsplatzes,
- zum Zustandekommen und zur Zusammensetzung des Entgelts,
- zu den beruflichen Aufstiegsmöglichkeiten,
- zu Beschwerden über Arbeitsbedingungen, Vorgesetzte und betriebliche Verhältnisse und
- zu Anregungen und Verbesserungsvorschlägen.

Außerdem hatte der Arbeitnehmer nach dem Entwurf einen Anspruch

- auf Einsicht in die vollständige Personalakte (Abt. 1 § 4 Abs. 1 CDA-E 70),
- auf Erhalt aller Beurteilungen (Abs. 2),
- auf Erhalt eines Zwischenzeugnisses bei Zuweisung eines anderen Arbeitsplatzes (Abs. 3),
- auf Hinzufügung von Stellungnahmen zu seiner Personalakte (Abs. 4) und
- auf einen seinen Fähigkeiten entsprechenden Arbeitsplatz (Abt. 1 § 5 CDA-E 70).

763 Vgl. S. 103.

Grundsätzlich sollte der Betriebsrat in eigener Zuständigkeit die Rechte des Arbeitnehmers geltend machen dürfen, soweit dieser nicht widersprach (Abt. 1 § 6 Abs. 1 CDA-E 70). Wurde der Betriebsrat nicht selbständig tätig, sollte der betroffene Arbeitnehmer ein Betriebsratsmitglied zur Durchsetzung seiner Rechte bestimmen können (Abs. 2). In Streitfällen sollte dann die Einigungsstelle entscheiden (Abt. 1 § 7 CDA-E 70). Außerdem sollten sämtliche Rechte ungeachtet der Existenz eines Betriebsrates gewährleistet werden (Abt. 1 § 8 CDA-E 70).

7. Gruppen- und Minderheitenrechte

Zunächst schloss sich die CDA in den wesentlichen Punkten den bisherigen Entwürfen des DGB, der SPD- und der CDU/CSU-Fraktion an. Der Entwurf sah zwar eine Ausweitung der Gruppen- und Minderheitenrechte vor, eine Ausweitung nach dem Vorbild der CDU/CSU oder der FDP ging der CDA jedoch zu weit. Ergänzend schlug die CDA einen gesonderten Minderheitenschutz für leitende Angestellte vor. Diese sollten als Minderheitengruppe i.S.d. § 10 Abs. 1 BetrVG 52 gelten, wenn sie weniger als die Hälfte aller im Betrieb beschäftigten Angestellten waren und vor Abschluss der Kandidatenaufstellung mehrheitlich die Ausübung ihres Gruppenrechts beschlossen hatten (§ 10 Abs. 5 CDA-E 70).

8. Schutz und Arbeitsbedingungen von Funktionsträgern

Zum Schutz der Betriebsratswahl sollten, entsprechend dem DGB-E,[764] der Wahlvorstand und die Kandidaten einen Sonderkündigungsschutz für die Zeit der Wahl nebst dreimonatiger Nachwirkung erhalten (§ 19 Abs. 1 CDA-E 70).

Vergleichbar dem SPD-E, sah die CDA bezüglich der freizustellenden Betriebsratsmitglieder auch eine Staffelung vor. Es sollte aber weiterhin der Arbeitgeber über den Umfang der Freistellungen entscheiden und der Betriebsrat bei Uneinigkeit das Arbeitsgericht anrufen müssen (§ 37 Abs. 4 CDA-E 70). Zudem sollte es sich bei der Staffelung nicht um eine Mindestfreistellung handeln; für Betriebe *mittlerer* Größe sah die CDA mehr Freistellungen vor als die SPD und für Großbetriebe weniger Freistellungen. Außerdem forderte die CDA eine durchgehende Staffelung der Freistellungen bis zu Betrieben mit mehr als 40.000 Arbeitnehmern. Im Ergebnis waren nach dem SPD-E von 1968 bei einem Betrieb mit mehr als 40.000 Arbeitnehmern 41 Betriebsräte freizustellen, nach dem CDA-E 70 lediglich 17.

In Sachen Freistellung zum Zwecke der Schulung, Abhaltung von Sprechstunden, Freizeitausgleich für Betriebsratstätigkeiten neben der Arbeitszeit und dem allgemeinen Schutz aller Mandatsträger schloss sich auch der CDA-E dem DGB-E bzw. dem SPD-E an.[765]

Auch bezüglich des Schutzes vor Nachteilen in der beruflichen Entwicklung folgte die CDA dem DGB-E (§ 53 Abs. 2 CDA-E 70), regelte aber weitergehend,

---

764 Vgl. S. Seite 72.

765 Vgl. DGB-E 67 S. 81 ff, SPD-E S. 119.

dass sofern erforderlich, Nachteile im beruflichen Fortkommen auch während der Betriebsratstätigkeit angemessen auszugleichen sind. Außerdem sollten Betriebsratsmitglieder während ihrer Amtszeit und mindestens drei Jahre danach nicht mit Tätigkeiten beschäftigt werden dürfen, die den letzten Tätigkeiten vor der Wahl nicht mindestens gleichwertig waren. Zudem waren gemäß § 37 Abs. 2 CDA-E 70 Zuwendungen, die vergleichbare Arbeitnehmer erhalten, auch den Betriebsratsmitgliedern zu gewähren.

9. Betriebs- und Abteilungsversammlungen

Wie nach den Entwürfen des DGB und der CDU/CSU, sollten auch nach dem CDA-E die Anfahrtskosten und das Entgelt für die Teilnahme an Betriebsversammlungen außerhalb der Arbeitszeit gewährleistet werden (§ 43 Abs. 1 CDA-E 70). Sich ebenfalls an den CDU/CSU-E anlehnend, sollten der Arbeitgeber die Arbeitnehmer in der Betriebsversammlung über wirtschaftliche Angelegenheiten mindestens jährlich unterrichten (§ 42 Abs. 2 CDA-E 70). Außerordentliche Betriebsversammlungen sollten konkreter als im CDU/CSU-E innerhalb von zwei Wochen nach Antragsstellung einberufen werden. Außerdem waren nach § 42 Abs. 3 des Entwurfs in Betrieben mit mehr als 1.000 Beschäftigten 250 Beschäftigte berechtigt, eine Betriebsversammlung einzuberufen. Schließlich sollte entsprechend dem CDU/CSU-E und den Forderungen des stellvertretenden DAG-Vorsitzenden *Apel*[766] die Möglichkeiten zur Einberufung von Teilbetriebsversammlungen in Form von Gruppen- und Betriebsabteilungsversammlungen erleichtert werden (§ 41 CDA-E 70.)

10. Mitbestimmung des Betriebsrats in allgemeinen, sozialen, personellen und wirtschaftlichen Angelegenheiten

a) Mitbestimmung in allgemeinen, sozialen und personellen Angelegenheiten

Hinsichtlich der Informationsrechte schloss sich die CDA dem Vorschlag der SPD[767] an, verzichtete jedoch auf die Einräumung des Rechts des Betriebsrats auf Einsichtnahme in die Lohn- und Gehaltslisten (§ 54 Abs. 2 CDA-E 70). Darüber hinaus forderte die CDA, dass der Betriebsrat auch für die Integration älterer Arbeitnehmer zuständig sein sollte (Abs. 1 lit. d). Die Forderungen zu sozialen und personellen Angelegenheiten entsprachen nahezu vollständig denen der SPD.

b) Mitbestimmung in wirtschaftlichen Angelegenheiten

Das galt auch für die wirtschaftlichen Angelegenheiten. Das von der SPD vorgeschlagene monatliche Zusammentreten des Wirtschaftsauschusses unter obligatorischer Teilnahme des Arbeitgebers oder seines Stellvertreters sollte jedoch nur vierteljährlich stattfinden (§ 69 Abs. 1 u. 2 CDA-E 70). Weitergehend regelte

---

766 *Apel*, BB 1968, 1446.
767 Vgl. S. 120.

der Entwurf, dass der Wirtschaftsausschuss nach § 67 Abs. 2 CDA-E 70 nicht nur einen Anspruch auf *„Unterrichtung"* über die wirtschaftlichen Angelegenheiten des Unternehmens haben sollte, sondern einen Anspruch auf *„Mitberatung"*. Zudem wurde der Katalog der wirtschaftlichen Angelegenheiten auf die Produktions- und Absatzlage erweitert (Abs. 3 lit. a). Im Gegensatz zum SPD-E sah der CDA-E eine wesentliche Erweiterung des Schutzes des Arbeitnehmers vor sozialen Folgen bei Betriebsänderungen vor. Der Arbeitgeber war nach dem Entwurf verpflichtet, alle Nachteile auszugleichen, die durch ein Abweichen von einer Betriebsvereinbarung oder von einer verbindlichen Entscheidung der Einigungsstelle herrühren. Zudem waren Kündigungen oder Änderungskündigungen durch ein unzulässiges Abweichen vom Interessenausgleich unwirksam (§ 74 Abs. 1 CDA-E 70).

11. Stellung der Gewerkschaften im Betrieb

Im Gegensatz zu den Gewerkschaften und der SPD unterstütze die CDA nicht die Aufweichung des Trennungsprinzips. Als einzigen Vorschlag übernahm die CDA von der SPD und dem DGB den Vorschlag, dass Mandatsträger im Betrieb die ihnen als Gewerkschaftsmitglieder zukommenden Aufgaben erledigen dürfen (§ 49 Abs. 2 CDA-E 70).

VI. CSU-Entwurf vom April 1970

Im April 1970 unterbreitete die CSU-Landesgruppe ebenfalls einen Entwurf für ein Gesetz über die *Mitbestimmung in Betrieb und Unternehmen*[768], jedoch nicht als Gesetzesantrag. Der Entwurf, verfasst von einer Gruppe um den Bundestagsabgeordneten *Gisbert Kley*[769], sollte *„im bewußten Gegensatz zu den kollektivistischen Forderungen des DGB und der SPD"* stehen (CSU-Landesgruppe), um den *„Marsch in den Sozialismus"* zu stoppen (CDU-Wirtschaftsrat) und basierte auf dem Bericht der *Biedenkopf-Kommission.*[770] Die CDU-Landesgruppe leitete den Gesetzesentwurf dem BMA sowie der sog. *Ruf-Kommission*[771] der CDU/CSU-Fraktion zu[772] und sollte

768 CSU, Mitbestimmung in Betrieb und Unternehmen. Neuregelung/Textsynopse, Stand: April 1970; BA Koblenz, B 149/9853, S. 8–82; Christlich-Soziale Union in Bayern e.V., Mitbestimmung in Betrieb und Unternehmen: Neuregelung/Textsynopse, CSU-Entwurf, München, 1970.

769 *Gisbert Kley*, MdB, CSU, Bayern; Vorstand bei der Siemens & Halske AG (Arbeitsdirektor); BDA-Vorstandsmitglied.

770 Der Spiegel 21/1970, S. 49.

771 Nach *Thomas Ruf*, Leiter der Kommission zur Erarbeitung einer Position der CDU zur Novellierung des BetrVG.

772 BMA, Vfg. des Ref. IIIa2v. 01.07.1970; BA Koblenz, B 149/9853, S. 1.

auf Weisung von *Franz Josef Strauß*[773] zunächst in allen CSU-Gruppen diskutiert werden[774].

Der Entwurf brachte nichts wesentlich Neues und war sehr arbeitgeberfreundlich. Das gilt insbesondere für Fragen im Zusammenhang mit den leitenden Angestellten, den Arbeitsgruppensprechern, den Rechten des einzelnen Arbeitnehmers, der Beibehaltung der bisherigen Mitbestimmungsrechte des Betriebsrats und der Stellung des Wirtschaftsausschusses. Hinsichtlich des Minderheitenschutzes lehnte sich der Entwurf an die Vorstellungen der DAG an. Zudem sollte der Kreis der leitenden Angestellten vergrößert und ein eigener Sprecherausschuss gebildet werden können. Die Rechte der im Betrieb vertretenen Gewerkschaften sollte eher geschwächt werden. Bemerkenswert ist, dass der CSU-Entwurf keine Änderungen hinsichtlich des passiven Wahlrechts beinhaltete. Demnach sollten weiterhin Ausländer ausgeschlossen bleiben und die Altersgrenze entgegen den sonstigen Bestrebungen beim vollendeten 21. Lebensjahr verbleiben (§ 8 Abs. 1 CSU-E 70).

Der *Spiegel* mutmaßte, dass die CSU durch ihren Gesetzesentwurf die Spannungen zwischen FDP und SPD bei der Gesetzesfindung verschärfen wollte.[775] Die *Welt der Arbeit*[776] titelte: *„CSU will Betriebsrat schwächen"*. Von einer fortschrittlichen Entwicklung halte diese Partei nichts. Den Mangel an einer wirksamen Ausweitung der Mitbestimmungsrechte des Betriebsrats wolle die CSU durch die Erklärung kaschieren, es gehe ihr bei ihren Vorschlägen *„im Gegensatz zu den kollektivistischen Forderungen des DGB und der SPD"* um den einzelnen Arbeitnehmer. Die *Welt der Arbeit* kritisierte, dass so der *„Herr-im-Haus-Standpunkt"* nicht angetastet würde. Außerdem ziele der Vorschlag darauf ab, die Arbeitnehmerschaft zu zersplittern. Zunächst werde der Kreis der leitenden Angestellten sehr weit gezogen und erhalte dann neben dem Betriebsrat eine eigene Vertretung. Der Betriebsrat werde selbst durch den extremen Ausbau von Gruppenrechten zerrissen und durch die Position des Arbeitsgruppensprechers entwertet, da auch dieser in bestimmten Fragen mit dem Arbeitgeber direkt verhandeln dürfte. Schließlich beanstandete die *Welt der Arbeit*, dass die CSU die außerbetrieblichen Arbeitnehmervertreter aus dem Aufsichtsrat streichen wollte. Damit würden nicht nur die Gewerkschaften diskriminiert, sondern auch den Arbeitnehmern eine wesentliche Unterstützung der gewerkschaftlichen Fachleute entzogen.

Die Ruhr-Nachrichten[777] vermuteten, dass eine Mehrheit der CDU-Abgeordneten bereit sei, dem Entwurf der CSU zu folgen. Dies schließe auch eine gleichzeitige Neuregelung der Mitbestimmung im Unternehmen mit ein. Es bestehe daher eine

773 *Franz Josef Strauß*, MdB, CSU, Weilheim; zuvor Bundesminister für besondere Aufgaben (1953–1955), Bundesminister für Atomfragen (1955–1956), Bundesverteidigungsminister (1956–1962) und Bundesfinanzminister (1966–1969); später Bayerischer Ministerpräsident (1978–1988), Kanzlerkandidat bei der BT-Wahl 1980.

774 Der Spiegel 21/1970, S. 49.

775 Der Spiegel 21/1970, S. 50.

776 Welt der Arbeit 12.06.1970, S. 2.

777 Ruhr-Nachrichten 04.07.1970, S. 2.

Mehrheit in der CDU/CSU für eine überbetriebliche Mitbestimmung nach dem Modell der *Biedenkopf-Kommission,* dem die Regelungen zur überbetrieblichen Mitbestimmung des CSU-E entsprachen. Zwar hielten die CDU-Sozialausschüsse an den Forderungen nach einer paritätischen Besetzung fest, würden sich aber nach Mutmaßung der Ruhr-Nachrichten allerdings auf den Kompromiss der Einrichtung einer *„dritten Bank"* einlassen. Hinsichtlich der Besetzung dieser *„dritten Bank"* hätten sich die CDA-Vorstellungen gewandelt. Während die *„dritte Bank"* zunächst durch Persönlichkeiten des öffentlichen Lebens besetzt werden sollte, sei die CDA nun auch mit leitenden Angestellten des Unternehmens zufrieden.

Auf einer Veranstaltung der Arbeitsgemeinschaft Selbständiger Unternehmer verteidigte der Bundestagsabgeordnete und Mitverfasser des CSU-E *Kley,* der auch Berater in der *Biedenkopf-Kommission* gewesen war, den Entwurf seiner Landesgruppe. Er erklärte in seinem Redebeitrag, dass die *„progressive CSU"* verhindern wolle, dass die FDP, die in der Koalitionsvereinbarung eine Neuregelung der überbetrieblichen Mitbestimmung ausgeschlossen habe, in der Frage des BetrVG den Wünschen der SPD nachgebe. Denn dann könne es geschehen, dass die Unternehmer in eine Zange gerieten, wenn in späteren Legislaturperioden ein Mitbestimmungsgesetz erlassen werde. Der CSU-E solle Basis für einen Entwurf der CDU/CSU-Bundestagsfraktion sein. Ziel sei, einen Gegenentwurf zu den Entwürfen von SPD und DGB zu entwickeln, um die FDP bei der Diskussion im Bundestag über einen etwaigen Reg-E in Verlegenheit zu bringen, so *Kley.*[778] Der Präsident der IHK Stuttgart wies bei dieser Veranstaltung auf die *„Animosität der Arbeiterschaft"* gegen die Gewerkschaften hin, die mit ihrer Forderung nach Mitbestimmung *„auf dem Holzweg"* seien, da die Arbeiter befürchteten, dass die Koalition aus Gewerkschaften und Managern zu ihrem Nachteil ausgehen werde.[779]

In der CDU/CSU-Fraktion keimte die Hoffnung auf, dass die Regierungskoalition an dem Thema Novellierung des Betriebsverfassungsgesetzes und Ausweitung der paritätischen Unternehmensmitbestimmung zerbrechen würde: *„Entweder wird die SPD unter dem Druck der Gewerkschaften selbst die paritätische Mitbestimmung fordern und so der FDP den Laufpaß geben, oder wir als Opposition lösen Brandts Versprechen ein und legen – noch vor der Regierung – eine eigene Novelle zur Reform der Betriebsverfassung vor",* so *Blüm.* Nach Vorlage des Entwurfs der CSU-Landesgruppe im April 1970 versuchte daher die Mitbestimmungskommission der Unionsparteien, auf Grundlage des linken CDA-Entwurfs vom März 1970 und auf Grundlage des rechten, *„aber keinesfalls reaktionären"* (*Blüm*), CSU-Entwurfs einen gemeinsamen Gesetzesentwurf der CDU/CSU-Fraktion zu erarbeiten.[780]

---

778 Bericht hierüber in der Stuttgarter Zeitung 13.06.1970, S. 2.
779 Bericht hierüber in der Stuttgarter Zeitung 13.06.1970, S. 2.
780 Der Spiegel 32/1970, S. 57.

Der CSU-E im Einzelnen:

1. *Leitende Angestellte*

Die CSU sah in ihrem Entwurf einen Sprecherausschuss für die leitenden Angestellten vor und orientierte sich dabei im Wesentlichem an den Vorgaben des BDA-E[781] zum Sprecherausschuss mit einigen Abweichungen.

2. *Wahl des Betriebsrats*

Die CSU-Landesgruppe forderte die obligatorische Einrichtung von Betriebsräten (§§ 1, 6 Abs. 1 CSU-E 70). Es war zwar kein Notbetriebsrat vorgesehen, nach dem CSU-E konnten jedoch neben Arbeitnehmern und den im Betrieb vertretenen Gewerkschaften auch die Arbeitgeber die Initiative zur Einleitung der Wahl ergreifen (§ 14 Abs. 2[782] u. § 15 Abs. 1[783] CSU-E 70). Kommt eine Wahl nicht zustande, sollten obendrein dieselben Initiatoren die Einsetzung eines neuen Wahlvorstandes beim Arbeitsgericht beantragen können. Hierbei beinhaltete das Antragsrecht auch das Vorschlagsrecht für den Wahlvorstand (§ 15 Abs. 2. u. 3 CSU-E 70). Zudem sollte entsprechend dem Vorschlag der CDU/CSU die Betriebsversammlung auch während der Arbeitszeit stattfinden können (§ 43 Abs. 1 CSU-E 70).

3. *Organisation des Betriebsrats*

Hinsichtlich der Staffelung der Betriebsratsmitglieder, der Vergrößerungsmöglichkeit des Betriebsausschusses und der Verstärkung der Delegationsmöglichkeiten durch die ausdrückliche Regelung zur Bildung von Ausschüssen, folgte die CSU vollständig dem CDU/CSU-E 67[784].

4. *Gesamt- und Konzernbetriebsrat*

Nach § 46 Abs. 1 CSU-E 70 sollte die Bildung eines Gesamtbetriebsrates fakultativ bleiben, jedoch erheblich erleichtert werden. Nach dem Entwurf genügte es für die Bildung eines Gesamtbetriebsrats, wenn ein Betriebsrat des Unternehmens oder der Unternehmer selbst einen entsprechenden Antrag stellten. Während der Entwurf der Unionsfraktion noch von einer Deckelung bei 25 Gesamtbetriebsratsmitgliedern ausging,[785] sollte die Grenze nach dem CSU-E bei 40 Gesamtbetriebsratsmitgliedern liegen (Abs. 4). Hinsichtlich der Beschlussfähigkeit des Gesamtbetriebsrats forderte die CSU, dass Beschlüsse des Gesamtbetriebsrats nur wirksam sein sollten, wenn

781 Vgl. S. 145.
782 Für den Fall eines bereits existierenden Betriebsrats – 6 Wochen vor Ablauf der Amtsperiode.
783 Für den Fall, dass noch kein Betriebsrat besteht.
784 Vgl. CDU/CSU-E 67, S. 95.
785 § 47 Abs. 2 CDU/CSU-E 67.

die zustimmende Mehrheit der anwesenden Mitglieder auch die Mehrheit der Arbeitnehmer in den Betrieben des Unternehmens vertrat (§ 47 Abs. 2 CSU-E 70). Die Zuständigkeiten des Gesamtbetriebsrats sollten unverändert bleiben. Die strittige Frage, ob ein einzelner Betriebsrat dem Gesamtbetriebsrat eigene Aufgaben übertragen kann,[786] bejahte die CSU (§ 47 Abs. 1 CSU-E 70). Entsprechend dem Vorschlag der SPD sollte der Betriebsrat der Hauptverwaltung den Gesamtbetriebsrat zu seiner ersten Sitzung einladen (§ 46 Abs. 6 CSU-E 70). Zur Abgrenzung von Betrieb und Unternehmen definierte die CSU die Begriffe wie folgt:

> *„Ein Betrieb ist die organische Zusammenfassung von Arbeitgeber und Arbeitnehmern zur selbständigen und fortgesetzten Verfolgung eines bestimmten arbeitstechnischen Zweckes in räumlicher Einheit mit sächlichen und anderen Mitteln."*

> *„Ein Unternehmen ist die organisatorische Zusammenfassung eines Betriebes oder mehrerer Betriebe zu einer selbständigen wirtschaftlichen Einheit mit eigener Rechtspersönlichkeit."*

Schließlich forderte die CSU, wie schon die BDA, dass auch die leitenden Angestellten das Recht haben sollten, einen Gesamtsprecherausschuss zu wählen (§ 20 Abs. 5 CSU-E 70).

5. *Arbeitnehmerrechte*

Die CSU räumte dem einzelnen Arbeitnehmer einen Katalog von Ansprüchen gegenüber dem Arbeitgeber ein (§ 53 CSU-E 70):

- Unterrichtung in seinem Aufgaben- und Verantwortungsbereich sowie über wesentliche technische, organisatorische und personelle Veränderungen in seinem Arbeitsbereich;
- Mitwirkung an der Gestaltung seines Arbeitsplatzes durch Vorschläge und Anregungen;
- Einsicht in die Personalakte;
- Persönliche Erörterung seiner beruflichen Situation und Leistungsbeurteilung sowie seiner Aufstiegs- und Fortbildungsmöglichkeiten mit der zuständigen Stelle des Betriebs;
- Vorlage persönlicher Anliegen und Beschwerden bei der zuständigen Stelle des Betriebs und schriftlicher oder mündlicher Bescheid auf alle Anregungen, Vorschläge und Beschwerden binnen angemessener Frist.

Sanktionsmöglichkeiten zur Durchsetzung dieser Rechte, wie etwa eine Anrufung des Betriebsrats oder der Einigungsstelle wurden nicht geregelt, mit der Folge, dass Arbeitnehmer im Streitfall das Arbeitsgericht hätten anrufen müssen.

---

786 Vgl. hierzu: *Dietz*, BetrVG, 4. Aufl. 1967, § 48 Rz. 13 f; *Fitting/Kraegeloh-Auffarth*, BetrVG, 9. Aufl. 1970, § 48 Rz. 2.

6. *Arbeitsgruppenrechte*

Wie bisher von BDA, SPD und DAG gefordert,[787] sah auch der CSU-E, allerdings nur für größere Betriebe, die Einführung von Arbeitsgruppen vor. Demnach sollte in Betrieben mit mehr als 1.000 Arbeitnehmern für je 100 Arbeitnehmer ein Arbeitsgruppensprecher gewählt werden können. Gemäß § 48 Abs. 1 CSU-E 70 war der Arbeitsgruppensprecher, entsprechend dem Vorschlag der SPD, für die Behandlung von Anregungen und Beschwerden der Arbeitsgruppe mit dem Betriebsrat zuständig. Die Wahl der Arbeitsgruppensprecher sollte nicht im selben Jahr wie die Betriebsratswahl stattfinden (Abs. 2), die Amtszeit der Sprecher drei Jahre lang sein (Abs. 3) und der Betriebsrat im Einvernehmen mit dem Arbeitgeber die Sprecher zu Betriebsratsversammlungen einberufen können (Abs. 4). Die weiteren Rechte und Pflichten sollten durch Betriebsvereinbarung festgelegt werden (Abs. 5).

Zudem sollten die Arbeitsgruppensprecher denselben allgemeinen Schutz wie Betriebsratsmitglieder genießen (§ 52 CSU-E 70). Sie sollten zwar keinen Sonderkündigungsschutz erhalten, jedoch nur mit Zustimmung des Betriebsrats aus ihrem Sprecherbereich versetzt werden können (Abs. 3). Darüber hinaus sollte der Betriebsrat sich möglichst aus Vertretern der verschiedenen Betriebsabteilungen und der unselbständigen Nebenbetriebe unter Berücksichtigung der verschiedenen Beschäftigungsarten der im Betrieb tätigen Arbeitnehmer zusammensetzen (§ 13 CSU-E 70).

7. *Gruppen- und Minderheitenrechte*

Auch die CSU orientierte sich hinsichtlich der Gruppen- und Minderheitenrechte stark an den vorherigen Vorschlägen von CDU/CSU und FDP. Im Übrigen folgte die CSU-Landesgruppe weitgehend den Vorschlägen der SPD für die Wahl des Betriebsratsausschusses. Nach § 28 Abs. 2 CSU-E 70 sollte die Minderheitengruppe ihren Gruppenvertreter im Betriebsratsausschuss bereits selber wählen können, wenn sie mindestens ein Fünftel der Betriebsratssitze inne hatte (SPD = 1/3). Ähnlich wie die FDP schlug die CSU zudem vor, dass Angelegenheiten, die ausschließlich eine Gruppe betreffen, nur gemeinsam beraten werden sollten, während an der Abstimmung sich nur Mitglieder der betroffenen Gruppe beteiligen dürften (§ 31 Abs. 2 CSU-E 70).

8. *Schutz und Arbeitsbedingungen von Funktionsträgern*

Neu war die Idee, dass Kandidaten der Betriebsratswahlen nicht gleichzeitig Mitglied des Wahlvorstandes sein durften (§ 14 Abs. 3 CSU-E 70). Ein Sonderkündigungsschutz für die Wahlvorstandsmitglieder und Wahlkandidaten sollte wie vom DGB[788] vorgeschlagen nur bis einen Monat nach der Wahl gewährt werden (§ 18

787 Vgl. BDA-E, S. 143, SPD-E, S. 116, DAG-E, S. 139.
788 Vgl. S. Seite 72.

Abs. 3 CSU-E 70). Für erforderliche Aus- und Weiterbildungsmaßnahmen sollten die Betriebsratsmitglieder nach dem Entwurf der CSU zwei Wochen bezahlte Freistellung je Amtszeit erhalten (§ 38 Abs. 1 CSU-E 70). Die Bildungsveranstaltungen sollten vom Betriebsrat oder dem Arbeitgeber oder entsprechend dem Vorschlag der FDP gemeinsam von den Sozialpartnern durchgeführt werden (Abs. 2). Auch nach dem Vorschlag der CSU unterfielen sämtliche Mandatsträger dem allgemeinen Schutz vor Benachteiligungen (§ 52 CSU-E 70). Dies galt nach Abs. 2 S. 2 des Entwurfs explizit auch für das berufliche Fortkommen während der Freistellung.

9. Betriebs- und Abteilungsversammlungen

Mit geringen Abweichungen schloss sich die CSU bezüglich der Neuerungen im Bereich der Betriebsversammlungen vollständig dem Entwurf der CDU/CSU[789] an.

10. Mitbestimmung des Betriebsrats in allgemeinen, sozialen, personellen und wirtschaftlichen Angelegenheiten

a) Mitbestimmung in allgemeinen Angelegenheiten

Im Zuge der Stärkung der Rechte des einzelnen Arbeitsnehmers sollte der Betriebsrat auch für die Behandlung von Anfragen und Anregungen einzelner Arbeitnehmer zuständig sein (§ 53 Abs. 3 lit. a CSU-E 70). Hinsichtlich der Informationsrechte orientierte sich die CSU am Vorschlag der FDP[790]. Bei der schriftlichen Zustimmung zur Einsichtnahme des Betriebsrats in die Personalakte konnte der Arbeitnehmer nach dem CSU-E jedoch entscheiden, ob er seine Zustimmung auf ein bestimmtes Mitglied des Betriebsrats begrenzt (Abs. 5).

b) Mitbestimmung in sozialen Angelegenheiten

Im Rahmen der sozialen Mitbestimmung sah der CSU-E im Wesentlichen kleine Randbereinigungen vor. Einzelne soziale Maßnahmen sollten von der Zustimmung des Betriebsrats abhängig gemacht werden, aber nur, wenn sie der Arbeitgeber aus freiem Entschluss vornehmen wollte. Das galt z. B. für die Errichtung und Ausgestaltung von Sozialeinrichtungen, für Maßnahmen sozialer Art zur Behebung von Rationalisierungs- und Automatisierungsfolgen, für Maßnahmen zur Beschaffung von Wohnräumen für die Arbeitnehmer und für die Grundsätze für deren Vergabe sowie für betriebliche Einrichtungen und Maßnahmen zur Verhütung von Betriebsunfällen, Berufskrankheiten und sonstigen Gesundheitsschädigungen (§ 57 CSU-E 70).

---

789 Vgl. S. 83.
790 Vgl. S. 130.

c) Mitbestimmung in personellen Angelegenheiten

Nach dem CSU-E sollte die Mitbestimmung des Betriebsrats in personellen Angelegenheiten im Wesentlichen unverändert bleiben. Geregelt werden sollte lediglich die Unwirksamkeitsfolge von ordentlichen und außerordentlichen Kündigungen, die ohne Anhörung des Betriebsrats erfolgten. Hiervon war allerdings systemwidrig die Änderungskündigung ausgenommen (§ 66 Abs. 2 CSU-E 70).

d) Mitbestimmung in wirtschaftlichen Angelegenheiten

Die §§ 72 bis 74 BetrVG 52 blieben fast unverändert. Der Wirtschaftsausschuss sollte für Unternehmen mit mehr als 500 Arbeitnehmern obligatorisch, darunter nur auf Antrag des Betriebsrats oder des Unternehmers errichtet werden. Zugleich sollten die Zuständigkeiten des Wirtschaftsausschusses auf Investitionsvorhaben von wesentlichem Umfang, Rationalisierungs- und Automatisierungsvorhaben von wesentlichem Umfang und die Personalplanung erweitert werden (§ 71 Abs. 3 CSU-E 70). Die Zusammensetzung des Wirtschaftsausschusses blieb unverändert. Bei den Rechten des Wirtschaftsausschusses verblieb es ebenfalls im Wesentlichen beim geltenden Recht. Dem Wirtschaftsauschuss sollte lediglich die Möglichkeit eingeräumt werden, der Unternehmensleitung Empfehlungen auszusprechen (§ 74 Abs. 2 CSU-E 70).

11. Mitbestimmung auf Unternehmensebene

Für Unternehmen mit weniger als zweitausend Arbeitnehmern sollte es bei der *Drittelparität* der Arbeitnehmer im Aufsichtsrat bleiben. Für größere Unternehmen war eine Staffelung vorgesehen, bei der auf die Arbeitnehmervertreter jeweils zwei Sitze weniger entfallen sollten als auf die Vertreter der Anteilseigner. Bei mehr als zwei Sitzen für die Arbeitnehmerseite sollten auch die leitenden Angestellten entsprechend berücksichtigt werden (§§ 70 bis 80 CSU-E 70). Das entsprach hinsichtlich des Verhältnisses den Forderungen der *Biedenkopf-Kommission*[791], jedoch unter Ausschluss der Gewerkschaften.

VII. DGB-Entwurf vom 4. Mai 1970

Die *Vorschläge des Deutschen Gewerkschaftsbundes zur Änderung des Betriebsverfassungsgesetzes*[792] lagen dem BMA bereits längere Zeit vor,[793] offiziell stellte der DGB diese jedoch erst am 4. Mai 1970 in Bonn vor. Der Entwurf ging über die bisherigen Forderungen hinaus und sollte die Bearbeiter der Novelle des BetrVG im BMA

791 BT-Drs. VI/334, S. 103 f; 5 Vertreter der Arbeitnehmerseite und 7 Vertreter der Arbeitgeberseite.

792 Vorschläge des Deutschen Gewerkschaftsbundes zur Änderung des Betriebsverfassungsgesetzes, BA Koblenz, B 149/9853, S. 250–356, RdA 1970, 237 ff.

793 Vfg. des Referats IIIa2 des BMA, 10.03.1970; BA Koblenz, B 149/9853, S. 229.

unter Druck setzten. Nach Auffassung des Handelsblatts[794] sei die Taktik klar: *„Der DGB spielt ganz hoch, um damit die SPD und auch die Regierung von vornherein auf ein hohes Novellierungsniveau zu zwingen."* Der Entwurf basierte zwar im Wesentlichen auf den Forderungen des DGB-E von 1967, es kamen jedoch zahlreiche neue Forderungen hinzu, zumal dem Entwurf nun aufgrund des Regierungswechsels ein ganz anderes Gewicht beigemessen wurde. Die weitergehenden Forderungen im Einzelnen:

1. *Zusammenarbeit von Arbeitgeber und Betriebsrat*

a) *Allgemein*

§ 49 Abs. 1 BetrVG 52 lautete:

> *„Arbeitgeber und Betriebsrat arbeiten im Rahmen der geltenden Tarifverträge vertrauensvoll und im Zusammenwirken mit den im Betrieb vertretenen Gewerkschaften und Arbeitgebervereinigungen zum Wohl des Betriebs und seiner Arbeitnehmer unter Berücksichtigung des Gemeinwohls zusammen."*

Wie auch von der DAG 1970 vorgeschlagen, sollten nach Auffassung des DGB die Worte *„unter Berücksichtigung des Gemeinwohls"* gestrichen werden. Diese Regelung sollte nach *Galperin/Siebert* die Arbeitgeber- und Arbeitnehmerseite dazu *„ermahnen"*, nicht *„Belange der Volksgesamtheit zu schädigen"* und notfalls die eigenen Interessen oder die Interessen des Betriebs zurückzustellen.[795] Nach Auffassung des DGB seien Arbeitgeber und Betriebsrat jedoch regelmäßig nicht in der Lage zu beurteilen, ob die im Betrieb zu treffenden Maßnahmen dem Gemeinwohl, also der Gesamtgesellschaft, dienten. Deshalb könnten sie hierzu auch nicht gesetzlich verpflichtet werden.[796] Zudem hatte das Hessische VGH zum nahezu gleichlautenden § 55 Abs. 1 PersVG im Rahmen der Interessenabwägung darauf abgestellt, dass nach dem Gesetzeswortlaut die Interessen des Betriebs bzw. des Arbeitgebers vor denen der Arbeitnehmer bzw. des Betriebsrats stünden.[797] Dies nahm der DGB zum Anlass, die Umkehrung der Reihenfolge dieser Begriffe zu fordern. Eine Sichtweise, wie die des VGH Hessen, widerspreche dem wahren Sinn der Betriebsverfassung.[798]

b) *Abweichungen vom BetrVG durch Betriebsvereinbarung oder Tarifvertrag*

Entsprechend dem SPD-E[799] sollte es durch Tarifvertrag möglich sein, andere betriebliche Errichtungen zur Arbeitnehmervertretung als den Betriebsrat zu schaffen

794 Handelsblatt 04.05.1970, S. 5.

795 *Galperin/Siebert,* BetrVG, 4. Aufl. 1963, § 49 Rz. 13; so auch *Dietz,* BetrVG, 4. Aufl. 1967, § 49 Rz. 4.

796 Begr. zu § 49 Abs. 1 DGB-E 70, BA Koblenz, B 149–9853, S. 304.

797 VGH Hessen, Urteil, v. 03.09.1968, VIII TK 2/68.

798 Begr. zu § 49 Abs. 1 DGB-E 70, BA Koblenz, B 149–9853, S. 304.

799 Vgl. S. 114.

und über das Gesetz hinausgehende günstigere Rechte der Arbeitnehmer und ihrer Vertretungen zu vereinbaren (§ 1 Abs. 3 DGB-E 70). Damit sollten die unterschiedlichen Verhältnisse in den verschiedenen Wirtschaftszweigen Berücksichtigung finden. Im Übrigen würde dadurch aber auch eine weitere fortschrittliche Entwicklung der gesamten Betriebsverfassung durch die Tarifvertragsparteien ermöglicht.[800] Die unterschiedlichen Verhältnisse in den Betrieben sollten aber unberücksichtigt bleiben, denn im Gegensatz zum SPD-E, sollte dieses Recht nur den Tarifparteien (via Tarifvertrag) zustehen und nicht dem Betriebsrat und Arbeitsgeber (via Betriebsvereinbarung).

2. *Leitende Angestellte*

Der DGB näherte sich bei seiner Abgrenzung der SPD-Formulierung[801] an. Demnach sollten nur noch diejenigen leitenden Angestellten nicht mehr unter das BetrVG fallen, denen Generalvollmacht erteilt wurde oder die die Geschäfte des Betriebes mit selbständiger Entscheidungsbefugnis führten oder die zur selbständigen Einstellung und Entlassung aller Arbeitnehmer des Betriebes berechtigt waren (§ 5 DGB-E 70). Der DGB begründete die Verkleinerung des Kreises der leitenden Angestellten, die nicht unter das BetrVG fallen sollten, mit dem Erfordernis des sozialen Schutzes der übrigen leitenden Angestellten.[802] Eine Sondervertretung oder die Einräumung von Gruppenrechten für die leitenden Angestellten kam für den DGB nicht in Betracht.

3. *Wahl des Betriebsrats*

Hinsichtlich des passiven Wahlrechts folgte der DGB den Vorschlägen von SPD und DAG (§ 7 Abs. 1 DGB-E 70).[803] Die Reduzierung der Altersgrenze für das passive Wahlrecht entsprach den aktuellen allgemeinen politischen Bestrebungen.[804]

4. *Arbeitnehmerrechte*

Entgegen dem DGB-E von 1967 forderte der DGB nun auch die Stärkung der Rechte des einzelnen Arbeitnehmers innerhalb der Betriebsverfassung[805] und lehnte sich dabei teilweise an die Vorschläge der CDU-Sozialausschüsse[806] an. Nach dem Entwurf sollte ein Arbeitnehmer über den Inhalt einer ihn betreffenden Beurteilung in Kenntnis gesetzt werden und ihm das Recht zustehen, der Personalakte eine

800 Begr. zu § 1 Abs. 3 DGB-E 70, BA Koblenz, B 149–9853, S. 251.
801 Vgl. S. 115.
802 Begr. zu § 7 DGB-E 70, BA Koblenz, B 149–9853, S. 256.
803 Vgl. SPD-E, S. 115; DAG-E, S. 137.
804 Herabsetzung des passiven Wahlrechts vom vollendeten 21. auf das 18. Lebensjahr durch Neufassung des Art. 38 Abs. 2 GG v. 31.07.1970, BGBl. I 1970, S. 1161.
805 Begr. zu § 51 Abs. 2 DGB-E 70, BA Koblenz, B 149–9853, S. 307 f.
806 Vgl. S. 149.

Stellungnahme beizufügen (§ 51 Abs. 2 DGB-E 70). Nachdem der DGB in seinem Entwurf von 1967 nur dem Betriebsrat ein Recht zur Einsichtnahme in die Personalakten hatte einräumen wollen, sollte nun auch dem Arbeitnehmer dieses Recht zustehen (§ 54 Abs. 2 DGB-E 70); dies jedoch nur unter Hinzuziehung eines Betriebsratsmitglieds. Im Übrigen sollte der Betriebsrat weiterhin unabhängig von der Zustimmung des betreffenden Arbeitnehmers Einsicht in die Personalakten nehmen können. Zur Verbesserung der Zusammenarbeit der Arbeitnehmer und dem Betriebsrat sollte sich der einzelne Arbeitnehmer vom Betriebsrat vertreten lassen können und der Betriebsrat dann verpflichtet sein, den Arbeitnehmer über den Stand und die Ergebnisse einer persönlich vorgebrachten Beschwerde oder Anregung zu unterrichten (Abs. 1c). Ferner sollte zur *„Bildung eines objektiven Willens“*[807] sichergestellt werden, dass der Betriebsrat vor seiner Entscheidung bei der Mitbestimmung in sozialen und personellen Angelegenheiten die hiervon betroffenen Arbeitnehmer tatsächlich anhört (§ 56 Abs. 2 u. 60 Abs. 1 DGB-E 70).

5. *Schutz und Arbeitsbedingungen von Funktionsträgern*

Zur Vermeidung von Streitigkeiten zwischen Arbeitgeber und Betriebsrat[808] sah der DGB nach dem Vorbild des SPD-E[809] für Freistellungen von Betriebsratsmitgliedern gestaffelte Mindestfreistellungen ab 300 Arbeiternehmern vor. Darüber hinausgehende Freistellungen und auch die Freistellungen in kleineren Betrieben sollte der Betriebsrat eigenmächtig im Rahmen der Erforderlichkeit beschließen können. Bei Streitigkeiten über den Umfang der Freistellungen sollte die Einigungsstelle verbindlich entscheiden (§ 37 Abs. 3 u. 4 DGB-E 70). Ebenfalls dem SPD-E[810] folgend sollten die freigestellten Betriebsratsmitglieder durch Sicherung des beruflichen Fortkommens sowie des Entgelts während und nach ihrer Freistellungszeit geschützt werden (§ 37 Abs. 6 u. 7 DGB-E 70).

6. *Betriebs- und Abteilungsversammlungen*

Der DGB schloss sich den bereits vorliegenden Entwürfen an und forderte nunmehr ebenfalls die Regelung von Teilbetriebsversammlungen (§ 42 Abs. 3 DGB-E 70).

7. *Mitbestimmung des Betriebsrats in sozialen, personellen und wirtschaftlichen Angelegenheiten*

a) *Mitbestimmung in sozialen Angelegenheiten*

Auch in sozialen Angelegenheiten weitete der DGB seine Mitbestimmungsforderungen aus. Diese Forderungen im Bereich der sozialen Mitbestimmung betrafen

807 Begr. zu § 56 Abs. 2 DGB-E 70, BA Koblenz, B 149–9853, S. 315.
808 Begr. zu § 37 Abs. 3 u. 4 DGB-E 70, BA Koblenz, B 149–9853, S. 292 f.
809 Vgl. S. 119.
810 Vgl. S. 119.

jedoch nicht nur die sozialen, sondern auch die personellen und wirtschaftlichen Angelegenheiten. So sollten nunmehr zum Mitbestimmungskatalog in sozialen Angelegenheiten aus § 56 Abs. 1 Maßnahmen der Berufsbildung nebst Auswahl der Referenten (lit. d) und Fragen der Arbeitsorganisation sowie die Einführung neuer Arbeitsmethoden (lit. h) gehören. Zur Wahrung der Sicherheit sah der DGB-E darüber hinaus vor, dass *„die Baupläne (einschließlich der Entwürfe zu Bauzeichnungen) von Neu-, Um- und Erweiterungsbauten für Fabrikations-, Büro- und sonstige Räume [...] vor Einreichung an die zuständigen Behörden mit dem Betriebsrat zu beraten"* sind (§ 58 Abs. 5 DGB-E 67).

b) Mitbestimmung in personellen Angelegenheiten

In personellen Angelegenheiten forderte der DGB, dass die Aufstellung von Personalführungs-, Beurteilungs- und Bewertungsgrundsätzen der Zustimmung des Betriebsrats bedürfe (§ 60 Abs. 3 DGB-E 70). Außerdem sollte dem Betriebsrat nach § 75 DGB-E 70 ein Beratungsrecht hinsichtlich der Personalplanung unter Vorlage aller dazu erforderlichen Unterlagen zustehen. Nach Auffassung des DGB sei es im Interesse einer möglichst umfassenden Mitbestimmung erforderlich, den Betriebsrat bereits bei der Personalplanung einzuschalten, um spätere Auseinandersetzungen zu vermeiden.[811]

c) Mitbestimmung in wirtschaftlichen Angelegenheiten

Der DGB war zudem der Auffassung, dass die Wirtschaftsausschüsse in den Betrieben zu keiner besonderen Bedeutung gelangt seien und die Erwartungen des Gesetzgebers nicht erfüllten.[812] Daher seien diese zu streichen und ihre Rechte und Pflichten auf den Betriebsrat zu übertragen (§ 67 Abs. 1 DGB-E 70).

8. Öffentliche Wahrnehmung

Das *Handelsblatt*[813] war der Auffassung, dass der Entwurf *„es in sich"* habe und so konstruiert sei, dass beispielsweise über das soziale und personale Mitspracherecht weitgehend in den rein wirtschaftlichen Sektor eingedrungen werden könne, da man praktisch alle wirtschaftlichen mit den personalen und sozialen Gegebenheiten verknüpfe. Außerdem sei der Entwurf so weitreichend, dass die Gefahr bestünde, dass statt einer Novelle ein ganz neues Gesetz entstünde. Zudem sei eine Verschärfung des Arbeitskampfes und die Wiedereinführung der Haustarife zu befürchten, wenn vom BetrVG zugunsten der Arbeitnehmer durch Tarifvertrag abgewichen könne. Diese klassenkämpferische Grundlinie des DGB-E führe zur Aufgabe des Prinzips der partnerschaftlichen Kooperation. Außerdem führe die Einräumung der Rechte zugunsten der Gewerkschaften zu einer gewerkschaftlichen Durchdringung

811 Begr. zu § 75 DGB-E 70, BA Koblenz, B 149–9853, S. 337.
812 Begr. zu § 67 Abs. 1 DGB-E 70, BA Koblenz, B 149–9853, S. 329.
813 Handelsblatt 04.05.1970, S. 5.

der Betriebe und im Endeffekt zur *„Legalisierung des Ausbaus der Gewerkschaftsmacht in den Betrieben"*.

Die Bundesvereinigung der Deutschen Arbeitgeberverbände (BDA) lehnte den DGB-E 70 sofort mit der Begründung ab, er führe zur *„Mitbestimmung durch die Hintertür"*.[814] Die größte Gefahr ginge von der Regelung aus, dass vom BetrVG durch Tarifvertrag abgewichen könne. Es wurde befürchtet, dass die Gewerkschaften neben dem Betriebsrat vor allem sich selber weitreichende Rechte im Betrieb *„erstreikten"*. Die unternehmerische Freiheit werde eingeschränkt und der Betriebsrat *„umfunktioniert"* zu einem gewerkschaftlichen Aktionsinstrument.[815]

Die *Rheinische Post*[816] pflichtete insoweit der BDA bei, gab aber zu bedenken, dass in der Stunde der Not nur starke Gewerkschaften in Lage seien, der Ordnungsfunktion gerecht zu werden und zu helfen. *„Der Betriebsrat würde aber am zu kurzen Zügel gehalten, wenn bereits in Paragraph 1 eines Gesetzes als allem übergeordneter Grundsatz verankert würde, das der Betriebsrat „seine Aufgaben in enger Zusammenarbeit mit den im Betrieb vertretenen Gewerkschaften und mit ihrer Unterstützung" durchführen sollte."* Kritisch bewertet die *Rheinische Post* auch den Anspruch der Gewerkschaften auf Besuch der Betriebsratssitzungen und die Möglichkeit, durch tarifliche Vereinbarung zum Vorteil der Arbeitnehmer vom BetrVG abweichen zu dürfen. Der Betriebsrat würde nicht dadurch gestärkt, dass *„die Gewerkschaft ihn an der Hand führe"*. Abschließend befürchtete das Blatt noch eine Politisierung der Betriebe.[817]

Ähnlich wie die *Rheinische Post* befürchtete auch das *Handelsblatt*[818] die Gefahr tariflicher Sonderregelungen über die Öffnungsklauseln des BetrVG. Es werde eine Dynamik in Gang gesetzt, deren Endpunkt einfach nicht abzusehen sei. Der DGB dürfe sich zukünftig als *„Zauberlehrling"* betätigen *„und Geister rufen, die niemand mehr bändigen"* könne. In diesem Zusammenhang wurde die Machtballung beim Betriebsrat z.B. die Möglichkeit der Übertragung des Wirtschaftsauschusses und Negierung anderer Gruppengremien bei gleichzeitig steigendem Einfluss der Gewerkschaften auf den Betriebsrat scharf kritisiert. Der verstärkte Einfluss würde durch Abschaffung des Grundsatzes der Wahl nach Gruppen in aller Regel allein den DGB-Gewerkschaften zugutekommen, während die DAG-Gewerkschaften zurückstünden. Schließlich wurde bemängelt, dass der DGB keine Fortschritte in Richtung Mitsprache am Arbeitsplatz für den einzelnen Arbeitnehmer oder als Gruppe unternommen hatte.

Von der BDA wurde in Reaktion auf den Entwurf eine Broschüre in hunderttausendfacher Auflage herausgegeben, in der die Geschichte des hölzernen Pferdes mit

---

814 SZ 05.05.1970, S. 8; Industriekurier 05.05.1970, S. 4; Neue Rhein-Zeitung 05.05.1970, S. 1.

815 Industriekurier 05.05.1970, S. 4; Rheinische Post 05.05.1970, S. 2.

816 Rheinische Post 05.05.1970, S. 2.

817 Rheinische Post 05.05.1970, S. 2.

818 Handelsblatt 05.05.1970, S. 3.

dessen Hilfe Odysseus Troja bezwang, erzählt wurde: *„Die ahnungslosen Trojaner zogen das Pferd in ihre Stadt, ihm entsprangen die Griechen und waren im Handumdrehen an der Macht."* Das Pferd sei der Entwurf des DGB und die Griechen seien die Gewerkschaftsfunktionäre.

„Der DGB sagt Reform und will an die Macht im Betrieb."[819]

Der stellvertretende DGB-Vorsitzende *Gerd Muhr* bezeichnete das Gleichnis schlicht als *„Schweinerei"*. Offiziell reagierte der DGB-Vorstand mit einem Brief an die BDA. Demnach entzögen Behauptungen, nach denen die Verwirklichung der gewerkschaftlichen Forderungen den Ruin der Wirtschaft bewirkten und die Freiheit zerstörten, einer sachlichen Auseinandersetzung um die anstehenden sozialpolitischen Fragen jede Grundlage. *„Die hierdurch mit Sicherheit in den Betrieben zu erwartende Unruhe haben Sie ganz allein zu vertreten."* Noch einige Tage zuvor hatten die DGB- und BDA-Spitzen im rheinischen Schloss Georghausen über die Schaffung eines neuen BetrVG debattiert. Nach Angaben von BDA-Hauptgeschäftsführer *Wolfgang Eichler* hatte es jedoch *„keinerlei Annäherung der Standpunkte" gegeben.*[820]

VIII. Gesetz über die Verlängerung der Amtszeit der Betriebsräte vom 16. Dezember 1970 (BGBl. I S. 1718)

Die Bundesregierung ging davon aus, dass noch 1971 ein neues BetrVG verabschiedet würde und legte deshalb den Entwurf für ein *Gesetz über die Verlängerung der Amtszeit der Betriebsräte* vor.[821] Es sei nicht zweckmäßig, dass die bis dahin stattfindenden Betriebsratswahlen noch nach dem BetrVG 52 erfolgen sollten. Deshalb sollten nach § 1 des Gesetzes die Amtszeiten der Betriebsräte, deren Wahlperiode 1971 oder Anfang 1972 auslaufen würde, bis April 1972 verlängert werden. Wahlen aus besonderen Gründen nach § 22 BetrVG 52 sollten hiervon unberührt bleiben. Im Übrigen enthielt das Gesetz nur formelle Regelungen. Die Fraktionen der SPD und FDP legten den dahingehenden Entwurf dem Bundestag am 4. November 1970 vor.[822] Dieser Entwurf wurde in erster Lesung am 11. November 1970 an den 10. Ausschuss des Bundestages für Arbeit und Sozialordnung überwiesen,[823] der in einem mündlichen Bericht vom 11. November 1970 vorschlug, den Gesetzentwurf unverändert anzunehmen.[824] In dritter Beratung wurde dem Gesetz am 13. November 1970 gegen die Stimmen der CDU/CSU zugestimmt.[825] Die Unionsfraktion bezweifelte, dass der seit langem wiederholt angekündigte Gesetzentwurf zur Novellierung des BetrVG demnächst eingebracht und bis zum April 1972 verabschiedet sein würde. Zumal

819 Der Spiegel 32/1970, S. 57.
820 Der Spiegel 32/1970, S. 57.
821 BT-Drs. VI/1363.
822 BT-Drs. VI/1363.
823 BT-Prot. VI/78, S. 4362.
824 BT-Drs. VI/1411.
825 BT-Drs. VI/80, S. 4497.

eine so enge Fristsetzung die Beratungsmöglichkeiten des Gesetzes beschneiden würde.[826] Das *Gesetz über die Verlängerung der Amtszeit der Betriebsräte vom 16. Dezember 1970* wurde am 19. Dezember 1970 veröffentlicht.[827]

IX. Referentenentwurf vom 1. Oktober 1970

Die Arbeiten an dem *Vorhaben Novellierung des Betriebsverfassungsgesetzes* wurden unmittelbar nach dem Antritt der *Brandt-Regierung* im BMA aufgenommen. Im Zuge der Erarbeitung des Ref-E wurden Gespräche mit den beteiligten Gruppen und Institutionen, insbesondere den Tarifpartnern, geführt. Daneben wurden die bisher vorliegenden Gesetzesentwürfe, Wünsche, Anregungen und Erfahrungen aus der Praxis bei der Erarbeitung des Entwurfs berücksichtigt. Das gilt auch für die Ergebnisse der Mitbestimmungskommission, soweit sich diese auf die betriebliche Ebene bezogen.[828]

Unter der Führung von Ministerialdirektor *Karl Fitting*,[829] der als *Vater der deutschen Betriebsverfassung* bezeichnet wird,[830] sahen sich die Mitarbeiter des BMA vor der schwierigen Aufgabe, die konkurrierenden Vorschläge von SPD und FDP zu einem gemeinsamen Gesetzesentwurf der Bundesregierung zu vernähen und gleichzeitig einen *„modernen, realistischen und für die Wirtschaft tragbaren Entwurf vorlegen zu können"*, so *Fitting*.[831] Bundesarbeitsminister *Walter Arendt*[832] hatte *Fitting* aufgetragen, den Entwurf entgegen der sonstigen Bonner Gepflogenheiten streng geheim zu halten. Denn *Arendt* war sich unsicher, welche DGB-Forderungen er gegenüber der FDP durchsetzen konnte. Die FDP hatte unter Verweis auf die Absprache im Koalitionsvertrag gemahnt, dass die Erweiterung der Mitbestimmung auf Betriebsebene nicht mit einer Vermehrung von Rechten der Gewerkschaften verwechselt werden sollte.[833][834] Außerdem fürchtete *Arendt* auch Angriffe auf den Entwurf von Seiten der CDU-Sozialausschüsse und verteidigte sein Vorgehen: *„Was sie nicht kennen, können sie auch nicht überholen."*[835] Der *Spiegel* beschrieb:

> *„In einem stählernen Schrank, zu dem nur der Chef einen Schlüssel hat und in den seine Beamten abends ihre Akten und Arbeitspapiere wieder einlegen müssen, bewahrte der für Arbeitsrecht zuständige Ministerialdirektor im Bonner Arbeitsministerium, Karl Fitting,*

---

826 *Müller* (Remscheid) (CDU/CSU), BT-Prot. VI/78, S. 4490.
827 BGBl. I S. 1718.
828 Sozialbericht 1970, BT-Drs VI/643, S. 24; zusammengefasst: RdA 1970, 196.
829 Zu *Karl Fitting* vgl. Biographie S. 358 f.
830 *Auffarth*, NJW 1990, 2866 (Nachruf).
831 Der Spiegel 21/1970, S. 50.
832 Zu *Walter Arendt* vgl. Biographie S. 357 *f.*
833 Der Spiegel 32/1970, S. 57.
834 Genau dies war jedoch eines der wichtigsten Ziele des DGB, das im Ergebnis mit der Aufgabe des Trennungsprinzips des BRG 1920 auch weitgehend erreicht wurde.
835 Der Spiegel 41/1970, S. 34.

das bisher bestgehütete Geheimnis der Kleinen Koalition: den Entwurf für ein neues Betriebsverfassungsgesetz."[836]

Für den Fall, dass im Kabinett die Art der Behandlung des Entwurfs beanstandet würde, erfolgte innerhalb des BMA die Anweisung, dass auf den folgenden Ablauf verwiesen werden könne:[837][838]

Die Vorlage an die gesetzgebende Körperschaft sollte beschleunigt werden. Daher wurde laut kalendarischer Übersicht über die Beteiligung der Ressorts des BMA vom üblichen „*langwierigen*" Beratungen und Verhandlungen mit allen Ressorts abgesehen. Zudem verwies das BMA in dem kalendarischen Überblick darauf, dass ähnlich politisch umstrittene Gesetzgebungsvorhaben in einem vergleichbaren „*Husarenritt*" durchgebracht worden seien (z. B. das Mitbestimmungsgesetz).[839]

Im Rahmen der vertraulichen Erarbeitung des Entwurfs wurde laut kalendarischem Überblick des BMA zunächst in Vorbesprechungen mit Vertretern von SPD und FDP ein prinzipielles Einvernehmen über den Entwurf festgestellt. Am 15. Oktober 1970 wurde der Ref-E in seiner Fassung vom 1. Oktober 1970 in einer Besprechung der Abteilungsleiter der in der Hauptsache beteiligten Ressorts geschäftsordnungsgemäß vorgelegt und erörtert. Dies betraf das Bundeskanzleramt (*Tegtmeier*), das Innenministerium (Ministerialdirigent *Ordemann*), das Justizministerium (Ministerialdirigent *Bahlmann*), das Finanzministerium (Ministerialdirigent *Schüler*), das Wirtschaftsministerium (Ministerialdirigent *Schlecht*) und das Bundesverkehrsministerium (Ministerialdirigent *Beck*). Die Bundesministerin für Jugend, Familie und Gesundheit *Käte Strobel*[840] hatte bereits zuvor verlautbaren lassen, dass sie „*keine Einwände hat und keine Ergänzungen wünscht*". Die Vertreter der genannten Ressorts stimmten dem Entwurf grundsätzlich zu; Ministerialdirigent *Ordemann*, einziger Beteiligter eines FDP-geführten Ministerium (Innenministerium:

---

836 Der Spiegel 41/1970, S. 34.

837 BMA, Ref. IIIa2, 3122.50, Bd. 20, Kalendarische Übersicht über die Beteiligung der Ressorts.

838 Auch bei den Recherchen zur Anfertigung dieser Dissertation fiel auf, dass die vorhanden Unterlagen zur Erstellung des Ref-E sehr spärlich sind und weder im Bundesarchiv noch über das BMAS auffindbar waren. Nachdem die Ergebnisse meiner Recherchen im Bundesarchiv unergiebig blieben, teilte mir das Bundesarchiv mit Schreiben vom 07.06.2011 mit: „*Sehr geehrter Herr Polter, nach Auskunft der Registratur im Bundesministerium für Arbeit und Soziales sind dort auch keine Akten mehr zum Betriebsverfassungsgesetz von 1972 mit Laufzeit von 1970 bis 1972 vorhanden.*" Meine Nachforschungen beim BMAS selber blieben weitestgehend ergebnislos.

839 BMA, Ref. IIIa2, 3122.50, Bd. 20, Kalendarische Übersicht über die Beteiligung der Ressorts.

840 *Käte Strobel*, MdB, SPD, Nürnberg-Süd, Bundesgesundheitsministerin (1966–1972; ab 1969 auch Jugend und Familie).

Hans-Dietrich Genscher), machte zu einigen Normen Vorbehalte geltend (§§ 2, 3, 5, 26, 27, 47, 55, 75 Ref-E).[841]

Am 16. Oktober 1970 erhielten der Chef des Bundeskanzleramts, *Horst Ehmke*[842], und alle Bundesminister den Ref-E (Stand: 16. Oktober 1970) mit der Bitte, etwaige Änderungswünsche im Hinblick auf die zunächst für den 29. Oktober 1970 vorgesehene Behandlung im Kabinett bis zum 21. Oktober 1970 bekanntzugeben. Vermutlich aufgrund von Uneinigkeiten der Koalitionspartner verzögerte sich die Vorlage des Ref-E bei der Bundesregierung.

Am 24. November 1970 fand nun auf Grundlage des Ref-E vom 1. Oktober 1970 ein Koalitionsgespräch statt, in dem noch einige Änderungen vereinbart wurden. Die Änderungen betrafen die von MinDir *Ordemann* vorgebrachten Einwände.[843] Die im Koalitionsgespräch am 24. November 1970 vereinbarten Änderungen des Ref-E werden im Einzelnen im Rahmen der Darstellung des Reg-E dargestellt.[844]

Am 26. November 1970 wurde dem Bundesjustizminister, *Gerhard Jahn*[845], ein Vorabdruck des Ref-E nebst Begründung (Stand: 25. November 1970) übersandt, mit der Aufforderung Änderungswünsche unverzüglich bekanntzugeben. Hierbei waren die Änderungen aufgrund des Koalitionsgesprächs vom 24. November 1970 schon eingearbeitet und kenntlich gemacht.[846]

Am 27. November 1970 teilte Bundesinnenminister *Genscher*[847] einige Änderungswünsche telefonisch mit und stimmte ausdrücklich zu, dass in der Kabinettsvorlage aufgenommen werden könne, dass er die rechtsförmliche Prüfung durchgeführt habe. Etwaige weitere Bemerkungen sollten im Laufe des Gesetzgebungsverfahrens berücksichtigt werden. Die Prüfung der Rechtsförmlichkeit des Entwurfs und der Vorschriften, für die Bundesjustizminister *Jahn* federführend war (u. a. Straf- und Ordnungswidrigkeitsvorschriften), war darüber hinaus seit Anfang Oktober 1970

---

841 BMA, Ref. IIIa2, 3122.50, Bd. 20, Kalendarische Übersicht über die Beteiligung der Ressorts.

842 *Horst Ehmke*, MdB, SPD, Stuttgart; Bundesminister für besondere Aufgaben und Chef des Bundeskanzleramtes (1969–1972); zuvor Bundesjustizminister (1969); später Bundesminister für Forschung und Technologie und Bundesminister für das Post- und Fernmeldewesen (1972–1974).

843 Änderungen abgedruckt in RdA 1970, S. 370.

844 Abweichungen vom Reg-E zum Ref-E: im Ganzen S. 362 ff; § 2, vgl. S. 171, S. 189, S. 272, S. 284; § 3, vgl. S. 164, S. 243; § 5, vgl. S. 174; § 27, vgl. S. 182 ff; § 28, lediglich redaktionelle Änderungen; § 38, vgl. S. 164, S. 182 ff, S. 185; § 47, vgl. S. 182 ff; § 51, vgl. S. 182 ff; § 55, vgl. S. 182 ff; § 74, vgl. S. 171, S. 189; § 104, vgl. S. 185; § 105, vgl. S. 174; § 107, vgl. S. 165; § 108, vgl. S. 165.

845 *Gerhard Jahn*, MdB, SPD, Marburg; Bundesjustizminister (1969–1974).

846 BMA, Ref. IIIa2, 3122.50, Bd. 20, Kalendarische Übersicht über die Beteiligung der Ressorts.

847 *Hans-Dietrich Genscher*, MdB, FDP, Nordrhein-Westfalen; Bundesinnenminister (1969–1974); später Außenminister und Vizekanzler (1974–1992, mit kleinen Unterbrechungen).

Gegenstand einer Reihe von Besprechungen auf Ebene der Abteilungsleiter, der Referenten und Hilfsreferenten, in denen Einvernehmen erzielt werden konnte.[848]

Ebenfalls am 27. November 1970 erklärten die Vertreter des Bundesinnenministeriums, des Bundesjustizministeriums, des Bundesfinanzministeriums und des Bundeswirtschaftsministeriums anlässlich einer Erörterung des Entwurfs der Stellungnahme der Bundesregierung zum Bericht der Mitbestimmungskommission ihr Einverständnis mit dem Entwurf zur Novellierung des BetrVG.

Die *Zeit* betrachtete es als *„Phänomen"*, dass es in der ansonsten indiskreten Hauptstadt dem Arbeitsministerium gelang, den Gesetzentwurf unter völliger Geheimhaltung fertigzustellen.[849] Die Bundesvereinigung Deutscher Arbeitgeberverbände (BDA) wandte später ein, dass die Gesetzesentstehung nicht frei von Bedenken sei. Es habe nur wenige Gespräche mit dem BMA gegeben, bei denen nicht alle wesentlichen Punkte ausgelotet worden seien. Anschließend habe monatelanges Schweigen geherrscht bis dann im Oktober 1970 die Öffentlichkeit mit einem fertigen Entwurf überrascht worden sei, der stark den Vorstellungen des DGB entsprochen habe.[850]

X. Regierungsentwurf vom 3. Dezember 1970

Am 3. Dezember 1970, mehr als einen Monat später als geplant, legte Bundesarbeitsminister *Arendt* den *Entwurf eines neuen Betriebsverfassungsgesetzes* in der nach dem Koalitionsgespräch vom 24. November 1970 geänderten Fassung nebst Begründung der Bundesregierung vor. *Arendt* erläuterte im Kabinett die Vorlage seines Hauses, wies auf Bedenken der Gewerkschaften gegen einzelne Bestimmungen des Gesetzentwurfs hin und schlug vor, diesen Bedenken durch Änderungen des Gesetzentwurfs stattzugeben. Innenminister *Genscher* wandte ein, dass durch diese Änderungen neue Probleme aufgeworfen würden. Bei der Diskussion, an der sich Bundeskanzler *Brandt*, die Minister *Arendt*, *Genscher*, *Schiller*, *Möller* und *Ehmke* sowie die Parlamentarischen Staatssekretäre *Moersch*, *Ravens* und *Herold* beteiligten, ging es im Wesentlichen um den Zugang der Gewerkschaften zum Betrieb nach § 2 Abs. 3 des Ref-E,[851] der lautete:

> *„Zur Wahrnehmung der in diesem Gesetz genannten Aufgaben und Befugnisse der im Betrieb vertretenen Gewerkschaften ist deren Beauftragten im Benehmen mit dem Arbeitgeber und dem Betriebsrat Zugang zum Betrieb zu gewähren, soweit dem nicht unumgängliche Notwendigkeiten des Betriebsablaufs, zwingende Sicherheitsvorschriften oder der Schutz von Betriebsgeheimnissen entgegen stehen."*

848 BMA, Ref. IIIa2, 3122.50, Bd. 20, Kalendarische Übersicht über die Beteiligung der Ressorts.

849 Die Zeit 45/1971, S. 33.

850 *Wisskirchen* (BDA), BArbBl. 1972, 288.

851 Kabinettsprotokoll VI/51 vom 03.12.1970.

Im Ergebnis beschloss das Kabinett § 2 Abs. 3 des Ref-E nicht zu ändern, allerdings die Begründung zu § 2 Abs. 3 abzuändern. So wurde die Erklärung der Formulierung *„ins Benehmen setzen" „d.h., nach vorheriger Verständigung"* des Arbeitgebers aus der Gesetzesbegründung gestrichen und durch folgenden Satz ersetzt:

> *„Der Zugang von Gewerkschaftsbeauftragten zum Betriebsrat, der sich aus den Absätzen 1 und 2 und den übrigen diese Materie betreffenden Vorschriften des Entwurfs ergibt, wird durch Absatz 3 nicht berührt."*[852]

Änderungsvorschläge zu § 5 Abs. 3 hinsichtlich einer Sonderregelung für leitende Angestellte und zu § 27 zum Gruppenschutz fanden keine Mehrheit innerhalb des Kabinetts. Stattdessen wurde auf die Möglichkeit verwiesen, dass im weiteren Gesetzgebungsgang noch notwendig werdende Änderungen vorzunehmen seien. Bundesministerin *Strobel* bat abschließend darum, sicherzustellen, dass das Personalvertretungsgesetz auf das neue Betriebsverfassungsgesetz abgestimmt werde. Anschließend stimmte das Kabinett dem Entwurf des Gesetzes zu.[853] Ziel der Bundesregierung war es, dass das novellierte BetrVG am 1. Januar 1972 in Kraft tritt.[854]

Der Entwurf basierte im Wesentlichen auf dem SPD-E von 1968 und den Ergänzungen des DGB-E von 1970, aber auch vereinzelte Ideen der übrigen Entwürfe fanden sich wieder. Der Entwurf beschränkte sich jedoch nicht auf Änderungen oder Ergänzungen der bestehenden Vorschriften, sondern stellte eine völlige Neufassung des Gesetzes dar. Dies ist äußerlich schon dadurch erkennbar, dass der Entwurf mit 129 Vorschriften fast 40 Bestimmungen mehr als das damals geltende Betriebsverfassungsgesetz enthält.[855]

In der Begründung[856] des Reg-E heißt es, dass, obwohl sich das BetrVG bewährt habe, sich Unzulänglichkeiten abgezeichnet hätten und vor allem die Anwender des Gesetzes Reformwünsche geäußert hätten. Diese Reformwünsche hätten sich mit zunehmender Anwendung technisch-organisatorischer Neuerungen, dem wirtschaftlichen Wachstum und dem gesellschaftlichen Wandel verstärkt. Da die Unternehmensverfassung aus rechtssystematischen Gründen nicht in das BetrVG passe, enthielte der Gesetzentwurf jedoch keine Regelungen mehr zur Mitbestimmung der Arbeitnehmer in den Unternehmensorganen, auch nicht zur Drittelbeteiligung. Insoweit sollten die §§ 76 und 77 als Restteile des BetrVG 52 einstweilen unverändert weitergelten,[857] zumal sich die Regierungsparteien auf Wunsch der FDP in den Koalitionsverhandlungen darauf geeinigt hatten, dass die überbetriebliche Mitbestimmung in dieser Legislaturperiode nicht neu geregelt werden solle. Die Begründung kündigte an, dass der Entwurf des Gesetzes sich nicht auf Änderungen einzelner

852 Kabinettsprotokoll VI/51 vom 03.12.1970.
853 Kabinettsprotokoll VI/51 vom 03.12.1970.
854 BArbBl. 1971, 60.
855 BMA, Ref. IIIa2, 3122.50, Bd. 19.
856 BR-Drs. 715/70, S. 31 ff.
857 BR-Drs. 715/70, S. 31

Vorschriften beschränke, sondern eine neue Kodifikation der Betriebsverfassung enthalte.[858]

Der Reg-E enthielt die folgenden wesentlichen Änderungsvorschläge:

1. *Zusammenarbeit von Arbeitgeber und Betriebsrat*

Nach Auffassung der Bundesregierung sollte der Betriebsrat weiterhin als Organ der Betriebsverfassung angesehen werden und damit grundsätzlich zur *„vertrauensvollen Zusammenarbeit“* mit dem Arbeitgeber verpflichtet bleiben. Gleichzeitig sollte sichergestellt werden, dass er seiner Aufgabe, für die Berücksichtigung berechtigter Arbeitnehmerbelange einzutreten, in einer der Wirklichkeit entsprechenden Polarität zum Arbeitgeber gerecht werden kann.[859]

a) Allgemein

Unter der Überschrift *„Stellung der Gewerkschaften und Vereinigungen der Arbeitgeber“* sollte in § 2 Abs. 1 nach dem Ref-E geregelt werden:

> *„Der Betriebsrat führt seine Aufgaben in Zusammenarbeit mit den im Betrieb vertretenen Gewerkschaften und mit ihrer Unterstützung durch.“*

Auf diese institutionelle Bindung der Betriebsräte an die Gewerkschaften konnte sich die SPD mit der FDP jedoch im Koalitionsgespräch vom 24. November 1970 nicht einigen.[860] § 2 Abs. 1 wurde gestrichen und durch den Leitgedanken des BetrVG 52 – *die vertrauensvolle Zusammenarbeit* – ersetzt. Dieser Leitgedanke sollte nach dem Ref-E, wie schon im BetrVG 52 (dort § 49 Abs. 1), am Anfang der Mitbestimmungsvorschriften zur Zusammenarbeit von Abreitgeber und Betriebsrat in § 74 Abs. 1 Ref-E geregelt werden. Im Anschluss an das Koalitionsgespräch vom 24. November 1970, nachdem man § 2 Abs. 1 durch § 74 Abs. 1 ersetzt hatte, hieß es in der Gesetzesbegründung, der Grundsatz der vertrauensvollen Zusammenarbeit stehe aufgrund seiner *„grundsätzlichen Bedeutung“* an der Spitze des Gesetzes. Tatsächlich wollte man vermeiden, dass durch die Streichung des § 2 Abs. 1 Ref-E die ebenfalls sehr umstrittene Regelung des § 2 Abs. 2 über den Zugang der Gewerkschaften zum Betrieb zum neuen Abs. 1 wird. Um dies zu verhindern, wurde die Regelung *„der vertrauensvollen Zusammenarbeit“* in § 2 Abs. 1 geschoben. Dabei vergaß man die Überschrift der Norm – *„Stellung der Gewerkschaften und Vereinigungen der Arbeitgeber“* – entsprechend anzupassen, die nicht auf diesen Leitgedanken schließen ließ.[861]

858 BR-Drs. 715/70, S. 31.
859 BMA, Ref. IIIa2, 3122.50, Bd. 23.
860 Vgl. S 189.
861 BR-Drs. 715/70, S. 35.

Unter dieser Überschrift lautete § 2 Abs. 1 Reg-E demnach:

> *Arbeitgeber und Betriebsrat arbeiten im Rahmen der geltenden Tarifverträge vertrauensvoll und im Zusammenwirken mit den im Betrieb vertretenen Gewerkschaften und Arbeitgebervereinigungen zum Wohl der Arbeitnehmer und des Betriebs zusammen.*

Entgegen der Forderung des DGB[862] blieb es bei der Reihenfolge der Worte *„Arbeitgeber und Betriebsrat"*, wohingegen entsprechend dem DGB-Vorschlag die Reihenfolge der Begriffe *„zum Wohl der Arbeitnehmer und des Betriebs"* gegenüber dem BetrVG 52 geändert wurde. Zudem wurde wie von DAG und DGB vorgeschlagen[863] aus dem Leitgedanken im Reg-E gegenüber dem BetrVG 52 die Formulierung *„unter Berücksichtigung des Gemeinwohls"* gestrichen (§ 2 Abs. 1 Reg-E). Die Berücksichtigung des *„Gemeinwohls"*, so die Begründung zum Reg-E, sei § 70 Abs. 1 AktG von 1937 nachgebildet worden, wonach der Vorstand einer Aktiengesellschaft auch die Interessen der Allgemeinheit zu berücksichtigen hätte. Auch bei der Novellierung des AktG[864] sei diese Verpflichtung nicht übernommen worden, womit auch an dieser Stelle hierauf verzichtet werden könne. Zudem seien Arbeitgeber und Betriebsrat durch die Prinzipien des Sozialstaats ohnehin an sozialpflichtiges Handeln gebunden.[865]

b) Friedenspflicht und politische Betätigung im Betrieb

Entsprechend der Entwürfe des DGB[866] sollte die Friedenspflicht aus § 49 Abs. 2 S. 1 BetrVG 52, wonach Arbeitgeber und Betriebsrat alles zu unterlassen hätten, was geeignet sei, die Arbeit und den Frieden im Betrieb zu gefährden, und das Verbot der politischen Betätigung aus § 51 BetrVG 52 ersetzt werden durch § 74 Abs. 2 Reg-E, demzufolge eine politische Betätigung nur solange zulässig sein sollte, soweit dadurch der Arbeitsablauf oder der Frieden des Betriebs nicht beeinträchtigt würde. Nach Meinung der Bundesregierung verstieß ein absolutes Verbot parteipoltischer Betätigung gegen das grundgesetzlich garantierte Recht auf Meinungsfreiheit (Art. 5 GG). Zudem werde das Verbot der Lebenswirklichkeit nicht gerecht, da bei den Arbeitnehmern begrüßenswerter Weise ein stärkeres Interesse an politischen Vorgängen festzustellen sei. Deshalb wäre es nicht sachgerecht, dieser *„erfreulichen Entwicklung"* unnötige und nicht durch objektive Notwendigkeiten bedingte Schranken entgegenzustellen. Etwaigen Auswüchsen könne durch die in Abs. 1 geregelte allgemeine Friedenspflicht begegnet werden.[867]

---

862 Vgl. DGB-E 70 S. 160.
863 Vgl. DAG-E 70 S. 136; vgl. DGB-E 70 S. 160.
864 BGBl. I, S. 1089.
865 BR-Drs. 715/70, S. 35.
866 Vgl. DGB-E 1967, S. 73; DGB-E 1970, S. 160.
867 BMA, Ref. IIIa2, 3122.50, Bd. 23.

2. *Abweichungen vom BetrVG durch Betriebsvereinbarung oder Tarifvertrag*

Auch der Reg-E sah die Möglichkeit von Abweichungen vom BetrVG durch Tarifvertrag vor, beschränkte diese jedoch in § 3 Abs. 1 Reg-E im Gegensatz zu den Entwürfen von SPD und DGB[868] auf drei Fälle:

- Die Bildung von Arbeitnehmervertretungen bestimmter Beschäftigungsarten oder Arbeitsbereiche (Arbeitsgruppen);
- die Bildung einer anderen Art von Arbeitnehmervertretung als dem Betriebsrat in Betrieben, in denen wegen ihrer Eigenart sich die Errichtung von Betriebsräten als schwierig darstellt;
- die Abweichung von der gesetzlichen Einteilung von Betrieben, Nebenbetrieben und Betriebsteilen, wenn dies die Bildung von Arbeitnehmervertretungen erleichtere.

Tarifverträge mit vom BetrVG abweichenden Regelungen sollten nach § 3 Abs. 2 je nach Umfang des Geltungsbereichs der Zustimmung der obersten Arbeitsbehörde des Landes oder, bei Tarifverträgen, deren Geltungsbereich mehrere Länder berührt, der Zustimmung des Bundesarbeitsministers bedürfen. Außerdem sollte vor der Entscheidung über die Zustimmung den vom Tarifvertrag betroffenen Arbeitgebern, den Arbeitnehmern, den beteiligten und interessierten Sozialpartnern sowie den obersten Arbeitsbehörden der Länder, auf deren Gebiet sich der Tarifvertrag erstrecken würde, Gelegenheit zur schriftlichen Stellungnahme sowie zur Äußerung in einer mündlichen und öffentlichen Verhandlung geben werden. Im Gegensatz zum SPD-E[869], aber entsprechend der Entwürfe der DAG und des DGB von 1970 sollten diese Abweichungen nur durch Tarifvertrag und nicht durch Betriebsvereinbarung durchzusetzen sein.

Neben den drei Fällen der Abweichung vom BetrVG durch Tarifvertrag kannte der Ref-E noch zwei weitere Fälle: So sollten auch Erweiterungen der Aufgaben und Befugnisse der Vertretungen der Arbeitnehmer in Angelegenheiten, die den Inhalt, den Abschluss oder die Beendigung von Arbeitsverhältnissen betreffen (allgemeine Tariföffnungsklausel) sowie von § 38 Ref-E abweichende Regelungen über die Freistellung von Mitgliedern des Betriebsrats möglich sein (§ 3 Abs. 1 Nr. 3 u. 5 Ref-E).

3. *Leitende Angestellte*

Der Ref-E vermied den Begriff *leitende Angestellte.* Nach § 5 Abs. 2 Nr. 3 des Ref-E sollten, entsprechend dem Entwurf des DGB von 1970, solche Personen nicht zur Arbeitnehmerschaft gezählt werden,

868 Vgl. SPD-E 1968, S. 114; DGB-E 1970, S. 160.
869 Vgl. SPD-E 1968, S. 114; DAG-E, S. 137; DGB-E 1970, S. 160.

„denen Generalvollmacht erteilt ist oder die die Geschäfte des Betriebs mit selbständiger Entscheidungsbefugnis führen sowie Personen, die zur selbständigen Einstellung und Entlassung aller Arbeitnehmer des Betriebs berechtigt sind".

Wie auch in § 65 BetrVG 1952 vorgesehen, sollte dem Betriebsrat nach § 105 Abs. 2 Ref-E eine beabsichtigte Einstellung oder personelle Veränderung eines in § 5 Abs. 2 Nr. 3 Ref-E genannten Angestellten rechtzeitig mitgeteilt werden. Dies sollte auch für Angestellte gelten, die nach der Organisation des Unternehmens oder des Betriebs deren Leitung zugeordnet sind und regelmäßig und überwiegend eigenverantwortlich Aufgaben wahrnehmen, die für den Bestand oder die Entwicklung des Betriebs oder des Unternehmens von erheblicher Bedeutung sind und zu deren Erfüllung besondere Erfahrungen und Kenntnisse erforderlich sind. Auf diese Angestellten, die grundsätzlich dem BetrVG unterfallen, sollten nach § 105 Abs. 1 Ref-E § 80 Abs. 2 Satz 3[870], § 87 Abs. 1 Nr. 10 und 11[871], §§ 96 bis 101[872] und § 102 Abs. 1 bis 4[873] nicht anzuwenden sein.

Im Anschluss an das Koalitionsgespräch vom 24. November 1970 wurden § 5 Abs. 2 Nr. 3 und § 105 Abs. 1 des Ref-E gestrichen und stattdessen in einem neuen Abs. 3 im Reg-E, angelehnt an die Gesetzesvorschläge der BDA und dem FDP-E, geregelt:

„Dieses Gesetz findet, soweit nicht ausdrücklich etwas anderes in ihm bestimmt ist, keine Anwendung auf leitende Angestellte, wenn sie zur selbständigen Einstellung und Entlassung von im Betrieb oder in einer wesentlichen Betriebsabteilung beschäftigten Arbeitnehmern berechtigt sind, oder nach Arbeitsvertrag und Stellung im Betrieb regelmäßig und im wesentlichen eigenverantwortlich entweder übertragene Arbeitgeberbefugnisse wahrnehmen, oder für den Bestand und die Entwicklung des Betriebes wichtige Aufgaben auf Grund besonderer Erfahrung oder Kenntnisse erfüllen."

In der Begründung wies die Bundesregierung darauf hin, dass mit der Neuregelung, im Gegensatz zum bisherigen BetrVG, die leitenden Angestellten bewusst zur Arbeitnehmerschaft hingezählt würden und darüber hinaus ihnen ein eigener Status verliehen werde. Dies diene der Anpassung des Gesetzes an den allgemeinen Arbeitnehmerbegriff. Man lehne sich an die Formulierung des BetrVG 52 an, habe jedoch vermieden, die Einordnung vom *„besonderen persönlichen Vertrauens des Arbeitgebers"* abhängig zu machen, da sich dieses Kriterium wegen seiner *„Subjektivität"* als zu leicht manipulierbar und deshalb als zu unbestimmt erwiesen habe. Mit den objektiveren Kriterien werde eine Abgrenzung gewährleistet, ohne dass dabei der Personenkreis wesentlich verändert würde.[874]

---

870 Recht des Betriebsrats auf Einsichtnahme in die Bruttogehaltslisten.

871 Soziale Mitbestimmung in Sachen Lohngestaltung und Festsetzung von Arbeitslöhnen.

872 Mitbestimmung bei der Berufsbildung und personellen Einzelmaßnahmen.

873 Mitbestimmung bei Kündigungen.

874 BR-Drs. 715/70, S. 36.

Da das BetrVG keine Anwendung auf leitende Angestellte finden sollte und § 105 Abs. 1 Ref-E daher gestrichen werden konnte, wurde § 105 Reg-E darauf reduziert, dass dem Betriebsrat eine beabsichtigte Einstellung oder personelle Veränderung eines in § 5 Abs. 3 genannten leitenden Angestellten rechtzeitig mitgeteilt werden sollte.

Da die leitenden Angestellten demnach zwar Arbeitnehmer waren, aber nicht unter den Anwendungsbereich des BetrVG fielen, wurde in § 107 Reg-E in Abweichung zum Ref-E die Klarstellung erforderlich, dass für die Besetzung des Wirtschaftsausschusses auch leitende Angestellten bestimmt werden können. Ebenso wurde gegenüber dem Ref-E in § 108 ergänzt, dass der Arbeitgeber zu Sitzungen des Wirtschaftsausschusses nicht nur sachkundige Arbeitnehmer, sondern auch leitende Angestellte hinzuziehen kann.

Bundesarbeitsgerichtspräsident *Müller* hatte seine Auffassung zu den leitenden Angestellten im Mai 1970 erneut veröffentlicht. Neben dem Umstand, dass er sie für besonders schutzbedürftig hielt, ordnete er sie dem Unternehmen und nicht dem Betrieb zu. Zudem stiege die Schutzbedürftigkeit je nach Größe des Unternehmens, da damit auch die Anzahl der leitenden Angestellten ansteige und sie Arbeitnehmern vergleichbarer würden. Sie seien aber abhängiger als klassische Arbeitnehmer, hätten einen schlechteren Kündigungsschutz und wären in Folge einer Kündigung regelmäßig deklassiert. Zudem seien sie aufgrund ihrer Vertrauensstellung häufiger außerordentlichen Kündigungen ausgesetzt. Deshalb warf *Müller* die Frage auf, ob die leitenden Angestellten im Betriebsverfassungsrecht nicht eines besonderen Schutzes bedürften.[875] Hierbei stellte er jedoch klar, dass entsprechende Aufgaben nicht durch den allgemeinen Betriebsrat wahrgenommen werden könnten. Er wendete sich zwar nicht strikt gegen die Bestrebungen, die leitenden Angestellten als Arbeitnehmer zu definieren, sah sie aber doch als *„Arbeitnehmer besonderer Art"* und kennzeichnete sie als Teil der *„Tat- und Ratgruppe"*, die durch ihre unternehmerische Tätigkeit im Spannungsfeld zur übrigen Belegschaft stünde.[876]

Eine gleichwie geartete Sondervertretung für leitende Angestellte war jedoch weder im Ref-E noch im Reg-E vorgesehen, da die Bundesregierung nicht durch eine Institutionalisierung einer eigenen betrieblichen Interessenvertretung eine Spaltung der Arbeitnehmerschaft Vorschub leisten wollte. Um einer solchen Entwicklung entgegenzuwirken, bezeichnete der Reg-E im gesonderten Abs. 3 die leitenden Angestellten auch nicht – wie nach geltendem Recht – als Nichtarbeitnehmer, sondern sah sie grundsätzlich als Arbeitnehmer an.[877]

875 *Müller*, DB 1970, 1027.
876 *Müller*, DB 1970, 1028.
877 BMA, Ref. IIIa2, 3122.50, Bd. 23.

4. *Wahl des Betriebsrats*

a) Einheitlicher Wahltermin und passives Wahlrecht

Hinsichtlich des einheitlichen Wahltermins schloss sich der Reg-E ebenfalls dem Vorschlag des DGB an. Demnach sollten, um die organisatorische Vorbereitung durch die Gewerkschaften zu erleichtern,[878] alle drei Jahre in der Zeit vom 1. März bis zum 31. Mai die regelmäßigen Betriebsratswahlen stattfinden. Beim passiven Wahlrecht schloss sich der Reg-E dem SPD-E an, mit der Ausnahme, dass anstatt des 18. Lebensjahres das Erreichen der Volljährigkeit Voraussetzung sein sollte (§ 8 Reg-E).

b) Erleichterung der Betriebsratswahl

aa) Grundvoraussetzungen

§ 1 Abs. 1 Reg-E fasste die Grundvoraussetzungen zur Wahl von Betriebsräten der § 1 und § 8 Abs. 2 BetrVG 52 zusammen. Demnach sollten Betriebsräte in Betrieben mit in der Regel mindestens fünf ständigen aktiv wahlberechtigten Arbeitnehmern, von denen mindestens drei passiv wahlberechtigt sind, gewählt werden. Nach § 8 Abs. 2 BetrVG 52 konnten in Betrieben der Land- und Forstwirtschaft nur Betriebsräte in Betrieben mit mehr als zehn wahlberechtigten Arbeitnehmern gewählt werden. Diese Sonderregelung wurde nicht übernommen, da in allen Wirtschaftszweigen dieselben Voraussetzungen gelten sollten.[879]

bb) Vergrößerung des Wahlvorstandes

Ziel der Verfasser des Reg-E war es, dass in einer größeren Anzahl von Betrieben, insbesondere in mittleren und kleineren Betrieben, Betriebsräte gewählt würden.[880] Entsprechend dem DGB-Vorschlag und entgegen den Entwürfen von CDU/CSU und FDP sollte zur Erleichterung der Betriebsratswahl der Betriebsrat die Zahl der Wahlvorstandsmitglieder nach eigenem Ermessen erhöhen können, wenn dies zur ordnungsgemäßen Durchführung der Wahl erforderlich sei (§ 16 Abs. 1 Reg-E). Dies vereinfache insbesondere in Großbetrieben die Einrichtung von mehreren Wahllokalen.[881]

cc) Bestimmung des Wahlvorstandes und der Wahlvorschläge

Für den Fall, wenn der Betriebsrat zum Ende seiner Amtsperiode nicht rechtzeitig einen Wahlvorstand bildet, schloss sich der Reg-E den Vorschlägen von DGB und SPD an. Die Berufung von externen Wahlvorständen durch Beauftragte einer im Betrieb vertretenen Gewerkschaft durch das Gericht sollte allerdings voraussetzen, dass der Betrieb mehr als 20 wahlberechtigte Arbeitnehmer beschäftigte (§ 16 Abs. 2

878 BT-Drs. VI/1786, S. 37.
879 BT-Drs. VI/1786, S. 35.
880 BMA, Ref. IIIa2, 3122.50, Bd. 23.
881 BR-Drs. 715/70, S. 38.

Reg-E). Zudem sollte die Betriebsversammlung zur Bestellung des Wahlvorstandes wie nach dem Vorschlag der CDU/CSU auch während der Arbeitszeit stattfinden können (§ 44 Abs. 1 Reg-E).

Für den Fall, dass kein Betriebsrat bestand, folgte der Reg-E vollständig den Vorstellungen von DGB und SPD und den zusätzlichen Vorschlägen der CDU/CSU hinsichtlich der Initiativrechte,[882] der Vorschlagsrechte und der Antragsbefugnis beim Arbeitsgericht (§ 17 Reg-E). Zur Erleichterung dieser erstmaligen Betriebsratswahl[883] sollten ferner die Gewerkschaften Wahlvorschläge aufstellen können, ohne an die übrigen Voraussetzungen zur Aufstellung von Wahlvorschlägen gebunden zu sein (§ 14 Abs. 6 Reg-E).

dd) Kündigungsschutz für Wahlvorstände und Wahlbewerber

Zudem sollte, wie vom DGB gefordert, zur Erleichterung der Betriebsratswahl beitragen, dass ordentliche Kündigungen gegenüber Mitgliedern des Wahlvorstandes und von Wahlbewerbern ab dem Zeitpunkt ihrer Bestellung bzw. Aufstellung des Wahlvorschlags bis zum Ablauf von sechs Monaten[884] nach Bekanntgabe des Wahlergebnisses unzulässig sein sollte (§ 124 Nr. 3b Reg-E[885]). Nach Auffassung der Verfasser des Reg-E seien die Mitglieder des Wahlvorstandes sowie die Wahlbewerber in gleicher Weise schutzbedürftig wie die Betriebsratsmitglieder. Zweck der Regelung sei es zudem auch, die Gründung eines ersten Betriebsrats zu erleichtern, da durch diese Schutzklauseln sich eher Arbeitnehmer geneigt sähen, Funktionen zur Gründung des Betriebsrats zu übernehmen. Schließlich solle auch verhindert werden, dass der Arbeitgeber unliebsame Wahlbewerber für den Betriebsrat kündigt und hierdurch Einfluss auf die Zusammensetzung des Betriebsrats nähme.[886]

Zur vollständigen Absicherung der Betriebsratswahl sollte nach § 103 Abs. 1 des Reg-E die außerordentliche Kündigung von Wahlvorständen und Wahlbewerbern der Zustimmung des Betriebsrats bedürfen, die durch das Arbeitsgericht ersetzt werden kann (Abs. 2). Nach der Begründung des Reg-E sollte es hierdurch unmöglich werden, Wahlbeteiligte durch willkürliche außerordentliche Kündigungen aus dem Betrieb zu entfernen und durch Ausnutzung der Rechtmittel das Verfahren zu verschleppen, um so die Betriebsratswahl zu stören, hinauszuzögern oder unmöglich zu machen.[887]

882 Vgl. DGB-E 1967, S. 77; CDU/CSU-E 1967, S. 94; SPD-E 1968, S. 115.
883 BT-Drs. VI/1786, S. 38.
884 Der DGB hatte nur drei Monate gefordert, § 19 Abs. 1 S. 2 DGB-E 70.
885 Änderungsvorschlag zu § 15 Abs. 2 KSchG.
886 BT-Drs. VI/1786 S. 60.
887 BT-Drs. VI/1786 S. 53.

5. *Organisation des Betriebsrats*

a) *Größe des Betriebsrats*

Der Reg-E sah, wie schon die meisten Gesetzesentwürfe und entgegen den Entwürfen des DGB, eine Fixierung der Staffelung der Anzahl der Betriebsratsmitglieder vor (§ 9 Reg-E). Diese wurde ferner bis zu einer Zahl von 30.000 und mehr Arbeitnehmern[888] fortgeführt. Die Vorschläge des DGB und der SPD übertreffend, wurde die Staffelung nicht nur um drei, sondern um neun Stufen angehoben und die Anzahl der Betriebsratsmitglieder für Betriebe ab über 1.000 Arbeitnehmern drastisch erhöht. Zum Vergleich:

Arbeitnehmer	BetrVG 52	DGB-E	SPD-E	Reg-E
51–150	5[889]	5	5	5
2.001–3.000	15–19	15–19	17	21
7.001–9.000	23–31	23–31	27	39

Die Bundesregierung wollte hierdurch eine *„stärkere Betreuung der Arbeitnehmer in Großbetrieben"* sicherstellen und eine *„Intensivierung der Betriebsratsarbeit"* ermöglichen.[890] Diese Steigerungen stünden im Zusammenhang mit den §§ 27 und 28 des Entwurfs, *„nach denen in größeren Betrieben dem Betriebsausschuss und möglichen weiteren Ausschüssen bestimmte Angelegenheiten zur selbständigen Beratung und Entscheidung übertragen werden"* können. Hiermit werde *„die Möglichkeit geschaffen, einerseits den Betriebsrat als Gesamtgremium zu entlasten und andererseits die Betriebsratsarbeit in kleineren Fachausschüssen intensiver zu gestalten"*.[891]

b) *Betriebsausschuss*

Auch die Anzahl der Betriebsausschussmitglieder sollte entsprechend der steigenden Anzahl der Betriebsratsmitglieder erhöht und die Möglichkeiten zur Delegierung von Aufgaben und Themenbereichen verstärkt werden. Für die Vergrößerung des Betriebsausschusses sah der Reg-E sogar eine feste Staffelung vor. So sollte ein Betriebsausschuss nach § 27 Abs. 1 des Reg-E bei neun und bis 53 oder mehr Betriebsratsmitgliedern aus drei bis neun Ausschussmitgliedern bestehen, die zusammen mit dem Vorsitzenden und dem stellvertretenden Vorsitzenden den Betriebsausschuss bilden. Neben der Führung der laufenden Geschäfte sollte der Betriebsrat nach dem Entwurf dem Betriebsausschuss auch *„Aufgaben zur selbständigen Erledigung*

888 Bei über 30.000 Arbeitnehmern sollte der Betriebsrat aus 71 Mitgliedern bestehen.
889 Betriebsratsmitglieder.
890 BR-Drs. 715/70, S. 37.
891 BR-Drs. 715/70, S. 37.

übertragen“ können (Abs. 3). Ob dies gestattet war, war bis dahin unklar. Zwar konnten trotz mangelnder gesetzlicher Regelung Sonder- oder Fachausschüsse gebildet werden, ob jedoch die vollständige Übertragung ohne Betriebsvereinbarung möglich sein sollte oder nur die Vorbereitung von Beschlüssen, war strittig[892] gewesen.

Die Neuregelung der Organisation und der Befugnisse des Betriebsausschusses war zudem der Vergrößerung des Betriebsrates geschuldet und sollte der *„Straffung der Betriebsratsarbeit“* dienen.[893] Im Bezug auf die Übertragung von Aufgaben zur eigenständigen Erledigung nannte die Begründung des Reg-E zu § 27 Abs. 3 als Beispiele *„die Wahrnehmung der Mitbestimmungsrechte im personellen Bereich“* und die Verwaltung von Wohlfahrtseinrichtungen des Betriebs. Nach § 28 Reg-E sollten auch den übrigen Ausschüssen Aufgaben zur selbständigen Erledigung übertragen werden. Hiermit folgte die Bundesregierung entgegen dem DGB einem Vorschlag der CDU/CSU, den auch schon die FDP übernommen hatte.[894] Damit wurde die Möglichkeit geschaffen, einerseits den Betriebsrat als Gesamtgremium zu entlasten und entsprechend der Anregung von *Schleyer*[895] die Entscheidungsprozesse zu beschleunigen sowie andererseits die Betriebsratsarbeit in kleineren Fachausschüssen intensiver zu gestalten.

6. *Gesamt- und Konzernbetriebsrat, Betriebsräteversammlung*

a) Gesamtbetriebsrat

Die Bundesregierung war der Auffassung, dass in Unternehmen mit mehreren Betrieben wichtige Entscheidungen für die Arbeitnehmer nicht auf der Betriebs-, sondern auf der Unternehmensebene getroffen würden. Daher sei eine Bildung des Gesamtbetriebsrats zwingend erforderlich und könne nicht wie bisher vom Willen der Einzelbetriebsräte abhängen (§ 47 Abs. 1 Reg-E).[896] Damit stellte sich der Reg-E den Forderungen des DGB entgegen, der beim geltenden Recht bleiben und die Auflösung des Gesamtbetriebsrats erleichtern wollte. Hinsichtlich der Zuständigkeiten sollte es grundsätzlich beim Subsidiaritätsprinzip des geltenden Rechts bleiben, um dem Gesamtbetriebsrat gegenüber den Einzelbetriebsräten keinen zu großen Macht- und Einflussbereich zu gewähren[897]. Ähnlich wie die CSU gewährte der Reg-E den Betriebsräten jedoch das Recht, den Gesamtbetriebsrat durch Beschluss einer qualifizierten Mehrheit mit der Behandlung bestimmter Angelegenheiten zu beauftragen, wobei der Betriebsrat sich jeweils die Entscheidungsbefugnis über die übertragene Angelegenheit sollte vorbehalten können (§ 50 Abs. 2 Reg-E). Für die

---

892 Bejahend: *Fitting/Kraegeloh-Auffarth,* BetrVG, 9. Aufl. 1970, § 28 Rz. 25 f; *Galperin/Siebert,* BetrVG, 4. Aufl. 1963, § 32 Rz. 1; *Adomeit* S. 105; ablehnend: *Dietz,* BetrVG, 4. Aufl. 1967, § 28 Rz. 25; *Müller-Forwerk,* BB 1966, 212.

893 BR-Drs. 715/70, S. 39.

894 Vgl. CDU/CSU-E 67, S. 95; FDP-E, S. 127.

895 *Schleyer,* DB 1962, 1307; siehe hierzu CDU/CSU-E 67, S. 95.

896 BR-Drs. 715/70, S. 42; BMA, Ref. IIIa2, 3122.50, Bd. 23.

897 BMA, Ref. IIIa2, 3122.50, Bd. 23.

Stimmgewichtung sah der Reg-E eine Neuregelung vor, bei der vor allem auch die Gruppenverhältnisse berücksichtigt würden.

b) Konzernbetriebsrat

Im Gegensatz zum BetrVG 52 sah der Reg-E in § 54 die Möglichkeit zur Einrichtung eines Konzernbetriebsrats vor. Die bisherigen Entwürfe von DGB und SPD hatten für die Errichtung eines Konzernbetriebsrats eine entsprechende tarifliche Einigung vorausgesetzt, wohingegen die CDA und die DAG eine obligatorische Einrichtung gefordert hatten. § 54 Reg-E sieht eine fakultative Bildung durch die Gesamtbetriebsräte vor, da nicht in allen Konzernen hierfür Bedarf gegeben sei[898]. Die beschließenden Gesamtbetriebsräte müssen nach Abs. 1 S. 2 mindestens dreiviertel der Konzernarbeitnehmer vertreten.

Die Zusammensetzung entsprach im Wesentlichen den Regelungen des Gesamtbetriebsrats (§ 55 Reg-E). Zuständig sollte der Konzernbetriebsrat nach § 58 Abs. 1 Reg-E für die Behandlung derjenigen Angelegenheiten sein, *„die den Konzern oder mehrere Konzernunternehmen betreffen und nicht durch die einzelnen Gesamtbetriebsräte innerhalb ihrer Unternehmen geregelt werden können“*. Wie auch schon für die Zuständigkeiten des Gesamtbetriebsrats vorgeschlagen, wurde zudem den Gesamtbetriebsräten die Möglichkeit eingeräumt, dem Konzernbetriebsrat eigene Angelegenheiten durch Beschluss zu übertragen (Abs. 2).

c) Betriebsräteversammlung

Dem Vorschlag des DGB folgend war im Reg-E weitergehend vorgesehen, dass der Gesamtbetriebsrat jährlich alle Betriebsratsmitglieder zu einer Versammlung einzuberufen hat, in der er einen Tätigkeitsbericht vorlegt und der Unternehmer einen Bericht über die Lage und die Entwicklung des Unternehmens zu erstatten hat (§ 53 Abs. 1 u. 2 Reg-E). Die Versammlung wurde als *„Betriebsräteversammlung“* bezeichnet und hatte nach Darstellung des Reg-E den Zweck, allen Betriebsratsmitgliedern, auch denjenigen, die nicht Mitglied des Gesamtbetriebsrats waren, aus erster Hand Informationen über die Tätigkeit des Gesamtbetriebsrats sowie über die Lage und Entwicklung des Unternehmens zu geben[899]. Ferner werde die Möglichkeit für einen Gedankenaustausch gegeben. In Abs. 3 wurden zudem durch Bezugnahme auf entsprechende Vorschriften über die Betriebsversammlung die Durchführung der Betriebsräteversammlung, die zu behandelnden zulässigen Themen sowie die Teilnahme von Vertretern der Verbände geregelt.[900]

---

898 BR-Drs. 715/70, S. 43.
899 BR-Drs. 715/70, S. 43.
900 BR-Drs. 715/70, S. 43.

7. *Arbeitnehmerrechte*

Auch nach den Vorstellungen der Bundesregierung sollten die Rechte des einzelnen Arbeitnehmers auf betriebsverfassungsrechtlicher Ebene verbessert werden. Der Reg-E begründet dies wie folgt:

> *„Die Erfahrungen in der Praxis haben deutlich gemacht, daß trotz der umfassenden Interessenvertretung der Arbeitnehmerschaft durch den Betriebsrat beim einzelnen Arbeitnehmer insbesondere in größeren Betrieben vielfach das Gefühl einer bloßen Objektstellung weiterbesteht. Hiervon ausgehend sind die Forderungen erhoben worden, dem einzelnen Arbeitnehmer insbesondere im Bereich „rund um seinen Arbeitsplatz" ein unmittelbares Mitsprache- und Mitwirkungsrecht einzuräumen."*[901]

So sollte ganz zentral im Anschluss an den Grundsatz der Zusammenarbeit von Arbeitgeber und Betriebsrat nach § 75 Abs. 1 Reg-E in Abs. 2 dem Arbeitgeber und dem Betriebsrat aufgetragen werden, die freie Entfaltung der Persönlichkeit der im Betrieb beschäftigten Arbeitnehmer zu schützen und fördern.

Der Reg-E sah vor, dass, ähnlich wie im CSU-Entwurf, dem Arbeitgeber Unterrichtungspflichten oblagen (§ 81 Reg-E), nach denen er dem Arbeitnehmer über *„dessen Aufgabe und Verantwortung sowie über die Art seiner Tätigkeit und ihre Einordnung in den Arbeitsablauf des Betriebs"* und *„über die Unfall- und Gesundheitsgefahren, denen dieser bei der Beschäftigung ausgesetzt ist, sowie -über die Maßnahmen und Einrichtungen zur Abwendung dieser Gefahren"* aufzuklären habe. Auch etwaige Veränderungen am Arbeitsplatz sollten dem Arbeitnehmer rechtzeitig mitgeteilt werden.

Außerdem sollte dem Arbeitnehmer ein umfassendes Anhörungs- und Erörterungsrecht eingeräumt werden (§ 82 Reg-E). So sollte er das Recht erhalten, bei ihn betreffenden betrieblichen Angelegenheiten von einer hierfür zuständigen Person gehört zu werden und zu ihn betreffenden Maßnahmen Stellung zu nehmen sowie Vorschläge für die Gestaltung seines Arbeitsplatzes und des Arbeitsablaufs unterbreiten zu können. Überdies sollte er verlangen können, dass die Zusammensetzung und Berechnung seines Arbeitsentgelts ihm aufgeschlüsselt werden und *„mit ihm die Beurteilung seiner Leistungen sowie die Möglichkeiten seiner beruflichen Entwicklung im Betrieb erörtert werden"*; hierzu sollte er ein Mitglied des Betriebsrats hinzuziehen können.

Wie von den CDU-Sozialausschüssen erstmals angeregt, räumte § 83 des Reg-E dem Arbeitnehmer ein Recht auf Einsichtnahme in die Personalakte ein. Im Gegensatz zum DGB-E sollte die Hinzuziehung eines Betriebsratsmitglieds fakultativ sein, das dann grundsätzlich der Schweigepflicht unterliegen sollte. Daneben sollte, wie in den Entwürfen der CDU-Sozialausschüsse, des DAG und letztlich auch vom DGB gefordert, der Arbeitnehmer die Möglichkeit haben, Erklärungen zum Inhalt seiner Personalakte hinzuzufügen.

---

901 BR-Drs. 715/70, S. 47.

Außerdem wurde mit § 84 Reg-E dem einzelnen Arbeitnehmer erstmals ein kodifiziertes Beschwerderecht eingeräumt.[902] Im Gegensatz zum DGB, der hier eine Zwischenschaltung (Vertretung) des Betriebsrats verlangte, lehnte sich der Reg-E weitergehend an die Vorschläge von CDA und CSU an. So sollte jedem Arbeitnehmer das Recht zustehen, *„sich bei den zuständigen Stellen des Betriebs zu beschweren, wenn er sich vom Arbeitgeber oder von Arbeitnehmern des Betriebs benachteiligt oder ungerecht behandelt oder in sonstiger Weise beeinträchtigt fühlt"*. Auch hier sollte der Arbeitnehmer ein Betriebsratsmitglied zur Unterstützung oder Vermittlung hinzuziehen können. Der Arbeitgeber muss den Arbeitnehmer über das Ergebnis der Beschwerde unterrichten und, *„soweit er die Beschwerde für berechtigt erachtet, ihr"* abhelfen. Außerdem stellte die Norm klar, dass dem Arbeitnehmer durch die Erhebung einer Beschwerde kein Nachteil entstehen dürfe. In § 85 Reg-E wurde die Forderung des DGB von 1970[903] geregelt, Beschwerden in Vertretung durch den Betriebsrat behandeln lassen zu können. Die Regelung des Reg-E hatte den erheblichen Vorteil gegenüber dem DGB-E, dass der Betriebsrat eine Einigung notfalls über die Einigungsstelle sollte erzwingen können.

8. Arbeitsgruppen

Im Unterschied zu den Vorschlägen von SPD, DAG und CSU[904] sollte die Bildung zusätzlicher betriebsverfassungsrechtlicher Vertretungen von Arbeitnehmern bestimmter Beschäftigungsarten oder Arbeitsbereiche eine tarifliche Vereinbarung erfordern (§ 3 Abs. 1 Nr. 1 Reg-E).[905] Diese tarifvertragliche Gestaltungsmöglichkeit trage den Bedürfnissen der einzelnen Wirtschaftsbereiche besser Rechnung als die gesetzliche Institutionalisierung der Arbeitsgruppen. Außerdem schließe der Reg-E mit seiner Regelung die Möglichkeit aus, dass durch die Arbeitsgruppensprecher das System der gewerkschaftlichen Vertrauensleute ausgehöhlt werde. Die Tarifvertragsparteien könnten darüber hinaus wegen ihrer speziellen Kenntnis der jeweiligen Tarifbereiche durch geeignete Vorkehrungen besser als der Gesetzgeber der Gefahr entgegenwirken, dass gewerkschaftliche Gruppen sich der Arbeitsgruppen bemächtigten.[906]

9. Gruppen- und Minderheitenschutz

Besonders bei der Gestaltung des Minderheitenschutzes sahen sich die Verfasser des Reg-E völlig gegensätzlichen Forderungen gegenüber. Während der DGB eine Ausweitung des Gruppen- und Minderheitenschutzes gänzlich ablehnte und die SPD diese Tendenz teilte, forderten die CDU-Sozialausschüsse, die FDP, die CDU/

902 BR-Drs. 715/70, S. 47.
903 Vgl. S. 161.
904 Vgl. SPD-E, S. 116; DAG-E, S. 139; CSU-E, S. 157.
905 Vgl. S. 173.
906 BR-Drs. 715/70, S. 36; BMA, Ref. IIIa2, 3122.50, Bd. 23.

CSU-Fraktion und die DAG eine ganz erhebliche Ausweitung des Gruppen- und Minderheitenschutzes. In der Anhörung vom 9. Mai 1968[907] hatten einige Sachverständige geäußert, dass eine Unterscheidung der Arbeitnehmerschaft in Arbeiter und Angestellte aufgrund der im Wandel befindlichen Wirtschaft zunehmend gegenstandslos werde und künftig nicht mehr erforderlich sei. Während sich Bundesarbeitsgerichtspräsident *Müller* in der Anhörung und auch in einem Aufsatz von 1969[908] noch gegenteilig geäußert hatte, schwang er ein Jahr später um und forderte eine Aufgabe der *„überkommenen"* Differenzierung; zukünftig sollte nur noch zwischen Arbeitnehmern und leitenden Angestellten unterschieden werden.[909] Im Ergebnis folgten die Verfasser des Entwurfs beiden Seiten nicht vollständig und beschränkten die Ausweitung des Gruppen- und Minderheitenschutzes auf die zentralen Gremien, wobei die FDP in dem Koalitionsgespräch mit der SPD noch an einigen Stellen zugunsten der meist in der Minderheit befindlichen Angestellten nachgebessert hatte.

Bei den Vorschriften zur Betriebsratswahl sah der Reg-E keine Änderungen vor und ging damit bereits hier einen Mittelweg. Denn es sollte weder nach den Forderungen des DGB zukünftig vom Grundsatz der gemeinsamen Wahl ausgegangen werden, noch sollten die Voraussetzungen zur Abweichung von der Gruppenwahl entsprechend der Entwürfe von CDU/CSU, FDP und DAG erschwert werden. Demnach sollte weiterhin zur Abweichung von der Gruppenwahl nach einer Entscheidung des Bundesarbeitsgerichts die Mehrheit des Quorums genügen, wenn die Mehrheit der Gruppenangehörigen anwesend ist[910] (§ 14 Abs. 2 Reg-E).

Auch die Wahl von Betriebsratsmitgliedern der anderen Gruppe zum eigenen Vertreter sollte entgegen der Entwürfe von DGB und CDU/CSU[911] weiterhin nur bei der Gruppenwahl möglich sein (§ 12 Abs. 2 Reg-E). Während der DGB trotz Erhöhung der Anzahl der Betriebsratsmitglieder die Mindestanzahl der Vertreter der Minderheitengruppe nicht erhöhte, sah dies der Reg-E, wie auch eine Vielzahl der übrigen Gesetzesvorschläge, vor. Aufgrund der Steigerung der Anzahl der Betriebsratsmitglieder im Reg-E wurde auch die Anzahl der Minderheitengruppenvertreter leicht erhöht und zudem um zwei Stufen erweitert (§ 10 Abs. 1 Reg-E).[912] Entgegen der Forderungen der CDU/CSU nach einer Herabsetzung der Mindestvoraussetzung für die Minderheitenvertretung, beließ der Reg-E es bei den Regelungen des BetrVG 52 bzw. des BRG 1920 (§ 10 Abs. 3 Reg-E).

907 Anhörung des Bundestagsausschusses für Arbeit am 09.05.1968 zum CDU/CSU-E vom 02.11.1967; vgl. S. 108.

908 *Müller,* DB 1969, 749.

909 *Müller,* DB 1970, 1029.

910 Vgl. S. 97.

911 Vgl. DGE-E 1967, S. 80; CDU/CSU-E, S. 97.

912 19.001 – 25.000 Gruppenangehörige = 10 Vertreter, 25.000 und mehr = 11.

In Anlehnung an die Entwürfe von CDU/CSU, FDP und SPD[913] sollten bei der Präsidiumswahl des Betriebsrats, wenn jeder Gruppe im Betriebsrat mehr als ein Drittel der Mitglieder angehörte, jede Gruppe ein Mitglied aus seiner Mitte zur Wahl vorschlagen können. Der Betriebsrat sollte dann aus diesen beiden Vorschlägen den Vorsitzenden und seinen Stellvertreter wählen (§ 26 Abs. 2 Reg-E), so dass der Vertreter einer Gruppe nicht gegen den Willen der Mehrheit seiner Gruppe gewählt werden kann.[914]

Durch die Vergrößerung der Anzahl auf bis zu neun Ausschussmitglieder wurde zudem eine Regelung für dessen Besetzung unter Beachtung des Minderheitenschutzes erforderlich. So schlug die Bundesregierung vor, dass das Verhältnis der Vertretung der Gruppen im Betriebsrat sich im Betriebsausschuss widerspiegeln müsse, wobei die Gruppen mindestens durch ein Mitglied vertreten werden mussten. Den Wahlmodus – Gruppenwahl oder gemeinsame Wahl – machte der Reg-E von der vorausgegangenen Betriebsratswahl und der Anzahl der Vertreter der Minderheitengruppe abhängig. Demnach musste nach Gruppen getrennt gewählt werden, wenn der Betriebsrat in Gruppen gewählt worden war und jeder Gruppe mehr als ein Zehntel der Mitglieder des Betriebsrats, mindestens jedoch fünf Mitglieder angehören. Das sollte auch bei gemeinsamer Betriebsratswahl gelten, wenn jeder Gruppe im Betriebsrat mehr als ein Drittel der Mitglieder angehören (§ 27 Abs. 2 Reg-E). Der Ref-E war erst von einer Wahl in Gruppen ausgegangen, wenn jeder Gruppe im Betriebsrat mehr als ein Drittel der Mitglieder angehört. Im Rahmen des Koalitionsgesprächs am 24. November 1970[915] hatte die FDP hier noch Änderungen zur Stärkung der Minderheitengruppe durchgesetzt.

Hinsichtlich des Gesamt- und Konzernbetriebsrats sollte für die Entsendung und die Besetzung der Geschäftsführung nach einem nahezu gleichen Schema wie bei der Besetzung des Betriebsausschusses verfahren werden (§§ 47 Abs. 2, 51, 55 Reg-E). Auch in der Stimmengewichtung im Gesamtbetriebsrat sollte nun nicht mehr auf die Stimmenverhältnisse im Betriebsrat abgestellt werden, sondern auf das Gruppenverhältnis der wahlberechtigten Gruppenangehörigen im Betrieb (§ 47 Abs. 4 Reg-E). Dementsprechend wurde auch hier der Ref-E zugunsten der Minderheitenrechte von der Bundesregierung überarbeitet. Nach dem Ref-E war auch hier erst eine Wahl nach Gruppen vorgesehen, wenn jede Gruppe mit mehr als einem Drittel der Mitglieder im Betriebsrat vertreten ist (§ 47 Abs. 2 Ref-E).

Im Anschluss an die Entwürfe von CDU/CSU und SPD[916] waren auch die Verfasser des Reg-E der Auffassung, dass die Mehrheit der Vertreter einer Gruppe Antrag auf Einberufung einer Betriebsratsversammlung sollten stellen können. Nach dem

913 So auch der CDA-E 70 und der CSU-E, der die Schwelle jedoch schon auf ein Fünftel setzten wollte.

914 BR-Drs. 715/70, S. 39.

915 Vgl. S. 168.

916 Vgl. CDU/CSU-E, S. 98; SPD-E, S. 118.

Reg-E wurde aber zusätzlich gefordert, dass die Gruppe mindestens durch zwei Mitglieder im Betriebsrat vertreten sein müsse (§ 29 Abs. 3 Reg-E).

Nach § 38 Abs. 2 des Reg-E mussten die Gruppen bei Freistellungen angemessen berücksichtigt werden. Sofern jeder Gruppe mehr als ein Drittel der Mitglieder angehörte, konnte jede Gruppe die auf sie entfallenden freizustellenden Betriebsratsmitglieder selbst bestimmen. Auch hier hat die FDP die Rechte der Minderheiten nochmal gestärkt, denn nach dem Ref-E hieß es hierzu einzig: *„Die Gruppen sind angemessen zu berücksichtigen."*

10. Schutz und Arbeitsbedingungen von Funktionsträgern

a) Allgemeiner Schutz

Der Reg-E schloss sich der Mehrheit der Gesetzesvorschläge an und sah in § 78 eine Erweiterung des allgemeinen Schutzes der Betriebsratsmitglieder auf sämtliche Mitglieder der betriebsverfassungsrechtlichen Institutionen vor.

b) Freistellung von der betrieblichen Tätigkeit

Ähnlich, aber differenzierter als der SPD- und der DGB-E[917] sah auch der Reg-E eine Staffelung der freizustellenden Betriebsratsmitglieder *„zur Vermeidung von unnötigen Streitigkeiten zwischen Betriebsrat und Arbeitgeber"*[918] vor (§ 38 Abs. 1 Reg-E). So erfasste die Staffelung auch schon kleine Betriebe ab fünfzig Arbeitnehmern und räumte diesen bereits eine feste Anzahl freizustellender Arbeitsstunden je Woche ein. Entsprechend dem CDA-E[919] sollten in Groß- und Größtbetrieben jedoch deutlich weniger Freistellungen ausreichen als nach dem SPD-E.[920] Hiervon sollte durch Tarifvertrag oder Betriebsvereinbarung abgewichen werden können.[921]

Sowohl der SPD-E als auch der DGB-E gingen davon aus, dass es sich bei den zahlenmäßig vergleichbaren Freistellungen um eine Mindestanzahl handelt und der Betriebsrat erforderlichenfalls die Möglichkeit haben sollte, den Freistellungsumfang zu erweitern. Aus dem Reg-E ist eine solche Mindestregelung nicht erkennbar. Dies lässt sich auch nicht aus der Regelung des § 38 Abs. 2 Reg-E ableiten, nach der der Betriebsrat über die Freistellungen beschließt. Denn hier ging es nicht um den Umfang der Freistellungen, sondern um organisatorische oder personelle Fragen oder die Berücksichtigung der Gruppen. Eine Erhöhung der Anzahl der freizustellenden Betriebsratsmitglieder wäre daher nach § 38 Abs. 1 S. 2 Reg-E nur durch Tarifvertrag

917 Vgl. DGB-E, S. 80; SPD-E, S. 119.

918 BR-Drs. 715/70, S. 41.

919 Vgl. S. 150.

920 Bis 1.000 Arbeitnehmer waren 2 Freistellungen vorgesehen, je weitere 1.000 Arbeitnehmer eine weitere bis 10.000 Arbeitnehmern, dann nur noch je weitere 2.000 eine Freistellung.

921 § 37 Abs. 1 des Ref-E enthielt diese Regelung noch nicht.

oder Betriebsvereinbarung denkbar. Bemerkenswert ist, dass diese Möglichkeit im Ref-E noch nicht enthalten und daher Ergebnis der Koalitionsgespräche war.

c) Freistellung zum Zwecke der Schulung

Beim Thema Freistellung zum Zwecke der Betriebsratsschulung kombiniert der Reg-E die beiden unterschiedlichen bisherigen Vorschläge (§ 37 Abs. 3 u. 4 Reg-E).

Einerseits hielt sich der Reg-E wie auch der DGB-Entwurf an dem geltenden, durch Rechtsprechung konkretisierten Recht fest und gewährt den Betriebsratsmitgliedern bezahlte Freistellungen für die Teilnahme an Schulungs- und Bildungsveranstaltungen *„soweit diese Kenntnisse vermitteln, die für die Arbeit des Betriebsrats erforderlich sind“* (Abs. 3). Gleichzeitig folgte der Reg-E in § 37 Abs. 4 in abgewandelter Form den Vorschlägen von FDP und DAG und räumte jedem Betriebsratsmitglied unabhängig von § 37 Abs. 3 Reg-E drei Wochen Bildungsurlaub für Schulungs- und Bildungsveranstaltungen während seiner Amtszeit ein, soweit sie *„von der zuständigen obersten Arbeitsbehörde des Landes nach Beratung mit den Spitzenorganisationen der Gewerkschaften und der Arbeitgeberverbände als geeignet anerkannt“* waren. Hielt der Arbeitgeber bei der Planung der Schulungs- und Bildungsveranstaltungen durch den Betriebsrat die *„betrieblichen Notwendigkeiten für nicht ausreichend berücksichtigt“*, kann er eine Einigung mit dem Betriebsrat über die Einigungsstelle erzwingen (Abs. 3 a.E.).

d) Sprechstunden und Freizeitausgleich für Betriebsratstätigkeiten

Bei der Neuregelung der Sprechstunden (§ 39 Reg-E) und im Bereich Freizeitausgleich für Betriebsratstätigkeiten neben der Arbeitszeit (§ 37 Abs. 5 Reg-E) folgte der Reg-E vollständig dem Vorschlag des DGB[922].

e) Schutz vor Nachteilen in der beruflichen Entwicklung

Ähnlich den Vorschlägen des DGB, aber konsequenter in der Regelung zielte der Reg-E darauf ab, dass freigestellte Mitarbeiter durch die Freistellung nicht benachteiligt werden durften. In § 78 des Reg-E wurde deshalb beim allgemeinen Schutz aller Funktionsträger dahin ergänzt, dass dieser Schutz ausdrücklich auch für die berufliche Entwicklung gelte. Ganz konkret war nach § 38 Abs. 4 des Reg-E den Betriebsratsmitgliedern nach Beendigung der Freistellung Gelegenheit zu geben, eine wegen der Freistellung unterbliebene betriebsübliche berufliche Entwicklung nachzuholen. Man war der Auffassung, dass nach einem Jahr das ehemalige Betriebsratsmitglied den Anschluss an die durch die Betriebsratstätigkeit unterbrochene oder verzögerte berufliche Entwicklung wieder erreicht habe.[923] Zudem durfte nach Abs. 3 während und ein Jahr nach der Freistellung das Arbeitsentgelt nicht

---

922 Vgl. S. 81 und S. 82.
923 BMA, Ref. IIIa2, 3122.50, Bd. 23.

geringer bemessen werden, als das Arbeitsentgelt vergleichbarer Arbeitnehmer mit betriebsüblicher beruflicher Entwicklung (Einkommensgarantie).

f) Kündigungsschutz

Wie vom DGB in seinem Entwurf von 1967[924] gefordert, sollte nach dem Reg-E die außerordentliche Kündigung von Mandatsträgern nach §§ 103 Abs. 1, 124 Nr. 3 a von der Zustimmung des Betriebsrats abhängig sein und bei Verweigerung der Zustimmung vom Arbeitsgericht ersetzt werden können (Abs. 2). Hierdurch wollte man vermeiden, dass der Arbeitgeber durch den Ausspruch der außerordentlichen Kündigung bereits Fakten schafft. Dementsprechend sollte auch § 15 Abs. 1 KSchG geändert und, vergleichbar dem DAG-Vorschlag,[925] auch eine Nachwirkung des Kündigungsschutzes nach Beendigung der Amtszeit eingeführt werden. Nach dem Reg-E sollte dieser jedoch nicht drei, sondern nur ein Jahr nachwirken. Im BMA war man der Auffassung, dass nach dieser Zeit alte Meinungsverschiedenheiten ihre Schärfe verlören.[926]

Zudem sollte durch die Regelungen sichergestellt werden, dass der Arbeitgeber sich bei Verstößen eines Mandatsträgers dem richtigen Mittel – dem Ausschluss aus dem Betriebsrat – bedient und nicht auf den Weg der fristlosen Kündigung ausweicht.[927] So könne sichergestellt werden, dass ein Betriebsratsmitglied nur in wirklich begründeten Fällen seine Mitgliedschaft im Betriebsrat durch eine außerordentliche Kündigung verliert.[928]

g) Sanktionen gegen den Arbeitgeber

Neu und der geforderten Polarität von Betriebsrat und Arbeitgeber geschuldet, war im Reg-E die Strafvorschrift des § 23 Abs. 3 für Verstöße des Arbeitgebers gegen Vorschriften des BetrVG. Nach dem geltenden Recht konnten Betriebsratsmitglieder bei Verstößen gegen das BetrVG aus dem Betriebsrat ausgeschlossen werden. Hingegen bestanden bei Verstößen des Arbeitgebers keine Sanktionsmöglichkeiten gegen den Arbeitgeber. Nun sollte dem Betriebsrat oder den vertretenen Gewerkschaften im Falle von groben Verstößen des Arbeitgebers das Recht zustehen, beim Arbeitsgericht Antrag auf Unterlassung zu stellen. Im Falle der Zuwiderhandlung gegen den Beschluss des Arbeitsgerichts war eine Geldstrafe von bis zu 20.000 DM vorgesehen.

11. Betriebs- und Abteilungsversammlungen

Statt der bisherigen Pflicht des Betriebsrats, vierteljährlich Betriebsversammlungen einzuberufen und einen Tätigkeitsbericht zu erstatten (§ 42 Abs. 1 BetrVG 52),

924 Vgl. S. 88.
925 Vgl. Seite 140.
926 BMA, Ref. IIIa2, 3122.50, Bd. 23.
927 BR-Drs. 715/70, S. 53.
928 BMA, Ref. IIIa2, 3122.50, Bd. 23.

traf ihn diese Pflicht nach § 43 Abs. 1 des Reg-E nun nur noch halbjährlich. Stattdessen sollten nun halbjährlich, zeitlich versetzt zu den Betriebsversammlungen, Abteilungsversammlungen, nach Möglichkeit von einem Betriebsratsmitglied aus der Abteilung geleitet, einberufen werden (§ 42 Abs. 2 Reg-E). Neben diesen vorgeschriebenen Versammlungen sollte der Betriebsrat nach § 43 Abs. 1 Reg-E in jedem Kalenderhalbjahr eine weitere Betriebsversammlung oder weitere Abteilungsversammlungen durchführen können, wenn dies aus besonderen Gründen zweckmäßig erscheint. Anstatt generell die Möglichkeit von Teilversammlungen einzuräumen, beschränkte der Reg-E sich auf Abteilungsversammlungen. Damit wurde vor allem auch den Gruppenversammlungen nach dem Vorschlag der CDU/CSU von 1967 eine Absage erteilt, aber auch den Verfechtern der Abteilungs- und Arbeitsgruppenvertretungen neben der Steigerung der Betriebsratsmitglieder ein Zugeständnis gemacht. In Sachen Fahrtkostenerstattung und Vergütung in Bezug auf Betriebsversammlungen schloss sich der Reg-E den Vorschlägen des DGB-Entwurfs von 1967 an (§ 44 Reg-E) und ließ ebenfalls dem DGB folgend Themen der Tarifpolitik, der Sozialpolitik sowie solche wirtschaftlicher Art bei Betriebsversammlung zu (§ 45 Reg-E).

12. Mitbestimmung des Betriebsrats in allgemeinen, sozialen, personellen und wirtschaftlichen Angelegenheiten

Den vierten Teil des Betriebsverfassungsgesetzes *„Mitwirkung und Mitbestimmung der Arbeitnehmer"* ergänzte der Reg-E gegenüber dem BetrVG von 1952 um zwei neue Abschnitte, so dass sich der vierte Teil zusammensetzte aus

- Erster Abschnitt: Allgemeines §§ 74–80 Reg-E,
- Zweiter Abschnitt: Mitwirkungs- und Beschwerderechte des Arbeitnehmers §§ 81–86 Reg-E (*neu*),
- Dritter Abschnitt: Soziale Angelegenheiten §§ 87–89 Reg-E,
- Vierter Abschnitt: Arbeitsplatz und Arbeitsablauf §§ 90–91 Reg-E (*neu*),
- Fünfter Abschnitt: Personalwirtschaft und Berufsbildung §§ 92–105 Reg-E und
- Sechster Abschnitt: Wirtschaftliche Angelegenheiten §§ 106–113 Reg-E.

a) Mitbestimmung in allgemeinen Angelegenheiten

Zunächst griff der Reg-E den Vorschlag der CSU auf, Anregungen von Arbeitnehmern vom Betriebsrat mit dem Arbeitgeber behandeln zu lassen, wobei der Arbeitgeber verpflichtet sein sollte, den *„Arbeitnehmer über den Stand und das Ergebnis der Verhandlungen zu unterrichten"* (§ 80 Abs. 1 Nr. 3 Reg-E). Außerdem sollte der Betriebsrat, angelehnt an den CDA-Entwurf von 1970, *„die Beschäftigung älterer Arbeitnehmer im Betrieb"* (Nr. 6) sowie daneben auch *„die Eingliederung ausländischer*

Arbeitnehmer im Betrieb und das Verständnis zwischen ihnen und den deutschen Arbeitnehmern" fördern (Nr. 7).

Auch nach dem Reg-E sollten die Informationsrechte im Allgemeinen wie im Besonderen gestärkt werden. Es wurde jedoch entgegen der Forderung des DGB darauf verzichtet, dem Betriebsrat ein Einsichtnahmerecht in die Personalakte der Arbeitnehmer einzuräumen. Stattdessen sollte er lediglich Zugriff auf die Lohn- und Gehaltslisten erhalten (Abs. 2).

Zur Frage der Hinzuziehung Sachverständiger regelte der Reg-E nun differenzierter als die bisherigen Entwürfe und angelehnt an die Entscheidungen des Bundesarbeitsgerichts[929] ebenfalls ausdrücklich, dass der Betriebsrat *„soweit dies zur ordnungsgemäßen Erfüllung seiner Aufgaben erforderlich ist"*, nach näherer Vereinbarung mit dem Arbeitgeber Sachverständige hinzuziehen kann (Abs. 3).

Unabhängig vom Beschwerderecht des Arbeitnehmers beim Arbeitgeber nach § 84 Reg-E, wurde auch die Behandlung von Beschwerden mithilfe des Betriebsrats isoliert von der enumerativen Aufzählung der allgemeinen Aufgaben des Betriebsrats in § 85 Reg-E geregelt. Demnach sollte bei Meinungsverschiedenheiten zwischen dem Betriebsrat und dem Arbeitgeber als letztes Mittel dem Betriebsrat die Möglichkeit zustehen, über die Beschwerde eines Arbeitnehmers eine Einigung mit dem Arbeitgeber über die Einigungsstelle zu erzwingen (Abs. 2). Dies sollte jedoch nicht für Rechtsansprüche des Arbeitnehmers gegen den Arbeitgeber gelten. Einzelheiten des Beschwerdeverfahrens sollten durch Tarifvertrag geregelt werden können (§ 86 Reg-E).

b) Mitbestimmung in sozialen Angelegenheiten

Den Vorschlägen des DGB aus seinen Entwürfen von 1967 und 1970 weitgehend folgend sollten die enumerativ aufgezählten Mitbestimmungsrechte in sozialen Angelegenheiten ganz erheblich ausgeweitet werden (§ 87 Abs. 1 Reg-E).[930] Entgegen der Forderungen des DGB sollte das Mitbestimmungsrecht nur kollektiv gelten und nicht Maßnahmen gegenüber dem einzelnen Arbeitnehmer einschließen.[931] Darüber hinaus sah die Bundesregierung entgegen dem DGB-E von 1970 davon ab, die Dauer der Arbeitszeit in den Mitbestimmungskatalog aufzunehmen.

c) Mitbestimmung am Arbeitsplatz und beim Arbeitsablauf

Neben der erheblichen Ausweitung der Mitbestimmung in sozialen Angelegenheiten sah der Reg-E eine Erweiterung der Rechte des Betriebsrats auf den Bereich der technologischen Planung des Betriebs unter der Abschnittsüberschrift *„Arbeitsplatz*

---

929 Vgl. Fn. 477.

930 Vgl. zur Ausweitung der Mitbestimmungsrechte in sozialen Angelegenheiten DGB-E 67 S. 85 u. DGB-E 70 S. 162.

931 Dies war strittig und wurde vom DGB gefordert; vgl. DGB-E 67 S. 85.

und Beratungsrechte" vor. So räumte der Gesetzentwurf dem Betriebsrat ein Beratungs- und Unterrichtungsrecht bei der Planung

- von Neu-, Um- und Erweiterungsbauten von Fabrikations-, Verwaltungs- und sonstigen betrieblichen Räumen,
- von neuen technischen Anlagen,
- von neuen Fertigungsverfahren oder
- der Arbeitsplatzgestaltung und des Arbeitsablaufs

ein. Der Betriebsrat sollte dabei, gestützt auf die gesicherten Erkenntnisse der Arbeitswissenschaft über die menschliche Gestaltung der Arbeit die technologische Planung des Betriebs beeinflussen, um bereits im Planungsstadium die berechtigten Belange der Arbeitnehmer hinsichtlich der Auswirkungen dieser Entscheidungen auf die Art der Arbeit und die Anforderungen an die Arbeitnehmer zu berücksichtigen (§ 90 Reg-E) und bei groben Verstößen gegen diese Erkenntnisse Ausgleichsmaßnahmen zugunsten der Arbeitnehmer über die Einigungsstelle erzwingen zu können (§ 91 Reg-E).[932]

d) Mitbestimmung in personellen Angelegenheiten

Unter dem fünften Abschnitt der personellen Mitbestimmung fasste der Reg-E die Unterabschnitte Personalwirtschaft, Berufsbildung und personelle Einzelmaßnahmen zusammen.

aa) Allgemeine personelle Angelegenheiten

In § 75 des DGB-E von 1970 hatte der DGB gefordert, dass die Personalplanung mit dem Betriebsrat beraten werden müsse und hierfür alle erforderlichen Unterlagen vorzulegen seien. Im Interesse einer möglichst umfassenden Mitbestimmung sei es erforderlich, den Betriebsrat bereits bei der Personalplanung einzuschalten, um spätere Auseinandersetzungen zu vermeiden.[933] Diesen Ball nahm die Bundesregierung auf und regelte in § 92 Abs. 1 Reg-E unter der Überschrift *„Personalwirtschaft"*, dass der Arbeitgeber den Betriebsrat über die Personalplanung, den Personalbedarf sowie die sich daraus ergebenden personellen Maßnahmen zu unterrichten und mit ihm zu beraten habe, um etwaige Härten zu vermeiden. Zudem sollte der Betriebsrat dem Arbeitgeber Vorschläge für die Einführung einer Personalplanung und ihre Durchführung unterbreiten dürfen (§ 92 Abs. 1 Reg-E).

Die Bundesregierung wies darauf hin, dass das geltende Mitbestimmungsrecht in personellen Angelegenheiten bisher nur auf Einzelmaßnahmen beschränkt sei. Von der Personalplanung sei der Betriebsrat bisher ausgeschlossen. Die Vorschrift des § 92 Abs. 1 Reg-E stelle, ähnlich wie schon vom DGB ausgeführt, sicher, dass der Betriebsrat durch frühzeitige Unterrichtung über die geplanten Maßnahmen

---

932 BMA, Ref. IIIa2, 3122.50, Bd. 23.
933 Vgl. S. 163.

informiert werde und über die Vermeidung von Härten mit beraten könne. Die Regelung stelle eine *„Abrundung"* der personellen Mitbestimmungsrechte dar, da der Betriebsrat nach dem geltenden Recht immer nur sehr kurzfristig auf Einzelmaßnahmen reagieren könne, nun aber an der gesamten Personalplanung beteiligt würde und sich hierdurch auch bezüglich einzelner Maßnahmen ein besseres Bild der personellen Situation machen könne.[934]

In diesem Zusammenhang ist auch der folgende § 93 Reg-E zu sehen, der erstmals dem Betriebsrat das Recht zusprach, vom Arbeitgeber verlangen zu können, *„daß Arbeitsplätze, die besetzt werden sollen [...] vor ihrer Besetzung innerhalb des Betriebes ausgeschrieben werden"*. Hierdurch werde erstmals der innerbetriebliche Arbeitsmarkt berücksichtigt und vor allem Verärgerungen der Belegschaft über die Hereinnahme Dritter trotz des im Betrieb vorhandenen qualifizierten Personals vermieden.[935]

Ebenfalls zur Umsetzung einer möglichst weitgehenden Beteiligung an der Personalplanung sollte der § 94 Reg-E dienen. Dieser sah, den Forderungen des DGB-E von 1967 folgend, vor, dass die Aufstellung von Personalfragebögen und von allgemeinen Beurteilungsgrundsätzen der Zustimmung des Betriebsrats bedarf und notfalls bei Uneinigkeit über die Einigungsstelle erzwungen werden kann. Die Bundesregierung führte hierzu aus, dass der zulässige Inhalt von Personalfragebögen in den letzten Jahren strittig gewesen sei. Durch die Beteiligung des Betriebsrats und eine etwaige Entscheidung der Einigungsstelle sollten nun die Fragen auf ein berechtigtes Auskunftsinteresse des Arbeitgebers beschränkt werden können.[936]

Auch die Erstellung von Richtlinien für Einstellungen, Versetzungen, Umgruppierungen und Kündigungen sollten nach § 95 Abs. 1 Reg-E der Zustimmung des Betriebsrats bedürfen. In diesem Fall sollte aber nur auf Antrag des Arbeitgebers notfalls über die Einigungsstelle eine Einigung erzwungen werden können. Auch hier orientierten sich die Verfasser an Forderungen des DGB-E von 1967[937] und erläuterten, dass die Gründe für Einstellungen transparenter und versachlicht würden.[938] Neben diesem Vetorecht aus Abs. 1 wurde dem Betriebsrat in Abs. 2 für Betriebe mit mehr als 1.000 Arbeitnehmern ein Initiativrecht für die Aufstellung dieser Richtlinien eingeräumt, da es in Großbetrieben zu einer größeren Anzahl an gleichartigen Maßnahmen käme und eine einheitliche Regelung der Objektivierung diene.[939] In diesem Fall sollte auch der Betriebsrat eine Einigung notfalls über die Einigungsstelle erzwingen können.

934 BR-Drs. 715/70, S. 50.
935 BR-Drs. 715/70, S. 50.
936 BR-Drs. 715/70, S. 50.
937 Vgl. S. 87.
938 BR-Drs. 715/70, S. 50.
939 BR-Drs. 715/70, S. 50.

bb) Berufsbildung

Der DGB hatte im Katalog zur sozialen Mitbestimmung in seinem Entwurf von 1967 bereits ein Mitbestimmungsrecht bei Maßnahmen und Durchführung der Berufsbildung gefordert und dies in seinem Entwurf 1970 noch um die personelle Auswahl erweitert.[940] Im Kern nahmen die Verfasser des Reg-E diese Ideen auf, formulierten aber weitgehender und konkreter als der DGB und fügten umfassende Regelungen in ihren Entwurf ein.

So hielt man in § 96 Abs. 1 S. 1 Reg-E zunächst eine allgemeine Förderungspflicht der beruflichen Bildung für den Arbeitgeber und den Betriebsrat fest. Dabei sollte der Betriebsrat eine diesbezügliche Beratung mit dem Arbeitgeber verlangen können und ihm Vorschläge unterbreiten dürfen (S. 2). Arbeitgeber und Betriebsrat sind nach Abs. 2 zudem gehalten, unter Berücksichtigung der betrieblichen Belange, jedem Arbeitnehmer Maßnahmen der Berufsbildung zu ermöglichen. Besondere Rücksicht sollte auf die Berufsbildung älterer Arbeitnehmer gelegt werden.

Daneben wurde dem Betriebsrat in § 97 Reg-E ein Beratungsrecht *„über die Errichtung und Ausstattung betrieblicher Einrichtungen zur Berufsbildung, die Einführung betrieblicher Berufsbildungsmaßnahmen und die Teilnahme an außerbetrieblichen Berufsbildungsmaßnahmen"* zur Seite gestellt.

Im Gegensatz zum diesem schlichten Beratungsrecht und in Erweiterung des bisherigen Mitbestimmungsrechts über die *„Durchführung der Berufsbildung"* nach § 56 Abs. 1 lit. d BetrVG 52, erhielt der Betriebsrat in § 98 Abs. 1 des Reg-E ein grundsätzliches Mitbestimmungsrecht über die Durchführung betrieblicher Bildungsmaßnahmen. Zudem sollte er das Recht erhalten, *„einer mit der Durchführung der betrieblichen Berufsbildung beauftragten Person"* aus fachlichen Gründen widersprechen zu können (Abs. 2). Schließlich wurde dem Betriebsrat auch ein personelles Vorschlagsrecht für die Teilnahme an Bildungsveranstaltungen eingeräumt (Abs. 3). Während eine Einigung über die Angelegenheiten der Abs. 1 und 3 notfalls über die Einigungsstelle erzwingbar sein sollte (Abs. 4), musste der Betriebsrat bei Uneinigkeit in Fällen des Abs. 2 notfalls das Arbeitsgericht anrufen (Abs. 5).

cc) Personelle Einzelmaßnahmen

Hinsichtlich der Mitbestimmung bei personellen Einzelmaßnahmen blieb es weitgehend beim geltenden Recht. Rein redaktionell fasste der Reg-E die Einstellung, Eingruppierung, Umgruppierung und Versetzung in § 99 Abs. 1 Reg-E zusammen. Daneben wurden die Informationspflichten des Arbeitgebers gegenüber dem Betriebsrat in Bezug auf die geplante Einzelmaßnahme klarstellend geregelt, aber auch erheblich ausgeweitet.

Das Recht des Betriebsrats, die Zustimmung zu verweigern, bestand zwar nach dem Reg-E weiterhin nicht uneingeschränkt, jedoch wurde der Katalog der Verweigerungsgründe ganz erheblich ausweitet (§ 99 Abs. 2 Reg-E). In dem Katalog waren

---

940 Vgl. DGB-E 1967, S. 85; DGB-E 1970, S. 162.

nunmehr alle Fälle erfasst, nach denen der Betriebsrat ein berechtigtes Interesse an der Verweigerung der Zustimmung haben könnte. So sollte der Betriebsrat nun auch die Zustimmung verweigern können, wenn die personelle Maßnahme gegen eine Auswahlrichtlinie nach § 95 Reg-E verstößt (§ 99 Abs. 2 Nr. 2 Reg-E), wenn die berechtigte Besorgnis besteht, dass infolge der personellen Maßnahme im Betrieb beschäftigte Arbeitnehmer gekündigt werden oder sonst Nachteile erleiden (Nr. 3), der betroffene Arbeitnehmer durch die Maßnahme ungerechtfertigt benachteiligt wird (Nr. 4) oder eine nach § 93 Reg-E erforderliche Ausschreibung im Betrieb unterblieben ist.

Entsprechend dem DGB-E[941] sollte für den Fall, dass der Betriebsrat nicht binnen Wochenfrist die Verweigerung der Zustimmung zur personellen Maßnahme erklärt, die Zustimmung als erteilt gelten (§ 99 Abs. 3 Reg-E). Nach bisherigem Recht konnte der Arbeitgeber trotz Verweigerung der Zustimmung die personelle Maßnahme einstweilen vollziehen, während der Betriebsrat gezwungen war, zur Abhilfe das Arbeitsgericht anzurufen. In Abkehr zum bisherigen Recht musste nach dem Reg-E nun der Arbeitgeber das Arbeitsgericht anrufen und Antrag auf Ersetzung der Zustimmung stellen (§ 99 Abs. 4 Reg-E). Zudem sollte der Arbeitgeber die personelle Maßnahme nicht einstweilig durchführen dürfen. Lediglich in dringenden Ausnahmefällen sollte dem Arbeitgeber nach dem Reg-E noch das Recht zustehen, die personelle Maßnahme vorläufig zu vollziehen (§ 100 Abs. 1 Reg-E). In diesem Fall sollte den Arbeitgeber, nach den Wünschen der Verfasser des Entwurfs, die Pflicht treffen, den Betriebsrat *„unverzüglich"* bei Kenntnis über die vorläufige Vollziehung der Maßnahme unter Angabe der dringenden Gründe zu unterrichten (Abs. 2). Hält der Betriebsrat die dringenden Gründe nicht für stichhaltig, muss er seinerseits den Arbeitgeber *„unverzüglich"* hierüber informieren. Für die Aufrechterhaltung der personellen Maßnahme ist der Arbeitgeber dann verpflichtet, das Arbeitsgericht binnen einer Frist von drei Tagen anzurufen, um sich die Zustimmung ersetzen zu lassen und feststellen zu lassen, dass die Maßnahme *„dringend erforderlich war"* (Abs. 2). Lehnt das Gericht den Antrag auf Ersetzung der Zustimmung ab oder stellt es fest, dass die Maßnahme nicht dringend erforderlich war, so muss vorläufige Maßnahme innerhalb von zwei Wochen beendet werden (Abs. 3).

Für den Fall, dass der Arbeitgeber die Mitbestimmungsrechte des Betriebsrats aus § 99 Abs. 1 S. 1 Reg-E nicht beachtet oder eine vorläufige personelle Maßnahme entgegen § 100 Abs. 2 S. 3 oder Abs. 3 Reg-E durchführt, sollte der Betriebsrat in Anlehnung an § 64 Abs. 2 BetrVG 52 beim Arbeitsgericht beantragen können, dem Arbeitgeber zu untersagen, die personelle Maßnahme durchzuführen bzw. aufrechtzuerhalten. Im Falle der erneuten oder fortgesetzten Zuwiderhandlung sollte der Betriebsrat nach § 101 Reg-E beantragen können, dass das Arbeitsgericht bei einer weiteren Zuwiderhandlung eine Geldstrafe von bis zu 500 DM pro Tag verhängt.

Nach der Vorstellung des DGB sollten auch ordentliche Kündigungen von Arbeitnehmern von der Zustimmung des Betriebsrats abhängen. Hiervon sah der

941 Vgl. S. 87.

Reg-E aber ab und blieb beim geltenden Recht, wonach der Betriebsrat bei jeder Kündigung angehört werden muss. Klargestellt wurde, dass eine Kündigung ohne vorherige Anhörung unwirksam ist und dass dem Betriebsrat die Kündigungsgründe mitgeteilt werden müssen (§ 102 Abs. 1 Reg-E). Die Herbeiführung eines echten Mitbestimmungsrechts im Falle von Kündigungen, wie vom DGB gefordert, sollten nach Abs. 5 Arbeitgeber und Betriebsrat durch Betriebsvereinbarung vereinbaren können und in diesem Fall die Einigungsstelle verbindlich entscheiden.

Neu war, dass der Betriebsrat bei ordentlichen Kündigungen das Recht haben sollte, der Kündigung innerhalb einer Ausschlussfrist[942] zu widersprechen. Dies hatte nach dem Reg-E zur Folge, dass dann, wenn die Widerspruchsgründe nach Auffassung des Arbeitsgerichts vorliegen, die Kündigung automatisch sozial ungerechtfertigt im Sinne des KSchG und damit unwirksam ist (§§ 102 Abs. 2, 124 Nr. 1 Reg-E). Zudem sollte der Arbeitgeber bei Widerspruch des Betriebsrats gegen die Kündigung dem Arbeitnehmer mit Ausspruch der Kündigung eine Abschrift der Stellungnahme des Betriebsrats zuleiten (§ 102 Abs. 4 Reg-E).

Die Widerspruchsgründe wurden jedoch, wie bei den übrigen personellen Einzelmaßnahmen, auf einen Katalog begrenzt. Aber auch hier hatten die Entwurfs-Verfasser die möglichen Gründe sehr weit gefasst bzw. abstrakt formuliert (§§ 102 Abs. 3 Reg-E), so dass alle wesentlichen Punkte für einen berechtigten Widerspruch erfasst wurden. Im Ergebnis sollte der Betriebsrat einer ordentlichen Kündigung widersprechen können, wenn

- der Arbeitgeber bei der Auswahl des zu kündigenden Arbeitnehmers soziale Gesichtspunkte nicht oder nicht ausreichend berücksichtigt hat (Nr. 1),
- die Kündigung gegen eine Richtlinie aus § 95 Reg-E verstieß (Nr. 2),
- der zu kündigende Arbeitnehmer an einem anderen Arbeitsplatz weiterbeschäftigt werden könnte (Nr. 3),
- die Weiterbeschäftigung des Arbeitnehmers nach zumutbaren Umschulungs- oder Fortbildungsmaßnahmen möglich ist (Nr. 4) oder
- eine Weiterbeschäftigung des Arbeitnehmers unter geänderten Vertragsbedingungen mit seinem Einverständnis möglich ist (Nr. 5).

Zur Rechtfertigung des Umstandes, dass der Arbeitnehmer diese Rechte nicht selbst sollte geltend machen können, begründete das BMA, dass es sich nach bei den Widerspruchsgründen um solche handle, die aufgrund ihres kollektiven Charakters besser vom Betriebsrat beurteilt und geltend gemacht werden könnten als durch den einzelnen Arbeitnehmer.[943]

942 Im Falle einer ordentlichen Kündigung eine Woche; im Falle einer außerordentlichen Kündigung drei Tage nebst Angabe von Gründen.

943 BR-Drs. 715/70, S. 52; BMA, Ref. IIIa2, 3122.50, Bd. 23.

Schließlich sollte, wie bereits dargestellt, die außerordentliche Kündigung von Mandatsträgern, Wahlvorständen und Wahlbewerbern nach § 103 Reg-E der Zustimmung des Betriebsrats bedürfen.[944]

Bei der Entfernung betriebsstörender Arbeitnehmer auf Verlangen des Betriebsrats knüpfte der Reg-E konkret an eine Verletzung der in § 75 Abs. 1 enthaltenen Grundsätze an, während es nach dem Ref-E für das Verlangen des Betriebsrats ganz abstrakt genügt hatte, wenn der Arbeitnehmer durch unsoziales oder gesetzwidriges Verhalten den Betriebsfrieden ernstlich gestört hatte. Für den Fall, dass der Betriebsrat sein Kündigungs- oder Versetzungsverlangen erfolgreich gerichtlich durchsetzt, wurde im Gegensatz zum Ref-E im Reg-E ausdrücklich auf die Einhaltung der Kündigungsfristen und für die Durchsetzung der Entscheidung bzw. das Ordnungsgeld auf § 101 verwiesen.

e) Mitbestimmung in wirtschaftlichen Angelegenheiten

Auch der sechste Abschnitt zur Mitbestimmung in wirtschaftlichen Angelegenheiten wurde aufgegliedert und zwar in die Unterabschnitte *„Unterrichtung in wirtschaftlichen Angelegenheiten“* und *„Betriebsänderungen“*.[945]

aa) Unterrichtung in wirtschaftlichen Angelegenheiten

Der Reg-E hielt entgegen der Forderung des DGB[946] an der Errichtung des Wirtschaftsausschusses in Betrieben mit mehr als 100 Arbeitnehmern im Grundsatz fest (§ 106 Abs. 1 Reg-E). Gegenüber dem BetrVG 52 waren jedoch zahlreiche Änderungen vorgesehen:

- Im Gegensatz zum bisherigen Recht hat der Wirtschaftsausschuss nicht nur einen *„Anspruch auf Unterrichtung“*, sondern den Unternehmer trifft die Pflicht, den Wirtschaftsausschuss rechtzeitig, umfassend und mit den erforderlichen Unterlagen zu unterrichten (§ 106 Abs. 2 Reg-E).
- Der Zuständigkeitsbereich des Wirtschaftsausschusses wurde nach § 106 Abs. 3 Reg-E erweitert auf
  - o die finanzielle Lage des Unternehmens (Nr. 1),
  - o das Investitionsprogramm (Nr. 3),
  - o Rationalisierungsvorhaben (Nr. 4),
  - o die Einschränkung oder Stilllegung von Betrieben oder Betriebsteilen (Nr. 6),
  - o die Verlegung von Betrieben oder Betriebsteilen (Nr. 7),
  - o den Zusammenschluss von Betrieben (Nr. 8) und
  - o die Änderung der Betriebsorganisation oder des Betriebszwecks (Nr. 9).
- Nach § 107 Abs. 2 Reg-E waren die Mitglieder des Wirtschaftsausschusses nur noch durch den Betriebs- bzw. Gesamtbetriebsrat zu besetzen und nicht mehr

944 Vgl. für Mandatsträger S. 187 und für Wahlvorstände und Wahlbewerber S. 176.
945 Vgl. Ref. IIIa2, 3122.50, Bd. 23.
946 Vgl. S. 163.

paritätisch; dies war aufgrund der Ausweitung des Arbeitnehmerbegriffs auf wesentliche Teile der leitenden Angestellten auch strukturell notwendig.[947]

- Statt den Wirtschaftsausschuss nach dem Willen des DGB abzuschaffen und die Aufgaben dem Betriebsrat zu übertragen, sah der Entwurf der Bundesregierung vermittelnd vor, dass der Wirtschaftsausschuss dem Betriebsrat über jede Sitzung *„unverzüglich und vollständig"* zu berichten hat (§ 108 Abs. 3 Reg-E). Erst durch Beschluss mit qualifizierter Mehrheit sollte der Betriebsrat die Aufgaben des Wirtschaftsausschusses selbst übernehmen oder einem seiner Ausschüsse übertragen können. In diesem Fall sollte der Betriebsrat weitere Arbeitnehmer des Betriebs, möglichst aus den nicht im Betriebsrat vertretenen Betriebsabteilungen, für die Behandlung der dem Wirtschaftsausschuss obliegenden Angelegenheiten hinzuziehen können (§ 107 Abs. 3 Reg-E).

Auch hierdurch sollte den Forderungen nach der Einrichtung von Arbeitsgruppenvertretern entgegen gekommen werden.

Außerdem war vorgesehen, dass der Unternehmer mindestens einmal in jedem Kalendervierteljahr nach vorheriger Abstimmung mit dem Wirtschaftsausschuss und dem Betriebsrat die Arbeitnehmer schriftlich über die wirtschaftliche Lage und Entwicklung des Unternehmens zu unterrichten hatte (§ 110 Abs. 1 Reg-E). In kleinen Betrieben sollte die Unterrichtung auch mündlich erfolgen können (Abs. 2).

bb) Betriebsänderungen

Während das BetrVG 52 bei Betriebsänderungen auf Betriebsverlegungen, Betriebszusammenschlüsse etc. abstellte, stellte der Reg-E bei Betriebsänderungen nicht mehr auf bestimmte Formen der Betriebsänderung ab, sondern knüpfte das Mitbestimmungsrecht des Betriebsrats bei Betriebsänderungen allein daran an, dass in bestimmtem Umfang Arbeitnehmer des Betriebs durch eine unternehmerische Maßnahme Nachteile erleiden können (§ 111 Abs. 1 Reg-E). Es wurde eine bestimmte gestaffelte Mindestanzahl betroffener Arbeitnehmer festgelegt und zwar in Anlehnung an die Regelung zur Massenentlassung im Kündigungsschutzgesetz, um Betriebsänderungen von normalen personellen Veränderungen abzugrenzen. Die Anknüpfung an die Mindestanzahl bedeutete keine Verschlechterung gegenüber dem geltenden Recht, da dieses von *„erheblichen Teilen der Belegschaft"* ausging und die Rechtsprechung[948] hierfür die Massenentlassungsregelung des KSchG als Maßstab heranzog. Bei Vorliegen dieser Voraussetzungen sollte der Betriebsrat ein umfassendes Unterrichtungs- und Beratungsrecht erhalten (§ 111 Abs. 1 Reg-E).

Daneben räumte § 111 Abs. 2 Reg-E dem Betriebsrat bei Betriebsänderungen ein Mitbestimmungsrecht *„nach Maßgabe des § 112"* ein. Dies sollte nur dann nicht gegeben sein, wenn der Unternehmer selbst die Einschränkung der Beschäftigungsmöglichkeiten im Betrieb nicht planen konnte, sondern diese von nicht beeinflussbaren

947 Vgl. hierzu *Müller*, DB 1970, 1028.
948 BAG, Urteil v. 10.06.1969, 1 AZR 2/69, NJW 1969, 2221; AuR 1969, 248.

Faktoren, wie der Veränderung der Auftragslage oder der wirtschaftlichen Lage, abhingen.

Andernfalls sollte eine geplante Betriebsänderung nach § 111 Abs. 2 Reg-E zwei Mitwirkungs- bzw. Mitbestimmungsrechte des Betriebsrats gleichzeitig auslösen, den Interessenausgleich und den Sozialplan (§ 112 Reg-E). Demgegenüber kannte das BetrVG von 1952 nur den Interessenausgleich. Der Interessenausgleich sollte auf die Art und den Umfang der betrieblichen Änderung abzielen, während der Sozialplan die Art und den Umfang der Entschädigung für die durch die Betriebsänderung bzw. den Interessenausgleich wirtschaftlich benachteiligten Arbeitnehmer regelte (§ 112 Abs. 1 Reg-E).

Bei Uneinigkeit sollte in beiden Fällen zunächst der Präsident des Landesarbeitsamtes oder die Einigungsstelle angerufen werden können, um eine gütliche Einigung herbeizuführen (Abs. 2). Kam eine Einigung über den Sozialplan nicht zu Stande, war die Einigung nach Abs. 4 über die Einigungsstelle erzwingbar.

Wie nach § 74 BetrVG 52 sollte die Mitbestimmung beim Interessenausgleich durch eine Abfindungsverpflichtung abgesichert werden (§ 113 Abs. 1 Reg-E). Weitergehend als das BetrVG 52 erhielt der Arbeitnehmer gegenüber dem Arbeitgeber jedoch noch einen Nachteilsausgleichsanspruch für alle sonstigen wirtschaftlichen Nachteile für die folgenden zwölf Monate (Abs. 2).

13. Mitbestimmung auf Unternehmensebene

Unter der Überschrift *„Außerkrafttreten von Vorschriften"* sollte nach § 129 Abs. 1 Reg-E geregelt werden, dass das BetrVG von 1952 durch Inkrafttreten dieses Gesetzesentwurfs außer Kraft treten sollte. Dies sollte jedoch nicht für die §§ 76–77a BetrVG 52 gelten, in denen die (Drittel-) *„Beteiligung der Arbeitnehmer im Aufsichtsrat"* geregelt war. Nachdem sich die Koalitionsparteien bereits in den Koalitionsverhandlungen darauf geeinigt hatten, die überbetriebliche Mitbestimmung bei der Novellierung des BetrVG auszusparen, sollte es beim geltenden Recht bleiben.

14. Stellung der Gewerkschaften im Betrieb

Bundesarbeitsgerichtspräsident *Müller* hatte sich hinsichtlich der Stellung der Gewerkschaften im Betrieb dahingehend geäußert, dass eine Konkretisierung der Regelungen erforderlich sei. Die Eigenständigkeit, die Selbständigkeit und die Unabhängigkeit des Betriebsrats müsse anerkannt werden, und es sei zu beachten, dass die Gewerkschaften trotz ihrer Ordnungsfunktion primär Interessenorganisationen seien.[949] Zudem forderte er eine Klärung der Frage, ob die Gewerkschaftsvertretungen im Betrieb eher betriebsverfassungsrechtliche Aufgaben der Gewerkschaften erfüllen oder vor allem der Interessentätigkeit der Gewerkschaften dienen sollten. Auch der Zugang zum Betrieb von Gewerkschaftsvertretern beim Besuch von

949 *Müller,* DB 1970, 1031.

Betriebsversammlungen, der nach der Rechtsprechung des BAG[950] möglich war, sollte kodifiziert werden. Die Themen der Betriebsversammlung sollten sich nicht auf rein betriebliche Fragen beschränken. Auch überbetriebliche Themen mit sachlichem Bezug zum Betrieb, wie sozial- oder wirtschaftspolitische Themen, sollten erörtert werden können, jedoch weder Themen der Partei- noch der allgemeinen Politik. Allerdings sollten den Gewerkschaften angehörende Belegschaftsmitglieder im Betrieb, entsprechend einer Entscheidung des BAG, die Möglichkeit haben, in bestimmten Grenzen (außerhalb der Arbeitszeit und in den Pausen) – wie von der BDA übernommen – Werbe- und Informationsmaterial zu verteilen.[951]

Nach Auffassung des BMA brachte der Reg-E, gestützt auf die Erkenntnisse der Praxis und die Feststellung der Notwendigkeit einer funktionierenden Zusammenarbeit zwischen Betriebsräten und Gewerkschaften bei Wahrung der gegenseitigen organisatorischen Unabhängigkeit und der Verschiedenartigkeit der Aufgaben, eine große Anzahl von Verbesserungen für die Zusammenarbeit von Betriebsrat und Gewerkschaft.[952] Diese Verbesserungen sind nach dem Reg-E,

- das Recht des Betriebsrats seine Aufgaben in Zusammenarbeit mit den Gewerkschaften durchzuführen (§ 2 Abs. 2 Reg-E),
- das Zutrittsrecht der Gewerkschaften zum Betrieb und seinen Arbeitnehmern (§ 2 Abs. 3 Reg-E),
- die Herausstellung der Tatsache, dass durch die Vorschriften des BetrVG die Gewerkschaften nicht in ihrer koalitionsmäßigen Betätigung beschränkt werden (§ 2 Abs. 4 Reg-E),
- das Kandidatenvorschlagsrecht der Gewerkschaften bei der ersten Betriebsratswahl bzw. bei Einsetzung des Wahlvorstandes (§ 14 Abs. 6; §§ 16, 17 Reg-E),
- die zulässigen Themen der Betriebsversammlung, insbesondere die Tarif- und Sozialpolitik sowie wirtschaftliche Angelegenheiten (§ 45 Reg-E),
- die Verpflichtung des Betriebsrats, den Gewerkschaften den Zeitpunkt und die Tagesordnung der Betriebs- und Abteilungsversammlungen mitzuteilen (§ 46 Abs. 2 Reg-E),
- das Recht der Gewerkschaften, im Bedarfsfall eine Betriebsversammlung binnen Frist von zwei Wochen zu erzwingen (§ 43 Abs. 4 Reg-E),

950 BAG, Beschluss v. 18.03.1964, 1 ABR 12/63, AP BetrVG § 45 Nr. 1 DB 1964, 992; v. 14.02.1967, 1 ABR 7/66, NJW 1967, 1295, DB 1967, 775, Leitsatz: *„Der Arbeitgeber kann die Teilnahme eines bestimmten Gewerkschaftsvertreters gemäß BetrVG 1952 § 45 an einer Betriebsversammlung nur dann untersagen, wenn durch die Entsendung gerade dieses Gewerkschaftsvertreters in eine Betriebsversammlung Störungen im Bereich des Betriebsgeschehens ernstlich zu befürchten sind. Ob eine solche Befürchtung zu Recht besteht, kann nur aufgrund einer umfassenden Würdigung des Gesamtsachverhalts beurteilt werden.“*

951 Vgl. BAG-Rechtsprechung, Fn. 750; BDA-E, S. 144.

952 BMA, Ref. IIIa2, 3122.50, Bd. 23.

- die Stärkung der Tarifautonomie durch die Vorschriften über die Unzulässigkeit der Übernahme von tariflichen Regelungen in Betriebsvereinbarungen (§ 77 Abs. 3 Reg-E),
- die tarifvertraglichen Gestaltungsmöglichkeiten bei der Freistellung von Betriebsratsmitgliedern (§ 38 Abs. 1 S. 4 Reg-E) und
- die Möglichkeiten der Arbeitnehmer im Betrieb, Aufgaben für ihre Gewerkschaft zu übernehmen (§ 74 Abs. 3 Reg-E).

Nach § 2 Abs. 1 Ref-E hatte es, ähnlich wie in § 1 Abs. 2 des DGB-E 70, noch bestimmter geheißen, dass der Betriebsrat seine Aufgaben in Zusammenarbeit mit den Gewerkschaften durchführt, so dass die Gewerkschaften hieraus u.U. einen Beteiligungsanspruch hätten ableiten können, was zu einer Institutionalisierung der Gewerkschaften im Betrieb geführt hätte. Diese vollständige Abkehr vom Trennungsprinzip konnte die SPD bei ihrem Koalitionspartner nicht durchsetzen. Im Reg-E wurde dies auf das Recht des Betriebsrats zur Zusammenarbeit mit den Gewerkschaften reduziert (§ 2 Abs. 2 Reg-E) und § 2 Abs. 1 durch den eigentlich als § 74 Abs. 1 vorgesehenen Grundsatz der vertrauensvollen Zusammenarbeit ersetzt.[953] Demnach geht der Reg-E, wenn auch in abgeschwächter Form, vom Bestehen des Trennungsprinzips aus, wonach Betriebsräte und Gewerkschaften unterschiedliche Aufgaben haben.[954]

Zudem wurde § 2 Abs. 3 des Ref-E, nach dem Gewerkschaften selbst das Recht haben sollten *„im Betrieb außerhalb der Arbeitszeit und in den Pausen für ihre gewerkschaftlichen Ziele zu werben und Informationsmaterial mit gewerkschaftlichem Inhalt zu verteilen“*, gestrichen. In § 2 Abs. 3 Reg-E wurde stattdessen klargestellt, dass die Aufgaben der Gewerkschaften und der Vereinigungen der Arbeitgeber durch das BetrVG nicht berührt werden.

Auch bei der Regelung des Zugangsrechts der Gewerkschaften zum Betrieb hatte die FDP in dem Koalitionsgespräch vom 24. November 1970 noch eine Änderung herbeigeführt. So sollten nach § 2 Abs. 2 des Ref-E die Gewerkschaften Zugang zum Betrieb erhalten, um ihren betriebsverfassungsrechtlichen Aufgaben und Befugnissen nachkommen zu können, *„soweit dem nicht unumgängliche Notwendigkeiten des Betriebsablaufs oder zwingende Sicherheitsvorschriften“* entgegenstünden. Nach dem Reg-E sollte dies nur unter den zusätzlichen Voraussetzungen möglich sein, wenn Betriebsgeheimnisse nicht gefährdet seien und der Betriebsrat sich mit dem Arbeitgeber ins *„Benehmen“* gesetzt hätte (§ 2 Abs. 2 Reg-E).

Im Ergebnis wurden den Gewerkschaften viele weitere Befugnisse eingeräumt, eine vollständige Durchbrechung des Trennungsprinzips sah der Reg-E im Gegensatz zum Ref-E hingegen nicht vor.

---

953 Vgl. S. 171.
954 BR-Drs. 715/70, S. 33 f.

XI. Stellungnahme der Bundesregierung vom 4. Dezember 1970 zum Bericht der Mitbestimmungskommission (BT-Drs. VI/1551)

Wie bereits im Sozialbericht von 1970 angekündigt, legte die Bundesregierung am 4. Dezember 1970 dem Bundestag ihre Stellungnahme zum Bericht der *Biedenkopf-Kommission* vor.[955] Entsprechend der Stoßrichtung des Berichts der *Biedenkopf-Kommission* setzte sich die Stellungnahme der Bundesregierung fast ausschließlich mit den Ergebnissen der Kommission zur Unternehmensmitbestimmung auseinander. Die Bundesregierung äußerte Bedenken hinsichtlich einer Beibehaltung eines zahlenmäßigen Übergewichts der Vertreter der Anteilseigner gegenüber den Arbeitnehmervertretern bei der Besetzung des Aufsichtsrats.[956] Zudem befürchtete man, dass die Unternehmensmitbestimmung unübersichtlich würde, wenn fünf verschiedene Modelle[957] je nach Unternehmenstyp, Größe und Wirtschaftszweig existierten.[958] Der Kommissionsbericht sei jedoch eine sehr nützliche Arbeit, die viele Vorurteile abbaue, Fehleinschätzungen berichtige und die Mitbestimmungsdiskussion dadurch versachliche. Im Übrigen stellte die Bundesregierung jedoch fest, dass viele Fragen offen geblieben seien, die Kommission aber dazu beigetragen habe, auf diese noch offenen Fragen hinzuweisen.[959]

XII. CDU/CSU-Entwurf vom 5. Februar 1971 (BT-Drs. VI/1806)

Am 5. Februar 1971 legte die CDU/CSU-Fraktion einen umfassenden Gesetzesentwurf über die *Mitbestimmung der Arbeitnehmer in Betrieb und Unternehmen*[960] dem Bundestag vor. Der Vorschlag griff zahlreiche Forderungen des Entwurfs von 1967[961] wieder auf. Im Folgenden wird nur auf wesentliche Abweichungen und neue Vorschläge eingegangen:

---

955 BT-Drs. VI/1551, S. 1–10.

956 BT-Drs. VI/1551, S. 6.

957 1. nichtmitbestimmter Bereich bei Unternehmen mit weniger als 500 Arbeitnehmern; 2. der Bereich mit Ein-Drittel-Mitbestimmung nach dem BetrVG 1952 ab mehr als 500 Arbeitnehmern; 3. der Bereich ab 1.000 bis 2.000 Arbeitnehmern nach dem Kommissionmodell; 4. und 5. die beiden paritätisch mitbestimmten Bereiche nach dem MontanMitbestG und nach dem MontanMitbestErgG.

958 BT-Drs. VI/1551, S. 7.

959 BT-Drs. VI/1551, S. 10.

960 BT-Drs. VI/1806.

961 Vgl. CDU/CSU-E, S. 92 ff.

1. *Zusammenarbeit von Arbeitgeber und Betriebsrat*

Der CDU/CSU-E hielt am weiten Umfang der Friedenspflicht des geltenden Rechts fest (§ 22 Abs. 3 CDU/CSU-E). Zudem sollte das geltende absolute Verbot der parteipolitischen Betätigung aufrechterhalten bleiben (Abs. 5).

2. *Leitende Angestellte*

a) Begriffsbestimmung

Die leitenden Angestellten sollten nunmehr als Arbeitnehmer gelten, so dass das BetrVG grundsätzlich auf sie Anwendung finden sollte, jedoch mit Ausnahme der Regelungen über den Betriebsrat (§ 98 Abs. 2 CDU/CSU-E 71). Denn die CDU/CSU forderte, wie auch die CSU-Landesgruppe 1970, die Möglichkeit zur Wahl eines Sprecherausschusses, womit eine Abgrenzung zwischen den leitenden und den übrigen Angestellten erforderlich wurde. Daher sollten entsprechend dem CSU-E 70 die Mitglieder der sog. *Tatgruppe*[962] im engeren Sinne aus dem Arbeitnehmerkreis und dem Kreis der leitenden Angestellten herausgenommen werden (§ 19 lit. c CDU/CSU-E 1971), während die Mitglieder der Tatgruppe im weiteren Sinne und die Mitglieder der Ratgruppe[963] die leitenden Angestellten bilden sollten (§ 18 lit. c CDU/CSU-E 71). Die CDU/CSU begründete, dass die Abgrenzung der leitenden Angestellten nach objektiven Kriterien getroffen werden sollte, die auf die im Betrieb oder im Unternehmen ausgeübte Funktion abstellen.[964] Damit verabschiedete man sich von dem subjektiven Abgrenzungsmerkmal des *„besonderen persönlichen Vertrauens des Arbeitgebers"*. Die Feststellung der leitenden-Angestellten-Eigenschaft sollten Arbeitgeber und Betriebsrat gemeinsam vornehmen. Käme eine Einigung nicht zustande, sollte die Einigungsstelle angerufen werden können (§ 18 CDU/CSU-E 71).

b) Sondervertretung der leitenden Angestellten

Nach Auffassung der CDU/CSU waren die Arbeitgeber aufgrund eines erheblichen Anstiegs der Zahl der leitenden Angestellten nicht mehr in der Lage, diesen gerecht zu werden, so dass eine gemeinsame Interessenvertretung erforderlich sei.[965] Demnach sollten die leitenden Angestellten in Betrieben mit mehr als fünf leitenden Angestellten Sprecherausschüsse bilden können (§ 98 Abs. 1 CDU/CSU-E 1971). Die Errichtung des Sprecherausschusses war, wie auch schon im CSU-E, an die Regelungen des BDA-E zur Rechtsstellung der leitenden Angestellten vom Juni 1970[966] angelehnt.

---

962 Tatgruppe: sog. Linienfunktion mit eigener Entscheidungsbefugnis und in der Regel deutlicher Vorgesetztenstellung.

963 Ratgruppe: sog. Stabsfunktion ohne ausgeprägte Vorgesetzteneigenschaft.

964 BT-Drs. VI/1806, S. 36 ; Begründung CDU/CSU-E 71 zu § 18.

965 BT-Drs. VI/1806, S. 46; Begründung CDU/CSU-E 71 zu § 98.

966 Vgl. BDA-E S. 145; CSU-E S. 155.

Der Ausschuss sollte nach § 102 CDU/CSU-E 1971 in allgemeiner Hinsicht vertrauensvoll und zum Wohle des Betriebs mit dem Arbeitgeber zusammenarbeiten (Abs. 1), mit ihm Belange der leitenden Angestellten besprechen (Abs. 2) und der Arbeitgeber den Sprecherausschuss mindestens jährlich über die wirtschaftliche Lage und Entwicklung des Unternehmens unterrichten. Ferner sollte der Arbeitgeber nach Abs. 4 mit dem Sprecherausschuss personelle Maßnahmen und Veränderungen hinsichtlich leitender Angestellter erörtern und ihn über Betriebsänderungen in Kenntnis setzen (Abs. 5). Schließlich sollten der Arbeitgeber und der Sprecherausschuss für die Gestaltung der Dienstverhältnisse Richtlinien vereinbaren können (Abs. 5).

Den Verfassern des CDU/CSU-E war klar, dass sie sich durch die Einrichtung einer Sondervertretung für die leitenden Angestellten dem Vorwurf ausgesetzt sehen würden, die Belegschaft zu zersplittern und dadurch zu schwächen. Daher erklärten sie in ihrer Gesetzesbegründung, dass *„die Schaffung einer eigenen Vertretung für die leitenden Angestellten [...] die grundsätzliche Einheit der Arbeitnehmerschaft und die weitgehende Übereinstimmung ihrer Interessen nicht in Frage"* stellen sollte.[967] Hierfür sollten die jeweiligen Gremiumsvorsitzenden das Recht erhalten, an den Sitzungen der anderen Vertretung teilzunehmen; alle drei Monate sollte eine gemeinsame Sitzung der Gremien stattfinden (§ 103 CDU/CSU-E 1971).

Zudem sollte auch ein Gesamtsprecherausschuss sowie ein Unternehmenssprecherausschuss gebildet werden können (§ 104 CDU/CSU-E 1971). Da der CDU/CSU-E eine Regelung zur Unternehmensmitbestimmung enthielt,[968] sollten die leitenden Angestellten als Arbeitnehmer auch ein passives und aktives Wahlrecht für die Wahl zum Aufsichtsrat erhalten (§ 126 Abs. 1 u. 2 CDU/CSU-E 1971).

3. *Wahl des Betriebsrats*

a) *Einheitlicher Wahltermin und passives Wahlrecht*

Entgegen aller übrigen Gesetzesentwürfe sollten nach dem CDU/CSU-E die Betriebsratswahlen künftig nicht an einheitlichen Terminen stattfinden. Bei der Erlangung des passiven Wahlrechts sollten nach dem CDU/CSU-E zwar auch Beschäftigungszeiten aus demselben Unternehmen oder Konzern angerechnet werden können, allerdings wurde weiterhin, wie nach geltendem Recht, von einem Jahr Betriebszugehörigkeit ausgegangen. Darüber hinaus sollte das passive Wahlrecht weiterhin an die Wählbarkeit zum Bundestag geknüpft werden und daher die ausländischen Arbeitnehmer nicht wahlberechtigt sein (§ 48 CDU/CSU-E 71). An Stelle dessen sollten durch Betriebsvereinbarung Vertrauensleute für ausländische Arbeitnehmer eingesetzt werden können, die an allen Beratungen des Betriebsrats, die sich mit Fragen der ausländischen Arbeitnehmer befassen, mit beratender Stimme sollten teilnehmen können (§ 86 CDU/CSU-E 71).

---

967 BT-Drs. VI/1806, S. 46; Begründung CDU/CSU-E 71 zu § 103.

968 Vgl. S. 211.

b) *Erleichterung der Betriebsratswahl*

Entgegen den meisten bisherigen Vorschlägen, aber mit der wohl überwiegenden Meinung zum geltenden Recht,[969] forderte die CDU/CSU, dass auch der Arbeitgeber die Wahl eines Betriebsrats initiieren können sollte (§§ 54 f. CDU/CSU-E 71). Denn auch dieser könne ein Interesse am Bestehen eines Betriebsrates haben.[970] Neu war die Idee, dass das Arbeitsgericht bei Kenntniserlangung über einen betriebsratslosen Betrieb, die zuständigen Sozialpartner auffordern sollte, sich um eine Betriebsratswahl zu bemühen. Binnen Frist von dreizehn Wochen sollten diese dann verpflichtet sein, über das Ergebnis ihrer Bemühungen dem Arbeitsgericht zu berichten (§ 56 CDU/CSU-E 71). Die CDU/CSU war der Auffassung, auch die Gewerkschaften und die Arbeitgeberverbände hätten ein Interesse an der Bildung von Betriebsräten.[971]

c) *Aufgaben des Wahlvorstandes*

Im BetrVG 52 war nicht geregelt, dass der Wahlvorstand unverzüglich nach der Betriebsratswahl die Auszählung der Stimmen vornimmt, das Ergebnis feststellt und es den Arbeitnehmern mitteilt. Dies sah nun § 58 CDU/CSU-E 71 vor nebst einer Mitteilungspflicht an den Arbeitgeber und die im Betrieb vertretenen Gewerkschaften.

4. *Organisation des Betriebsrats*

Die Staffelung der zu wählenden Betriebsratsmitglieder sollte nach § 49 Abs. 1 CDU/CSU-E bis zu einer Betriebsgröße von 25.000 Arbeitnehmern erweitert werden.[972] Hierdurch erhofften sich die Verfasser eine Verbesserung der Betriebsratsarbeit in Großbetrieben, ohne gleichzeitig die Funktionsfähigkeit des Betriebes zu beeinflussen.[973] Eine signifikante Erhöhung der Anzahl der Betriebsratsmitglieder fand nicht statt.[974]

Für das Nachrücken von Ersatzmitgliedern war nach § 64 Abs. 2 S. 2 CDU/CSU-E vorgesehen, dass bei Erschöpfung der Liste des ausgeschiedenen Betriebsratsmitglieds das Ersatzmitglied auch einer anderen Liste mit der nächsten Höchstzahl entnommen werden konnte. Hierdurch sollte die Kontinuität des Betriebsrats gesichert werden.[975]

Ferner schloss sich die CDU/CSU-Fraktion der Forderung der DAG zur Änderung der Bezeichnung des Betriebsausschusses in *„Geschäftsführender Ausschuß“*

---

969 Vgl. S. 72.
970 BT-Drs. VI/1806, S. 42; Begründung CDU/CSU-E 71 zu § 55.
971 BT-Drs. VI/1806, S. 42; Begründung CDU/CSU-E 71 zu § 56.
972 Der CDU/CSU-E 67 ging von einer Staffelung bis 15.000 Arbeitnehmern vgl. S. 95 aus, das BetrVG 1952 von 9.000 Arbeitnehmern.
973 BT-Drs. VI/1806, S. 41; Begründung CDU/CSU-E 71 zu § 49.
974 25.000 Arbeitnehmer sollten von 43 Betriebsratsmitgliedern repräsentiert werden, während der Reg-E hierfür 65 Betriebsratsmitglieder für erforderlich hielt.
975 BT-Drs. VI/1806, S. 43; Begründung CDU/CSU-E 71 zu § 64.

an. Darüber hinaus blieb der CDU/CSU-E bei seiner bisherigen Forderung, den Betriebsausschuss ab 23 Betriebsratsmitgliedern zu vergrößern und räumte diesem nun ausdrücklich das Recht ein, Unterausschüsse zu bilden. Diesen und dem Betriebsausschuss sollten Aufgaben zur selbständigen Entscheidung übertragen werden können (§ 67 Abs. 1, 3 u. 4 CDU/CSU-E 71).

5. *Gesamt- und Konzernbetriebsrat*

Bezüglich der Regelungen zum Gesamt- und Konzernbetriebsrat schloss sich der CDU/CSU-E 71 im Wesentlichen dem Vorschlag der CSU an (§ 79 ff. CDU/CSU-E 71).[976] Neu war, dass Meinungsverschiedenheiten zwischen den einzelnen Betriebsleitungen und Betriebsräten vor der Einberufung außerbetrieblicher Stellen durch Verhandlung der Unternehmensleitung mit dem Gesamtbetriebsrat zu klären sein sollten (§ 22 Abs. 6 CDU/CSU-E 71).

6. *Arbeitnehmerrechte*

In einem neuen Ersten Teil sollten unter der Überschrift *„Der Arbeitnehmer am Arbeitsplatz und im Betrieb“* in 20 Paragraphen Individualrechte der Arbeitnehmer geregelt werden, wobei deren Durchsetzung dem einzelnen Arbeitnehmer überlassen bleiben sollte.

Unter den Grundsätzen der Zusammenarbeit von Arbeitgeber und Arbeitnehmern in § 1 CDU/CSU-E 71 sollte dem Arbeitnehmer unter Berücksichtigung des Betriebsziels und der Pflicht zur gegenseitigen Zusammenarbeit eine *„größtmögliche persönliche Entfaltungsfreiheit“* zugestanden werden. Daneben sah der CDU/CSU-E ein weitreichendes Unterrichtungsrecht des Arbeitnehmers (§ 3 CDU/CSU-E 71), auch über Unfall- und Gesundheitsgefahren (§ 9 CDU/CSU-E 71), eine Regelung zum Umgang mit Vorschlägen, Anregungen, Anliegen und Beschwerden des Arbeitnehmers (§§ 10, 11, 12 CDU/CSU-E 71), ein Recht zur Erörterung der beruflichen Situation mit dem Arbeitgeber (§ 13 CDU/CSU-E 71), ein Recht zur Einsichtnahme in die Personalakte[977] (§ 14 CDU/CSU-E 71) und einen Anspruch auf Erläuterung der Zusammensetzung seines Entgelts (§ 15 CDU/CSU-E 71) vor. Damit kam die CDU/CSU den Forderungen der übrigen Gesetzesentwürfe im Wesentlichen nach. Es verblieben allerdings deutliche Unterschiede. So war beispielsweise bei der Regelung der Einsichtnahme in die Personalakte eine Beteiligung des Betriebsrats, selbst auf Wunsch des Arbeitnehmers, nicht vorgesehen.

Im Übrigen sollte der Arbeitnehmer einen angemessenen Vergütungsanspruch erhalten, für den Fall, dass ein organisatorischer oder technischer Vorschlag des Arbeitnehmers umgesetzt wurde (§ 11 CDU/CSU-E 71). Außerdem sollte dem

---

976 Vgl. S. 155; Definitionen der Begriffe Betrieb und Unternehmen sind nicht enthalten.

977 Der Regelungsvorschlag enthält keine Beteiligung von Betriebsratsmitgliedern, aber das Recht Stellungsnahmen zur Personalakte beizufügen.

Arbeitnehmer, abgeleitet aus dem Gebot der persönlichen Entfaltungsfreiheit, ein Recht auf einen seinen Fähigkeiten, Kenntnissen und Erfahrungen entsprechenden Arbeitsplatz eingeräumt werden (§ 4 CDU/CSU-E 71), um ihn nicht zu über- oder unterfordern[978]. Neu war zudem die Regelung, dass der Arbeitnehmer *„bei Wegfall oder grundlegender Änderung des Arbeitsplatzes infolge von Rationalisierungsmaßnahmen oder Änderung der Produktion im Rahmen der betrieblichen Möglichkeiten ein Recht auf einen anderen geeigneten und zumutbaren Arbeitsplatz"* haben sollte. War dagegen eine Weiterbeschäftigung aus gesundheitlichen Gründen[979] am bisherigen Arbeitsplatz nicht möglich, sollte der Arbeitnehmer aufgrund seines besonderen Schutzbedürfnisses einen Anspruch auf eine betriebliche Umschulung haben (§ 5 CDU/CSU-E 71). Ferner waren noch Regelungen zur Zuteilung von Aufgaben- und Verantwortungsbereichen, zur Ausübung von Weisungsbefugnissen und zur Förderung des Informationsaustauschs vorgesehen (§§ 6 u. 7 CDU/CSU-E 71).

Das BMA übte Kritik an diesen Regelungen. Dort war man der Auffassung, dass die eingeräumten Rechte nur auf den ersten Blick eine Verbesserung der Rechte des Arbeitnehmers darstellten. Wenn beispielweise dem einzelnen Arbeitnehmer *„im Rahmen der betrieblichen Möglichkeiten"* in § 4 Abs. 1 CDU/CSU-E 71 ein Recht auf einen seinen Fähigkeiten entsprechenden Arbeitsplatz eingeräumt werde, so könne der einzelne Arbeitnehmer dieses Recht kaum gegenüber dem Arbeitgeber durchsetzen. Nur der Betriebsrat sei in der Lage, in diesem Zusammenhang die betrieblichen Möglichkeiten zu beurteilen und etwaigen Einwendungen des Arbeitgebers entgegenzutreten. Das gelte auch für das Recht auf betriebliche Umschulung *„im Rahmen der betrieblichen Möglichkeiten"* (§ 5 CDU/CSU-E 71) oder auch für das Recht bei Rationalisierungsmaßnahmen *„im Rahmen der betrieblichen Möglichkeiten"* einen Arbeitsplatz beanspruchen zu können (§ 4 Abs. 2 CDU/CSU-E 71).[980]

7. Arbeitsgruppen und Arbeitsgruppensprecher

Die Unionsfraktion schloss sich hinsichtlich der Einführung von Arbeitsgruppensprechern den Vorschlägen des CSU-E[981] an (§§ 106–110 CDU/CSU-E 71). Arbeitsgruppensprecher sollten jedoch erst in Betrieben mit mehr als 2.000 Arbeitnehmern gewählt werden (§ 106 des CDU/CSU-E 71). Man erhoffte sich von der Installation von Arbeitsgruppensprechern *„das Interesse der einzelnen Arbeitnehmer am betrieblichen Geschehen zu wecken, die Verbindung zu den einzelnen Arbeitnehmern zu fördern und eine Unterstützung des Betriebsrats.*[982] Regelungen zum Schutz der Arbeitsgruppensprecher waren nicht vorgesehen.

---

978 BT-Drs. VI/1806, S. 34; Begründung CDU/CSU-E 71 zu § 4.

979 BT-Drs. VI/1806, S. 34; Begründung CDU/CSU-E 71 zu § 5.

980 BMA, Ref. IIIa2, 3122.50, Bd. 23, 29.01.1970.

981 Vgl. S. 157.

982 BT-Drs. VI/1806, S. 47; Begründung CDU/CSU-E 71 zu § 106.

8. Gruppen- und Minderheitenrechte

Anstatt der 1967[983] geforderten Spiegelung der Verhältnisse im Betrieb, sollte die Minderheitengruppe nun im Betriebsausschuss vertreten sein müssen, wenn ihr im Betriebsrat mindestens ein Zehntel, wenigstens jedoch zwei der Betriebsratssitze zufielen (§ 66 Abs. 1 CDU/CSU-E 71). Zudem sollte der Betriebsausschuss nun nicht mehr gemeinsam auf Grundlage von Wahlvorschlagslisten gewählt werden, sondern nach Gruppen getrennt und geheim (§ 67 Abs. 2 CDU/CSU-E 71). Auch bei der Wahl der freizustellenden Betriebsratsmitglieder ging die CSDU/CSU über ihre bisherigen Forderungen hinaus, denn die Gruppen sollten künftig, unabhängig vom Verhältnis ihrer Vertretung im Betriebsrat, getrennt nach Gruppen die freizustellenden Betriebsratsmitglieder bestimmen (§ 77 Abs. 3 CDU/CSU-E 71). Zudem sollten im Wahlvorstand beide Gruppen verhältnismäßig, zumindest mit einem Mitglied, vertreten werden (§ 54 Abs. 1 CDU/CSU-E 71).

9. Schutz und Arbeitsbedingungen von Funktionsträgern

a) Allgemeiner Schutz der Betriebsratstätigkeit

Der CDU/CSU-E blieb beim allgemeinen Schutz der Betriebsratsmitglieder bei der Ausübung der Betriebsratstätigkeit dem Wortlaut des § 53 BetrVG 52 treu (§ 25 CDU/CSU-E 71). Nach den §§ 83, 84, 96, 105, 110 und 119 CDU/CSU-E 71 sollte dieser Schutz aber auch für die übrigen betriebsverfassungsrechtlichen Organe und deren Mitglieder gelten und nicht, wie im Entwurf von 1967 vorgesehen, nur für die Mitglieder der Jugendvertretung und die Mitglieder des Betriebs- und Aufsichtsrats.

b) Schutz der Betriebsratswahl

Zur Vorbeugung von Interessenkonflikten[984] sollten, wie nach dem CSU-E, die Wahlvorstände nicht gleichzeitig Wahlbewerber sein (§ 54 Abs. 3 CDU/CSU-E 71). Dies hätte eine ganz erhebliche Erschwerung für die Errichtung eines Betriebsrats bedeutet. Besonders in kleinen und mittleren Betrieben sind es in aller Regel dieselben Arbeitnehmer, die Initiative zeigen und zur Betriebsversammlung aufrufen, dort zu Wahlvorständen bestimmt und in den Betriebsrat gewählt werden. Hierdurch wären deutlich mehr Arbeitnehmer als zuvor erforderlich gewesen, die bereit sind, ein gewisses Risiko einzugehen, um einen Betriebsrat zu errichten. Dieser Erschwernis entgegengesetzt schloss sich die Unionsfraktion zur *„unbehinderten Durchführung der Betriebsratswahlen“*[985] wörtlich dem DGB-E 70 an und forderte für die Mitglieder des Wahlvorstandes und die Wahlbewerber einen besonderen für drei Monate nachwirkenden Kündigungsschutz (§ 61 CDU/CSU-E 71).

---

983 Vgl. S. 96.
984 BT-Drs. VI/1806 S. 42; Begründung CDU/CSU-E 71 zu § 54.
985 BT-Drs. VI/1806 S. 42; Begründung CDU/CSU-E 71 zu § 61.

c) Freistellung von der betrieblichen Tätigkeit

Entgegen dem CDU/CSU-E 67 und dem CSU-E 70 forderte die CDU/CSU eine Neuregelung zur Freistellung von Betriebsratsmitgliedern (§ 77 CDU/CSU-E 71). Zur Vermeidung von Streit[986] schlug auch sie eine Staffelung vor, die jedoch deutlich hinter den übrigen Forderungen der Parteien und Interessenvertreter zurückblieb. Allerdings sollte es sich um eine Mindestanzahl von freigestellten Betriebsratsmitgliedern handeln, so dass weitere Freistellungen, wie bisher, von der Erforderlichkeit abhängen sollten.

d) Freistellung zum Zwecke der Schulung

Entsprechend dem FDP-E[987] sah auch der CDU/CSU-E bezahlte Freistellungen zum Zwecke der Schulung von Betriebsratsmitgliedern vor. Während die FDP von vier Wochen ausgegangen war, gewährte der CDU/CSU-E den Betriebsratsmitgliedern nur drei Wochen pro Amtszeit (§ 78 Abs. 1 u. 2 CDU/CSU-E 71).

e) Schutz vor Nachteilen in der beruflichen Entwicklung

§ 76 Abs. 2 CDU-CSU-E 71 enthielt eine Einkommensgarantie vergleichbar dem Reg-E. Allerdings bezog sich diese entgegen dem Reg-E nicht nur auf freigestellte, sondern auf sämtliche Betriebsratsmitglieder. Man wolle die Unabhängigkeit der Betriebsratsmitglieder stärken und das Betriebsratsamt attraktiver für qualifizierte Arbeitnehmer machen.[988] Zudem versprach der CDU/CSU-E eine zumindest gleichwertige Tätigkeit für die Dauer der Amtszeit und für das Jahr nach der Beendigung des Betriebsratsamtes.

In § 78 Abs. 3 CDU-CSU-E 71 war zudem vorgesehen, dass Betriebsratsmitglieder, die länger als zwei Amtszeiten überwiegend freigestellt waren, nach Ausscheiden aus ihrem Amt, bis zu drei Monate zur beruflichen Weiterbildung freizustellen waren, sofern dies für ihre künftige Tätigkeit erforderlich sei. Für diese Zeit sollte das volle Entgelt gewährt, aber Möglichkeiten der öffentlichen Förderung ausgeschöpft werden.

f) Kündigungsschutz von Mandatsträgern

Sich dem DGB-E teilweise anschließend sah der CDU/CSU-E ein Verbot der ordentlichen Kündigung mit einer dreimonatigen Nachwirkung für Wahlbewerber und Wahlvorstände vor (§ 61 CDU/CSU-E 71). Der Wille zur *„unbehinderten Wahl“*[989] war jedoch begrenzt, denn ein Zustimmungsvorbehalt des Betriebsrats für eine außerordentliche Kündigung war im Gegensatz zum DGB-E und zum Reg-E nicht vorgesehen. Im Übrigen schloss sich die CDU/CSU den übrigen Gesetzesentwürfen

986 BT-Drs. VI/1806 S. 44; Begründung CDU/CSU-E 71 zu § 77.

987 Vgl. S. 130.

988 BT-Drs. VI/1806 S. 44; Begründung CDU/CSU-E 71 zu § 76.

989 BT-Drs. VI/1806, S. 42; Begründung CDU/CSU-E 71 zu § 61.

an und wollte sämtlichen Mandatsträgern in § 15 Abs. 1 KSchG einen ein Jahr nachwirkenden Kündigungsschutz einräumen (§ 138 Nr. 2 CDU/CSU-E 71), jedoch erst nach einer vollen Amtsperiode und nicht im Falle eines zwischenzeitlichen Ausschlusses. Einen Zustimmungsvorbehalt für die außerordentliche Kündigung von Mandatsträgern enthielt der Entwurf nicht.

10. Mitbestimmung des Betriebsrats in allgemeinen, sozialen, personellen und wirtschaftlichen Angelegenheiten

a) Mitbestimmung in allgemeinen Angelegenheiten

Die allgemeinen Aufgaben des Betriebsrats ergänzte die CSU/CSU in § 27 Abs. 1 um die Behandlung von Anfragen und Anregungen (lit. f), das Wachen über die Einhaltung der betriebsverfassungsrechtlichen Individualrechte (Abs. 1 lit. a) und die Pflicht zur rechtszeitigen und ausreichenden Information unmittelbar betroffener Arbeitnehmer über Angelegenheiten des Betriebs (Abs. 1 lit. b). Bei der Stärkung der Informationsrechte schloss sich die CDU/CSU vollständig dem Entwurf der CSU an (Abs. 2). Damit räumte die CDU/CSU, im Gegensatz zum Reg-E, dem Betriebsrat ein Recht zur Einsichtnahme in die Personalakten unter Vorbehalt der Zustimmung der Arbeitnehmer ein. Dies umfasste jedoch nicht die Einsicht in die Lohn- und Gehaltslisten, sollte sich allerdings nach der Entwurfsbegründung auf sämtliche erforderlichen Unterlagen erstrecken[990]. Hinsichtlich der Hinzuziehung von Sachverständigen sah der CDU/CSU-E lediglich allgemein vor, dass der Betriebsrat *„soweit zur Durchführung der Zusammenarbeit zwischen Betriebsrat und Arbeitgeber Sachverständige erforderlich sind, (...) bei der Auswahl und Anhörung der Sachverständigen zu beteiligen"* ist (§ 75 Abs. 3 CDU/CSU-E).

b) Mitbestimmung in sozialen Angelegenheiten

Der CDU/CSU-E trennte die Rechte des Betriebsrats im sozialen Bereich in einen Katalog voll mitbestimmter Angelegenheiten und einen Katalog solcher Angelegenheiten, bei denen der Betriebsrat lediglich ein Veto-, jedoch kein Initiativrecht haben sollte (§ 29 u. § 30 CDU/CSU-E 71).[991] Der Katalog der voll mitbestimmten sozialen Angelegenheiten orientierte sich an den bisherigen Gesetzesvorschlägen, auch am Reg-E[992], dem er in vielen Punkten entsprach. Abweichend sollte aber die Einführung und Anwendung von technischen Einrichtungen, der Leistungsüberwachung, sowie die Festsetzung des Arbeitsentgelts und die Form und Ausgestaltung von Sozialeinrichtungen nicht im Katalog der echten Mitbestimmungsrechte enthalten sein. Auch bei den Angelegenheiten, in denen der Betriebsrat lediglich

990 BT-Drs. VI/1806 S. 37; Begründung CDU/CSU-E 71 zu § 27.
991 Dies entsprach den Vorschlägen der BDA.
992 Vgl. DGB-E 67, S. 85 und DGB-E 70, S 162.

ein Vetorecht besitzen sollte, blieb der Katalog hinter dem Reg-E zurück. Demnach sollte von dem Vetorecht erfasst werden:

- die Errichtung und Ausgestaltung von Sozialeinrichtungen (lit. a);
- generell Sozialmaßnahmen des Betriebs oder Unternehmens (lit. b);
- soziale Maßnahmen zur Behebung von Rationalisierungs- und Automatisierungsfolgen (lit. c);
- Maßnahmen zur Bereitstellung geeigneter Arbeitsplätze für nicht mehr voll leistungsfähige Arbeitnehmer (lit. d);
- Maßnahmen zur Beschaffung von Wohnräumen für die Arbeitnehmer und die Grundsätze für deren Vergabe, Nutzung und Kündigung (lit. e);
- die Erstellung von Grundsätzen über das betriebliche Vorschlagswesen (lit. f);
- die Einführung und Anwendung von technischen Einrichtungen, mit denen das Verhalten und die Leistung der Arbeitnehmer überwacht werden (lit. g).

Das Vetorecht war in § 30 Abs. 2 CDU/CSU-E 71 so ausgestaltet, dass im Falle des Vetos des Betriebsrats der Arbeitgeber zur Herbeiführung einer Einigung die Einigungsstelle für eine verbindliche Einigung anrufen können sollte. Da die Anrufung der Einigungsstelle jedoch nicht obligatorisch war, war nicht ganz klar, welche Rechtsfolge ein Veto ohne Anrufung der Einigungsstelle haben sollte. Deshalb stufte das BMA dieses Vetorecht als *„fragwürdig"* ein.[993]

c) Mitbestimmung in personellen Angelegenheiten

Der CDU/CSU-E hielt hinsichtlich der Mitbestimmung des Betriebsrats bei Einstellungen, Eingruppierungen, Versetzungen und Umgruppierungen im Grundsatz am geltenden Recht fest (§§ 33 ff. CDU/CSU-E 71).

aa) Personalwirtschaft und Berufsbildung

Nach § 34 Abs. 1 CDU/CSU-E 71 sollte der Betriebsrat in allen wesentlichen personellen Angelegenheiten, die nicht den einzelnen Arbeitnehmer betreffen, ein frühzeitiges und vollständiges Informationsrecht erhalten, was insbesondere auch für die Personalplanung gelten sollte. Außerdem sollten nach den Abs. 2 und 3 personelle Fragebögen, allgemeine Beurteilungsgrundsätze und die Aufstellung von allgemeinen Richtlinien für Einstellungen, Eingruppierungen, Umgruppierungen, Versetzungen und Kündigungen der Zustimmung des Betriebsrats bedürfen. Einigungen hierzu sollten notfalls über die Einigungsstelle erzwingbar sein. Das galt nach § 29 Abs. 1 lit. f. CDU/CSU-E 71 auch für den Fall, dass über Angelegenheiten der Berufsbildung, Berufsfortbildung und Umschulung keine Einigkeit zwischen Betriebsrat und Arbeitgeber hergestellt werden konnte.

---

993 BMA, Ref. IIIa2, 3122.50, Bd. 23.

bb) Personelle Einzelmaßnahmen

Die Gründe der Verweigerung einer Einstellung sollten gegenüber dem geltenden Recht um den Fall des Verdachts, dass durch die Einstellung im Betrieb beschäftigte Arbeitnehmer gekündigt werden oder andere Nachteile erleiden (§ 35 Abs. 5 lit. d CDU/CSU-E 71) und um den Fall einer fehlenden betriebsinternen Ausschreibung erweitert werden (§ 17 iVm § 35 Abs. 3 lit. a CDU/CSU-E 71). Ein Verweigerungsrecht für den Fall, dass eine vereinbarte Auswahlrichtlinie nicht berücksichtigt wurde, existierte im CDU/CSU-E nicht, so dass eine solche Verletzung folgenlos bleiben sollte. Der CDU/CSU-E blieb auch insofern hinter dem Reg-E zurück, als der Arbeitgeber stets zur vorläufigen Einstellung, Eingruppierung, Versetzung und Umgruppierung berechtigt bleiben sollte. Bei Verweigerung der Zustimmung durch den Betriebsrat sollte nicht der Arbeitgeber die Zustimmung ersetzen lassen müssen, wie nach dem Reg-E, sondern der Betriebsrat und die Begründetheit seiner Verweigerung beweisen müssen (§ 35 Abs. 2 CDU/CSU-E 71).

Eine Kündigung ohne Anhörung des Betriebsrats sollte nur bei der ordentlichen Kündigung deren Unwirksamkeit zur Folge haben und bei einer außerordentlichen folgenlos bleiben (§ 39 Abs. 1 u. § 40 CDU/CSU-E 71). Ein Katalog von Gründen zur Zustimmungsverweigerung, wie im Reg-E, existierte nicht. Eine Verweigerung sollte daher nur wirksam sein, wenn die Kündigung sozial ungerechtfertigt war (§ 39 Abs. 2 CDU/CSU-E 71). Neu war jedoch der Vorschlag, dass nach Abs. 3 bei Widerspruch des Betriebsrats zur Kündigung das Arbeitsverhältnis über die Kündigungsfrist hinaus bis zur Beendigung des Arbeitsgerichtsverfahrens fortbestehen sollte. Dies sollte jedoch nicht gelten, wenn die Kündigungsschutzklage offensichtlich unbegründet war oder eine Aufrechterhaltung des Arbeitsverhältnisses zu schweren wirtschaftlichen Nachteilen für den Betrieb führen würde. In diesem Fall sollte der Arbeitgeber nach Abs. 4 im einstweiligen Verfügungsverfahren die Rechtsfolge des Abs. 3 aussetzen lassen können. Dieser Vorschlag der CDU/CSU stellte trotz der Einschränkung des Abs. 4 eine erhebliche Verbesserung der Rechtslage des (gekündigten) Arbeitnehmers dar.

d) Mitbestimmung in wirtschaftlichen Angelegenheiten

aa) Unterrichtung in wirtschaftlichen Angelegenheiten

Während der Wirtschaftsausschuss nach geltendem Recht in Unternehmen mit mehr als einhundert Arbeitnehmern obligatorisch einzurichten war (§ 67 Abs. 1 BetrVG 52), sollte dies nun nur noch für Unternehmen mit mehr als fünfhundert Arbeitnehmern gelten. In Unternehmen mit mehr als einhundert Arbeitnehmern sollte nur auf Antrag des Betriebsrats oder des Unternehmers ein Wirtschaftsausschuss gebildet werden (§ 117 Abs. 1 CDU/CSU-E). Zudem sollten nach Abs. 2 zukünftig auch die finanzielle Lage des Unternehmens (lit. d), die Rationalisierungs- und Automatisierungsvorhaben von wesentlichem Umfang (lit. f) und die Personalplanung (lit. g) zu den wirtschaftlichen Angelegenheiten gehören. Zudem sah § 118 CDU/CSU-E eine Ausweitung des Unterrichtungsrechts des Wirtschaftsauschusses vor.

Das galt insbesondere für die Unterrichtungspflicht über das Personal- und Sozialwesen (Abs. 3). Der noch in der Begründung zum Entwurf stehende Abs. 5 ist offenbar gestrichen worden. Er sollte dem Wirtschaftsausschuss das Recht einräumen, Empfehlungen an die Unternehmensleitung zu richten und diese zwingen, über die Behandlung der Empfehlungen Mitteilung zu geben. Auch sollte der Wirtschaftsausschuss zu einer bestimmten Frage die Stellungnahme der Unternehmensleitung einholen können.[994] Im Übrigen sollte der weiterhin paritätisch besetzte Wirtschaftsausschuss auf bis zu sechzehn Mitglieder vergrößert werden können (§ 119 Abs. 1 CDU/CSU-E).

bb) Betriebsänderungen

In § 43 Abs. 1 CDU/CSU-E wurde ein Initiativrecht und in Abs. 2 eine Unterrichtungspflicht bei Betriebsänderungen zugunsten des Betriebsrats eingefügt. In Abs. 3 ist zudem vorgesehen, dass neben oder statt einem Interessenausgleich nun auch ein Sozialplan abgeschlossen werden kann. Diesbezüglich sollte es beim Umfang des Mitbestimmungsrechts des Betriebsrats jedoch beim geltenden Recht bleiben.

Abweichend vom bisherigen Recht sollte der Arbeitgeber bei Vorliegen eines Sozialplans aber Nachteile ausgleichen müssen, wenn er von dem Sozialplan abwich (§ 45 Abs. 2 CDU/CSU-E). Nach Abs. 3 sollte der Unternehmer zudem zur Zahlung von Abfindungen bei Kündigungen auch dann verpflichtet sein, wenn ein Interessenausgleich deshalb nicht zustande gekommen war, weil ein Verfahren vor der Vermittlungsstelle nicht eingeleitet worden war. Entsprechendes sollte auch für den Sozialplan gelten.[995]

11. Mitbestimmung auf Unternehmensebene

Beim 18. Parteitag der CDU in Düsseldorf vom 25. bis 27. Januar 1971 wurde die Vorlage zur Mitbestimmung auf Unternehmensebene der Sozialausschüsse (CDA) mit einer Vierfünftel-Mehrheit abgelehnt.[996] Nach dieser Vorlage sollte in jedem Großunternehmen ein Verwaltungsrat eingerichtet werden, in dem je vier Arbeitgeber- und Arbeitnehmervertreter und zwei Vorstandsmitglieder sitzen. Statt diesem oder dem moderateren Entwurf der Jungen Union[997] und dem des CDU-Vorstandes[998] nahmen die Delegierten des Parteitags den unternehmerfreundlichen Vorschlag des Wirtschaftsrats[999] an.[1000] Dies war eine erhebliche Niederlage für die

994 BT-Drs. VI/1806 S. 48; Begründung CDU/CSU-E 71 zu § 118.
995 BT-Drs. VI/1806, S. 41; Begründung CDU/CSU-E 71 zu § 45.
996 Niederschrift des 18. Parteitags der CDU, S. 311 f; 111 Ja- und 411 Neinstimmen, 8 Enthaltungen.
997 Niederschrift des 18. Parteitags der CDU, S. 255 ff.
998 Niederschrift des 18. Parteitags der CDU, S. 254.
999 Niederschrift des 18. Parteitags der CDU, S. 257 ff.
1000 Niederschrift des 18. Parteitags der CDU, S. 312 f.

Sozialausschüsse. *Blüm* kommentierte den Beschluss in einem Spiegel-Interview: die CDU habe die Mitbestimmungsfrage auf dem Parteitag *„nach der Art türkischer Teppichhändler"* diskutiert und sich als *„Unternehmerpartei"* dargestellt.[1001]

In der Union war man der Auffassung, dass das Unternehmen *„eine Einheit ist und betriebliche und unternehmensbezogene Mitbestimmung in einer Wechselbeziehung zueinander stehen."* Die Ausgewogenheit der institutionellen Mitbestimmungsregelungen im Unternehmen müsse daher auf alle Fälle gewährleistet sein.[1002] Im Übrigen bestehe, nachdem das Thema Unternehmensmitbestimmung jahrelang ausgiebig erörtert worden sei und seit einem Jahr das Gutachten der *Biedenkopf-Kommission* als Entscheidungshilfe vorläge, keine Veranlassung mehr, die Behandlung dieser Frage weiter zu vertagen.[1003] Im Ergebnis blieb der CDU/CSU-E aber hinter den Empfehlungen der Mitbestimmungskommission zurück, und zwar zum Teil in recht erheblichem Umfang.

So berücksichtigte der CDU/CSU-E nicht die Empfehlung der Kommission, weitere Aufsichtsratsmitglieder durch Kooption[1004] zu wählen, so dass das Ungleichgewicht zugunsten der Vertreter der Anteilseigner nicht, wie von der Kommission beabsichtigt, kompensiert wurde. Das Verhältnis sollte nach § 123 Abs. 3 CDU/CSU-E 7:5 betragen. Ebenfalls entgegen der Empfehlung der *Biedenkopf-Kommission,* sollte das Gremium zur Wahl des Vorstandes nicht paritätisch besetzt werden. Auch wurde der ausgleichende[1005] Zwang der Arbeitgeberseite zur Begründung von Entscheidungen gegen die Arbeitnehmerseite ausgehöhlt. Eine Begründung sollte nur erforderlich sein, wenn die Arbeitnehmervertreter durch ein einheitliches Votum der Anteilseignervertreter überstimmt würden (§ 139 Ziff. 4 Abs. 5 CDU/CSU-E 71). Auch die Abschwächung der Schweigepflicht sollte von Fällen des vorgenannten Abs. 5 – das heißt im Falle einer einheitlichen Überstimmung durch die Anteilseignervertreter – möglich sein. Zur Umgehung des Begründungszwangs und der Abschwächung der Schweigepflicht, musste sich nach dem CDU/CSU-E daher nur ein Vertreter der Anteilseigner seiner Stimme enthalten.

12. Stellung der Gewerkschaften im Betrieb

Die Zusammenarbeit von Betriebsrat und Gewerkschaften sollte nur marginal intensiviert werden. Nach § 22 Abs. 2 CDU/CSU-E 71 – den *„Regeln der Zusammenarbeit"* – sollte der Betriebsrat berechtigt sein, *„seine Aufgaben in Zusammenarbeit und Unterstützung der im Betrieb vertretenen Gewerkschaften"* durchzuführen. Zudem sollten diese auch an Sitzungen des Wahlvorstandes teilnehmen können (§ 54 Abs. 1 CDU/CSU-E 71). Im Übrigen wurden in einigen Vorschriften die

1001 Der Spiegel 6/1971, S. 22.
1002 BT-Drs. VI/1806, S. 30; Begründung CDU/CSU-E 71, Allg. Teil, Einführung.
1003 BT-Drs. VI/1806, S. 30; Begründung CDU/CSU-E 71, Allg. Teil, Einführung.
1004 Vgl. S. 133; Kooption = Ergänzungswahl = Wahl von Mitgliedern durch die übrigen Mitglieder des Gremiums.
1005 Vgl. S. 134.

Entfaltungsmöglichkeiten von Splittergewerkschaften gestärkt (z.B. § 54 Abs. 1 u. 2, § 55 Abs. 1 u. 2, § 69 CDU/CSU-E 71). Insbesondere muss der Betriebsrat auf die Beteiligung von Gewerkschaftsbeauftragen verzichten, wenn er nicht alle im Betrieb vertretenen Gewerkschaften – auch die Splittergewerkschaften – beteiligen will (§ 69 Abs. 3 CDU/CSU-E 71).

XIII. Entwurf der Deutschen Angestellten-Gewerkschaft vom Februar 1971

Ebenfalls im Februar 1971 legte die DAG nun eine als Gesetz formulierte *Änderungsvorlage zum Entwurf eines Betriebsverfassungsgesetzes* vor.[1006] Der Entwurf basierte auf dem Reg-E und auf Teilen des CDU/CSU-E 71, die die DAG für vorzugswürdig hielt. Dies betraf vor allem den Minderheitenschutz und die Individualrechte des CDU/CSU-E. Daneben enthielt der Entwurf auch einige eigene Vorschläge,[1007] die hier kurz dargestellt werden:

1. Zusammenarbeit von Arbeitgeber und Betriebsrat

Die DAG reduzierte ihre bisherige Forderung des absoluten Verbots der politischen Betätigung und fügte zur Friedenspflicht des § 74 Abs. 2 Reg-E hinzu, dass Arbeitgeber und Betriebsrat abstrakt alle Betätigungen zu unterlassen hätten, die den Arbeitsablauf *„erheblich"* beeinträchtigten.

2. Leitende Angestellte

Nach den Vorstellungen des DAG-E 71 sollte, ähnlich dem SPD-E und dem DGB-E 70, neben den Eigentürmern und Organen des Unternehmens das BetrVG keine Anwendung finden auf Mitglieder der Leitung des Unternehmens und deren dauernde Stellvertreter, Generalbevollmächtigte sowie eigenverantwortliche Mitglieder der Leitung des Betriebs sowie solche Personen, die zur selbständigen Einstellung und Entlassung berechtigt sind (§ 5 Abs. 3 DAG-E 71). Hierbei unterließ es die DAG-E, von leitenden Angestellten zu sprechen.

Entgegen der Forderung der Union der leitenden Angestellten (ULA) sah der Entwurf der DAG von 1971 weiterhin keine Sondervertretung für die leitenden Angestellten vor. Stattdessen schlug man vor, einen Sonderausschuss innerhalb des Betriebsrats für Angestellte mit Leitungsfunktion sowie mit wissenschaftlichen oder vergleichbaren Tätigkeiten zu bilden (§ 28 Abs. 5 DAG-E 71). Dem Ausschuss sollten auch leitende Angestellte angehören können, die nicht Betriebsratsmitglieder sind.

1006 DAG, Entwurf eines Betriebsverfassungsgesetzes: Änderungsvorlage zur Drucksache VI/1786 / Deutsche Angestellten-Gewerkschaft, Hamburg, 1971.

1007 So erläutert von *Apel* (DAG), BT-Prot. VI/10. Aussch. 45. u. 46 Sitz. S. 17.

3. *Wahl des Betriebsrats*

Abweichend zum Reg-E schlug die DAG vor, dass für den Fall, dass nicht genügend Bewerber zur Wahl standen, der Betriebsrat kleiner ist als gesetzlich vorgesehen und seine Größe sich nach der Anzahl der gewählten Betriebsratsmitgliedern bemisst (§ 11 Abs. 2 DAG-E 71). Die DAG sah zudem vor, dass für den Fall, dass Neuwahlen nötig seien, der Betriebsrat weiterhin im Amt bleiben sollte bzw. der Betriebsrat die laufenden Geschäfte weiterführt bis ein neuer Betriebsrat gewählt ist (§ 11 Abs. 5 DAG-E 71). Dass eine solche Regelung im Reg-E und damit auch im DAG-E 71 in § 22 enthalten war, hatte bei der DAG wohl übersehen.

4. *Arbeitsgruppenrechte*

In Bezug auf zusätzliche betriebsverfassungsrechtliche Vertretungen sah nunmehr auch die DAG Abteilungs- oder Funktionsgruppensprecher vor, deren Existenz, Rechte und Pflichten jedoch dem Vorbehalt der Regelung durch Tarifvertrag oder Betriebsvereinbarung unterliegen sollten (§ 46a DAG-E 71).

5. *Schutz und Arbeitsbedingungen von Funktionsträgern*

Die DAG schloss sich beim Schutz und bei den Arbeitsbedingungen von Funktionsträgern dem Reg-E an, forderte jedoch zudem entsprechend ihrem Entwurf von 1970[1008] eine an die Amtsdauer angepasste gestaffelte Verlängerung der Nachwirkung der Kündigungsfrist, wich aber von ihren ehemals extremen Forderungen ab. Der Kündigungsschutz sollte nunmehr von einem bis zu maximal fünf Jahre nach Beendigung der Betriebsratstätigkeit nachwirken.

6. *Mitbestimmung des Betriebsrats in allgemeinen, sozialen, personellen und wirtschaftlichen Angelegenheiten*

Die DAG ergänzte den Reg-E im Rahmen der allgemeinen Angelegenheiten um die Förderung der Beschäftigung nicht mehr voll leistungsfähiger Arbeitnehmer (§ 80 Abs. 1 Nr. 6 DAG-E 71). Außerdem sollten statt der Eingliederung der ausländischen Mitarbeiter die Wahl von Bordvertretungen und Seebetriebsräten gefördert werden (Nr. 7).

Bei den sozialen Angelegenheiten forderte die DAG zusätzlich zum Reg-E, dass bei der Einführung und Anwendung von Kontrollmaßnahmen der Betriebsrat mitzubestimmen habe (§ 87 Abs. 1 Nr. 6 DAG-E 71). Zudem ergänzte die DAG den Reg-E um den mit einem Vetorecht[1009] ausgestatteten Mitbestimmungskatalog des CDU/CSU-E 71, der dann in einigen Punkten in Konkurrenz zum Mitbestimmungsrecht aus § 87 stand (§ 88 DAG-E 71).

1008 Vgl. S. Seite 131.
1009 Vgl. S. 208.

In personellen Angelegenheiten sollte der Betriebsrat abweichend vom Reg-E nicht erst ab 1.000 Arbeitnehmern, sondern bereits ab 500 Arbeitnehmern ein echtes Mitbestimmungsrecht bei der Erstellung von Auswahlrichtlinien haben (§ 95 Abs. 2 DAG-E 71).

In wirtschaftlichen Angelegenheiten sollte entgegen dem Reg-E das Mitbestimmungsrecht bei Betriebsänderungen nicht entfallen, wenn die Betriebsänderung *„nicht geplant"* war, sondern wenn der Unternehmer diese *„nicht abwenden"* konnte (§ 111 Abs. 2 DAG-E).

7. Stellung der Gewerkschaften im Betrieb

Im Gegensatz zum Reg-E sollte der Betriebsrat nach dem Willen der DAG nicht nur *„das Recht haben"* in Zusammenarbeit mit den Gewerkschaften seine Aufgaben durchzuführen, vielmehr sollte er ganz grundsätzlich seine Aufgaben in Zusammenarbeit mit den Gewerkschaften durchführen (§ 2 Abs. 2 DAG-E 71). Für den Zugang zum Betrieb der ihre betriebsverfassungsrechtlichen Aufgaben erledigenden Gewerkschaften sollte sich der Betriebsrat nicht *„ins Benehmen mit dem Arbeitgeber"* setzen müssen, sondern diesen nur darüber unterrichten müssen (Abs. 3). Schließlich hielt die DAG daran fest, dass Betriebsvereinbarungen, die die Anwendung tariflicher Regelungen auf nichttarifgebundene Arbeitnehmer ausdehnen, unzulässig sein sollten (§ 77 Abs. 3 S. 2 DAG-E 71).

XIV. Entwurf der Bundesvereinigung der Deutschen Arbeitgeberverbände vom 24. Februar 1971

Am ersten Sitzungstag der Öffentlichen Informationssitzung des Ausschusses für Arbeit und Sozialordnung am 24. Februar 1971, hierzu später[1010], brachte die BDA ihren Gesetzesentwurf zum BetrVG mit, der ebenfalls auf dem Reg-E basierte.[1011] Allgemein hatte die BDA in ihrem Jahresbericht vom 15. Dezember 1970 u. a. zum Reg-E Stellung genommen und einen grundsätzlichen Reformwillen geäußert.[1012] Der Entwurf enthielt wenige neue Ideen, griff jedoch zahlreiche Vorschläge der bisherigen Gesetzesentwürfe auf:

1. Leitende Angestellte

Nach § 5 Abs. 2 Nr. 3 BDA-E 71 sollten leitende Angestellte keine Arbeitnehmer sein, wenn sie zur selbständigen Einstellung und Entlassung von Arbeitnehmern berechtigt sind oder nach Arbeitsvertrag und Stellung im Betrieb regelmäßig und im Wesentlichen eigenverantwortlich entweder übertragene Arbeitgeberbefugnisse

1010 Vgl. S. 241 ff.

1011 Vorschlag für ein Betriebsverfassungsgesetz, Köln Februar 1971.

1012 BDA, Jahresbericht der Bundesvereinigung der Deutschen Arbeitgeberverbände 1. Dezember 1969 – 30. November 1970, Köln Dezember 1970.

wahrnehmen oder für den Bestand und die Entwicklung des Betriebes wichtige Aufgaben aufgrund besonderer Erfahrung oder Kenntnis erfüllen. Auch die BDA grenzte damit die leitenden Angestellten nach unten mit der Tatgruppe im weiteren Sinne und der Ratgruppe ab, unterließ es aber gleichzeitig, die Tatgruppe im engeren Sinne trotz der Forderung nach einer Sondervertretung nach oben ausdrücklich, wie im CDU/CSU-E 71 vorgesehen, abzugrenzen.[1013]

Wie bereits in ihrem *Gesetzesvorschlag für die Rechtsstellung der „Leitenden Angestellten“*[1014] vorgesehen, forderte die BDA die Möglichkeit zur Bildung eines Sprecherausschusses, der in formeller Hinsicht und bezüglich seiner Rechte und Pflichten dem Vorschlag der CDU/CSU[1015] sehr ähnlich war (§§ 110 ff BDA-E 1971). Die BDA setzte jedoch die Schwelle zur Gründung des Ausschusses auf mindestens 20 leitende Angestellte herauf und legte die Mindestgröße des Sprecherausschusses auf 3 Sprecher fest (§ 110 Abs. 1). Die Amtszeit sollte nur zwei Jahre betragen (§ 111 Abs. 1). Eine Zusammenarbeit mit dem Betriebsrat wie im CDU/CSU-E 71 war nicht vorgesehen.

2. Wahl des Betriebsrats

Entsprechend dem DGB-E 67 forderte auch die BDA in § 13 Abs. 1 einheitliche Wahltermine und vergleichbar dem CDU/CSU-E 71 für die Erlangung des passiven Wahlrechts die Wahlberechtigung zum Deutschen Bundestag und eine einjährige Betriebszugehörigkeit, wobei ebenfalls Beschäftigungszeiten im selben Betrieb oder Unternehmen nach § 8 Abs. 1 BDA-E angerechnet werden sollten. Bei der Vergrößerung des Wahlvorstandes schloss sich die BDA wiederum dem DGB an und formulierte, dass der Wahlvorstand aus *„mindestens drei“* Mitgliedern bestehen und eine ungerade Anzahl haben sollte (§ 16 Abs. 1 BDA-E).

3. Organisation des Betriebsrats

Demgegenüber war die BDA gegen eine Vergrößerung des Betriebsrates und folgte hier dem CDU/CSU-E von 1967[1016] (§ 9 BDA-E). Auch bei der Vergrößerung des Betriebsausschusses blieb die Forderung der BDA hinter den meisten übrigen Entwürfen zurück, so war nur eine dreistufige Staffelung mit maximal sieben Ausschussmitgliedern vorgesehen, obwohl sich die BDA bei der Verstärkung der Delegationsmöglichkeiten und Übertragung von Aufgaben des Betriebsrats an Ausschüsse vollständig dem Reg-E anschloss (§§ 27 f. BDA-E).

1013 Vgl. S. 201.
1014 Vgl. S. 145.
1015 Vgl. S. 201.
1016 Vgl. S. 95.

4. *Gesamt- und Konzernbetriebsrat*

Widersprüchlich war die Reglung der BDA in § 47 Abs. 1, nach der in einem Unternehmen mit mehreren Betrieben ein Gesamtbetriebsrat zu errichten „*ist*", wogegen der Entwurf in Abs. 2 wieder zum geltenden Recht zurückkehrte und die Bildung des Gesamtbetriebsrats von der Zustimmung der Betriebsräte abhängig macht, in denen mindestens dreiviertel der Arbeitnehmer des Unternehmens beschäftigt sind. Damit blieb der BDA-E beim geltenden Recht, mit der Ausnahme, dass klargestellt wurde, dass für die Auflösung des Gesamtbetriebsrats dasselbe Stimmenverhältnis erforderlich sein sollte.

Auch im Übrigen blieb der BDA-E beim geltenden Recht, mit einer weiteren Ausnahme: So sah der BDA-E die Möglichkeit vor, wie der Reg-E, ein Gesamtbetriebsratsmitglied ausschließen und, weitergehend als der Reg-E, den Gesamtbetriebsrat auflösen zu können. Hierfür sollten jeweils ein Viertel der Arbeitnehmer des Unternehmens, der Arbeitgeber, der Gesamtbetriebsrat (nur für den Ausschluss eines Mitglieds), ein Betriebsrat oder eine im Unternehmen vertretene Gewerkschaft antragsberichtigt sein. Außerdem sollte im Gegensatz zum Reg-E eine Abberufung eines Gesamtbetriebsratsmitglieds durch den entsendenden Betriebsrat nicht möglich sein (§ 51 BDA-E).

Hinsichtlich der Zuständigkeit und der Geschäftsführung des Gesamtbetriebsrats blieb der Entwurf abermals beim geltenden Recht (§ 53 BDA-E). Regelungen zur Einrichtung eines Konzernbetriebsrats enthielt der Entwurf nicht.

5. *Arbeitnehmerrechte*

Auch die BDA forderte eine Stärkung der Rechte des einzelnen Arbeitnehmers. Dabei standen auch hier die Unterrichtungspflichten im Vordergrund, die dem Arbeitgeber, dem Betriebsrat, dem Wirtschaftsausschuss und den Arbeitsgruppensprechern auferlegt wurden (§ 81 BDA-E). Daneben wurde in § 82 BDA-E ein Katalog mit Pflichten des Arbeitgebers gegenüber dem einzelnen Arbeitnehmer aufgestellt. Dieser beinhaltete neben Unterrichtungspflichten den Anspruch des Arbeitnehmers auf Erörterung seiner beruflichen Situation, auf Aufschlüsselung der Berechnung und Zusammensetzung seines Gehalts, auf Beteiligung an Maßnahmen seinen Arbeitsplatz betreffend und auf Einsicht in seine Personalakte. Zudem wurde in § 83 BDA-E ein Beschwerderecht entsprechend dem Reg-E fixiert.

6. *Arbeitsgruppenrechte*

Wie der Reg-E, sah auch der BDA-E die Einrichtung von Vertretungen bestimmter Beschäftigungsarten oder Arbeitsbereichen (Arbeitsgruppen) vor (§ 3 Abs. 1 BDA-E). Im Gegensatz zum Reg-E sollte dies aber nicht nur durch Tarifvertrag, sondern auch durch Betriebsvereinbarung möglich sein und zudem sollten, wie nach dem CDU/CSU-E 71, (§ 67 BDA-E) in Betrieben ab 3.000 Arbeitnehmern[1017] Arbeitsgruppensprecher gewählt werden.

7. *Gruppen- und Minderheitenrechte*

Bei den Gruppen- und Minderheitenrechten schloss sich der BDA-E im Wesentlichen dem Reg-E an. Nur an einigen Stellen nahm die BDA Veränderungen zugunsten der Minderheitengruppe vor. Das galt für die Wahl des Betriebsausschusses[1018] (§ 26 Abs. 2 BDA-E), für die Bestimmung der freizustellenden Betriebsratsmitglieder (§ 38 Abs. 2 BDA-E), bei der Zusammensetzung des Gesamtbetriebsrats[1019] (§ 48 BDA-E) und bei der Besetzung des Wirtschaftsausschusses (§ 101 Abs. 2 BDA-E).

8. *Schutz und Arbeitsbedingungen von Funktionsträgern*

Im Gegensatz zu den meisten Entwürfen verzichtete die BDA auf eine Staffelung der freizustellenden Betriebsratsmitglieder nach Belegschaftsgröße. Ohne jedoch am geltenden Recht festzuhalten, sollte der Betriebsrat über die Freistellungen im Einvernehmen mit dem Arbeitgeber beschließen und die Einigungsstelle notfalls verbindlich entscheiden (§ 38 Abs. 2 BDA-E). Auch bei der Regelung der Freistellung von Betriebsratsmitgliedern zum Zwecke der Schulung schloss sich die BDA nicht dem weitgehenden Reg-E an (§ 37 Abs. 3 BDA-E), sondern orientierte sich am Vorschlag der FDP[1020].

Für die Abhaltung von Sprechstunden hielt die BDA am geltenden Recht fest, schloss sich aber dem DGB-E von 1967[1021] an, das Verbot der Minderung des Arbeitsentgelts wegen Besuchs der Sprechstunde ausdrücklich zu regeln (§ 39 Abs. 2 BDA-E). Auch beim Freizeitausgleich für Betriebsratstätigkeiten neben der Arbeitszeit folgte die BDA dem DGB-E von 1967[1022]; gewährte den Freizeitausgleich aber nicht grundsätzlich, sondern, einer Entscheidung des BAG vom 3. Juni 1969 und der Kommentierung von *Fitting/Kraegeloh* folgend,[1023] nur, wenn die Betriebsratstätigkeit *„in erheblichem Umfang"* außerhalb der Arbeitszeit aus betriebsbedingten Gründen geleistet werden musste (§ 37 Abs. 4 BDA-E).

1017 Nach dem CDU/CSU-E 71 sollten bereits ab 2.000 Arbeitnehmern Arbeitsgruppensprecher gewählt werden; vgl. S. 205.

1018 Entsprach dem CSU-E; vgl. 157.

1019 Entsprach dem CDU/CSU-E 71; vgl. S. 204.

1020 Vgl. S. 130.

1021 Vgl. S. 81.

1022 Vgl. S. Seite 82.

1023 BAG, Beschluss v. 03.06.1969, 1 ABR 1/69, BB 1969, 1434, NJW 1969, 2221; *Fitting/Kraegeloh-Auffarth,* BetrVG, 9. Aufl. 1970, § 37 Rz. 7.

Beim Kündigungsschutz schloss sich die BDA dem CDU/CSU-E von 1971[1024] an, beschränkte die Nachwirkung des Kündigungsschutzes jedoch auf sechs Monate und sah diesen auch nur für Betriebsratsmitglieder vor (§ 116 Nr. 2 BDA-E).

9. Mitbestimmung des Betriebsrats in allgemeinen, sozialen, personellen und wirtschaftlichen Angelegenheiten

Hinsichtlich der allgemeinen Aufgaben folgte die BDA dem Reg-E, mit Ausnahme der Behandlung von Anregungen und der Förderung der Eingliederung von ausländischen Arbeitnehmern (§ 79 Abs. 1 BDA-E). Auch bei der uneingeschränkten Informationspflicht des Arbeitgebers gegenüber dem Betriebsrat, schloss die BDA sich dem Reg-E an (Abs. 2), aber nicht bei der Einsichtnahme in die Lohn- und Gehaltslisten der Arbeitnehmer und ebenso wenig bei der Möglichkeit, erforderlichenfalls Sachverständige hinzuziehen zu dürfen. Schließlich war auch entgegen dem Reg-E keine Möglichkeit zur Einsichtnahme in die Personalakten vorgesehen.

In sozialen Angelegenheiten blieb der BDA-E mit leichten Abweichungen beim geltenden Recht (§§ 84–86 BDA-E) und sah lediglich, entsprechend dem CDU/CSU-E 71, Beratungsrechte vor (§ 87 BDA-E). Nur in Sachen Arbeitsplatz und Arbeitsablauf schloss sich der BDA-E dem Reg-E[1025] an. Eine Durchsetzbarkeit des Mitbestimmungsrecht über die Einigungsstelle war jedoch nicht gewünscht (§§ 90 f. BDA-E).[1026]

In Fragen der Personalwirtschaft folgte der BDA dem CDU/CSU-E 71, gewährte dem Betriebsrat aber bei der Erstellung von Personalfragebögen, allgemeinen Beurteilungsgrundsätzen und Auswahlrichtlinien kein echtes Mitbestimmungsrecht (§§ 92 f. BDA-E). Bei den personellen Einzelmaßnahmen blieb der BDA-E weit hinter den übrigen Entwürfen zurück und blieb im Kern beim geltenden Recht (§§ 93 f. BDA-E). Bei einer Kündigung gegen den Widerspruch des Betriebsrats sollte lediglich Rechtsfolge sein, dass dem Arbeitnehmer die Stellungnahme des Betriebsrats zum Widerspruch zuzuleiten sei. Hierzu sollte aber der Betriebsrat und nicht der Arbeitgeber verpflichtet werden (§ 97 Abs. 3 BDA-E).

In den wirtschaftlichen Angelegenheiten sollte nach Auffassung des BDA-E der Wirtschaftsausschuss in Betrieben mit mehr als fünfhundert Arbeitnehmern obligatorisch und in Betrieben mit mehr als hundert Arbeitnehmern fakultativ auf Antrag des Betriebsrats gebildet werden (§ 100 Abs. 1 BDA-E). Die Unterrichtungspflichten des Arbeitgebers wurden um Investitionsvorhaben und Rationalisierungsvorhaben *„von wesentlichem Umfang"* erweitert (§ 100 Abs. 1 BDA-E). Wer zu bestimmen hatte, welche Maßnahmen *„wesentlich"* waren, blieb offen. Im Übrigen sollte es bei der Mitbestimmung in wirtschaftlichen Angelegenheiten beim geltenden Recht bleiben.

1024 Vgl. S. Seite 208.
1025 Vgl. S. 189.
1026 Vgl. S. 189.

10. Mitbestimmung auf Unternehmensebene

Nach § 121 BDA-E sollten die Vorschriften zur Drittelbeteiligung im Aufsichtsrat, wie auch im Reg-E geregelt, in Kraft bleiben. Die BDA hatte sich auch zu den Vorschlägen der Mitbestimmungskommission kritisch geäußert[1027] und lehnte jede Form einer Ausweitung der Mitbestimmung ab.

11. Stellung der Gewerkschaften im Betrieb

Bei den Grundsätzen der Zusammenarbeit zwischen Arbeitgeber und Betriebsrat forderte die BDA, die Mitwirkung der Sozialpartner aus dem Grundsatz der *„vertrauensvollen Zusammenarbeit"* zu streichen (§ 2 Abs. 1 BDA-E). Allerdings wurde dem Arbeitgeber und dem Betriebsrat in Abs. 2 das Recht eingeräumt, ihre Aufgaben *„mit Unterstützung"* der Sozialpartner durchzuführen (§ 2 Abs. 2 BDA-E); jedoch nicht *„in Zusammenarbeit"* wie im Reg-E und im CDU/CSU-E 71 gefordert.

XV. Einbringung des Regierungsentwurfs in den Bundesrat am 18. Dezember 1970 (BR-Drs. 715/70)

Nachdem am 3. Dezember 1970 der Reg-E zum BetrVG von der Bundesregierung verabschiedet[1028] worden war, wurde dieser als *Entwurf eines Betriebsverfassungsgesetzes* am 18. Dezember 1970 nebst Begründung nach Art. 76 Abs. 2 GG dem Bundesrat zugeleitet.[1029]

XVI. Empfehlungen und Änderungsvorschläge des Bundesrats vom 29. Januar 1971 (BR-Drs. 715/1/70 (Beschluß))

Der Bundesrat beschloss am 18. Dezember 1970 zum Gesetzesvorschlag gemäß Art. 76 Abs. 2 GG Stellung zu nehmen und leitete diesen an den Ausschuss für Arbeit und Sozialpolitik (federführend) sowie an den Ausschuss für Innere Angelegenheiten, den Rechtsausschuss, den Ausschuss für Verkehr und Post und den Wirtschaftsschuss zur Prüfung und Erarbeitung von Änderungsvorschlägen weiter.

Am 7. Januar 1971 fanden die Beratungen des Unterausschusses des Rechtsausschusses und am 13. Januar 1971 die Beratungen des Rechtsausschusses statt. Der Bundesratsausschuss für Innere Angelegenheiten und der Bundesratsausschuss für Verkehr und Post berieten sich auch jeweils am 13. Januar 1971. Der Bundesratsunterausschuss *Mitbestimmung und Betriebsverfassungsgesetz* des Wirtschaftsausschusses beriet sich am 11. Januar 1971 und der Wirtschaftsausschusses des

1027 BDA, Stellungnahme des Arbeitskreises Mitbestimmung zum Bericht der Sachverständigenkommission: Mitbestimmung im Unternehmen (Bundestagsdrucksache VI/334), Köln, November 1970.

1028 Abgedr. in RdA 1971, 33.

1029 BR-Drs. 715/70, S. 1; RdA 1970, S. 357 ff.

Bundesrates am 14. Januar 1971. Der Unterausschuss *Betriebsverfassungsgesetz* des Ausschusses für Arbeit und Sozialpolitik tagte am 6. Januar 1971 und der Ausschuss für Arbeit und Sozialpolitik am 13. Januar 1971.[1030] Den Vorsitz des Ausschusses für Arbeit und Sozialpolitik hatte Staatsminister *Horst Schmidt*[1031] (Hessen) inne.[1032]

Während der Bundesratsausschuss für Innere Angelegenheiten und der Bundesratsausschuss für Verkehr und Post sich nur mit wenigen einzelnen Normen des Reg-E auseinandersetzten, erfolgte in den übrigen beteiligten Bundesratsausschüssen eine eingehendere Prüfung. Der Rechtsausschuss beschäftigte sich mit Fragen der Gesetzgebungskompetenz, der Verwaltungszuständigkeit, der Ermächtigung zum Erlass von Rechtsverordnungen und der Einschränkung von Grundrechten. Zudem fanden zu einigen Normen Einzelberatungen statt. Im Gegensatz dazu fanden in dem Bundesratsausschuss für Arbeit und Sozialpolitik und dem Bundesratsausschuss für Wirtschaft und deren Unterausschüssen umfassende Einzelberatungen zu zahlreichen Normen des Reg-E statt.[1033]

1. *Empfehlungen der Ausschüsse des Bundesrats (BR-Drs. 715/1/70)*

Am 18. Januar 1971 gaben die Ausschüsse ihre Empfehlungen[1034] zu Punkt 12 der Tagesordnung der 361. Sitzung[1035] des Bundesrates am 29. Januar 1971 ab. Die Ausschüsse legten 38 Empfehlungen zu dem Reg-E zur Novellierung des BetrVG vor. In einigen Fällen widersprach der Wirtschaftsausschuss Empfehlungen des Ausschusses für Arbeit und Sozialpolitik. Die Ausschüsse leiteten ihre Empfehlungen in der Bundesratsdrucksache 715/1/70 dem Bundesrat zu und empfahlen dem Bundesrat, gemäß Art. 76 Abs. 2 GG, die Empfehlungen zur Regierungsvorlage zu beschließen und „*im Übrigen gegen den Entwurf keine Einwendungen zu erheben*".[1036]

Nach Darstellung des Vorsitzenden und Berichterstatters für den federführenden Ausschuss für Arbeit und Soziales, Staatsminister *Schmidt* (Hessen), war ein Teil der Empfehlungen rein technischer und klarstellender Art. Im folgenden werden daher nur die wesentlichen Empfehlungen dargestellt:

a) Ziffer 3 der Empfehlungen

Die Ausschüsse empfahlen auf Antrag Nordrhein-Westfalens dem Bundesrat zunächst den § 2 Abs. 2 Reg-E,

1030 Protokolle der Beratungen der BR-Ausschüsse Parlamentsarchiv VI/234, Bd. A 1 Lfd. Nr. 2–9.

1031 *Horst Schmidt*, MdL (Hessen), SPD; Landessozialminister (1969–1976).

1032 Parlamentsarchiv VI/234, Bd. A 1 Lfd. Nr. 9.

1033 Protokolle der Beratungen der BR-Ausschüsse Parlamentsarchiv VI/234, Bd. A 1 Lfd. Nr. 2–9.

1034 BR-Drs. 715/1/70, S. 2 ff.

1035 BR-Prot. 361, S. 12 ff.

1036 BR-Drs. 715/1/70, S. 2.

„Der Betriebsrat hat das Recht, seine Aufgaben in Zusammenarbeit mit den im Betrieb vertretenen Gewerkschaften und mit ihrer Unterstützung durchzuführen."

ersatzlos zu streichen.[1037] Die Vorschrift ließe sich nicht mit Abs. 1 in Einklang bringen, nach dem Arbeitgeber und Betriebsrat im Zusammenwirken mit den im Betrieb vertretenen Gewerkschaften und Arbeitgebervereinigungen vertrauensvoll zusammenarbeiten sollte.[1038]

b) Ziffer 4 der Empfehlungen

In § 2 Abs. 3 Reg-E sollten auf Vorschlag Hamburgs die Gewerkschaften zudem nicht *„im Benehmen mit dem Arbeitgeber und dem Betriebsrat"* Zutritt zum Betrieb erhalten, sondern *„nach Unterrichtung des Arbeitgebers"*.[1039] Der Begriff *„im Benehmen"* sei missverständlich und ließe der Auslegung einen zu großen Spielraum.[1040] Dem widersprach der Vertreter Bayerns in der Sitzung des Ausschusses für Arbeit und Soziales am 13. Januar 1970. Er war der Auffassung, dass eine vertrauensvolle Zusammenarbeit mehr voraussetze als nur ein Unterrichten des Arbeitgebers über den Besuch eines Gewerkschaftsmitglieds. Der Vorschlag Hamburgs wurde dennoch mit sechs zu fünf Stimmen angenommen.[1041] Dieser Empfehlung widersprach der Wirtschaftsausschuss, der den Ausdruck *„im Benehmen"* als rechtstechnisch klar umrissen verstand. Der Ausdruck bringe den im BetrVG herrschenden Grundsatz der Zusammenarbeit deutlich zum Ausdruck. Im Übrigen erfordere die Herstellung des Benehmens keine Zustimmung des Arbeitgebers.[1042]

c) Ziffer 9 der Empfehlungen

Der Ausschuss folgte zudem dem Antrag Nordrhein-Westfalens, für die Möglichkeit der Wahl eines eigenen Gruppenvertreters das erforderliche Quorum von einem Zehntel in den §§ 27, 47, 51 und 55 Reg-E auf ein Drittel zu erhöhen.[1043] Dies wurde damit begründet, dass die Einführung eines Zehntelquorums unsystematisch sei und kleine Minderheiten ungerechtfertigt bevorzuge. Der Wirtschaftsauschuss hatte dieser Empfehlung widersprochen. Das Zehntelquorum gewährleiste die Repräsentation kleinerer Gruppen und ermögliche eine weitgehende Berücksichtigung der einzelnen Interessen. Bei der Empfehlung sei nicht berücksichtigt worden, dass die

1037 Protokoll des UA des BR-Ausschusses für Arbeit und Soziales AS 0100, Nr. 2/71, Parlamentsarchiv VI/234, Bd. A 1 Lfd. Nr. 8, S. 2.

1038 BR-Drs. 715/1/70, S. 2.

1039 Protokoll des UA des BR-Ausschusses für Arbeit und Soziales AS 0100, Nr. 2/71, Parlamentsarchiv VI/234, Bd. A 1 Lfd. Nr. 8, S. 2.

1040 BR-Drs. 715/1/70, S. 2.

1041 Protokoll des BR-Ausschusses für Arbeit und Soziales AS 0100, Nr. 3/71, Parlamentsarchiv VI/234, Bd. A 1 Lfd. Nr. 9, S. 23.

1042 BR-Drs. 715/1/70, S. 3.

1043 Protokoll des UA des BR-Ausschusses für Arbeit und Soziales AS 0100, Nr. 2/71, Parlamentsarchiv VI/234, Bd. A 1 Lfd. Nr. 8, S. 5 ff.

im Gesetzesentwurf vorgesehene Mindestgröße von fünf Mitgliedern eine Zersplitterung ausschließe.[1044]

d) Ziffern 11 und 12 der Empfehlungen

Der Vertrauensmann und der Hauptvertrauensmann der Schwerbehinderten sollten nach §§ 32, 52 Reg-E, wie von Hamburg gefordert,[1045] grundsätzlich an sämtlichen Betriebsrats- und Gesamtbetriebsratssitzungen teilnehmen und nicht nur, wenn Fragen verhandelt werden, die Interessen der Schwerbehinderten berühren, da auch die vom Betriebsrat und Gesamtbetriebsrat zu beratenden übrigen Gegenstände in der Regel die Schwerbeschädigten berühren würden.[1046]

e) Ziffer 14 der Empfehlungen

Das Verbot der *„politischen Betätigung, durch die der Arbeitsablauf oder Frieden des Betriebs beeinträchtigt werden"* könnte, sollte gemäß dem Antrag Hamburgs aus dem Grundsatz der Zusammenarbeit in § 74 Abs. 2 Reg-E gestrichen werden.[1047] Die Hervorhebung des Verbots sei entbehrlich. Andernfalls werde der Eindruck erweckt, dass eine politische Betätigung im Betrieb unerwünscht sei. Der Anschein einer negativen Wertung sollte daher durch Streichung vermieden werden.[1048]

f) Ziffern 18 und 21 der Empfehlungen

Nach Ziff. 18 sollte gemäß dem Antrag Bayerns[1049] in den sozialen Mitbestimmungskatalog des § 87 Abs. 1 Reg-E als Nr. 8a die *„Form und Verwaltung von Unterstützungskassen und ähnlichen Einrichtungen, die insbesondere der Alters- und Hinterbliebenenversorgung dienen und deren Wirkungsbereich auf den Betrieb, das Unternehmen oder den Konzern beschränkt ist"* aufgenommen werden.[1050]

Der Reg-E fasste dies in § 87 Abs. 1 Nr. 8 Reg-E ganz allgemein und weitergehend für sämtliche Sozialeinrichtungen zusammen und ging neben der Form und Verwaltung der Sozialeinrichtungen auch von deren Ausgestaltung aus. Bayern und den Ausschüssen ging dies zu weit. Sie sahen es als zweckmäßig an, bei Sozialeinrichtungen, bei denen individuelle Ansprüche der Arbeitnehmer und ihrer Hinterbliebenen stark berührt werden, das Mitbestimmungsrecht auf die Form und

1044 BR-Drs. 715/1/70, S. 4 f.
1045 Protokoll des BR-Ausschusses für Arbeit und Soziales AS 0100, Nr. 3/71, Parlamentsarchiv VI/234, Bd. A 1 Lfd. Nr. 9, S. 19 f.
1046 BR-Drs. 715/1/70, S. 6 f.
1047 Protokoll des UA des BR-Ausschusses für Arbeit und Soziales AS 0100, Nr. 2/71, Parlamentsarchiv VI/234, Bd. A 1 Lfd. Nr. 8, S. 9.
1048 BR-Drs. 715/1/70, S. 7.
1049 Protokoll des UA des BR-Ausschusses für Arbeit und Soziales AS 0100, Nr. 2/71, Parlamentsarchiv VI/234, Bd. A 1 Lfd. Nr. 8, S. 10.
1050 BR-Drs. 715/1/70, S. 9.

die Verwaltung zu *„konzentrieren"* bzw. zu beschränken.[1051] Im Gegenzug sollte, um die Errichtung von Unterstützungskassen durch einen freiwilligen Abschluss von Betriebsvereinbarungen möglich zu machen, der § 88 Nr. 2 Reg-E entsprechend ergänzt werden (Ziff. 21).[1052]

g) Ziffer 19 der Empfehlungen

Nach Ziff. 19[1053] sollte ebenfalls auf Antrag Bayerns gemäß § 87 Abs. 1 Nr. 11 Reg-E keine Mitbestimmung bei der *„Festsetzung von Arbeitsentgelten"* bestehen, sondern nur bei der *„Festlegung des Verfahrens für die Festsetzung des Arbeitsentgelts"*.[1054] Man wollte vermeiden, dass der Eindruck entstünde, dass das Mitbestimmungsrecht auch Ansprüche einzelner Arbeitnehmer erfasse.

h) Ziffer 20 der Empfehlungen

Die Ausschüsse empfahlen auf Antrag Nordrhein-Westfalens[1055] unter Ziff. 20[1056] im Anschluss an die enumerative Aufzählung der Mitbestimmungsrechte in Abs. 1 des § 87 Reg-E einen Abs. 1a einzufügen, der eine Anwendung des § 77 Abs. 3 Reg-E vorsah. Nach § 77 Abs. 3 Reg-E galt, dass Bedingungen, die durch Tarifvertrag geregelt sind oder üblicherweise geregelt werden, nicht Gegenstand einer Betriebsvereinbarung sein könnten, es sei denn, dass der Tarifvertrag den Abschluss ergänzender Betriebsvereinbarungen ausdrücklich zulasse. Die Ausschüsse waren der Auffassung, dass auch hier der Grundsatz des Vorrangs der Tarifüblichkeit gelten müsse.

i) Ziffer 26 der Empfehlungen

Nach § 107 Abs. 3 S. 1 Reg-E sollte es dem Betriebsrat obliegen, selbst die Aufgaben des Wirtschaftsausschusses wahrzunehmen oder diese einem Ausschuss zu übertragen. Dabei sollte ihm die Möglichkeit eingeräumt werden, in beiden Fällen weitere Arbeitnehmer und auch leitende Angestellte bis zur gleichen Anzahl, wie er selbst Mitglieder hat, hinzuzuziehen. Nach Ziff. 26 der Empfehlung der Ausschüsse sollte auf Vorschlag des Landes Rheinland-Pfalz die Regelung des Hinzuziehens weiterer Mitglieder gestrichen werden. Sie stünde im Widerspruch zur Betriebspraxis, da sie im Extremfall die Bildung eines Wirtschaftsausschusses von 142 Personen

---

1051 BR-Drs. 715/1/70, S. 9.
1052 BR-Drs. 715/1/70, S. 10.
1053 BR-Drs. 715/1/70, S. 9.
1054 Protokoll des UA des BR-Ausschusses für Arbeit und Soziales AS 0100, Nr. 2/71, Parlamentsarchiv VI/234, Bd. A 1 Lfd. Nr. 8, S. 11.
1055 Protokoll des UA des BR-Ausschusses für Arbeit und Soziales AS 0100, Nr. 2/71, Parlamentsarchiv VI/234, Bd. A 1 Lfd. Nr. 8, S. 11.
1056 BR-Drs. 715/1/70, S. 10.

zulasse.[1057] Eine sachliche Behandlung wirtschaftlicher Fragen erschiene in einem Gremium dieser Größe nicht möglich.[1058]

j) Ziffer 29 der Empfehlungen

Auf Antrag des Landes Baden-Württemberg wurde zudem empfohlen, dass die schon im BetrVG existierende, aber geänderte Staffelung des § 111 Abs. 1 Reg-E, die Maßstab für das Vorliegen einer Betriebsänderung war, gestrichen werden sollte.[1059] Stattdessen sollte die Betroffenheit *„erheblicher Teile"* der Arbeitnehmerschaft Voraussetzung einer Betriebsänderung sein. Der aus § 17 Abs. 1 KSchG übernommene Maßstab für die Anzeigepflicht von Massenentlassungen sei zu starr. In der Praxis habe es wohl kaum Schwierigkeiten bereitet, festzustellen, ob *„erhebliche Teile"* der Belegschaft von der Maßnahme betroffen waren. Darüber hinaus könne die Aufstellung starrer Grenzen Anreiz dazu geben, die Maßnahmen jeweils so zu planen, dass sie immer knapp unter der Grenze blieben, um die Mitbestimmung auszuschalten.

Zudem würde § 111 Abs. 2 S. 2 Reg-E nach Auffassung des federführenden Ausschusses das wirtschaftliche Mitbestimmungsrecht stark reduzieren und sollte daher gestrichen werden. Nach § 111 Abs. 2 S. 2 Reg-E sollte kein Mitbestimmungsrecht bestehen, wenn die Maßnahme aufgrund von ungeplanten Einschränkungen der Beschäftigungsmöglichkeiten im Betrieb vorgenommen werde, insbesondere auf Grund einer Veränderung der Auftragslage oder der wirtschaftlichen Lage des Betriebes. Den bisher in § 72 Abs. 1 BetrVG 52 geregelten Maßnahmen lägen überwiegend Gründe der Veränderung der Auftragslage oder wirtschaftlichen Lage zugrunde. Nach § 72 Abs. 1 lit. d BetrVG 52 würden diese Gründe jedoch ausschließlich im Falle einer grundlegenden Änderung des Betriebszwecks oder der Betriebsanlagen zur Aussetzung des Mitbestimmungsrechts führen. Eine Ausdehnung auf sämtliche andere Fälle sei daher nicht vertretbar.

Dieser Empfehlung widersprach der Wirtschaftsausschuss. Dort war man hinsichtlich des Abs. 1 der Meinung, die Fassung der Regierungsvorlage diene in höherem Maße der Rechtssicherheit, was insbesondere mit Rücksicht auf eventuelle Rechtsfragen hinsichtlich des Nachteilsausgleichs (§ 113 Reg-E) von Bedeutung sei. Die Regierungsvorlage entspreche im Übrigen § 66 des BetrVG 52. Bezüglich Abs. 2 müsse die Ausgestaltung der Mitbestimmung auf die wirtschaftlichen Gegebenheiten Rücksicht nehmen. Die im Änderungsvorschlag enthaltene ersatzlose Aufhebung des § 111 Abs. 2 S. 2 Reg-E berücksichtige nicht, dass Betriebsänderungen wegen einer wirtschaftlichen Zwangslage unumgänglich sein könnten.[1060]

1057 Protokoll des UA des BR-Ausschusses für Arbeit und Soziales AS 0100, Nr. 2/71, Parlamentsarchiv VI/234, Bd. A 1 Lfd. Nr. 8, S. 13.

1058 BR-Drs. 715/1/70, S. 12.

1059 Protokoll des UA des BR-Ausschusses für Arbeit und Soziales AS 0100, Nr. 2/71, Parlamentsarchiv VI/234, Bd. A 1 Lfd. Nr. 8, S. 14 f.

1060 BR-Drs. 715/1/70, S. 13 f.

k) Ziffer 30 der Empfehlungen

Zu § 112 Reg-E – Interessenausgleich und Sozialplan -[1061] sah die Empfehlung ebenfalls auf Antrag Baden-Württembergs weitreichende Änderungsvorschläge vor.[1062] Die Ausschüsse begründeten, dass es nicht geboten sei und auch nicht den Gegebenheiten entspreche, zwischen Interessenausgleich und Sozialplan zu differenzieren. In der überwiegenden Mehrzahl aller bisher abgewickelten Fälle stelle der Sozialplan den Interessenausgleich dar. Dies werde durch die vorgeschlagene Fassung des Entwurfs berücksichtigt, wobei sichergestellt bleibe, dass die Einigungsstelle mehrheitlich nur in Form eines Sozialplans über den Interessenausgleich entscheiden kann. Daher erscheine es dringend angezeigt, in Abs. 1 zunächst zu definieren, was mit dem Begriff des Interessenausgleichs gemeint sei, ehe festgelegt werde, was weiter geschehen soll, wenn ein solcher Interessenausgeleich zustande kommt oder nicht zustande kommt. Hierfür schlugen die Ausschüsse die folgende Definition in Abs. 1 vor:

> *„Der Unternehmer und der Betriebsrat haben die Interessen des Unternehmens und der Arbeitnehmer an der Durchführung einer Maßnahme im Sinne des § 111 gegeneinander abzuwägen und den Versuch eines Interessenausgleichs zu unternehmen.*

Im Gegensatz zum Reg-E sollten nach Abs. 3 der Empfehlung, wenn im Betrieb ein Interessenausgleich bzw. ein Sozialplan nicht zustande kann, die Betriebsparteien sich zunächst wie bisher ganz allgemein an eine behördliche Stelle mit dem Ersuchen um Vermittlung wenden können. Es sei unzweckmäßig, als infrage kommende Stelle nur den Präsidenten des Landesarbeitsamts zu bezeichnen. Abgesehen davon, dass die in Betracht kommenden Nachteile viel mannigfaltiger seien, als in der Begründung des Reg-E angenommen (z.B. Verlust von Anwartschaften, Verlegung des Wohnsitzes und dergleichen), erschiene es untunlich, die Wahlmöglichkeit der Betriebsparteien einzuschränken und auf die in langen Jahren erworbenen Erfahrungen vieler anderer behördlicher Stellen zu verzichten. Durch die Beibehaltung der Möglichkeit, eine *„behördliche Stelle“* ganz allgemein anrufen zu können, bliebe den Betriebsparteien die Wahl, in speziellen Fällen auch die Kenntnisse und Erfahrungen des Präsidenten des Landesarbeitsamtes zu nutzen, wenn ihnen dies notwendig erscheine.

Abs. 5 der Empfehlung stellte die Ausformung des in § 111 Abs. 2 Reg-E verankerten Mitbestimmungsrechts dar. Im Gegensatz zur bisherigen Rechtslage und in Übereinstimmung mit dem Reg-E sollte die Einigungsstelle, nach Auffassung der Ausschüsse des Bundesrats, mehrheitlich über den Interessenausgleich nur in Form eines Sozialplans entscheiden können, nicht aber über die Aufhebung oder Abänderung unternehmerisch geplanter Maßnahmen. Das letztere sollte der Einigungsstelle nur möglich sein, nachdem eine Einigung zwischen den Parteien

1061 Vgl. S. 196.

1062 Protokoll des UA des BR-Ausschusses für Arbeit und Soziales AS 0100, Nr. 2/71, Parlamentsarchiv VI/234, Bd. A 1 Lfd. Nr. 8, S. 15 f.

herbeigeführt wurde. Es erscheine geboten, die der Einigungsstelle neu eingeräumte Entscheidungsfreiheit über den Sozialplan durch eine Verweisung auf § 113 Reg-E zu begrenzen, sonst werde der Unternehmer, der den Interessenausgleich versuche, Gefahr laufen, zu höheren Leistungen verpflichtet zu werden, als derjenige, der nach § 113 Reg-E dem Nachteilsausgleich unterliegt.[1063]

2. *Anträge der Länder zur Plenarberatung (BR-Drs. 715/2/70 – BR-Drs. 715/9/70)*

a) Antrag des Landes Rheinland-Pfalz

Der Entschließungsantrag der christlich-liberalen rheinland-pfälzischen Landesregierung vom 25. Januar 1971 zur Änderung des Reg-E enthielt folgende fünf Änderungsvorschläge:[1064]

Unter Ziff. 1 forderte die rheinland-pfälzische Landesregierung die Bundesregierung auf, zu prüfen, ob eine geringere Anhebung der Anzahl der Betriebsratsmitglieder nach § 9 Reg-E nicht genüge. Eine Überbesetzung berge das Risiko schwieriger Willensbildung mit erheblichem Zeitaufwand.[1065] Ein entsprechender Antrag war in der Sitzung des BR-Ausschusses für Arbeit und Soziales am 13. Januar 1970 mit sieben zu vier Stimmen gescheitert. Ein Vertreter des BMA hatte dort erwidert, dass die Erhöhung der Zahl der Betriebsratsmitglieder sehr sorgfältig geprüft worden sei. Die Erhöhung in dem vorgesehenen Umfang sei notwendig, um die erforderliche stärkere Integration zu erreichen und um auch die Hilfen für den einzelnen Arbeitnehmer zu ermöglichen, die der Gesetzentwurf erstmalig vorsehe. Dem entgegnete der Vertreter von Rheinland-Pfalz, dass die Qualität des Betriebsrats gerade bei der vorgesehenen Aufgabenerweiterung von einem zügigen Prozess seiner Willensbildung abhänge. Die Herstellung des erforderlichen stärkeren Kontaktes zwischen Belegschaft und Betriebsrat sei durch zahlreiche Vorschriften des Entwurfs gewährleistet. Eine Erhöhung der Zahl der Betriebsratsmitglieder sei richtig, aber eine Höchstzahl von 40 bis 50 Mitgliedern reiche aus.[1066]

Nach Ziff. 2 wurde zudem gefordert, aus den nach § 45 Reg-E erlaubten Themen der Betriebsversammlungen die Worte „*seine Arbeitnehmer*“ durch die Worte „*die Stellung der Arbeitnehmer im Betrieb*“ zu ersetzen. Es müsse verdeutlicht werden, dass in der Betriebsversammlung entsprechend der Begründung des Reg-E[1067] nur betriebsbezogene Themen zulässig seien.[1068]

1063 BR-Drs. 715/1/70, S. 15 ff.
1064 BR-Drs. 715/2/70, S. 1.
1065 BR-Drs. 715/2/70, S. 1.
1066 Protokoll des BR-Ausschusses für Arbeit und Soziales AS 0100, Nr. 3/71, Parlamentsarchiv VI/234, Bd. A 1 Lfd. Nr. 9, S. 23 f.
1067 BR-Drs. 715/70, S. 42.
1068 BR-Drs. 715/2/70, S. 2.

Beim Grundsatz der Zusammenarbeit sollte es nach Auffassung der rheinlandpfälzischen Landesregierung gemäß Ziff. 3 beim geltenden Recht bleiben. Die alte Formulierung des § 49 Abs. 2 BetrVG 1952 habe sich bewährt und enthalte eine präzise Formulierung der Friedenspflicht und sei daher besser geeignet, die vertrauensvolle Zusammenarbeit zu gewährleisten.[1069]

Nach Ziff. 4. sollte dem § 75 Abs. 2 Reg-E als Satz 2 das Verbot der parteipolitischen Betätigung des § 51 BetrVG 1952 hinzugefügt werden. Eine solche Betätigung könnte zur Störung des Betriebsfriedens führen. Diese, wie nach § 74 Abs. 2 Reg-E vorgesehen, nur zu verbieten, wenn im Einzelfall Anhaltspunkte für eine Störung bestünden, sei in der Praxis schwer vorhersehbar.[1070]

Zu Gusten der leitenden Angestellten schlug die rheinlandpfälzische Landesregierung schließlich in Ziff. 5 vor, dass die Individualrechte der §§ 81- 86 Reg-E nach einem neuen § 86a auch für diese gelten sollten. Für die Wahrnehmung bzw. Durchsetzung dieser Rechte sollten die leitenden Angestellten an Stelle des Betriebsrats eigene Ausschüsse bilden können. Denn es entspreche dem Gebot der Gerechtigkeit, die Rechtsstellung der leitenden Angestellten innerhalb des Unternehmens zu stärken, soweit es mit ihrer Funktion und ihrem Selbstverständnis vereinbar sei.[1071]

Diesen Anträgen schloss sich das christsozial regierte Bayern an.[1072] Die sozialdemokratisch regierten Länder Niedersachen und Bremen beantragten hingegen, keine Einwendungen gegen den Gesetzesentwurf im 1. Durchgang zu erheben.[1073]

b) *Anträge des Freistaates Bayern*

Bayern stellte am 27. Januar 1971 fünf selbständige Anträge:

Der Zugang zum Betrieb von Gewerkschaftsvertretern sollte eindeutig das Einverständnis des Arbeitgebers und des Betriebsrats voraussetzen. Daher sollte in § 2 Abs. 3 Reg-E der Begriff *„im Benehmen"* durch die Formulierung *„im Einvernehmen"* mit Arbeitgeber und Betriebsrat ersetzt werden.[1074]

Die bayrische Landesregierung war zudem der Auffassung, dass die allgemeinen Grundsätze des Arbeitsgebers und des Betriebsrats zur Wahrung des Friedens auch für die Betriebsversammlung gelten müssten. Daher sollte nach § 45 Reg-E bei den zugelassenen Themen ausdrücklich auf die in § 72 Abs. 2 Reg-E geregelte Friedenspflicht verwiesen werden.[1075]

Bei der Mitbestimmung in personellen Angelegenheiten sollte es nach dem Willen Bayerns beim geltenden Recht bleiben und die §§ 99 ff. Reg-E entsprechend angepasst werden. Es bestünde kein Bedürfnis, die Grundsätze des geltenden Rechts,

---

1069 BR-Drs. 715/2/70, S. 2.
1070 BR-Drs. 715/2/70, S. 3.
1071 BR-Drs. 715/2/70, S. 3 f.
1072 BR-Drs. 715/2/70, (neu) S. 1 ff.
1073 BR-Drs. 715/3/70; BR-Drs 715/4/70.
1074 BR-Drs. 715/5/70.
1075 BR-Drs. 715/6/70.

wonach dem Betriebsrat die Darlegungs- und Beweislast für die Berechtigung seiner Verweigerung der Zustimmung obliegt, umzukehren. Es entspreche hergebrachten Rechtsgrundsätzen, dass derjenige, der sich auf die Verletzung von Bestimmungen beruft, die Beibringungslast trägt und notfalls gerichtlich durchsetzen müsse. Das heißt, dass der Arbeitgeber, trotz Verweigerung der Zustimmung des Betriebsrats, die personelle Maßnahme einstweilen sollte durchführen können, während der Betriebsrat den Weg zum Arbeitsgericht suchen muss.[1076] Nach der Niederschrift der Sitzung des BR-Ausschusses für Arbeit und Soziales am 13. Januar 1970, in der dieser Antrag ebenfalls gestellt worden war, äußerte der Vertreter Bayerns zudem die Befürchtung, dass es Fälle geben könne, in denen die Gründe des § 99 Abs. 2 Reg-E, insbesondere z. B. Abs. 2 Nr. 3 vom Betriebsrat extensiv ausgenutzt würden und in denen dann eine Blockierung der Arbeitgeberrechte im Personalsektor eintreten könne. Der Vertreter des BMA erwiderte, es stehe hier die Frage der Rangstellung der Mitbestimmung zur Entscheidung. Wenn man die Mitbestimmung in diesen Bereichen für so wichtig halte, so müsse man in Kauf nehmen, dass der Arbeitgeber ein eventuelles Veto des Betriebsrats ausräumen müsse. Man könne das Gesetz nicht auf den ungünstigsten Fall ausrichten, und ggf. seien einige Musterprozesse nicht ausgeschlossen.[1077]

3. *Die 361. Sitzung des Bundesrates am 29. Januar 1971 (BR-Prot. 361)*

Am 29. Januar 1971 wurde in der 361. Sitzung des Bundesrates unter der Leitung des Vizepräsidenten *Franz-Josef Röder*[1078] der *Entwurf eines Betriebsverfassungsgesetzes* behandelt.[1079]

Zunächst ging der Berichterstatter für den Ausschuss für Arbeit und Soziales (federführend) *Horst Schmidt*[1080] auf die allgemeine Begründung des Reg-E ein und begrüßte das Bestreben der vollständigen Neuregelung der Betriebsverfassung angesichts der wirtschaftlichen, technischen und gesellschaftlichen Veränderungen.[1081] Zudem fasste er die Neuerungen des Gesetzes kurz zusammen und merkte an, dass trotz einer positiven Bewertung des Entwurfs einige Änderungsanträge vom federführenden Ausschuss empfohlen würden. Dabei ging er lediglich auf die (oben dargestellten) wesentlichen Änderungsvorschläge der Ausschüsse ein.[1082]

Zudem erläuterte er noch einen Antrag, der im federführenden Ausschuss mit dem knappen Stimmenverhältnis von 5 : 5 : 1 abgelehnt worden war. Dieser behandelte den Begriff des leitenden Angestellten, auf den nach § 5 Abs. 3 Reg-E das

1076 BR-Drs. 715/7/70; BR-Drs. 715/8/70; BR-Drs. 715/9/70.
1077 Protokoll des BR-Ausschusses für Arbeit und Soziales AS 0100, Nr. 3/71, Parlamentsarchiv VI/234, Bd. A 1 Lfd. Nr. 9, S. 27 f.
1078 *Franz-Josef Röder*, MdL (Saarland); Ministerpräsident (1959–1979).
1079 Vgl. BR-Prot. 361, S. 12–17.
1080 *Horst Schmidt*, MdL (Hessen), SPD; Landessozialminister (1969–1976).
1081 *Horst Schmidt* (SPD), BR-Prot. 361, S. 12 (D).
1082 *Horst Schmidt* (SPD), BR-Prot. 361, S. 13 (A).

BetrVG keine Anwendung finden sollte. Die den Antrag unterstützenden Länder seien der Auffassung, dass die gesamte Begriffsbestimmung und insbesondere die Einbeziehung der Personen, die für den Bestand und die Entwicklung des Betriebes wichtige Aufgaben erfüllten, zu unbestimmt seien. Die Regelung werde in der Praxis zu erheblichen Abgrenzungsschwierigkeiten führen. Nach der Definition würde die Anzahl der als Nichtarbeitnehmer geltenden leitenden Angestellten in einer kaum vorstellbaren Weise erhöht und damit dem Schutz des BetrVG entzogen. Auch der Antrag eines Landes[1083], diesem Schutzbedürfnis zu genügen, indem diesen leitenden Angestellten das Recht eingeräumt würde, in den Unternehmen Ausschüsse zu bilden und ihnen die Individualrechte der §§ 82 bis 86 des Reg-E einzuräumen, sei gescheitert.[1084]

Abschließend bat der Berichterstatter *Schmidt* stellvertretend für den Ausschuss für Arbeit und Sozialpolitik den Bundesrat, seinen Vorschlägen zu folgen, und empfahl, im Übrigen keine Einwendungen gegen den Gesetzentwurf zu erheben.[1085]

Im Folgenden wurde das Wort dem Staatsminister von Rheinland-Pfalz, *Heiner Geißler,*[1086] erteilt. Zunächst rügte *Geißler* das Verfahren zur Ausarbeitung des Entwurfs. Er war darüber verwundert, dass man entgegen der jahrelangen Übung im BMA im Rahmen der Vorbereitung des Entwurfs davon abgerückt sei, den Sachverständigenrat der zuständigen Referenten der Länder zu hören. Hinzukäme die verkürzte Bearbeitungszeit durch Vorlage des Gesetzes kurz vor Weihnachten. *Geißler* mutmaßte, dass es sich hierbei um eine Taktik des BMA und der Bundesregierung handle. Dies sei angesichts der Bedeutung dieses Gesetz nicht zu billigen, da hierin eine Beeinträchtigung der Mitwirkungsrechte läge. Den Entwurf selbst begrüße das Land Rheinland-Pfalz, soweit eine echte Verbesserung der Rechtsstellung der Arbeitnehmer und ihrer Vertretungen im Betrieb bewirkt werde.[1087] Im Weiteren erläuterte er die Änderungsvorschläge und betonte besonders das Erfordernis des Verbots der politischen Betätigung im Betrieb zur Wahrung des Betriebsfriedens. Politik bedeute Kampf und daher stelle sich die Frage, ob der Betrieb der richtige Ort sei, um diese Auseinandersetzungen auszutragen.[1088]

Anschließend erhielt Staatsminister *Anton Jaumann*[1089] aus Bayern das Wort und nahm nur kurz Stellung zu den Änderungsanträgen zum Komplex der personellen

---

1083 Gemeint war Rheinland-Pfalz.

1084 *Horst Schmidt* (SPD), BR-Prot. 361, S. 13 (C) f.

1085 *Horst Schmidt* (SPD), BR-Prot. 361, S. 13 (D).

1086 *Heiner Geißler*, MdL (Rheinlandpfalz), CDU; Landessozialminister (1967–1977); später MdB, CDU, Südpfalz (1980–2002); Bundesminister für Jugend, Familie und Gesundheit (1982–1985).

1087 *Geißler* (CDU), BR-Prot. 361, S. 14 (A).

1088 *Geißler* (CDU), BR-Prot. 361, S. 14 (C).

1089 *Anton Jaumann,* MdL (Bayern), CSU; Minister für Wirtschaft und Verkehr (1970–1988).

Mitbestimmung. Dabei unterstrich er, dass *„in der Umkehrung der Beweislast eine wesentliche Einschränkung der unternehmerischen Initiative"* liege.[1090]

Bundesarbeitsminister *Arendt* ging auf drei für ihn wesentliche Kernthemen der Novellierung ein. Zunächst war ihm die Verankerung der Rechte des einzelnen Arbeitnehmers in der Betriebsverfassung wichtig. Diese Rechte seien besonders in großen Betrieben wichtig, da dort der Betriebsrat zumeist nicht mehr in der Lage sei, sich der einzelnen Arbeitnehmer anzunehmen.[1091] Anschließend erläuterte *Arendt* die Ausweitung der Mitbestimmung und Mitwirkung in allen drei Bereichen (in sozialen, personellen und wirtschaftlichen Angelegenheiten) ein und hob besonders die Regelung des Sozialplans hervor, mit dessen Hilfe bei unternehmerisch-wirtschaftlichen Entscheidungen des Arbeitgebers die nachteiligen Auswirkungen für die Arbeitnehmer durch die Aufstellung eines solchen Sozialplans ausgeglichen und dieser notfalls über die Einigungsstelle erzwungen werden könne.[1092] Schließlich befasste er sich mit der geplanten gewerkschaftlichen Präsenz in den Betrieben. Das BetrVG 52 hätte dem Betriebsrat und den Gewerkschaften unterschiedliche Aufgaben zugeteilt und sehe eine organisatorische Unabhängigkeit voneinander vor. Gleichzeitig sei die Notwendigkeit der Zusammenarbeit bereits im BetrVG 52 anerkannt und die Gewerkschaften in die Betriebsverfassung teilweise mit einbezogen worden. An diesem System wolle der Reg-E festhalten, entwickele dieses aber weiter. Die Gewerkschaften und der Betriebsrat seien durch das Band der Wahrnehmung der Interessen der Arbeitnehmer miteinander verbunden. Aufgrund dessen sei eine weitergehende Verflechtung von Gewerkschaften und Betriebsrat gerechtfertigt. Dies beträfe das Recht der Gewerkschaften, den Betriebsrat in seiner Arbeit zu unterstützen, Betriebsratswahlen zu initiieren, Zugang zum Betrieb zu erhalten und es gewerkschaftlich organisierten Betriebsratsmitgliedern zu erlauben, ihren gewerkschaftlichen Aufgaben im Betrieb nachgehen zu dürfen.[1093]

4. Beschlüsse der 361. Sitzung des Bundesrates vom 29. Januar 1971 (BR-Drs. 715/70 (Beschluß))

Anschließend wurde über die Anträge abgestimmt:[1094]

Die Anträge[1095] der Länder Bremen und Niedersachsen wurden zurückgezogen. Der Antrag nach Ziff. 3[1096] der Empfehlungen der Ausschüsse zur ersatzlosen Streichung des § 2 Abs. 2 des Reg-E, der dem Betriebsrat erlauben sollte *„seine Aufgaben in Zusammenarbeit mit den im Betrieb vertretenen Gewerkschaften und mit ihrer Unterstützung durchzuführen"*, wurde angenommen.

1090 *Jaumann* (CSU), BR-Prot. 361, S. 15 (B).
1091 *Arndt* (SPD), BR-Prot. 361, S. 15 (D).
1092 *Arndt* (SPD), BR-Prot. 361, S. 15 (D) f.
1093 *Arndt* (SPD), BR-Prot. 361, S. 16 (A) f.
1094 BR-Prot. 361, S. 16 (C) ff.
1095 BR-Drs. 715/4/70 u. 715/3/70; vgl. S. 228.
1096 Vgl. S. 221.

Der gegenüber Ziff. 4[1097] der Empfehlungen der Ausschüsse weitergehende Antrag[1098] des Freistaates Bayern, hinsichtlich des Vorbehalts für den Zutritt der Gewerkschaften zum Betrieb wurde ebenso abgelehnt wie auch anschließend Ziff. 4 der Ausschussempfehlungen. Der Bitte der Länder Rheinland-Pfalz und Bayern,[1099] dass die Bundesregierung prüfen möge, ob eine geringere Anhebung der Zahl der Betriebsratsmitglieder nach § 9 Reg-E nicht genüge, wurde zugestimmt.

Die Empfehlung der Ziff. 9[1100] der Bundesratsausschüsse auf Reduzierung des Quorums von einem Zehntel in den §§ 27, 47, 51 und 55 Reg-E auf ein Drittel wurde abgelehnt. Die Empfehlungen der Ziff. 11 und 12[1101] der Ausschüsse des Bundesrats, nach denen der Vertrauensmann bzw. der Hauptvertrauensmann an allen Sitzungen des Betriebsrates bzw. des Gesamtbetriebsrates teilnehmen können sollte, wurde angenommen.

Die vorgeschlagene Änderung der Länder Rheinland-Pfalz und Bayern,[1102] nach der bei Betriebsversammlungen nur Angelegenheiten zur *„Stellung der Arbeitnehmer im Betrieb"* besprochen werden dürfen und nicht zur *„Stellung der Arbeitnehmer"* generell, wurde abgelehnt. Der Antrag[1103] des Freistaates Bayern, dass die Friedenspflicht auch für die Betriebsversammlung gelten soll, wurde angenommen.

Der Antrag[1104] der Länder Rheinland-Pfalz und Bayern, nach dem die Grundsätze der Zusammenarbeit aus § 74 Abs. 2 Reg-E wieder entsprechend den Grundsätzen des § 49 Abs. 2 BetrVG 1952 gefasst werden sollten, wurde abgelehnt. Die Empfehlung der Ausschüsse des Bundesrats der Ziff. 14 zur Streichung der Hervorhebung des Verbots der *„politischen Betätigung, durch die der Arbeitsablauf oder Frieden des Betriebs beeinträchtigt werden"* kann, wurde abgelehnt. Entsprochen wurde dem Antrag[1105] der Länder Rheinland-Pfalz und Bayern, der vorsah, dass bei den Grundsätzen zur Behandlung der Betriebsangehörigen in § 75 Abs. 2 Reg-E das Verbot der politischen Betätigung hinzugefügt werden sollte.

Hingegen wurde der Antrag[1106] der Länder Rheinland-Pfalz und Bayern abgelehnt, die Mitwirkungs- und Beschwerderechte der Arbeitnehmer (§§ 82–86 Reg-E) auch auf die leitenden Angestellten anzuwenden, für die das BetrVG nicht gilt (§ 5 Abs. 3 Reg-E).

Die Empfehlungen der Ausschüsse (Ziff. 18 u. 21)[1107], nach denen im Rahmen der sozialen Mitbestimmung neben der Form und der Verwaltung nicht auch die

1097 Vgl. S. 222.
1098 BR-Drs. 715/5/70; vgl. S. 228.
1099 BR-Drs. 715/2/70 (neu), S. 1; vgl. S. 227.
1100 Vgl. S. 222.
1101 Vgl. S. 223.
1102 BR-Drs. 715/2/70, S. 1; vgl. S. 227.
1103 BR-Drs. 715/6/70; vgl. S. 228.
1104 BR-Drs. 715/2/70 (neu), S. 2; vgl. S. 227.
1105 BR-Drs. 715/2/70 (neu), S. 3; vgl. S. 228.
1106 BR-Drs. 715/2/70 (neu), S. 3 f; vgl. S. 228.
1107 BR-Drs. 715/1/70, S. 9 f; vgl. S. 223.

Ausgestaltung der Unterstützungskassen und ähnlichen Einrichtungen vom Mitbestimmungsrecht des Betriebsrat umfasst sein sollte, nahm der Bundesrat an. Die Empfehlung der Ausschüsse (Ziff. 19),[1108] nach der keine Mitbestimmung bei der *„Festsetzung von Arbeitsentgelten“* bestehen, sondern nur bei der *„Festlegung des Verfahrens für die Festsetzung des Arbeitsentgelts“* wurde ebenfalls angenommen.

Auch die Empfehlung der Ausschüsse (Ziff. 20),[1109] nach der für die Angelegenheiten der sozialen Mitbestimmung der Grundsatz des Vorrangs der Tarifüblichkeit gelten müsse, nahm der Bundesrat an.

Die Empfehlung der Ausschüsse, die Möglichkeit des Betriebsrats weitere Mitglieder des Wirtschaftsausschusses zu bestimmen, nahm der Bundesrat an (Ziff. 26)[1110].

Die Anträge[1111] des bayrischen Freistaats zur Rückkehr zum bisherigen Recht[1112] für den Fall, dass der Betriebsrat zu der personellen Maßnahme seine Zustimmung verweigert, wurden vom Bundesrat angenommen.

Demgegenüber wurde die Empfehlung der Ausschüsse des Bundesrats (Ziff. 29)[1113] zur Wiedereinführung des alten Rechts bezüglich der Kriterien, die an die Mitteilungspflicht bei Betriebsänderungen gesetzt werden sollten sowie zur Einräumung eines Mitbestimmungsrechts in einem solchen Fall, eine Absage erteilt. Die Empfehlung der Ausschüsse des Bundesrats (Ziff. 30) zur Regelung des Sozialplans wurde hingegen angenommen.[1114]

Abschließend beschloss der Bundesrat am 29. Januar 1971 auf Grundlage der Empfehlungen der Ausschüsse und der Anträge der Länder die Stellungnahme zum Reg-E mit 37 Änderungsvorschlägen samt Begründung.[1115]

XVII. Gesetzesvorlage der Bundesregierung im Bundestag am 29. Januar 1970 (BT-Drs. VI/1786) und Gegenäußerung der Bundesregierung vom 5. Februar 1971 zur Stellungnahme des Bundesrats vom 29. Januar 1971 (zu BT-Drs. VI/1786)

Ebenfalls am 29. Januar 1970 brachte die Bundesregierung den Entwurf nebst Begründung und Stellungnahme des Bundesrats in den Bundestag ein.[1116] Die Gegenäußerung zur Stellungnahme des Bundesrats vom 29. Januar 1971 fand am 5. Februar

1108 BR-Drs. 715/1/70, S. 10; vgl. S. 224.
1109 BR-Drs. 715/1/70, S. 10; vgl. S. 224.
1110 BR-Drs. 715/1/70, S. 12; vgl. S. 224.
1111 BR-Drs. 715/7/70 bis 715/9/70; vgl. S. 228.
1112 Vgl. zur bisherigen Rechtslage bei Zustimmungsverweigerung S. 192 f.
1113 BR-Drs. 715/1/70, S. 13 f; vgl. S. 225.
1114 BR-Drs. 715/1/70, S. 15 ff; vgl. S. 226.
1115 BR-Drs. 715/70 (Beschluß).
1116 BT-Drs. VI/1786.

1971 statt.[1117] Die Bundesregierung stimmte einer Reihe von redaktionellen und klarstellenden Änderungsvorschlägen des Bundesrats zu. Von den hier erläuterten Empfehlungen des Bundesrats wurde lediglich der Regelung zur Teilnahme des Vertrauensmannes sowie des Hauptvertrauensmannes an den Betriebsrats- bzw. Gesamtbetriebsratssitzungen zugestimmt. Die übrigen Vorschläge des Bundesrats wurden abgelehnt.

Die Bundesregierung begründete die Gegenäußerung sehr spärlich und erklärte nur, dass man sich bemüht habe, in dem Entwurf die betroffenen und zum Teil sehr kontroversen Interessenbereiche der Arbeitnehmer, der Betriebsräte, der Gewerkschaften und der Arbeitgeber in einer einheitlichen und ausgewogenen Regelung zu koordinieren. Es werde daher begrüßt, dass der Bundesrat der Gesamtkonzeption des Entwurfs nicht widersprochen habe. Die von der Bundesregierung abgelehnten Änderungsvorschläge des Bundesrats würden jedoch die Ausgewogenheit der Gesamtkonzeption des Reg-E beeinträchtigen. Daher könne die Bundesregierung den Änderungswünschen des Bundesrats überwiegend nicht nachkommen.[1118]

XVIII. Erste Beratung am 11. Februar 1971 im Plenum des Bundestags (BT-Prot. VI/101, S. 5803 ff.)

Die Erste Beratung des Reg-E sowie des Entwurfs der CDU/CSU-Fraktion fand am 11. Februar 1971 statt.[1119] Zudem wurde in der 101. Sitzung auch über den Bericht der *Biedenkopf-Kommission*[1120] nebst Stellungnahme der Bundesregierung hierzu[1121] und über den Gesetzesentwurf über die Fortgeltung der Mitbestimmung in der Montan-Industrie[1122] beraten. Die Rednerliste umfasste 19 Personen.

Bundesarbeitsminister *Arendt* stellte die Neuerungen des Reg-E vor und begründete diese mit den veränderten und neuen Belastungen der Arbeitnehmer. Mechanisierung und Automatisierung würde die Arbeiter zwar physisch entlasten, dafür wüchsen die Anforderungen an das Können, die Kenntnisse und die Fähigkeiten. Die Folgen dieser Belastungen seien verstärkt psychischer Natur. Der Arbeitnehmer reagiere gewöhnlich auf die Belastungen mit gegensätzlichen Reaktionen, einerseits mit einem steigenden Selbstbewusstsein und andererseits mit einem unabweisbaren Ohnmachtsgefühl. Ein Problem stelle dabei unter anderem dar, dass der Arbeitnehmer die mechanisierten Prozesse teilweise nicht mehr begreife und gleichzeitig eine Abhängigkeit von diesen Prozessen entstünde. Der Arbeitnehmer wäre daher ohne die Unterstützung des Betriebsrats dem wirtschaftlichen und sozialen Wandel hilflos ausgesetzt.[1123]

1117 zu BT-Drs. VI/1786.
1118 = Ziff. 21, BR-Drs. 715/1/70.
1119 Vgl. BT-Prot. VI/101, S. 5803–5897.
1120 BT-Drs. VI/334.
1121 BT-Drs. VI/1551.
1122 BT-Drs. VI/1735; zu VI/1785.
1123 *Arendt* (SPD), BT-Prot. VI/101, S. 5804 f.

Die Kodifizierung von Rechten des einzelnen Arbeitnehmers sei Neuland, aber erforderlich, da vor allem in Großbetrieben die Anliegen und Interessen der einzelnen Arbeitnehmer sich dem Einfluss des Betriebsrats entziehen würden. Der Arbeitnehmer sei selbst in der Lage, Verantwortung zu übernehmen. Gleichzeitig würden die Befugnisse des Betriebsrats hierdurch nicht ausgehöhlt.[1124] Hinsichtlich der Erleichterungen für die Durchführung der ersten Betriebsratswahl hob *Arendt* besonders die Befugnisse der Gewerkschaften und den Kündigungsschutz der Mitglieder des Wahlvorstands und der Wahlbewerber hervor. Außerdem erläuterte er die Verbesserungen zur Betriebsratsarbeit und zum Schutz von Betriebsratsmitgliedern.[1125] In Sachen Mitwirkungs- und Mitbestimmungsrechte ging er vor allem auf die Mitbestimmung bei Betriebsänderungen ein, eine Regelung, die als *„außerordentlich wichtige, vielleicht sogar wichtigste neue Bestimmung des Gesetzesentwurfs"* anzusehen sei, da sie die Rechtslage von Grund auf verändere.[1126] *Arendt* stellte zudem klar, dass die gesetzlich geforderte Zusammenarbeit von Betriebsrat und Gewerkschaften nur dann möglich sei, wenn die Gewerkschaften eine ausreichende Präsenz im Betrieb hätten. Hierfür werde die Gewerkschaftszugehörigkeit einzelner Arbeitnehmer nicht genügen. Daher müssten die Rechte der Gewerkschaften gestärkt werden. Hierzu gehöre auch das Zugangsrecht der Gewerkschaften zum Betrieb. Voraussetzung sollte sein, dass der Betriebsrat sich mit dem Arbeitgeber ins „Benehmen" setzt. Dabei verstand *Arendt* die Einholung des Einvernehmens *„als Ankündigung des bevorstehenden Besuchs, als Wahrung der Höflichkeit"* und nicht als einen Zustimmungs- und Genehmigungsvorbehalt.[1127] Anschließend kam *Arendt* auf die leitenden Angestellten zu sprechen und gab zu, dass auch er mit der Definition nicht zufrieden sei, dass eine solche aber ungewöhnlich schwierig falle.[1128] Abschließend bat der Bundesarbeitsminister darum, die beiden Gesetzesentwürfe gründlich aber auch dringlich zu behandeln.[1129]

Anschließend begründete *Thomas Ruf*[1130] (CDU) den Entwurf seiner Partei zur Novellierung des BetrVG. *Ruf* erinnerte daran, dass dieser *Mitbestimmung der Arbeitnehmer in Betrieb und Unternehmen* hieße, wendete sich dann der Linken zu und erklärte, dass nach Auffassung der Unionsfraktion die Unternehmensmitbestimmung nicht ausgeklammert werden könne. Mitbestimmung im Betrieb und im Unternehmen hingen eng miteinander zusammen und bedingten sich gegenseitig.[1131] Im Gegensatz zur Auffassung der Bundesregierung passe die Unternehmensmitbestimmung auch rechtssystematisch in das BetrVG. Zudem wolle man den Streit um die Beteiligung nicht weiter vor sich herschieben. *Ruf* räumte ein, dass man sich

1124 *Arendt* (SPD), BT-Prot. VI/101, S. 5805.
1125 *Arendt* (SPD), BT-Prot. VI/101, S. 5806.
1126 *Arendt* (SPD), BT-Prot. VI/101, S. 5807.
1127 *Arendt* (SPD), BT-Prot. VI/101, S. 5808 f.
1128 *Arendt* (SPD), BT-Prot. VI/101, S. 5809.
1129 *Arendt* (SPD), BT-Prot. VI/101, S. 5810.
1130 Vgl. Fn. 771.
1131 *Ruf* (CDU/CSU), BT-Prot. VI/101, S. 5810.

die Entscheidung über die Neuregelung der Unternehmensmitbestimmung nicht leicht gemacht habe, was mit *„Lachen und Zurufen"* der SPD quittiert wurde. Auch die Aussage, dass die CDU/CSU eine wegweisende Mitbestimmungskonzeption entwickelt habe, bedachten die SPD-Abgeordneten *„mit Gelächter"*.

Allem voran stellte *Ruf* den *„Grundrechtskatalog"* der einzelnen Arbeitnehmer heraus, neben dem der Reg-E geradezu mager aussähe.[1132] Außerdem warf er dem Reg-E vor, dass er die leitenden Angestellten betriebsverfassungsrechtlich in der Luft hängen ließe und erläuterte die Konzeption der Sprecherausschüsse des CDU/CSU-E.[1133]

Ruf erläuterte zudem, dass sich die Friedenspflicht bewährt habe und dass es hierfür auch künftig erforderlich sei, dass die parteipolitische Betätigung im Betrieb verboten bliebe. In diesem Zusammenhang warnte *Ruf* auch davor, dass der Betriebsrat nicht zum verlängerten Arm der Gewerkschaften verkommen dürfe. Im Übrigen ging *Ruf* auf die Mitbestimmungsrechte des Betriebsrats ein, die Stärkung der Gruppenrechte und die Einrichtung von Arbeitsgruppen, die Wahl von Arbeitsgruppensprechern und die Unternehmensmitbestimmung.[1134]

In der anschließenden Debatte wurden die Entwürfe nur noch oberflächlich behandelt. Die Regierungskoalition und die Unionsfraktion warfen sich gegenseitig vor, uneins zu sein.

So bezeichnete *Liehr* (SPD) die CDU-Sozialausschüsse als die *„soziale Badehose der CDU/CSU-Bundestagsfraktion"*, die günstigstenfalls durch den Druck der Arbeitgeber noch als *„Feigenblatt"* zu gebrauchen sei.[1135] Inhaltlich ging *Liehr* auch auf die Position der Gewerkschaften im Betrieb ein. Deren Ordnungsfunktion sei inzwischen allseits anerkannt. Hierzu könne man sich aber nicht nur bei feierlichen Anlässen bekennen, sondern müsse dafür auch einstehen, wenn es zum Schwur käme, wie bei der Verankerung der Gewerkschaften im Betrieb. Mit einer *„Vergewerkschaftung"* der Betriebe, von der *Ruf* gesprochen hatte, hätte dies nichts zu tun. Er wehrte sich gegen die Diffamierung von Gewerkschaften und forderte dazu auf, anzuerkennen, dass die Zusammenarbeit von Gewerkschaften und Betriebsrat neben den Arbeitnehmern auch der Produktivität im Betrieb zu Gute komme.[1136] Außerdem entgegnete er *Ruf*, dass auch die Regierungskoalition den Betrieb nicht zum *„Tummelplatz parteipolitischer Auseinandersetzungen"* machen wolle. Jedoch hielten sich nur die demokratisch orientierten Mitarbeiter an das bestehende Verbot, während dies Rechts- und Linksradikalen, denen der Minderheitenschutz zu Gute käme, egal sei. Dieser Zustand müsse beseitigt werden.[1137]

1132 *Ruf* (CDU/CSU), BT-Prot. VI/101, S. 5811.
1133 *Ruf* (CDU/CSU), BT-Prot. VI/101, S. 5812.
1134 *Ruf* (CDU/CSU), BT-Prot. VI/101, S. 5813 ff.
1135 *Liehr* (SPD), BT-Prot. VI/101, S. 5819.
1136 *Liehr* (SPD), BT-Prot. VI/101, S. 5823.
1137 *Liehr* (SPD), BT-Prot. VI/101, S. 5823.

Der Bundestagsangeordnete *Schmidt* (Kempten, FDP) bezeichnete den Entwurf der Unionsfraktion als *„Verlegenheitseintopf"*, der aus allen möglichen Teilen zusammengestückelt und aufgrund seiner scharfen Gewürze ungenießbar sei. Anspielend auf den Düsseldorfer Parteitag sei dieser Eintopf den Sozialausschüssen und auch der CSU nur zähneknirschend über die Lippen gegangen.[1138]

Auf den Vorwurf der antigewerkschaftlichen Tendenzen hielt *Ziegler* (CDU/CSU) *Liehr* entgegen, dass man bewusst *„die Forderungen des DGB nicht erfüllt"* habe und stellte fest: *„Unsere Auffassung von einer pluralistischen Gesellschaft ist eben mehr als nur das, was dem DGB gefällt."* Den Vorwurf *Schmidts*, die Unionsfraktion habe vom Reg-E abgeschrieben, konterte *Ziegler* mit der Klarstellung, dass die CSU-Landesgruppe im Mai 1970 die erste gewesen sei, die eine vollständige Novellierung des BetrVG entwickelt und vorgelegt hätte. Daher stelle sich die Frage, wer von wem abgeschrieben habe, zumindest ähnele der Entwurf des Arbeitsministers bzw. von MinDir *Fitting* dem der CSU von 1970.[1139]

Schellenberg (SPD) mutmaßte, dass das Schweigen des ehemaligen Arbeitsministers (*Katzer*) mit der herben Schlappe beim Parteitag in Düsseldorf zu tun habe, nachdem er über Jahre *„vollmundige Versprechungen"* zur Unternehmensmitbestimmung abgegeben hätte. Auch die Bemerkung von *Ruf*, dass die Sozialausschüsse keine gewichtige Gruppe in der Partei seien, sei eine herbe Kränkung gewesen.[1140] Außerdem wies *Schellenberg* darauf hin, dass die Demokratie nicht erst in der Freizeit beginne. Daher müssten die Prinzipien der Demokratie verstärkt in die Arbeitswelt eingebracht werden.[1141]

Die SPD-Abgeordnete *Buschfort* kritisierte die bereits 1967 verfolgte Stärkung des Minderheitenschutzes der CDU/CSU. Hiermit wolle man vor allem dem Christlichen Gewerkschaftsbund helfen, der 1967 schon *„blutarm"* war und nun *„von den Toten wiederbelebt"* werden solle.

Katzer (CDU/CSU) warf im Gegenzug der SPD vor, sie habe ihr Wahlversprechen gebrochen, die paritätische Mitbestimmung einzuführen. Außerdem machte Katzer *„kein Hehl daraus"*, dass die Sozialausschüsse sich beim Düsseldorfer Parteitag mehr erhofft hätten. Auf den Vergleich mit der *„sozialen Badehose"* entgegnete *Katzer* anspielend auf die Unternehmensmitbestimmung, stünden die Herren von der SPD in der heutigen Debatte *„nackt"* vor uns. Denn ohne die Union, deren Entwurf die Unternehmensmitbestimmung enthalte, stünde das wichtigste Thema gar nicht auf der Tagesordnung.[1142]

Benda (CDU/CSU) schlug in dieselbe Kerbe, gab aber freimütig zu, dass man sich nicht zu schämen brauche, dass zu einer *„der großen Fragen der Zeit"* auch innerhalb der Partei eine lebendige Debatte stattfände. Man hätte es sich auch wie

1138 *Schmidt* (Kempten) (FDP), BT-Prot. VI/101, S. 5825.
1139 *Ziegler* (CDU/CSU), BT-Prot. VI/101, S. 5834.
1140 *Schellenberg* (CDU/CSU), BT-Prot. VI/101, S. 5837.
1141 *Schellenberg* (CDU/CSU), BT-Prot. VI/101, S. 5843.
1142 *Katzer* (CDU/CSU), BT-Prot. VI/101, S. 5861.

die Regierungskoalition leichter machen und das Thema Unternehmensmitbestimmung ausklammern können. Diese sehe sich aber für die gesamte Legislaturperiode nicht in der Lage, ein Konzept zur Unternehmensmitbestimmung vorzulegen. *Benda* wies die Regierungskoalition darauf hin, dass Meinungsverschiedenheiten *„keine Schande"* seien.[1143]

Der SPD-Abgeordnete *Nölling* erwiderte, dass die CDU erstmals seit vielen Jahren ihre Schaukelpolitik von links nach rechts aufgegeben und ihr wahres Gesicht gezeigt habe und schloss seine Redezeit zukunftsgewandt:

> *„Wir werden uns die Legitimation für die Durchsetzung der paritätischen Mitbestimmung am Tage der Bundestagswahl 1973 holen."*[1144]

Beide Entwürfe wurden anschließend in den Ausschuss für Arbeit und Sozialordnung – federführend – sowie den Ausschuss für Wirtschaft und den Ausschuss für Recht – mit beratend – überwiesen.[1145]

XIX. Die Beratungen des Ausschusses für Arbeit und Sozialordnung, 10. Ausschuss

Unter dem Vorsitz von *Ernst Schellenberg*[1146] führte der Ausschuss für Arbeit und Sozialordnung (10. Ausschuss), besetzt mit 37 Mitgliedern[1147] seine Beratungen durch.[1148] Daneben waren Vertreter des Bundesrats und des BMA anwesend. Das BMA wurde u.a. von MinDir *Karl Fitting*[1149] vertreten. Der mitberatende Rechtsausschuss (5. Ausschuss)[1150] behandelte den Gesetzesvorschlag am 23., 29. und 30. September 1971 und ließ anschließend seine Stellungnahme dem federführenden Ausschuss zukommen.[1151] Der ebenfalls mitberatende Ausschuss für Wirtschaft

---

1143 *Benda* (CDU/CSU), BT-Prot. VI/101, S. 5864.

1144 Nölling (SPD), BT-Prot. VI/101, S. 5870, 5875.

1145 BT-Prot. VI/101, S. 5897.

1146 *Ernst Schellenberg*, MdB, SPD, Berlin; vgl. Biographie S. 359 f.

1147 Vorsitzender *Schellenberg* (SPD), stellvertretender Vorsitzender: *Müller* (Remscheid) (CDU);
CDU/CSU-Fraktion: *Becker* (Pirmasens), *Berding, Franke* (Osnabrück), *Franz, Härzschel, Horten, Kalinke, Kley, Lampersbach, Müller* (Berlin), *Ruf, Ziegler, Zink*;
Stellvertreter: *Böhme, Wawrzik*;
SPD-Fraktion: *Biermann, Böhm, Bredl, Buschfort, Folger, Geiger, Glombig, Jaschke, Killat von Coreth, Kohlberger, Langebeck, Liehr, Nölling, Schlei, Urbaniak, Wolf*;
Stellvertreter: *Farthmann, Huber*;
FDP-Fraktion: *Geldner, Schmidt* (Kempten); Stellvertreter: *Spitzmüller*.

1148 Parlamentsarchiv VI/234, Bd. A 2 Lfd. Nr. 40.

1149 *Karl Fitting*, vgl. Biographie S. 358.

1150 Vorsitzender *Carl Otto Lenz* (CDU/CSU).

1151 Parlamentsarchiv VI/234, Bd. A 1 Lfd. Nr. 27–32.

(8. Ausschuss)[1152] tagte zum Betriebsverfassungsgesetz am 22. September 1971 und legte ebenfalls dem federführenden Ausschuss anschließend seine Stellungnahme vor.[1153] Während die Stellungnahme des Rechtsausschusses zahlreiche Empfehlungen an den federführenden Ausschuss beinhaltete,[1154] beschränkte sich der Wirtschaftsausschuss darauf mitzuteilen, dass die Anträge der CDU/CSU-Fraktion keine Mehrheit im Wirtschaftsausschuss gefunden hätten.[1155]

Der federführende 10. Ausschuss für Arbeit und Soziales beriet sich in 23 Sitzungen zu den Gesetzesentwürfen der Bundesregierung und der CDU/CSU-Fraktion zum Betriebsverfassungsgesetz. Am 21. Januar 1971 beschloss der 10. Ausschuss vor der ersten Lesung eine öffentliche Anhörung durchzuführen.

Am 24. und 25. Februar 1971 fand im Rahmen der 45. und 46. Sitzung des Ausschusses für Arbeit und Sozialordnung diese öffentliche Anhörung über die Novellierungsentwürfe zum BetrVG von der Regierungs- und der Unionsfraktion sowie über den Gesetzesentwurf über die Fortgeltung der Mitbestimmung in der Montan-Industrie[1156] statt. Neben den Mitgliedern des Ausschusses für Arbeit und Sozialordnung nahmen an der öffentlichen Informationssitzung Vertreter des Arbeitsministeriums[1157], des Bundeskanzleramts[1158], des Bundesrats[1159], Sachverständige des Deutschen Gewerkschaftsbundes (DGB), der Deutschen Angestelltengewerkschaft (DAG), des Christlichen Gewerkschaftsbundes (CGB), der Union der leitenden Angestellten (ULA), der Bundesvereinigung Deutscher Arbeitgeber (BDA), des Verbands der Kriegs- und Wehrdienstopfer, Behinderten und Sozialrentner Deutschlands (VdK), des Reichsbunds[1160], des Zentralverbands des Deutschen Handwerks (ZDH), der Hauptgemeinschaft des Deutschen Einzelhandels (HDE) und des Deutschen Bauernverbands (DBV) teil. Außerdem waren 40 Sachverständige aus der betrieblichen Praxis geladen, wie Personaldirektoren, Betriebsratsmitglieder, Betriebschefs, Leiter von personal- und sozialpolitischen Abteilungen von Großunternehmen, Aufsichtsratsmitglieder und Geschäftsführer. Bei der Auswahl waren Branchen, Wahlkreise und Betriebsgrößen berücksichtigt worden.[1161]

Anschließend fanden in erster Lesung am 4., 5., 11., 12, 25., und 26. März, am 2. und 29. April und am 6. und 10. Mai Einzelberatungen zu den Gesetzesentwürfen

---

1152 Vorsitzender *Gerhard Kienbaum* (FDP); Gründer der nach ihm benannten Unternehmensberatung.

1153 Parlamentsarchiv VI/234, Bd. A 1 Lfd. Nr. 33 f.

1154 Stellungnahme des BT-Rechtsausschusses vom 29./30.09.1971, Parlamentsarchiv VI/234, Bd. A 1 Lfd. Nr. 32.

1155 Stellungnahme des BT-Wirtschaftsausschusses vom 22.09.1971, Parlamentsarchiv VI/234, Bd. A 1 Lfd. Nr. 34.

1156 BT-Drs. VI/1735; zu VI/1785.

1157 Arbeitsminister *Arendt*, PStS *Rhode*, StS *Auerbach*, MinDir *Fitting* u. a.

1158 *Walter Guillaume.*

1159 MinDirig *Schmidt* u. a.

1160 Reichsbund der Kriegs- und Zivilbeschädigten Sozialrentner und Hinterbliebenen.

1161 BT-Prot. VI/10. Aussch. 45. u. 46. Sitz.

statt. Eine gesonderte öffentliche Anhörung fand im Rahmen der ersten Lesung am 13. und 14. Mai 1971 zu den besonderen Vorschriften der einzelnen Betriebsarten, der Tendenzbetriebe und Religionsgemeinschaften sowie der Seeschifffahrt statt. Dementsprechend waren bei der 57. und 58. Sitzung des Ausschusses für Arbeit und Sozialordnung neben den politischen Vertretern Sachverständige des Deutschen Presserats, des Deutschen Journalisten-Verbands, des Bundesverbands Deutscher Zeitungsverleger, des Verbands Deutscher Zeitschriftenverleger, der vorgenannten Gewerkschaften, der EKD, des Kommissariats der Deutschen Bischöfe, der Bundesarbeitsgemeinschaft der Freien Wohlfahrtspflege, des Verbands der Wissenschaftler an Forschungsinstituten, des Deutschen Bühnenvereins, der Spitzenorganisation der Filmwirtschaft, der BDA, des Verbands Deutscher Reeder, des Verbands der Deutschen Hochseefischereien und des Verbands Deutscher Küstenschiffer zugegen.[1162]

Nach zweiter Lesung am 9. und 17. Juni und am 14., 15. und 16. September und dritter Lesung am 17. und 30. September 1971 legte der Ausschuss für Arbeit und Sozialordnung am 14. Oktober 1971[1163] nach insgesamt 23 Sitzungen seinen schriftlichen Bericht[1164] zum Entwurf des BetrVG vor. Der Bericht stammte von den Abgeordneten *Buschfort* (SPD) (§§ 1–59), *Schmidt* (Kempten) (FDP) (§§ 60–91) und *Zink* (CDU) (§§ 92–132).[1165]

Die Mehrheit des Ausschusses für Arbeit und Sozialordnung lehnte die Konzeption des CDU/CSU-E 71 ab[1166] und beantragte, dass der Bundestag den Reg-E in der vom Ausschuss überarbeiteten Fassung annimmt und den CDU/CSU-E 71 für erledigt erklärt. Dem nach den Entschlüssen des Ausschusses für Arbeit und Sozialordnung abgeänderten Entwurf (Ausschuss-E) stimmten die Vertreter der SPD und der FDP in einer Schlussabstimmung zu, während sich die Ausschlussmitglieder der CDU/CSU-Fraktion nach vorheriger Beratung mit ihrer Fraktion nach § 54 Abs. 4 GO enthielten.[1167] Der Bericht des Ausschusses für Arbeit und Sozialordnung enthielt eine Zusammenstellung des von der Bundesregierung eingebrachten Entwurfs eines BetrVG – BT-Drs. VI/1786 – mit den Beschlüssen des Ausschusses für Arbeit und Sozialordnung.

Die Regierungsmehrheit im 10. Ausschuss fand auch mit den Ausschussmitgliedern der CDU/CSU-Fraktion Kompromisse und folgte Vorschlägen des Bundesrats, die sich teilweise mit den Wünschen der CDU/CSU-Fraktion überschnitten. Außerdem wurden die Empfehlungen des Rechtsausschusses und des Ausschusses für Wirtschaft sowie die Ergebnisse der öffentlichen Sachverständigen-Anhörungen berücksichtigt, so dass der Ausschuss für Arbeit und Sozialordnung dem Bundestag zahlreiche Änderungsvorschläge unterbreitete:

1162 BT-Prot. VI/10. Aussch. 57. u. 58 .Sitz.
1163 Parlamentsarchiv VI/234, Bd. A 2 Lfd. Nr. 48–58.
1164 BT-Drs. VI/2729.
1165 zu BT-Drs. VI/2729.
1166 zu BT-Drs. VI/2729, S. 3.
1167 zu BT-Drs. VI/2729, S. 3.

XX. Beschlüsse/Änderungsvorschläge des Ausschusses für Arbeit und Sozialordnung, 10. Ausschuss (BT-Drs. VI/2729 und zu BT-Drs. VI/2729)

1. *Zusammenarbeit von Arbeitgeber und Betriebsrat*

a) Allgemein

Entgegen dem CDU/CSU-E 71, der Auffassung des Sachverständigen *Weidner* vom Christlichen Gewerkschaftsbund[1168] und dem Sachverständigen *Eichler* von der BDA[1169] sollte die *vertrauensvolle Zusammenarbeit* nach Auffassung des 10. Ausschusses entsprechend § 2 Abs. 1 Reg-E nicht mehr ausdrücklich auch dem *„Gemeinwohl"* dienen. Einerseits sei das Vorbild für die Regelung bereits 1965 aus § 70 Abs. 1 AktG gestrichen worden[1170] und andererseits seien Arbeitgeber und Betriebsrat ohnehin durch die Prinzipien des Sozialstaates an ein sozialpflichtiges Verhalten gebunden.[1171] Das entsprach auch der Forderung des DGB in der öffentlichen Ausschusssitzung, der den Begriff *„Gemeinwohl"* als nichtjustitiabel bezeichnete[1172].

Nach § 2 Abs. 1 Ausschuss-E sollten *„Arbeitgeber und Betriebsrat nicht im Rahmen der geltenden Tarifverträge"* vertrauensvoll zusammenarbeiten sollten, sondern *„unter Beachtung der geltenden Tarifverträge"*, ohne dies weiter zu begründen.[1173]

b) Friedenspflicht und politische Betätigung im Betrieb

Eichler von der BDA begrüßte in der öffentlichen Anhörung, dass das Verbot der politischen Betätigung in § 74 Abs. 2 Reg-E übernommen worden sei. Er störte sich jedoch an der Formulierung, nach der eine solche Betätigung erlaubt sei, wenn hierdurch nicht der betriebliche Friede beeinträchtigt würde. Eine solche Einschränkung sei nicht messbar. Man bevorzuge daher § 22 Abs. 3 CDU/CSU-E 71,[1174] der jede politische Betätigung untersagte, was dem geltenden Recht entsprach. *Radke* vom DGB schloss sich hinsichtlich der Kritik an der mangelnden Messbarkeit der Beeinträchtigung des Betriebsfriedens *Eichler* an. Er sprach sich aber im Gegensatz zu *Eichler* gegen ein Verbot der parteipolitischen Betätigung aus, da ein solches im Widerspruch zu Art. 21 GG stehe. Er appellierte an das Demokratieverständnis und unterstrich das Wesen des Menschen als Zoon Politikon.[1175] Dem schlossen

1168 *Weidner* (CGB), BT-Prot. VI/10. Aussch. 45. u. 46 Sitz. S. 18.
1169 *Eichler* (BDA), BT-Prot. VI/10. Aussch. 45. u. 46 Sitz. S. 20.
1170 BGBl. I 1965, S. 1089.
1171 zu BT-Drs. VI/2729, S. 9 f, 18 f.
1172 *Muhr* (DGB), BT-Prot. VI/10. Aussch. 45. u. 46 Sitz. S. 33.
1173 BT-Drs. VI/2729, S. 2.
1174 *Eichler* (BDA), BT-Prot. VI/10. Aussch. 45. u. 46 Sitz. S. 84.
1175 *Radke* (DGB), BT-Prot. VI/10. Aussch. 45. u. 46 Sitz. S. 85 f.

sich *Apel* von der DAG und *Weidner* vom Christlichen Gewerkschaftsbund an.[1176] *Apel* forderte das Wort *„politisch"* zu streichen, so dass jede Beeinträchtigung des Betriebsfriedens untersagt sein sollte und zwar nur jede *„erhebliche"*.[1177] Zur tatsächlichen Sachlage führte die Sachverständige *Bruendl*, Betriebsratsmitglied bei Metzeler in München, aus, dass in ihrem Betrieb, im Betriebsrat und auch in der Betriebsversammlung mit dem Arbeitgeber viel über Parteipolitik gesprochen werde, ohne dass dies dem Unternehmen schade. Es werde also bereits das gelebt, was nun nach § 74 Abs. 2 Reg-E geregelt werden sollte.[1178] Der Sachverständige *Sandkämper* widersprach *Bruendl*. *Sandkämper* trat als Betriebsratsmitglied für die Klöckner-Werke auf, war aber auch Landtagsabgeordneter der CDU. Er stellte dar, dass sich der Betriebsrat aus zwei Gruppen zusammensetze, *„den sozialen und den christlichen"*. Beide Gruppen verstünden sich gut und alle Betriebsratsmitglieder seien IG-Metaller. Würde jedoch das Verbot der parteipolitischen Betätigung fallen, rechnete *Sandkämper* damit, dass man sich bei Betriebsversammlungen vor 3.000 Mitarbeitern nicht zurückhalten könne, in eigener Sache zu sprechen. Er befürchtete, dass durch die parteipolitische Konkurrenz zwischen den Lagern Gräben aufreißen könnten.[1179] Der Sachverständige *Weber*, Betriebsratsvorsitzender bei Degussa, wählte ebenfalls den Ansatz, dass alles *„politisch"* sei, was man täte. Er differenzierte jedoch zwischen Meinungsäußerungen und einer parteipolitischen Betätigung, die er ablehnte. Er war der Auffassung, dass dies zu keinem guten Ende führen könne, da man ja wisse, *„wie parteipolitisch ausgerichtete Leute sein können, wenn sie sich plötzlich in ihren Anschauungen angegriffen fühlen"*. Er warnte davor, sich in ein *„parteipolitisches Hickhack"* zu begeben und so die Geschlossenheit der Arbeitnehmerschaft aufzuspalten.[1180]

Als Vertreter des BMA erläuterte *Fitting* in der ersten Lesung des 10. Ausschusses, dass § 74 Abs. 1 Reg-E mit § 24 CDU-CSU-E und § 49 Abs. 2 BetrVG 52 identisch seien. Dagegen unterscheide sich Abs. 2 hinsichtlich der Friedenspflicht und der parteipolitischen Betätigung. Der Reg-E trenne zwischen dem Arbeitskampfverbot der betrieblichen Sozialpartner einerseits und störenden Betätigungen andererseits, während der CDU/CSU-E die bisherige Regelung des § 49 Abs. 2 BetrVG 52 übernehme. Die Formulierung im Reg-E *„einschließlich politischer Betätigungen"* im Rahmen der Friedenspflicht stelle nur einen Merkposten dar, weil der Reg-E das bisherige Verbot der parteipolitischen Betätigung des § 52 Satz 2 BetrVG 52 und die dazu ergangene Rechtsprechung nicht übernehme. Maßgeblich sei im Reg-E nur die Beeinträchtigung des Arbeitsablaufs und des Betriebsfriedens, ganz gleich

1176 *Apel* (DAG), BT-Prot. VI/10. Aussch. 45. u. 46 Sitz. S. 87; *Weidner* (CGB), BT-Prot. VI/10. Aussch. 45. u. 46 Sitz. S. 87.
1177 *Apel* (DAG), BT-Prot. VI/10. Aussch. 45. u. 46 Sitz. S. 87.
1178 *Bruendl* (Metzeler), BT-Prot. VI/10. Aussch. 45. u. 46 Sitz. S. 94.
1179 *Sandkämper* (Klöckner), BT-Prot. VI/10. Aussch. 45. u. 46 Sitz. S. 94 f.
1180 *Weber* (Degussa), BT-Prot. VI/10. Aussch. 45. u. 46 Sitz. S. 96.

durch welche Betätigung.[1181] Während die SPD-Abgeordneten die Abkehr von dem pauschalen Verbot der politischen Betätigung begrüßten, bemängelten die Unionsabgeordneten dies im 10. Ausschuss.[1182]

In der zweiten Lesung stellten die Vertreter der Regierungskoalition dennoch den Antrag, das Verbot der parteipolitischen Betätigung im Betrieb wieder bei den Grundsätzen der Zusammenarbeit in § 74 Abs. 2 als Satz 2 aufzunehmen.[1183] Der FDP-Abgeordnete *Schmidt* (Kempten) begründete die Wiederaufnahme des Verbots mit dem Hinweis auf die öffentliche Anhörung und die Argumente der öffentlichen Diskussion. Die frühere Ansicht der Koalition, radikalen Gruppen durch die Öffnung für parteipolitische Betätigung entgegenzuwirken, habe man aufgegeben.[1184] Um die Betriebsbezogenheit zu betonen, schlug *Ruf* (CDU/CSU) vor, das Wort *„unmittelbar"* zu ergänzen. Dies traf auf Zustimmung bei der Regierungskoalition, so dass der Antrag in dieser Fassung angenommen wurde.[1185] Vom Verbot der parteipolitischen Betätigung sollten aber Angelegenheiten tarifpolitischer, sozialpolitischer und wirtschaftlicher Art, die den Betrieb oder seine Arbeitnehmer betreffen, unberührt bleiben.[1186] Der Ausschuss war der Auffassung, dass dies berechtigte Interessen seien, übrige parteipolitische Betätigungen sollten jedoch insbesondere aufgrund der Ausführungen der Sachverständigen weiterhin und entgegen dem Reg-E untersagt bleiben.[1187]

2. *Abweichungen vom BetrVG durch Betriebsvereinbarung oder Tarifvertrag*

Der Ref-E sah in § 3 eine unbeschränkte Tariföffnungsklausel vor, die im Reg-E nach dem Koalitionsgespräch vom 24. November 1970 auf Einzelfälle beschränkt worden war.[1188] Diese Änderung bedauerte der DGB-Vertreter *Muhr* in der öffentlichen Ausschusssitzung. Er befürchtete, dass man der unsachlichen und falschen Diskussion erlegen sei, dass über die unbeschränkte Öffnungsklausel die paritätische Unternehmensmitbestimmung durch Streik erkämpft werden könne. So habe der

1181 Kurzprotokoll des BT-Ausschusses für Arbeit und Soziales vom 11.03.1971, Parlamentsarchiv VI/234, Bd. A 2 Lfd. Nr. 42, S. 27.
1182 Kurzprotokoll des BT-Ausschusses für Arbeit und Soziales vom 11.03.1971, Parlamentsarchiv VI/234, Bd. A 2 Lfd. Nr. 42, S. 28.
1183 Kurzprotokoll des BT-Ausschusses für Arbeit und Soziales vom 16.09.1971, Parlamentsarchiv VI/234, Bd. A 3 Lfd. Nr. 55, S. 41.
1184 Kurzprotokoll des BT-Ausschusses für Arbeit und Soziales vom 16.09.1971, Parlamentsarchiv VI/234, Bd. A 3 Lfd. Nr. 55, S. 42.
1185 Kurzprotokoll des BT-Ausschusses für Arbeit und Soziales vom 16.09.1971, Parlamentsarchiv VI/234, Bd. A 3 Lfd. Nr. 55, S. 43.
1186 BT-Drs. VI/2729, S. 33.
1187 zu BT-Drs. VI/2729, S. 10.
1188 Vgl. S. 173.

DGB die Tariföffnungsklausel des § 3 Ref-E aber nie verstanden.[1189] *Eichler* von der BDA kritisierte, dass die Öffnungsklausel sich nur auf Tarifverträge beschränke und schlug vor, die Regelung um Betriebsvereinbarungen zu erweitern. Der Abschluss von Betriebsvereinbarungen zwischen Betriebsrat und Unternehmern habe sich bewährt.[1190] Dem stimmte auch *Mertz*, Personalleiter bei Bosch, zu. Er begründete, dass Regelungen durch Betriebsvereinbarung sachnäher und sachgerechter erschienen, denn ein Verbandstarif umfasse meistens Betriebe mit unterschiedlichen Strukturen. Zudem wolle man keine Teilung von Vertretungen, so dass eine Vereinbarung mit dem Betriebsrat vorzuziehen sei.[1191] Der 10. Ausschuss beließ es jedoch bei der Fassung des Reg-E.

3. Leitende Angestellte

a) Begriffsbestimmung

Als einziger in der öffentlichen Ausschusssitzung lobte *Salzer* als Vertreter der Union der leitenden Angestellten (ULA) die Definitionen zur leitenden-Angestellten-Eigenschaft. Beide Definitionen grenzten den Kreis der leitenden Angestellten gegenüber dem geltenden Recht weder ein noch aus.[1192] *Apel* (DAG) bezweifelte bei der öffentlichen Sitzung des 10. Ausschusses, dass die Verfasser der beiden diskutierten Entwürfe sich der Größenordnung der Folgen bewusst gewesen seien, die mit den vorgeschlagenen Definitionen einhergehen würden. Er erklärte, dass hiervon ca. 1,2 Millionen Arbeitnehmer betroffen seien. Ohne die Definition des CDU/CSU-E von der Kritik auszunehmen, führte er die Definition des Reg-E ad absurdum. Nach dieser seien auch 75 % der ca. 330.000 Meister, alle Wissenschaftler und alle leitenden Angestellten, die mit wichtigen Aufgaben betraut sind und über besondere Fähigkeiten und Kenntnisse verfügen, vom BetrVG ausgenommen. Er stellte die polemische Frage, welcher leitende Angestellte keine wichtigen Aufgaben übernehme und über irgendwie geartete besondere Fähigkeiten und Kenntnisse verfüge und behauptete, dass er es nach dieser Definition sogar schaffen würde, vor dem Arbeitsgericht seine Sekretärin unter die leitenden-Angestellten-Definition des Reg-E zu subsumieren.[1193] Der SPD-Abgeordnete *Wolf* erkundigte sich beim BDA-Sachverständigen *Eichler*, ob die Arbeitsgerichte damit rechnen müssten, mit der Statusfrage nach der Definition des Reg-E häufig befasst zu werden.[1194] *Eichler* verneinte dies, da diese Frage auch bisher meist in den Betrieben einvernehmlich geregelt worden sei.[1195] *Apel* ging vom Gegenteil aus.[1196]

1189 *Muhr* (DGB), BT-Prot. VI/10. Aussch. 45. u. 46 Sitz. S. 16.
1190 *Eichler* (BDA), BT-Prot. VI/10. Aussch. 45. u. 46 Sitz. S. 21, 30.
1191 *Mertz* (Bosch), BT-Prot. VI/10. Aussch. 45. u. 46 Sitz. S. 46.
1192 *Salzer* (ULA), BT-Prot. VI/10. Aussch. 45. u. 46 Sitz. S. 19.
1193 *Apel* (DAG), BT-Prot. VI/10. Aussch. 45. u. 46 Sitz. S. 17.
1194 *Wolf* (SPD), BT-Prot. VI/10. Aussch. 45. u. 46 Sitz. S. 26.
1195 *Eichler* (BDA), BT-Prot. VI/10. Aussch. 45. u. 46 Sitz. S. 30.
1196 *Apel* (DAG), BT-Prot. VI/10. Aussch. 45. u. 46 Sitz. S. 36.

Fitting wies in der ersten Lesung des 10. Ausschusses darauf hin, dass der Reg-E es bei der bisherigen Definition der leitenden Angestellten belasse und lediglich das subjektive Kriterium des *„persönlichen Vertrauens"* gestrichen worden sei. Diese objektivere Fassung erlaube eine bessere Abgrenzung zu den Arbeitnehmern im Sinne der Betriebsverfassung.[1197]

Auch aufgrund der Kritik *Apels* entwickelte der 10. Ausschuss eine neue Definition des leitenden Angestellten.[1198] In Anlehnung an eine Empfehlung des Rechtsausschusses[1199] legte der 10. Ausschuss für die leitenden-Angestellten-Eigenschaft verstärkt Kriterien fest, die auf objektive Merkmale und die Funktion der leitenden Angestellten abstellten.[1200] Es wurden die verschieden Eigenschaften eines leitenden Angestellten in § 5 Abs. 3 Ausschuss-E nun nicht mehr im Fließtext aufgezählt, sondern nummeriert und als Alternativen mit einem *„oder"* verbunden. Vorangestellt wurde, dass diese Kriterien, wie beispielsweise die Prokura, nach Dienststellung oder im Dienstvertrag festgelegt sein mussten. Zu den Kriterien gehörte, wie auch bisher, die Einstellungs- und Entlassungsbefugnis (Nr. 1). Entgegen dem Reg-E, aber anderen Entwürfen folgend, nahm der Ausschuss-E die Generalvollmacht und die Prokura als Kriterien auf (Nr. 2). An die Rat- und die Tatgruppe setzte der Ausschuss-E höhere Voraussetzungen an die Erlangung der leitenden-Angestellten-Eigenschaft. Er verlangte, dass diesen Angestellten für den Betrieb bedeutende Aufgaben kumulativ *„im Hinblick auf besondere Erfahrungen und Kenntnisse"* übertragen waren und nicht nur alternativ wegen ihrer Erfahrungen oder ihrer Kenntnisse (Nr. 3), wie vom Reg-E vorgesehen. Im Gegensatz zum Reg-E mussten diese Aufgaben allerdings nicht in einer wesentlichen Betriebsabteilung wahrgenommen werden, sondern es genügte die Einsatzabteilung, gleich ob sie wesentlich war oder nicht.

Einige Unionsabgeordnete hatten vorgeschlagen, dass Arbeitgeber und Betriebsrat sich über die leitenden-Angestellten-Eigenschaft einigen und notfalls die Einigungsstelle anrufen müssen.[1201] Dem war selbst die BDA bei der Sachverständigenanhörung nicht gefolgt. Ihr Vertreter *Eichler* erklärte dem CDU/CSU-Abgeordneten *Müller* (Berlin) auf dessen Frage, dass die Einordnung nicht in die Zuständigkeit des Betriebsrates fiele, da das BetrVG auf leitende Angestellte keine Anwendung finde. Zudem erläuterte er, dass diese Frage eine Rechtsfrage sei, deren Entscheidung dem Arbeitsgericht obliege.[1202] Auch der Sachverständige *Dräger*, Leiter der sozialpolitischen Abteilung der Siemens AG, folgte dieser Argumentation und beschrieb,

1197 Kurzprotokoll des BT-Ausschusses für Arbeit und Soziales vom 04.03.1971, Parlamentsarchiv VI/234, Bd. A 2 Lfd. Nr. 40, S. 20.

1198 BT-Drs. VI/2729, S. 4.

1199 Stellungnahme des BT-Rechtsausschusses vom 29./30.09.1971, Parlamentsarchiv VI/234, Bd. A 1 Lfd. Nr. 32, S. 1 f.

1200 zu BT-Drs. VI/2729, S. 11.

1201 Kurzprotokoll des BT-Ausschusses für Arbeit und Soziales vom 04.03.1971, Parlamentsarchiv VI/234, Bd. A 2 Lfd. Nr. 40, S. 20.

1202 *Eichler* (BDA), BT-Prot. VI/10. Aussch. 45. u. 46 Sitz. S. 28.

dass man sich bei Aufstellung der Wählerlisten, wie auch von *Eichler* dargestellt, immer einvernehmlich geeinigt habe.[1203] Auch der Sachverständige *Willing*, stellvertretender Betriebsratsvorsitzender bei Thyssen, pflichtete bei, dass die Abgrenzung bisher stets reibungslos erfolgt sei.[1204] Dem schloss sich der Ausschuss an und lehnte den CDU/CSU-Antrag ab.[1205]

b) Sondervertretung der leitenden Angestellten

Die CDU/CSU hatte zudem die Einrichtung von Sprecherausschüssen für die leitenden Angestellten vorgeschlagen,[1206] die auch *Salzer* von der ULA und *Eichler* von der BDA bei der öffentlichen Ausschusssitzung begrüßten[1207]. *Eichler* sprach sich insbesondere für eine gesetzliche Verankerung aus, denn Vereinbarungen, die nach geltendem Recht zwischen den leitenden Angestellten und dem Arbeitgeber getroffen würden, erhielten nur dann eine gewisse Rechtswirksamkeit, wenn sie anschließend durch den Betriebsrat bestätigt würden.[1208]

Als das weitestgehende Zugeständnis der DAG, ohne die Gesamtsolidarität der Arbeitnehmer zu beeinträchtigen, bezeichnete *Apel* in der öffentlichen Sitzung des 10. Ausschusses den Vorschlag der DAG, den Betriebsrat zu verpflichten, einen Ausschuss zu bilden, der mit leitenden Angestellten zu besetzen ist. Die Einzelheiten sollten in einer Betriebsvereinbarung geregelt werden können (§ 28 Abs. 5 DAG-E 71). Die einzige andere Alternative sei, dass man den Kreis der leitenden Angestellten sehr eng ziehe und auf die Mitglieder und Vertreter der Unternehmensleitung beschränke, dann reduziere sich die Sache auf ein *„familieninternes Problem der Unternehmensleitung und gehöre dann nicht in die Betriebsverfassung“*.[1209] Der DGB-Sachverständige *Bieding* wandte sich entschieden gegen die Institutionalisierung von Sprecherausschüssen. Es lägen keine Sachgründe vor, die leitenden Angestellten aus der Masse der Belegschaft herauszulösen. Solche Gründe müssten jedoch bei einer derart schwerwiegenden Entscheidung vorliegen. Wie die übrigen Arbeitnehmer, müssten auch die leitenden Angestellten ihre Aufgaben aus der arbeitsvertraglichen Verpflichtung gegenüber dem Vertragskontrahenten erledigen. Daher seien sie in gleicher Weise vertretungsbedürftig wie die übrigen Arbeitnehmer. Interessenkonflikte aufgrund von Weisungs- und Disziplinarrechten verhehlte *Bieding* nicht, betonte aber, dass auch der Betriebsrat das Verhalten einzelner Arbeitnehmer objektiv und kritisch bewerten müsse.[1210] *Apel* ergänzte, dass man

---

1203 *Dräger* (Siemens), BT-Prot. VI/10. Aussch. 45. u. 46 Sitz. S. 38.
1204 *Willing* (Thyssen), BT-Prot. VI/10. Aussch. 45. u. 46 Sitz. S. 40.
1205 zu BT-Drs. VI/2729, S. 12.
1206 Vgl. S. 201.
1207 *Salzer* (ULA), BT-Prot. VI/10. Aussch. 45. u. 46 Sitz. S. 19; *Eichler* (BDA), BT-Prot. VI/10. Aussch. 45. u. 46 Sitz. S. 21.
1208 *Eichler* (BDA), BT-Prot. VI/10. Aussch. 45. u. 46 Sitz. S. 29, 140.
1209 *Apel* (DAG), BT-Prot. VI/10. Aussch. 45. u. 46 Sitz. S. 55, 143.
1210 *Bieding* (DGB), BT-Prot. VI/10. Aussch. 45. u. 46 Sitz. S. 140.

die leitenden Angestellten unterschätze, wenn man meine, dass diese mit dem Rollenkonflikt nicht umgehen könnten. Er zeigte aber Verständnis für die Interessen der BDA und der ULA. Die BDA versuche eine Gruppe der Arbeitnehmerschaft auf ihre Seite zu ziehen und auch die ULA verfolge legitime Partikularinteressen, denen der Gesetzgeber jedoch nicht Vorschub leisten dürfe.[1211] Die leitenden Angestellten selbst hätten auch gar kein Interesse an den Sprecherausschüssen, dies sei ein ausschließlicher Wunsch der Interessenvertretungen der leitenden Angestellten. Hier müsse unbedingt differenziert werden, zumal die Position der leitenden Angestellten sich durch die Einführung eines Sprecherausschusses nach dem Modell des CDU/CSU-E 71 gegenüber ihrer jetzigen Position, soweit sie in den Anwendungsbereich des BetrVG fielen, nur verschlechtere, da die Rechte des von der Unionsfraktion vorgeschlagenen Sprecherausschusses massiv hinter denen des Betriebsrates zurückfielen. Im Ergebnis hätte die Einrichtung eines Sprecherausschusses lediglich die Polarisierung der Gruppen zur Folge, so *Apel*.[1212]

Entgegen den Ausführungen von DGB und DAG unterstrich *Borgwardt* von der ULA, dass die leitenden Angestellten Teil der Unternehmensführung seien. Daher sei es widersinnig, in dem dualen System von Arbeitgeber und Arbeitnehmer einen Teil der anderen Seite sich einzuverleiben. Dabei räumte *Borgwardt* zwar auch ein, dass es richtig sei, dass die leitenden Angestellten nach dem Arbeitsrecht Arbeitnehmer und daher schutzbedürftig seien, im Betriebsrat fehle es aber an der erforderlichen Solidarität.[1213] Der DGB-Vertreter *Stephan* äußerte sich bei der öffentlichen Ausschusssitzung kritisch zur Einrichtung von Sprecherausschüssen. Man habe eine repräsentative Befragung der leitenden Angestellten von einem unabhängigen Institut vernehmen lassen. Im Ergebnis hätte sich herausgestellt, dass 74% der befragten außertariflichen und leitenden Angestellten sich dazu bekannten, vom Betriebsrat vertreten zu sein und diesen wählen zu können. Von der Gruppe derer, die zur Arbeitgeberseite tendiere, hätten immer noch 56% dafür plädiert, im Betriebsrat vertreten zu sein und diesen wählen zu können.[1214] *Borgwardt* von der ULA meldete ernsthafte Zweifel an der Repräsentativität der Umfrage an. Einerseits würden außertarifliche Angestellte mit leitenden Angestellten verwechselt und andererseits seien die Fragen derart subjektiv gestellt worden, dass diese „Fangfragen" zu diesen Ergebnissen hätten führen müssen.[1215] *Stephan* stellte weiter fest, dass es keine sachlichen Gründe gäbe, die leitenden Angestellten aus dem Betriebsverfassungsgesetz herauszuhalten oder für sie eine Sondervertretung einzurichten. Vielmehr sollten die leitenden Angestellten von den unternehmer- und arbeitgeberähnlichen Personen abgegrenzt werden. Abschließend kritisierte *Stephan* die Definition der

1211 *Apel* (DAG), BT-Prot. VI/10. Aussch. 45. u. 46 Sitz. S. 55, 144.
1212 *Bieding* (DGB), BT-Prot. VI/10. Aussch. 45. u. 46 Sitz. S. 141.
1213 *Borgwardt* (ULA), BT-Prot. VI/10. Aussch. 45. u. 46 Sitz. S. 144 f.
1214 *Stephan* (DGB), BT-Prot. VI/10. Aussch. 45. u. 46 Sitz. S. 16.
1215 *Borgwardt* (ULA), BT-Prot. VI/10. Aussch. 45. u. 46 Sitz. S. 20.

leitenden Angestellten, nach der entsprechend dem eigenen *„Gutdünken"* die Eigenschaft bestimmt werden könne.[1216]

Die Unionsabgeordneten hatten in der ersten Lesung des 10. Ausschusses argumentiert, dass die leitenden Angestellten zu einer kollektiven Vertretung ihrer differenzierten Interessen tendierten.[1217] *Fitting* hatte dem entgegnet, dass die Bundesregierung diesen Trend nicht sehe, weil nicht feststehe, ob der Führungsnachwuchs mehr ein solidares oder mehr ein elitäres Selbstverständnis haben werde. Wegen der Wahrung der Inkompatibilität von Arbeitgeberfunktionen und der Solidarität als Abreitnehmer sei vorher dieser Personenkreis in die Betriebsverfassung nicht einzubeziehen, um eine Entwicklung nicht zu bremsen.[1218] Die Abgeordneten *Geiger* und *Killat* (SPD) warnten in der ersten Lesung des 10. Ausschusses vor der Einrichtung von Sprecherausschüssen, da dadurch die Arbeitnehmerschaft aufgespalten werde und der Integrierungseffekt der Betriebsverfassung verloren gehe. Sie empfahlen daher gemeinsam mit anderen SPD-Abgeordneten, den Betriebsrat mit der Wahrnehmung der Interessen der leitenden Angestellten zu betrauen, zumal sie auch bisher von den Beteiligungsrechten des Betriebsrats berührt worden seien.[1219] Dieser Lösung widersprach *Zink* (CDU/CSU). Ein leitender Angestellter werde im Betriebsrat immer als *„Spion des Arbeitgebers"* angesehen. Da der Kreis der leitenden Angestellten immer größer würde, sei eine eigene Vertretung angebracht, die jedoch nicht neben dem Betriebsrat stehe, sondern zur Zusammenarbeit verpflichtet werden müsse.[1220]

Im 10. Ausschuss existierten zwar Tendenzen, nach dem Vorschlag der DAG, den Betriebsrat zu verpflichten, einen Ausschuss für die leitenden Angestellten zu errichten. Im Ergebnis lehnte er aber die Möglichkeit jeglicher Einrichtung einer leitenden-Angelstellten-Vertretung mit der Regierungsmehrheit ab. Die Stellung der leitenden Angestellten im Betrieb könne soziologisch noch nicht beurteilt werden. Man wollte durch die Institutionalisierung von Sprecherausschüssen oder einer Integration in den Betriebsrat ohne weitere Erkenntnisse die noch offenen Fragen nicht präjudizieren.[1221]

1216 *Stephan* (DGB), BT-Prot. VI/10. Aussch. 45. u. 46 Sitz. S. 16.

1217 Kurzprotokoll des BT-Ausschusses für Arbeit und Soziales vom 04.03.1971, Parlamentsarchiv VI/234, Bd. A 2 Lfd. Nr. 40, S. 21.

1218 Kurzprotokoll des BT-Ausschusses für Arbeit und Soziales vom 04.03.1971, Parlamentsarchiv VI/234, Bd. A 2 Lfd. Nr. 40, S. 21.

1219 Kurzprotokoll des BT-Ausschusses für Arbeit und Soziales vom 04.03.1971, Parlamentsarchiv VI/234, Bd. A 2 Lfd. Nr. 40, S. 21.

1220 Kurzprotokoll des BT-Ausschusses für Arbeit und Soziales vom 04.03.1971, Parlamentsarchiv VI/234, Bd. A 2 Lfd. Nr. 40, S. 21 f.

1221 zu BT-Drs. VI/2729, S. 12.

4. *Wahl des Betriebsrats*

Der Sachverständige *Apel* räumte ein, dass ihm in seiner 18jährigen Praxis nicht aufgefallen sei, dass der Wahlvorstand nach dem BetrVG viele Aufgaben habe und nur die eine nicht: *„Das Wahlergebnis festzustellen."* Dies sah aber § 58 CDU/CSU-E 71 vor, der vom DAG-E übernommen worden war. Dem schloss sich auch der 10. Ausschuss an und übernahm wesentliche Teile der Regelung des § 58 CDU/CSU-E 71. Zunächst wurde der § 18 des Reg-E von *„Wahlvorbereitung"* in *„Vorbereitung und Durchführung der Wahl"* umbenannt, denn der Wahlvorstand sollte nach Abs. 1 nicht nur verpflichtet werden *„die Wahl unverzüglich einzuleiten"*, sondern auch *„sie durchzuführen und das Wahlergebnis festzustellen"*. Letzteres sollte nach dem neuen Abs. 3 durch eine unverzügliche Auszählung und die Bekanntgabe des Ergebnisses an die Arbeitnehmer erfolgen. Anschließend sollten der Arbeitgeber und die Gewerkschaften über das Wahlergebnis informiert werden.[1222]

a) Wahlanfechtung

Der 10. Ausschuss übernahm in § 19 die übersichtlichere Formulierung der CDU/CSU zur Wahlanfechtung (§ 59). Die Möglichkeit einer Wahlanfechtung vor Durchführung der Wahl übernahm der 10. Ausschuss nicht. Zudem sollte nicht ein einzelner Arbeitnehmer anfechtungsberechtigt sein, sondern zur Wahrung der Rechtssicherheit nur drei gemeinsam.[1223] Hierfür hatte der DGB-Sachverständige *Schneider* plädiert. Der darauf hinwies, dass nicht jeder Querulant die Möglichkeit haben sollte, die Betriebsratswahl anzufechten.[1224]

b) Einheitlicher Wahltermin und passives Wahlrecht

Der BDA-Sachverständige *Erdmann* kritisierte das Vorhaben des Reg-E, die Wählbarkeit bereits nach einem halben Jahr Betriebszugehörigkeit zu ermöglichen und plädierte für eine Beibehaltung des geltenden Rechts. Aufgrund der zunehmenden Rechte und Pflichten des Betriebsrats müssten die Betriebsratsmitglieder mit dem Betrieb vertraut sein.[1225] Dem stimmte *Mertz*, Personalleiter bei Bosch, zu. Neben den Argumenten *Erdmanns* stellte er darauf ab, dass es systemwidrig sei, wenn ein Wahlbewerber am Ende seiner arbeitsvertraglichen Probezeit bereits den besonderen Kündigungsschutz genieße, aber nicht den allgemeinen Kündigungsschutz nach dem KSchG.[1226] Diese Argumente äußerte später auch der Abgeordnete *Ruf* in der ersten Lesung des 10. Ausschusses und plädierte entsprechend dem CDU/

1222 BT-Drs. VI/2729, S. 9 f; zu BT-Drs. VI/2729, S. 21.
1223 BT-Drs. VI/2729, S. 10; zu BT-Drs. VI/2729, S. 21.
1224 *Schneider* (DGB), BT-Prot. VI/10. Aussch. 45. u. 46 Sitz. S. 50.
1225 *Erdmann* (BDA), BT-Prot. VI/10. Aussch. 45. u. 46 Sitz. S. 46.
1226 *Mertz* (Bosch), BT-Prot. VI/10. Aussch. 45. u. 46 Sitz. S. 72.

CSU-E für eine zwölfmonatige Betriebszugehörigkeit.[1227] Auch der Sachverständige *Weidner* vom Christlichen Gewerkschaftsbund wandte Vorbehalte gegen das passive Wahlrecht des Reg-E ein, jedoch aus einem anderen Gesichtspunkt: Er war der Auffassung, dass ausländische Mitarbeiter aus den EWG-Mitgliedsstaaten selbstverständlich wählbar sein sollten. Er äußerte jedoch Bedenken, ausländischen Arbeitnehmern, die aus unterentwickelten Ländern kämen und mit dem hochindustrialisierten Deutschland nicht vertraut seien, derartige Verantwortung in den Betrieben zu übertragen.[1228] Auch der BDA-Sachverständige *Erdmann* sprach sich für eine Unterscheidung beim passiven Wahlrecht zwischen Ausländern aus EWG-Staaten und den übrigen Ländern aus.[1229] *Mertz*, Personalleiter von Bosch, lehnte ein passives Wahlrecht ausländischer Mitarbeiter vollständig ab. Er befürchtete, dass eine Repräsentation des *„gesamten Völkerpluralismus"* die praktische Betriebsratsarbeit aufgrund der Sprachschwierigkeiten enorm erschweren würde. Daher sprach er sich für den Vorschlag der CDU/CSU aus (§ 86), der die Möglichkeit vorsah, durch Betriebsvereinbarung einen Vertrauensmann für die Ausländer bestimmen zu können, der an allen Betriebsratssitzungen, die Ausländerfragen betreffen, teilnehmen können sollte.[1230]

Eine Einschränkung der Wählbarkeit von ausländischen Arbeitnehmern lehnte der 10. Ausschuss ab. Bezüglich des Alters hatte der Reg-E noch auf die Volljährigkeit des Arbeitnehmers abgestellt, die mit Vollendung des 21. Lebensjahres eintrat.[1231] Da nach Auffassung der Ausschussmitglieder Arbeitnehmer bereits ab dem 18. Lebensjahr vollständig in das Arbeitsleben integriert seien,[1232] stellte er für die passive Wahlberechtigung nach § 8 Ausschuss-E auf die aktive Wahlberechtigung in § 7 ab, die unverändert nach dem Reg-E ab dem vollendeten 18. Lebensjahr bestand. Ziel des Ausschusses war es, den Kreis der wählbaren Arbeitnehmer möglichst groß ziehen.[1233] Daher fügte er zum Kreis der Wählbaren die in Heimarbeit Beschäftigten hinzu, die in der Hauptsache für den Betrieb arbeiteten. Der Ausschuss schloss dagegen auf Empfehlung des Rechtsausschusses[1234] diejenigen von der Wählbarkeit

---

1227 Kurzprotokoll des BT-Ausschusses für Arbeit und Soziales vom 04.03.1971, Parlamentsarchiv VI/234, Bd. A 2 Lfd. Nr. 40, S. 24.

1228 *Weidner* (CGB), BT-Prot. VI/10. Aussch. 45. u. 46 Sitz. S. 66.

1229 *Erdmann* (BDA), BT-Prot. VI/10. Aussch. 45. u. 46 Sitz. S. 67.

1230 *Mertz* (Bosch), BT-Prot. VI/10. Aussch. 45. u. 46 Sitz. S. 71 f.

1231 Es fand zwar bereits länger eine Debatte über die Herabsetzung des Volljährigkeitsalters statt, da sich dies bei Wahlen positiv für die SPD ausgewirkt hätte, weigerte sich die CDU/CSU jedoch, einer solchen Herabsetzung zuzustimmen. Erst mit dem *Gesetz zur Neuregelung des Volljährigkeitsalters vom 31.07.1974* (BGBl I, S. 1713), wurde die Volljährigkeit auf die Vollendung des 18. Lebensjahres herabgesetzt.

1232 zu BT-Drs. VI/2729, S. 20.

1233 zu BT-Drs. VI/2729, S. 12, 20.

1234 Stellungnahme des BT-Rechtsausschusses vom 29./30.09.1971, Parlamentsarchiv VI/234, Bd. A 1 Lfd. Nr. 32, S. 2 f.

aus, die *„infolge eines Richterspruchs die Wählbarkeit oder die Fähigkeit, öffentliche Ämter zu bekleiden, nicht“* besitzten (§ 8 Abs. 1 Ausschuss-E).[1235]

c) Erleichterung der Betriebsratswahl

Den Vorschlag, auch dem Arbeitgeber ein Initiativrecht zur Gründung eines Betriebsrats einzuräumen, wie von der CDU/CSU beantragt[1236], da hierdurch mehr Betriebsräte als bisher gelbildet werden könnten,[1237] lehnte der Ausschuss ab. Er war der Auffassung, dass zwischen Arbeitgeber und Betriebsrat ein natürlicher Interessengegensatz bestünde und deshalb die Bildung des Betriebsrats eine eigene Angelegenheit der Arbeitnehmer sei.[1238] Zudem hatte die CDU/CSU beantragt, dass ein Vertreter der Gewerkschaften an den Sitzungen des Wahlvorstandes teilnehmen können sollte,[1239] was vom Vertreter des Christlichen Gewerkschaftsbunds *Weidner* unterstützt wurde[1240]. Auch diesem Vorschlag erteilte der Ausschuss eine Absage, um die Unabhängigkeit des Wahlvorstandes zu wahren.[1241]

Zur Wahrung der Funktionsfähigkeit des Wahlvorstandes sah § 16 Abs. 1 Ausschuss-E vor, dass bei der Bestellung des Wahlvorstandes für jedes Mitglied ein Ersatzmitglied bestimmt werden konnte.[1242] Die Anregung des Rechtsausschusses, die Beschlussfähigkeit der Betriebsversammlung zur Bestimmung des Wahlvorstands in § 17 von einem Fünftel der Belegschaft abhängig zu machen, wurde von den Mitgliedern des 10. Ausschusses abgelehnt.[1243]

Bei der BDA war man der Auffassung, dass die §§ 16 Abs. 2 und 17 Abs. 3 Reg-E, die notfalls die Beteiligung betriebsfremder im Wahlvorstand vorsahen, geändert werden müssten. Hierdurch würde dem Grundsatz der Vertretung der Interessen aller Arbeitnehmer durch den Betriebsrat möglicherweise eine nicht gewollte Beeinträchtigung angetan. Zudem würde es zu Reibungen zwischen den Gewerkschaften und den Betrieben kommen. *Erdmann* von der BDA bezweifelte, dass ein tatkräftiger Betriebsrat gewählt würde, wenn die gesamte Initiative zur Bildung des Betriebsrats von den Gewerkschaften ausging. *Erdmann* lehnte daher eine Besetzung des Wahlvorstandes durch Externe ab, begrüßte jedoch die Möglichkeit, von außen auf die Bildung eines Wahlvorstandes und damit auf die Gründung eines Betriebsrats drängen zu können. Er sprach sich jedoch nicht ausdrücklich für den § 56 CDU/CSU-E 71 aus, nach dem sich zudem die Sozialpartner auf Aufforderung

---

1235 BT-Drs. VI/2729, S. 5; zu BT-Drs. VI/2729, S. 20.
1236 Vgl. S. 203.
1237 Kurzprotokoll des BT-Ausschusses für Arbeit und Soziales vom 05.03.1971, Parlamentsarchiv VI/234, Bd. A 2 Lfd. Nr. 41, S. 7.
1238 zu BT-Drs. VI/2729, S. 10, 21.
1239 Vgl. S. 203.
1240 *Weidner* (CGB), BT-Prot. VI/10. Aussch. 45. u. 46 Sitz. S. 56.
1241 zu BT-Drs. VI/2729, S. 12, 21.
1242 BT-Drs. VI/2729, S. 9; zu BT-Drs. VI/2729, S. 21.
1243 zu BT-Drs. VI/2729, S. 21.

des Arbeitsgerichts um eine Betriebsratswahl in einem betriebsratslosen Betrieb bemühen sollten.[1244] Der Kritik an der Besetzung des Wahlvorstandes durch Externe schloss sich *Kübler* vom ZDH an und hob hervor, dass er grundsätzlich die Beteiligung der Gewerkschaften, vor allem auch deren Wahlvorschlagsrecht nach § 14 Abs. 6 Reg-E, für bedenklich halte.[1245] Hierdurch werde die Willens- und Meinungsbildung durch betriebsfremde Einflüsse beeinträchtigt. Die Regelung passe nicht zu seinem Demokratieverständnis. Auch die Mittelstandvereinigung der CDU/CSU habe in einer Ad-hoc-Kommission die Regelung als undemokratisch abgelehnt.[1246] Dem hielt *Schneider* vom DGB, der diese Vorschläge des Reg-E unterstützte, entgegen, dass durch die Besetzung des Wahlvorstandes durch Gewerkschaftsmitglieder an den Grundsätzen der Wahl nichts geändert werde. Der Betriebsrat werde weiterhin aus der Mitte der Belegschaft gewählt.[1247] Das sah auch der Sachverständige des Christlichen Gewerkschaftsbunds *Weidner* so und schlug, wie bereits in der Anhörung vom 9. Mai 1968 angeregt,[1248] zudem vor, dass die Gewerkschaften ein Wahlvorschlagsrecht ohne weitere formelle Voraussetzungen haben sollten, da sie aufgrund ihrer Stellung es sich nicht erlauben könnten, links- oder rechtsextreme Kandidaten für die Betriebsratswahl aufzustellen. Er befürchtete, dass sich bei den Mehrheitswahlen mit niedrigem Unterschriftenquorum für Wahlvorschläge links- oder rechtsextreme Kräfte durchsetzen könnten. Daher sollte gleichzeitig das Unterschriftenquorum erhöht werden; mit der Folge, dass für diejenigen, die nicht gewerkschaftlich organisiert sind, viel höhere Voraussetzungen an eine Kandidatur für die Betriebsratswahl gesetzt würden.[1249] Der Sachverständige *Stricker* äußerte sich positiv zu § 56 CDU/CSU-E, nach dem Arbeitsgerichte die Sozialpartner zu Bemühungen zur Bildung von Betriebsräten in konkreten Betrieben auffordern können sollten. *Stricker*, ein Vertreter des Landschaftsverband Westfalen, wies darauf hin, dass vor allem in kleinen und mittleren Betrieben die Bildung von Betriebsräten oft an subjektiv begründeten Vorbehalten scheitere. Hieran würde sich auch durch die Formulierungen im Reg-E nichts ändern. Er wünschte sich eine neutrale Stelle, die den Wahlvorstand einsetzen sollte und plädierte daher für die Einführung des gesamten § 56 CDU/CDU-E 71.[1250] Trotz der verschiedenen Anregungen aus der öffentlichen Sitzungen beließ der 10. Ausschuss die §§ 16 Abs. 2 und 17 Abs. 3 des Reg-E im Wesentlichen unverändert.[1251]

1244 *Erdmann* (BDA), BT-Prot. VI/10. Aussch. 45. u. 46 Sitz. S. 47, 67 f.
1245 *Kübler* (ZDH), BT-Prot. VI/10. Aussch. 45. u. 46 Sitz. S. 49.
1246 *Kübler* (ZDH), BT-Prot. VI/10. Aussch. 45. u. 46 Sitz. S. 69.
1247 *Schneider* (DGB), BT-Prot. VI/10. Aussch. 45. u. 46 Sitz. S. 63.
1248 Vgl. S. 108 ff.
1249 *Weidner* (CGB), BT-Prot. VI/10. Aussch. 45. u. 46 Sitz. S. 56.
1250 *Stricker* (Landschaftsverband Westfalen), BT-Prot. VI/10. Aussch. 45. u. 46 Sitz. S. 70.
1251 BT-Drs. VI/2729, S. 9.

5. *Organisation des Betriebsrats*

a) Größe des Betriebsrats

Neben anderen äußerte sich der BDA-Sachverständige *Erdmann* kritisch zur Vergrößerung des Betriebsrats in Großbetrieben nach § 9 Reg-E. Zielsetzung sei es wohl, durch einen größeren Betriebsrat sicherzustellen, in allen Bereichen des Betriebs vertreten zu sein. Er bezweifelte, dass dieses Ziel erreicht würde. Hierfür sei der CDU/CSU-Ansatz mit Arbeitsgruppensprechern besser geeignet. *Erdmann* riet, den Betriebsrat wegen der Praktikabilität und der Kosten nicht so umfassend zu vergrößern.[1252] Im Gegensatz dazu lobte der Sachverständige *Schneider* vom DGB, dass die Forderungen hinsichtlich der Größe von der Bundesregierung übernommen wurden. Er schlug ergänzend vor, dass der Betriebsrat entsprechend dem geltenden Recht innerhalb bestimmter Grenzen seine Größe selbst bestimmen können sollte.[1253]

Fitting erläuterte anschließend in der ersten Lesung des 10. Ausschusses die Motive des Reg-E zur Erhöhung der Zahl der Betriebsratsmitglieder. Die Ausweitung der Beteiligungsrechte des Betriebsrats und die Einfügung eigener Rechte des einzelnen Arbeitnehmers in das BetrVG könnten nur wirksam umgesetzt werden, wenn mehr Betriebsratsmitglieder als bisher gewählt würden. Außerdem habe die Expansion der Betriebe während der letzten Jahre berücksichtigt werden müssen. Die Beweglichkeit des Betriebsrats sei durch die Einführung der Delegationsmöglichkeiten in § 27 und § 28 hinsichtlich der Verwaltungsaufgaben, nicht aber der Legislativfunktion gesichert.[1254] Die CDU/CSU-Abgeordneten *Ruf*, *Kley*, *Zink* und *Wawrzik* erkannten zwar die Notwendigkeit der Betriebsratsvergrößerung an, hielten jedoch die Ausweitung im Umfang des Reg-E für nicht praktikabel. Die große Anzahl könnte zur Bildung von drei Klassen im Betriebsrat führen (Mitglieder des Betriebsausschusses, Freigestellte und Sonstige), was wiederum das Interesse der Belegschaft an der Betriebsratsarbeit schmälern könnte. Zweckmäßiger sei es, die Zahl der Betriebsratsmitglieder in kleinerem Maße zu erhöhen und Arbeitsgruppensprecher mit unterstützenden Aufgaben zu betrauen.[1255]

Wie vom Land Rheinland-Pfalz im Bundesrat beantragt,[1256] verringerte der 10. Ausschuss einstimmig die Größe des Betriebsrats gegenüber dem Reg-E. So wurde bei der Stufe 51–150 Arbeitnehmer im Gegensatz zum Reg-E und dem geltenden Recht von wahlberechtigten Arbeitnehmern ausgegangen und nicht nur von Arbeitnehmern allgemein. Erst ab der nächsten Stufe sollte es nur noch auf die Arbeitnehmereigenschaft ankommen und nicht auf die Wahlberechtigung. Außerdem

---

1252 *Erdmann* (BDA), BT-Prot. VI/10. Aussch. 45. u. 46 Sitz. S. 46, 67.

1253 *Schneider* (DGB), BT-Prot. VI/10. Aussch. 45. u. 46 Sitz. S. 50.

1254 Kurzprotokoll des BT-Ausschusses für Arbeit und Soziales vom 04.03.1971, Parlamentsarchiv VI/234, Bd. A 2 Lfd. Nr. 40, S. 25.

1255 Kurzprotokoll des BT-Ausschusses für Arbeit und Soziales vom 04.03.1971, Parlamentsarchiv VI/234, Bd. A 2 Lfd. Nr. 40, S. 25 f.

1256 Vgl. S. 227.

wurde die Größe des Betriebsrats in Großbetrieben verringert. Die Staffelung endete zwar bei 9.000 Arbeitnehmern, wurde aber nach oben linear geöffnet, so dass *„je angefangener weiterer 3.000 Arbeitnehmer"* der Betriebsrat um zwei Mitglieder ergänzt werden sollte.[1257] Hierdurch ergab sich die folgende Abweichung:

Arbeitnehmer	Reg-E	Arbeitnehmer	Ausschuss-E
1.001–1.500	15	1.001–2.000	15
1.501–2.000	17	-	-
2.001–3.000	21	2.001–3.000	19
3.001–4.000	25	3.001–4.000	23
4.001–5.000	29	4.001–5.000	27
5.001–7.000	35	5.001–7.000	29
7.001–9.000	39	7.001–9.000	31
9.001–12.000	45	9.001–12.000	33
12.001–15.000	49	12.001–15.000	35
15.001–18.000	53	15.001–18.000	37
18.001–21.000	57	18.001–21.000	39
21.001–25.000	61	21.001–24.000	41
25.001–30.000	65	24.001–27.000	43
über 30.000	71	27.001–30.000	45
–	–	30.001–33.000	47 (etc.)

Durch die Verkleinerung des Betriebsrats gegenüber dem Reg-E sollte nach Auffassung des Ausschusses die Betriebsratsarbeit erleichtert werden, da die Willensbildung in großen Gremien schwerfällig sein könne und daher nicht den Regelungsnotwendigkeiten im Betrieb entspreche. Auf der anderen Seite war im *„Interesse einer ausreichenden Betreuung der Arbeitnehmer in Großbetrieben"* keine Maximalgröße des Betriebsrats mehr vorgesehen und die Staffelung nach oben geöffnet.[1258]

Zur Gewährleistung der Kontinuität der Betriebsratsarbeit sollte beim Nachrücken von Ersatzmitgliedern in den Betriebsrat nach § 25 Ausschuss-E entsprechend § 64 Abs. 2 S. 2 CDU/CSU-E[1259] bei Erschöpfung der Liste auch auf die anderen

1257 BT-Drs. VI/2729, S. 6.
1258 zu BT-Drs. VI/2729, S. 13, 20.
1259 Vgl. S. 204.

Listen zurückgegriffen werden können. Das Ersatzmitglied sollte dann derjenigen Liste entnommen werden, auf die bei der Verhältniswahl der nächste Sitz entfallen wäre.[1260]

b) *Betriebsratsvorstand*

Klarstellend und damit im Interesse der Rechtssicherheit wurde in § 26 Abs. 3 Ausschuss-E geregelt, dass der Vorsitzende und sein Stellvertreter berechtigt sind, Erklärungen entgegenzunehmen, die gegenüber dem Betriebsrat abzugeben sind.[1261]

Der Sachverständige *Gnade* (DGB) forderte in der öffentlichen Informationssitzung des Ausschusses für Arbeit und Sozialordnung, dass auch der stellvertretende Vorsitzende des Betriebsrats von der Gesamtheit des Betriebsrats gewählt werden sollte, da er diesen auch in Abwesenheit des Vorsitzenden vertrete.[1262] Mit dieser Meinung blieb der DGB jedoch allein.

c) *Betriebsausschuss und Ausschüsse*

Der Betriebsausschuss wurde entsprechend der Anzahl der Betriebsratsmitglieder nach § 27 Ausschuss-E verringert:

Ausschuss-mitglieder	**BR-Mitglieder Reg-E**	**BR-Mitglieder Ausschuss-E**
3	9–17	9–15
5	21–29	19–23
7	35–49	27–35
9	53 und mehr	37 und mehr

Eine Umbenennung des Betriebsausschusses in Geschäftsführenden Ausschuss, wie von der CDU/CSU gefordert, lehnte der 10. Ausschuss ab. Der Begriff Betriebsausschuss habe sich eingespielt.[1263]

Der Sachverständigen *Gnade* (DGB) kritisierte zudem die Übertragung von einzelnen Aufgaben an den Betriebsausschuss und an weitere Ausschüsse zur selbständigen Erledigung nach §§ 27 und 28 des Reg-E. *Gnade* erklärte, dass hierdurch die übrigen Betriebsratsmitglieder von der Entscheidung ausgeschlossen würden.[1264]

Dagegen begrüßte die DAG, entsprechend ihrer Entwürfe, durch ihren Sachverständigen *Apel* die Möglichkeit, einzelne Aufgaben auf die Ausschüsse übertragen

1260 BT-Drs. VI/2729, S. 12; zu BT-Drs. VI/2729, S. 22.
1261 BT-Drs. VI/2729, S. 13; zu BT-Drs. VI/2729, S. 22.
1262 *Gnade* (DGB), BT-Prot. VI/10. Aussch. 45. u. 46 Sitz. S. 63.
1263 zu BT-Drs. VI/2729, S. 22.
1264 *Gnade* (DGB), BT-Prot. VI/10. Aussch. 45. u. 46 Sitz. S. 51.

zu können. Zwar war die DAG entgegen dem DGB nicht für eine Verkleinerung des Betriebsrats, man war aber der Auffassung, dass ganz gleich wie groß das Gremium sei, dieses nicht in der Lage sein würde, die Einzelfragen in seiner Gesamtheit zu bewältigen.[1265] Dem schloss sich der 10. Ausschuss trotz *Gnades* Einwand an und blieb bei dem Vorschlag des Reg-E, den sinngemäß auch die CDU/CSU bereits 1967 empfohlen hatte[1266], und der die Arbeit des Betriebsrats einerseits beschleunigen und andererseits intensivieren sollte. Nur für den Fall, dass ein Ausschuss mit einem Thema betraut wird, das nur eine Gruppe betraf und die Gruppe nur durch ein Betriebsratsmitglied vertreten ist, stellte der Ausschuss-E auf Anregung des Rechtsausschusses[1267] in Ergänzung zum Reg-E in § 28 Abs. 2 klar, dass die Aufgabe allein diesem Mitglied sollte übertragen werden können.[1268]

6. *Gesamt- und Konzernbetriebsrat, Betriebsräteversammlung*

a) *Gesamtbetriebsrat*

aa) Einrichtung

Erdmann von der Bundesvereinigung der Deutschen Arbeitgeberverbände (BDA) räumte ein, dass die obligatorische Einrichtung von Gesamtbetriebsräten viele Vorteile böte, war jedoch der Meinung, dass die Nachteile überwögen. Er führte an, dass der Gesamtbetriebsrat nicht das einzige Instrument sei, um gemeinsame Angelegenheiten der Betriebsräte und des Unternehmens zu regeln. Vielfach seien hierfür Alternativen entwickelt worden, die besser zu den Unternehmensgegebenheiten passen würden. Dem zustimmend stellte der Sachverständige *Hilbich*, Betriebsratsvorsitzender und Aufsichtsratsmitglied bei VW, eine solche Alternative vor. Dort existiere eine Arbeitsgemeinschaft der Betriebsausschüsse.[1269] Zudem könne ein Gesamtbetriebsrat nur dann effizient arbeiten, wenn die Betriebsräte hinter ihm stünden, so *Erdmann*. Deshalb sei zumindest ein Mehrheitsbeschluss der entsendenden Betriebsräte erforderlich.[1270] Auch der DGB hielt eine obligatorische Einrichtung von Gesamtbetriebsräten für nicht sachgerecht. Da der Gesamtbetriebsrat nur für solche Angelegenheiten zuständig sein sollte, die von den Betriebsräten nicht selbst geregelt werden könnten, müsse es den einzelnen Betriebsräten überlassen werden, einen Gesamtbetriebsrat zu errichten. Es solle daher beim geltenden Recht bleiben.[1271] Im Gegensatz zu diesen Stimmen befürwortete die DAG die obligatorische Bildung von Gesamtbetriebsräten. Dies sei erforderlich, um die Möglichkeit

---

1265 *Apel* (DAG), BT-Prot. VI/10. Aussch. 45. u. 46 Sitz. S. 53.

1266 Vgl. CDU/CSU-E 67, S. 95; § 67 Abs. 4 CDU/CSU-E 71.

1267 Stellungnahme des BT-Rechtsausschusses vom 29./30.09.1971, Parlamentsarchiv VI/234, Bd. A 1 Lfd. Nr. 32, S. 2 f.

1268 zu BT-Drs. VI/2729, S. 22.

1269 *Hilbich* (VW), BT-Prot. VI/10. Aussch. 45. u. 46 Sitz. S. 77.

1270 *Erdmann* (BDA), BT-Prot. VI/10. Aussch. 45. u. 46 Sitz. S. 48.

1271 *Kehrmann* (DGB), BT-Prot. VI/10. Aussch. 45. u. 46 Sitz. S. 52.

auszuschalten, dass ein sehr großer Betriebsrat am Sitz des Unternehmens mit seinem Stimmgewicht die Bildung eines Gesamtbetriebsrats verhindere und die übrigen Betriebsräte von den Verhandlungen mit der Spitze des Unternehmens ausgeschlossen werden könnten. Zudem erklärte *Apel*, dass die Verkleinerungsmöglichkeit des Gremiums erhalten bleiben müsse.[1272]

Die Mehrheit des Ausschusses hielt die obligatorische Einrichtung eines Gesamtbetriebsrats für Unternehmen mit mehreren Betrieben nach § 47 Abs. 1 Reg-E für sachgerecht, da wichtige Entscheidungen allein auf Unternehmensebene getroffen würden. Dies entgegen dem Antrag der CDU/CSU[1273], nach dem der Gesamtbetriebsrat auf Antrag des Arbeitgebers oder eines Betriebsrats gebildet werden sollte.[1274] Hiergegen hatte *Kehrmann* vom DGB in der öffentlichen Sitzung des 10. Ausschusses eingewendet, dass, wie der Betriebsrat auch, der Gesamtbetriebsrat eine Einrichtung der Arbeitnehmer sei und nicht des Arbeitgebers.[1275] Auch der 10. Ausschuss hielt ein Antragsrecht des Arbeitgebers zur Bildung eines Gesamtbetriebsrats für systemwidrig.[1276]

bb) Größe

Neben dem DGB forderte auch der Personalleiter von Bosch in der öffentlichen Informationssitzung, dass der Gesamtbetriebsrat verkleinert und dessen Größe begrenzt werden müsse. Bei Bosch habe man derzeit 23 Gesamtbetriebsratsmitglieder und hätte nach dem Reg-E künftig 65. Ein derart großes Gremium sei nicht arbeitsfähig und die Regelung des § 79 CDU/CSU-E 71 daher vorzuziehen.[1277]

Wie bereits von der CDU/CSU 1967[1278] vorgeschlagen, sah der Ausschuss-E im Interesse der Arbeitsfähigkeit und aufgrund der besonderen Funktion des Gesamtbetriebsrats nun nach einem neuen § 47 Abs. 5 eine Begrenzung der Gesamtbetriebsratsmitglieder auf 40 vor.[1279] Entgegen dem CDU/CSU-E sollten jedoch nicht die entsendeten Gesamtbetriebsratsmitglieder den 40köpfigen Gesamtbetriebsrat wählen, sondern es sollte eine Betriebsvereinbarung zwischen Gesamtbetriebsrat und Arbeitgeber zur Besetzung des Gesamtbetriebsrats geschlossen werden, die notfalls über eine Einigungsstelle erzwungen werden kann (neuer Abs. 6).

1272 *Apel* (DAG), BT-Prot. VI/10. Aussch. 45. u. 46 Sitz. S. 53.

1273 Ursprünglich Vorschlag des CSU-E, vgl. S. Gesamt- und Konzernbetriebsrat155.

1274 zu BT-Drs. VI/2729, S. 13, zu BT-Drs. VI/2729, S. 25.

1275 *Kehrmann* (DGB), BT-Prot. VI/10. Aussch. 45. u. 46 Sitz. S. 65.

1276 zu BT-Drs. VI/2729, S. 25.

1277 *Mertz* (Bosch), BT-Prot. VI/10. Aussch. 45. u. 46 Sitz. S. 72.

1278 Vgl. S. 96; wobei der CDU/CSU-E 67 noch eine Deckelung bei 25 und der CDU/CSU-E 71 bei 40 Betriebsratsmitgliedern vorsah, was dem CSU-E entsprach, vgl. S. 155.

1279 zu BT-Drs. VI/2729, S. 25.

Ebenfalls an den § 79 Abs. 3 CDU/CSU-E 71 angelehnt und der Flexibilisierung dienend[1280] sollte ganz allgemein, also auch bei kleineren Gesamtbetriebsräten, die Mitgliederzahl durch Betriebsvereinbarung oder Tarifvertrag vereinbart werden können (neuer Abs. 4).

In Abs. 7 (vorher Abs. 4) und Abs. 8 passte der 10. Ausschuss die Stimmverteilung auf die entsandten Betriebsratsmitglieder auf Grund der in Abs. 4 bis 6 vorgesehenen Möglichkeiten der Zusammensetzung bzw. Größe des Gesamtbetriebsrat an und regelte diese neu.[1281]

Zudem sollte nach § 52 Ausschuss-E auch der Hauptvertrauensmann unabhängig von der Frage der Betroffenheit der Schwerbeschädigten an allen Gesamtbetriebsratssitzungen teilnehmen können, wie von den Bundesratsausschüssen empfohlen[1282] und von den Sachverständigen des VdK und des Reichsbunds gefordert[1283].

Da die Größe des Gesamtbetriebsratsausschusses beibehalten wurde, musste die Staffelung entsprechend angepasst werden. Ab 36 Gesamtbetriebsratsmitgliedern bestand der Gesamtbetriebsratsausschuss nach § 51 Abs. 1 Ausschuss-E aus neun Ausschussmitgliedern zuzüglich seines Vorstands. Nach dem Reg-E wäre diese Maximalgröße erst ab 53 Gesamtbetriebsratsmitgliedern erreicht worden.

Vom 10. Ausschuss nicht beachtet wurden die Vorschläge von *Kehrmann* (DGB), die Mitglieder des Gesamtbetriebsrats von ihrer Arbeit dauerhaft freizustellen[1284] und von *Weidner* (CGB), den Gesamtbetriebsrat gemeinsam mit dem Betriebsrat in einer Urwahl zu wählen.[1285]

b) Konzernbetriebsrat

Auch von den Regelungen zur Mitgliederzahl des Konzernbetriebsrats sollte nach § 55 Abs. 4 Ausschuss-E durch Betriebsvereinbarung oder Tarifvertrag abgewichen werden können.[1286]

c) Betriebsräteversammlung

Für die Abhaltung einer Betriebsräteversammlung genügt es nach Auffassung des 10. Ausschusses, dass sich nur die Vorsitzenden, ihre Stellvertreter und die übrigen Mitglieder der Betriebsausschüsse der Betriebsräte versammeln und nicht sämtliche Betriebsratsmitglieder.[1287] Den Antrag der Unionsfraktion, die Betriebsräteversammlung auf den Vorsitzenden und seinen Stellvertreter zu reduzieren,

---

1280 zu BT-Drs. VI/2729, S. 13, 25.
1281 BT-Drs. VI/2729, S. 22 f; zu BT-Drs. VI/2729, S. 25.
1282 Vgl. Empfehlungen des Bundesrats, S. 223.
1283 *Dauhs* (Reichsbund), BT-Prot. VI/10. Aussch. 45. u. 46 Sitz. S. 69; *Brümmendorf* (VdK), BT-Prot. VI/10. Aussch. 45. u. 46 Sitz. S. 70.
1284 *Kehrmann* (DGB), BT-Prot. VI/10. Aussch. 45. u. 46 Sitz. S. 53.
1285 *Weidner* (CGB), BT-Prot. VI/10. Aussch. 45. u. 46 Sitz. S. 56.
1286 BT-Drs. VI/2729, S. 26.
1287 BT-Drs. VI/2729, S. 25.

lehnte der Ausschuss mit der Koalitionsmehrheit ab, überarbeitete die Regelung aber dahingehend, dass der Betriebsrat auch andere Betriebsratsmitglieder entsenden kann, begrenzte jedoch die Anzahl (§ 53 Abs. 1 Ausschuss-E). Zudem hat nach dem Ausschuss-E der Unternehmer nicht nur über die Lage und die Entwicklung des Unternehmens zu berichten, sondern auch über das Personal- und Sozialwesen (Abs. 2 Nr. 2).[1288] Hiermit folgte der 10. Ausschuss einem Vorschlag des CDU/CSU-E[1289].

7. Arbeitnehmerrechte

Lischke vom DGB begrüßte die Einräumung von Rechten zugunsten des einzelnen Arbeitnehmers, kritisierte jedoch auch die Systemwidrigkeit der Regelungen im BetrVG. Zudem sei man beim DGB der Ansicht, dass die Arbeitnehmer immer noch am besten durch den Betriebsrat vertreten würden. Im überwiegenden Teil seiner Redezeit führte *Lischke* aus, dass diese Rechte den Arbeitnehmern ohnehin bereits nach der Rechtsprechung zustünden und kritisierte, dass die im CDU/CSU-E zugestandenen Rechte nicht durchsetzbar seien.[1290] Dem schloss sich *Apel* an, sah aber im Gegensatz zum DGB das BetrVG als den richtigen Ort für die *„Grundrechte"* des einzelnen Arbeitnehmers an. Das Gesetz weise eine gewisse Parallelität zu anderen Verfassungen auf. Zudem wies er darauf hin, dass der Reg-E durch einige Regelungen des CDU/CSU-E 71 ergänzt werden müsse.[1291] Auch *Eichler* von der BDA stellte mit Befriedigung fest, dass beide Entwürfe eine Ausweitung der Individualrechte vorsehen und schloss sich der Auffassung *Apels* an, dass das BetrVG auch der richtige Ort für die Verbriefung dieser Rechte sei. Den Weg über die Einigungsstelle hielt *Eichler* jedoch für zu weitreichend und folgte daher dem CDU/CSU-E 71. Man sollte nicht einen *„entfernt verwandten Onkel"* zur Regelung *„familieninterner Auseinandersetzungen"* hinzuziehen. Im Übrigen äußerten sich die Sachverständigen im Wesentlichen positiv über die Regelung der Rechte des Arbeitnehmers im BetrVG. Dabei bestand überwiegend Konsens darüber, dass der Entwurf der CDU/CSU umfassender und übersichtlicher sei, jedoch keine Durchsetzungsmöglichkeiten vorsehe.

Fitting leugnete den Anspruchscharakter der in den §§ 1–17 CDU/CSU-E vorgeschlagenen Rechte in der ersten Lesung des 10. Ausschusses nicht. Jedoch werde die bisher geltende Systematik aufgegeben. Statt die Rechte des Einzelnen arbeitsvertraglich zu regeln, würden sie nach dem CDU/CSU-E auf die betriebliche Ebene verlagert. Würde man dem folgen, so müssten auch die anderen Individualrechte auf die betriebliche Eben verlagert werden. Diese Entscheidung sollte der Kodifizierung des Individualarbeitsrechts vorbehalten bleiben. Die im Reg-E enthaltenen Individualrechte würden nach Meinung der Bundesregierung systematischer und zweckmäßiger mit Hilfe von kollektivrechtlichen Methoden, also durch die Organe

1288 BT-Drs. VI/2729, S. 25.
1289 Vgl. S. 210.
1290 *Lischke* (DGB), BT-Prot. VI/10. Aussch. 45. u. 46 Sitz. S. 99 f.
1291 *Apel* (DAG), BT-Prot. VI/10. Aussch. 45. u. 46 Sitz. S. 100 f.

der Betriebsverfassung und betriebsverfassungsrechtliches Handeln, verwirklicht. Im Übrigen sei zweifelhaft, ob und wie der einzelne Arbeitnehmer gerichtlich die ihm nach dem Entwurf der CDU/CSU zustehenden Rechte durchsetzen solle.[1292]

Während die CDU/CSU die Rechte der Arbeitnehmer als Grundrechte in ihrem Gesetzesentwurf bezeichnete und viele der Sachverständigen dies befürworteten, hielt die Mehrheit im 10. Ausschuss dies für rechtssystematisch falsch. Im BetrVG sollten nicht die Rechte einzelner Arbeitnehmer im Vordergrund stehen, sondern das Verhältnis von Arbeitnehmerschaft und Arbeitgeber und demnach die Interessen des Betriebs. Daher sollten einzelne Arbeitnehmerrechte auch nur im BetrVG verankert werden, soweit sie einen betrieblich kollektiven Bezug haben. Die einzelnen Arbeitnehmerrechte, die auch der Unionsentwurf enthielt, sollten vielmehr der Sachverständigenkommission zur Vorbereitung eines Deutschen Arbeitsgesetzbuches[1293] zugeleitet und vorbehalten werden. Im Ergebnis schloss sich daher die Mehrheit des 10. Ausschusses dem systematischeren Entwurf der Bundesregierung an;[1294] sie nahm im Bereich der Arbeitnehmerrechte nur eine geringfügige Änderung vor und kam hiermit einer Empfehlung des Bundesrats nach: Bei der Geltendmachung der Rechte des Arbeitnehmers zur Erläuterung der Entgeltzusammensetzung, zur Leistungsbeurteilung und zur Erörterung der beruflichen Entwicklung sollte nach dem Ausschuss-E ein hinzugezogenes Betriebsratsmitglied, wie bei dem Recht zur Einsichtnahme in die Personalakte, grundsätzlich zum Stillschweigen verpflichtet sein, soweit der Arbeitnehmer das Betriebsratsmitglied von der Schweigepflicht nicht entbunden hat (§ 82 Abs. 2 Ausschuss-E).[1295]

8. Arbeitsgruppen und Arbeitsgruppensprecher

Während der Reg-E in § 3 Abs. 1 Nr. 1 nur eine Tariföffnungsklausel für die Bildung zusätzlicher betriebsverfassungsrechtlicher Vertretungen bestimmter Beschäftigungsarten oder Arbeitsbereiche vorsah, enthielt der CDU/CSU-E[1296] für das Betriebsverfassungsgesetz selbst eine Regelung, die die Bildung von Arbeitsgruppen und die Wahl von Arbeitsgruppensprechern ermöglichte. Der Sachverständige *Erdmann* der BDA begrüßte die Möglichkeit zur Einrichtung von Arbeitsgruppensprechern,[1297] die auch im BDA-E enthalten waren. *Radke* vom DGB wunderte sich zunächst über den Ursprung und die Entwicklung der Idee der Arbeitsgruppensprecher. Schließlich käme der Vorschlag von einer anarchisch-syndikalistischen Gruppierung und war nun in die letzten Entwürfe von BDA und CDU/CSU eingebaut worden. Er unterstellte, dass man im Unternehmerlager diese Idee unterstütze, um

1292 Kurzprotokoll des BT-Ausschusses für Arbeit und Soziales vom 12.03.1971, Parlamentsarchiv VI/234, Bd. A 2 Lfd. Nr. 43, S. 5.

1293 Ein Gesetzesvorhaben, das leider nicht umgesetzt wurde.

1294 zu BT-Drs. VI/2729, S. 9.

1295 BT-Drs. VI/2729, S. 37.

1296 Vgl. S. 205; ursprünglicher Vorschlag des CSU-E, vgl. S. 157.

1297 *Erdmann* (BDA), BT-Prot. VI/10. Aussch. 45. u. 46 Sitz. S. 67.

einerseits eine Konkurrenz zum Betriebsrat und andererseits, um ein *„Zuständigkeitswirrwarr"* zu erzeugen. Denn nach dem Entwurf der CDU/CSU konnte sich der Arbeitnehmer mit seiner Beschwerde nun an den Betriebsrat, an den Arbeitgeber direkt und auch an den Arbeitsgruppensprecher wenden. Da hierdurch der Arbeitgeber in die Lage versetzt werde, die Vertretungen gegeneinander auszuspielen, riet er dazu, nur eine Repräsentanz der Arbeitnehmer einzurichten.[1298]

Die DAG hatte einen Mittelweg zwischen dem Reg-E und dem CDU/CSU-E 71 vorgeschlagen, nach dem Arbeitsgruppen und Arbeitsgruppensprecher durch Tarifvertrag, aber auch durch Betriebsvereinbarung eingeführt werden können. In der öffentlichen Sitzung des 10. Ausschusses räumte *Apel* aber ein, dass ihn die soziologischen Erläuterungen *Radkes* sehr beeindruckt und nachdenklich gemacht hätten. Er wolle von seinem Recht Gebrauch machen, klüger zu werden und bat darum, sich anschließend schriftlich zu der Frage nochmals äußern zu dürfen.[1299]

Den Befürchtungen von *Fitting*, nach denen die Arbeitsgruppen Raum für Extreme schaffen könnten, entgegneten die Unionsabgeordneten *Ruf*, *Franke* und *Müller* (Berlin) im 10. Ausschuss in erster Lesung, Vorteil der Arbeitsgruppen (gegenüber den obligatorischen Abteilungsversammlungen) sei die bessere Integration der Arbeitnehmer in die Betriebsverfassung. Ihre Fraktion habe bewusst das Risiko in Kauf genommen, dass in kleineren Bereichen auch Extreme tätig würden. Die enge Verzahnung der Arbeitsgruppensprecher mit dem Betriebsrat und die Leitung der Sprecherversammlung durch den Vorsitzenden des Betriebsrats seien ein entsprechendes Regulativ.[1300] Dem folgend war die Mehrheit im 10. Ausschuss der Auffassung, dass die Bildung einer Arbeitsgruppenvertretung den Arbeitnehmern Vorteile bringe. Im Ergebnis sprach sich der Ausschuss jedoch für den Reg-E aus, da die Regelung bei unterschiedlichen betrieblichen Gegebenheiten in den verschiedenen Wirtschaftszweigen flexibler sei.[1301]

9. Gruppen- und Minderheitenschutz

Der Sachverständige *Gnade* des DGB beanstandete in der öffentlichen Informationssitzung die extreme Ausdehnung der Gruppenrechte in den beiden dem 10. Ausschuss vorliegenden Entwürfen. Dies würde zu einer Spaltung und Schwächung der Betriebsräte führen. Diese Aufspaltung der Gruppen, die in noch extremerer Form im BRG 1920 enthalten war,[1302] sei erfreulicherweise im BetrVG 1952 nicht übernommen worden. Aufgrund der soziologischen Entwicklung sei eine solche Differenzierung zwischen Arbeitern und Angestellten nicht mehr zeitgemäß. Die Annährung hätte auch schon in anderen Gesetzen wie dem Lohnfortzahlungsgesetz

1298 *Radke* (DGB), BT-Prot. VI/10. Aussch. 45. u. 46 Sitz. S. 142.
1299 *Apel* (DAG), BT-Prot. VI/10. Aussch. 45. u. 46 Sitz. S. 144 f.
1300 Kurzprotokoll des BT-Ausschusses für Arbeit und Soziales vom 11.03.1971, Parlamentsarchiv VI/234, Bd. A 2 Lfd. Nr. 42, S. 13.
1301 zu BT-Drs. VI/2729, S. 15.
1302 Das BRG 1920 sah die Wahl von Gruppenräten vor. Vgl. S. 31.

seinen Niederschlag gefunden.[1303] *Apel* von der DAG hielt dem entgegen, dass der DGB die einzige Organisation sei, die einen Abbau der Gruppenrechte fordere und verwies auch auf die Entwürfe aus der fünften Legislaturperiode, die allesamt an den Gruppenrechten festhielten und sich überwiegend sogar für deren Ausweitung aussprachen. Auch die BDA hätte in ihrem letzten Entwurf die Bestimmungen des Reg-E übernommen.[1304] Das bestätigte *Erdmann* von der BDA, der zwar für einen Ausbau der Gruppenrechte eintrat, jedoch nicht in dem Rahmen, wie von der CDU/CSU verfolgt.[1305]

In sämtlichen Bereichen, in denen eine Differenzierung zwischen den Gruppen vorgesehen war, stritten vor allem der DGB und die DAG in der öffentlichen Informationssitzung des Ausschusses für Arbeit und Sozialordnung am 24. und 25. Februar 1971 über deren Berechtigung. So kritisierte beispielhaft der Sachverständige *Schneider* vom DGB die von der CDU/CSU[1306] geforderte Herabsetzung des Quorums für Wahlvorschläge von einem Zehntel auf ein Zwanzigstel. Hingegen verteidigte er den CDU/CSU-E, der die Wahl eines Vertreters der anderen Gruppe am Vorschlag und nicht an der Wahl festmachte.[1307] Der Reg-E hatte jedoch trotz der bereits 1967 geäußerten Vorschläge von DGB und CDU/CSU[1308] weiterhin auf die Wahl abgestellt und nicht auf den Vorschlag. Dies beschränke die Möglichkeit, einen Vertreter der anderen Gruppe als eigenen zu wählen auf die getrennte Wahl in Gruppen.

Schließlich kritisierte *Schneider*, dass man nicht dem Vorschlag des DGB[1309] gefolgt sei, grundsätzlich von einer gemeinsamen Wahl auszugehen, sondern an dem Grundsatz der Wahl nach Gruppen in § 14 Abs. 2 Reg-E festhalte. Er nannte einige Zahlen, die belegen, dass ohnehin in der Mehrzahl der Betriebe eine gemeinsame Wahl bereits stattfände. Die Mehrheitswahl ermögliche dem Wähler eine echte Personenauswahl. Sie hätte zudem den Vorzug, dass die Wähler gleichgültig, ob sie Arbeiter oder Angestellte seien, auf die Zusammensetzung des gesamten Betriebsrats Einfluss nehmen könnten. Dies sei auch gerechtfertigt, weil im Nachhinein im Betriebsrat alle Mitglieder über die Angelegenheiten aller gemeinsam entscheiden würden. Deshalb lehnte *Schneider* auch die Erschwerung der gemeinsamen Wahl durch das Erfordernis der Stimmen aller Gruppenmitglieder und nicht nur der Anwesenden ab, wie es die Entwürfe der CDU/CSU vorsahen[1310]. Eine Regelung, die *Apel* begrüßte. Von einem gesetzlichen Regelfall dürfe nicht durch die Minderheit einer Minderheit abgewichen werden. Nach der Rechtsprechung des BAG[1311] sei es möglich, dass weniger als ein Viertel der Minderheitengruppe, Stimmenenthaltungen

---

1303 *Gnade* (DGB), BT-Prot. VI/10. Aussch. 45. u. 46 Sitz. S. 51.
1304 *Apel* (DAG), BT-Prot. VI/10. Aussch. 45. u. 46 Sitz. S. 53.
1305 *Erdmann* (BDA), BT-Prot. VI/10. Aussch. 45. u. 46 Sitz. S. 67.
1306 § 53 Abs. 4 CDU/CSU-E 71; vgl. auch CDU/CSU-E 67, S. 98.
1307 *Schneider* (DGB), BT-Prot. VI/10. Aussch. 45. u. 46 Sitz. S. 50.
1308 Vgl. DGB-E 67, S. 80; CDU/CSU-E 67, S. 98; § 51 Abs. 2 CDU/CSU-E 71.
1309 Vgl. S. 79.
1310 § 53 Abs. 2 CDU/CSU-E 71; Vgl. CDU/CSU-E 67, S. 97.
1311 Vgl. Fn. 532.

vorausgesetzt, für einen Beschluss zur Abweichung vom Regelfall genügten.[1312] Diesen und auch die übrigen Vorschläge der CDU/CSU-Fraktion für einen weiteren Ausbau des Minderheitenschutzes lehnte die Mehrheit des Ausschusses *„als Überspitzung des Gruppenschutzgedankens ab. So würde z.B. der Antrag der Opposition die Durchführung der gemeinsamen Wahl praktisch unmöglich machen, wenn sich hierfür die Mehrheit der wahlberechtigten Arbeitnehmer beider Gruppen aussprechen müßte und nicht mehr nach den von der Rechtsprechung entwickelten Grundsätzen die Mehrheit der jeweils abgegebenen Stimmen ausschlaggebend sein soll."*[1313]

Nur eine Änderung nahm der Ausschuss trotz des Einsatzes von BDA und DAG im Bereich der Gruppenrechte vor, und auch hierbei handelte es sich nur um eine redaktionelle Änderung, denn aufgrund der Verringerung der Anzahl der Betriebsratsmitglieder musste zur Wahrung des Verhältnisses auch die Anzahl der Vertreter der Minderheitengruppen verringert werden. Es ergab sich die folgende Abweichung:

Gruppenangehörige	**Reg-E**	**Arbeitnehmer**	**Ausschuss-E**
51–200	2	51–200	2
201–500	3	201–600	3
501–900	4	601–1.000	4
901–2.000	5	1.001–3.000	5
2.001–4.000	6	3.001–5.000	6
4.001–8.000	7	5.001–9.000	7
8.001–13.000	8	9.001–15.000	8
13.001–19.000	9	über 15.000	9
19.001–25.000	10	-	-
über 25.000	11	-	-

Für Betriebe, in denen der Betriebsrat nur aus einer Person besteht, verschlechterte der Ausschuss-E das Recht der Minderheitengruppe. Nach § 14 Abs. 3 Reg-E entsprechend der aktuellen Rechtslage wurde der sog. Betriebsobmann mit einfacher Stimmenmehrheit gewählt. Da dies zur Folge hat, dass unter Umständen der Vertreter der Minderheitengruppe die zweitmeisten Stimmen auf sich vereinen kann und damit Ersatzmitglied wird, sah der Ausschuss-E in einem neuen Abs. 3a vor, dass in diesem Fall der Ersatzmann in einem getrennten Wahlgang zu wählen ist, in dem die Mehrheitsverhältnisse wieder hergestellt wären. Dies galt zwar auch für die Wahl des einzigen Vertreters einer Gruppe, über dessen Ersatzmann dann die

1312 *Apel* (DAG), BT-Prot. VI/10. Aussch. 45. u. 46 Sitz. S. 54.
1313 zu BT-Drs. VI/2729, S. 14.

Gruppe auch einen gesonderten Wahlgang durchführen sollte, das vordergründige Ziel war jedoch die Vermeidung eines Ersatzmannes, der der Minderheitengruppe angehört. Der 10. Ausschuss begründete dies damit, dass so sichergestellt werde, dass auch der Ersatzmann von dem Vertrauen der Mehrheit der Arbeitnehmer bzw. der Gruppenangehörigen getragen sei.[1314]

10. Schutz und Arbeitsbedingungen von Funktionsträgern

a) Freistellung von der betrieblichen Tätigkeit

Erdmann von der BDA erklärte, dass der Reg-E bei der Freistellung von der betrieblichen Tätigkeit über das Ziel hinaus schieße. Man habe aus den Unternehmen erfahren, dass dies teilweise zu einer Verdopplung oder sogar Verdreifachung der Anzahl der Freistellungen führe.[1315] Auch hier schloss sich *Kübler Erdmann* an. Zudem bezeichnete er den Gesetzentwurf als sehr perfektionistisch, wenn man die Freistellungen bei kleineren Betrieben schon für einige Stunden regelt, was er für nicht erforderlich hielt,[1316] eine Argumentation, die auch Unionsabgeordnete in der ersten Lesung im 10. Ausschuss vorbrachten; dies könne in manchen Klein- und Mittelbetrieben eine Einengung der Betriebsratstätigkeit gegenüber der jetzigen Situation auslösen.[1317] Dieser Meinung war auch *Stricker* vom Landschaftsverband Westfalen. Er argumentierte, dass die Regelung etwaige Probleme nicht beseitigen würde und die Betriebsräte in Doppelfunktion in kleineren Betrieben aufgrund ihrer teilweisen Freistellung ohnehin immer unter Beobachtung stünden.[1318] Dem hielt *Uellendahl*, Betriebsratsvorsitzender bei Wilkensen-Sword, entgegen, dass in kleineren Betrieben die Betriebsräte nicht die Stärke hätten um eine angemessene Freistellung durchzusetzen.[1319]

Der 10. Ausschuss überarbeitete die §§ 37 und 38 des Reg-E, wobei inhaltlich viel unverändert, aber auch an manchen Stellen die Rechte des Betriebsrats noch gestärkt wurden. Klargestellt werden sollte, dass es sich bei § 37 Abs. 2 um einen allgemeinen Freistellungsanspruch z. B. für Betriebsratssitzungen handelt, der von der ständigen Freistellung aus § 38 Abs. 1 zu unterscheiden ist.[1320]

Zudem wurde in Abs. 3 festgelegt, dass der Arbeitszeitausgleich für die Betriebsratstätigkeit außerhalb der Arbeitszeit binnen einem Monat nach Entstehung des

---

1314 zu BT-Drs. VI/2729, S. 20.

1315 *Erdmann* (BDA), BT-Prot. VI/10. Aussch. 45. u. 46 Sitz. S. 47.

1316 *Kübler* (ZDH), BT-Prot. VI/10. Aussch. 45. u. 46 Sitz. S. 49.

1317 Kurzprotokoll des BT-Ausschusses für Arbeit und Soziales vom 11.03.1971, Parlamentsarchiv VI/234, Bd. A 2 Lfd. Nr. 42, S. 8.

1318 *Stricker* (Landschaftsverband Westfalen), BT-Prot. VI/10. Aussch. 45. u. 46 Sitz. S. 70

1319 *Uellendahl* (Wilkensen-Sword), BT-Prot. VI/10. Aussch. 45. u. 46 Sitz. S. 76.

1320 BT-Drs. VI/2729, S. 16.

Anspruchs gewährt und, falls aus betriebsbedingten Gründen nicht möglich, wie Mehrarbeit vergütet werden müsse.[1321]

Während der Reg-E entgegen den Entwürfen von DGB und SPD 68 bei seiner Staffelung der freizustellenden Betriebsratsmitglieder nicht von einer Mindestanzahl ausging, kehrte der Ausschuss zur Mindestanzahl in § 38 Abs. 1 S. 1 zurück. Dabei änderte der Ausschuss auch die Staffelung und verzichtete darauf, Freistellungen für gewisse Arbeitsstunden aufzunehmen.

b) Freistellung zum Zwecke der Schulung

Der BDA waren die Freistellungsansprüche für Schulungen nach dem Reg-E zu weitreichend. Zudem sollte bei der Erforderlichkeit auch auf den Wissensstand und den Aufgabenbereich des Betriebsratsmitglieds abgestellt werden.[1322] Im Gegensatz dazu begrüßte der DGB diese Regelungen. Deren Sachverständiger *Gnade* wies jedoch darauf hin, dass klagestellt werden müsse, dass die Freistellungen aus § 37 Abs. 3 und Abs. 4 Reg-E verschiedene Dinge zum Gegenstand hätten.[1323] Hinsichtlich der Schulung von Betriebsratsmitgliedern vertrat der Ausschuss einstimmig die Auffassung, dass *„wegen den quantitativ und qualitativ wachsenden Aufgaben des Betriebsrates die Qualifikation der Betriebsratsmitglieder gefördert werden“* müsse. Denn *„nur solche Betriebsratsmitglieder, die über ein ausreichendes Maß an sozialpolitischen, wirtschaftlichen, rechtlichen und technischen Kenntnissen verfügen“*, könnten *„ihr Amt sach- und fachgerecht ausüben.“*[1324] Daher beließ der Ausschuss es bei dem Freistellungsumfang und verlängerte diesen sogar, entsprechend dem Vorschlag aus § 78 Abs. 1 CDU/CSU-E 71, den auch *Apel* unterstützt hatte[1325], für erstmalige Betriebsratsmitglieder um eine Woche. Zudem wurde der allgemeine Schulungsanspruch, wie von den Sachverständigen gefordert, klarer vom für die Betriebsratsarbeit erforderlichen Schulungsanspruch abgegrenzt.

c) Sprechstunden und Freizeitausgleich für Betriebsratstätigkeiten

Neben dem Perfektionismus bei der Regelung der Freistellungen in kleineren Betrieben hielt *Kübler* vom ZDH auch den Reg-E zur Neuregelung der Sprechstunden für nicht erforderlich. Man sollte beim geltenden Recht bleiben, in kleineren Betrieben brauche man keine Sprechstunden.[1326] Der Einwand blieb ungehört. Die Ausschussmitglieder debattierten in der ersten Lesung vielmehr über die Notwendigkeit von festen Sprechstunden, die die Regierungsmehrheit entsprechend dem Reg-E durchsetzte. Die Unionsabgeordneten *Berding, Horten* und *Franke* wiesen darauf hin, dass feste Sprechstunden in Kleinbetrieben, insbesondere im Handwerk störend seien.

1321 BT-Drs. VI/2729, S. 17.
1322 *Erdmann* (BDA), BT-Prot. VI/10. Aussch. 45. u. 46 Sitz. S. 47.
1323 *Gnade* (DGB), BT-Prot. VI/10. Aussch. 45. u. 46 Sitz. S. 51.
1324 zu BT-Drs. VI/2729, S. 14.
1325 *Apel* (DAG), BT-Prot. VI/10. Aussch. 45. u. 46 Sitz. S. 55.
1326 *Kübler* (ZDH), BT-Prot. VI/10. Aussch. 45. u. 46 Sitz. S. 49.

Im Interesse der Arbeitnehmer seien frei zu vereinbarende Besprechungstermine eine flexiblere und sachgerechtere Lösung.[1327]

d) Schutz vor Nachteilen in der beruflichen Entwicklung

Während der Reg-E in § 37 Regelungen zum Schutz vor Nachteilen in der beruflichen Entwicklung nur für die dauerhaft freigestellten Betriebsratsmitglieder vorsah, wurde in § 37 Abs. 4 des Ausschuss-E auch die Höhe des Arbeitsentgelts der übrigen Betriebsratsmitglieder bis ein Jahr nach der Beendigung des Betriebsratsamtes gesichert und an die betriebsübliche Entwicklung gekoppelt. Dasselbe galt nach Abs. 5 auch für die Tätigkeiten, mit denen das (ehemalige) Betriebsratsmitglied beschäftigt wird.[1328]

Zudem habe die Erfahrung, so der Ausschussbericht, gezeigt, dass trotz des Benachteiligungsverbots dauerhaft freigestellte Betriebsratsmitglieder beruflich und einkommensmäßig hinter ihren vergleichbaren Kollegen zurücklägen.[1329] Daher verlängerte der Ausschuss diesen Schutz und auch die Möglichkeit der Nachholung der betriebsüblichen Entwicklung im Falle der Ableistung von drei vollen aufeinanderfolgenden Amtsperioden auf zwei Jahre (§ 38 Abs. 3 u. 4 Ausschuss-E).[1330]

e) Kündigungsschutz

In Sachen nachwirkender Kündigungsschutz erinnerte *Apel* vergeblich an den Vorschlag der DAG, den nachwirkenden Kündigungsschutz über ein Jahr hinaus auszudehnen, wenn es sich um langjährige Betriebsratsmitglieder handelt. Nach sechsjähriger Betriebsratszugehörigkeit solle der nachwirkende Kündigungsschutz drei Jahre betragen und nach neun Jahren Betriebsratszugehörigkeit fünf Jahre.[1331]

f) Sanktionen gegen den Arbeitgeber

Die Möglichkeit des Betriebsrats oder einer im Betrieb vertretenen Gewerkschaft aus § 23 Abs. 3 Reg-E den Arbeitgeber bei Verstößen gegen das BetrVG durch Antrag beim Arbeitsgericht zur Unterlassung zu verpflichten,[1332] sollte nach dem Ausschuss-E auch die Fälle zur Duldung der Vornahme einer Handlung und zur Vornahme einer Handlung umfassen, da sich nicht alle Pflichten des Arbeitgebers aus dem BetrVG auf ein Unterlassen beschränken würden.[1333] Ziel war die Vermeidung einer unnötigen Rechtszersplitterung und daher eine terminologische Annährung

---

1327 Kurzprotokoll des BT-Ausschusses für Arbeit und Soziales vom 11.03.1971, Parlamentsarchiv VI/234, Bd. A 2 Lfd. Nr. 42, S. 10.

1328 BT-Drs. VI/2729, S. 17.

1329 zu BT-Drs. VI/2729, S. 15.

1330 BT-Drs. VI/2729, S. 19.

1331 *Apel* (DAG), BT-Prot. VI/10. Aussch. 45. u. 46 Sitz. S. 139.

1332 Vgl. S. 187.

1333 BT-Drs. VI/2729, S. 11.

an die Zwangsvollstreckungsregelung der ZPO. Den Antrag der CDU/CSU, Abs. 3 zu streichen, da derartige Maßnahmen zweckmäßiger im Verfahrensrecht zu regeln seien, lehnte der 10. Ausschuss ab. Im Hinblick auf die Sanktionsregelungen des Arbeitsgebers gegen den Betriebsrat in § 23 Abs. 1 diene Abs. 3 der *„Gleichgewichtigkeit“*.[1334]

Unberücksichtigt blieb der Vorschlag des BDA-Sachverständigen *Erdmann*, dieses Antragsrecht nur dem Betriebsrat und nicht auch den Gewerkschaften einzuräumen. *Erdmann* begründete dies damit, dass es sich bei solchen Streitigkeiten um betriebsinterne Angelegenheiten handle.[1335] Dem hielt der DGB-Sachverständige *Schneider* entgegen, dass das Antragsrecht der Gewerkschaften aufgrund der Doppelfunktion der Betriebsratsmitglieder – Arbeitnehmer und Arbeitnehmervertreter – wichtig sei, denn so könnten diese aus der Schusslinie gehalten und das Antragsrecht von den Gewerkschaften wahrgenommen werden.[1336]

11. Betriebs- und Abteilungsversammlungen

Fitting erläuterte gegenüber dem 10. Ausschuss in der ersten Lesung, dass die neu eingeführte Abteilungsversammlung der besseren Kommunikation zwischen Betriebsrat und Arbeitnehmern dienen solle. Während der Reg-E diese zwingend vorschreibe, gebe der CDU/CSU-E hierzu nur die Möglichkeit.[1337]

Erdmann von der BDA hatte in der öffentlichen Anhörung, wie auch später der CDU/CSU-Abgeordnete *Zink* in der ersten Lesung des 10. Ausschusses[1338] angeregt, die Durchführung von Abteilungsversammlungen der Regelung durch Betriebsvereinbarung zu überlassen und sie nicht zum obligatorischen Instrument des BetrVG zu machen. Zur Integrierung der Abteilungen in Großbetrieben bevorzuge man den Vorschlag zur Einführung von Abteilungs- und Arbeitsgruppensprechern und bezweifle die integrierende Wirkung der Abteilungsversammlungen.[1339] *Zink* wies darauf hin, dass die im Reg-E vorgesehenen gleichzeitigen Abteilungsversammlungen in der Praxis schwer durchführbar seien, insbesondere, weil der Betriebsrat oder einige seiner Mitglieder gleichzeitig nicht anwesend sein könnten. Dadurch könnte politisch extremen Gruppen bei derartigen Versammlungen ein Spielraum eingeräumt werden, der dem *„informativen Charakter der Arbeitnehmerversammlung“* widerspreche. Dies gelte insbesondere für die gleichzeitige Abteilungsversammlung,

---

1334 zu BT-Drs. VI/2729, S. 21; insoweit ist die Regelung entbehrlich, da Verstöße des Arbeitgebers gegen Regelungen des BetrVG über das Beschlussverfahren und die anschließenden Zwangsvollstreckungsmöglichkeiten geahndet werden können.
1335 *Erdmann* (BDA), BT-Prot. VI/10. Aussch. 45. u. 46 Sitz. S. 47.
1336 *Schneider* (DGB), BT-Prot. VI/10. Aussch. 45. u. 46 Sitz. S. 50.
1337 Kurzprotokoll des BT-Ausschusses für Arbeit und Soziales vom 11.03.1971, Parlamentsarchiv VI/234, Bd. A 2 Lfd. Nr. 42, S. 11.
1338 Kurzprotokoll des BT-Ausschusses für Arbeit und Soziales vom 11.03.1971, Parlamentsarchiv VI/234, Bd. A 2 Lfd. Nr. 42, S. 12.
1339 *Erdmann* (BDA), BT-Prot. VI/10. Aussch. 45. u. 46 Sitz. S. 47 f.

in denen die Versammlungsleiter nicht von den Betriebsratskollegen unterstützt werden könnten.[1340]

Um die Abgrenzung der einzelnen Abteilungen für die Abteilungsversammlungen zu erleichtern, wurde in § 42 Abs. 2 Ausschuss-E dem Betriebsrat das Recht hierfür übertragen. Den Einwänden *Erdmanns* und *Zinks* entgegenkommend, sollten Abteilungsversammlungen nur im Wechsel mit Betriebsversammlungen stattfinden, soweit dies nach den betrieblichen Gegebenheiten erforderlich sei (§§ 42 Abs. 2, 43 Abs. 1 Ausschuss-E). Ähnlich wie im BDA-E[1341] vorgeschlagen, sollte der Arbeitgeber oder sein Vertreter einmal im Jahr in einer Betriebsversammlung auch über das Personal- und Sozialwesen des Betriebs und über die wirtschaftliche Lage und Entwicklung des Betriebs berichten, soweit hierdurch keine Geschäftsgeheimnisse gefährdet würden.[1342]

Der Sachverständige *Erdmann* von der BDA kritisierte in der öffentlichen Anhörung, dass nach § 45 Reg-E Themen tarifpolitischer, sozialpolitischer und wirtschaftlicher Art Gegenstand von Betriebsversammlungen werden sollten. Es sei sachgerechter, wenn dort Themen behandelt würden, die in den Kompetenz- und Aufgabenbereich des Betriebsrats fielen. Zudem schloss er sich dem Antrag des Bundesrats an, die Friedenspflicht auf die Betriebsversammlung ausdrücklich auszuweiten.[1343] Letzterem folgte auch *Radke* vom DGB.[1344] *Radke* begrüßte zudem, dass Themen tarifpolitischer, sozialpolitischer und wirtschaftlicher Art Gegenstand der Betriebsversammlungen werden sollten, störte sich jedoch daran, dass diese die Arbeitnehmer *„unmittelbar"* betreffen sollten, und fragte, was dieser Begriff an dieser Stelle solle. Er sei zu unbestimmt und der Unwägbarkeit der Rechtsprechung ausgeliefert.[1345]

Fitting erläuterte dem 10. Ausschuss in erster Lesung, dass durch die Einfügung des Wortes *„unmittelbar"* im Reg-E die Klarstellung erfolgen solle, dass die Thematik nicht über Gebühr ausgeweitet werden dürfe. Die Bundesregierung habe den Vorschlag des Bundesrates, die Grundsätze des § 74 Abs. 2 über die Friedenspflicht auch für den Inhalt der Versammlungen zu übernehmen, abgelehnt. Es bestehe für die Anwendung dieser Grundsätze keine Notwendigkeit, da die Versammlungen außerhalb des Arbeitsablaufs stattfänden und daher nicht die gleichen Maßstäbe für eine Einschränkung wie nach § 74 Abs. 2 geboten seien. Vielmehr sollte man in der Betriebs- oder Abteilungsversammlung denjenigen Arbeitnehmern, die gesetzestreu seien, die Gelegenheit bieten, ihre Ansichten vorzutragen und

1340 Kurzprotokoll des BT-Ausschusses für Arbeit und Soziales vom 11.03.1971, Parlamentsarchiv VI/234, Bd. A 2 Lfd. Nr. 42, S. 12 f.
1341 Vgl. BDA-E 71, S.
1342 BT-Drs. VI/2729, S. 20.
1343 *Erdmann* (BDA), BT-Prot. VI/10. Aussch. 45. u. 46 Sitz. S. 47.
1344 *Radke* (DGB), BT-Prot. VI/10. Aussch. 45. u. 46 Sitz. S. 49.
1345 *Radke* (DGB), BT-Prot. VI/10. Aussch. 45. u. 46 Sitz. S. 51.

subversiven Kräften entgegenzutreten.[1346] Zahlreiche SPD-Abgeordnete stimmten dem im Ausschuss zu. Würde man diese Gelegenheit nicht zulassen, so müssten die vorhandenen Meinungsverschiedenheiten im *„Untergrund"* bereinigt werden, was wiederum den Betriebsfrieden störe.[1347] Der FDP-Abgeordnete *Schmidt* (Kempten) betrachtete den Begriff *„unmittelbar"* als zu unbestimmt. Dem schlossen sich einige CDU-Angeordnete an, lehnten jedoch eine parteipolitische Diskussion auf betrieblicher Ebene gänzlich ab, da die radikalen Gruppen hieraus Vorteile ziehen könnten.[1348] Auf die Fragen der Abgeordneten *Ruf* und *Müller* (Remscheid) (CDU/CSU), ob die Themen sowohl auf den Betrieb als auch auf die Arbeitnehmer bezogen sein müssten, erklärte *Fitting*, dass nach der Rechtsprechung des BAG bereits allgemeine sozialpolitische Themen zulässig gewesen seien. Notwendig sei aber, dass bei wirtschaftlichen Angelegenheiten und anderen Fragen der Sozialbezug zu den Arbeitnehmern erhalten bleibe.[1349]

Hinsichtlich der Themen der Betriebsversammlungen formulierte der 10. Ausschuss den § 45 daraufhin deutlicher. Angelegenheiten tarifpolitischer, sozialpolitischer und wirtschaftlicher Art sollten demnach nur Gegenstand der Versammlungen sein dürfen, solange *„sie den Betrieb oder seine Arbeitnehmer unmittelbar betreffen"*. Dabei wurde auf die Friedenspflicht und die Pflicht, Betätigungen zu unterlassen, die den Betriebsablauf und den Frieden beeinträchtigen (§ 74 Abs. 2 Ausschuss-E) verwiesen. § 74 Abs. 2 Ausschuss-E enthielt daher auch wieder das Verbot der parteipolitischen Betätigung.[1350] Sämtliche Beschlüsse hierzu waren von den Ausschussmitgliedern *„einmütig"* getroffen worden.[1351]

12. Mitbestimmung des Betriebsrats in allgemeinen, sozialen, personellen und wirtschaftlichen Angelegenheiten

a) Mitbestimmung in allgemeinen Angelegenheiten

Die BDA wurde bei der Sachverständigenanhörung nicht müde, die Änderungen des Einigungsstellenverfahrens als Zwangsschlichtung zu bezeichnen. Dies obwohl die Änderungen am Verfahren nur marginal waren, jedoch zukünftig der Betriebsrat über mehr echte Mitbestimmungsrechte verfügen und diese über die Einigungsstelle abgesichert werden sollten. Im Gegensatz dazu empfahl der Sachverständige *Dräger* von Siemens aufgrund der positiven Erfahrungen im eigenen Unternehmen, dass

1346 Kurzprotokoll des BT-Ausschusses für Arbeit und Soziales vom 11.03.1971, Parlamentsarchiv VI/234, Bd. A 2 Lfd. Nr. 42, S. 14 f.

1347 Kurzprotokoll des BT-Ausschusses für Arbeit und Soziales vom 11.03.1971, Parlamentsarchiv VI/234, Bd. A 2 Lfd. Nr. 42, S. 15.

1348 Kurzprotokoll des BT-Ausschusses für Arbeit und Soziales vom 11.03.1971, Parlamentsarchiv VI/234, Bd. A 2 Lfd. Nr. 42, S. 16.

1349 Kurzprotokoll des BT-Ausschusses für Arbeit und Soziales vom 11.03.1971, Parlamentsarchiv VI/234, Bd. A 2 Lfd. Nr. 42, S. 16 f.

1350 BT-Drs. VI/2729, S. 33.

1351 zu BT-Drs. VI/2729, S. 13.

vergleichbar dem § 22 Abs. 6 CDU/CSU-E 71 vor Anrufung der Einigungsstelle eine innerbetriebliche Lösung über den Gesamtbetriebsrat herbeigeführt werden sollte, soweit vorhanden.[1352]

Der 10. Ausschuss folgte diesen Anregungen nicht. Stattdessen legte er bei den Regelungen zur Einigungsstelle einen Maßstab für die Entscheidungen der Einigungsstelle fest und sah die Möglichkeit vor, bei Verstoß gegen diesen Maßstab gegen die Entscheidung der Einigungsstelle gerichtlich vorgehen zu können. Dem Maßstab zufolge sollten die Beschlüsse der Einigungsstelle unter angemessener Berücksichtigung der Belange des Betriebs und der betroffenen Arbeitnehmer nach billigem Ermessen gefasst werden. Im Falle der Überschreitung des Ermessens habe der Arbeitgeber oder der Betriebsrat die Möglichkeit, binnen einer Zweiwochenfrist nach *„Zuleitung des Beschlusses“* das Arbeitsgericht anzurufen (§ 76 Abs. 5 Ausschuss-E). Zudem wurde klargestellt, dass falls nach anderen Vorschriften der Rechtsweg gegeben sei, dieser nicht durch den Spruch der Einigungsstelle ausgeschlossen werden kann (§ 76 Abs. 6a Ausschuss-E).[1353] Schließlich regte der Ausschuss im allgemeinen Teil seines Berichts an, dass die Vergütung für die Tätigkeit der Mitglieder der Einigungsstelle nicht wie bisher ungeregelt bleiben und die Bundesregierung eine entsprechende Vorlage erarbeiten solle.[1354]

Der Katalog der allgemeinen Aufgaben wurde vom 10. Ausschuss um die Eingliederung ausländischer Arbeitnehmer in dem Betrieb und die Förderung des Verständnisses zwischen ihnen und den deutschen Arbeitnehmern ergänzt (§ 80 Abs. 1 Nr. 7 Ausschuss-E).[1355]

Radke vom DGB kritisierte die Regelung des § 80 Abs. 3 Reg-E. Hiernach sollte der Betriebsrat zur Durchführung seiner Aufgaben Sachverständige hinzuziehen können. Dies jedoch nur nach näherer Vereinbarung mit dem Arbeitgeber. *Radke* kritisierte, dass dies in der Regel Gewerkschaftsvertreter seien und die Regelung daher im Widerspruch zu den sonstigen schrankenlosen Beteiligungsrechten der Gewerkschaftsvertreter stünde.[1356] Dabei ignorierte *Radke*, dass die Regelung losgelöst und neben der Unterstützungsfunktion der Gewerkschaften gelten und einen Kostenübernahmeanspruch begründen sollte. Dementsprechend beließ es der 10. Ausschuss auch bei der Regelung des Reg-E.

Trotz des Einwandes *Radke*s zu § 80 Abs. 2 BetrVG, dass der gesamte Betriebsrat und nicht nur ein zu bildender Betriebsausschuss Einblick in die Lohn- und Gehaltslisten erhalten müsse,[1357] beließ es der 10. Ausschuss bei der Fassung des Reg-E mit geringfügigen redaktionellen Änderungen[1358]. Der Antrag der CDU/CSU-Fraktion, Informationen aus der Personalakte und deren Vorlage von der vorherigen

1352 *Dräger* (Siemens), BT-Prot. VI/10. Aussch. 45. u. 46 Sitz. S. 94.
1353 BT-Drs. VI/2729, S. 33.
1354 BT-Drs. VI/2729, S. 10.
1355 BT-Drs. VI/2729, S. 36.
1356 *Radke* (DGB), BT-Prot. VI/10. Aussch. 45. u. 46 Sitz. S. 86.
1357 *Radke* (DGB), BT-Prot. VI/10. Aussch. 45. u. 46 Sitz. S. 86.
1358 BT-Drs. VI/2729, S. 36.

schriftlichen Zustimmung des betroffenen Arbeitnehmers abhängig zu machen, wurde ebenfalls abgelehnt. Nach Auffassung des Ausschusses könne dadurch sonst eine wirksame Vertretung der gesamten Belegschaft beeinträchtigt werden.[1359]

b) Mitbestimmung in sozialen Angelegenheiten

Kettner von der BDA kritisierte, dass nun auch Einzelmaßnahmen durch das Mitbestimmungsrecht erfasst seien. Daher läge nicht nur eine inhaltliche Erweiterung der kollektiven Mitbestimmung vor, sondern auch eine Erstreckung auf den Einzelfall, was systemwidrig sei. Dabei benannte er konkret die Festsetzung des Urlaubs des einzelnen Arbeitnehmers nach § 87 Abs. 1 Nr. 5 Reg-E und die Zuweisung und Kündigung von Wohnraum nach Nr. 9. Als äußerst bedenklich stufte er auch die *„Festsetzung von Arbeitsentgelten"* als variabler Vergütungsbestandteil nach Nr. 11 ein. Hier würden kollektive Lohnverhandlungen auf den Betrieb übertragen, die der tariflichen Ordnung angehörten, was wohl auch der Bundesrat[1360] so sähe. Auch der Wirtschaftsausschuss regte diesbezüglich in seiner kurzen Stellungnahme vom 22. September 1971 an, bei Nr. 11 zu prüfen, ob vor den Worten *„leistungsbezogener Entgelte"* das Wort *„vergleichbare"* Entgelte eingefügt werden könne.[1361] Zudem befürchtete *Kettner* von der BDA, dass dann materielle Arbeitsbedingungen der Zwangsschlichtung unterliegen würden.[1362] Dem schloss sich *Kübler* vom ZDH vollständig an und äußerte noch die Einschätzung, dass der Betriebsrat mit der Festlegung der Leistungslöhne vollständig überfordert sei und deshalb seine übrigen Aufgaben nicht mehr wahrnehmen könne.[1363]

Gnade vom DGB entgegnete *Kettner*, dass bereits jetzt das Mitbestimmungsrecht durch die Rechtsprechung des Bundesarbeitsgerichts teilweise auf Einzelfälle ausgedehnt sei. Hinsichtlich des Reg-E kritisierte er, dass das vom DGB vorgeschlagene Mitbestimmungsrecht bei Fragen der Arbeitsorganisation nicht übernommen worden sei. Wie bereits im Entwurf des DGB von 1967,[1364] begründete Gnade in der öffentlichen Informationssitzung diese Forderung damit, dass der Arbeitgeber anderenfalls einseitig die Arbeitsleistung eines Mitarbeiters beeinflussen könne, etwa durch die Beschleunigung eines Fließbands. Dabei übersah *Gnade*, dass ein echtes Mitbestimmungsrecht im Falle von Verstößen gegen eine menschengerechte Arbeitsorganisation in §§ 90 f Reg-E geregelt ist.[1365] *Gnade* räumte ein, dass der CDU/CSU-E 71 an einigen Stellen günstiger sei als der Reg-E, jedoch nicht an den

---

1359 zu BT-Drs. VI/2729, S. 29.
1360 Vgl. S. 224.
1361 Stellungnahme des BT-Wirtschaftsausschusses vom 22.09.1971, Parlamentsarchiv VI/234, Bd. A 1 Lfd. Nr. 34.
1362 *Kettner* (BDA), BT-Prot. VI/10. Aussch. 45. u. 46 Sitz. S. 111.
1363 *Kübler* (ZDH), BT-Prot. VI/10. Aussch. 45. u. 46 Sitz. S. 111.
1364 Vgl. S. 87.
1365 Vgl. S. 189.

entscheidenden.[1366] *Apel* begrüßte den Reg-E in Sachen soziale Mitbestimmung, forderte jedoch noch dazu auf, die Punkte der freiwilligen Betriebsvereinbarungen des CDU/CSU-E 71 in § 88 des Reg-E aufzunehmen.[1367]

Auch der Sachverständige *Mertz*, Personalleiter bei Bosch, beanstandete die Mitbestimmung des Betriebsrats bei der Urlaubsfestsetzung. Einerseits stünde dem Mitarbeiter jederzeit der Weg zu den Arbeitsgerichten, sogar im Wege des einstweiligen Rechtschutzes, offen und auf der anderen Seite stünde der Mitarbeiter schlechter da, wenn auch der Betriebsrat die Ansicht des Arbeitgebers vertrete, was durchaus denkbar sei. Ganz entschieden wandte sich *Mertz* gegen die Mitbestimmung bei der Festsetzung variabler Vergütungsmodelle. Er stellte die Frage, ob nun jede vereinbarte variable Vergütung mitbestimmungspflichtig sei. Bei der Regelung ginge es nicht nur um die allgemeine betriebliche Lohn- und Gehaltspolitik, sondern um jede einzelne Lohn- und Gehaltsfestsetzung bei der im Streitfall die Einigungsstelle entscheide.[1368]

Der 10. Ausschuss befürwortete eine Ausweitung der Mitbestimmung in sozialen Angelegenheiten. Deshalb lehnte man das Modell der abgestuften Mitbestimmung der CDU/CSU in sozialen Angelegenheiten[1369] und die dortigen Regelungen, die ohnehin weitestgehend in § 87 und § 88 Reg-E enthalten waren, ab. Daher blieb kaum Raum, der Aufforderung *Apels* nachzukommen, die Punkte der freiwilligen Betriebsvereinbarung in § 88 Reg-E einzuarbeiten. Es wurde nur noch der Punkt *„Maßnahmen zur Förderung der Vermögensbildung“* dem Antrag der CDU/CSU entnommen und in § 88 Nr. 3 eingearbeitet[1370].

Der Katalog der sozialen Angelegenheiten wurde in Anlehnung an den CDU/CSU-E[1371] durch den 10. Ausschuss noch um die *„Grundsätze über das betriebliche Vorschlagswesen“* ergänzt (§ 87 Nr. 12 Ausschuss-E). Außerdem wurde in Nr. 11 die Formulierung des Mitbestimmungsrechts bei der Festsetzung variabler Entgeltbestandteile, auch auf Anraten des Wirtschaftsausschusses, umformuliert. Die Fassung des Reg-E *„Festsetzung von Arbeitsentgelten“* lasse die Annahme zu, dass der Betriebsrat grundsätzlich und auch im Einzelfall beim Umfang der Vergütung mitzubestimmen habe. Der Ausschuss formulierte daher allgemeiner: *„Festsetzung von Akkord- und Prämienlöhnen und vergleichbaren leistungsbezogenen Entgelten“*. Der Vorschlag der CDU/CSU, den Geldfaktor dem Mitbestimmungsrecht zu entziehen, wurde abgelehnt, da Tarifverträge für die Regelung variabler Vergütungsbestandteile regelmäßig Raum ließen.[1372]

1366 *Gnade* (DGB), BT-Prot. VI/10. Aussch. 45. u. 46 Sitz. S. 112.
1367 *Apel* (DAG), BT-Prot. VI/10. Aussch. 45. u. 46 Sitz. S. 112.
1368 *Mertz* (Bosch), BT-Prot. VI/10. Aussch. 45. u. 46 Sitz. S. 113 f.
1369 zu BT-Drs. VI/2729, S. 4.
1370 BT-Drs. VI/2729, S. 40.
1371 Vgl. S. 208.
1372 BT-Drs. VI/2729, S. 39; zu BT-Drs. VI/2729, S. 4, 29.

c) *Mitbestimmung am Arbeitsplatz und beim Arbeitsablauf*

Die BDA und der DGB begrüßten die Regelungen zum Unterrichtungs- und Beratungsrecht bei der Gestaltung des Arbeitsplatzes und Änderungen beim Arbeitsablauf des Reg-E. *Gnade* vom DGB hielt jedoch die Eingriffsmöglichkeiten des Betriebsrats aus § 91 Reg-E bei Belastungen der Arbeitnehmer nicht für effektiv genug. Hier müssten die Begriffe des *„offensichtlichen"* Widerspruchs gegen menschengerechte Arbeit und die Belastung *„in besonderer Weise"* gestrichen werden.[1373] *Apel* äußerte zudem Zweifel daran, dass es für sämtliche Fälle, die zu entscheiden seien, *„gesicherte Erkenntnisse über die menschengerechte Gestaltung der Arbeit"* wie es der § 91 Reg-E voraussetzt gibt.[1374] Der 10. Ausschuss nahm hier jedoch keine Änderung vor.

d) *Mitbestimmung in personellen Angelegenheiten*

Der 10. Ausschuss benannte die Überschrift des Abschnitts und eines Unterabschnitts um. Der Abschnitt für die Mitbestimmung in personellen Angelegenheiten sollte als solche und nicht als *„Personalwirtschaft und Berufsbildung"* bezeichnet werden und der erste Unterabschnitt wurde von *„Personalwirtschaft"* abstrakter in *„Allgemeine personelle Angelegenheiten"* umbenannt.[1375]

a) Allgemeine personelle Angelegenheiten

Der DGB-Sachverständige *Schneider* kritisierte, dass Betriebe mit weniger als tausend Mitarbeitern vom Mitbestimmungsrecht nach § 95 Reg-E, der Erstellung von Auswahlrichtlinien, ausgeschlossen sein sollten. Hierfür gäbe es keine Rechtfertigung.[1376] Dem schloss sich *Apel* an und forderte, dass Betriebe ab 500 Arbeitnehmern über dieses Mitbestimmungsrecht verfügen sollten.[1377] *Mager* von der BDA begrüßte eine frühzeitige Teilnahme des Betriebsrats bei der Personalplanung. Allerdings wollte er sich nicht mit dem echten Mitbestimmungsrecht bei der Erstellung des Personalfragebogens und bei der Aufstellung von Beurteilungsgrundsätzen einverstanden erklären (§ 94 Reg-E). Er plädierte für ein Beratungsrecht.[1378] Der Bosch-Personalleiter *Mertz* bemängelte, dass das Recht des Betriebsrats aus § 93 Reg-E, eine innerbetriebliche Ausschreibung zu verlangen, ein *„absolutes"* Recht und kein Mitbestimmungsrecht sei. Hätte der Betriebsrat einmal die innerbetriebliche Ausschreibung verlangt, müsse sich der Arbeitgeber für immer daran halten. Dies

---

1373 *Gnade* (DGB), BT-Prot. VI/10. Aussch. 45. u. 46 Sitz. S. 116.
1374 *Apel* (DAG), BT-Prot. VI/10. Aussch. 45. u. 46 Sitz. S. 116.
1375 BT-Drs. VI/2729, S. 41.
1376 *Schneider* (DGB), BT-Prot. VI/10. Aussch. 45. u. 46 Sitz. S. 117.
1377 *Apel* (DGB), BT-Prot. VI/10. Aussch. 45. u. 46 Sitz. S. 118.
1378 *Mager* (BDA), BT-Prot. VI/10. Aussch. 45. u. 46 Sitz. S. 118.

sei nicht tragbar, da ein Verstoß auch einen Zustimmungsverweigerungsgrund im Katalog der personellen Einzelmaßnahmen darstelle.[1379]

Neben den Personalfragebögen und der Aufstellung allgemeiner Beurteilungsgrundsätze sollte sich das Mitbestimmungsrecht des § 94 nach dem vom 10. Ausschuss überarbeiteten Abs. 2 auch auf persönliche Angaben im Arbeitsvertrag beziehen, die allgemein für den Betrieb verwendet werden sollen. Zudem wurde im Rahmen des Mitbestimmungsrechts bei der Aufstellung von Auswahlrichtlinien in § 95 Abs. 3 die Versetzung abweichend vom Reg-E definiert. Demnach sollte eine Versetzung nicht erst bei einer Zuweisung eines anderen Arbeitsplatzes vorliegen, sondern, weiter gefasst, bereits bei Zuweisung eines anderen Arbeitsbereichs. Dies sollte demensprechend nicht erst bei einer *„erheblichen Veränderung der Arbeitsbedingungen des Arbeitnehmers"* gegeben sein, sondern schon bei der Zuweisung, die mit *„einer erheblichen Änderung der Umstände verbunden" ist, „unter denen die Arbeit zu leisten ist"* der Fall sein.[1380]

Die CDU/CSU hatte im Ausschuss den Antrag gestellt, die Bedingung der innerbetrieblichen Ausschreibung nur *„im Rahmen der betrieblichen Möglichkeiten"* zuzulassen. Dies lehnte der Ausschuss jedoch ab, da er darin *„eine sachlich nicht gerechtfertigte generelle Einschränkung"* sah. Zudem könne der Betriebsrat nach § 93 Reg-E differenzieren, ob er allgemein eine Einschränkung verlange oder nur für bestimmte Arten von Tätigkeiten.[1381]

Die CDU/CSU stimmte zudem dem erzwingbaren Mitbestimmungsrecht bei der Erstellung von Auswahlrichtlinien nicht zu (§ 95 Reg-E). Man befürchtete, dass durch dieses Initiativrecht die unternehmerische Entscheidungsfreiheit des Arbeitgebers auf die Einigungsstelle verlagert würde. Diese Auffassung teilten die Vertreter der Regierungskoalition nicht, da es sich nur um Richtlinien handele und die Entscheidungsgewalt am Ende beim Arbeitgeber bleibe.[1382]

b) Berufsbildung

Schneider lobte die Regelungen zur Berufsbildung, die im Wesentlichen den Vorschlägen des DGB entsprachen, vermisste aber gleichzeitig, dass der Betriebsrat nach dem Reg-E nicht bereits an der Beschlussfassung zur Durchführung einer beruflichen Bildungsmaßnahme beteiligt werden musste.[1383] Der BDA-Sachverständige *Mager* hielt die Regelung des § 98 Abs. 2 Reg-E, nach der der Betriebsrat der Bestellung einer mit der Durchführung der betrieblichen Bildung beauftragten Person widersprechen und ihre Abberufung sollte verlangen können, für überflüssig. Eine ähnliche Vorschrift befände sich bereits im Berufsbildungsgesetz. Im Streitfall müsse man sich mit der Aufsichtsbehörde vor dem Verwaltungsgericht und mit

---

1379 *Mertz* (Bosch), BT-Prot. VI/10. Aussch. 45. u. 46 Sitz. S. 126.
1380 BT-Drs. VI/2729, S. 42.
1381 zu BT-Drs. VI/2729, S. 5.
1382 zu BT-Drs. VI/2729, S. 5.
1383 *Schneider* (DGB), BT-Prot. VI/10. Aussch. 45. u. 46 Sitz. S. 117.

dem Betriebsrat vor dem Arbeitsgericht streiten, mit u.U. unterschiedlichen Ergebnissen. Zudem liege in § 98 Abs. 3 Reg-E ein Systembruch. Denn die Durchführung von Bildungsmaßnahmen erfolge freiwillig durch den Arbeitgeber, es könne ihm nicht durch ein echtes Mitbestimmungsrecht vorgeschrieben werden, wer an der Maßnahme teilnehme.[1384]

Der 10. Ausschuss ignorierte diesen Einwand und passte für den Fall, dass der Arbeitgeber eine mit der Durchführung der betrieblichen Berufsbildung beauftragten Person entgegen einer gerichtlichen Entscheidung bestellt oder nicht abberuft, die Strafvorschriften des § 98 Abs. 5, wie auch schon bei § 23 Abs. 3 Ausschuss-E an beide Varianten (Tun und Unterlassen) an.[1385]

c) Personelle Einzelmaßnahmen

Schneider vom DGB stellte fest, dass der Reg-E und der CDU/CSU-E beim Mitbestimmungsrecht der personellen Einzelmaßnahmen hinter den DGB-Vorschlägen zurückgeblieben seien. Dabei bedauerte er vor allem, dass der Betriebsrat aufgrund seiner Bindung an den Zustimmungsverweigerungskatalog des § 99 Abs. 2 Reg-E weiterhin gegenüber dem Arbeitgeber nicht gleichberechtigt sei. Zudem sei keine Ausweitung dieses Katalogs gegenüber dem geltenden Recht zu erkennen. Positiv hob *Schneider* hervor, dass nach dem Reg-E künftig nicht mehr der Betriebsrat, sondern der Arbeitgeber im Falle der Zustimmungsverweigerung das Arbeitsgericht anrufen muss. Außerdem begrüßte *Schneider* die Erweiterung des Kündigungsschutzrechts im Falle des Widerspruchs des Betriebsrats gegen eine Kündigung. Als Ergänzung zu dieser Rechtsfolge schlug *Schneider,* den CDU/CSU Vorschlag lobend, vor, die Rechtsfolge des § 39 Abs. 3 CDU/CSU-E 71 zu § 102 Reg-E hinzuzufügen. Dieser sah vor, dass das Arbeitsverhältnis im Falle des Widerspruchs bis zum Abschluss eines etwaigen Kündigungsschutzverfahrens fortbestehen sollte.[1386]

Dem Vorschlag *Schneiders,* die Rechtsfolge des § 39 Abs. 3 CDU/CSU-E 71 auf den Reg-E zu übertragen, schloss sich *Apel* an, stellte aber klar, dass die DAG sich eigentlich ein echtes Mitbestimmungsrecht bei Kündigungen gewünscht habe. Demnach sollte wie bei den Einzelmaßnahmen die Verweigerung der Zustimmung an einen Katalog gebunden sein und der Arbeitgeber wegen der Verweigerung der Zustimmung das Arbeitsgericht anrufen müssen.[1387] Dies sah auch *Teske,* Betriebsratsvorsitzender bei der Kraftwerk Union, so, verlangte aber darüber hinaus, dass im Falle des Widerspruchs gegen eine Kündigung der Arbeitnehmer weiterbeschäftigt würde bis zur Beendigung eines etwaigen Kündigungsprozesses, der durch den Arbeitgeber angestrengt werden müsse.[1388]

1384 *Mager* (BDA), BT-Prot. VI/10. Aussch. 45. u. 46 Sitz. S. 117.
1385 BT-Drs. VI/2729, S. 43 f.
1386 *Schneider* (DGB), BT-Prot. VI/10. Aussch. 45. u. 46 Sitz. S. 117.
1387 *Apel* (DGB), BT-Prot. VI/10. Aussch. 45. u. 46 Sitz. S. 118.
1388 *Teske* (Kraftwerk Union), BT-Prot. VI/10. Aussch. 45. u. 46 Sitz. S. 129.

Entgegen der Auffassungen der Arbeitnehmervertreter lehnte der BDA-Sachverständige *Mager* die echte Mitbestimmung bei den Personalauswahlrichtlinien bei Einstellungen, Versetzungen, Umgruppierungen und Kündigungen ab. Hierdurch werde die Personalpolitik in ihren Grundzügen erfasst und in die unternehmerische Entscheidungsfreiheit eingegriffen. Zudem kritisierte *Mager* die Definition der Versetzung, die nun auch die bisher mitbestimmungsfreie Umsetzung erfasse. Dass künftig der Arbeitgeber das Arbeitsgericht bei Zustimmungsverweigerung des Betriebsrats zu einer Einzelmaßnahme anrufen müsse, kritisierte *Mager* ebenfalls. Hierbei handele es sich um ein absolutes Vetorecht. *Mager* befürchtete, dass in nicht dringenden Fällen, in denen also keine vorläufige Beschäftigung möglich wäre, die verweigerte Zustimmung des Betriebsrats, beispielsweise bei einer Einstellung, dazu führen könnte, dass der Bewerber sich eine andere Stelle sucht und nicht auf den Abschluss eines möglicherweise langwierigen Gerichtsverfahrens wartet. Auch hier sah er einen Eingriff in die unternehmerische Entscheidungsfreiheit.[1389] Hinsichtlich der Mitbestimmung bei Kündigungen nahm sich *Mager* der Interessen der Arbeitnehmer an. Er befürchtete, dass die Prüfung des Betriebsrats zur Zulässigkeit der Kündigung eine präjudizierende Wirkung für einen etwaigen Kündigungsschutzprozess haben könne und sprach sich daher gegen diese Systematik aus. Außerdem erklärte er, dass die BDA sich keinesfalls mit der Rechtsfolge eines Widerspruchs des Betriebsrats nach § 39 Abs. 3 CDU/CSU-E einverstanden erklären könne. Die Verlängerung des Arbeitsverhältnisses bis zur Beendigung des Kündigungsschutzverfahrens würde den Arbeitgeber einseitig mit dem Prozessrisiko belasten. Dies könne gerade in kleinen und mittleren Betrieben zu erheblichen Belastungen führen. *Mager* forderte stattdessen, beim geltenden Recht zu bleiben.[1390]

Hinsichtlich des Mitbestimmungsrechts bei Einzelmaßnahmen äußerte sich auch der Sachverständige *Bouillon*, Personaldirektor bei Hoechst, kritisch. Bei 28.000 Mitarbeitern im Stammwerk, 17.000 Bewerbungen, 3.700 Einstellungen und 2.500 Umsetzungen im vergangenen Jahr hielt er eine derart umfassende Beteiligung des Betriebsrats für praktisch nicht möglich. *Bouillon* verwies zudem darauf, dass durch die Weitergabe der Bewerbungsunterlagen an den Betriebsrat in die individuellen Rechte der Bewerber eingegriffen werde. Es sei ihm unverständlich, dass bei der Einsicht in die Personalakte eine Verschwiegenheitspflicht gelte und an dieser Stelle nicht.[1391]

Der 10. Ausschuss folgte teilweise den Anregungen der Sachverständigen und auch teilweise den Vorschlägen der CDU/CSU: Nach § 99 Abs. 1 Reg-E sollte dem Betriebsrat für die Mitbestimmung bei Einzelmaßnahmen ganz allgemein die betreffenden Unterlagen vorgelegt werden müssen. Der Ausschuss-E präzisierte dies. Demnach sollten im Bezug auf die Einzelmaßnahme die erforderlichen Bewerbungsunterlagen und ganz allgemein zur Einschätzung der Auswirkungen der geplanten

1389 *Mager* (BDA), BT-Prot. VI/10. Aussch. 45. u. 46 Sitz. S. 118 f.
1390 *Mager* (BDA), BT-Prot. VI/10. Aussch. 45. u. 46 Sitz. S. 119, 120, 123.
1391 *Bouillon* (Hoechst), BT-Prot. VI/10. Aussch. 45. u. 46 Sitz. S. 125 f.

Maßnahme die erforderlichen Unterlagen vorgelegt werden müssen. Zudem folgte er der Empfehlung des Sachverständigen *Bouillon* und des Bundesrats (Ziff. 24)[1392], nach der der Betriebsrat über bekanntgewordene persönliche Verhältnisse und Angelegenheiten der Arbeitnehmer, die einer vertraulichen Behandlung bedürfen, Stillschweigen wahren muss. Dies gilt nach § 102 Abs. 2 a.E. Ausschuss-E auch für die Regelungen der Mitbestimmung bei Kündigungen.[1393]

Nach § 35 Abs. 3 CDU/CSU-E waren die vorherige innerbetriebliche Ausschreibung und der Verstoß gegen eine Auswahlrichtlinie entgegen § 99 Abs. 2 des Reg-E für den Betriebsrat kein ausdrücklicher Grund, die Zustimmung zur Einzelmaßnahme rechtmäßig zu verweigern. Da diese Rechte jedoch nach Auffassung der Koalitionsvertreter andernfalls wirkungslos bleiben würden, stimmten sie im 10. Ausschuss für die Fassung des Reg-E.[1394] Dies war nur teilweise zutreffend. Eine Wirkungslosigkeit bestand nach dem CDU/CSU-E lediglich bei einem Verstoß gegen eine Auswahlrichtlinie. Im Falle einer mangelenden innerbetrieblichen Ausschreibung sollte nach dem CDU/CSU-E ein Gesetzverstoß vorliegen.[1395]

Das Zwangs- bzw. Ordnungsgeld für den Fall der Durchführung einer personellen Maßnahme ohne Zustimmung des Betriebsrats und entsprechendem Beschluss des Arbeitsgerichts auf Antrag des Betriebsrats wurde entsprechend § 23 Abs. 3 und § 98 Abs. 5 Ausschuss-E überarbeitet.[1396] Dasselbe galt für die Strafvorschriften bei der Entfernung betriebsstörender Arbeiternehmer nach § 104 Ausschuss-E.[1397]

Zudem ergänzte der 10. Ausschuss ganz wesentlich die Rechtsfolge, wenn der Arbeitgeber gegen den Widerspruch des Betriebsrats einem Arbeitnehmer kündigt. Wie von *Schneider* (DGB) und *Apel* (DAG) in der öffentlichen Informationssitzung gefordert und von *Mager* (BDA) abgelehnt, fügte der 10. Ausschuss nach dem Vorbild des CDU/CSU-E 71[1398] in § 102 einen Abs. 4a ein, der vorsieht, dass im Falle der Erhebung der Kündigungsschutzklage der Arbeitgeber auf Verlangen des Arbeitnehmers diesen auch nach Ablauf der Kündigungsfrist bis zum rechtskräftigen Abschluss des Rechtsstreits zu unveränderten Arbeitsbedingungen solle weiterbeschäftigen müssen. In dringenden Fällen jedoch solle das Arbeitsgericht den Arbeitgeber durch Antrag auf einstweilige Verfügung von dieser Weiterbeschäftigungspflicht entbinden können. Und zwar sollte dies der Fall sein, wenn *„1. die Klage des Arbeitnehmers keine hinreichende Aussicht auf Erfolg bietet oder mutwillig ist oder 2. die Weiterbeschäftigung des Arbeitnehmers zu einer unzumutbaren wirtschaftlichen Belastung des Arbeitgebers führen würde oder 3. der Widerspruch des Betriebsrats offensichtlich unbegründet war“.*[1399] Der Ausschuss für Arbeit und Sozialordnung begründete dies

1392 BR-Drs. 715/1/70, S. 11.
1393 BT-Drs. VI/2729, S. 44, 46.
1394 zu BT-Drs. VI/2729, S. 6.
1395 Vgl. S. 210.
1396 Vgl. S. 266.
1397 BT-Drs. VI/2729, S. 46, 48
1398 Vgl. S. 210.
1399 BT-Drs. VI/2729, S. 47.

damit, dass diese Regelung, im Gegensatz zur beibehaltenen Rechtsfolge des Reg-E, nämlich die Pflicht des Arbeitgebers dem Arbeitnehmer die Stellungnahme des Betriebsrats weiterzuleiten, eine erheblich sachgerechtere Sicherung des Arbeitsplatzes für den Arbeitnehmer darstelle.[1400] *Fitting* hatte sich in der ersten Lesung des 10. Ausschusses gegen diese Regelung ausgesprochen. Er befürchtete, dass das provisorische Verfahren des einstweiligen Rechtsschutzes, in dem die Tatsachen nur glaubhaft gemacht werden müssten, aber den gleichen Streitgegenstand wie das ordentliche Verfahren hätten, präjudizierende Wirkung haben könnte.[1401]

e) Mitbestimmung in wirtschaftlichen Angelegenheiten

aa) Unterrichtung in wirtschaftlichen Angelegenheiten

Der BDA-Sachverständige *Eichler* kritisierte in der öffentlichen Sitzung des Ausschusses, dass der Wirtschaftsausschuss nicht mehr von beiden Parteien besetzt werden sollte und bezeichnete den Wirtschaftsausschuss in seiner bisherigen Zusammenstellung als wichtiges Organ des Informationsaustauschs. Zwar sah er auch den Verbesserungsbedarf, dies sollte aber durch eine Vergrößerung der Mitgliederzahl und eine Erweiterung des Aufgabenkatalogs erreicht werden.[1402] *Kehrmann* vom DGB äußerte seine Verwunderung darüber, dass man nicht dem DGB-Vorschlag gefolgt sei, die Einrichtung eines Wirtschaftsausschusses zu streichen und dessen Rechte auf den Betriebsrat zu übertragen. Er begrüßte deshalb die Möglichkeit des Betriebsrats, die Aufgaben des Wirtschaftsausschusses durch Beschluss zu übernehmen oder auf einen seiner Ausschüsse zu übertragen.[1403] Auch *Apel* von der DAG hielt die Einrichtung eines Wirtschaftsausschusses für überflüssig, schlug aber dennoch Verbesserungen vor. So empfahl er, die Regelung des § 118 Abs. 4 CDU/CSU-E 71 in § 106 Reg-E zu übernehmen, nach der der Wirtschaftsausschuss das Recht haben sollte, Empfehlungen auszusprechen und der Unternehmer seinerseits verpflichtet war, auf die Empfehlung zu reagieren. Zudem müsste nach seiner Auffassung die Zusammensetzung des Wirtschaftsausschusses in § 107 Reg-E vereinfacht und die Mitgliederzahl begrenzt werden. Nehme der Betriebsrat selbst die Aufgaben des Wirtschaftsausschusses wahr und zöge noch eine gleiche Anzahl von Arbeitnehmern, wie nach dem Reg-E möglich, hinzu, könnte der Wirtschaftsausschuss nach dem Reg-E 142 Mitglieder zählen. Er hätte nichts dagegen, *„allmonatlich eine solche Völkerwanderung im Unternehmen in Bewegung zu setzen“*, hielt es aber nicht für sachdienlich.[1404] Der Sachverständige *Dräger*, Leiter der sozialpolitischen Abteilung bei Siemens, berichtete, dass man bei Siemens gute Erfahrungen mit dem Wirtschaftsausschuss gemacht hätte. Dieser arbeite

---

1400 zu BT-Drs. VI/2729, S. 7.

1401 Kurzprotokoll des BT-Ausschusses für Arbeit und Soziales vom 02.04.1971, Parlamentsarchiv VI/234, Bd. A 2 Lfd. Nr. 46, S. 12.

1402 *Eichler* (BDA), BT-Prot. VI/10. Aussch. 45. u. 46 Sitz. S. 130.

1403 *Kehrmann* (DGB), BT-Prot. VI/10. Aussch. 45. u. 46 Sitz. S. 130 f.

1404 *Apel* (DAG), BT-Prot. VI/10. Aussch. 45. u. 46 Sitz. S. 131.

vertrauensvoll und effektiv. Daher würde man es *„auf das tiefste bedauern“*, wenn sich die Verhältnisse ändern würden.[1405] Auch *Schreiber*, Betriebsratsvorsitzender bei VDO-Tachometer, plädierte für eine Beibehaltung der paritätischen Zusammensetzung des Wirtschaftsausschusses nach dem geltenden Recht. Eine vertrauensvolle Zusammenarbeit sei nur möglich, wenn beide Partner vorhanden seien. Nur in Rede und Gegenrede könne man zu sachgerechteren Ergebnissen kommen. Er berichtete, dass viele Dinge im Wirtschaftsausschuss ins rechte Licht gerückt werden könnten und man manche unternehmerische Entscheidung beeinflusst habe. Er befürchtete, dass der Wirtschaftsausschuss Gefahr laufe, ein Unterausschuss des Betriebsrates zu werden und damit seine Funktion als Unternehmensinstrument zu verlieren. Hinsichtlich der Größe des Wirtschaftsausschusses schloss *Schreiber* sich *Apel* an.[1406] *Ganschow*, Betriebsratsvorsitzender bei Beiersdorf, empfahl, den Wirtschaftsausschuss überwiegend mit Betriebsratsmitgliedern zu besetzen. Dies sei schon aufgrund des Informationsflusses und des Kenntnisstands vorteilhaft und hinsichtlich der Verschwiegenheitsregelungen sachdienlich.[1407]

Fitting wies in der ersten Lesung des 10. Ausschusses darauf hin, dass der Wirtschaftsausschuss nach dem geltenden Recht eine paritätische Einrichtung sei, die gleich stark vom Arbeitgeber und vom Betriebsrat besetzt werde, jedoch keine Beschlüsse fassen könne, bei denen es auf die Parität ankomme; es stelle lediglich ein Informationsgremium dar, bei dem nach der Auffassung Bundesregierung eine formale Parität überflüssig sei, denn es komme weniger auf die Quantität, als auf die Qualität der Mitglieder an. Dieses System habe in der Vergangenheit ein Informationsgefälle zwischen den Arbeitnehmervertretern im Wirtschaftsausschuss und dem Betriebsrat verursachen können, zumal die Arbeitnehmervertreter im Wirtschaftsausschuss aufgrund ihrer Schweigepflicht Informationen gegenüber dem Betriebsrat zurückgehalten hätten. Um dies zu vermeiden, sollte nach dem neuen Recht dem Betriebsrat eine möglichst große Gestaltungsfreiheit hinsichtlich des Wirtschaftsausschusses eingeräumt werden. Der Reg-E biete hierfür verschiedene Möglichkeiten.[1408] Der Abgeordnete *Farthmann* (SPD) ergänzte, die Parität habe nur *„dekorativen“* Charakter, äußerte jedoch Bedenken hinsichtlich der maßlosen Vergrößerungsmöglichkeit des Gremiums durch Kooption.[1409] Dem schloss sich *Kley* (CDU/CSU) an und bemängelte ferner, wie auch andere Unionsabgeordnete, den Wegfall der Parität. Diese Zusammensetzung habe sich als Integrationsfaktor bewährt.[1410] Dies bezweifelten die SPD-Abgeordneten *Michels* und *Farthmann*.

1405 *Dräger* (Siemens), BT-Prot. VI/10. Aussch. 45. u. 46 Sitz. S. 136.

1406 *Schreiber* (VDO-Tachometer), BT-Prot. VI/10. Aussch. 45. u. 46 Sitz. S. 136 f.

1407 *Ganschow* (Beiersdorf), BT-Prot. VI/10. Aussch. 45. u. 46 Sitz. S. 138.

1408 Kurzprotokoll des BT-Ausschusses für Arbeit und Soziales vom 29.04.1971, Parlamentsarchiv VI/234, Bd. A 2 Lfd. Nr. 47, S. 9 f.

1409 Kurzprotokoll des BT-Ausschusses für Arbeit und Soziales vom 29.04.1971, Parlamentsarchiv VI/234, Bd. A 2 Lfd. Nr. 47, S. 11.

1410 Kurzprotokoll des BT-Ausschusses für Arbeit und Soziales vom 29.04.1971, Parlamentsarchiv VI/234, Bd. A 2 Lfd. Nr. 47, S. 11.

Tatsächlich habe sich ein mangelhafter Informationswille seitens der Arbeitgeber gezeigt. *Fitting* erklärte daraufhin, dass bei den Beratungen zum BetrVG 52 institutionell und dem Namen nach der „*paritätische Wirtschaftsausschuss*“ aus dem damals vorliegenden Entwurf der SPD-Fraktion für ein *Gesetz zur Neuordnung der deutschen Wirtschaft*[1411] übernommen worden sei. Dieser Wirtschaftsausschuss sollte aber ein Beschlussorgan darstellen im Rahmen einer stufenweisen wirtschaftlichen Mitbestimmung vom Mikroökonomischen zum Makroökonomischen hin. Diese Inhalte seien jedoch seinerzeit nicht übernommen worden.[1412]

Der 10. Ausschuss strich auf Anregung der Sachverständigen in der öffentlichen Anhörung die Möglichkeit des Betriebsausschusses aus § 107 Abs. 3 Reg-E, die Aufgaben des Wirtschaftsausschusses selbst übernehmen und noch weitere Arbeitnehmer kooptieren zu können. Die Mitglieder des Bundestagausschusses für Arbeit und Sozialordnung befürchteten eine Informationskonzentration beim Betriebsrat bzw. des Betriebsausschusses.[1413] Die Möglichkeit, die Aufgaben des Wirtschaftsausschusses auf einen (Unter-)Ausschuss zu übertragen und weitere Arbeitnehmer zu kooptieren, sollte jedoch erhalten bleiben. Ziel der Kooption weiterer Arbeitnehmer sei es, den Sachverstand anderer Arbeitnehmer einschließlich der leitenden Angestellten gewinnen zu können.[1414] Zudem wurde die Anzahl der Mitglieder des Ausschusses auf die Größe des Betriebsausschusses gedeckelt.[1415] Hinsichtlich der Häufigkeit der Sitzungen des Wirtschaftsausschusses sah der Ausschuss-E entgegen dem Reg-E in § 108 Abs. 1 kein zwingendes mindestens monatliches Zusammenkommen vor, sondern nur eine entsprechende Empfehlung.

bb) Betriebsänderungen

Hinsichtlich der Betriebsänderungen bezeichnete *Eichler* (BDA) § 111 Reg-E als akzeptabel, jedoch nicht dessen Konsequenzen aus §§ 112 und 113 Reg-E. Diese seien außerordentlich weitgehend und engten den unternehmerischen Entscheidungsspielraum in Notsituationen sehr stark und in gefährlicher Weise ein. Ein Betrieb in einer Notsituation könne durch diese Regelungen gezwungen sein, aufzugeben.[1416] *Kehrmann* vom DGB sah dagegen beim Beteiligungsrecht bei Betriebsänderung für den Betriebsrat eine ganz erhebliche Verschlechterung gegenüber dem geltenden Recht. Bisher hätte der Betriebsrat bei allen Betriebsänderungen, die zu Nachteilen für die Belegschaft führen konnten, ein Mitbestimmungsrecht. Hiervon gäbe es nur geringfügige Ausnahmen bei grundlegenden Änderungen des Betriebszwecks oder der Betriebsanlagen sowie bei der Einführung grundlegend

---

1411 BT-Drs. I/1229; vgl. S. 44 f, 48.

1412 Kurzprotokoll des BT-Ausschusses für Arbeit und Soziales vom 29.04.1971, Parlamentsarchiv VI/234, Bd. A 2 Lfd. Nr. 47, S. 13 f.

1413 zu BT-Drs. VI/2729, S. 31.

1414 zu BT-Drs. VI/2729, S. 32.

1415 BT-Drs. VI/2729, S. 49 f.

1416 *Eichler* (BDA), BT-Prot. VI/10. Aussch. 45. u. 46 Sitz. S. 130.

neuer Arbeitsmethoden. Nach § 111 Abs. 2 Reg-E sei jedoch in jedem Fall eine Mitbestimmung ausgeschlossen, wenn die Maßnahme durch nicht geplante Einschränkungen der Beschäftigungsmöglichkeiten und insbesondere auf Grund einer Veränderung der Auftragslage oder der wirtschaftlichen Lage bedingt sei. Hierdurch würden die Beteiligungsrechte gegenüber dem BetrVG 52 vollständig ausgehöhlt. *Kehrmann* erklärte, er könne sich kaum eine Betriebsstilllegung vorstellen, die nicht im Zusammenhang mit einer Veränderung der Auftragslage oder der wirtschaftlichen Lage des Betriebs im Zusammenhang stehe. Daher fände *Eichler* den § 111 Reg-E auch akzeptabel. Der Ausschluss der Mitbestimmung nach § 111 Abs. 2 S. 2 Reg-E sei umso weniger verständlich, da es, wie bisher auch, nicht um die Frage der Wirksamkeit der Maßnahme ginge, sondern lediglich um die Mitbestimmung beim Ausgleich der Folgen der Maßnahme. Dies könne auch nicht durch das echte Mitbestimmungsrecht bei der Aufstellung von Sozialplänen kompensiert werden. Nach der jüngsten Rechtsprechung des Bundesarbeitsgerichts sei die Erzwingung von Sozialplänen ohnehin bereits möglich. Auch § 113 Reg-E entspreche dem § 74 BetrVG 52 nebst der dazu ergangenen Rechtsprechung. Positiv sei allein, dass nach § 112 Abs. 1 Reg-E der Sozialplan den Rang einer Betriebsvereinbarung habe. Im Ergebnis erklärte *Kehrmann*, dass eine Verbesserung bei der wirtschaftlichen Mitbestimmung nur erreicht werden könne, wenn § 111 Abs. 2 S. 2 Reg-E vollständig gestrichen werde.[1417] Dem schloss sich *Apel* an.[1418]

Im Gegensatz zum BetrVG 52 stellte der Reg-E in § 111 Abs. 1 bei Betriebsänderungen für die Beteiligung des Betriebsrates nicht mehr auf das Vorliegen bestimmter Arten von Betriebsänderungen in Form eines Katalogs von Fallgruppen ab, sondern darauf, ob und in welchem Umfang eine nach der Betriebsgröße gestaffelte Zahl von Arbeitnehmern durch die Maßnahme nachteilig betroffen werde. Aufgrund dieser Herangehensweise sahen es die Verfasser des Reg-E als notwendig an, die Beteiligung des Betriebsrats in Abs. 2 dann auszuschließen, wenn die Maßnahme aufgrund *„nicht geplanter Einschränkungen"* wie konjunktureller oder Schwankungen der Auftragslage vorgenommen werden musste.

Fitting hatte in der ersten Lesung des 10. Ausschusses wiederholt die Abkehr des Reg-E von dem Katalog mit Fallgruppen gelobt. Ein Katalog würde stets Einschränkungen enthalten. Dies gelte insbesondere, wenn die Gerichte eine solche Aufzählung restriktiv auslegen würden. Dadurch könne das vorgesehene Mitbestimmungsrecht des Betriebsrats ausgehöhlt werden. Der Übergang zum Modell des KSchG, also das Abstellen auf bestimmte Zahlen von Arbeitnehmern, könne eine zeitliche Phasenverschiebung auslösen, wie sie zur Umgehung der Vorschrift des Kündigungsschutzgesetzes über die Massenentlassung gelegentlich ausgenutzt worden seien.[1419] Die Mehrheit des 10. Ausschusses empfand aber, entsprechend der

1417 *Kehrmann* (DGB), BT-Prot. VI/10. Aussch. 45. u. 46 Sitz. S. 130 f.
1418 *Apel* (DAG), BT-Prot. VI/10. Aussch. 45. u. 46 Sitz. S. 132.
1419 Kurzprotokoll des BT-Ausschusses für Arbeit und Soziales vom 29.04.1971, Parlamentsarchiv VI/234, Bd. A 2 Lfd. Nr. 47, S. 20.

Empfehlung von *Kehrmann* und *Apel*, das Korrektiv des Abs. 2 – das Nichtbestehen des Mitbestimmungsrechts bei nicht geplanten Einschränkungen, wie konjunktureller oder Schwankungen der Auftragslage, – als zu unbestimmt und befürchtete, dass hierdurch das Mitbestimmungsrecht des Betriebsrats zu weit eingeschränkt würde.[1420] Daher wurde die Regelung vollständig überarbeitet. Im Interesse einer größeren Rechtssicherheit befand die Mehrheit des 10. Ausschusses es als sachgerechter, wieder zu einem Katalog der Betriebsänderungen nach Fallgruppen, vergleichbar dem des geltenden Rechts, zurückzukehren. Dabei sollten jedoch, wie vom DGB in seinem Entwurf von 1967 gefordert[1421], der Ausschluss des Mitbestimmungsrechts im geltenden Recht für die Fälle der Anpassung an die Marktlage oder den technischen Fortschritt nicht übernommen werden.[1422] Das entsprach im Wesentlichen auch § 43 Abs. 2 des CDU/CSU-E. Eine Abweichung aus *„zwingenden Gründen"* vom Sozialplan, wie nach dem CDU/CSU-E vorgesehen, erachtete die Mehrheit der Ausschussmitglieder aus sozialen und rechtssystematischen Gründen hingegen für nicht vertretbar.[1423]

13. Mitbestimmung auf Unternehmensebene

In der öffentlichen Ausschusssitzung trugen die Vertreter der Sozialpartner ihre bekannten Auffassungen zur Unternehmensmitbestimmung vor. Die Mitglieder des 10. Ausschusses der Regierungs- und der Oppositionsfraktion waren sich einig, dass eine Neuregelung der Unternehmensmitbestimmung erforderlich sei. Die Regierungskoalition vertrat jedoch im Gegensatz zur Oppositionsfraktion die Auffassung, dass die Unternehmensmitbestimmung nach ihrem Wesen Teil des Unternehmensverfassungsrechts sein müsse und nicht des BetrVG, da das BetrVG die arbeitsrechtlichen Beziehungen zwischen dem Arbeitgeber und den Arbeitnehmern regele. Die Unionsfraktion betrachtete hingegen die betriebliche und die Unternehmensmitbestimmung als untrennbare Einheit. Die Neugestaltung der Mitbestimmung bedürfe im Übrigen noch weiterer Erörterungen, weshalb sich die Beschlüsse des Ausschusses auf die Regelungen des BetrVG beschränkten, während die Bestimmungen zur Unternehmensmitbestimmung nach dem §§ 76 ff. BetrVG 52 vorerst aufrecht erhalten werden sollten.[1424][1425]

1420 zu BT-Drs. VI/2729, S. 32.
1421 Vgl. S. 89.
1422 zu BT-Drs. VI/2729, S. 32.
1423 zu BT-Drs. VI/2729, S. 8.
1424 zu BT-Drs. VI/2729, S. 3, 17 f; Kurzprotokoll des BT-Ausschusses für Arbeit und Soziales vom 29.04.1971, Parlamentsarchiv VI/234, Bd. A 2 Lfd. Nr. 47, S. 28 ff.
1425 Kurzprotokoll des BT-Ausschusses für Arbeit und Soziales vom 29.04.1971, Parlamentsarchiv VI/234, Bd. A 2 Lfd. Nr. 47, S. 11.

14. *Stellung der Gewerkschaften im Betrieb*

a) *Übernahme tariflicher Regelungen durch Betriebsvereinbarung*

Der Ausschuss war entsprechend der Entwürfe und dem geltenden Recht der Auffassung, dass Betriebsräte und Gewerkschaften unterschiedliche Aufgaben und Funktionen hätten. Dabei unterstrich er die Rolle der Gewerkschaften als Tarifpartner und zog dies auch als Begründung heran, um die Übernahme von tariflichen Regelungen durch Betriebsvereinbarung entsprechend der Forderungen des Reg-E und des DGB auszuschließen.[1426]

b) *Zusammenarbeit von Betriebsrat und Gewerkschaft*

Bei der öffentlichen Anhörung der Sachverständigen im 10. Ausschuss erörterte der Vertreter der DGB-Gewerkschaften, *Muhr*, an erster Stelle, dass die Zusammenarbeit von Betriebsrat und Gewerkschaften (§ 2 Abs. 2 Reg-E) und der Zugang zum Betrieb (Abs. 3) Einschränkungen gegenüber dem geltenden Recht bedeuteten.[1427] Beide Punkte waren im Ref-E noch gewerkschaftsfreundlicher formuliert und im Rahmen des Koalitionsgesprächs vom 24. November 1970 abgeändert worden.[1428] Nach dem Ref-E sollten die Aufgaben des Betriebsrats *„in Zusammenarbeit"* mit den Gewerkschaften durchgeführt werden, woraus man u.U. einen Beteiligungsanspruch der Gewerkschaften hätte ableiten können. Nach dem Koalitionsgespräch war die *„Zusammenarbeit"* von Betriebsrat und Gewerkschaften auf *„das Recht"* des Betriebsrats, mit den Gewerkschaften *„gemeinsam seine Aufgaben zu erledigen"*, reduziert worden.

Diese Sichtweise der Bundesregierung begrüßte die BDA in der öffentlichen Ausschusssitzung, warnte jedoch vor einem Rechtsanspruch der Gewerkschaften und sprach sich daher ebenfalls für eine gänzliche Streichung des Abs. 2 aus.[1429] Einen solchen Rechtsanspruch sah der DGB selbst in der Formulierung des Ref-E nicht. *Muhr* erklärte, dass es für einen Rechtsanspruch heißen müsse, *„der Betriebsrat hat seine Aufgaben (...) durchzuführen"*. Man war beim DGB mit der Fassung des Reg-E diesbezüglich nicht zufrieden, sondern forderte eine Rückkehr zur Fassung des Ref-E. *Muhr* begründete, dass hier der DGB einen Widerspruch zu § 38 Reg E sehe, denn während dieser festlege, dass ein Viertel der Betriebsratsmitglieder durch entsprechenden Antrag die Teilnahme von Gewerkschaftsvertretern an Betriebsratssitzungen verlangen könne, würde nach § 2 Abs. 2 Reg-E hierfür ein Mehrheitsbeschluss gefordert.[1430]

1426 zu BT-Drs. VI/2729, S. 10.
1427 *Muhr* (DGB), BT-Prot. VI/10. Aussch. 45. u. 46 Sitz. S. 14 f.
1428 Vgl. S. 199.
1429 *Eichler* (BDA), BT-Prot. VI/10. Aussch. 45. u. 46 Sitz. S. 20.
1430 *Muhr* (DGB), BT-Prot. VI/10. Aussch. 45. u. 46 Sitz. S. 14, 15, 32.

Fitting erklärte in der ersten Lesung des 10. Ausschusses, dass nach Ansicht der Bundesregierung diese Vorschrift das eigene Recht des Betriebsrats auf Zusammenarbeit mit und auf Unterstützung durch die Gewerkschaften betone. Dies sei eine Folge des anerkannten dualen Systems des kollektiven Arbeitsrechts.[1431] Die SPD-Abgeordneten *Buschfort* und *Farthmann* regten in der ersten Lesung an, den Abs. 2 zu streichen, da er die bisherigen in Abs. 1 festgelegten Rechte des Betriebsrats einschränke bzw. Einschränkungen verursachen könne und im Widerspruch zu § 38 des Reg-E stehe.[1432]

Dem folgte der 10. Ausschuss, auch aufgrund der Empfehlung des Bundesrats und einer Vielzahl von Sachverständigen, die, wie die BDA, in der öffentlichen Anhörung Bedenken geäußert hatten und strich den § 2 Abs. 2 Reg-E. Dieser sei nicht mit Abs. 1 zu vereinbaren.[1433]

c) *Zugang zum Betrieb*

Der Zugang zum Betrieb von betriebsfremden Gewerkschaftsmitgliedern sollte nach § 2 Abs. 3 Ref-E noch ohne jede Mitwirkung des Arbeitgebers erfolgen. Im Anschluss an das Koalitionsgespräch vom 24. November 1970 sollte der Betriebsrat sich nach § 2 Abs. 3 des Reg-E zuvor mit dem Arbeitgeber *„ins Benehmen"* setzen. Durch Kabinettbeschluss vom 3. Dezember 1970 wurde dann jedoch die klarstellende Erläuterung des *„sich ins Benehmen setzen" „d. h., nach vorheriger Verständigung"* des Arbeitgebers aus der Gesetzesbegründung gestrichen.[1434]

Der DGB forderte einen unbeschränkten Zugang zum Betrieb. Daher bedauerte *Muhr* in der öffentlichen Sitzung des 10. Ausschusses, dass es sich hierbei ohnehin nur um ein partielles Zugangsrecht handle, da keine Zugangsmöglichkeit zu Betrieben ohne Betriebsrat bestehe.[1435] Auf *Arendts* Aussage, der in der 101. Sitzung des Bundestages bei der ersten Lesung des Entwurfs das Benehmen nur als *„Wahrung der Höflichkeit"* bezeichnet hatte[1436], entgegnete *Muhr* vom DGB trocken, dass man nicht der Auffassung sei, dass es sich hierbei um eine reine Höflichkeitsfloskel handle und eine gesetzliche Aufforderung zur Höflichkeit bei den Gewerkschaften nicht benötigt würde. Vielmehr sähe man in der Vorschrift eine Möglichkeit des Arbeitgebers, die Kontakte des Betriebsrats mit den Gewerkschaften zu kontrollieren. Der DGB forderte deshalb, dass der Zugang zum Betrieb, wie im Ref-E vorgesehen, keiner Einschaltung des Arbeitgebers bedürfe,[1437] also auch keiner Unterrichtung.

1431 Kurzprotokoll des BT-Ausschusses für Arbeit und Soziales vom 04.03.1971, Parlamentsarchiv VI/234, Bd. A 2 Lfd. Nr. 40, S. 16 f.

1432 Kurzprotokoll des BT-Ausschusses für Arbeit und Soziales vom 04.03.1971, Parlamentsarchiv VI/234, Bd. A 2 Lfd. Nr. 40, S. 17.

1433 zu BT-Drs. VI/2729, S. 19.

1434 Vgl. S. 169.

1435 *Muhr* (DGB), BT-Prot. VI/10. Aussch. 45. u. 46 Sitz. S. 15.

1436 Vgl. S. 235.

1437 *Muhr* (DGB), BT-Prot. VI/10. Aussch. 45. u. 46 Sitz. S. 15.

Eichler von der BDA schlug hingegen vor, diesen Komplex gar nicht zu regeln, also auch nicht das Recht des Zugangs an sich. Es sei jedem Arbeitgeber bekannt und so wolle auch die BDA das Verhältnis zwischen Betriebsrat und Gewerkschaften verstanden wissen, dass die Gewerkschaften die Helfer und Berater der Betriebsräte seien. Deshalb spiele sich der Zugang zu den Betrieben völlig reibungslos ab. *„Dass es hier und da einmal Ärger gibt, ist nichts Besonderes; das ist überall so im Leben."* Im Falle einer Regelung, müsse diese eine vorherige Verständigung mit dem Arbeitgeber beinhalten, deshalb sei das Sich-ins-Benehmen-setzen eine Mindestvoraussetzung.[1438] Auf Nachfrage einiger Abgeordneter erklärte *Eichler*, dass der Begriff in der Rechtsprechung weithin als *„Unterrichtung des anderen und Berücksichtigung seiner Interessen"* verstanden würde. Eine vorzugswürdigere weil verständlichere Formulierung sei daher *„nach Verständigung"* oder *„nach Übereinkunft"*.[1439]

Kübler vom ZDH schloss sich sämtlichen Ausführungen *Eichlers* an und ergänzte, dass der Begriff *„Benehmen"* vor allem in kleineren mittleren Betrieben ein Problem darstellen würde. In Großbetrieben seien solche Angelegenheiten professioneller organisiert, es existierten generelle und institutionalisierte Regelungen. Im Übrigen habe aber bereits die bisherige Diskussion gezeigt, dass der Begriff für die Bedingung des Zutrittsrechts der Gewerkschaften ungeeignet sei. Schließlich hob er hervor, dass die Unterrichtung des Arbeitgebers das Minimum als Voraussetzung für das Zutrittsrecht sein sollte.[1440]

Apel begegnete dem Vorschlag *Eichlers*, das Zugangsrecht gar nicht zu regeln, mit einem Vergleich: Er habe ein Schild gesehen, auf dem hätte gestanden: *„Vernünftige Menschen verunreinigen Wald und Weg nicht; allen anderen ist es verboten."* Für das Zugangsrecht sollte das Verfahren umgekehrt werden: *„Vernünftige Arbeitgeber lassen den Gewerkschaftsvertreter in den Betrieb hinein. Den Unvernünftigen möge es das Gesetz gebieten."*

Nach dieser Auffassung müsse die *Schachtanlage Minister Stein* ein vernünftiger Arbeitgeber sein, denn der Sachverständige *Obijou*, Betriebsratsmitglied der Schachtanlage, berichtete, dass der Zutritt von Gewerkschaftsvertretern bisher reibungslos verlaufen sei und zwar auch ohne vorheriges *Sich-ins-Benehmen-setzen* mit dem Arbeitgeber. Man halte dies auch für wichtig, da nur durch die Unterstützung der Gewerkschaften eine reibungslose Betriebsratstätigkeit möglich sei. Deshalb plädierte *Obijou* für die Streichung des Passus *„ins-Benehmen-setzen"* und forderte die *„Fundamentierung"* eines unbeschränkten gewerkschaftlichen Zutrittsrechts.[1441]

Demgegenüber bedankte sich der Sachverständige *Helbig*, Betriebsratsmitglied bei C.A. Schlemper und Mitglied des Landtags in Nordrhein-Westfalen, für die Hereinnahme dieses Begriffs in das Gesetz. In Nordrhein-Westfalen arbeite man auf Gemeindeebene bereits sehr erfolgreich auf dieser Basis. Er sei die Grundlage der

1438 *Eichler* (BDA), BT-Prot. VI/10. Aussch. 45. u. 46 Sitz. S. 20 f; 29; 30.
1439 *Eichler* (BDA), BT-Prot. VI/10. Aussch. 45. u. 46 Sitz. S. 28.
1440 *Kübler* (ZDH), BT-Prot. VI/10. Aussch. 45. u. 46 Sitz. S. 28.
1441 *Obijou* (Zeche Minister Stein), BT-Prot. VI/10. Aussch. 45. u. 46 Sitz. S. 41.

Zusammenarbeit von Rat und Verwaltung. Das werde auch für Gewerkschaften, Arbeitgeber und Betriebsrat gelten. Er wünsche als Betriebsratsmitglied nicht, dass die Gewerkschaften in den Betrieb kämen, ohne sich vorher mit dem Betriebsrat ins Benehmen gesetzt zu haben. Deshalb hätte er Verständnis dafür, wenn der Arbeitgeber dies genauso sähe.[1442] Der Sachverständige *Peters* von der HDW in Hamburg erklärte sogar, dass die Gewerkschaftsvertreter dort jährlich einen Zugangsausweis erhielten. Man wolle deshalb aber gerade nicht, dass dies durch das *„ins-Benehmen-setzen"* sich ändere.[1443] Auch der Sachverständige *Stein*, Betriebsratsvorsitzender bei Lurgi in Frankfurt, beschrieb, dass die Gewerkschaftsvertreter an der Pforte nur eingelassen würden, wenn sie beim Arbeitgeber bzw. vielmehr beim Betriebsrat *„erwünscht"* seien. Auch *Stein* sah in dem Begriff *„Benehmen"* allerdings mehr als nur eine Mitteilung und verstand es deshalb als Einschränkung zum geltenden Recht.[1444]

Fitting erläuterte in der ersten Lesung des 10. Ausschusses, dass unter dem *„Benehmen"* die vorherige Verständigung mit der Möglichkeit zur Aussprache zu verstehen sei. Es unterscheide sich vom Einvernehmen, das eine Zustimmung des anderen Teils bedinge. Außerdem dürfe das Zugangsrecht nicht den unumgänglichen Notwendigkeiten des Betriebsablaufs, zwingenden Sicherheitsvorschriften oder dem Schutz von Betriebsgeheimnissen zuwiderlaufen.[1445] Einige Unionsabgeordnete und der SPD-Abgeordnete *Killat* regten in der ersten Lesung an, den Abs. 3 ersatzlos zu streichen, da die Bestimmung die bereits in der Praxis und von der Rechtsprechung anerkannten Befugnisse der Gewerkschaften beschränke. Von den SPD-Abgeordneten *Farthmann, Geiger* und *Schimschock* wurde angeregt, Abs. 3 klarer zu fassen, um Missdeutungen vorzubeugen.[1446]

Im Ergebnis ersetzte der 10. Ausschuss entsprechend dem von *Apel* geäußerten Wunsch der DAG[1447] und des Bundesratsausschusses[1448] die umstrittene Voraussetzung für den Zugang zum Betrieb von Gewerkschaftsangehörigen *„im Benehmen mit dem Arbeitgeber"* in § 2 Abs. 3 Reg-E durch *„nach Unterrichtung des Arbeitgebers"*, wobei auch eine Unterrichtung des Vertreters des Arbeitgebers genügen sollte.[1449] Hierdurch sollte eine einschränkende Interpretation des Begriffs *„Benehmen"* ausgeschlossen werden, wie sie im Verwaltungsrecht üblich war.[1450]

1442 *Helbig (C.A. Schlemper)*, BT-Prot. VI/10. Aussch. 45. u. 46 Sitz. S. 41.

1443 *Peters (HDW)*, BT-Prot. VI/10. Aussch. 45. u. 46 Sitz. S. 42.

1444 *Stein (Lurgi)*, BT-Prot. VI/10. Aussch. 45. u. 46 Sitz. S. 41.

1445 Kurzprotokoll des BT-Ausschusses für Arbeit und Soziales vom 04.03.1971, Parlamentsarchiv VI/234, Bd. A 2 Lfd. Nr. 40, S. 17.

1446 Kurzprotokoll des BT-Ausschusses für Arbeit und Soziales vom 04.03.1971, Parlamentsarchiv VI/234, Bd. A 2 Lfd. Nr. 40, S. 18.

1447 Vgl. S. 215.

1448 Vgl. S. 222.

1449 BT-Drs. VI/2729, S. 2.

1450 zu BT-Drs. VI/2729, S. 11.

XXI. Zweite und dritte Beratung am 10. November 1971 im Bundestag (BT-Prot. VI/150, S. 8586 ff.)

Am 10. November 1971 fand in der 150. Sitzung des Bundestags die zweite und dritte Lesung über die Entwürfe zur Novellierung des BetrVG statt.[1451] Tags zuvor hatte die CDU/CSU-Fraktion noch einige Änderungsanträge zum Ausschuss-E dem Bundestag vorgelegt, die aus dem eigenen Entwurf stammten. Dabei handelte es sich im Wesentlichen um

- die Einfügung der „*Arbeitnehmergrundrechte*" an den Anfang des BetrVG[1452],
- die Implementierung des Arbeitsgruppensprechersystems und im Falle der Ablehnung, die Erweiterung der Tariföffnungsklausel für das Arbeitsgruppensprechersystem (§ 3 Abs. 1 Nr. 1 Ausschuss-E) auf Betriebsvereinbarungen[1453],
- die Änderung der Definition der leitenden Angestellten und Einfügung der Regelungen zur Bildung eines Sprecherausschusses[1454],
- die Stärkung der Gruppenrechte[1455],
- die Einrichtung eines paritätisch besetzten Wirtschaftsausschusses losgelöst vom Betriebsrat[1456],
- die Reduzierung der echten Mitbestimmung durch Änderungen zum Einigungsstellenverfahren, zur sozialen Mitbestimmung, zur Erstellung von Auswahlrichtlinien, zur Erstellung eines Interessenausgleichs und Sozialplans, zum Nachteilsausgleich[1457] und
- eine Neuregelung der Unternehmensmitbestimmung[1458].

Diese Änderungsanträge der CDU/CSU-Fraktion lehnte der Bundestag teilweise in namentlicher und teilweise in einfacher Abstimmung mit der Mehrheit der Regierungskoalition ab.[1459]

In einfacher Abstimmung mit einigen Enthaltungen wurde die Fassung des Ausschusses für Arbeit und Sozialordnung[1460] zu dem Gesetzentwurf angenommen.[1461] Über den *Entwurf eines Betriebsverfassungsgesetzes*[1462] in der Fassung des Ausschusses für Arbeit und Sozialordnung wurde sodann zum Ende der dritten Lesung namentlich abgestimmt und er wurde mit 266 Stimmen sowie von zwölf

1451 BT-Prot. VI/150, S. 8586–8675.
1452 BT-Umdr. VI/232.
1453 BT-Umdr. VI/233.
1454 BT-Umdr. VI/234 (neu).
1455 BT-Umdr. VI/235.
1456 BT-Umdr. VI/236.
1457 BT-Umdr. VI/237 (neu).
1458 BT-Umdr. VI/238.
1459 BT-Prot. VI/150, S. 8606 ff; 8611; 8617 ff; 8637 ff; 8650 ff; 8656 f; 8662 f.
1460 BT-Drs. VI/2729.
1461 BT-Prot. VI/150, S. 8663.
1462 BT-Drs. VI/1786, zu VI/1786.

Berliner Bundestagsabgeordneten angenommen. Für den Gesetzentwurf stimmten neben sämtlichen SPD-Abgeordneten 21 Abgeordnete der CDU/CSU-Fraktion, darunter die Abgeordneten *Katzer*[1463], *Müller* (Remscheid)[1464] und *Winkelheide*[1465]. Vier Abgeordnete der CDU/CSU enthielten sich. Gegen den Gesetzentwurf stimmten neben den übrigen Abgeordneten der CDU/CSU-Fraktion die FDP-Abgeordneten *Kienbaum*[1466] und *von Kühlmann-Stumm*.[1467]

Die Interessenvertretung der Unternehmer, die BDA, hatte bereits viele der neuen Vorschriften akzeptiert, gegen die sich die CDU/CSU jetzt noch sträubte. Einige Tage vor der zweiten und dritten Sitzung des Bundestages hatten sich BDA-Funktionäre im Kölner Hotel Kuckuck mit 15 Rechtsprofessoren[1468] zu einer vertraulichen Sitzung zum kommenden Betriebsverfassungsgesetz getroffen.[1469] Einer der Professoren erklärte anschließend den Zweck der von der BDA initiierten sog. Kuckucks-Sitzung: *„Hohe Richter und Kommentatoren sollten zur restriktiven Interpretation des künftigen Gesetzes bewogen werden."* Neben der Entschärfung *„auf dem Wege der Interpretation"* bat *Eichler* in der Sitzung die Professoren um Vorschläge zum Umgang mit dem neuen Betriebsverfassungsgesetz. Professor *Hanau* schlug vor, den Weiterbeschäftigungsanspruch bei Ausspruch einer ordentlichen Kündigung entgegen dem Widerspruch des Betriebsrats durch den gleichzeitigen Ausspruch einer außerordentlichen, fristlosen Kündigung zu umgehen.[1470] Weder die BDA noch die Professoren hatten gegen die meisten Neuregelungen des Betriebsverfassungsgesetzes Einwände. Dennoch kündigte *Eichler* für den Fall, dass das Gesetz in der vorliegenden Form verabschiedet werde, eine Verfassungsbeschwerde an. Da die Dauer des Gesetzgebungsverfahrens noch nicht abzusehen war, lud *Eichler* die Runde der Professoren wieder für April 1972 ein, um *„im Dienste kühler Vernunft"* konkrete Abwehrmaßnahmen zu vereinbaren.[1471]

1463 Vgl. S. 71, 102, 110, 112 ff, 237.
1464 Vgl. Fn. 513.
1465 Vgl. Fn. 826, 1147.
1466 Vgl. Fn. 1152.
1467 BT-Prot. VI/150, S. 8675.
1468 u. a. *Gerhard Boldt* (Bochum), *Eduard Bötticher* (Hamburg), *Wilhelm Dütz* (Berlin), *Hans Galperin* (Bremen), *Ernst Gamillscheg* (Tübingen), *Peter Hanau* (Berlin), *Götz Hueck* (Hamburg), *Alfons Kraft* (Darmstadt), *Manfred Löwisch* (Freiburg), *Reinhard Richardi* (Regensburg), *Bernd Rüthers* (Berlin), *Horst Säcker* (Würzburg), *Wolfgang Zöllner* (Köln).
1469 Der Spiegel, 50/1971, S. 95.
1470 Der Spiegel, 50/1971, S. 95 f.
1471 Der Spiegel, 50/1971, S. 96.

XXII. Erneute Beratung des Entwurfs eines Betriebsverfassungsgesetzes im Bundesrat

Am 19. November 1971 leitete der Präsident des Deutschen Bundestags *von Hassel* den vom Bundestag angenommenen *Entwurf eines Betriebsverfassungsgesetzes* gemäß Art. 77 Abs. 1 S. 1 GG zur erneuten Beratung an den Bundesrat weiter,[1472] der die Länder über den Bundestagsbeschluss informierte.

1. *Ausschussberatungen*

Der Unterausschuss des Rechtsausschusses des Bundesrats empfahl in seiner Sitzung am 11. November 1971 dem Rechtsausschuss, dem Gesetzesentwurf zuzustimmen. Anträge wurden nicht gestellt.[1473] Der Rechtsausschuss nahm diese Empfehlung in seiner Sitzung am 16. November 1971 an.[1474]

In der Sitzung des Wirtschaftsausschusses des Bundesrats vom 18. Dezember 1971 stellten die Länder Bayern und Schleswig-Holstein noch Änderungsanträge. Sämtliche Anträge wurden abgelehnt und es wurde beschlossen, dem Bundesrat zu empfehlen, dem Gesetz zuzustimmen.[1475]

Auch in der Sitzung des federführenden Bundesratsausschusses für Arbeit und Sozialpolitik am 18. Dezember 1971 stellten die Länder Bayern und Schleswig-Holstein zahlreiche Änderungsanträge. Die Mitglieder des Ausschusses für Arbeit und Sozialpolitik lehnten diese Anträge ab und beschlossen ebenfalls, dem Bundesrat zu empfehlen, dem Gesetz zuzustimmen.[1476]

2. *Anträge der Länder (BR-Drs. 633/1/71 – BR-Drs. 633/8/71)*

Die unionsgeführten Länder Schleswig-Holstein, Rheinland-Pfalz und Bayern unterbreiteten abermals die in zweiter und dritter Lesung im Bundestag gestellten Änderungsanträge der CDU/CSU-Fraktion[1477] und beantragten daher die Einberufung des Vermittlungsausschusses nach Art. 77 Abs. 2 GG.[1478]

1472 BR-Drs. 633/71.

1473 Niederschrift des BR-Unterschusses des Rechtsausschusses vom 11.11.1971, Parlamentsarchiv VI/234, Bd. A 3 Lfd. Nr. 71, S. 20.

1474 Niederschrift des BR-Ausschusses für Recht vom 16.11.1971, Parlamentsarchiv VI/234, Bd. A 3 Lfd. Nr. 72, S. 16.

1475 Niederschrift des BR-Ausschusses für Wirtschaft vom 18.11.1971, Parlamentsarchiv VI/234, Bd. A 3 Lfd. Nr. 73, S. 6.

1476 Niederschrift des BR-Ausschusses für Arbeit und Sozialpolitik vom 18.11.1971, Parlamentsarchiv VI/234, Bd. A 3 Lfd. Nr. 74, S. 30.

1477 Vgl. S. 286.

1478 BR-Drs. 633/1/71 bis 633/8/71.

3. *374. Sitzung des Bundesrats am 3. Dezember 1971 (BR-Prot. 374)*

In der 374. Sitzung des Bundesrats am 3. Dezember 1971 beriet der Bundesrat über die Anträge der Länder und den Antrag auf Anrufung des Vermittlungsausschuss nach Art. 77 Abs. 2 GG.

Die Vertreter der sozialliberalen Koalition hatten vorausgesehen, dass die Unionsmehrheit im Bundesrat den Vermittlungsausschuss in jedem Fall anrufen würde, wenn auch nur, um das Gesetzesvorhaben zu verzögern. Dies wurde wesentlicher Gegenstand der Bundesratsdebatte.

Bundesratspräsident *Heinz Kühn*[1479] erteilte dem Berichterstatter des federführenden Ausschusses für Arbeit und Sozialpolitik, Staatsminister *Schmidt* (Hessen)[1480] das Wort. *Schmidt* bezeichnete den Gesetzentwurf in der vorliegenden Form als einen beachtlichen Beitrag zur Reform der Gesellschaftsordnung und fasste einige Verbesserungen des Gesetzes kurz zusammen. Man sei sich im Ausschuss einig gewesen, dass die Anrufung des Vermittlungsausschusses nicht erforderlich sei und nur eine Verzögerung des Gesetzesvorhabens darstelle.[1481]

Anschließend erteilte Bundesratspräsident *Kühn* Bundesarbeitsminister *Arendt* das Wort. *Arendt* lobte die Arbeitsrechtsordnung der Bundesrepublik, deren hohen Entwicklungsstand und deren Institutionen. Diese führe u. a. zu einer extrem niedrigen Streikstatistik. Das BetrVG sei eine Friedensordnung und dies solle sie auch bleiben. Was sich jedoch ändere, sei das Maß der Mitbestimmung der Arbeitnehmer im Betriebsrat. Die betriebliche Mitbestimmung sei kein Selbstzweck. Vielmehr diene sie im Wesentlichen zwei Zielen: dem sozialen Schutz der Arbeitnehmer und sie verschaffe den Arbeitnehmern die Anerkennung, die ihnen heute in der Gesellschaft gebühre.[1482]

Fritz Pirkl,[1483] Arbeitsminister von Bayern, machte zunächst die Feststellung, dass aus seiner Sicht das Betriebsverfassungsgesetz von 1952 nicht als große soziale Errungenschaft Nachkriegsdeutschlands bezeichnet werden könne. Und auch gegen das nun vorliegende Gesetz habe er Bedenken. Um hiervon reden zu können, fehle es an den von der CDU/CSU vorgeschlagenen Individualrechten der Arbeitnehmer und an der Wahl von Arbeitsgruppensprechern. Zudem sei die zunehmende Bedeutung der leitenden Angestellten und das Erfordernis des besonderen Schutzes der Gruppen und Minderheiten übergangen worden. Im Übrigen würde das Machtverhältnis im Betrieb durch die Umkehrung der Beweislast in personellen Maßnahmen aus dem Gleichgewicht gebracht. Schließlich wies er auf die Gefahren von verbindlichen Entscheidungen der Einigungsstelle hin. Die Anrufung des

1479 *Heinz Kühn*, SPD, Ministerpräsident von Nordrhein-Westfalen (1966–1978).
1480 *Horst Schmidt*, MdL (Hessen), SPD; Landessozialminister (1969–1976).
1481 *Schmidt* (Hessen), BR-Prot. 374, S. 342.
1482 *Arendt*, BR-Prot. 374, S. 342 f.
1483 *Fritz Pirkl*, MdL (Bayern), CSU, Arbeitsminister (1966–1984).

Vermittlungsausschusses stelle insoweit eine Chance dar, da deren Beratung noch in diesem Jahr zum Abschluss gelangen könnte.[1484]

Der hessische Ministerpräsident *Albert Osswald*[1485] unterstellte als nächster Redner *Pirkl* ein schlechtes Gewissen. Er warf der Unionsfraktion zudem widersprüchliches Verhalten vor. Einerseits fordere man in Bundestagsdebatten regelmäßig gesellschaftspolitische Reformen, um diese dann anschließend zu blockieren. Dem Grundrechtskatalog konnte *Osswald* nichts abgewinnen, da er den Arbeitnehmern keine zusätzlichen Rechte bringe. Das gelte auch für die Einrichtung von Arbeitsgruppen. Die Anträge brächten daher keine Verbesserung des Gesetzes. Vielmehr stelle der vorliegende Entwurf eine *„ausgewogene Lösung"* und eine *„moderne Fortentwicklung des Betriebsverfassungsrechts"* dar.[1486]

Im Gegensatz dazu brächten nach Auffassung von *Hans Filbinger*[1487], Ministerpräsident von Baden-Württemberg, die sieben Vorschläge der CDU/CSU *„eine Verbesserung"* und *„eine Abrundung"* des Gesetzes. Er warnte vor einer Verhärtung der Fronten und einer Polarisierung bei der Zusammenarbeit von Bundestag und Bundesrat. Er appellierte an die Kompromissfähigkeit und rief dazu auf, den Bundesrat als Institution und den Vermittlungsausschuss vor *„seiner Denaturierung und einer drohenden Untauglichkeit"* zu schützen.[1488]

Auf den Vorwurf der Verschleppung des Gesetzgebungsverfahrens entgegnete der rheinland-pfälzische Ministerpräsident *Helmut Kohl*[1489], dass man bereits als die Bundesregierung den Gesetzesentwurf in den Bundesrat am 3. Februar 1971 eingebracht habe, angekündigt habe, dass einige Punkte gravierend geändert werden müssten und dass dies noch einmal in der Schlussabstimmung im Bundesrat vorgetragen werde, soweit zuvor keine befriedigenden Lösungen gefunden wurde. Er verwies auf die Möglichkeit, das Gesetz in überarbeiteter Form abermals am 10. Dezember 1971 im Bundestag zur Abstimmung zu stellen, um dann in 14 Tagen, am 17. Dezember 1971, an derselben Stelle wieder darüber zu entscheiden. Zudem wehrte er sich dagegen, dass diejenigen, die etwas befürworteten, grundsätzlich als progressiv bezeichnet würden, wohingegen diejenigen, die gegen eine Sache seien, automatisch als konservativ und reaktionär bezeichnet würden.[1490]

Hans Koschnik[1491], Senatspräsident von Bremen, stellte hingegen die Funktion des Vermittlungsausschusses in Frage, wenn wie in diesem Fall, lediglich in der *„Art einer tibetischen Gebetsmühle"* dieselben Argumente wiederholt würden. Nach

1484 *Pirkl*, BR-Prot. 374, S. 345.

1485 *Albert Osswald*, SPD, Ministerpräsident von Hessen (1969–1976).

1486 *Osswald*, BR-Prot. 374, S. 345.

1487 *Hans Filbinger*, CDU, Ministerpräsident von Baden-Württemberg (1966–1978).

1488 *Filbinger*, BR-Prot. 374, S. 346 f.

1489 *Helmut Kohl*, CDU, Ministerpräsident von Rheinland-Pfalz (1969–1976).

1490 *Kohl*, BR-Prot. 374, S. 347 f.

1491 *Hans Koschnick*, SPD, Senatspräsident von Bremen (1967–1985).

seiner Vorstellung soll der Vermittlungsausschuss ein Organ sein, in dem nicht mit gebundenen Marschrouten und Blöcken marschiert und argumentiert werde.[1492]

Von den gestellten Anträgen der Länder wurden im Wesentlichen abgelehnt:

- der Antrag zur Wahl von Arbeitsgruppensprechern,
- der Antrag auf Streichung der Möglichkeit des Arbeitgebers, die Zustimmung des Betriebsrats vom Arbeitsgericht ersetzen zu lassen,
- der Antrag, die Mitbestimmung in sozialen Angelegenheiten in Sachen Unterstützungskassen auf die Form und Verwaltung zu beschränken,
- der Antrag auf Streichung des Weiterbeschäftigungsanspruchs bei Widerspruch des Betriebsrats zur Kündigung und
- der Antrag, das Mitbestimmungsrecht des Betriebsrats bei Betriebsänderungen auf die Fälle einzugrenzen, in denen die Betriebsänderung nicht aufgrund einer Veränderung der Auftragslage oder wirtschaftlichen Lage erforderlich ist.[1493]

Der Bundesrat, in dem die CDU/CSU-regierten Länder über eine Stimme mehr verfügten als die Regierungskoalition, beschloss am 3. Dezember 1971 in seiner 374. Sitzung die Einberufung des Vermittlungsausschusses gemäß Art. 77 Abs. 2 GG.[1494] Der Präsident des Bundesrats *Kühn* leitete den Beschluss an den Vorsitzenden des Vermittlungsausschusses von Bundestag und Bundesrat[1495] und an den Bundestagspräsidenten weiter.[1496]

4. *Die Beratungen des Vermittlungsausschusses am 13. Dezember 1971 (VA-KurzProt. Nr. 11 VI/1969)*

Schellenberg, sozialpolitischer Sprecher der SPD und Vorsitzender des 10. Ausschusses des Bundestages, erklärte nach der Ablehnung des Gesetzes durch den Bundesrat, dass seine Fraktion während der Vermittlungsgespräche zwischen Bundestag und Bundesrat keinerlei Kompromissbereitschaft zeigen werde. *Schellenberg: „An dem Gesetz wird kein Komma geändert.“*[1497] Der DGB-Vorsitzende *Vetter* warnte vor weiteren *„Verwässerungen“* an dem Gesetz: *„Es wird Aktionen der Gewerkschaften im ganzen Bundesgebiet geben, es wird zu Arbeitsniederlegungen kommen und eine gewisse Presse wird vom politischen Streik sprechen.“*

Die Mitglieder des Vermittlungsausschusses traten unter dem Vorsitz des CSU-Bundestagsabgeordneten *Höcherl* am 13. Dezember 1971 zusammen. Die Regierungskoalition hatte sowohl auf der Bank des Bundestags[1498] als auch auf der Bank

1492 *Koschnick*, BR-Prot. 374, S. 348 f.
1493 BR-Prot. 374, S. 349 f.
1494 BR-Prot. 374, S. 350.
1495 BR-Drs. 633/71 (Beschluß).
1496 BT-Drs. VI/2904.
1497 Der Spiegel, 50/1971, S. 95.
1498 Bank des Bundestags: SPD-Abgeordnete: *Arndt* (Hamburg), *Junghans*, *Schäfer*, *Schellenberg*, *Schulte* (Unna) zeitweise, *Wienand* zeitweise; FPD-Abgeordneter:

des Bundesrats[1499] im Vermittlungsausschuss am 13. Dezember 1971 eine Mehrheit von sechs zu fünf. Von Seiten der Bundesregierung war Arbeitsminister *Arendt* anwesend:[1500] Einziger Punkt der Tagesordnung war das Betriebsverfassungsgesetz.

Die *„Gründe für die Einberufung des Vermittlungsausschusses zum Betriebsverfassungsgesetz"*[1501] umfassten im Wesentlichen die folgenden Änderungswünsche und Ergänzungen der CDU/CSU:

- die Einfügung der *„Arbeitnehmergrundrechte"* an den Anfang des BetrVG,
- die Änderung der Definition der leitenden Angestellten und Einfügung der Regelungen zur Bildung eines Sprechersprecherausschusses,
- die Stärkung der Gruppenrechte,
- die Einrichtung eines paritätisch besetzten Wirtschaftsausschusses, losgelöst vom Betriebsrat,
- die Abschwächung der echten Mitbestimmung durch Änderung des Einigungsstellenverfahrens,
- die Abschwächung der Mitbestimmung in sozialen und personellen Angelegenheiten sowie bei der Erstellung von Auswahlrichtlinien[1502]

Nachdem der Abgeordnete *Russe* (CDU) die von der Unionsfraktion vorgeschlagenen Individualrechte vorgestellt hatte, entgegnete *Schellenberg*, Vorsitzender des Bundestagsauschusses für Arbeit und Soziales, dass die Individualrechte sich zwar gut anhörten, im Wesentlichen allerdings unverbindlich gefasst und daher *„Platzhalter"* seien. Soweit Individualrechte konkretisiert werden konnten, sei der Bundestag den Forderungen der Unionsfraktion bereits nachgekommen. Dem stimmte *Filbinger* (CDU), Ministerpräsident von Baden-Württemberg, zu, hob aber noch einige vorgeschlagene Vorschriften, wie die *„Betriebliche Umschulung"* und die Beteiligung am *„Aufgaben- und Verantwortungsbereich"* hervor, die der Vermittlungsausschuss berücksichtigen sollte, da diese eine Lücke ausfüllten und dem Arbeitnehmer einen Anspruch gäben, den er sonst nicht hätte.[1503] Zur Anwendung und Durchsetzbarkeit dieser von der CDU/CSU vorgeschlagenen Arbeitnehmerrechte entwickelte sich eine Diskussion, an der sich neben *Schellenberg* und *Filbinger* noch Frau *Mevissen* (SPD), Bürgermeisterin von Bremen, und *Posser*, Justizminister von Nordrhein-Westfalen, beteiligten.[1504] Anschließend lehnte der Vermittlungsausschuss

Funke; CDU/CSU-Abgeordnete: *Höcherl*, *Lenz* (Bergstraße), *Müller-Hermann*, *Russe*, *Windelen*.

1499 Bank des Bundesrats: SPD: *Grabert* (Berlin), *Mevissen* (Bremen) *Elsner* (Hamburg), *Hemfler* (Hessen), *Heinke* (Niedersachsen.), *Posser* (Nordrhein-Westfalen); CDU: *Filbinger* (Baden-Württemberg), *Meyer* (Rheinland-Pfalz), *Becker* (Saarland), *Schwarz* (Schleswig-Holstein); CSU: *Bauer* (Bayern).

1500 VA-KurzProt. Nr. 11 VI/1969, S. 1.

1501 BR-Drs. 633/71 (Beschluss); BT-Drs. VI/2904.

1502 BR-Drs. 633/71 (Beschluss); BT-Drs. VI/2904.

1503 VA-KurzProt. Nr. 11 VI/1969, S. 3 f.

1504 VA-KurzProt. Nr. 11 VI/1969, S. 4 f.

das von *Filbinger* als Antrag aufgenommene Anrufungsbegehren des Bundesrats mit zehn zu zwölf Stimmen ab.[1505]

Anschließend stellte der Abgeordnete *Russe* (CDU) den Unionsantrag zur Änderung des Begriffs des leitenden Angestellten und zur gesonderten Angestelltenvertretung nebst Begründung vor.[1506] *Schellenberg* (SPD) verteidigte die Definition des leitenden Angestellten, die im Wesentlichen auf einen Vorschlag des Rechtsausschusses des Bundestages fußte, und äußerte seine Befürchtungen gegenüber einer gesonderten Vertretung der leitenden Angestellten. Eine solche Institution könne neben dem Betriebsrat im Betrieb zu erheblichen Spannungen führen. Zudem könne diese Frage noch nicht abschließend entschieden werden, da die Gruppe der leitenden Angestellten „*um ihr Selbstverständnis noch ringe und ihre betriebssoziologische Stellung noch nicht abschließend beurteilt werden könne*", zumal die leitenden Angestellten ausdrücklich das Recht hätten, sich im Wirtschaftsausschuss zu beteiligen.[1507] *Filbinger* (CDU) entgegnete, dass in einer Umfrage sich 90 % der leitenden Angestellten für eine eigene Vertretung ausgesprochen hätten. Die Sprecherausschüsse würden der Pluralität der Gesellschaft entsprechen und entgegen den Befürchtungen *Schellenbergs* gerade ausgleichend auf die betrieblichen Verhältnisse wirken und das Klima verbessern.[1508] *Schellenberg* erwiderte, dass er sogar davon ausgehe, dass ein Sprecherausschuss neben dem Betriebsrat zu „*außerordentlichen Spannungen*" führen müsse. Auch diesen Antrag lehnte der Vermittlungsausschuss mit zehn zu zwölf Stimmen ab.[1509]

Daraufhin beantragte der Abgeordnete *Lenz* (Bergstraße) (CDU), einen § 86a einzufügen, nach dem für die leitenden Angestellten auch die §§ 82 bis 86 – das Erörterungs- und Beschwerderecht sowie die Einsicht in die Personalakte – Anwendung finden sollten und die leitenden Angestellten für die Durchsetzung dieser Rechte einen Sprecherausschuss sollten wählen können. Dies sei im Grunde genommen nichts anderes als die Legitimierung der bereits erwähnten betrieblichen Praxis.[1510] Dem stimmte *Schellenberg* zwar zu, entgegnete aber, dass die Entwicklung noch im Fluss sei, der Gesetzgeber diese Entwicklung abwarten solle und eine voreilige Regelung „*der Sache keine Dienst erwiesen*" werde. Der Antrag wurde mit zehn zu zwölf Stimmen abgelehnt.[1511]

Der Abgeordnete *Lenz* (Bergstraße) (CDU) stellte dann noch den Antrag, dass für den Fall, dass Sprecherausschüsse gewählt würden, diese über denselben Kündigungsschutz verfügen sollten wie Betriebsratsmitglieder. Die Entwicklung der

---

1505 VA-KurzProt. Nr. 11 VI/1969, S. 7.
1506 VA-KurzProt. Nr. 11 VI/1969, S. 7 f.
1507 VA-KurzProt. Nr. 11 VI/1969, S. 8.
1508 VA-KurzProt. Nr. 11 VI/1969, S. 9.
1509 VA-KurzProt. Nr. 11 VI/1969, S. 9.
1510 VA-KurzProt. Nr. 11 VI/1969, S. 9 f.
1511 VA-KurzProt. Nr. 11 VI/1969, S. 10.

Interessenvertretung der leitenden Angestellten werde hierdurch in keiner Weise gestört. Auch dieser Antrag mit zehn zu zwölf Stimmen abgelehnt.[1512]

Anschließend erläuterte der Abgeordnete *Russe* (CDU) den Antrag zur Stärkung der Minderheitenrechte und führte aus, dass die Rechte kleinerer Gruppen verbessert werden müssten.[1513] *Schellenberg* entgegnete, dass der Minderheitenschutz gegenüber dem geltenden Recht bereits in erheblichem Maße erweitert werde. Die Vorschläge der Unionsfraktion würden *„zur Aufsplitterung des Betriebsrats"* führen.[1514] Diesen Einwand konnte *Russe* (CDU) nicht nachvollziehen und hielt dem entgegen, dass nach § 14 Abs. 7 auch im Betrieb vertretene Gewerkschaften in einem Betrieb ohne Betriebsrat Wahlvorschläge sollten unterbreiten können. Hierdurch werde auch keine Aufsplitterung erwartet, obwohl in den meisten Betrieben mehrere Gewerkschaften vertreten seien. Außerdem gebe es zahlreiche Betriebsratsmitglieder, die sehr verärgert darüber seien, dass der Betriebsausschuss und die sonstigen Ausschüsse des Betriebsrats ohne Einflussmöglichkeiten in der Regel von Mitgliedern der Mehrheitsliste besetzt würden. *Schellenberg* (SPD) bezeichnete dies als eine *„Überspitzung des Minderschutzes"*, der zugleich radikalen politischen Gruppen Vorschub leiste.[1515] Der Antrag wurde mit zehn zu zwölf Stimmen abgelehnt.[1516]

Nach jeweils kurzer Debatte wurden zudem die Anrufungsbegehren

- zur Abschwächung der verbindlichen Entscheidung des Vorsitzenden der Einigungsstelle,
- zur Aufspaltung der Mitbestimmungsrechte in sozialen Angelegenheiten in echte Mitbestimmungsrechte und Zustimmungsvorbehalte,
- zur Abschwächung des Mitbestimmungsrechts bei der Erstellung von Auswahlrichtlinien und
- zur Einrichtung eines paritätisch besetzten Wirtschaftsausschusses losgelöst vom Betriebsrat, wie nach geltendem Recht

mit zehn zu zwölf Stimmen abgelehnt.[1517]

Ausführlicher wurde noch über die Forderung der CDU/CSU debattiert, die Beweislast bei personellen Einzelmaßnahmen, wie nach geltendem Recht beim Betriebsrat zu belassen. Bei einer Einzelmaßnahme gegen den Widerspruch des Betriebsrats sollte daher nach dem Wunsch der Union dieser und nicht der Arbeitgeber das Arbeitsgericht anrufen und den Widerspruchsgrund beweisen müssen.[1518] Der Abgeordnete *Russe* (CDU) begründete, dass es den hergebrachten Grundsätzen entspreche, dass derjenige, der sich auf eine Rechtsverletzung berufe, diese auch verfolgen und beweisen müsse. *Schellenberg* erwiderte, dass dies eine

1512 VA-KurzProt. Nr. 11 VI/1969, S. 10 f.
1513 VA-KurzProt. Nr. 11 VI/1969, S. 10 f.
1514 VA-KurzProt. Nr. 11 VI/1969, S. 12.
1515 VA-KurzProt. Nr. 11 VI/1969, S. 13.
1516 VA-KurzProt. Nr. 11 VI/1969, S. 14.
1517 VA-KurzProt. Nr. 11 VI/1969, S. 15 ff.
1518 Vgl. hierzu ausführlich S. 192 ff.

erhebliche Schwächung des Mitbestimmungsrechts darstelle.[1519] *Filbinger* (CDU) entgegnete, die Praxis habe gezeigt, dass das geltende Recht, das dem Unionsvorschlag entspreche, zu keinerlei Beeinträchtigung des Betriebsrats geführt hätte. Der Abgeordnete *Lenz* (Bergstraße) (CDU) betonte, dass die in den fraglichen Vorschriften getroffenen Regelungen nichts mit Mitbestimmung zu tun hätten, sondern rein prozessualer Natur seien. Es gäbe keine zwingenden Gründe, um von dem vorgenannten Grundsatz zur Verteilung der Beweislast abzuweichen. Deshalb stelle diese Regelung gegenüber einem der beiden Sozialpartner eine *„ungerechtfertigte Diskriminierung*" dar. Schließlich wurde auch dieser Antrag mit zehn zu zwölf Stimmen abgelehnt.[1520]

Der Vorsitzende des Vermittlungsausschusses *Höcherl* (CSU) stellte nach Ablehnung sämtlicher Anrufungsbegehren des Bundesrats fest, dass der Vermittlungsausschuss den Gesetzesbeschluss des Bundestags bestätigt hat.[1521] Es wurde der folgende Einigungsvorschlag beschlossen:

> *„Das vom Deutschen Bundestag in seiner 150. Sitzung am 10. November 1971 beschlossene Betriebsverfassungsgesetz*
> *– Drucksache VI/1786, VI 2729, zu VI/2729 –*
> *wird bestätigt."*[1522]

5. 375. Sitzung des Bundesrats am 17. Dezember 1971 (BR-Prot. 375)

In der 375. Sitzung des Bundesrats am 17. Dezember 1971 erklärten die Ministerpräsidenten *Filbinger* und *Kohl*, dass sie dem vom Bundestag vorgelegten Gesetz zustimmen würden. *Gerhard Stoltenberg*, Ministerpräsident von Schleswig-Holstein kündigte an, dass sich das Land enthalten werde. Die Ministerpräsidenten ermahnten allerdings einstimmig die Parteien der Regierungskoalition, den Vermittlungsausschuss als verfassungsmäßigen Teil der Gesetzgebung anzuerkennen.[1523] Dem hielt *Posser*, Minister für Bundesangelegenheiten aus Nordrhein-Westfalen entgegen, dass der Kompromiss bereits viel früher erzielt worden sei, da die Änderungsvorschläge des Bundesrats in seiner Sitzung vom 29. Januar 1971 in den Bundestagsausschüssen berücksichtigt und teilweise übernommen worden seien.[1524]

Der Bundesrat beschloss anschließend in seiner 375. Sitzung am 17. Dezember 1971, dem vom Bundestag am 10. November 1971 verabschiedeten Betriebsverfassungsgesetz gemäß Art. 84 Abs. 1 GG und Art. 87 Abs. 3 S. 2 GG zuzustimmen.[1525]

1519 VA-KurzProt. Nr. 11 VI/1969, S. 16.
1520 VA-KurzProt. Nr. 11 VI/1969, S. 17.
1521 VA-KurzProt. Nr. 11 VI/1969, S. 20.
1522 BT-Drs. VI/2941 (Bekanntgabe an den Bundestag); BR-Drs. 708/71 (Bekanntgabe an den Länder).
1523 *Filbinger, Stoltenberg, Kohl,* BR-Prot. 375, S. 370 ff.
1524 *Posser,* BR-Prot. 375, S. 371 f.
1525 BR-Prot. 375, S. 373.

Diesen Beschluss teilte Bundestagspräsident *Kühn* dem Bundeskanzler *Brandt* mit Schreiben vom 17. Dezember 1971 mit.[1526]

XXIII. Ausfertigung und Verkündung des Gesetzes am 15. Januar 1972 (BGBl. I S. 13)

Das *Betriebsverfassungsgesetz* wurde von Bundespräsident *Gustav Heinemann*[1527], dem stellvertretenden Bundeskanzler *Walter Scheel*[1528] und dem Bundesminister für Arbeit und Sozialordnung *Arndt* am 15. Januar 1972 ausgefertigt, am 18. Januar 1972 verkündet (BGBl. I S. 13) und trat gemäß § 132 BetrVG *„am Tage nach seiner Verkündung"* in Kraft getreten.

XXIV. Mitbestimmungsfortgeltungsgesetz vom 29. November 1971 (BGBl I S. 1857)

Zwar hatten die Koalitionspartner vereinbart, die Unternehmensmitbestimmung nicht neu zu regeln, dennoch hatte man sich aufgrund des Wandels der Industrie und gesellschaftsrechtlicher Umgehungen vor Erlass eines neuen Mitbestimmungsgesetzes darauf geeinigt, den aktuellen Status der Unternehmensmitbestimmung beizubehalten. Dies sollte das *Gesetz über die befristete Fortgeltung der Mitbestimmung in bisher den Mitbestimmungsgesetzen unterliegenden Unternehmen vom 29. November 1971* sichern.[1529]

Die Regelungen des MontanMitbestG und des MontanMitbestGErgG hinsichtlich der Beteiligung von Arbeitnehmervertretern im Aufsichtsrat und im Vorstand änderten sich nicht. Allerdings wurden die Voraussetzungen des Anwendungsbereichs von der Mindestquote eines 50%igen Montanumsatzanteils auf 40% herabgesetzt. Unternehmen, die bisher dem Anwendungsbereich der Mitbestimmung unterlagen, sollten unabhängig vom künftigen Vorliegen dieser Voraussetzungen mitbestimmungspflichtig bleiben. Das Gesetz war befristet bis zum 31. Dezember 1975.[1530]

1526 BR-Drs. 708/71 (Beschluß).
1527 *Gustav Heinemann*, SPD, Bundespräsident (1969–1974).
1528 *Walter Scheel*, FDP, stellvertretender Bundeskanzler (1969–1974).
1529 BGBl I S. 1857.
1530 BGBl I S. 1857; *Hentze/Brose* S. 53.

Achter Teil: Die Entwicklung des Betriebsverfassungsgesetzes von 1972 bis 2015

A. Die siebte bis elfte Legislaturperiode von 1972 bis 1990

Die Gesetzgebung nach Inkrafttreten des Betriebsverfassungsgesetzes von 1972 schließt eine Reihe von Regelungen ein, die mit dem Betriebsverfassungsgesetz in Zusammenhang stehen. Zudem nahm der Gesetzgeber in den Jahren 1988 und 2001 zwei weitere, weniger umfassende Novellierungen des Betriebsverfassungsgesetzes vor.

I. Wahlrecht für Leiharbeitnehmer nach dem Arbeitnehmerüberlassungsgesetz vom 7. August 1972 (BGBl. I S. 1393)

Das *Gesetz zur Regelung der Arbeitnehmerüberlassung (Arbeitnehmerüberlassungsgesetz – AÜG) vom 7. August 1972*[1531] sieht den Verleiher als echten Arbeitgeber gegenüber den Leiharbeitnehmern an. Daher ist der Leiharbeitnehmer betriebsverfassungsrechtlich dem Betrieb des Verleihers zugeordnet. In arbeitsschutzrechtlicher Hinsicht treffen aber auch den Betriebsrat des Entleihbetriebs im Bezug auf den Leiharbeitnehmer zahlreiche Rechte und Pflichten.

II. Das Arbeitssicherheitsgesetz vom 12. Dezember 1973 (BGBl. I S. 1885)

Das *Gesetz über Betriebsärzte, Sicherheitsingenieure und andere Fachkräfte für Arbeitssicherheit (ASiG) vom 12. Dezember 1973*[1532] regelt die Zusammenarbeit auf dem Gebiet des Arbeitsschutzes und der medizinischen Betreuung der Arbeitnehmer. Nach dem Gesetz hat der Arbeitgeber in Betrieben, in denen Betriebsärzte oder Fachkräfte für Arbeitssicherheit bestellt sind (heute: bei mehr als 20 Beschäftigten[1533]) gemäß § 11 ASiG einen Arbeitsschutzausschuss zu bilden, in den auch der Betriebsrat zwei seiner Mitglieder entsendet. Gesetz zum Schutz in Ausbildung befindlicher Mitglieder von Betriebsverfassungsorganen § 9 Abs. 1 ASiG verpflichtet darüber hinaus die Betriebsärzte und die Fachkräfte für die Arbeitssicherheit zur Zusammenarbeit mit dem Betriebsrat. Zudem erhält der Betriebsrat bei der

---

1531 BGBl. I S. 1393.

1532 BGBl. I S. 1885.

1533 Seit dem *Gesetz zur Umsetzung der EG-Rahmenrichtlinie Arbeitsschutz und weiterer Arbeitsschutz-Richtlinien aus Nr. 43 vom 20.08.1996* (BGBl I S. 1246).

Bestellung und Abberufung der Betriebsärzte und Fachkräfte für Arbeitssicherheit ein echtes Mitbestimmungsrecht, bei dem im Streitfall die Einigungsstelle verbindlich entscheidet (§ 9 Abs. 3 ASiG).

III. Das Gesetz zum Schutz in Ausbildung befindlicher Mitglieder von Betriebsverfassungsorganen vom 18. Januar 1974 (BGBl. I S. 85)

Mit dem *Gesetz zum Schutz in Ausbildung befindlicher Mitglieder von Betriebsverfassungsorganen vom 18. Januar 1974*[1534] wurde dem Arbeitgeber die Möglichkeit genommen, sich eines in Ausbildung befindlichen Organmitglieds durch Beendigung der Ausbildung zu entledigen. Nach dem neu eingefügten § 78a BetrVG kann ein solcher Auszubildender verlangen, übernommen zu werden (Abs. 2). Sofern dies dem Arbeitgeber nicht zumutbar ist, kann er nach Abs. 4 einen Antrag beim Arbeitsgericht stellen, um die Übernahmepflicht abzuwenden. Den Gesetzesvorschlag hatten einige Mitglieder der CDU/CSU-Fraktion eingebracht.[1535] Ziel der Reglung ist, dass die auszubildenden Organvertreter unabhängig ihre betriebsverfassungsrechtlichen Aufgaben erfüllen können.

IV. Das Gesetz über die Mitbestimmung der Arbeitnehmer vom 4. Mai 1976 (BGBl. I S. 1153)

1. *Gesetzgebungsverfahren*

Wie vom SPD-Abgeordneten *Nölling* angekündigt,[1536] verstand man in der SPD und der FDP die Wiederwahl im Jahr 1972 als Bestätigung für die Ausweitung der paritätischen Mitbestimmung des Montanbereichs auf alle Unternehmen. So kündigte Kanzler *Brandt* in seiner Regierungserklärung am 18. Januar 1973 die Weiterentwicklung des Unternehmensrechts im Sinne einer *„gleichberechtigten und gleichgewichtigen Mitbestimmung"* an.[1537] Der auf Grundlage des Koalitionsvertrages erarbeitete Entwurf eines *Gesetzes über die Mitbestimmung der Arbeitnehmer (Mitbestimmungsgesetz – MitbestG)* wurde vom BMA erarbeitet, am 20. Februar 1974 von der Bundesregierung beschlossen[1538] und nach § 76 Abs. 2 GG dem Bundesrat zugeleitet.[1539] Der Regierungsentwurf wurde von vielen Seiten kritisch bewertet. Während die vorgeschlagenen Regelungen der BDA zu weit gingen, ging er nach den Vorstellungen des DGB nicht weit genug. Mit Beschluss vom 5. April 1974 empfahl der Bundesrat mit der Mehrheit der CDU/CSU regierten Länder den Entwurf aufgrund

---

1534 BGBl. I S. 85.
1535 BT-Drs. VII/1170.
1536 Vgl. S. 238.
1537 BT-Prot. VII/131.
1538 Kabinetts-Prot. VII/51, TO-Punkt 4.
1539 BR-Drs. 200/74.

„schwerwiegender Mängel“ nicht in den Bundestag einzubringen. Dabei ging der Bundesrat davon aus, dass das Gesetz zustimmungsbedürftig sei und kündigte an, dem Gesetz nicht zustimmen zu können.[1540] Die Bundesregierung brachte den Gesetzentwurf dennoch ein und am 20. Juni 1974 fand die erste Lesung statt.[1541] Der Entwurf wurde an den Bundestagsausschuss für Arbeit und Sozialordnung (federführend) und für Wirtschaft und für Recht weitergeleitet, der u. a. zahlreiche Sachverständigenanhörungen zu den bisherigen Erfahrungen mit der Mitbestimmung[1542] und zur Vereinbarkeit des Entwurfs mit Art. 9 Abs. 3 GG und Art. 14 GG[1543] durchführte.

Diese Sachverständigenanhörungen hatten zur Folge, dass auf Forderung der FDP im Herbst 1975 erneut Koalitionsverhandlungen geführt wurden, da vor allem verfassungsrechtliche Bedenken gegen die paritätische Mitbestimmung bestanden.[1544] Die Arbeiten des Ausschusses für Arbeit und Sozialordnung am Reg-E ruhten für die Zeit dieser Verhandlungen. Nachdem sich SPD und FDP geeinigt hatten, brachten sie im Dezember 1975 ihre gemeinsamen Änderungsanträge zum Reg-E in die Beratungen des Ausschusses für Arbeit und Sozialordnung ein,[1545] der seine Arbeit wieder aufnahm. Im Januar und im Februar 1976 fanden die Beratungen in den Ausschüssen für Arbeit und Sozialordnung (federführen), Wirtschaft und Recht statt. Am 18. März 1976 verabschiedete der Bundestag mit großer Mehrheit das MitbestG nach Zweiter und Dritter Lesung und lehnte die Änderungsanträge[1546] der CDU/CSU-Fraktion ab. Dabei stimmten bei der namentlichen Abstimmung nur 21 CDU/CSU-Abgeordnete und ein SPD-Abgeordneter gegen das Gesetz.[1547] Am 9. April 1976 passierte das MitbestG den Bundesrat. Dabei ging der Bundesrat nun nicht mehr davon aus, dass Gesetz zustimmungsbedürftig sei und verzichtete damit auf die Einberufung des Vermittlungsausschusses, um Einspruch nach Art. 77 Abs. 3 GG gegen das Gesetz zu erheben. Das MitbestG wurde am 4. Mai 1976 erlassen und trat am 1. Juli 1976 in Kraft.[1548]

2. Zentrale Regelungen des Mitbestimmungsgesetzes

a) Geltungsbereich

Nach § 1 Abs. 1 MitbestG galt das Gesetz für alle Kapitalgesellschaften, Mischformen und Konzerne, die in der Regel mehr als 2.000 Arbeitnehmer beschäftigen. In diesen Unternehmen ist nach § 6 Abs. 1 MitbestG ein Aufsichtsrat zu bilden.

1540 BT-Drs. VII/2172, S. 31.

1541 BT-Prot. VII/110, S. 7460 ff.

1542 BT-Prot. VII/AS 51/52/55.

1543 BT-Prot. VII/AS 62.

1544 *Wißmann* in: *Wlotzke/Wißmann/Koberski/Kleinsorge*, MitbestR, 4. Aufl. 2011, Vorbem. Rz. 26; *Ulmer/Habersack* in: *Ulmer/Habersack/Henssler*, MitbestR, 3. Aufl. 2013, Einl. Rz. 19 f.

1545 BT-Drs. VII/4787.

1546 BT-Drs. VII/4887.

1547 BT-Prot. VII/230, S. 16091.

1548 BGBl. I S. 1153.

Nicht anzuwenden ist das MitbestG nach § 1 Abs. 2 MitbestG auf Unternehmen, die bereits unter den Geltungsbereich des MontanMitbestG von 1951 oder des MontanMitbestGErgG von 1956 fielen. Für Unternehmen mit weniger als 2.000 Arbeitnehmern galt weiterhin nach § 1 Abs. 3 MitbestG die *Drittelparität* der §§ 75, 76 BetrVG 1952. Zudem war das Mitbestimmungsgesetz nicht auf die sog. Tendenzbetriebe[1549] nach § 1 Abs. 4 MitbestG anzuwenden.

b) Zusammensetzung des Aufsichtsrats

Die Anzahl der Aufsichtsratsmitglieder richtete sich gemäß § 7 Abs. 1 MitbestG nach der Anzahl der Arbeitnehmer im Unternehmen. Die Vertreter der Arbeitnehmer und der Anteilseigner wurden jeweils von sechs, acht oder zehn Mitgliedern im Aufsichtsrat vertreten.[1550]

Dabei wurden vier, sechs oder sieben Sitze von Arbeitnehmern des Unternehmens besetzt. Bei dieser Besetzung sollte sich das Verhältnis der Arbeiter, Angestellten und leitenden Angestellten des Unternehmen im Aufsichtsrat widerspiegeln und aufgrund des Minderheitenschutzes zumindest ein Arbeiter, ein Angestellter und ein leitender Angestellter entsandt werden, § 15 Abs. 2 MitbestG. Die übrigen zwei bzw. drei Sitze mussten nach § 7 Abs. 2 MitbestG mit Gewerkschaftsvertretern besetzt werden. Die Gewerkschaftsvertreter mussten entweder in dem Unternehmen oder in einem Unternehmen beschäftigt sein, auf das das MitbestG ebenfalls Anwendung findet, § 7 Abs. 4 MitbestG.

Die Vertreter der Anteilseigner im Aufsichtsrat waren nach § 8 MitbestG durch die Hauptversammlung bzw. durch ein entsprechendes in der Satzung zu regelndes Organ zu wählen.

c) Wahl der Arbeitnehmervertreter

Nach § 9 Abs. 1 u. 2 MitbestG sollten die Aufsichtsratsmitglieder der Arbeitnehmerseite in Unternehmen mit mehr als 8.000 Arbeitnehmern durch Wahlmänner und ansonsten in Urwahl gewählt werden. Hiervon sollte jeweils durch Beschluss abgewichen werden können. Während die Gewerkschaftsvertreter nach § 16 Abs. 1 MitbestG von allen Arbeitnehmern bzw. Wahlmännern gewählt werden sollten, konnten die Vertreter der unterschiedlichen Gruppen (Arbeiter, Angestellte, leitende Angestellte) nach § 15 Abs. 3 MitbestG getrennt in Gruppen oder nach Beschluss in einer gemeinsamen Wahl gewählt werden.

Die Wahl der Gewerkschaftsvertreter erfolgte nach § 16 Abs. 2 MitbestG auf Grund von Wahlvorschlägen der im Unternehmen vertreten Gewerkschaften oder

---

1549 Unternehmen, die überwiegend politischen, koalitionspolitischen, konfessionellen, karitativen, erzieherischen, wissenschaftlichen oder künstlerischen Bestrebungen oder Zwecken der Berichterstattung oder Meinungsäußerung dienen.

1550 Bei bis zu 10.000 Arbeitnehmern je sechs, bei bis zu 20.000 Arbeitnehmern je acht und bei mehr als 20.000 Arbeitnehmern aus je 10 der Anteilseigner und der Arbeitnehmer.

einer in einem anderen Unternehmen vertretenen Gewerkschaft, in dem das MitbestG Anwendung findet.

d) *Aufsichtsratsvorsitz und Pattsituation*

Anders als nach dem MontanMitbestG existiert nach dem MitbestG kein sog. *Elfter Mann*, so dass aufgrund der Parität eine gerade Anzahl von Aufsichtsratsmitgliedern besteht. Daher haben diese aus ihrer Mitte einen Vorsitzenden zu wählen (§ 27 Abs. 1 MitbestG), dessen Stimme bei Stimmengleichheit in einer erneuten Abstimmung entscheidet (§ 29 Abs. 2 MitbestG).

e) *Vorstand*

Entsprechend dem Vorbild der Montanmitbestimmung war nach § 33 Abs. 1 MitbestG ein Arbeitsdirektor als gleichberechtigtes Mitglied des zur gesetzlichen Vertretung befugten Organs zu bestellen.

3. *Abweichung des Mitbestimmungsgesetzes vom Reg-E*

Der Reg-E hatte eine deutlich konsequentere Form der Parität im Aufsichtsrat vorgesehen.[1551] Nach § 24 Abs. 2 Reg-E sollten für den Fall, dass keine Zweidrittelmehrheit bei der Wahl des Aufsichtsratsvorsitzenden erzielt werden kann, der Kandidat der Anteilseignervertreter und der der Arbeitnehmervertreter sich alle zwei Jahre abwechseln. Außerdem sollte in der Pattsituation nach § 26 Abs. 2 Reg-E die Stimme des Vorsitzenden nur entscheidend sein können, wenn die Abstimmung nicht gegen die Mehrheit der Stimmen der Anteilseignervertreter oder der Arbeitnehmervertreter erfolgt.

Während dem DGB bereits der Reg-E nicht weit genug ging, befürchtete die BDA eine Entscheidungsunfähigkeit des Aufsichtsrats und einen Durchschlag der Parität auf das gesetzliche Vertretungsorgan mit entsprechenden Folgen für die Personalpolitik. Zudem befürchtete man von Arbeitgeberseite eine Machtkonzentration der Gewerkschaften im Unternehmen.[1552] Der DGB kritisierte hingegen, dass aufgrund des Vertreters der leitenden Angestellten auf Seiten der Arbeitnehmervertreter im Aufsichtsrat, der dem Arbeitgeberlager zuzuordnen sei, die Parität verfehlt worden sei.[1553] Zudem musste der DGB bei der Entsendung Abstriche hinnehmen.

1551 BT-Drs. VII/2172.

1552 *Wißmann* in: *Wlotzke/Wißmann/Koberski/Kleinsorge*, MitbestR, 4. Aufl. 2011, Vorbem. Rz. 23; vgl. auch BT-Drs. VII/AS 51, 52, 55.

1553 *Wißmann* in: *Wlotzke/Wißmann/Koberski/Kleinsorge*, MitbestR, 4. Aufl. 2011, Vorbem. Rz. 24; vgl. auch BT-Drs. VII/AS 51, 52, 55.

V. Wahlordnungen zum Mitbestimmungsgesetz vom 23. Juni 1977 (BGBl I S. 861, 893, 934)

Auf Grund der in § 39 MitbestG enthaltenen Ermächtigungsgrundlage beschloss die Bundesregierung am 18. Mai 1977 drei Wahlordnungen, die am 23. Juni 1977 erlassen wurden.[1554] Eine Wahlordnung erfasste Unternehmen mit einem Betrieb, eine Wahlordnung erfasste Unternehmen mit mehreren Betrieben und eine Wahlordnung erfasste Unternehmen mit mehreren Unternehmen. Die Wahlordnungen regelten die praktische Umsetzung des MitbestG und enthielten konkrete Vorschriften über die Wahl und die Abberufung der Aufsichtsratsmitglieder.

VI. Urteil des Bundesverfassungsgerichts vom 1. März 1979 (BVerfGE 50, 290)

Während die Verfassungsmäßigkeit des MontanMitbestG in den 20 Jahren seiner Existenz nicht ernsthaft in Frage gestellt worden war, griffen 29 Arbeitgeberverbände und die Deutsche Schutzvereinigung für Wertpapierbesitz mit Verfassungsbeschwerden die Kernvorschriften des MitbestG an.[1555] Wesentlicher Einwand der Verfassungsbeschwerden war der Eingriff in die Gewährleistung des Eigentums der Anteilseigner (Art. 14 GG) sowie die Koalitionsfreiheit der Arbeitgeberverbände (Art. 9 Abs. 3 GG). Zudem machten die Beschwerdeführer eine unzulässige Beschränkungen der Vereinigungsfreiheit der Anteilseigner (Art. 9 Abs. 1 GG) sowie ihrer Berufsfreiheit (Art. 12 Abs. 1 GG) geltend.[1556]

Mit Urteil vom 1. März 1979 entschied das BVerfG, dass das MitbestG verfassungskonform ist.[1557] Kern der Begründung des BVerfG war, dass das Grundgesetz keine unmittelbare Festlegung und Gewährleistung einer bestimmten Wirtschaftsordnung enthalte, sondern es dem Gesetzgeber überlasse, diese innerhalb der durch das Grundgesetz gezogenen Grenzen zu gestalten.[1558]

1554 BGBl I S. 861, 893, 934; vgl. auch *Wißmann* in: *Wlotzke/Wißmann/Koberski/ Kleinsorge*, MitbestR, 4. Aufl. 2011, Vorbem. Rz. 29 f.

1555 *Wißmann* in: *Wlotzke/Wißmann/Koberski/Kleinsorge*, MitbestR, 4. Aufl. 2011, Vorbem. Rz. 45.

1556 BVerfG, Urteil v. 01.03.1979, 1 BvR 532, 533/77, 1 BvR 419/78 u. 1 BvL 21/78, NJW 79, 699 ff; *Wißmann* in: *Wlotzke/Wißmann/Koberski/Kleinsorge*, MitbestR, 4. Aufl. 2011, Vorbem. Rz. 45 f.

1557 BVerfG, Urteil v. 01.03.1979, 1 BvR 532, 533/77, 1 BvR 419/78 u. 1 BvL 21/78, NJW 79, 699 ff.

1558 BVerfG, Urteil v. 01.03.1979, 1 BvR 532, 533/77, 1 BvR 419/78 u. 1 BvL 21/78, NJW 79, 699 ff.

VII. Beschäftigungsförderungsgesetz vom 26. April 1985 (BGBl. I S. 710)

Aus dem *Beschäftigungsförderungsgesetz vom 26. April 1985*[1559] ergaben sich wichtige Änderungen zum BetrVG: Für den Fall, dass die Einigungsstelle nach § 112 Abs. 4 BetrVG über einen Sozialplan zu entscheiden hat, wurden ihr in einem neuen Abs. 5 ausführliche Leitlinien an die Hand gegeben, im Rahmen derer und im Rahmen ihres billigen Ermessens sie entscheiden sollte.

In § 112a BetrVG wurde festgeschrieben, in welchem Umfang allein betriebsbedingte Entlassungen eine Betriebsänderung i.S.v. § 111 S. 2 Nr. 1 BetrVG darstellen, die den Betriebsrat nach § 112 Abs. 4 und 5 BetrVG zur Erzwingung eines Sozialplans über die Einigungsstelle berechtigen. Hierfür wurde in § 112a Abs. 1 BetrVG eine Stufenregelung eingefügt. Nach § 112a Abs. 2 BetrVG wurden Betriebe junger Unternehmen für die ersten vier Jahre von der Erzwingbarkeit eines Sozialplans und damit von der Anwendung der Absätze 4 und 5 des § 112 BetrVG ausgenommen.

VIII. Die Novelle des BetrVG vom 20. Dezember 1988 (BGBl. I S. 2312)

Bereits in der 10. Legislaturperiode hatten die Regierungsfraktionen von CDU/CSU und FDP im Mai 1985 einen Gesetzesentwurf zur Stärkung der Minderheitenrechte in den Bundestag eingebracht.[1560] Auch die SPD hatte einen Gesetzesentwurf vorgelegt, der vor allem den Ausbau und die Sicherung der betrieblichen Mitbestimmung vorsah.[1561] Beide Entwürfe wurden nach der Ersten Lesung federführend an den Ausschuss für Arbeit und Sozialordnung weitergeleitet, der am 26. April 1986 eine öffentliche Anhörung[1562] durchführte. Zu einer Verabschiedung der Gesetzesentwürfe kam es jedoch in der 10. Legislaturperiode nicht mehr.

Der 11. Deutsche Bundestag verabschiedete am 20. Dezember 1988 unter der Kanzlerschaft von *Helmut Kohl* mit dem *Gesetz zur Änderung des Betriebsverfassungsgesetzes, über Sprecherausschüsse der leitenden Angestellten und zur Sicherung der Montan-Mitbestimmung* (Gesetzes zur Änderung des BetrVG 1988) einige wesentliche Änderungen zum BetrVG.[1563] Dies war nach 1972 die erste Gesetzesänderung des Betriebsverfassungsgesetzes, die als Novelle bezeichnet werden kann. Das am 1. Januar 1989 in Kraft getretene Gesetz sah neben zahlreichen Änderungen des BetrVG vor allem auf Betreiben der FDP eine betriebsverfassungsrechtliche Sondervertretung der leitenden Angestellten nach dem *Gesetz über Sprecherausschüsse der leitenden Angestellten vom 20. Dezember 1988* (Sprecherausschussgesetz bzw. SprAuG) vor.

1559 BGBl. I S. 710.
1560 BT-Drs. X/3384.
1561 BT-Drs. X/3666.
1562 BT-Prot. X/AS 99.
1563 BGBl. I S. 2312.

Neben der Einführung der Regelungen zur Bildung von Sprecherausschüssen wurden auch Forderungen der Unionsfraktion für die Novellierung des Betriebsverfassungsgesetzes von 1972 umgesetzt, die man seinerzeit nicht hatte durchsetzen können. Dazu gehörten auch einige Forderungen der Minderheitsgewerkschaft Christlicher Gewerkschaftsbund.

Auch wenn die Stimmung nicht mehr so aufgeladen war wie vor der Novellierung des BetrVG 1972 und bei der Debatte über die Einführung der paritätischen Unternehmensmitbestimmung, kam es bereits im Vorfeld der parlamentarischen Debatte zu erheblichem Streit. Das galt auch für die Regierungskoalition selbst, die sich im Wesentlichen über die Begriffsabgrenzung der leitenden Angestellten und über die Rechte des Betriebsrats bei Einführung und Anwendung neuer Techniken stritt.[1564] Teilweise übereinstimmend lehnten sowohl die BDA als auch der DGB weite Teile des Gesetzes ab.[1565]

1. *Leitende Angestellte*

a) *Begriffsbestimmung*

In Anbetracht der Einfügung einer leitenden Angestelltenvertretung sah die Novelle abermals eine Neudefinition der leitenden Angestellten vor, der nunmehr eine größere Bedeutung beigemessen wurde,[1566] zumal man nun endlich eine präzisere Fassung finden wollte, um die bisherigen Auslegungsschwierigkeiten und den umstrittenen Entscheidungen aus der Rechtsprechung ein Ende bereiten wollte.[1567] Während die Definition des BetrVG 72 noch darauf abzielte, möglichst wenig Angestellte als leitend zu qualifizieren, um den Kreis derer zu erweitern, die dem Schutz des BetrVG unterfielen, kehrte sich diese Intention nun um, um der Existenz eines Sprecherausschusses eine Berechtigung zu verleihen.

b) *Sondervertretung der leitenden Angestellten*

Obwohl die CDA die Einrichtung von Sprecherausschüssen nach wie vor für *„keinen sinnvollen Beitrag im Zuge der Novellierung des Betriebsverfassungsgesetzes"* hielt,[1568] bestand die Mehrheit der CDU/CSU-Fraktion auf der Einführung eines vom BetrVG gesonderten Sprecherausschussgesetzes. Ein weiterer Gesetzesentwurf nach 1972 zu einem Sprecherausschussgesetz, den Abgeordnete der CDU/CSU-Fraktion am 12. Dezember 1979 innerhalb der 8. Legislaturperiode vorgelegt hatten,[1569] war nicht mehr abschließend beraten worden.

1564 *Schneider*, GMH 1988, 409.
1565 *Schneider*, GMH 1988, 410.
1566 BT-Drs. XI/2503, S. 31, Begründung AT, S. 23.
1567 BT-Drs. XI/2503, S. 31, Begründung AT, S. 23.
1568 *Schneider*, GMH 1988, 409.
1569 BT-Drs. VIII/3490.

Unter Billigung des BAG hatten sich in ca. 400 Betrieben bis 1988 freiwillige Sprecherausschüsse gebildet. Hieraus leitete die Bundesregierung die Rechtfertigung einer gesetzlichen Regelung ab, da die leitenden Angestellten ebenfalls schutzbedürftig seien und eine Vertretung sich nur durch gesetzliche Wahlen legitimiere und unabhängig vom Arbeitgeber sei.[1570]

c) Zuordnungsverfahren

Aufgrund der notwendigen Bestimmung der Wahlberechtigten im Rahmen der Vorbereitung der Sprecherausschusswahl wurde § 18a in das BetrVG eingefügt, der ein Zuordnungsverfahren vorsieht. Demnach sollen die Wahlvorstände bzw. bei nicht gleichzeitig stattfindender Wahl der Betriebsrat oder der Sprecherausschuss, sich vor Einleitung der Wahlen gegenseitig unterrichten, welche Angestellten sie den leitenden Angestellten zugeordnet hatten (Abs. 1 u. 4). Kann keine Einigkeit zwischen den Wahlvorständen erzielt werden, ist ein Vermittlungsverfahren vorgesehen (Abs. 2 u. 3). In Streitfällen ist in Abs. 5 der Rechtsweg zugelassen. Eine Anfechtung der Betriebsratswahl ist jedoch nur möglich, wenn die Zuordnung offensichtlich fehlerhaft ist.[1571]

2. Wahl des Betriebsrats

a) Betriebsobmann

Der auch schon vor dem BRG verwendete Begriff des Betriebsobmannes, als Bezeichnung des Betriebsrats mit nur einem Betriebsratsmitglied, wurde aus dem BetrVG gestrichen (§ 9 S. 1 BetrVG). Dies wurde mit dem Umstand begründet, dass der Begriff des *Betriebsobmanns* nicht zum Ausdruck bringe, *„dass selbstverständlich auch eine Frau zum Betriebsrat eines Kleinbetriebs gewählt werden kann“*[1572]. Mit derselben Begründung wurde auch der Begriff *Ersatzmann* durch den Begriff *Ersatzmitglied* in § 14 Abs. 4 S. 2 u. § 25 Abs. 3 BetrVG ersetzt und auch an anderen Stellen des BetrVG entsprechende Korrekturen vorgenommen.

b) Verlängerung der Amtszeit

Nachdem das BetrVG 1952 noch Amtszeiten von zwei Jahren vorsah und diese 1964[1573] auf drei Jahre verlängert wurden und 1972[1574] ein einheitlicher Zeitpunkt für die regelmäßigen Betriebsratswahlen festgelegt wurde, sahen §§ 13 und 21 BetrVG 88 nun Amtszeiten von vier Jahren vor. Als Folge der Verlängerung wurde auch das Erfordernis der Neuwahl bei erheblichen Belegschaftsschwankungen innerhalb

1570 BT-Drs. XI/2503, S. 26.
1571 Vgl. *Kreutz* in: GK-BetrVG, Bd. I, 10. Aufl. 2014, § 18a Rz. 1 ff.
1572 BT-Drs. XI/2503, S. 31, Begründung zu § 9.
1573 Vgl. S. 66.
1574 Vgl. S. 176.

der ersten 18 Monate nach der Betriebsratswahl auf 24 Monate erhöht. Zudem sollten nach § 13 Abs. 1 BetrVG zeitgleich mit den Betriebsratswahlen auch die Sprecherausschusswahlen nach § 5 Abs. 1 des SprAuG eingeleitet werden.

c) Erleichterung der Betriebsratswahl

Wie bereits vom Sachverständigen *Weidner* vom Christlichen Gewerkschaftsbund in der Sachverständigenanhörung am 24. und 25. Februar 1971 im Ausschuss für Arbeit vorgeschlagen,[1575] wurde den im Betrieb vertretenen Gewerkschaften in § 14 Abs. 5 BetrVG nunmehr ein Wahlvorschlagsrecht auch bei bereits bestehendem Betriebsrat eingeräumt und zwar unabhängig von der Beibringung von Stützunterschriften, die sonst bei Wahlvorschlägen erforderlich waren.

Zudem wurden die Fristen zur Bestellung des Wahlvorstandes am Ende der Amtszeit durch den Betriebsrat auf zehn Wochen vor Ende der Amtszeit verlängert (Abs. 1 S. 1) und entsprechend die Frist für die Möglichkeit der ersatzweisen Bestellung des Wahlvorstandes durch das Arbeitsgericht auf Antrag dreier Wahlberechtigter oder einer im Betrieb vertretenen Gewerkschaft auf acht Wochen vor Ende der Amtszeit verlängert (Abs. 2).

3. Gruppen- und Minderheitenschutz

Neben der Einführung der Vertretung der leitenden Angestellten war die massive Ausweitung der Rechte der Minderheiten wesentlicher Kern dieser Novellierung. Dies umfasste

- die Verringerung der Anzahl der Stützunterschriften,[1576]
- die Verringerung der Voraussetzungen für die Durchführung der Wahl nach Gruppen in allen Bereichen,
- die Teilnahme jeder nicht im Wahlvorstand, jedoch im Betrieb vertretenen Gewerkschaft als nichtstimmberechtigtes Mitglied bei Wahlvorstandssitzungen (§ 16 Abs. 1 S.6 BetrVG),[1577]
- die Verringerung der Voraussetzungen für die Vertretung jeder Gruppe im Vorstand und den Ausschüssen des Betriebsrats (§ 26 Abs. 2, § 27 Abs. 2 und § 28 Abs. 2 BetrVG),
- die Durchführung der geheimen Wahl bei der Bestimmung von Ausschussmitgliedern und von freizustellenden Betriebsratsmitgliedern (§ 27 Abs. 1, § 28 Abs. 1 und § 38 Abs. 2 BetrVG),
- die verhältnismäßige Berücksichtigung der Minderheitengruppe bei der Freistellung von Betriebsratsmitgliedern (§ 38 Abs. 2 S. 3 BetrVG),

---

1575 Vgl. S. 252.

1576 Eine ursprünglichen Forderung der CDU/CSU, vgl. S. 97; nun aber auch aufgrund einer Entscheidung des BVerfG (Beschluss v. 16.10.1984, 2 BvL 20/82, 2 BvL 21/82, AP BPersVG § 19 Nr. 3; NVwZ 1985, 179).

1577 Zur Gewährleitung der Transparenz, BT-Drs. XI/2503, S. 31.

- die Verweisung bei den Regelungen zur Besetzung der Jugendvertretung, des Gesamt- und Konzernbetriebsrats auf die vorgenannten Regelung zur Bestimmung des Betriebsratsvorstandes und der Besetzung der Ausschüsse (§ 47 Abs. 2 S. 3; § 51 Abs. 1, S. 1 u. 2 u. Abs. 2, S. 1, 5 u. 6–8, § 55 Abs. 1 S. 3, § 59 Abs. 1 u. Abs. 2, § 63 Abs. 2, S. 2 u. Abs. 3 BetrVG).

4. *Einigungsstelle*

Im Anschluss an die Regelung zur Einigungsstelle (§ 76 BetrVG) wurde § 76a BetrVG 88 eingefügt, der eine Kostenübernahme- und Vergütungsregelung für die Mitglieder der Einigungsstelle enthielt. Die Regelung wurde auf Vorschlag des Ausschusses für Arbeit und Sozialordnung aufgenommen, der eine entsprechende Regelung bereits bei der Novellierung von 1972 vorgeschlagen hatte.[1578] Die Regelung des § 76a BetrVG entsprach der richterlichen Rechtsfortbildung. Demnach trug der Arbeitgeber die Kosten der Einigungsstelle.[1579] Die betriebsangehörigen Beisitzer erhielten abgesehen vom Verdienstausfall und Aufwendungsersatz keine darüber hinausgehende Vergütung.[1580] Der Vorsitzende und die außerbetrieblichen Beisitzer hatten nach der Rechtsprechung des BAG einen Anspruch gegen den Arbeitgeber,[1581] wobei sich bei mangelnder Vereinbarung die Vergütung nach der Bundesrechtsanwaltsgebührenordnung richten sollte[1582].[1583] Nach Auffassung des BT-Ausschusses für Arbeit und Sozialordnung war die Gebührenordnung jedoch nicht passend. Einerseits, da ein Gegenstandwert nur schwer feststellbar sei und von der Einigungsstelle selbst taxiert werden müsste und andererseits, weil die Gebührenordnung auf Rechtsanwaltskanzleien und die einhergehenden Kosten berechnet seien, die bei den Mitgliedern der Einigungsstelle nicht anfielen. Im Falle von Sozialplänen fielen auf dieser Grundlage die Gebühren wegen des hohen Gegenstandswertes unangemessen hoch aus, wobei eine überhöhte Vergütung vor allem das Ansehen der Richter der Arbeitsgerichte, die in der Regel zu Vorsitzenden der Einigungsstelle bestellt werden, schaden und auch *„die Institution der Einigungsstelle in Verruf"* bringen könnte.[1584]

§ 76a Abs. 1 BetrVG 88 regelt nunmehr, dass der Arbeitsgeber die Kosten der Einigungsstelle trägt. Die betriebsangehörigen Beisitzer erhalten nach Abs. 2 keine gesonderte Vergütung, wobei auf die § 37 Abs. 2 u. 3 BetrVG verwiesen wird, wonach die Entgeltzahlungspflicht gilt und eine Tätigkeit außerhalb der Betriebszeiten durch Freizeit abgegolten werden muss. Die betriebsfremden Beisitzer und der

1578 BT-Drs. XI/3618, S. 18; Vgl. S. 270.
1579 BAG, Beschluss v. 18.04.1967,1 ABR 11/66, NJW 1967, 2377; Urteil v. 05.04.1973, 5 AZR 574/72, AuR 1973, 248.
1580 BAG, Beschluss v. 11.05.1976, 1 ABR 15/75, NJW 1976, 2039.
1581 BAG, Beschluss v. 11.05.1976, 1 ABR 37/75, AuR1976, 345.
1582 BAG, Beschluss v. 15.12.1978, 6 ABR 64/77, AP BetrVG 1972 § 76 Nr. 5.
1583 Vgl. auch *Kreutz/Jacobs* in: GK-BetrVG, Bd. II, 10. Aufl. 2014, § 76 Rz. 1 ff.
1584 BT-Drs. XI/3618, S. 18.

Vorsitzende haben einen Vergütungsanspruch aus Abs. 3 gegenüber dem Arbeitgeber, dessen Höhe sich nach Abs. 4 bemisst, in dem der Bundesminister für Arbeit und Sozialordnung ermächtigt wird, eine Verordnung zu erlassen; dabei soll die Vergütung der Beisitzer geringer ausfallen als die des Vorsitzenden. In Abs. 5 wurde zudem eine entsprechende Öffnungsklausel für eine Regelung durch Tarifvertrag oder Betriebsvereinbarung eingefügt.[1585]

5. Arbeitnehmerrechte

Der Unterrichtungsanspruch nach § 81 BetrVG 72 des einzelnen Arbeitnehmers im Bezug auf seinen Arbeitsplatz wurde durch einen Erörterungsanspruch, der in einem neuen Abs. 3 geregelt wurde, ergänzt. Es wurde klargestellt, dass die Unterrichtungspflicht auch bei Einführung neuer Technologien besteht. Der Erörterungsanspruch kommt zum Tragen, wenn durch die geplante Einführung neuer Techniken die Qualifikationen des Arbeitnehmers nicht mehr genügt, um die dann anfallenden Aufgaben zu erfüllen. Dem Arbeitnehmer wird das Recht eingeräumt, zur Erörterung ein Betriebsratsmitglied hinzuziehen. Durch die Unterrichtungspflicht sollen Ängste der Arbeitnehmer vor neuen Techniken abgebaut und die Bereitschaft der Arbeitnehmer erhöht werden, sich diesen Anforderungen anzupassen.[1586]

6. Unterrichtungs- und Beratungsrechte

Die CDA, deren Vorsitzender Arbeitsminister *Blüm* bis 1987 war, hatte auf ihrer Saarbrücker Bundestagung 1985 proklamiert:

> *„Wer Mitbestimmung bei Einführung neuer Techniken verweigert, verhindert den sozialen Konsens, stört den sozialen Frieden und erschwert damit die Modernisierung der Volkswirtschaft."*[1587]

Im Ergebnis wurden die Rechte des Betriebsrats bei der Einführung neuer Techniken lediglich marginal verbessert. So sollte das bestehende Unterrichtungsrecht aus § 90 BetrVG nach dem neuen Gesetzeswortlaut nun durch die Pflicht zur Vorlage der *„erforderlichen Unterlagen"* verbessert werden. Das Recht auf Beratung wurde gesichert, indem Abs. 2 S. 1 klarstellte, dass die Beratung so rechtzeitig zu erfolgen habe, dass die Vorschläge des Betriebsrats bei der Planung noch berücksichtigt werden können.

Eine bittere Pille für *Blüm*, da diese Verbesserungen kaum mehr als eine Klarstellung waren. Die wirtschaftsnahen Abgeordneten der Regierungskoalition hatten jedoch einen Trumpf im Ärmel, da das Gesetz auch die Verlängerung der bis zum 31. Dezember 1988 befristeten Montanmitbestimmung enthielt. Ein Auslaufen der

---

1585 Vgl. auch *Kreutz/Jacobs* in: GK-BetrVG, Bd. II, 10. Aufl. 2014, § 76 Rz. 4.
1586 BT-Drs. XI/3618, S. 35.
1587 Der Spiegel 22/1988, S. 27.

Befristung konnte *Blüm* aber nicht riskieren, da er bei der nächsten Landtagswahl in Nordrhein-Westfalen als Ministerpräsident kandidieren sollte.

B. Der Staatsvertrag über die Währungs-, Wirtschafts- und Sozialunion zwischen der Bundesrepublik Deutschland und der DDR vom 18. Mai 1990 (BGBl. II S. 518)

Am 18. Mai 1990 schloss die Bundesregierung, nach Beendigung der SED-Diktatur, mit der DDR den *Staatsvertrag über die Schaffung einer Währungs-, Wirtschafts- und Sozialunion.*[1588] Art. 17 dieses Staatsvertrags heißt:

> *„In der Deutschen Demokratischen Republik gelten Koalitionsfreiheit, Tarifautonomie, Arbeitskampfrecht, Betriebsverfassung, Unternehmensmitbestimmung und Kündigungsschutz entsprechend dem Recht der Bundesrepublik Deutschland."*

Damit trat zum 1. Juli 1990 das BetrVG in der DDR in Kraft.[1589] Mit dem 3. Oktober 1990 trat es dann als Bundesgesetz in Kraft, da die DDR nach Art. 23 S. 2 GG aF und nicht nach Art. 146 GG an diesem Tag der BRD durch den *Staatsvertrag über die Herstellung der Einheit Deutschlands (Einigungsvertrag) vom 31. August 1990* beitrat[1590]. Damit galt das Bundesrecht auch für das Gebiet der vorherigen DDR.

Für die neuen Länder galten jedoch bis zum 31. Dezember 1991 zwei Abweichungen zum Betriebsverfassungsgesetz. Zum einen existierte in § 6 BetrVG eine Sonderregelung zur Einordnung von Arbeitern und Angestellten und zum anderen war eine Übergangsregelung in § 13 BetrVG für die Abhaltung der ersten Betriebsratswahlen vorgesehen. Darüber hinaus fand das *Gesetz über den Sozialplan im Konkurs- und Vergleichsverfahren* (SozplKonKG) keine Anwendung. Stattdessen galt die Gesamtvollstreckungsordnung in ihrer Fassung vom 23. Mai 1991[1591]. Beide Gesetze wurden am 1. Januar 1999 mit Inkrafttreten der Insolvenzordnung vom 5. Oktober 1994[1592] aufgehoben.

Zudem wurden den Betriebsräten bei der Umstrukturierung der DDR-Unternehmen im *Gesetz über die Spaltung der von der Treuhandanstalt verwalteten Unternehmen vom 5. April 1991* (SpTrUG)[1593] besondere Beteiligungsrechte eingeräumt. So konnte der Betriebsrat von der Unternehmensleitung verlangen, dass der Betriebsrat der Treuhandanstalt die Abspaltung des Betriebs oder des Betriebsteils zur Neugründung einer Kapitalgesellschaft vorschlägt, hierfür den Entwurf eines Spaltungsplans nach § 2 aufstellt und gegebenenfalls der Treuhandanstalt den

---

1588 BGBl. II S. 518.
1589 DDR-GBl. I S. 357.
1590 BGBl. II S. 889.
1591 BGBl. I S. 1186.
1592 BGBl. I S. 2866.
1593 BGBl. I S. 854.

Erwerb der Geschäftsanteile oder Aktien gegen angemessenes Entgelt anbietet. Das Vertretungsorgan hatte dem Verlangen binnen eines Monats zu entsprechen.

Zudem musste ein Spaltungsplan grundsätzlich nach § 2 Abs. 4 SpTrUG dem Betriebsrat zugeleitet werden. Für den Fall einer Spaltung existierte eine Regelung für das Übergangsmandat (§ 13 SpTrUG). Der Betriebsrat führte in diesem Fall die Geschäfte für die Betriebsteile für maximal drei Monate bzw. bis zur Neuwahl eines Betriebsrats weiter (Abs. 1). Nach Abs. 2 übernahm, im Falle der Zusammenführung von Betrieben, der Betriebsrat mit der größeren Arbeitnehmerschaft das Übergangsmandat. Falls die an der Spaltung beteiligten Gesellschaften im Wettbewerb zueinander stehen, sollten die Beteiligungsrechte des Betriebsrats keine Anwendung finden, soweit sie Angelegenheiten betrafen, die den Wettbewerb zwischen diesen Gesellschaften beeinflussen konnten (Abs. 3).

Schließlich erhielt der Betriebsrat besondere Beteiligungsrechte nach dem *Gesetz zur Beseitigung von Hemmnissen bei der Privatisierung von Unternehmen und zur Förderung von Investitionen vom 22. März 1991.*[1594] Nach diesem Gesetz wurde in das *Gesetz zur Regelung offener Vermögensfragen* (Vermögensgesetz – VermG) der § 6b eingefügt. Dieser sah in Abs. 9 vor, dass bei einer Entflechtung der Betriebsrat die Geschäfte für die ihm bislang zugeordneten Betriebsteile weiterführt, soweit diese über die in § 1 BetrVG genannte Arbeitnehmerzahl verfügen und nicht in einen anderen Betrieb eingegliedert werden, in dem bereits ein Betriebsrat besteht.

C. Die zwölfte bis achtzehnte Legislaturperiode von 1990 bis 2015

I. Zweites Gleichberechtigungsgesetz vom 24. Juni 1994 (BGBl. I S. 1406)

Neben den Sondervorschriften, die mit der Privatisierung der Deutschen Bahn[1595] und der Bundespost[1596] einhergingen, sah das *Zweite Gleichberechtigungsgesetz vom 24. Juni 1994*[1597] zahlreiche Änderungen des BetrVG vor, um die Gleichberechtigung der Frauen im Betrieb zu verbessern. In gemischten Betrieben müssen nach § 16 BetrVG dem Wahlvorstand auch Frauen angehören, was ebenso für die Jugend- und Auszubildendenvertretung nach § 63 Abs. 2 S. 2 BetrVG gilt. Zudem ergänzte

1594 BGBl. I S. 766.

1595 *Gesetz zur Neuordnung des Eisenbahnwesens* (Eisenbahnneuordnungsgesetz – ENeuOG) v. 27.12.1993 (BGBl. I 1993, S. 2378).

1596 *Gesetzes zur Neuordnung des Postwesens und der Telekommunikation* (Postneuordnungsgesetz – PTNeuOG) v. 14.09.1994 (BGBl. I S. 2325), das in Art. 4 das *Gesetz zum Personalrecht der Beschäftigten der früheren Deutschen Bundespost* (Postpersonalrechtsgesetz – PostPersRG) beinhaltete.

1597 BGBl. I S. 1406.

das Gesetz in § 45 S. 1 BetrVG die bei der Betriebsversammlung zu behandelnden Themen um die

> *„Fragen der Frauenförderung und der Vereinbarkeit von Familie und Beruf".*

Zu den allgemeinen Aufgaben des Betriebsrats wurde des Weiteren der Katalog der allgemeinen Aufgaben des § 80 Abs. 1 BetrVG um die Ziff. 2a erweitert. Nach dieser gehört zu den Aufgaben des Betriebsrats auch

> *„die Durchsetzung der tatsächlichen Gleichberechtigung von Frauen und Männern, insbesondere bei der Einstellung, Beschäftigung, Aus-, Fort- und Weiterbildung und dem beruflichen Aufstieg, zu fördern".*

Diese Ziele wurden auch in die Mitbestimmungsrechte des Betriebsrats bei der Personalplanung aufgenommen (§ 92 Abs. 2 BetrVG). Zudem kann nach § 93 BetrVG der Betriebsrat im Rahmen des Primats der innerbetrieblichen Ausschreibung auch anregen, dass die Arbeitsplätze *„auch als Teilzeitarbeitsplätze ausgeschrieben werden"* und dass in diesem Fall in der Ausschreibung hierauf hingewiesen werden müsste. Schließlich müssen der Arbeitgeber und der Betriebsrat bei der Förderung der Berufsbildung nach § 96 Abs. 2 S. 2 BetrVG

> *„auch die Belange älterer Arbeitnehmer, Teilzeitbeschäftigter und von Arbeitsnehmern mit Familienpflichten berücksichtigen".*

II. Richtlinie 94/45/EG des Rates vom 22. September 1994 (ABl. Nr. L 254 S. 64)

Die *Richtlinie 94/45/EG des Rates über die Einsetzung eines Europäischen Betriebsrats oder die Schaffung eines Verfahrens zur Unterrichtung und Anhörung der Arbeitnehmer in gemeinschaftsweit operierenden Unternehmen und Unternehmensgruppen vom 22. September 1994*[1598], auch europäische Betriebsratsrichtlinie genannt, sieht eine Arbeitnehmervertretung in grenzüberschreitend tätigen Unternehmen in der EU vor. Die Richtlinie räumt dem Europäischen Betriebsrat (EBR) Informations- und Anhörungsrechte ein, wobei die Zuständigkeiten sich auf Entscheidungen und Entwicklungen mit grenzüberschreitenden Auswirkungen für die Arbeitnehmer des Unternehmens beschränken. Sowohl der DGB wie auch der Europäische Gewerkschaftsbund (EGB) hatten bereits seit Jahrzenten eine entsprechende Regelung gefordert. Mit dem *Gesetz über die Europäischen Betriebsräte* (EBRG) vom 28. Oktober 1996[1599] wurde die Richtlinie in Deutschland in nationales Recht umgesetzt. Demnach besteht eine Pflicht zur Einrichtung eines EBR, wenn das Unternehmen mindestens tausend Arbeitnehmer in den Mitgliedstaaten beschäftigt und hiervon jeweils mindestens hundertfünfzig Arbeitnehmer in mindestens zwei Mitgliedstaaten beschäftigt werden.

1598 ABl. Nr. L 254 S. 64.
1599 BGBl. I S. 1548.

III. Gesetz zur Bereinigung des Umwandlungsrechts vom 28. Oktober 1994 (BGBl. I S. 3210)

Das *Gesetz zur Bereinigung des Umwandlungsrechts (UmwBerG) vom 28. Oktober 1994*[1600] beinhaltet in §§ 321 bis 325 UmwG ergänzende Vorschriften zum Betriebsverfassungsgesetz, zum Betriebsübergang und zum Kündigungsschutz. Die Vorschriften greifen in Fällen der Spaltung oder der Vermögensübertragung eines Rechtsträgers mit Arbeitgeberfunktion ein. Dabei sichern sie in betriebsverfassungsrechtlicher Hinsicht im Wesentlichen die Beibehaltung der Mitbestimmung.[1601] Die Vorschriften wurden abgesehen von § 322 Abs. 2 UmwG im Wesentlichen mit der Novellierung des BetrVG vom 23. Juli 2001 wieder aufgehoben.[1602]

IV. Insolvenzordnung vom 5. Oktober 1994 (BGBl. I S. 2866)

Ergänzungen zum BetrVG sah auch die *Insolvenzordnung vom 5. Oktober 1994*[1603] vor, die am 1. Januar 1999 in Kraft trat. Teile der betriebsverfassungsrechtlich relevanten Bereiche waren bereits durch Art. 6 des *Arbeitsrechtlichen Beschäftigungsförderungsgesetzes vom 25. September 1996*[1604] aufgrund der Konkursordnung für die alten Bundesländer in Kraft. Nach § 120 Abs. 1 InsO galt nunmehr, dass Leistungen für Arbeitnehmer aus Betriebsvereinbarungen, die die Insolvenzmasse belasten, nach Beratungen des Insolvenzverwalters mit dem Betriebsrat einvernehmlich herabgesetzt werden können. Zudem können solche belastenden Betriebsvereinbarungen mit einer Frist von drei Monaten gekündigt werden, auch wenn eine längere Frist zwischen Arbeitgeber und Betriebsrat vereinbart wurde. Das Recht, Betriebsvereinbarungen aus wichtigem Grund ohne Einhaltung einer Kündigungsfrist zu kündigen, blieb hierdurch unberührt (Abs. 2). Zudem existieren zahlreiche Sonderregelungen für die Vereinbarung von Sozialplänen und Interessenausgleichen.

V. Das Arbeitsrechtliche Gesetz zur Förderung von Wachstum und Beschäftigung vom 25. September 1996 (BGBl. I S. 1476)

Das *Arbeitsrechtliche Gesetz zur Förderung von Wachstum und Beschäftigung vom 25. September 1996*[1605] (Arbeitsrechtliches Beschäftigungsförderungsgesetz) fügte in § 113 Abs. 3 BetrVG die Sätze 2 und 3 ein. Nach diesen wurde das Einigungsstellenverfahren zur Herbeiführung eines Sozialplans zeitlich begrenzt. Die Regelung

1600 BGBl. I S. 3210.
1601 *Kreutz* in: GK-BetrVG, Bd. I, 10. Aufl. 2014, § 21a Rz. 3.
1602 BGBl. I S. 1852.
1603 BGBl. I S. 2866.
1604 BGBl. I S. 1476.
1605 BGBl. I S. 1476.

wurde jedoch bereits durch das *Arbeitsrechtliche Korrekturgesetz vom 19. Dezember 1998*[1606] wieder aufgehoben.

VI. Gesetz zur Umsetzung der EG-Rahmenrichtlinie Arbeitsschutz und weiterer Arbeitsschutzrichtlinien vom 7. August 1996 (BGBl. I S. 1246)

Das *Gesetz zur Umsetzung der EG-Rahmenrichtlinie Arbeitsschutz und weiterer Arbeitsschutzrichtlinien* vom 7. August 1996[1607] sah eine Ergänzung der Unterrichtungs- und Erörterungspflichten des Arbeitgebers aus § 81 BetrVG vor. Insbesondere hat der Arbeitgeber seither in Betrieben, in denen kein Betriebsrat besteht, die Arbeitnehmer zu allen Maßnahmen zu hören, die Auswirkungen auf ihre Sicherheit und Gesundheit haben können.

VII. Die Novelle des BetrVG vom 23. Juli 2001 (BGBl. I S. 1852)

Ohne die Struktur des Gesetzes zu verändern, änderte das *Gesetz zur Reform des Betriebsverfassungsgesetzes vom 23. Juli 2001*[1608] die Betriebsverfassung erheblich. Nach dem Koalitionsvertrag vom 20. Oktober 1998 waren sich SPD und Bündnis 90/Die Grünen (im Folgenden: Grüne) einig:

> *„Die neue Bundesregierung wird die Mitbestimmung am Arbeitsplatz sowie in Betrieb und Verwaltung im Interesse der Beteiligung und Motivation der Beschäftigten stärken und an die Veränderungen in der Arbeitswelt anpassen. Vorrangig ist dazu eine grundlegende Novelle des Betriebsverfassungsgesetzes (Betriebsbegriff, Arbeitnehmerbegriff, Telearbeit, Vereinfachung des Wahlverfahrens).“*[1609]

In der Gesetzesbegründung kritisierten deren Verfasser, dass die Verbesserungsvorschläge der SPD-Entwürfe aus den Jahren 1985 und 1988 und aus dem Gesetzesentwurf der Grünen aus dem Jahr 1989 sowie aus den Entwürfen bzw. Vorschlägen des DGB und der DAG nicht früher umgesetzt worden seien.[1610]

Die radikalen Forderungen des DGB und seiner Mitgliedsgewerkschaften in der *„Bonner Erklärung für eine moderne Betriebsverfassung“* und in seinem Novellierungsvorschlag aus dem Jahr 1998[1611] und des Novellierungsvorschlags der DAG

1606 BGBl. I S. 3843.
1607 BGBl. I S. 1246.
1608 BGBl. I S. 1852
1609 SPD/Grüne, Aufbruch und Erneuerung – Deutschlands Weg ins 1. Jahrhundert, Koalitionsvereinbarung zwischen der Sozialdemokratischen Partei Deutschlands und Bündnis 90/DIE Grünen vom 20.10.1998, Ziff. I Nr. 8 Abs. 3.
1610 BT-Drs. XIV/5741, S. 23.
1611 DGB, Novellierungsvorschläge des DGB zum Betriebsverfassungsgesetz 1972, Düsseldorf 1998.

aus dem Jahr 1999[1612] wurden allerdings nicht umgesetzt. Der Gesetzgeber passte das Gesetz im Wesentlichen den gesellschaftlichen Veränderungen an und entfernte damit arbeitsintensive, bürokratische Regelungen. Das betraf im Wesentlichen das Ende der Differenzierung zwischen Arbeitern und Angestellten, die bereits von einigen Stimmen bei der Novellierung des BetrVG 1972 gefordert worden war. Eine von vielen Seiten geforderte Veränderung des Betriebsbegriffs erfolgte nicht. Grundlage der Überarbeitung waren u. a. die Änderungsvorschläge aus dem Bericht der gemeinsamen Kommission Mitbestimmung der Bertelsmann Stiftung und der Hans-Böckler-Stiftung.[1613] Zu den Zielen des Gesetzesvorhabens gehörten im Einzelnen:

- die Schaffung moderner und anpassungsfähiger Betriebsratsstrukturen;
- die Gründung und Wahl von Betriebsräten zu vereinfachen;
- die Einbeziehung neuer Beschäftigungsformen (z. B. Telearbeit);
- die Verbesserung und Modernisierung der Arbeitsmöglichkeiten des Betriebsrats sowie verstärkter Schutz seiner Mitglieder;
- die Beschäftigungssicherung und Qualifizierung;
- die Einbeziehung der einzelnen Arbeitnehmer in die Betriebsverfassung;
- die Förderung der Frauen im Betrieb;
- der Umweltschutz innerhalb des Betriebs;
- die Jugend- und Auszubildendenvertretung zu stärken;
- die Verhinderung von Rassismus und Fremdenfeindlichkeit.

Das Gesetz wurde am 27. Juli 2001 verkündet und trat am Tag nach seiner Verkündung in Kraft. Es beinhaltete im Wesentlichen die folgenden Änderungen:

1. *Arbeitnehmerbegriff*

Nach § 5 Abs. 1 BetrVG waren bislang Arbeitnehmer im Sinne des BetrVG Arbeiter, Angestellte und Auszubildende. Dies sollte nun ausdrücklich unabhängig davon gelten, ob sie im Betrieb, im Außendienst oder mit Telearbeit beschäftigt werden. Zudem wurden die Heimarbeiter hinzuaddiert, die in der Hauptsache für den Betrieb arbeiten. Damit sollte dem Umstand Rechnung getragen werden, dass aufgrund der neuen Informations- und Kommunikationstechniken Tätigkeiten zunehmend außerhalb fester betrieblicher Strukturen erfolgen, ohne dass dadurch die Arbeitnehmereigenschaft verloren geht.[1614]

1612 DAG, DAG-Vorschlag zur Novellierung des BetrVG, Hamburg 1999.

1613 Vgl. Bertelsmann Stiftung; Hans-Böckler-Stiftung, Mitbestimmung und neue Unternehmenskulturen – Bilanz und Perspektiven, Bericht der Kommission Mitbestimmung, S. 121 ff.

1614 BT-Drs. XIV/5741, S. 35.

2. *Wahl des Betriebsrats*

a) Erleichterung der Betriebsratswahl

aa) Grundvoraussetzungen

Die Möglichkeit zur Wahl eines Betriebsrats hing bisher davon ab, ob ein Betrieb über in der Regel mindestens fünf ständige wahlberechtigte Arbeitnehmer, von denen drei wählbar sind, beschäftigt. Dies gilt auch weiterhin. Es wurde allerdings ergänzt, dass dies auch für gemeinsame Betriebe mehrerer Unternehmen gilt. Dabei wurden aufgrund der schweren Beweisbarkeit für die Wahlvorstände und Betriebsräte[1615] in einem neuen Abs. 2 zu § 1 BetrVG Vermutungsregeln aufgestellt, unter welchen Voraussetzungen von einem gemeinsamen Betrieb auszugehen ist; nämlich wenn nach Ziff. 1 im Wesentlichen dieselben Betriebsmittel genutzt werden oder wenn nach Ziff. 2 in Folge einer Unternehmensspaltung die betriebliche Organisation des Betriebes sich nicht wesentlich ändert. Letztere Regelung entspricht weitestgehend dem entfallenden § 322 Abs. 1 UmwG.

Hinsichtlich der Nutzung derselben Betriebsmittel kam man damit der Rechtsprechung des BAG nach, das bei Vorliegen einer gemeinsamen Betriebsführung bzw. zumindest einer BGB-Gesellschaft von einer Anwendbarkeit des BetrVG ausging.[1616]

bb) Abweichungen durch Tarifvertrag oder Betriebsvereinbarung

Abgesehen von der Regelung des gemeinsamen Betriebs, wurde der Betriebsbegriff zwar an sich nicht erweitert, allerdings wurden in § 3 BetrVG die Möglichkeiten zur Bildung von Betriebsräten und/oder anderer Gremien vorrangig durch tarifliche Regelung und alternativ durch Betriebsvereinbarung erheblich erweitert. Ziel war es, die starre Anbindung des Betriebsrats an den klassischen Betrieb zu lösen. Der neue § 3 ersetzte die bisherigen Regelungen vollständig.

cc) Kleinstbetriebe

Zudem können nach § 4 Abs. 1 Satz 2 BetrVG 2001 die Arbeitnehmer eines Betriebsteils, in dem kein eigener Betriebsrat besteht, mit Stimmenmehrheit beschließen, an der Wahl des Betriebsrats im Hauptbetrieb teilzunehmen. Insofern können im Falle der Betriebsratsfähigkeit des Kleinstbetriebs die Arbeitnehmer entscheiden, ob sie einen eigenen Betriebsrat wählen oder sich vom Betriebsrat des Hauptbetriebs vertreten lassen. Zudem soll hierdurch die Vertretungsmöglichkeit in Kleinstbetrieben gewährleistet werden.[1617]

1615 BT-Drs. XIV/5741, S. 33.

1616 BAG, Beschluss v. 24.01.1996, 7 ABR 10/95, NZA 1996, 1110.

1617 BT-Drs. XIV/5741, S. 35.

dd) Bestimmung des Wahlvorstandes

Hat der Betriebsrat acht Wochen vor Ablauf seiner Amtszeit keinen Wahlvorstand bestellt, kann nach § 16 Abs. 2 BetrVG das Arbeitsgericht auf Antrag von mindestens drei Wahlberechtigten oder auf Antrag einer im Betrieb vertretenen Gewerkschaft einen Wahlvorstand bestellen. Diese ersatzweise Bestellung wurde nun um eine unternehmensinterne Regelung ergänzt, nach der auch, soweit vorhanden, der Gesamt- oder der Konzernbetriebsrat einen Wahlvorstand unter denselben Voraussetzungen bestellen kann (Abs. 3). Auch in Betrieben ohne Betriebsrat sollte diese Regelung nach § 17 Abs. 1 BetrVG gelten und wurde der bisherigen Betriebsversammlung zur Bestimmung des Wahlvorstandes, die in Abs. 2 geschoben wurde, vorangestellt und die übrigen Absätze entsprechend verschoben.

b) Aktives Wahlrecht

§ 7 Abs. 1 BetrVG 2001 stellte klar, dass nur Arbeitnehmer *„des Betriebs"* wahlberechtigt sind. Diese Frage hatte sich wegen des vermehrten Einsatzes von Leiharbeitern gestellt. Für diese wurde ein Abs. 2 angefügt. Dieser sieht für Arbeitnehmer eines anderen Arbeitgebers, die länger als drei Monate überlassen werden, ein aktives Wahlrecht vor.

c) Wahlverfahren

Das Wahlverfahren in § 14 BetrVG wird durch die Novelle von 2001 deutlich vereinfacht. Die Vereinfachung erfolgte im Wesentlichen durch die Aufhebung der Gruppentrennung (Arbeiter und Angestellte) und die Einrichtung einer vereinfachten Wahl für kleinere Betriebe nach § 14a BetrVG. Durch das Entfallen der Gruppentrennung wählen alle Arbeitnehmer stets gemeinsamen den Betriebsrat, so dass Abstimmungen über die Wahl nach Gruppen und die entsprechenden Formalitäten zur Berücksichtigung der Minderheitengruppe wegfallen. Es gilt weiterhin der Grundsatz der Verhältniswahl, es sei denn, dass nur ein Wahlvorschlag eingereicht wurde oder der Betriebsrat nach dem vereinfachten Verfahren nach § 14a BetrVG gewählt wird.

Das vereinfachte Verfahren gilt in Betrieben mit bis zu fünfzig wahlberechtigten Arbeitnehmern (Abs. 1 S. 1) und in Betrieben mit bis zu hundert wahlberechtigten Arbeitnehmern, wenn der Wahlvorstand und der Arbeitgeber sich auf die Anwendung des vereinfachten Wahlverfahrens einigen (Abs. 5). In diesen Fällen wird auf einer ersten Wahlversammlung der Wahlvorstand von der Mehrheit der anwesenden Arbeitnehmer gewählt (Abs. 1 S. 2).[1618] Eine Woche später, auf einer zweiten Wahlversammlung, wird der Betriebsrat in geheimer und unmittelbarer Wahl

1618 Wahlvorschläge können jeweils nur innerhalb der ersten Wahlversammlung, also bei der Wahlversammlung zur Wahl des Wahlvorstands gemacht werden (§ 14a Abs. 2 BetrVG). Wurde der Wahlvorstand vom Betriebsrat, vom Konzernbetriebsrat, vom Gesamtbetriebsrat oder vom Arbeitsgericht bestellt, findet nur

gewählt (S. 2). Dabei können Arbeitnehmer, die nicht an der Wahl des Betriebsrats teilnehmen können, schriftlich ihre Stimmen abgeben (Abs. 4).[1619]

Bei der Zusammensetzung der Mitglieder des Betriebsrats stärkte das Gesetz die Rechte der Frauen. § 15 Abs. 2 BetrVG bisher eine *Sollvorschrift*, nach der die Geschlechter entsprechend ihrem zahlenmäßigen Verhältnis vertreten sein sollen, sieht nun vor, dass das Geschlecht der Minderheit zumindest in seinem zahlenmäßigen Verhältnis vertreten sein muss.

3. *Organisation des Betriebsrats*

a) Größe des Betriebsrats

Auch die Größe des Betriebsrats wurde überarbeitet. Dies führte dazu, dass die Betriebsräte von Betrieben mit mehr als hundert Arbeitnehmern sich vergrößern. Die Bundesregierung begründete dies im Wesentlichen mit den gestiegenen Anforderungen an den Betriebsrat.[1620] Für Betriebe mit 101 bis 200 Arbeitnehmern steigt dadurch die Anzahl der Betriebsratsmitglieder von bisher fünf auf nun sieben. Diese Steigerung setzt sich fort, so dass in Betrieben mit 7.001 bis 9.000 Arbeitnehmern statt bisher 31 nun 35 zu wählen sind.

b) Übergangsmandat

Zudem wurde ein neuer § 21a in das BetrVG eingefügt. Dieser ersetzt die mit Inkrafttreten der Novelle aufgehobenen §§ 321 f. UmwG für die Fälle von Betriebsspaltungen oder Zusammenschlüssen von Betrieben.[1621] So bleibt bei der Betriebsspaltung nach Abs. 1 der bisherige Betriebsrat für diejenigen Betriebsteile im Amt, die selbst betriebsratsfähig sind und nicht in einen Betrieb mit eigenem Betriebsrat überführt werden (sog. *Übergangsmandat*). Er hat unverzüglich einen Wahlvorstand für die Wahl eines neuen Betriebsrats zu bestellen. Bei der Zusammenlegung von Betrieben oder Betriebsteilen nimmt nach Abs. 2 der Betriebsrat des Betriebs mit den meisten wahlberechtigten Arbeitnehmern das Übergangsmandat wahr.[1622]

c) Restmandat

In § 21b BetrVG wurde das bis dahin durch höchstrichterliche Rechtsprechung[1623] anerkannte sog. *Restmandat* kodifiziert. Demnach bleibt bei Stilllegung, Spaltung oder Zusammenlegung eines Betriebes dessen Betriebsrat so lange im Amt, wie dies zur Wahrnehmung der damit im Zusammenhang stehenden Mitwirkungs- und

---

eine Wahlversammlung statt, auf der der Betriebsrat direkt gewählt wird (§ 14a Abs. 2 BetrVG).

1619 Vgl. *Kreutz* in: GK-BetrVG, Bd. I, 10. Aufl. 2014, § 14a Rz. 1 ff und 17a Rz. 1 ff.

1620 BT-Drs. XIV/5741, S. 36.

1621 Vgl. S. 314.

1622 *Kreutz* in: GK-BetrVG, Bd. I, 10. Aufl. 2014, § 21a Rz. 1 ff.

1623 BAG, Urteil v. 16.06.1987, 1 AZR 528/85, NZA 1987, 858.

Mitbestimmungsrechte erforderlich ist. Dies gilt insbesondere für die Wahrnehmung der Rechte aus §§ 111 ff. BetrVG über das Ende der Amtszeit hinaus.[1624]

d) Ausschüsse

Die Möglichkeit zur Bildung von Ausschüssen zur Übertagung von Aufgaben zur selbständigen Erledigung war an den Bestand eines Betriebsausschusses gekoppelt, der erst bei einer Anzahl von mindestens neun Betriebsratsmitgliedern errichtet werden konnte, was nach der Staffelung des § 9 BetrVG bisher erst ab mehr als dreihundert Arbeitnehmern der Fall war. Nach § 28 Abs. 1 S. 1 BetrVG 2001 kann der Betriebsrat, unabhängig von der Zahl seiner Mitglieder, in Betrieben mit mehr als hundert Arbeitnehmern Ausschüsse bilden.

e) Arbeitsgruppen

Die Novelle sah zudem die Möglichkeit des Betriebsrats zur Einrichtung von Arbeitsgruppen in Abstimmung mit dem Arbeitgeber vor. Dies war vielfach in verschiedener Ausprägung gefordert worden.[1625] Das BetrVG 1972 sah eine solche Möglichkeit einer Einrichtung von Arbeitsgruppen nur durch Tarifvertrag vor, da eine tarifvertragliche Gestaltungsmöglichkeit den Bedürfnissen der einzelnen Wirtschaftsbereiche besser Rechnung trage als die gesetzliche Institutionalisierung der Arbeitsgruppen.[1626] Da die Beurteilung der Notwendigkeit der Einrichtung von Arbeitsgruppen nur auf Betriebsebene entschieden werden kann, wurde diese Fehleinschätzung mit der Novelle 2001 korrigiert und die Regelung aus § 3 Abs. 1 Nr. 1 BetrVG entfernt.

Neben der Vereinbarung mit dem Arbeitgeber ist Voraussetzung für die Einrichtung von Arbeitsgruppen, dass in einem Betrieb mit mehr als hundert Arbeitnehmern der Betriebsrat die Einrichtung mit der Mehrheit der Stimmen seiner Mitglieder beschließt (§ 28a Abs. 1 S. 1 BetrVG). Außerdem kann der Betriebsrat nur eigene Aufgaben auf die Arbeitsgruppe übertragen und nur solche, die *„im Zusammenhang mit den von der Arbeitsgruppe zu erledigenden Tätigkeiten stehen"* (S. 2). Zudem bedürfen die Übertragung der Aufgaben und der Widerruf der Schriftform (S. 3).

Die Arbeitsgruppe hat dann auch das Recht, Betriebsvereinbarungen mit dem Arbeitgeber abzuschließen. Kommt es zu keiner Einigung zwischen Arbeitsgruppe und Arbeitgeber, nimmt der Betriebsrat die Beteiligungsrechte wahr (Abs. 2).

4. Betriebs- und Abteilungsversammlungen

Im Rahmen seiner jährlichen Berichtspflicht nach § 43 Abs. 2 S. 3 BetrVG muss der Arbeitgeber nun auch Bericht erstatten über

---

1624 *Kreutz* in: GK-BetrVG, Bd. I, 10. Aufl. 2014, § 21b Rz. 1 ff.

1625 Vgl. S. 116, 139, 143, 157.

1626 Vgl. S. 182; BR-Drs. 715/70, S. 36; BMA, Ref. IIIa2, 3122.50, Bd. 23.

- die Gleichstellung von Frauen und Männern im Betrieb,
- die Integration der im Betrieb beschäftigten ausländischen Arbeitnehmer und
- den betrieblichen Umweltschutz.

Der Themenkatalog, der ausschließlich auf der Betriebs- und Abteilungsversammlung behandelt werden darf, wurde entsprechend ergänzt, und es kann zudem über die Vereinbarkeit von Familie und Erwerbstätigkeit in der Betriebsversammlung nach § 45 S. 1 BetrVG gesprochen werden.

5. *Gesamt- und Konzernbetriebsrat, Betriebsräteversammlung*

a) Gesamtbetriebsrat und Betriebsräteversammlung

Die Vorschriften zur Zusammensetzung und Stimmenverteilung wurden aufgrund der Aufhebung des Gruppenprinzips angepasst. Dabei blieben die Grundprinzipien erhalten (§ 47 Abs. 2, 3, 7 und 8 BetrVG). Demnach entsenden Betriebsräte mit bis zu drei Mitgliedern einen Vertreter und größere Betriebsräte zwei Vertreter in den Gesamtbetriebsrat. Werden zwei Mitglieder in den Gesamtbetriebsrat entsandt, so steht den einzelnen Delegierten jeweils die Hälfte der Stimmen entsprechend den wahlberechtigten Arbeitnehmern ihres Betriebes zu. Die Delegierten werden im Betriebsrat durch Verhältniswahl bestimmt. Hierbei sind die Geschlechter angemessen zu berücksichtigen.[1627] Zugleich wurde geregelt, dass der Gesamtbetriebsrat im Rahmen seiner Zuständigkeit auch für Betriebe ohne Betriebsrat zuständig ist (§ 50 Abs. 1 S. 1 aE BetrVG).

Die Berichtspflicht des Arbeitgebers auf der Betriebsräteversammlung wurde, wie bei der Betriebsversammlung um die Themen Gleichstellung von Frauen und Männern, Integration von Ausländern und Umweltschutz erweitert (§ 53 Abs. 2 Nr. 2 BetrVG).

b) Konzernbetriebsrat

Die Bildung von Konzernbetriebsräten wird erleichtert. Bisher mussten 75 % der durch die Gesamtbetriebsräte repräsentierten Arbeitnehmer des Konzerns für die Bildung des Konzernbetriebsrats stimmen, nun nur noch 50 % (§ 54 Abs. 1 S. 2 BetrVG).

Aufgrund des Wegfalls des Gruppenprinzips setzt sich der Konzernbetriebsart nunmehr aus je zwei Mitgliedern des Gesamtbetriebsrats zusammen (§ 55 Abs. 1 BetrVG), wobei jedem Delegierten die Hälfte der Stimmen der entsendenden Mitglieder zusteht (Abs. 2).

Vergleichbar der Neuregelung beim Gesamtbetriebsrat wird die Zuständigkeit des Konzernbetriebsrats im Rahmen von dessen Kompetenz auf Unternehmen ohne Gesamtbetriebsrat erweitert (§ 58 Abs. 1 BetrVG)

1627 *Kreutz* in: GK-BetrVG, Bd. I, 10. Aufl. 2014, § 47 Rz. 1.

6. Gruppen- und Minderheitenrechte

Ganz erheblich wirkte sich die Aufhebung des Gruppenprinzips auf eine Vielzahl von Regelungen im BetrVG aus.

In Sachen Minderheitenrechte wurden die Rechte der Frauen gestärkt und in Regelungen zur Besetzung von Ämtern festgeschrieben, dass die Geschlechterverteilung angemessen berücksichtigt werden muss. Zudem wurden die Gleichbehandlung von Frauen und Männern und die Vereinbarkeit von Erwerbstätigkeit und Familie umfassend in den Mitbestimmungsregelungen des Betriebsrats aufgenommen.

Auch die Rechte der Schwerbehinderten bzw. ihrer Vertretung wurden an zahlreichen Punkten gestärkt. Wobei diese Regelungen erst im Gesetzgebungsverfahren Einzug in das BetrVG fanden und im Reg-E noch nicht enthalten waren.

Schließlich wurden an vielen Stellen des Gesetzes der Schutz von Ausländern gestärkt und deren Integration gefördert. Dies spiegelt die Rechtsprechung des BAG wider, der ausländerfeindliches Verhalten als wichtigen Kündigungsgrund i.S.d. § 626 Abs. 1 BGB qualifizierte[1628].

7. Schutz und Arbeitsbedingungen von Funktionsträgern

a) Arbeitszeit

Die Novelle verbessert die Situation von Betriebsratsmitgliedern, die in flexiblen Arbeitszeitmodellen oder in Teilzeit arbeiten. Diese haben nun einen Freizeitausgleichsanspruch, wenn sie außerhalb ihrer eigenen, aber während der betrieblichen Arbeitszeit für den Betriebsrat tätig sind (§ 37 Abs. 3 BetrVG). Das gilt nach Abs. 6 entsprechend für Schulungen.

b) Freistellungen

Die Staffelung der Mindestfreistellungen in § 38 Abs. 1 S. 1 BetrVG wurde angehoben. Musste der Arbeitgeber bisher ab dreihundert Arbeitnehmern ein Betriebsratsmitglied freistellen, ist dies nun ab zweihundert Arbeitnehmern der Fall. Ab 2.001 Arbeitnehmern muss jeweils ein Betriebsratsmitglied mehr freigestellt werden. Zudem folgte das Gesetz der Rechtsprechung des BAG[1629] und ließ nun nach S. 3 ausdrücklich Teilfreistellungen zu. Die Bestimmung der freizustellenden Betriebsratsmitglieder wird um eine geheime Wahl innerhalb des Betriebsrats und einer vorherigen Beratung mit dem Arbeitgeber ergänzt. Im Übrigen bleibt es dabei, dass bei Streit zwischen Arbeitgeber und Betriebsrat über die Bestimmung der freizustellenden Betriebsratsmitglieder der Arbeitgeber binnen zwei Wochenfrist die Einigungsstelle anrufen muss, die dann verbindlich entscheidet (Abs. 2).

1628 BAG, Urteil v. 14.02.1996, 2 AZR 274/95, NZA 1996, 873; v 01.07.1999, 2 AZR 676/98, NZA 1999, 1270.

1629 BAG, Beschluss v. 26.06.1996, 7 ABR 48/95, NZA 1997, 58.

c) *Sachliche Mittel*

Im Rahmen der Kostenübernahme des Arbeitgebers und der zur Verfügung zu stellenden sachlichen Mittel in § 40 Abs. 2 BetrVG hat der Gesetzgeber klarstellend neben die sachlichen Mittel und das Büropersonal die *„Informations- und Kommunikationstechnik“* eingefügt. Nach der bisherigen Rechtsprechung des BAG stand dem Betriebsrat nicht per se ein PC nebst Zubehör zu. Die Erforderlichkeit sollte der Betriebsrat im Einzelfall prüfen.[1630] Etwaige Zweifel an dem Anspruch wurden in der Gesetzbegründung ausgeräumt:

> *„Durch die Einfügung wird klargestellt, dass der Arbeitgeber verpflichtet ist, dem Betriebsrat auch Informations- und Kommunikationstechnik als moderne Sachmittel zur Verfügung zu stellen. Dazu gehören vor allem Computer mit entsprechender Software, aber auch die Nutzung im Betrieb oder Unternehmen vorhandener moderner Kommunikationsmöglichkeiten.“*[1631]

d) *Versetzung von Funktionsträgern*

Nach dem bisherigen § 103 BetrVG waren die Betriebsratsmitglieder zwar vor außerordentlichen Kündigungen geschützt, jedoch nicht gegen Versetzungen. Das hatte Versetzungen in andere Betriebe und den automatischen Verlust des Betriebsratsamtes zur Folge. Das BAG hatte entschieden, dass § 103 BetrVG nicht analog auf die Versetzung anzuwenden sei.[1632]

Nach einem neuen Abs. 3 bedarf nun auch die Versetzung eines Funktionsmitglieds der Zustimmung des Betriebsrats, sofern dies zum Verlust des Amtes oder der Wählbarkeit führt.

e) *Kündigungsschutz für Einladende zur Betriebsversammlung*

Für die Arbeitnehmer, die zur Betriebsversammlung mit dem Zweck der Gründung eines Betriebsrats einluden, sahen das BetrVG und das KSchG bis zur Novelle 2001 keinen Schutz vor. Da diese Betriebsversammlung mit einer Frist von einer Woche angekündigt werden muss, bestand die Gefahr, dass diesen Initiatoren umgehend das Arbeitsverhältnis gekündigt wird, bevor sie unter Umständen den Schutz eines Wahlvorstandes erhalten. Diese Lücke wurde durch § 15 Abs. 3a KSchG gefüllt. Danach ist die Kündigung eines Arbeitnehmers der mit dem Ziel der Betriebsratsgründung zur Betriebsversammlung einlädt bis zur Bekanntgabe des Wahlergebnisses ausgeschlossen (S. 1). Für den Fall, dass keine Vertretung gewählt wird, wirkt der Kündigungsschutz drei Monate nach (S. 2).

1630 BAG, Beschluss v 12.05.1999, 7 ABR 36/97, NZA 1999, 1290.
1631 BT-Drs. XIV/5741, S. 41.
1632 BAG, Beschluss v. 11.07.2000, 1 ABR 39/99, NZA 2001, 516.

8. *Mitbestimmung des Betriebsrats in allgemeinen, sozialen und personellen Angelegenheiten*

a) Mitbestimmung in allgemeinen Angelegenheiten

Nach § 75 Abs. 2 BetrVG ist es Aufgabe des Arbeitgebers und des Betriebsrats, die Persönlichkeit der Arbeitnehmer zu schützen und ihre Entfaltung zu fördern. Diese Förderungspflicht wurde nun um die Förderung der Selbständigkeit und der Eigeninitiative der Arbeitnehmer erweitert.

Auch die allgemeinen Aufgaben des Betriebsrats im Katalog des § 80 Abs. 1 BetrVG wurden ergänzt. So wurde die mit dem *Zweiten Gleichberechtigungsgesetz vom 24. Juni 1994* unter Nr. 2a eingebrachte *„Gleichberechtigung von Frauen und Männern“* zur *„Gleichstellung von Frauen und Männern“* umformuliert, die Pflicht, *„die Vereinbarkeit von Erwerbstätigkeit und Familie zu fördern“*, in einer neuen Nr. 2b eingefügt, die bisherige Aufgabe zur Förderung der *„Eingliederung“* von ausländischen Arbeitnehmern wurde um die Pflicht zur Beantragung von *„Maßnahmen zur Bekämpfung von Rassismus und Fremdenfeindlichkeit“* ergänzt und die Pflicht zur Förderung und Sicherung der Beschäftigung im Betrieb als neue Nr. 8 sowie die Pflicht zur Förderung von Maßnahmen des Arbeitsschutzes und des Umweltschutzes als neue Nr. 9 aufgenommen.

Der Auskunftsanspruch wurde zum einen auf Arbeitnehmer erweitert, die nicht in einem Arbeitsverhältnis zum Arbeitgeber stehen (Selbständige, Leiharbeitnehmer, Werkvertragsarbeitnehmer), und zum anderen muss der Arbeitgeber, soweit erforderlich, dem Betriebsrat eine sachkundige Auskunftsperson zur Verfügung stellen, bei dessen Auswahl er die Vorschläge des Betriebsrats zu berücksichtigen hat (Abs. 2 S. 3).

Neben das Beschwerderecht der Arbeitnehmer aus § 84 BetrVG trat mit der Novelle in § 86a BetrVG ein Vorschlagsrecht gegenüber dem Betriebsrat. Demnach hat jeder Arbeitnehmer das Recht, dem Betriebsrat Themen zur Beratung vorzuschlagen. Wird ein Vorschlag von mindestens 5 % der Arbeitnehmer des Betriebs unterstützt, muss der Betriebsrat den Vorschlag innerhalb von zwei Monaten behandeln.

b) Mitbestimmung in sozialen Angelegenheiten

Der Katalog der sozialen Angelegenheiten wurde allein um die Mitbestimmung über die Grundsätze der Durchführung von Gruppenarbeit nach § 87 Abs. 1 Nr. 13 BetrVG ergänzt. Dabei liegt Gruppenarbeit vor, wenn im Rahmen des betrieblichen Arbeitsablaufs eine Gruppe von Arbeitnehmern eine ihr übertragene Gesamtaufgabe im Wesentlichen eigenverantwortlich erledigt. Hierdurch sollte verhindert werden, dass das Mitbestimmungsrecht des Betriebsrats bei den den Gruppen übertragenen Aufgaben leerläuft.

Der Katalog der freiwilligen Betriebsvereinbarungen aus § 88 BetrVG wurde ergänzt um eine Nr. 1a *„Maßnahmen des betrieblichen Umweltschutzes“* und um eine Nr. 4 *„Maßnahmen zur Integration ausländischer Arbeitnehmer sowie zur Bekämpfung von Rassismus und Fremdenfeindlichkeit im Betrieb“*.

Ebenso wurde § 89 BetrVG zum „Arbeitsschutz“ umbenannt zu „Arbeits- und Umweltschutz“ und die Norm entsprechend ergänzt. Demnach hat der Arbeitgeber den Betriebsrat bei allen im Zusammenhang mit dem betrieblichen Umweltschutz stehenden Besichtigungen und Fragen hinzuzuziehen und ihm unverzüglich die behördlichen Auflagen und Anordnungen mitzuteilen, die den betrieblichen Umweltschutz betreffen (Abs. 2). Der Umfang des betrieblichen Umweltschutzes wird in Abs. 3 definiert. Dies betriebliche Umweltschutz umfasst alle personellen und organisatorischen Maßnahmen sowie alle die betrieblichen Bauten, Räume, technische Anlagen, Arbeitsverfahren, Arbeitsabläufe und Arbeitsplätze betreffenden Maßnahmen, die dem Umweltschutz dienen.

c) Mitbestimmung in personellen Angelegenheiten

aa) Allgemeine personelle Angelegenheiten und Berufsbildung

Auch im Rahmen der personellen Angelegenheiten wurde die Gleichbehandlung von Frauen und Männern und die Vereinbarkeit von Erwerbstätigkeit und Familie nun besonders hervorgehoben (§ 92 Abs. 3 BetrVG). Eine Erweiterung des Mitbestimmungsrechts ist allerdings nicht gegeben.

Völlig neu war auch nicht die ausdrückliche Regelung der *„Beschäftigungssicherung“* in dem neu eingefügten § 92a BetrVG, da die Betriebsräte bereits zuvor faktisch diese Aufgabe regelmäßig wahrgenommen haben. Nach § 92a Abs. 1 BetrVG verfügt der Betriebsrat über das Recht gegenüber dem Arbeitgeber, Vorschläge zur Sicherung der bestehenden und zur Schaffung neuer Arbeitsplätze zu machen. Die Aufzählung der Maßnahmen ist nicht abschließend. Die Vorschläge zur Beschäftigungssicherung und -förderung sind dem Arbeitgeber vorzulegen. Der Arbeitgeber ist verpflichtet, sich mit dem Betriebsrat zu den vorgeschlagenen Maßnahmen zu beraten. Lehnt der Arbeitgeber die Vorschläge ab, so muss dies in Betrieben mit mehr als hundert Arbeitnehmern in schriftlicher Form geschehen. Zu den Beratungen können beide Parteien einen Vertreter des Arbeitsamtes oder des Landesarbeitsamtes hinzuziehen (Abs. 2). Ein echtes Mitbestimmungsrecht besteht nicht, so dass die Maßnahme nicht über die Einigungsstelle erzwungen werden kann.

Der Schwellenwert für das Bestehen des echten Mitbestimmungsrechts bei der Erstellung von Auswahlrichtlinien bei Einstellungen, Versetzungen und Entlassungen wurde nach der Novelle von tausend Arbeitnehmern auf 500 reduziert (§ 95 Abs. 2 BetrVG).

Zudem erhielt der Betriebsrat ein echtes Mitbestimmungsrecht bei der Einführung und Ausgestaltung von Weiterbildungsmaßnahmen, wenn nach der Durchführung von Maßnahmen des Arbeitgebers neue, bisher nicht vorhandene Kenntnisse und Fähigkeiten der Arbeitnehmer erforderlich werden, (§ 97 Abs. 2 BetrVG).

bb) Personelle Einzelmaßnahmen

Die Voraussetzungen für das Bestehen eines Mitbestimmungsrechts bei personellen Einzelmaßnahmen nach § 99 Abs. 1 S. 1 BetrVG wurden herabgesetzt. Demnach sollte die Mitbestimmung bereits ab zwanzig Arbeitnehmern im Unternehmen und nicht ab zwanzig Arbeitnehmern im Betrieb gelten. Hierdurch sollten Arbeitnehmer kleinerer Organisationseinheiten (z.B. Filialen) einbezogen werden.[1633] Dies entsprach auch den Überlegungen des BVerfG in seiner Entscheidung zu § 23 Abs. 1 S. 2 und 3 KSchG vom 27. Januar 1998 (Kleinbetriebsklausel).[1634]

Nach § 99 Abs. 2 Nr. 3 BetrVG kann der Betriebsrat die Zustimmung zu der personellen Maßnahme verweigern, wenn die durch Tatsachen begründete Besorgnis besteht, dass infolge der personellen Maßnahme im Betrieb beschäftigte Arbeitnehmer gekündigt werden oder diese sonstige Nachteile erleiden, ohne dass dies aus betrieblichen oder persönlichen Gründen gerechtfertigt ist. Nach einem neuen letzten Halbsatz der Nr. 3 kann der Betriebsrat seine Zustimmung auch verweigern, wenn bei einer geplanten unbefristeten Einstellung ein gleichgeeigneter, befristeter Beschäftigter nicht berücksichtigt wurde. Bei der Berechtigung zur Verweigerung der Zustimmung nach Nr. 6 wurde klargestellt, dass insbesondere rassistische oder fremdenfeindliche Betätigungen Tatsachen sind, die eine begründete Besorgnis der Störung des Betriebsfriedens darstellen.

VIII. Gesetz zur Reform der arbeitsmarktpolitischen Instrumente vom 10. Dezember 2001 (BGBl. I S. 3443)

Auch das *Gesetz zur Reform der arbeitsmarktpolitischen Instrumente vom 10. Dezember 2001*[1635] (Job-AQTIV-Gesetz) regelte nicht das Verfahren vor der Einigungsstelle vollständig, es ergänzte lediglich in einem neuen Satz 1 vor § 76 Abs. 3 BetrVG: *„Die Einigungsstelle hat unverzüglich tätig zu werden.“* Zudem wurde das Besetzungsverfahren der Einigungsstelle in § 98 ArbGG beschleunigt.

IX. Gesetz zu Reformen am Arbeitsmarkt vom 24. Dezember 2003 (BGBl. I S. 3002)

Das *Gesetz zu Reformen am Arbeitsmarkt vom 24. Dezember 2003*[1636] ändert zwar nicht das BetrVG, nach einem neuen Abs. 5 in § 1 KSchG gilt aber die gesetzliche Vermutung, dass die Kündigung durch dringend betriebliche Gründe bedingt ist, wenn nach § 111 BetrVG ein Interessenausgleich mit Namensliste existiert auf dem sich der Gekündigte befindet. Dies hat eine Beweislastumkehr zur Folge, so dass, entgegen § 1 Abs. 2 S. 4 KSchG, der Arbeitnehmer das Nichtvorliegen des

---

1633 BT-Drs. XIV/5741, S. 50.

1634 BVerfG, Beschluss v. 27.01.1998, 1 BvL 15/87, NZA 1998, 470. Das BVerfG hat den Betriebsbegriff in § 23 Abs. 1 KSchG unbeanstandet gelassen; verlangt aber, dass im Wege einer verfassungskonformen Auslegung eine Beschränkung des Betriebsbegriffs auf solche Einheiten erfolgt, für deren Schutz die Kleinbetriebsklausel bestimmt ist.

1635 BGBl. I S. 3443.

1636 BGBl. I S. 3002.

betrieblichen Kündigungsgrundes beweisen muss. Das Ziel dieser Regelung ist es, bei betriebsbedingten Kündigungen einer größeren Zahl von Arbeitnehmern, z. B. im Falle der Stilllegung eines Betriebsteils, die Sozialauswahl für alle Beteiligten rechtssicherer zu gestalten.[1637] Die Vorschrift entspricht nahezu § 125 InsO, der sich nach Auffassung des Gesetzgebers in der Praxis unter dem Gesichtspunkt der Rechts- und Planungssicherheit für alle Beteiligten bewährt hat.[1638]

X. Gesetz zur Errichtung eines Bundesaufsichtsamtes für Flugsicherung und zur Änderung und Anpassung weiterer Vorschriften vom 29. Juli 2009 (BGBl. I S. 2424)

Nach dem *Gesetz zur Errichtung eines Bundesaufsichtsamtes für Flugsicherung und zur Änderung und Anpassung weiterer Vorschriften vom 29. Juli 2009*[1639] sind seit dem 4. August 2009 Beamte, Soldaten sowie Arbeitnehmer des öffentlichen Dienstes einschließlich der zu ihrer Berufsausbildung Beschäftigten, die in Betrieben privatrechtlich organisierter Unternehmen tätig sind, Arbeitnehmer im Sinne des BetrVG (§ 5 Abs. 1 S. 3 BetrVG). Dies gilt nach Abs. 3 S. 3 auch für die Bestimmung der leitenden Angestellten Eigenschaft.

XI. Die Unternehmensmitbestimmung von 1977 bis 2015

1. *Das Mitbestimmungsgesetz von 1976 bis 2015*

Nach dem Urteil des BVerfG vom 1. März 1979[1640] war es trotz weiterer Vorstöße des DGB[1641] zunächst ruhig um das MitbestG geworden,[1642] so dass es bis 1990 unverändert blieb. Im Rahmen der Arbeitsgerichtsnovelle vom 26. Juni 1990[1643] wurde der Begriff *Wahlmänner* durch den Begriff *Delegierte* ersetzt, um klarzustellen, dass auch Frauen gewählt werden können. Eine erheblichere Änderung erlebte das MitbestG mit der Novellierung des BetrVG vom 23. Juli 2001[1644]. Die Novelle verabschiedete sich vom Gruppenprinzip, d. h. die Differenzierung zwischen Arbeitern und Angestellten, die dem BRG 1920 entsprang, wurde aufgegeben. Dies führte zu einer erheblichen Erleichterung bei der Wahl der Arbeitnehmervertreter in den Aufsichtsrat. Weitere Erleichterungen brachten das *Gesetz zur Vereinfachung der Wahl der*

1637 BT-Drs. XV/1204, S. 11.
1638 BT-Drs. XV/1204, S. 9.
1639 BGBl. I S. 2424.
1640 Vgl. S. 304.
1641 Gesetzesvorschlag des DGB von 1982 abgedruckt in RdA 1983, 41 ff.
1642 Vgl. BMI, Bericht über die Verhandlungen der Unternehmensrechtskommission, Köln 1980, der von Empfehlungen absah und lediglich den Diskussionsstand aufbereitete; *Oetker*, RdA 2005, 338.
1643 BGBl. I S. 1206.
1644 BGBl. I S. 1852.

Arbeitnehmer in den Aufsichtsrat vom 23. März 2002[1645] und das *Zweite Gesetz zur Vereinfachung der Wahl der Arbeitnehmer in den Aufsichtsrat vom 18. Mai 2004*[1646].[1647]

Mit dem *Gesetz zur Änderung des Mitbestimmungsgesetzes vom 13. Juni 2005*[1648] wurde zugunsten des Minderheitenschutzes der kleineren Gewerkschaften das Unterschriftenquorum des MitbestG und des MontanMitbestG von einem Zehntel (oder 100 AN) auf ein Zwanzigstel (oder 50 AN) herabgesetzt.

2. *Das MontanMitbestimmungsgesetz von 1976 bis 2015*

Nachdem das MontanMitbestG von 1951 mehrfach verlängert worden war,[1649] wurden die Voraussetzungen für dessen Anwendung mit dem *Gesetz zur Änderung des Betriebsverfassungsgesetzes, über Sprecherausschüsse der leitenden Angestellten und zur Sicherung der Montan-Mitbestimmung vom 20. Dezember 1988*[1650] erheblich herabgesetzt. Konzernobergesellschaften bleiben demnach solange vom MontanMitbestG erfasst, wie vom MontanMitbestG erfasste Tochtergesellschaften insgesamt mindestens 20 % der Konzernwertschöpfung erzielen oder mehr als 2.000 Arbeitnehmer beschäftigen.

3. *Die Drittelbeteiligung von 1976 bis 2015*

Der Anwendungsbereich der §§ 76 ff. BetrVG 1952 wurde mit dem *Gesetz für kleine Aktiengesellschaften und zur Deregulierung des Aktienrechts vom 2. August 1994*[1651] erheblich eingeschränkt. Aktiengesellschaften unterliegen demnach nur noch der Pflicht zur Drittelbeteiligung im Aufsichtsrat, wenn sie, wie die GmbH, mehr als 500 Arbeitnehmer beschäftigen. Bei bestehenden Aktiengesellschaften mit Drittelbeteiligung soll der *status quo* allerdings erhalten bleiben.

Durch die Novellierung des BetrVG vom 23. Juli 2001[1652] wurde auch in den §§ 76 ff. BetrVG 1952 das Gruppenprinzip abgeschafft, was auch hier zur Erleichterung der Bestimmung der zu entsendenden Betriebsratsmitglieder in den Aufsichtsrat führte.

1645 BGBl. I S. 1130.

1646 BGBl. I S. 974.

1647 Diese Erleichterungen hatte u. a. die gemeinsame Kommission Mitbestimmung der Bertelsmann Stiftung und der Hans-Böckler-Stiftung gefordert; vgl. Vgl. Mitbestimmung und neue Unternehmenskulturen – Bilanz und Perspektiven, Bericht der Kommission Mitbestimmung, S. 114.

1648 BGBl. I S. 1530.

1649 Zuletzt: *Montan-Mitbestimmungssicherungsgesetz vom 21. Mai 1981* (BGBl I S. 441) und *Gesetz zur Verlängerung von Auslaufzeiten in der Montan-Mitbestimmung vom 23. Juli 1987* (BGBl I S. 1676).

1650 BGBl I S. 2312.

1651 BGBl. I S. 1961.

1652 BGBl. I S. 1852.

Mit dem *Zweiten Gesetz zur Vereinfachung der Wahl der Arbeitnehmer in den Aufsichtsrat vom 18. Mai 2004*[1653] wurden die Regelungen der §§ 76 ff. BetrVG 1952 vom inhaltlich kaum abweichenden *Gesetz über die Drittelbeteiligung der Arbeitnehmer im Aufsichtsrat* (Drittelbeteiligungsgesetz) abgelöst.

4. Unternehmensmitbestimmung in europäischen Gesellschaften

a) Das Mitbestimmungs-Beibehaltungsgesetz vom 23. August 1994 (BGBl. I S. 2228)

Die sog. *Mutter-Tochter-Richtlinie oder auch Fusionsrichtlinie*[1654] barg durch das gemeinsame Steuersystem für Fusionen, Spaltungen, die Einbringung von Unternehmensteilen und für den Austausch von Anteilen, die Gesellschaften verschiedener Mitgliedstaaten betreffen, die Gefahr der Umgehung der Unternehmensmitbestimmung.[1655] Das *Mitbestimmungs-Beibehaltungsgesetz vom 23. August 1994*[1656] sah daher vor, dass falls eine Änderung der Unternehmensform dazu führen sollte, dass die Voraussetzungen für die bisherige Vertretung der Arbeitnehmer in Organen des Unternehmens nicht mehr vorliegen sollten, galt, dass der Vorgang nicht geschehen war, soweit es um die Voraussetzungen für die weitere Anwendung der im Zeitpunkt des Vorgangs angewandten Vorschriften über die Vertretung der Arbeitnehmer in Organen des Unternehmens geht.

b) Gesetz zur Einführung der Europäischen Gesellschaft (SEEG) vom 22. Dezember 2004 (BGBl. I S. 3675)

Mit dem *Gesetz zur Einführung der Europäischen Gesellschaft (SEEG) vom 22. Dezember 2004*[1657] setzte Deutschland die Verordnung 2157/2001/EG über das Statut der *Societas Europaea* (SE) und die ergänzende Richtlinie 2001/86/EG über die Beteiligung der Arbeitnehmer in deutsches Recht um. Es beinhaltet vor allem die gesellschafts- und arbeitsrechtlichen Grundlagen für die Bildung einer SE mit Sitz in Deutschland, die unter Art. 1 in dem *Gesetz über die Beteiligung der Arbeitnehmer in einer Europäischen Gesellschaft (SE-Beteiligungsgesetz – SEBG)* und unter Art. 2 in dem *Gesetz zur Ausführung der Verordnung (EG) Nr. 2157/2001 des Rates vom 8. Oktober 2001 über das Statut der Europäischen Gesellschaft (SE) (SE-Ausführungsgesetz – SEAG)* enthalten sind.

1653 BGBl. I S. 974.

1654 RL 90/435/EWG.

1655 BT-Drs. XII/7735.

1656 *Gesetz zur Beibehaltung der Mitbestimmung beim Austausch und der Einbringung von Unternehmensteilen, die Gesellschaften verschiedener Mitgliedstaaten der Europäischen Union betreffen (Mitbestimmungs- Beibehaltungsgesetz – MitbestBeiG) vom 23. August 1994* (BGBl. I S. 2228).

1657 BGBl. I S. 3675.

aa) Grundsätze

Die gesetzlichen Regelungen zur Arbeitnehmerbeteiligung in einer SE bilden mit dem Gesellschaftsrecht eine untrennbare Einheit, denn die SE darf erst dann im Handelsregister eingetragen werden, wenn feststeht, ob und in welcher Form die Mitwirkungsrechte der Arbeitnehmer in der neuen Gesellschaft realisiert werden.[1658] Die Gründung einer SE setzt entweder eine Umwandlung, eine Verschmelzung oder die Bildung einer gemeinsamen Holding- oder Tochtergesellschaft nebst einem grenzüberschreitenden Element voraus.[1659]

Durch Unternehmensverfassung können die Gründungsgesellschaften zwischen zwei Aufbauarten wählen: dem sog. *„dualistischen"* System mit Leitungs- und Aufsichtsorgan und einem *„monistischen"* System mit nur einem Verwaltungsorgan, das dem einstufigen Board-System englischer Kapitalgesellschaften vergleichbar ist.[1660]

bb) Verhandlungsgrundsätze und Mindestregelungen

Die konkrete Ausgestaltung der Mitbestimmung in den Organen der SE muss nach dem SE-Beteiligungsgesetz (SEBG) innerbetrieblich ausgehandelt werden. Wie beim Europäischen Betriebsrat (EBR) erfolgt dies zwischen dem eigens hierfür zu bildenden sog. *„besonderen Verhandlungsgremium"* (BVG) und den sog. Leitungen der Unternehmen. Das heißt, beabsichtigen eine oder mehrere Gesellschaften die Gründung einer SE, müssen die beteiligten Leitungen die Arbeitnehmer dazu auffordern, ein aus Arbeitnehmervertretern bestehendes BVG zu bilden, mit der Aufgabe, mit den Leitungen eine schriftliche Vereinbarung über die Beteiligung der Arbeitnehmer in der SE abzuschließen (§ 4 Abs. 1 u. 2 SEBG).[1661]

Die Leitungen müssen zu den Verhandlungen einladen (§ 20 Abs. 1 SEGB). Für diese gibt § 21 Abs. 1 SEBG einen Rahmen von Mindestregelungen vor, die getroffen werden müssen. Auf betrieblicher Ebene muss die Vereinbarung die Errichtung eines SE-Betriebsrats oder die Schaffung eines anderen gleichwertigen Verfahrens zur Unterrichtung und Anhörung der Arbeitnehmer vorsehen (§ 21 Abs. 1 u. 2 SEBG). Ein EBR kann daneben nicht existieren (§ 47 Abs. 1 lit. b SEBG); existiert ein EBR, löst sich dieser mit Inkraftreten der Vereinbarung auf.[1662] Regelungen und damit die Existenz einer Unternehmensmitbestimmung sind nicht Inhalt der Mindestregelungen der Parteien (§ 21 Abs. 3 SEGB). Dies stellt einen Paradigmenwechsel zum

---

1658 Art. 12 Abs. 2 Verordnung 2157/2001/EG; *Grobys*, NZA 2005, 84.

1659 Art. 2 VO Verordnung 2157/2001/EG; *Grobys*, NZA 2005, 84: Hiervon abzugrenzen ist die Gründung einer Tochtergesellschaft durch eine bereits bestehende SE („Sekundärgründung", vgl. Art. 3 Abs. 2 der VO), für die weder die Richtlinie noch das SEBG explizite Regelungen über die Arbeitnehmerbeteiligung enthalten.

1660 *Grobys*, NZA 2005, 85.

1661 Zur Einleitung des Verhandlungsverfahrens und zur Bildung bzw. Zusammensetzung des BVG vgl. zusammenfassend *Grobys*, NZA 2005, 86 ff.

1662 *Grobys*, NZA 2005, 88.

deutschen Recht dar, denn das Recht der Unternehmensbestimmung ist erstmals dispositiv.[1663]

Das BVG fasst seine Beschlüsse mit einfacher Mehrheit (§ 15 Abs. 2 SEBG), es sei denn, durch den Beschluss werden bestehende Mitbestimmungsrechte gemindert. In diesem Fall ist eine Zweidrittelmehrheit erforderlich, die mindestens zwei Drittel der Arbeitnehmer in mindestens zwei Mitgliedstaaten vertritt, § 15 Abs. 3 S. 1 SEBG. Eine Minderung der Mitbestimmungsrechte liegt vor, wenn der Anteil der Arbeitnehmervertreter im Aufsichtsgremium der SE geringer ist als der höchste in den beteiligten Gesellschaften bestehende Anteil oder, wenn das Recht, Mitglieder des Aufsichtsgremiums der Gesellschaft zu wählen, zu bestellen, zu empfehlen oder abzulehnen, beseitigt oder eingeschränkt wird, § 15 Abs. 4 Nr. 1 SEBG. Diese Zweidrittelmehrheit ist allerdings nur erforderlich, wenn nach § 15 Abs. 3 SEBG bei der Gründung einer SE durch Verschmelzung mindestens 25 % der Arbeitnehmer mitbestimmt sind oder bei der Gründung einer Holding-SE oder einer Tochter-SE mindestens 50 % der Arbeitnehmer der beteiligten Gesellschaften und der betroffenen Tochtergesellschaften mitbestimmt sind. Erfolgt die SE durch Umwandlung einer AG, können die Mitbestimmungsrechte durch Beschluss nicht gemindert werde, § 15 Abs. 5 SEBG.

Nach § 21 Abs. 6 SEBG steht der Bestandsschutz, entsprechend der Vorgabe der Richtlinie, im Vordergrund, so dass bei einer Gründung einer SE durch Umwandlung die mit dem BVG getroffene Vereinbarung hinsichtlich aller Komponenten der Arbeitnehmerbeteiligung zumindest das gleiche Ausmaß gewährleisten, das in der Gründungsgesellschaft bestand.

Nach § 16 Abs. 1 SEBG kann das BVG auch beschließen, keine Verhandlungen aufzunehmen oder bereits aufgenommene Verhandlungen abzubrechen. In diesem Fall finden nach § 16 Abs. 2 SEBG die Regelungen der §§ 22 bis 33 SEBG über den SE-Betriebsrat kraft Gesetzes und der §§ 34 bis 38 SEBG über die Mitbestimmung kraft Gesetzes keine Anwendung. Nach § 47 Abs. 1 SEGB verbleibt auf der betrieblichen Ebene demnach die Möglichkeit der Wahrnehmung von Beteiligungsrechten nach dem BetrVG oder anderen nationalen Rechtsordnungen sowie gegebenenfalls dem Europäischen Betriebsrätegesetz (EBRG). Auf der Unternehmensebene hat der Beschluss eine mitbestimmungsrechtliche „*Nulllösung*", das heißt eine mitbestimmungsfreie SE zur Folge.[1664]

Ein Verzicht auf die Arbeitnehmermitbestimmung ist jedoch nach § 16 Abs. 3 SEGB ausgeschlossen, wenn bei einer umzuwandelnden Gesellschaft Mitbestimmungsrechte auf Unternehmensebene bestehen. In diesem Fall bleiben nach § 35

1663 So *Grobys*, NZA 2005, 88; die Unternehmensmitbestimmung war jedoch auch nach dem KRG Nr. 22, dem das *collective bargaining* Modell zugrunde lag, zumindest in Grenzen dispositiv (vgl. S. 37); nach dem BRG 1920 existierte nur eine Unternehmensmitbestimmung, wenn auch Betriebsräte gewählt wurden und war insoweit auch dispositiv (vgl. S. 33).

1664 *Grobys*, NZA 2005, 87.

Abs. 1 SEGB die Regelungen zur Mitbestimmung erhalten, die in der Gesellschaft vor der Umwandlung bestanden hat.

cc) Mitbestimmung kraft Gesetzes

Kommt es innerhalb der sechsmonatigen Verhandlungsfrist (§ 20 Abs. 1 SEGB) zwischen den Leitungen und dem BVG zu keiner Einigung und beschließt das BVG nicht nach § 16 Abs. 1 SEGB den Abbruch der Verhandlungen, gelten nach § 22 Abs. 1 Nr. 2 SEGB für den SE-Betriebsrat die Regelungen der §§ 23 bis 33 ff. SEGB. Die Informations- und Anhörungsrechte entsprechend weitgehend dem des EBR.[1665]

Hinsichtlich der Unternehmensmitbestimmung bleibt im Falle der Umwandlung nach § 35 Abs. 1 SEBG das Verhältnis von Anteilseigner- und Arbeitnehmervertretern im Aufsichts- oder dem Verwaltungsorgan erhalten. Für alle anderen Gründungsformen gilt nach § 35 Abs. 2 SEGB, dass sich die Zahl der Arbeitnehmervertreter im Aufsichts- oder Verwaltungsorgan der SE nach dem höchsten Anteil an Arbeitnehmervertretern in den Organen der beteiligten Gesellschaften vor der Eintragung der SE bemisst. Im Ergebnis wird damit das höchste Mitbestimmungsniveau in die SE *„importiert"*.[1666] Dies setzt allerdings voraus, dass sich die importierte Mitbestimmung auf mindestens 25 % (bei einer Verschmelzung) bzw. 50 % (bei Gründung einer Holding- oder gemeinsamen Tochtergesellschaft) der Gesamtzahl der Beschäftigten in den betroffenen Mitgliedstaaten erstreckt oder das BVG bei Unterschreiten dieser Prozentzahlen einen ausdrücklichen Beschluss zur Übernahme der Mitbestimmung in die SE fasst (§ 34 I lit. b und c SEBG).[1667]

Die Arbeitnehmervertreter im Aufsichts- oder Verwaltungsorgan der SE haben nach § 38 Abs. 1 SEBG die gleichen Rechte und Pflichten wie die Mitglieder, die die Anteilseigner vertreten. Im Falle der paritätischen Mitbestimmung wird allerdings der Vorsitz in dem betroffenen Organ stets von den Anteilseignern übernommen, und der Vorsitzende verfügt bei Stimmengleichheit über eine zweite Stimme.[1668] § 38 Abs. 2 S. 2 SEBG sieht zudem die Bestellung eines Arbeitsdirektors und nach § 38 Abs. 3 SEBG bei montan-mitbestimmten Gesellschaften die Aufnahme eines *„weiteren"* Mitglieds in die Unternehmensorgane vor.

Schließlich können das BVG und die Leitungen sich nach § 21 Abs. 5 SEGB darauf einigen, dass die Regelungen der §§ 22 bis 33 SEGB über den SE-Betriebsrat kraft Gesetzes und der §§ 34 bis 38 SEGB über die Mitbestimmung kraft Gesetzes ganz oder in Teilen gelten.

1665 Vgl. zur Zusammensetzung und den Rechten des SE-Betriebsrats kraft Gesetzes zusammenfassend *Grobys*, NZA 2005, 89 f.

1666 *Grobys*, NZA 2005, 90.

1667 *Grobys*, NZA 2005, 90.

1668 Art. 42, 45, 50 Abs. 2 Verordnung 2157/2001/EG; *Grobys*, NZA 2005, 90.

c) *Das SCE-Beteiligungsgesetz vom 14. August 2006 (BGBl I S. 1917) und das Verschmelzungsmitbestimmungsgesetz vom 21. Dezember 2006 (BGBl I S. 3332)*

Das *Gesetz über die Beteiligung der Arbeitnehmer und Arbeitnehmerinnen in einer Europäischen Genossenschaft (SCE-Beteiligungsgesetz – SCEBG) vom 14. August 2006*[1669] entspricht weitgehend den Regelungen des SEEG[1670] für den Fall, dass von mindestens zwei juristischen Personen oder durch Umwandlungsgesetz eine europäische Genossenschaft (SCE) gegründet werden soll.

Auch das *Gesetz über die Mitbestimmung der Arbeitnehmer bei einer grenzüberschreitenden Verschmelzung (MgVG) vom 21. Dezember 2006*[1671] sieht zunächst eine Verhandlungslösung vor und nach § 23 Abs. 1 Nr. 2 MgVG für den Fall des Scheiterns ein relativ hohes Maß an Mitbestimmung der Arbeitnehmer (vgl. §§ 24 ff MgVG).

5. *Gesetz für die gleichberechtigte Teilhabe von Frauen und Männern an Führungspositionen in der Privatwirtschaft und im öffentlichen Dienst vom 24. April 2015 (BGBl. I S. 642)*

Das am 6. März 2015 verabschiedete *Gesetz für die gleichberechtigte Teilhabe von Frauen und Männern an Führungspositionen in der Privatwirtschaft und im öffentlichen Dienst vom 24. April 2015*[1672] sieht für die Unternehmensmitbestimmung vor, dass in einem Aufsichtsgremium ab dem 1. Januar 2016 mindestens 30 % Frauen und Männer vertreten sein müssen. Die Quote kann durch sukzessive Besetzung erfüllt werden. Das heißt, bestehende Mandate können bis zu ihrem Ende wahrgenommen werden. Die Wahl eines Aufsichtsratsmitglieds unter Verstoß gegen die Quote ist unwirksam. Zudem müssen sowohl die Anteilseignerseite als auch die Arbeitnehmerseite die Quote jeweils für sich erfüllen.

1669 BGBl I S. 1917.
1670 Vgl. S. 329.
1671 BGBl I S. 3332.
1672 BGBl. I S. 642.

Neunter Teil: Zusammenfassung und Schlussbetrachtung

A. Die Entstehung des Betriebsverfassungsgesetzes 1972

Aufgrund der sich nach Inkraftreten des BetrVG 52 rapide verändernden Betriebs- und Produktionsstrukturen und der gewandelten Anschauung der Arbeitnehmer über Mitverantwortung und Mitwirkung im Arbeitsbereich[1673] sowie zahlreicher Unklarheiten bedurfte das BetrVG 52 einer grundlegenden Reform.

Während für den DGB von Beginn an die Mitbestimmungsrechte des BetrVG 52 unzureichend waren, wurden spätestens in der 5. Legislaturperiode die Stimmen derer lauter, die eine Novellierung des BetrVG forderten. Einen ersten vollständigen Entwurf legte der DGB am 10. Oktober 1967 vor.[1674] Es folgte der CDU/CSU-E vom 2. November 1967,[1675] der Entwurf des Koalitionspartners SPD vom 16. Dezember 1968[1676] und der Entwurf der FDP vom 20. März 1968[1677]. Am 9. Mai 1968 hatte eine öffentliche Anhörung von Sachverständigen zum CDU/CSU-E im Ausschuss für Arbeit stattgefunden. Ferner hatte der Bundestag am 14. Juni 1967 die sog. *Mitbestimmungs-* bzw. *Biedenkopf-Kommission* mit der Auswertung der bisherigen Erfahrungen bei der Mitbestimmung beauftragt, deren Bericht aber erst in der 6. Legislaturperiode am 2. Januar 1970 vorgelegt wurde.[1678] Da *Brandt* als Kanzler einer sozialliberalen Koalition in seiner Regierungserklärung vom 28. Oktober 1969[1679] angekündigt hatte, das BetrVG auf Grundlage der vorliegenden Gesetzesentwürfe zu novellieren, legten zahlreiche Interessenverbände im ersten Halbjahr 1970 weitere Entwürfe und Änderungsvorschläge vor. Das betraf im Wesentlichen die Deutsche Angestellten-Gewerkschaft (DAG),[1680] die Bundesvereinigung der Deutschen Arbeitgeberverbände (BDA)[1681] und die Christlich-Demokratische Arbeitnehmerschaft

---

1673 *Fitting*, BArbBl. 1972, 277.

1674 DGB, Vorschläge des DGB zur Änderung des Betriebsverfassungsgesetzes, Düsseldorf, 1967; AuR 1968, 80 ff, 112 ff, 145 ff, 176 ff.

1675 BT-Drs. V/2234; RdA 1967, 460 ff.

1676 BT-Drs. V/3658.

1677 BT-Drs. V/4011; BA Koblenz, B 149–9859 S. 291 ff.

1678 BT-Drs. VI/334.

1679 *Brandt* (SPD), BT-Prot. VI/5, S. 28 f.

1680 Forderungen zur Novellierung des Betriebsverfassungsgesetzes und Entschließung zum Bericht der Mitbestimmungskommission (Biedenkopf-Kommission) des DAG-Bundesvorstands, Hamburg 1970; BA Koblenz, B 149/9854, S. 322–339.

1681 BDA, I. Integration der Arbeitnehmer – Vorschläge zur Betriebsverfassung, II. Erste Stellungnahme zum Bericht der Mitbestimmungskommission, Köln Februar 1970; BDA-Archiv, D VII b 11745a; zusammengefasst in BB 1970, 257.

(CDA)[1682]. Aber auch der DGB legte eine überarbeitete Fassung seines Novellierungsentwurfs vor.[1683] Die CSU-Landesgruppe unterbreitete ebenfalls einen Gesetzesentwurf, jedoch nicht als Gesetzesantrag.[1684]

Ministerialdirektor *Karl Fitting*[1685] wurde von Bundesarbeitsminister *Walter Arendt*[1686] angewiesen, die Erarbeitung des Ref-E streng geheim zu halten. Es sollte vermieden werden, dass die Regelungen der sehr kontrovers diskutierten Novellierung bereits vor Einbringung in den Bundesrat zerredet würden, zumal die Vorstellungen der Koalitionspartner SPD und FDP noch in der 5. Legislaturperiode weit auseinander gelegen hatten. Dementsprechend erfuhr der fertige Ref-E[1687] des BMA in einer Koalitionssitzung vom 24. November 1970 noch zahlreiche, von der FDP geforderte, Änderungen.[1688] Anschließend wurde der Ref-E dem Kabinett vorgelegt, das am 3. Dezember 1970 über den Entwurf beriet und diesem zustimmte.[1689] Am 18. Dezember 1970 leitete die Bundesregierung den Reg-E[1690] nebst Begründung dem Bundesrat gemäß Art. 76 Abs. 2 GG zu[1691]. Mit Beschluss vom 29. Januar 1971 nahm der Bundesrat mit 37 Änderungsvorschlägen zum Reg-E Stellung.[1692] Am selben Tag brachte die Bundesregierung den Entwurf nebst Begründung und Stellungnahme des Bundesrats in den Bundestag ein.[1693]

Am 5. Februar 1971 legte auch die CDU/CSU einen umfassenden Gesetzesentwurf zur Novellierung des BetrVG dem Bundestag vor.[1694] Zudem reagierten auch die DAG[1695] und die BDA[1696] und legten Änderungsvorschläge zum Reg-E vor. In der ersten Beratung des Reg-E und des CDU/CSU-E im Bundestag am 11. Februar 1971[1697] wurden beide Entwürfe an den federführenden Ausschuss für Arbeit und

---

1682 CDA-Entwurf v.15.03.1970, BA Koblenz, B 149/9854, S. 68.

1683 Vorschläge des Deutschen Gewerkschaftsbundes zur Änderung des Betriebsverfassungsgesetzes, BA Koblenz, B 149/9853, S. 250–356, RdA 1970, 237 ff.

1684 CSU, Mitbestimmung in Betrieb und Unternehmen. Neuregelung/Textsynopse, Stand: April 1970; BA Koblenz, B 149/9853, S. 8–82; Christlich-Soziale Union in Bayern e.V., Mitbestimmung in Betrieb und Unternehmen: Neuregelung/Textsynopse, CSU-Entwurf, München, 1970.

1685 Zu *Karl Fitting* vgl. Biographie S. 358 f.

1686 Zu *Walter Arendt* vgl. Biographie S. 357 *f.*

1687 Abgedruckt in RdA 1970, S. 357 ff.

1688 Änderungen abgedruckt in RdA 1970, S. 370.

1689 Kabinettsprotokoll VI/51 vom 03.12.1970.

1690 Abgedr. in RdA 1971, 33.

1691 BR-Drs. 715/70, S. 1; RdA 1970, S. 357 ff.

1692 BR-Drs. 715/70 (Beschluß).

1693 BT-Drs. VI/1786; Gegenäußerung zur Stellungnahme des Bundesrats: zu BT-Drs. VI/1786.

1694 BT-Dr VI/1806.

1695 DAG, Entwurf eines Betriebsverfassungsgesetzes: Änderungsvorlage zur Drucksache VI/1786 / Deutsche Angestellten-Gewerkschaft, Hamburg, 1971.

1696 Vorschlag für ein Betriebsverfassungsgesetz, Köln Februar 1971.

1697 Vgl. BT-Prot. VI/101, S. 5803–5897.

Sozialordnung weitergeleitet.[1698] Dieser führte unter Vorsitz von *Ernst Schellenberg*[1699] u. a. zwei öffentliche Informationssitzungen[1700] durch und legte am 14. Oktober 1971[1701] nach insgesamt 23 Sitzungen seinen schriftlichen Bericht nebst überarbeitetem Entwurf vor[1702]. Der Bundestag stimmte ohne weitere Änderungen dem Gesetzesentwurf in der vom Ausschuss für Arbeit und Sozialordnung geänderten Fassung in zweiter und dritter Beratung am 10. November 1971 mit breiter Mehrheit zu; 21 CDA-Mitglieder der CDU hatten mit der sozialliberalen Regierungskoalition gestimmt.[1703]

Der Bundestag leitete den Gesetzesentwurf gemäß Art. 77 Abs. 1 S. 1 GG dem Bundesrat zur erneuten Beratung zu,[1704] der mit der Mehrheit der Stimmen der CDU/CSU-regierten Länder am 3. Dezember 1971 die Einberufung des Vermittlungsausschusses gemäß Art. 77 Abs. 2 GG beschloss.[1705] Unter Ablehnung sämtlicher Anrufungsbegehren bestätigte die sozialliberale Mehrheit im Vermittlungsausschuss am 13. Dezember 1971 den Gesetzesbeschluss des Bundestags.[1706] Mit den Stimmen der CDU-Ministerpräsidenten *Filbinger* und *Kohl* und der Enthaltung *Stoltenbergs* stimmte der Bundesrat am 17. Dezember 1971 dem vom Bundestag am 10. November 1971 verabschiedeten BetrVG gemäß Art. 84 Abs. 1 GG und Art. 87 Abs. 3 S. 2 GG zu.[1707] Das BetrVG wurde am 15. Januar 1972 ausgefertigt, am 18. Januar 1972 verkündet[1708] und trat gemäß § 132 BetrVG 72 *„am Tage nach seiner Verkündung“* in Kraft.

B. Die Neuerungen des Betriebsverfassungsgesetzes 1972

Zwar blieben die wesentlichen Grundsätze des BetrVG 52 erhalten, aufgrund der zahlreichen zusätzlichen Vorschriften konnte jedoch nicht auf dem BetrVG 52 aufgebaut werden, so dass ein vollständig neues Gesetz entstand. Das BetrVG72 wich im Wesentlichen wie folgt vom BetrVG 52 ab:[1709]

1698 BT-Prot. VI/101, S. 5897.

1699 *Ernst Schellenberg*, MdB, SPD, Berlin; vgl. Biographie S. 359 f.

1700 BT-Prot. VI/10. Aussch. 45. u. 46. Sitz. am 24. u. 25.02.1971; BT-Prot. VI/10. Aussch. 57. u. 58 .Sitz. am 13. u. 14.05.1971.

1701 Parlamentsarchiv VI/234, Bd. A 2 Lfd. Nr. 48–58.

1702 BT-Drs. VI/2729.

1703 BT-Prot. VI/150, S. 8675.

1704 BR-Drs. 633/71.

1705 BR-Prot. 374, S. 350.

1706 VA-KurzProt. Nr. 11 VI/1969, S. 20; BT-Drs. VI/2941 (Bekanntgabe an den Bundestag); BR-Drs. 708/71 (Bekanntgabe an den Länder).

1707 BR-Prot. 375, S. 373.

1708 BGBl. I S. 13.

1709 Hierzu im Ganzen: *Fitting*, BArbBl. 1972, 276 ff.

1. Zusammenarbeit von Arbeitgeber und Betriebsrat

> *„Arbeitgeber und Betriebsrat arbeiten im Rahmen der geltenden Tarifverträge vertrauensvoll und im Zusammenwirken mit den im Betrieb vertretenen Gewerkschaften und Arbeitgebervereinigungen zum Wohl des Betriebs und seiner Arbeitnehmer unter Berücksichtigung des Gemeinwohls zusammen."*

Dieser Leitgedanke der *vertrauensvollen Zusammenarbeit* des BetrVG 52, der in § 49 Abs. 1 verankert war, wurde zwar in das BetrVG 72 übernommen, jedoch an den Anfang des Gesetzes gestellt (§ 2 Abs. 1 BetrVG 72). Für die Frage, wessen Wohl die vertrauensvolle Zusammenarbeit dienen sollte, wurde die Reihenfolge der Begriffe *Betrieb* und *Arbeitnehmer* im BetrVG 72 geändert und die Berücksichtigung des Gemeinwohls gestrichen.[1710]

2. Abweichungen vom Betriebsverfassungsgesetz durch Betriebsvereinbarung oder Tarifvertrag

Eine ganz erhebliche Stärkung des gewerkschaftlichen Einflusses hätte die Tariföffnungsklausel aus § 3 Abs. 1 Nr. 3 u. 5 Ref-E bedeutet,[1711] die eine Erweiterung der Mitbestimmungsrechte vor allem in personellen Angelegenheiten und bei der Freistellung von Betriebsratsmitgliedern durch Tarifvertrag ermöglicht hätte. Diese wurden jedoch bereits auf Forderung der FDP im Koalitionsgespräch am 24. November 1970 gestrichen.[1712]

Wie bisher (§ 20 Abs. 3 BetrVG 52), sollte durch Tarifvertrag die Einrichtung einer anderen Vertretung der Arbeitnehmer für Betriebe, in denen wegen ihrer Eigenart der Errichtung von Betriebsräten besondere Schwierigkeiten entgegenstehen, bestimmt werden können (§ 3 Abs. 1 Nr. 2 BetrVG 72). Zusätzlich sollten nun aber auch durch Tarifvertrag zusätzliche betriebsverfassungsrechtliche Vertretungen der Arbeitnehmer bestimmter Beschäftigungsarten oder Arbeitsbereichen (Arbeitsgruppen) durch die Wahl von Arbeitsgruppensprechern geschaffen werden können (§ 3 Abs. 1 Nr. 1 BetrVG 72). Ferner sollte, soweit dadurch die Bildung von Vertretungen der Arbeitnehmer erleichtert würde, vom Betriebsbegriff des § 4 BetrVG 72 abgewichen werden können (§ 3 Abs. 1 Nr. 3 BetrVG 72). Solche Tarifverträge sollten aber weiterhin der Zustimmung der obersten Arbeitsbehörde des Landes und bei nationalem Bezug des Bundesarbeitsministers bedürfen (§ 3 Abs. 2 BetrVG 72).

1710 Hierzu näher insbes. S. 160, 171. u. 213.

1711 Denn die eng begrenzte Abweichung vom BetrVG durch Tarifvertrag, die unter den Vorbehalt einer staatlichen Zustimmung gestellt war, wurde als Bestätigung herangezogen, dass das Organisationsrecht der Betriebsverfassung zwingend war. *Richardi* in: *Richardi*, BetrVG, 14. Aufl. 2014, § 3. Rz. 2.

1712 Hierzu näher insbes. S. 114, 160, 168, 173 u. 243.

3. *Leitende Angestellte*

Die Frage der angemessenen Integration der leitenden Angestellten in den Betriebsrat oder einer gesonderten Angestelltenvertretung (Sprecherausschuss) klärte der Gesetzgeber bei der Novellierung von 1972 nicht. Der Begriff des leitenden Angestellten wurde jedoch in § 5 Abs. 3 BetrVG 72 gegenüber § 4 Abs. 2 lit. c BetrVG 52 klarer gefasst und an objektivieren Kriterien festgemacht. Zudem sind leitende Angestellte entgegen dem BetrVG 52 Arbeitnehmer. Ferner ist gemäß § 105 BetrVG 72 der Betriebsrat über Einstellungen und personelle Veränderungen von leitenden Angestellten zu informieren und nach §§ 107, 108 BetrVG 72 können die leitenden Angestellten im Wirtschaftsausschuss mitwirken. Die leitenden Angestellten haben also kein Wahlrecht bei Betriebsratswahlen, werden von ihm nicht betreut bzw. vertreten und ihre Angelegenheiten unterliegen nicht der Mitbestimmung des Betriebsrats; daher empfahl die BDA den Arbeitgebern, Initiativen leitender Angestellter zur Wahl von Sprecherausschüssen ohne gesetzliche Reglung zu unterstützen.[1713]

4. *Wahl des Betriebsrats*

Das aktive und das passive Wahlrecht wurden erheblich ausgeweitet. Das galt insbesondere für die Herabsetzung des Mindestalters auf 18. Jahre, die Wahlberechtigung ausländischer Arbeitnehmer und die Verringerung der Betriebszugehörigkeit von einem Jahr auf sechs Monate bei Anerkennung von Betriebszugehörigkeitszeiten im Unternehmen oder im Konzern.[1714] Zudem sah das BetrVG 72 entgegen dem BetrVG 52 vor, dass gemäß § 13 Abs. 1 allgemeine regelmäßige Betriebsratswahlen vom 1. März bis zum 31. Mai erstmals 1972 stattfinden sollten. Nur bei Neugründung oder bei sonstigen Gründen aus denen der Betriebsrat neu gewählt werden muss, finden gemäß § 13 Abs. 2 BetrVG 72 außerhalb dieser Zeiten Betriebsratswahlen statt.

Das BetrVG 72 sieht gegenüber dem BetrVG 52 erhebliche Erleichterungen für die Gründung eines Betriebsrats vor. Das gilt im Wesentlichen für die Möglichkeit im Betrieb vertretener Gewerkschaften, zu einer Betriebsversammlung einzuladen, Vorschläge für die Zusammensetzung des Wahlvorstandes zu machen (§ 17 Abs. 2 BetrVG 72)[1715] und Wahlvorschläge zu unterbreiten (§ 14 Abs. 7 BetrVG 72).[1716] Zudem sollen, soweit erforderlich, gemäß § 16 Abs. 2 BetrVG 72 auch nicht dem Betrieb angehörende Gewerkschaften in den Wahlvorstand berufen werden können, wenn das Arbeitsgericht den Wahlvorstand bestellt. Zur Erleichterung der Betriebsratswahlen trug zudem die Einführung des besonderen nachwirkenden Kündigungsschutzes für Wahlbewerber und Mitglieder des Wahlvorstandes bei (§ 15 Abs. 2 KSchG nF). Auch die Anzahl der Wahlvorstände kann der Betriebsrat,

---

1713 BDA, Das neue Betriebsverfassungsgesetz S. 35.

1714 Vgl. *Kreutz/Raab* in: GK-BetrVG, Bd. I, 10. Aufl. 2014, § 8 Rz. 1 ff.

1715 Vgl. *Kreutz* in: GK-BetrVG, Bd. I, 10. Aufl. 2014, § 17 Rz. 2.

1716 Vgl. *Kreutz/Jacobs* in: GK-BetrVG, Bd. I, 10. Aufl. 2014, § 14 Rz. 79.

falls dies zur ordnungsgemäßen Durchführung der Wahl erforderlich ist, gemäß § 16 Abs. 1 S. 2 BetrVG 72 erhöhen.

Neu war im Übrigen, dass der Wahlvorstand gemäß § 18 Abs. 3 BetrVG 72 in betriebsöffentlicher Sitzung die Stimmen auszuzählen, das Wahlergebnis festzustellen und den Arbeitnehmern bekanntzugeben sowie dem Arbeitgeber und den im Betrieb vertretenen Gewerkschaften zu übersenden hat.[1717]

5. *Organisation des Betriebsrats*

Neben der Vergrößerung des Betriebsrats für Betriebe mit über tausend Arbeitnehmern gemäß § 9 BetrVG 72, sah das BetrVG 72 gegenüber dem BetrVG 52 vor, dass der Betriebsrat gemäß § 27 Abs. 3 BetrVG 72 bei einer Belegschaft von mehr als 300 Arbeitnehmern einerseits dem Betriebsausschuss Aufgaben zur selbständigen Erledigung übertragen kann und anderseits neben dem Betriebsausschuss weitere Ausschüsse bilden und auch diesen Aufgaben zur selbständigen Erledigung übertragen kann (§ 28 Abs. 1 BetrVG 72), was insbesondere in Großbetrieben die Betriebsratsarbeit erleichtern und effektiver machen sollte. Zudem sollte gemäß § 27 Abs. 1 BetrVG 72 ein Betriebsausschuss bereits ab neun und nicht erst ab elf Betriebsratsmitgliedern gebildet werden.

6. *Gesamt- und Konzernbetriebsrat, Betriebsräteversammlung*

Während die Bildung eines Gesamtbetriebsrats in einem Unternehmen mit mehreren Betriebsräten nach § 46 BetrVG 52 fakultativ war, ist dies nach § 47 Abs. 1 BetrVG 72 obligatorisch. Zudem wird die Anzahl der Mitglieder des Gesamtbetriebsrats begrenzt. Gehören demnach dem Gesamtbetriebsrat mehr als vierzig Mitglieder an, so ist zwischen dem Gesamtbetriebsrat und dem Arbeitgeber, soweit keine tarifliche Regelung existiert, eine Betriebsvereinbarung über die Mitgliederzahl des Gesamtbetriebsrats abzuschließen, in der bestimmt wird, dass Betriebsräte mehrerer Betriebe eines Unternehmens, die regional oder durch gleichartige Interessen miteinander verbunden sind, gemeinsam Mitglieder in den Gesamtbetriebsrat entsenden (§ 47 Abs. 5 BetrVG 72).[1718] Kommt keine Einigung zustande, entscheidet gemäß § 47 Abs. 6 BetrVG 72 eine für das Unternehmen zu bildende Einigungsstelle verbindlich. Die Zuständigkeit des Betriebsrats blieb gemäß § 50 Abs. 1 BetrVG 72 unverändert, dem Gesamtbetriebsrat kann nun aber gemäß § 50 Abs. 2 BetrVG 72 die Behandlung einzelner Angelegenheiten mit oder ohne Entscheidungsbefugnis übertragen werden. Der Ausschluss und das Erlöschen der Mitgliedschaft im Gesamtbetriebsrat wurde in §§ 48 f. BetrVG 72 in Anlehnung an die Bestimmungen für den Betriebsrat geregelt.

Der Gesamtbetriebsrat hat mindestens einmal im Jahr eine Betriebsräteversammlung einzuberufen, bei der der Gesamtbetriebsrat einen Tätigkeitsbericht und der

---

1717 Vgl. *Kreutz* in: GK-BetrVG, Bd. I, 10. Aufl. 2014, § 18 Rz. 2.
1718 Vgl. *Kreutz* in: GK-BetrVG, Bd. I, 10. Aufl. 2014, § 47 Rz. 1.

Arbeitgeber einen Bericht über das Personal- und Sozialwesen des Betriebs und über dessen wirtschaftliche Lage und Entwicklung zu erstatten hat (§ 53 Abs. 2 Nr. 1 u. 2 BetrVG 72). Die Betriebsräteversammlung besteht gemäß § 53 Abs. 1 S. 2 BetrVG 72 aus den Mitgliedern der Betriebsausschüsse; die Betriebsräte können aber auch andere Mitglieder entsenden.[1719]

Neu ist zudem die Möglichkeit der Gesamtbetriebsräte eines Konzerns, einen Konzernbetriebsrat errichten zu können. Die Bildung des Konzernbetriebsrats erfordert gemäß § 54 Abs. 1 BetrVG 72 die Zustimmung der Gesamtbetriebsräte, in denen mehr als drei Viertel der Arbeitnehmer des Konzerns beschäftigt sind. Besteht in einem Konzernunternehmen nur ein Betriebsrat, so nimmt dieser die Aufgaben eines Gesamtbetriebsrats wahr (§ 53 Abs. 2 BetrVG 72). Die Mitglieder des Konzernbetriebsrats werden gemäß § 55 Abs. 1 BetrVG 72 entsprechend der Vorschriften der Zusammensetzung des Gesamtbetriebsrats vom Gesamtbetriebsrat entsandt. Zuständig ist der Konzernbetriebsrat für Angelegenheiten, die den Konzern oder mehrere Konzernunternehmen betreffen und nicht durch die einzelnen Gesamtbetriebsräte innerhalb ihrer Unternehmen geregelt werden können (§ 58 Abs. 1 S. 1 BetrVG 72). Zudem können die einzelnen Gesamtbetriebsräte gemäß § 58 Abs. 2 den Konzernbetriebsrat mit der Behandlung von Angelegenheiten beauftragen. Ferner ist der Konzernbetriebsrat gemäß § 58 Abs. 1 S. 2 BetrVG 72 den einzelnen Gesamtbetriebsräten nicht übergeordnet. Die weiteren Vorschriften betreffend den Konzernbetriebsrat sind im Wesentlichen denen des Gesamtbetriebsrats nachgebildet worden (§§ 55 ff. BetrVG 72).

7. Arbeitnehmerrechte

Das BetrVG 72 enthält entgegen dem BetrVG 52 zahlreiche Arbeitnehmerrechte, die teilweise außerhalb des Rahmens der Betriebsverfassung liegen. So hat der Arbeitgeber beispielsweise den Arbeitnehmer über dessen Aufgabe und Verantwortung sowie über die Art seiner Tätigkeit und ihre Einordnung in den Arbeitsablauf des Betriebs und über Veränderungen in seinem Arbeitsbereich rechtzeitig zu unterrichten (§ 81 Abs. 1 u. 2 BetrVG 72).[1720] Ferner erhält der Arbeitnehmer das Recht auf Einsicht in seine Personalakte. Er kann ein Betriebsratsmitglied hinzuziehen und eine Stellungnahme zur Personalakte beifügen (§ 83 Abs. 1 u. 2 BetrVG 72).

Zudem hat der Arbeitnehmer das Recht, in betrieblichen Angelegenheiten, die seine Person betreffen, von den hierfür zuständigen Personen gehört zu werden und zu entsprechenden Maßnahmen des Arbeitgebers Stellung zu nehmen sowie Vorschläge für die Gestaltung des Arbeitsplatzes und des Arbeitsablaufs zu machen. Ferner kann der Arbeitnehmer verlangen, dass ihm die Berechnung und Zusammensetzung seines Arbeitsentgelts erläutert wird und dass mit ihm die Beurteilung seiner Leistungen sowie die Möglichkeiten seiner beruflichen Entwicklung

1719 Vgl. *Kreutz* in: GK-BetrVG, Bd. I, 10. Aufl. 2014, § 53 Rz. 1.
1720 Vgl. *Thüsing* in: *Richardi*, BetrVG, 14. Aufl. 2014, § 81. Rz. 1.

im Betrieb erörtert werden (§ 82 Abs. 1 u. 2 BetrVG 72). Auch hierzu kann er ein Betriebsratsmitglied hinzuziehen. Das gilt auch im Fall der nach § 84 BetrVG 72 zulässigen Beschwerde, über die der Arbeitgeber verpflichtet ist, zu bescheiden und Abhilfe zu schaffen. Hält der Betriebsrat entgegen dem Arbeitgeber die Beschwerde für berechtigt, entscheidet bei fehlender Einigung gemäß § 85 Abs. 2 BetrVG 72 die Einigungsstelle verbindlich, soweit es sich nicht um einen Rechtsanspruch handelt. Im Übrigen dürfen dem Arbeitnehmer durch die Beschwerde keine Nachteile entstehen (§ 84 Abs. 3 BetrVG 72).

8. Arbeitsgruppen

Obwohl von vielen Seiten gefordert, so auch die Entwürfe der SPD, der DAG, der CSU und der CDU/CSU,[1721] sah das BetrVG 72 genauso wenig wie das BetrVG 52 die Bildung von Arbeitsgruppen bzw. die Wahl von Arbeitsgruppensprechern vor. Wie unter Ziff. 2 hier dargestellt, sollte lediglich durch Tarifvertrag die Wahl von Arbeitsgruppensprechern ermöglicht werden können (§ 3 Abs. 1 Nr. 1 BetrVG 72).[1722]

9. Gruppen- und Minderheitenschutz

Das Meinungsbild zu den Gruppen- und Minderheitenrechten war bei den Interessenverbänden gegenläufig. Während der DGB die Abschaffung der Differenzierung von Arbeitnehmern und Angestellten gefordert hatte, war die DAG für eine Ausweitung Schutzes für Gruppen und Minderheiten. Aufgrund von Zugeständnissen der SPD gegenüber der FDP wurde dieser Schutz im BetrVG 72 gegenüber dem BetrVG 52 geringfügig gestärkt. Daher wählen die Gruppen den Betriebsrat weiterhin, entgegen dem Willen des DGB, in getrennten Wahlgängen, es sei denn, dass beide Gruppen zuvor in getrennten Wahlen eine gemeinsame Wahl beschließen (§ 14 Abs. 2 BetrVG 72). Neu ist aber, dass gemäß § 15 Abs. 1 u. 2 BetrVG 72 die Beschäftigungsarten, Betriebsabteilungen und unselbständige Nebenbetriebe bei der Zusammensetzung des Betriebsrats berücksichtigt werden sollten.

Zudem wurde zugunsten der Minderheitengruppe geregelt, dass sie wenn sie ein Drittel der Mitglieder des Betriebsrats stellt, ein Vorschlagsrecht für die Wahl des Vorsitzenden bzw. stellvertretenden Vorsitzenden des Betriebsrats hat. Wird der Vertreter der Mehrheit zum Vorsitzenden gewählt, wird der Kandidat der Minderheitengruppe gemäß § 26 Abs. 2 BetrVG 72 automatisch stellvertretender Vorsitzender des Betriebsrats. Gehören mehr als ein Zehntel der Betriebsratsmitglieder, jedoch mindestens 5 Betriebsratsmitglieder der Minderheitengruppe an und ist der Betriebsrat selbst in Gruppenwahl gewählt worden, so wählt nach dem BetrVG 72 jede Gruppe selbst ihre Vertreter für den Betriebsausschuss und für den Gesamtbetriebsrat (§§ 27 Abs. 2 S. 3, 47 Abs. 2 S. 3 BetrVG 72). Zudem muss die Minderheitengruppe bei Freistellungen angemessen berücksichtigt werden. Ist sie

1721 Vgl. SPD-E, S. 116; DAG-E, S. 139; CSU-E, S. 157; CDU/CSU-E 71, S. 205.
1722 Vgl. *Richardi* in: *Richardi*, BetrVG, 14. Aufl. 2014, § 3. Rz. 1.

mit einem Drittel am Betriebsrat beteiligt, bestimmt sie gemäß § 38 Abs. 2 S. 2 und 3 BetrVG 72 ihre Vertreter selbst. Ist die Minderheitengruppe mit mindestens zwei Mitgliedern im Betriebsrat vertreten, ist nach § 29 Abs. 3 S. 2 BetrVG 72 auf ihren Beschluss hin eine Betriebsratssitzung zur Beratung des von ihr benannten Tagesordnungspunktes einzuberufen.

10. Schutz und Arbeitsbedingungen von Funktionsträgern

Das BetrVG 72 führte zudem zu einer erheblichen Verbesserung und einem erhöhten Schutz der Betriebsratstätigkeit. Das betrifft u. a. eine umfassendere Freistellung von Betriebsratsmitgliedern. Ab 300 Arbeitnehmern sieht § 38 Abs. 1 BetrVG 72 nunmehr eine Staffellung von mindestens freizustellenden Betriebsratsmitgliedern vor. Hiervon kann durch Tarifvertrag oder Betriebsvereinbarung abgewichen werden. Die Freistellungen werden gemäß § 38 Abs. 2 BetrVG 72 vom Betriebsrat nach Beratung mit dem Arbeitgeber beschlossen. Hält der Arbeitgeber eine Freistellung für sachlich unbegründet, kann er die Einigungsstelle anrufen, die verbindlich entscheidet. Über die Staffelung des § 38 Abs. 1 BetrVG 72 hinaus und in Betrieben mit weniger als 300 Arbeitnehmern sind Betriebsratsmitglieder, wie zuvor, freizustellen, wenn dies *„zur ordnungsgemäßen Durchführung ihrer Aufgaben erforderlich ist"* (§ 37 Abs. 2 BetrVG 72). Zudem kann der Betriebsrat unter diesen Voraussetzungen Mitglieder zur Teilnahme an Schulungsveranstaltungen entsenden, ohne dass eine Minderung des Arbeitsentgelts stattfindet (§ 37 Abs. 6 BetrVG 72). Zusätzlich besteht für behördlich anerkannte Schulungs- und Bildungsveranstaltungen ein bezahlter Freistellungsanspruch von drei Wochen pro Amtsperiode, bei erstmaligen Betriebsratsmitgliedschaften von vier Wochen pro Amtsperiode (§ 37 Abs. 7 BetrVG 72).

Zum besseren Schutz der Betriebsratsmitglieder wurde das allgemeine Benachteiligungsverbot erheblich präzisiert, was insbesondere für eine eventuelle Benachteiligung gegenüber den anderen Arbeitnehmern im Betrieb bezüglich des Entgelts, ihrer Freizeit und ihrer Entwicklung im Betrieb gilt. Demnach darf gemäß § 37 Abs. 4 BetrVG 72 u. a. das Arbeitsentgelt bis einschließlich ein Jahr nach Beendigung der Amtszeit nicht geringer bemessen werden als das Arbeitsentgelt vergleichbarer anderer Arbeitnehmer mit betriebsüblicher beruflicher Entwicklung. Nach drei Amtszeiten gilt diese Garantie gemäß § 38 Abs. 3 BetrVG 72 für zwei Jahre. Für den gleichen Zeitraum sind Betriebsratsmitglieder in entsprechender Tätigkeit zu beschäftigen (§§ 37 Abs. 5 und 38 Abs. 3 BetrVG 72). Der Schutz vor Benachteiligung wird im Übrigen dadurch abgesichert, dass freigestellten Betriebsratsmitgliedern gemäß § 38 Abs. 6 BetrVG 72 Gelegenheit geben wird, die betriebliche Entwicklung nach Beendigung des Amtes durch Berufsbildungsmaßnahmen nachzuholen. Sprechstunden kann der Betriebsrat gemäß § 39 Abs. 1 BetrVG 72 im Gegensatz zu § 38 BetrVG 52 unabhängig von der Betriebsgröße während der Arbeitszeit einrichten. Zeit und Ort sind mit dem Arbeitgeber abzustimmen und im Streitfall soll die Einigungsstelle hierüber verbindlich entscheiden. Zudem wurde in § 39 Abs. 3 BetrVG 72 klargestellt, dass versäumte Arbeitszeit durch den Besuch der Sprechstunde nicht zu vergüten ist.

Auf der anderen Seite wurde im BetrVG 72 auch der Kündigungsschutz von Betriebsratsmitgliedern und anderen Funktionsträgern erheblich verbessert. So wurde die Nachwirkung des Verbots der ordentlichen Kündigung auf ein Jahr nach Beendigung des Amtes ausgedehnt (§ 15 Abs. 1 KSchG nF). Zudem ist nach § 103 BetrVG 72 die außerordentliche Kündigung von Betriebsratsmitgliedern und anderen Funktionsträgern nur mit der Zustimmung des Betriebsrats zulässig.

11. Betriebs- und Abteilungsversammlungen

Neben die bereits bestehenden Teilversammlungen traten mit dem BetrVG 72 noch Abteilungsversammlungen (§ 42 Abs. 2 BetrVG 72). Die Arbeitnehmer organisatorisch oder räumlich abgegrenzter Betriebsteile sind demnach vom Betriebsrat zusammenzufassen und Abteilungsversammlungen durchzuführen, wenn dies für die Erörterung der besonderen Belange der Abteilung erforderlich ist. Sofern Abteilungsversammlungen erforderlich sind, sind gemäß § 43 Abs. 1 BetrVG 72 zwei der vierteljährlich stattfindenden Betriebsversammlungen als Abteilungsversammlungen durchzuführen. Dabei muss der Arbeitgeber nach § 43 Abs. 2 S. 3 BetrVG 72 nunmehr mindestens einmal im Jahr die Belegschaft über das Personal- und Sozialwesen des Betriebs und über dessen wirtschaftliche Lage und Entwicklung Bericht erstatten. Wurde im vergangenen Kalenderhalbjahr weder eine Betriebs- noch eine Abteilungsversammlung durchgeführt, haben die im Betrieb vertreten Gewerkschaften gemäß § 43 Abs. 4 BetrVG 72 das Recht, die Durchführung einer Betriebsversammlung zu beantragen, die der Betriebsrat dann binnen Zweiwochenfrist einberufen muss. Zudem können nach § 45 BetrVG 72 bei den Versammlungen auch Angelegenheiten tarifpolitischer, sozialpolitischer und wirtschaftlicher Art erörtert werden, sofern sie den Betrieb oder seine Arbeitnehmer unmittelbar betreffen und nicht den Betriebsfrieden stören oder parteipolitischer Natur sind.

12. Mitbestimmung des Betriebsrats in allgemeinen, sozialen, personellen und wirtschaftlichen Angelegenheiten

Das BetrVG 72 weitet die Mitbestimmungsrechte des Betriebsrats ganz erheblich in sämtlichen Angelegenheiten aus. Das betrifft frühzeitige und umfassende Unterrichtungsrechte, Beratungsrecht, Vetorechte und Initiativrechte des Betriebsrats. Ganz wesentlich sah das BetrVG 72 eine Ausweitung der verbindlichen Entscheidung der Einigungsstelle im Streitfall vor, was von der BDA weithin als „*Zwangsschlichtung*“[1723] bezeichnet wurde. Dabei sah das BetrVG 72 beim Einigungsstellenverfahren an sich keine entscheidenden Änderungen vor.[1724] Tatsächlich griff das BetrVG 72 zur Streitbeilegung weniger auf die Anrufung des Arbeitsgerichts zurück,

---

1723 Vgl. u. a. *Kettner* (BDA) bei der öffentlichen Ausschusssitzung am 24./25.02.1971; S. 271.

1724 *Kreutz* in: GK-BetrVG, Bd. II, 10. Aufl. 2014, § 76 Rz. 2.

denn auf die verbindliche Entscheidung der Einigungsstelle.[1725] Dem Vorwurf der Zwangsschlichtung trat auch *Fitting* entgegen, der in diesem System gerade nicht eine „*Konfliktsordnung*", sondern den „*Grundsatz einer vertrauensvollen und arbeitsfriedlichen Zusammenarbeit*" verwirklicht sah. Die Ausweitung der Mitbestimmung wäre sonst nur mit Hilfe des Arbeitskampfes möglich gewesen. Im Übrigen hätte sich gezeigt, dass die Betriebspartner in der Vergangenheit versucht hätten, Streit ohne die Anrufung der Einigungsstelle beizulegen.[1726]

a) Mitbestimmung in allgemeinen Angelegenheiten

In allgemeinen Angelegenheiten sieht § 80 Abs. 2 BetrVG 72 vor, dass der Betriebsrat zur Durchführung sämtlicher seiner Aufgaben rechtzeitig und umfassend zu informieren ist. Demgegenüber war § 54 Abs. 2 BetrVG 52 deutlich enger gefasst und stellte lediglich auf einen konkreten Katalog und auf die Aufforderung des Betriebsrats zur Vorlage der erforderlichen Unterlagen ab. Vor allem sah das BetrVG 52 nicht vor, dass die Vorlage der Unterlagen rechtzeitig erfolgen musste.

b) Mitbestimmung in sozialen Angelegenheiten

Entsprechend dem BetrVG 52 sieht das BetrVG 72 in sozialen Angelegenheiten einerseits freiwillige und andererseits erzwingbare Mitbestimmungstatbestände vor. Bei den erzwingbaren Mitbestimmungsrechten des § 87 Abs. 1 Nr. 1–12 BetrVG 72 handelt es sich um Veto- und um Initiativrechte. § 88 BetrVG 72 stellt klar, dass auch weitere soziale Angelegenheiten freiwillig durch Betriebsvereinbarung geregelt werden können. Die Regelung entspricht im Wesentlichen § 57 BetrVG 52, ergänzt um den CDU/CSU-Vorschlag,[1727] auch Maßnahmen der Vermögensbildung regeln zu können.

Der Katalog der sozialen Mitbestimmung in § 87 Abs. 1 BetrVG 72 wurde gegenüber dem Katalog des § 56 Abs. 1 BetrVG 52 insbesondere erweitert um die Verteilung der Arbeitszeit auf die einzelnen Wochentage (Nr. 2), um die vorübergehende Verkürzung oder Verlängerung der betriebsüblichen Arbeitszeit (Nr. 3), um die Einführung und Anwendung von technischen Einrichtungen, die dazu bestimmt sind, das Verhalten oder die Leistung der Arbeitnehmer zu überwachen (Nr. 6), um die Form und Ausgestaltung von Sozialeinrichtungen (Nr. 8) und um die Aufstellung von Grundsätzen des betrieblichen Vorschlagswesens. Auch diese Erweiterung hatte der Bundestagsausschuss für Arbeit und Sozialordnung dem CDU/CSU-E entnommen.[1728] Eine Klarstellung und damit eine deutliche Verbesserung stellte die Mitbestimmung bei der Festsetzung aller Akkord- und Prämiensätze sowie vergleichbarer Leistungsentgelte einschließlich der Geldfaktoren dar (Nr. 11).

1725 *Kreutz* in: GK-BetrVG, Bd. II, 10. Aufl. 2014, § 76 Rz. 3.
1726 *Fitting*, BArbBl. 1972, 287.
1727 Vgl. S. 272.
1728 Vgl. S. 272.

Zudem hatte der Ausschuss für Arbeit und Sozialordnung noch den Katalog um den CDU/CSU-Vorschlag der Mitbestimmung bei Grundsätzen über das betriebliche Vorschlagswesen ergänzt (Nr. 12).[1729]

Diese und die übrigen Angelegenheiten der sozialen Mitbestimmung sollten, wie nach dem BetrVG 52, weiterhin auf kollektive Maßnahmen beschränkt sein, so dass keine Mitbestimmung bei Einzelmaßnahmen in diesen Angelegenheiten bestehen sollte. Dieser Grundsatz wurde nun aber in § 87 Abs. 1 Nr. 5 und 9 BetrVG 72 durchbrochen.[1730] Demnach sollte der Betriebsrat bei der Zuweisung und Kündigung von Wohnraum (Nr. 9) und bei der Festsetzung der zeitlichen Lage des Urlaubs, wenn zwischen dem Arbeitgeber und dem Arbeitnehmer keine Einigung erzielt werden konnte (Nr. 5), mitbestimmen können.

c) *Mitbestimmung am Arbeitsplatz und beim Arbeitsablauf*

In § 90 sieht das BetrVG 72 ein im BetrVG 52 noch nicht geregeltes Unterrichtungs- und ein Beratungsrecht des Betriebsrats bezüglich geplanter Maßnahmen vor, die die Gestaltung von Arbeitsplatz, Arbeitsablauf und Arbeitsumgebung betreffen. Das gilt auch für das in § 91 S. 1 BetrVG 72 geregelte Mitbestimmungsrecht bei wirtschaftlichen Entscheidungen über die Umgestaltung des Arbeitsplatzes, die den gesicherten Erkenntnissen der Arbeitswissenschaft über die menschengerechte Gestaltung der Arbeit offensichtlich widersprechen und die betroffenen Arbeitnehmer in besonderer Weise belasten. Der Betriebsrat kann in diesen Fällen vom Arbeitgeber angemessene Maßnahmen zur Abwendung, Milderung oder den Ausgleich von Härten gegenüber den betroffenen Arbeitnehmern verlangen. Können Arbeitgeber und Betriebsrat sich diesbezüglich nicht einigen, entscheidet die Einigungsstelle verbindlich (§ 91 S. 2 BetrVG 72).

d) *Mitbestimmung in personellen Angelegenheiten*

Auch in personellen Angelegenheiten weitet das BetrVG 72 die Mitbestimmung erheblich aus. So hat der Arbeitgeber nach einem neuen Unterrichtungsrecht den Betriebsrat über die Personalplanung, insbesondere über den gegenwärtigen und den künftigen Personalbedarf und die sich daraus ergebenden personellen Maßnahmen rechtzeitig und umfassend zu informieren (§ 92 Abs. 1 S. 1 BetrVG 72). Zudem muss der Arbeitgeber den Betriebsrat über personelle Maßnahmen wie Einstellungen, Eingruppierungen, Umgruppierungen oder Versetzungen unterrichten (§ 99 Abs. 1 S. 1 BetrVG 72), was auch für vorläufige personelle Einzelmaßnahmen gilt (§ 100 Abs. 2 S. 1 BetrVG 72). Ferner wurde das Anhörungsrecht vor jeder Kündigung, das bereits das BetrVG 52 vorgesehen hatte, um die Pflicht zur Mitteilung der Kündigungsgründe ergänzt (§ 101 Abs. 1 BetrVG 72).

1729 Vgl. S. 272.

1730 Vgl. *Richardi* in: *Richardi*, BetrVG, 14. Aufl. 2014, § 87 Rz. 4.

Neben diese Unterrichtungsrechte traten nun auch Beratungsrechte, die es dem Betriebsrat ermöglichen sollten, auf die geplanten Maßnahmen des Arbeitgebers Einfluss zu nehmen. Das betrifft u. a. Maßnahmen im Rahmen der Personalplanung (§ 92 Abs. 1 S. 2 BetrVG 72), Fragen der Berufsbildung der Arbeitnehmer im Betrieb (§ 96 Abs. 1 S. 2 BetrVG 72) und die Einrichtung und Ausstattung betrieblicher Einrichtungen zur Berufsbildung (§ 97 BetrVG 72). Entgegen diesen Informations- und Beratungsrechten hatte das BetrVG 52 im Bereich des betrieblichen Personalwesens eine Beteiligung des Betriebsrats erst dann vorgesehen, wenn konkrete Einzelmaßnahmen vor der Durchführung standen. Das BetrVG 72 sieht nunmehr die Beteiligung des Betriebsrats im entscheidenden Planungsstadium vor, in dem wichtige die Arbeitnehmer betreffende Entscheidungen getroffen werden.[1731] Der Arbeitgeber hat daher gemäß § 92 Abs. 1 BetrVG 72 den Betriebsrat hierüber rechtzeitig und umfassend zu unterrichten und mit ihm über erforderliche Maßnahmen, insbesondere über die Vermeidung von Härten zu beraten. Zudem ist der Betriebsrat berechtigt, dem Arbeitgeber Vorschläge für die Einführung einer Personalplanung und ihrer Durchführung machen (§ 92 Abs. 2 BetrVG 72).

Über diese Unterrichtungs- und Beratungsrechte hinaus wurden dem Betriebsrat gegenüber dem BetrVG 52 weiterreichende Initiativ- und Vetorechte eingeräumt. Ziel dieser Regelungen ist es, dass im Personalwesen gemeinsam mit dem Betriebsrat generalisierende Regelungen aufgestellt werden können oder dass, wenn sie der Arbeitgeber von sich aus aufstellt, dies wirksam nur mit Zustimmung des Betriebsrats geschehen kann.[1732] Zudem kann der Betriebsrat nach § 93 BetrVG 72 verlangen, dass neu zu besetzende Stellen zunächst innerbetrieblich ausgeschrieben werden, um zugunsten der Belegschaft zunächst den innerbetrieblichen Arbeitsmarkt auszuschöpfen. Kommt der Arbeitgeber dieser Aufforderung nicht nach, kann der Betriebsrat das Arbeitsgericht anrufen. Zudem kann der Betriebsrat in diesem Fall die Zustimmung zur Einstellung gemäß § 99 Abs. 2 Nr. 5 BetrVG 72 versagen. Ferner bedarf die Aufstellung eines Personalfragebogens nach § 94 Abs. 1 BetrVG 72 der Zustimmung des Betriebsrats, so dass er den Inhalt des Fragebogens mitbestimmen kann. Das gilt entsprechend für persönliche Angaben eines Arbeitnehmers in Musterarbeitsverträgen und bei der Aufstellung allgemeiner Beurteilungsgrundsätze (§ 91 Abs. 2 BetrVG 72).

§ 95 Abs. 1 BetrVG 72 gewährt dem Betriebsrat zudem ein Vetorecht bei der Aufstellung von Richtlinien über die personelle Auswahl bei Einstellungen, Versetzungen, Umgruppierungen und Kündigungen. In Betrieben mit mehr als 1.000 Arbeitnehmern besteht ein Initiativrecht zur Aufstellung solcher Auswahlrichtlinien, die der Betriebsrat, soweit erforderlich, über die Einigungsstelle erzwingen kann. Dabei ist zu beachten, dass dieses Mitbestimmungsrecht nicht die Mitbestimmung bei der späteren Einzelmaßnahme ersetzt. Jedoch stellt ein Verstoß gegen eine Auswahlrichtlinie einen Grund zur Versagung der Zustimmung zur Einzelmaßnahme

1731 *Fitting*, BArbBl. 1972, 283.
1732 *Fitting*, BArbBl. 1972, 283.

dar (§ 99 Abs. 2 Nr. 2 BetrVG 72). Ferner ist eine Kündigung, die gegen die Auswahlrichtlinie verstößt, gemäß § 1 Abs. 1 S. 2 Nr. 1 KSchG nF sozialwidrig.

Diese Beteiligungsrechte im Bereich des Personalwesens sollen dazu beitragen, die betriebliche Personalpolitik transparenter zu gestalten und zu versachlichen, so dass die spätere personelle Einzelentscheidung auf einer möglichst objektiven Grundlage beruht und die Mitbestimmung des Betriebsrats hierbei mit weniger Konflikten als bisher ausgeübt werden kann.[1733]

Auch das Mitbestimmungsrecht zur Berufsbildung wurde gegenüber dem BetrVG 52 ausgeweitet. So kann der Betriebsrat der Auswahl eines Ausbilders widersprechen oder dessen Abberufung verlangen und im Streitfall das Arbeitsgericht anrufen (§ 98 Abs. 2 u. 5 BetrVG 72). Zudem wurde dem Betriebsrat das Recht eingeräumt, Arbeitnehmer für Bildungsmaßnahmen dem Arbeitgeber vorzuschlagen, wobei über die Vorschläge bei Uneinigkeit die Einigungsstelle verbindlich entscheiden soll (§ 98 Abs. 3 u. 4 BetrVG 72).

Wie bereits das BetrVG 52, unterscheidet auch das BetrVG 72 zwischen der Mitbestimmung bei Kündigungen und den übrigen Personalmaßnahmen, wie Einstellung, Versetzung, Ein- und Umgruppierung, wobei die Mitbestimmung bei diesen Personalmaßnahmen weiterhin ab mehr als 20 wahlberechtigten Arbeitnehmern gilt. In beiden Fällen wird die Mitbestimmung gestärkt. So hat der Arbeitgeber den Betriebsrat vor einer Personalmaßnahme, neben der bereits dargestellten rechtzeitigen Unterrichtung, um seine Zustimmung zu ersuchen (§ 99 Abs. 1 BetrVG 72). Der Betriebsrat kann die Zustimmung zu der Maßnahme binnen Wochenfrist mit den abschließend in § 99 Abs. 2 Nr. 1–6 BetrVG 72 aufgezählten Gründen verweigern; antwortet er nicht innerhalb der Wochenfrist, gilt die Zustimmung als erteilt, § 99 Abs. 3 BetrVG 72. Während nach dem BetrVG 52 der Betriebsrat das Vorliegen eines Verweigerungsgrundes beim Arbeitsgericht feststellen lassen musste, muss nun gemäß § 99 Abs. 4 BetrVG 72 der Arbeitgeber, um die Maßnahme durchführen zu können, die Ersetzung der Zustimmung beim Arbeitsgericht beantragen. In dringenden Fällen kann der Arbeitgeber gemäß § 100 Abs. 1 BetrVG 72 die Maßnahme einstweilen durchführen, muss aber den Betriebsrat unverzüglich hierüber informieren und bei ebenfalls unverzüglichem Widerspruch des Betriebsrats binnen drei Tagen das Arbeitsgericht anrufen, um die Zustimmung ersetzen (§ 99 Abs. 4 BetrVG 72) und die Dringlichkeit für die einstweilige Durchführung der Personalmaßnahme feststellen zu lassen (§ 100 Abs. 2 BetrVG 72). Sollte der Arbeitgeber dem nicht folgen, kann der Betriebsrat nach § 101 BetrVG 72 Geldstrafen beim Arbeitsgericht beantragen. Die Mitbestimmung bei personellen Einzelmaßnahmen wurde daher durch die Ausweitung des Katalogs zur Verweigerung der Zustimmung und durch die Übertragung der Wahl des gerichtlichen Vorgehens auf den Arbeitgeber mit dem BetrVG 72 erheblich gestärkt.

Im Bereich der Kündigung wurden das Mitbestimmungsrecht des Betriebsrats und die Rechte des einzelnen Arbeitnehmers gestärkt. So muss der Arbeitgeber den

---

1733 *Fitting*, BArbBl. 1972, 283.

Betriebsrat unter Angabe der Gründe vor jeder – ordentlicher und außerordentlicher – Kündigung anhören. Diese ist anderenfalls unwirksam. Die Wirksamkeit ist zwar weiterhin nicht von der Zustimmung des Betriebsrats abhängig, dies kann aber gemäß § 102 Abs. 6 BetrVG 72 in einer freiwilligen Betriebsvereinbarung festgelegt werden. Die Kündigung ist allerdings gemäß dem § 1 Abs. 2 S. 2 KSchG nF sozialwidrig und damit unwirksam, wenn das Gericht feststellt, dass einer der in § 102 Abs. 3 Nr. 1–5 BetrVG 72 zu benennenden Gründe zur Verweigerung der Zustimmung tatsächlich vorliegt. Zudem wurde dieser Katalog der Gründe zur Verweigerung der Zustimmung ebenfalls ausgeweitet; ferner muss der Arbeitgeber dem Arbeitnehmer mit der Kündigung die Stellungnahme des Betriebsrats für die Verweigerung der Zustimmung in Kopie zukommen lassen (§ 102 Abs. 4 BetrVG 72). Eine erhebliche Verbesserung des Rechts des gekündigten Arbeitnehmers stellte ferner der Weiterbeschäftigungsanspruch aus § 102 Abs. 5 BetrVG 72 dar, den der Bundestagsausschuss für Arbeit und Sozialordnung dem CDU/CSU-E entnahm[1734]. Demnach muss der Arbeitgeber bei Widerspruch durch den Betriebsrat und Erhebung der Kündigungsschutzklage den Arbeitnehmer über dessen Kündigungsfrist hinaus bis zur Beendigung des Rechtsstreits weiterbeschäftigen. Von dieser Weiterbeschäftigung kann das Arbeitsgericht den Arbeitgeber durch einstweilige Verfügung befreien, wenn die Klage mutwillig ist, keine Aussicht auf Erfolg hat, die Weiterbeschäftigung zu einer unzumutbaren Belastung führen würde oder der Widerspruch des Betriebsrats offensichtlich unbegründet war (§ 105 Abs. 5 Nr. 1–3 BetrVG 72).

e) Mitbestimmung in wirtschaftlichen Angelegenheiten

aa) Unterrichtung in wirtschaftlichen Angelegenheiten

Die nach § 68 Abs. 1 u. 2 BetrVG 52 vorgesehene Parität des Wirtschaftsausschusses gibt das BetrVG 72 in § 107 Abs. 2 auf. Der Wirtschaftsausschuss ist aber weiterhin in Betrieben mit mehr als 100 Arbeitnehmern zu bilden und besteht aus drei bis sieben Mitgliedern, die nun vom Betriebsrat bzw. vom Gesamtbetriebsrat bestellt werden. Der Betriebsrat kann zudem jeweils sachkundige Personen hinzuziehen, einschließlich leitender Angestellter (§ 108 Abs. 2 BetrVG 72). In Betrieben mit mehr als 300 Arbeitnehmern kann der Betriebsrat gemäß § 107 Abs. 3 BetrVG 72 den Wirtschaftsausschuss an sich ziehen, um ihn auf einen Unterschuss zu übertragen. Der Wirtschaftsausschuss hat nun zudem ausdrücklich die Pflicht, den Betriebsrat über seine Beratungen mit dem Unternehmer zu unterrichten (§ 106 Abs. 1 S. 2, § 108 Abs. 4 BetrVG 72). Zudem wurde der Katalog der konkreten Informations- und Beratungsrechte in § 106 Abs. 3 BetrVG 72 stark ausgeweitet. Das betrifft nun auch die finanzielle Lage des Unternehmens, Investitionsprogramme, Rationalisierungsvorhaben, Einschränkungen, Stilllegungen und Verlegungen von Betrieben oder Betriebsteilen und die Änderung der Betriebsorganisation. Der Wirtschaftsausschuss

1734 Vgl. S. 277; im Ausschuss-E noch § 102 Abs. 4a.

ist im Übrigen darüber zu unterrichten, ob und inwieweit die wirtschaftliche Entwicklung des Unternehmens personelle Auswirkungen hat (§ 106 Abs. 1 BetrVG 72).

Neben den Informationsrechten des Wirtschaftsausschusses und der Betriebsräteversammlung hat der Unternehmer in Unternehmen mit mehr als 1.000 Arbeitnehmern gemäß § 110 Abs. 1 BetrVG 72 abweichend zu § 69 Abs. 3 u. 71 BetrVG 52 die Belegschaft über die wirtschaftliche Lage und Entwicklung des Unternehmens nun schriftlich zu unterrichten.

bb) Betriebsänderungen

Entsprechend § 66 Abs. 2 BetrVG 52 hat der Betriebsrat aus § 111 Abs. 1 S. 1 BetrVG 72 ein Unterrichtungs- und Beratungsrecht über geplante Betriebsänderungen, wobei die Unterrichtung nun „*rechtzeitig und umfassend*", statt bisher „*so früh wie möglich*" zu erfolgen hat. Auch sonst wurden die Mitbestimmungsrechte im Bereich der Betriebsänderungen gestärkt. So wurde der Begriff der Betriebsänderungen erweitert. Die Tatbestände der „*grundlegenden Änderungen des Betriebszwecks oder der Betriebsanlagen*" wurden um die grundlegende Änderung der Betriebsorganisation ergänzt und die wesentliche Einschränkung bei Beruhen der Änderungen auf einer „*offensichtlichen Änderung der Marktlage*" gestrichen (§ 111 S. 2 Nr. 4 BetrVG 72). Das gilt auch für die „*Einführung grundlegend neuer Arbeitsmethoden*", die um „*Fertigungsverfahren*" ergänzt wurde, und die nach dem § 72 Abs. 1 lit. e BetrVG 52 keine Betriebsänderung darstellen sollte, wenn sie nicht „*offensichtlich dem technischen Fortschritt* entsprechen *oder ihm dienen*" (§ 111 S. 2 Nr. 5 BetrVG 72).

Das BetrVG 52 kannte lediglich den „*Interessenausgleich*", in dem zwischen Unternehmer und Betriebsrat über Art und Ausmaß einer vom Unternehmer geplanten Betriebsänderung eine Einigung erzielt werden konnte. Ein volles Mitbestimmungsrecht bestand jedoch nach dem BetrVG 52 nicht. Es musste zwar auf Betreiben des Unternehmers oder des Betriebsrats der Versuch einer Einigung über den Interessenausgleich unternommen werden, eine solche konnte jedoch nicht erzwungen werden. Wich der Arbeitgeber aber ohne zwingenden Grund von einer Einigung (§ 73 Abs. 1 BetrVG 52) oder dem Einigungsvorschlag der „*Vermittlungsstelle*" (§ 73 Abs. 2 BetrVG 52) ab, so konnten „*die von rechtswirksamen Kündigungen betroffenen Arbeitnehmer beim Arbeitsgericht Klage mit dem Antrag erheben, den Unternehmer zur Zahlung von Abfindungen zu verurteilen*". Den Sozialplan, der Regelungen zur Abfederung von Härten für die Arbeitnehmer aufgrund der geplanten Betriebsänderung enthält, war dem BetrVG 52 unbekannt. Nachdem das Bundesarbeitsgericht 1970 entschieden hatte, dass Inhalt des Interessenausgleichs auch die Zahlung von Abfindungen sein kann,[1735] trennte das BetrVG 72 diese Regelungen in den Interessenausgleich und den Sozialplan (§ 112 Abs. 1 BetrVG 72). Während bei fehlender Einigung zwischen Unternehmer und Betriebsrat nach dem BetrVG 72 die Einigungsstelle über den Sozialplan verbindlich entscheidet, besteht für den Interessenausgleich auch nach dem BetrVG 72 kein volles Mitbestimmungsrecht, so dass

1735 BAG, Urteil v. 20.11.1970,1 AZR 408/69, AP BetrVG 72 Nr. 7.

eine Einigung weder über die Einigungsstelle erzwungen werden kann, noch der Rechtsweg offen steht (§ 112 Abs. 4 BetrVG 72). Wie nach § 74 BetrVG 52 wurde die Mitbestimmung beim Interessenausgleich durch eine Abfindungsverpflichtung abgesichert (§ 113 Abs. 1 Reg-E). Weitergehend als das BetrVG 52 erhielt der klagende Arbeitnehmer neben der Abfindung gegenüber dem Unternehmer noch einen Nachteilsausgleichsanspruch für alle sonstigen wirtschaftlichen Nachteile für die folgenden zwölf Monate (Abs. 2). Zudem bestehen diese Ansprüche auch, wenn der Arbeitgeber nicht versucht hat, eine Einigung über einen Interessenausgleich herbeizuführen. Dies war im BetrVG 52 nicht vorgesehen, entsprach jedoch der zu dieser Frage ergangen Rechtsprechung zu § 74 BetrVG 52[1736]. Da hierdurch und durch den erzwingbaren Sozialplan der Betriebsrat die sozialen Folgen für die Arbeitnehmer absichern kann, kann die Einigungsstelle nach dem BetrVG 72 gegenüber dem BetrVG 52 keinen binden Einigungsvorschlag für den Interessenausgleich (§ 73 Abs. 2 BetrVG 52) mehr machen.[1737] Hierdurch sollte die unternehmerische Entscheidungsfreiheit gewahrt bleiben.

12. Mitbestimmung auf Unternehmensebene

Eine Regelung der Mitbestimmung auf Unternehmensebene enthält das BetrVG 72 nicht. Daher gelten die §§ 76 bis 77a, 81, 85 und 87 BetrVG 52 sowie die dazugehörigen Vorschriften der Wahlordnung von 1953 vorläufig weiter.

13. Stellung der Gewerkschaften im Betrieb

Zwar gilt auch nach dem BetrVG 72 das Trennungsprinzip, nach dem Betriebsrat und Gewerkschaften unterschiedliche Aufgaben haben und voneinander unabhängig sind; dieser Grundsatz wurde jedoch abgeschwächt, wie schon an verschiedenen Stellen dieser Zusammenfassung dargestellt. So hat der Betriebsrat das Recht, die im Betrieb vertretenen Gewerkschaften zur Unterstützung und Beratung in zahlreichen Angelegenheiten hinzuzuziehen. Die im Betrieb vertretenen Gewerkschaften erhalten zudem eigene Rechte, die sie vor allem in einem betriebsratslosen Betrieb zur Gründung eines Betriebsrats oder bei Untätigkeit eines amtierenden Betriebsrats ausüben können. Gemäß § 2 Abs. 1 BetrVG 72 sind die Gewerkschaften in all diesen Fällen jedoch an die für den Arbeitgeber und den Betriebsrat vorgeschriebene „*vertrauensvolle Zusammenarbeit zum Wohl der Arbeitnehmer und des Betriebs*“ gebunden. Im Übrigen dürfen sich Betriebsratsmitglieder und andere Amtsträger im Rahmen der Friedens- und Neutralitätspflicht (§ 74 Abs. 2 u. § 75 BetrVG 72)[1738] im Betrieb gewerkschaftlich betätigen (§ 74 Abs. 3 BetrVG 72), was die BDA als „*bedenklich*“ einschätzte.[1739]

1736 BAG, Urteil v. 18.07.1972, 1 AZR 189/72, AP BetrVG § 72 Nr. 10.
1737 Vgl. *Annuß* in: *Richardi*, BetrVG, 14. Aufl. 2014, § 113 Rz. 1.
1738 Vgl. *Kreutz* in: GK-BetrVG, Bd. II, 10. Aufl. 2014, § 74 Rz. 1 u. § 75 Rz. 1.
1739 BDA, Das neue Betriebsverfassungsgesetz S. 37.

Im Übrigen hat der Arbeitgeber Gewerkschaftsvertretern zur Wahrnehmung ihrer betriebsverfassungsrechtlichen Aufgaben und Befugnisse Zugang zum Betrieb zu gewähren, wenn er vom Betriebsrat hierüber zuvor unterrichtet wurde und dem nicht unumgängliche Notwendigkeiten des Betriebsablaufs, zwingende Sicherheitsvorschriften oder der Schutz von Betriebsgeheimnissen entgegenstehen (§ 2 Abs. 2 BetrVG 72). Auf Antrag von einem Viertel seiner Mitglieder oder der Mehrheit einer Gruppe kann der Betriebsrat, der Gesamt- oder der Konzernbetriebsrat sowie die entsprechenden Jugendvertretungen Gewerkschaftsvertreter zur Beratung zu Sitzungen hinzuziehen (§ 31 S. 1, §§ 51, 31, §§ 59 Abs. 1, 31, §§ 65 Abs. 1, 31 u. §§ 73 Abs. 2, 31 BetrVG 72). Existiert ein entsprechender Beschluss, sind den Gewerkschaftsvertretern die Tagesordnungen rechtzeitig mitzuteilen und die Sitzungsniederschriften auszuhändigen (§§ 31, 34 Abs. 2, §§ 51 Abs. 1, 59 Abs. 1, 65 Abs. 1, 73 Abs. 2 BetrVG 72 jeweils iVm §§ 31, 34 Abs. 29 BetrVG 72).

C. Die Bewertung des Betriebsverfassungsgesetzes 1972 durch die Interessenverbände

Während der *DGB* vom BetrVG von 1952 enttäuscht gewesen war und die *Bundesvereinigung der Deutschen Arbeitgeberverbände (BDA)* äußerst zufrieden,[1740] hatte sich das Blatt 1972 gewendet. Die *BDA* nahm zu dem Gesetz im Januar 1972 wie folgt Stellung:

> *„Das Gesetz gefährdet in weiten Bereichen, insbesondere in der betrieblichen Personalpolitik, aber auch in wirtschaftlichen Angelegenheiten und in anderen Fragen unmittelbar und mittelbar die unternehmerische Planungs- und Entscheidungskompetenz. Es bringt durch ein Übermaß von Institutionen und Verfahren, die Gefahr der Bürokratisierung und Komplizierung und Verlangsamung betrieblicher und unternehmerischer Entscheidungsprozesse mit sich. Dies kann die Wettbewerbsfähigkeit der deutschen Wirtschaft schwer beeinträchtigen.* [...]
>
> *Diese Kritik ist von Sorge und Verantwortung der deutschen Arbeitgeber getragen. Die Bundesvereinigung der Deutschen Arbeitgeberverbände hofft und erwartet jedoch, dass die Möglichkeit, das Gesetz im Sinne einer marktwirtschaftlichen Ordnung zu handhaben, voll genutzt wird.“*[1741]

Hingegen schrieb der *stellvertretende DGB-Vorsitzende Gerd Muhr* in einer Stellungnahme in den *Gewerkschaftlichen Monatsheften* (GMH):

> *„Das am 10.11.1971 vom Deutschen Bundestag verabschiedete Betriebsverfassungsgesetz ist ein Erfolg des gewerkschaftlichen Kampfes für eine fortschrittliche Betriebsverfassung*

1740 Vgl. S. 58 f.
1741 BDA, Das neue Betriebsverfassungsgesetz S. 8.

auf der Grundlage erweiterter Mitbestimmungsrechte der Arbeitnehmer und ihrer Vertretungen. Dieser Erfolg ist uns nicht in den Schoß gefallen."[1742]

Dies sei aufgrund der Diskrepanz zwischen dem SPD-E von 1968 und dem FDP-E von 1969 nicht zu erwarten gewesen. Während der SPD-E darauf abgezielt hätte, die Mitbestimmungsrechte auszuweiten und die Gewerkschaften stärker in den Betrieb und die Arbeit des Betriebsrats einzugliedern, hätte die FDP im Wesentlichen die Stärkung der Gruppenrechte und die Vergrößerung der Gruppe der leitenden Angestellten beabsichtigt. Insofern lobte *Muhr* den Ref-E und kritisierte die auf Drängen der FDP erfolgten Änderungen im Reg-E, die der Bundestagsausschuss für Arbeit und Sozialordnung jedoch im Wesentlichen korrigiert hätte. Zudem begrüßte *Muhr* die Übernahme einiger Regelungen aus dem CDU/CSU-E, die gegenüber dem Reg-E vorteilhaft seien.[1743]

Auch wenn *Muhr* das Gesetz als „*großen Schritt nach vorn*" bezeichnete, stellte er fest, dass nicht sämtliche gewerkschaftlichen Erwartungen erfüllt worden seien. Das beträfe beispielsweise die nicht volle Mitbestimmung in personellen Angelegenheiten, das Verbot der politischen Betätigung, den zu weiten Begriff der leitenden Angestellten und die Ausdehnung der Gruppenrechte. Zudem sei für das System von Beteiligungsrechten der Arbeitnehmer im Arbeits- und Wirtschaftsleben die Verwirklichung „*der Mitbestimmung auf Unternehmensebene und im gesamtwirtschaftlichen Bereich*" unabdingbar.[1744] Dennoch seien die neuen gesetzlichen Regelungen gegenüber dem BetrVG 52 eine weitaus bessere Grundlage für die betriebliche Mitbestimmung und werde dazu beitragen, „*den Freiheitsspielraum des einzelnen zu erweitern und den Arbeitsvollzug menschlicher zu gestalten*". Insofern sei das BetrVG 72 ein erheblicher Schritt nach vorn, Ziel sei jedoch die vollständige Gleichberechtigung.[1745]

Die *Deutsche Angestelltengewerkschaft (DAG)* war mit dem BetrVG 72 zufrieden. Sie sah

„*in dem neuen Betriebsverfassungsgesetz wegen seiner fortschrittlichen Grundtendenz und der in ihm enthaltenen Möglichkeiten zur Demokratisierung und Humanisierung der Arbeitswelt ein wichtiges Stück innerer Reformen verwirklicht, auch wenn sie nicht allen Bestimmungen des neuen Gesetzes zustimmen kann.*"[1746]

Die DAG begrüßte die Ausweitung der Mitbestimmung, forderte jedoch weiterhin, wie der DGB, eine echte Mitbestimmung in personellen Angelegenheiten.[1747] Hinsichtlich der Minderheiten- und Gruppenrechte erkannte die DAG zwar an, dass das BetrVG 72 weiterhin von der Gruppenwahl ausging, dennoch waren die im

1742 *Muhr* (DGB), GMH 1971, 1.
1743 *Muhr* (DGB), GMH 1971, 2.
1744 *Muhr* (DGB), GMH 1971, 3.
1745 Schneider (DGB), BArbBl. 1972, 299.
1746 *Anders* (DAG), BArbBl. 1972, 299.
1747 *Anders* (DAG), BArbBl. 1972, 301 ff.

Wesentlichen durch die FDP erstrittenen Gruppenrechte der DAG nicht weitreichend genug, so dass sie weiterhin die Einführung des *„absoluten Gruppenrechts"* forderte, wonach bei der Beschlussfassung über betriebliche und betriebsverfassungsrechtliche Angelegenheiten, die nur eine Gruppe betreffen, nur die Mitglieder dieser Gruppe über ein Stimmrecht verfügen sollten. Ferner bemängelte die DAG die unzureichende Definition der leitenden Angestellten und erklärte, einer Aushöhlung des BetrVG durch extensive Auslegung dieses Begriffes entgegenzuwirken. Dementsprechend befürwortete sie, dass es zu keiner Regelung einer Vertretung von leitenden Angestellten gekommen war.[1748]

Der *Bundesminister für Arbeit und Sozialordnung Arendt* lobte das Gesetz sehr, räumte aber auch ein, dass *„nicht alle Vorstellungen und Wünsche"* hätten erfüllt werden können. Es habe in vielen Fällen gegolten, zwischen den Notwendigkeiten der Produktion und der Wirtschaft sowie den berechtigten Forderungen der Arbeitnehmer ausgewogene Lösungen zu finden, die *„Wurzel mancher Kompromissformel"* seien.[1749] Dem von Arbeitgebervertreten geäußerten Vorwurf der *„Vergewerkschaftung"* trat *Arendt* entgegen. Es sei offenbar bewusst verkannt worden, dass keine der Aufgaben und Befugnisse, die den Gewerkschaften im BetrVG 72 zuerkannt würden, gewerkschaftliche Rechte um ihrer selbst willen seien. Das BetrVG 72 habe lediglich die Hilfs- und Kontrollfunktion der Gewerkschaften, die bereits im BetrVG 52 verankert war, ausgebaut. Es läge daher keine Aufgabe des Trennungsprinzips vor.[1750] *Arendt* ermahnte die Arbeitgeber, sie sollten erkennen, dass *„uns die Nutzbarmachung des technischen Fortschritts für sich allein auf die Dauer nicht"* weiterbringe. Vielmehr sollten die Arbeitgeber auf die selbstbewusster werdende Arbeitnehmerschaft und deren Willen zur Mitverantwortung zum Nutzen der Arbeitgeber selbst zugehen. Abschließend wandte er aber ein, dass diese fortschrittliche und funktionsfähige Betriebsverfassung nur eine teilweise Lösung bliebe, solange sie nicht *„durch eine mitverantwortliche Teilnahme der Arbeitnehmer an Unternehmensentscheidungen"* ergänzt werde.[1751]

D. Bewertung der Entstehung des Betriebsverfassungsgesetzes 1972

Die Entwicklung betrieblicher Rechte von Arbeitnehmern zwischen dem Beginn der Industrialisierung in Deutschland bis zu den Regelungen im Betriebsverfassungsgesetz von 1972 hat zu Vorschriften geführt, in denen die Interessen der Arbeitgeber und der Arbeitnehmer nach und nach in ein aus heutiger Sicht ausgewogenes Verhältnis gebracht werden konnten. Die Darstellung des Prozesses zeigt, wie die einzelnen Akteure – Arbeitgeber, Arbeitnehmer, Gewerkschaften, Verbände und

1748 *Anders* (DAG), BArbBl. 1972, 300.
1749 *Arendt,* BArbBl. 1972, 274.
1750 *Arendt,* BArbBl. 1972, 275.
1751 *Arendt,* BArbBl. 1972, 276.

Parteien – versucht haben, ihre jeweiligen Interessen durchzusetzen. Dass das ausgewogene Ergebnis ohne größere Kämpfe und Verwerfungen erreicht werden konnte, ist vermutlich großenteils dem Wandel der gesellschaftlichen Verhältnisse und Wertevorstellungen geschuldet, ohne dass die Bedeutung der Ideen von Gleichheit und Gerechtigkeit in Frage gestellt werden.

Das Betriebsverfassungsgesetz von 1952 wurde spätestens Mitte der 1960er Jahre reformbedürftig. Die deutsche Wirtschaft hatte sich erholt und die Arbeitgeber konnten gesetzliche Unklarheiten wegen der fehlenden gewerkschaftlichen Unterstützung auf Betriebsebene ausnutzen. Regelungen ohne Auslegungsspielraum und die Unterstützung der Gewerkschaften bei Gründung des Betriebsrats und bei dessen Arbeit waren daher, wie vom DGB gefordert, opportun. Die Forderungen des DGB wurden jedoch nicht ohne Weiteres übernommen, sondern es fand im Arbeitsministerium und im Bundestag eine ausführliche Auseinandersetzung mit dessen Vorschlägen statt. Im Ergebnis konnte der DGB mit dem Betriebsverfassungsgesetz von 1972 zufrieden sein, wurden doch viele seiner Forderungen zur Mitbestimmung zumindest auf betrieblicher Ebene umgesetzt. Dies mag unter anderem dem Umstand geschuldet sein, dass zahlreiche SPD-Mitglieder, wie auch Bundesarbeitsminister *Arendt*, zugleich Gewerkschaftsmitglieder waren.

Einer gleichzeitigen Regelung der Mitbestimmung im Unternehmen und einem Anspruch der Gewerkschaften auf Beteiligung an der Betriebsratsarbeit und weiteren Wünschen des DGB, wie der Möglichkeit einer vorbehaltlosen Abweichung vom Betriebsverfassungsgesetz durch Tarifvertrag und der Streichung bzw. Einschränkung der Regelungen zum Betriebsfrieden und zur vertrauensvollen Zusammenarbeit widersetzte sich die FDP gegenüber seinem Koalitionspartner. Abgesehen von der Stärkung der Rechte der jeweiligen Minderheitengruppe (Arbeiter und Angestellte), hatten und haben die von der FDP durchgesetzten Positionen ihre Berechtigung. Denn so notwendig die Gewerkschaften für die Bildung von Betriebsräten und deren Aufgabenerfüllung sind, so können sie dennoch nicht ausschließlich als deren Interessenvertreter angesehen werden. Sie vertreten eigene Interessen und haben nicht in gleicher Weise wie der Betriebsrat den Fortbestand des Betriebes bzw. des Unternehmens im Auge. Historisch ist zu berücksichtigen, dass die Gewerkschaften der Einrichtung von Betriebsräten äußerst kritisch gegenuber standen, da die Betriebsräte anfangs nicht mit ausreichenden Rechten ausgestattet waren und die Gewerkschaften aufgrund des zunächst streng angewendeten Trennungsprinzips des Betriebsrätegesetzes von 1920 (BRG) und des Betriebsverfassungsgesetzes von 1952 kaum Einfluss auf die Betriebsräte ausüben konnten, deren Rechte die Gewerkschaften gern selbst ausgeübt hätten. Dies hat sich mit dem Betriebsverfassungsgesetz von 1972 geändert. Der Einfluss der Gewerkschaften nahm hiermit stark zu. Grundlage für die Ausgewogenheit des Betriebsverfassungsgesetzes von 1972 ist allerdings das Recht des Betriebsrats, selbst den Umfang der Beteiligung der Gewerkschaften bei der Erledigung seiner Aufgaben zu bestimmen. Dies geht u. a. auf die Änderungswünsche der FDP zum Referentenentwurf zurück.

Da der CDU/CSU-Fraktion sowohl Wirtschaftsvertreter als auch Gewerkschaftsmitglieder angehörten, war das Stimmungsbild innerhalb der Unionsfraktion bei der

Novellierung des Betriebsverfassungsgesetzes 1972 zweigeteilt. Dies zeigt sich auch im Entwurf der CDU/CSU-Fraktion vom 5. Februar 1971, der auf der einen Seite vielfach beim geltenden Recht blieb, Scheinzugeständnisse enthielt und durch starke Minderheitenrechte die Betriebsratsarbeit gelähmt hätte; auf der anderen Seite jedoch progressive Regelungen vorsah, wie den Weiterbeschäftigungsanspruch eines ordentlich gekündigten Arbeitnehmers während des Kündigungsschutzprozesses nach Ablauf der Kündigungsfrist, falls der Betriebsrat der Kündigung widersprochen hatte. Ein Vorschlag, den der Bundestagsausschuss für Arbeit und Sozialordnung in das Betriebsverfassungsgesetz 1972 übernahm.

Während die FDP durchsetzte, dass an einigen Stellen die Rechte der Minderheitengruppe gestärkt wurden, konnten sich weitergehende Vorschläge der DAG kaum und die Vorschläge der BDA gar nicht durchsetzen. Allerdings kam die Novelle von 1972 zu früh, um zugleich die lähmende und wenig sachdienliche Unterscheidung zwischen Arbeitern und Angestellten aufzugeben. Dies erfolgte erst 2001, nachdem zeitweilig 1988 sogar noch eine erhebliche Stärkung der Gruppenrechte erfolgt war.

Wichtig für ein Gesetz, das aufgrund seines Anwendungsbereiches vor allem auch von juristischen Laien verstanden werden muss, ist, dass das Betriebsverfassungsgesetz aus sich heraus verständlich, gut strukturiert und daher lesbar ist. Diese Verständlichkeit macht das Betriebsverfassungsgesetz aus. Da diese Leistung und die Ausgewogenheit einen gewichtigen Bestandteil der Befriedung des Verhältnisses von Arbeitgebern, Arbeitnehmern und Gewerkschaften darstellt, ist es umso bedenklicher, dass wichtige Teile der Unterlagen zur Entstehung dieses Gesetzes weder im Bundesarbeitsministerium noch im Bundesarchiv auffindbar sind.

Auch die 1976 mit dem Mitbestimmungsgesetz durchgesetzte Ausweitung der paritätischen Mitbestimmung auf alle Unternehmen in Deutschland hat die deutsche Wirtschaft, anders als von den Anteilseignern, den Arbeitgebern und deren Interessenvertretern vorausgesagt, nicht wesentlich beeinträchtigt. Zwar halten sich aufgrund der Mitbestimmung ausländische Investoren zurück, diese Zurückhaltung kann aber auch als eine vertretbare Form des Protektionismus betrachtet werden.

Um bei Neufassungen auch künftig eine gewisse Ausgewogenheit zu erzielen, dürfte es darauf ankommen, die Meinungsbildungsprozesse transparent und öffentlich zu gestalten. Dann kann wahrscheinlich, hierauf weist die bisherige Entwicklung hin, darauf vertraut werden, dass keine extremen gesellschaftlich und wirtschaftlich schädlichen Wege eingeschlagen werden.

Zehnter Teil: Anhang

A. Biographien

I. Walter Arendt (Bundesarbeitsminister von 1969 bis 1976)

Walter Arendt wurde als Sohn eines Bergmannes am 17. Januar 1925 in Heesen (heute Ortsteil von Hamm) geboren. Nach der Volksschule wurde er ebenfalls Bergmann und nahm ab 1943 als Unteroffizier am Zweiten Weltkrieg teil. Nach der Entlassung aus französischer Kriegsgefangenschaft nahm er zunächst wieder seinen Beruf als Bergmann auf und trat 1946 in die SPD und die Gewerkschaft IG Bergbau und Energie (IGBE) ein. 1946/47 studierte er an der Akademie für Arbeit in Frankfurt am Main und 1948/49 an der Akademie für Gemeinwirtschaft in Hamburg.[1752]

Anschließend war er in der Presseabteilung der IGBE in Bochum und ab 1954 als dessen kommissarischer Leiter tätig. Später war er Chefredakteur der Monatszeitschrift *Der Gewerkschafter.*[1753] 1955 wurde *Arendt* Mitglied des geschäftsführenden Vorstandes der IGBE und war von 1964 bis 1969 als Nachfolger von *Heinrich Guthermuth* Vorsitzender der damals mächtigsten Gewerkschaft Nordrhein-Westfalens sowie von 1967 bis 1969 Präsident des Internationalen Bergarbeiterverbandes. Nachdem er 1967 in den mitgliederstärksten SPD-Bezirk Westliches Westfalen gewählt wurde, gehörte er von 1968 bis 1979 dem SPD-Bundesvorstand und von 1973 bis 1979 dem Präsidium an. 1977 wurde er stellvertretender Parteivorsitzender.[1754]

Arendt war bis Juli 1983 Mitglied des Aufsichtsrates der *PreussenElektra AG* und gehörte anschließend deren Beirat an. Zudem war er Aufsichtsratsmitglied bei der *Mannesmann AG.*[1755]

Arendt war von 1961 bis 1980 Mitglied des Deutschen Bundestages. Dabei errang er teilweise Direktmandate in den Wahlkreisen 99 (Gelsenkirchen) und 111 (Herne-Castrop-Rauxel). Er war Mitglied der Ausschüsse für Wirtschaft, für Wirtschaft und Mittelstandsfragen und für Auswärtiges. Zudem gehörte er von 1961 bis 1969 der Sozialistischen Fraktion im Europäischen Parlament an.[1756] Innerhalb der Partei zunächst im Fachbereich Energie angesiedelt, beteiligte sich *Arendt* u. a. an der Gründung der Ruhrkohle AG und setzte bereits als Abgeordneter die Absenkung des Pensionsalters für Bergarbeiter durch. An Stelle des favorisierten Sozialexperten *Ernst Schellenberg,*[1757] wurde *Arendt* am 22. Oktober 1969 Nachfolger von *Hans Katzer* als Bundesminister für Arbeit und Sozialordnung. *Arendt* betätigte sich in

1752 Vierhaus/Herbst, Band 1, S. 17.
1753 Vierhaus/Herbst, Band 1, S. 17.
1754 Vierhaus/Herbst, Band 1, S. 17.
1755 Vierhaus/Herbst, Band 1, S. 18.
1756 Vierhaus/Herbst, Band 1, S. 18.
1757 Vgl. hierzu S. 132.

dieser Funktion „*als Anwalt der kleinen Leute*" und stieß zu Beginn seiner Tätigkeit mit seiner Lohn- und Rentenpolitik auf erhebliche Finanzierungsbedenken. Im Ergebnis führten seine Bestrebungen aber zum Ausbau des Sozialstaates; er reformierte das Betriebsverfassungsgesetz, erweitere mit dem Mitbestimmungsgesetz die Mitbestimmung im Unternehmen und führte die kostenlose Krebsvorsorge ein. Da auf Druck des Koalitionspartners FDP die leitenden Angestellten in die Unternehmensmitbestimmung einbezogen wurden und wegen wachsender Finanzierungsschwierigkeiten der Kranken- und Rentenversicherung erklärte *Arendt* am 16. Dezember 1976 seinen Verzicht auf das Arbeitsministerium im 2. Kabinett *Schmidt*. Sein Nachfolger wurde *Herbert Ehrenberg*. *Arendt* wurde Ende 1977 zum stellvertretenden Vorsitzenden der SPD-Fraktion gewählt, 1980 verzichtete er auf eine erneute Kandidatur für den Bundestag.[1758]

Seine Leistungen wurden mit dem Großen Verdienstkreuz mit Stern und Schulterband ausgezeichnet.

Er starb am 7. März 2005 im Alter von 80 Jahren in Bornheim.

II. Karl Fitting (Ministerialdirektor im Bundesarbeitsministerium)

Karl Fitting, der als Vater des Betriebsverfassungsgesetzes bezeichnet wird,[1759] wurde am 20. Juni 1912 als Sohn eines Offiziers in St. Avold (Lothringen) geboren. Er studierte Rechtswissenschaften in Frankfurt, Leipzig und Gießen. Da *Fitting* sich einer linkssozialistischen Abspaltung[1760] der SPD zugewandt hatte und „*Mischling 1. Grades*" war,[1761] wurde er 1933 nicht zum Ersten Staatsexamen zugelassen. Er arbeitete in der Folgezeit als Pelzfärber in einem Leipziger Betrieb und wurde 1942 verhaftet. Bis zur Befreiung 1945 war er politischer Häftling im Konzentrationslager Mauthausen in Oberösterreich.[1762]

Nach dem Zweiten Weltkrieg arbeitete *Fitting* zunächst als Referent im Bayerischen Staatsministerium für Arbeit und soziale Fürsorge (1945–1948). Seit 1948 war er ununterbrochen bis zu seiner Pensionierung am 1. Juli 1977 in der Verwaltung für Arbeit des Vereinigten Wirtschaftsgebiets bzw. dem Bundesministerium für Arbeit und Sozialordnung tätig. Von 1948 bis 1961 war er dort als Leiter des Referats IIIa4 bzw. ab 1950 IIIa2 zuständig für kollektives Arbeitsrecht, Arbeitsverfassungsrecht, insbesondere Betriebsverfassungsrecht, Arbeitsgerichtsbarkeit, Heimarbeitsrecht, ab 1959 für Betriebsverfassung und Mitbestimmung tätig. Von 1961 bis 1966 war er Leiter des Referats IIIb1 (Grundsatzfragen des Arbeitsschutzes, insbesondere Rechtsfragen und internationale Angelegenheiten) und zugleich von 1963 bis 1966 Leiter

---

1758 Vierhaus/Herbst, Band 1, S. 18.

1759 *Auffarth*, NJW 1990, 2866.

1760 Sozialistische Arbeiterpartei Deutschlands von 1931 (SAPD).

1761 *Wissmann*, Mitbestimmung 1+2/2013, 47.

1762 *Weber/Hollmann* S. 671.

der Unterabteilung IIIb (Arbeitsschutz und Gewerbeaufsicht). 1966 bis 1977 leitete er die Abteilung III für Arbeitsrecht, Löhne, Arbeitsbedingungen, Arbeitsschutz, Sonderprobleme der Sozialordnung.[1763]

Geehrt wurde seine Tätigkeit durch die Ernennung zum Honorarprofessor an der Gesamthochschule Kassel und durch die Verleihung des Hans-Böckler-Preises der Hans-Böckler-Stiftung 1982.[1764]

In der Zeit von 1950 bis 1977 war *Fitting* an der Erarbeitung von fast allen arbeitsrechtlichen Gesetzen beteiligt. Besonders hervorzuheben sind dabei das Betriebsverfassungsgesetz von 1952 und 1972 sowie das Mitbestimmungsgesetz, Gesetze, die ohne seine maßgebliche Mitwirkung kaum vorstellbar sind.[1765] *Fitting* gelang es in zahllosen Verhandlungen mit den beteiligten Ministerien, den Parteien und Verbänden immer wieder, tragfähige Kompromisse zu finden, um Reformvorhaben in konkreten Vorschriften festzulegen.[1766] Das gilt auch für das Arbeitsvertragsrecht, wobei das geplante Arbeitsgesetzbuch bis heute nicht umgesetzt wurde, was *Fitting* jedoch nicht zuzurechnen ist.[1767]

Fitting ist Verfasser zahlreicher Aufsätze und Herausgeber führender arbeitsrechtlicher Kommentare. Besonders hervorzuheben ist der immer noch nach ihm benannte Kommentar zum Betriebsverfassungsgesetz, der im Jahr 2014 in der 27. Auflage erschienen ist.[1768]

Karl Fitting strebte immer nach praxisbezogenen Lösungen sozialer Probleme.[1769] Er starb am 14. Juni 1990 im Alter von 77 Jahren.

III. Ernst Schellenberg (Vorsitzender des Bundestagsausschusses für Arbeit und Sozialordnung von 1969 bis 1976)

Ernst Schellenberg wurde als Sohn einer Blumenhändlerin am 20. Februar 1907 in Berlin geboren. Bis zur mittleren Reife besuchte er das Realgymnasium in Berlin. Ab 1922 war er zunächst Lehrling bei der Berliner Schmiede-Berufsgenossenschaft, wechselte aber in die Zentrale für private Fürsorge. Er studierte anschließend am Sozialpolitischen Seminar der Deutschen Hochschule für Politik und beendete diese als Fürsorger (heute: Sozialarbeiter). Nach Bestehen der Hochbegabtenprüfung absolvierte *Schellenberg* ein Studium der Volkswirtschaftslehre und schloss dieses 1933 mit Promotion ab.[1770]

1763 *Weber/Hollmann* S. 671.
1764 *Auffarth*, NJW 1990, 2866.
1765 *Auffarth*, NJW 1990, 2866.
1766 *Auffarth*, NJW 1990, 2866.
1767 *Auffarth*, NJW 1990, 2866.
1768 *Auffarth*, NJW 1990, 2866.
1769 *Auffarth*, NJW 1990, 2866.
1770 Vierhaus/Herbst, Band 2, S. 734.

Schellenberg war anschließend mehrere Jahre im Versicherungswesen tätig und zuletzt Abteilungsleiter beim Reichsverband der Privatversicherungen in Berlin; er unterrichtete ab 1943 zugleich an der dortigen Wirtschaftshochschule. Im Anschluss an den Zweiten Weltkrieg war er nacheinander Direktor der Versicherungsanstalt, der Krankenversicherungsanstalt und der Allgemeinen Ortskrankenkassen in Berlin und zugleich von 1946 bis 1948 Professor am Institut für Sozialpolitik und Versicherung der Humboldt-Universität Berlin.[1771]

Schellenberg trat 1948 in die SPD ein und gehörte von 1960 bis 1973 dem SPD-Bundesvorstand an. Am 1. Februar 1952 rückte er für den ausgeschiedenen Abgeordneten *Otto Suhr* in den Bundestag nach, dem er bis 1976 als Vertreter Berlins angehörte. 1957 wurde er Mitglied des Fraktionsvorstandes und 1966 stellvertretender Fraktionsvorsitzender. In der ersten bis fünften Wahlperiode war er Mitglied des Ausschusses für Sozialpolitik und in der dritten bis fünften Wahlperiode dessen Vorsitzender. In der sechsten und siebten Wahlperiode war er Vorsitzender des Ausschusses für Arbeit und Sozialordnung.[1772]

Für seine Arbeit wurde *Schellenberg* 1965 mit dem Großen Verdienstkreuz, 1972 mit Stern und Schulterband und 1977 mit der Ernst-Reuter-Plakette in Silber geehrt.

Schellenberg starb am 6. Juni 1990 im Alter von 77 Jahren in Berlin.

IV. Adolf Müller (Stellvertretender Vorsitzender des Bundestagsausschusses für Arbeit und Sozialordnung von 1969 bis 1976)

Adolf Müller wurde geboren am 13. Mai 1916 in Lennep (heute Ortsteil von Remscheid) als Sohn eines Schleifermeisters. Nach Beendigung der Volksschule lernte *Müller* ebenfalls Schleifer und legte die Fachprüfung in der Remscheider Kleineisenindustrie ab. Ab 1937 im Reichsarbeitsdienst und ab 1939 in der Wehrmacht, geriet Müller bei Kriegsende in Gefangenschaft, aus der er 1945 entlassen wurde.[1773]

Müller trat 1945 in die CDU ein und war Vorstandsmitglied der CDU-Rheinland, Mitglied des Bundesausschusses der CDU, stellvertretender Vorsitzender der CDA des Rheinlands und Mitglied des Bundesvorstands der CDA.[1774]

Im Mai 1947 wurde er Fachsekretär für Arbeitsrecht und Sozialpolitik beim DGB in Remscheid. Ab 1953 war er geschäftsführender Vorsitzender des DGB-Ortsausschusses Remscheid, 1955 Mitglied des Landesbezirksvorstandes und von 1958 bis 1978 stellvertretender Landesbezirksvorsitzender des DGB Nordrhein-Westfalen.[1775]

Müller gehörte vor 1933 der katholischen Jugendbewegung an und war bis Dezember 1982 ehrenamtlich in der katholischen Laienorganisation tätig. Er schloss

1771 Vierhaus/Herbst, Band 2, S. 734.
1772 Vierhaus/Herbst, Band 2, S. 734.
1773 Vierhaus/Herbst, Band 1, S. 531.
1774 Vierhaus/Herbst, Band 1, S. 532.
1775 Vierhaus/Herbst, Band 1, S. 531.

sich der Kolpingsfamilie und der Katholischen Arbeitnehmerbewegung an und hatte den Vorsitz der Waisenhausstiftung Remscheid inne. Zudem war er Mitglied des Aufsichtsrats der gemeinnützigen Wohnungsgesellschaft Neue Heimat, Düsseldorf.[1776]

Von 1961 bis 1987 war *Müller* über die Landesliste der CDU in Nordrhein-Westfalen Mitglied des Bundestags (4. bis 10. Wahlperiode). Er war in verschiedenen Ausschüssen tätig. In der 4. Wahlperiode war er bis Oktober 1962 Mitglied des Finanzausschusses und Stellvertretendes Mitglied des Ausschusses für Wohnungswesen, Städtebau und Raumordnung. Zudem war er zunächst Stellvertretendes Mitglied im Ausschuss für Arbeit und wurde ab Oktober 1962 Ordentliches Mitglied und in der 5. Wahlperiode Vorsitzender des Ausschusses für Arbeit, in der 6. Wahlperiode dessen Stellvertretender Vorsitzender (1969 bis 1981).[1777]

Als Ehrung erhielt *Müller* 1970 das Verdienstkreuz 1. Klasse, 1979 das Große Verdienstkreuz mit Stern und 1972 das Komturkreuz des Gregoriusordens.

Müller starb am 23. Februar 2005 im Alter von 88 Jahren.

1776 Vierhaus/Herbst, Band 1, S. 531 f.

1777 Vierhaus/Herbst, Band 1, S. 532.

B. Regierungsentwurf vom 3. Dezember 1970 (BT-Drs. VI/1786) (ohne §§ 60–73, 89, 114–121 BetrVG)

Die Abweichungen zwischen dem Regierungsentwurf und dem Referentenentwurf sind im Text hervorgehoben und RdA 1971, 33 zu entnehmen.

ERSTER TEIL

Allgemeine Vorschriften

§ 1 Errichtung von Betriebsräten
In Betrieben mit in der Regel mindestens fünf ständigen wahlberechtigten Arbeitnehmern, von denen drei wählbar sind, werden Betriebsräte gewählt.

§ 2 Stellung der Gewerkschaften und Vereinigungen der Arbeitgeber
(1) Arbeitgeber und Betriebsrat arbeiten im Rahmen der geltenden Tarifverträge vertrauensvoll und im Zusammenwirken mit den im Betrieb vertretenen Gewerkschaften und Arbeitgebervereinigungen zum Wohl der Arbeitnehmer und des Betriebs zusammen.

(2) Der Betriebsrat hat das Recht, seine Aufgaben in Zusammenarbeit mit den im Betrieb vertretenen Gewerkschaften und mit ihrer Unterstützung durchzuführen.

(3) Zur Wahrnehmung der in diesem Gesetz genannten Aufgaben und Befugnisse der im Betrieb vertretenen Gewerkschaften ist deren Beauftragten im Benehmen mit dem Arbeitgeber und dem Betriebsrat Zugang zum Betrieb zu gewähren, .soweit dem nicht unumgängliche Notwendigkeiten des Betriebsablaufs, zwingende Sicherheitsvorschriften oder der Schutz von Betriebsgeheimnissen entgegen stehen.

(4) Die Aufgaben der Gewerkschaften und der Vereinigungen der Arbeitgeber, insbesondere die Wahrnehmung der Interessen ihrer Mitglieder, werden durch dieses Gesetz nicht berührt.

§ 2 Referentenentwurf

Stellung der Gewerkschaften und Vereinigungen der Arbeitgeber
(1) Der Betriebsrat führt seine Aufgaben in Zusammenarbeit mit den im Betrieb vertretenen Gewerkschaften und mit ihrer Unterstützung durch.

(2) Im Rahmen der in diesem Gesetz genannten Aufgaben und Befugnisse der Gewerkschaften ist deren Beauftragten Zugang zum Betrieb und zu den Arbeitnehmern zu gewähren, soweit dem nicht unumgängliche Notwendigkeiten des Betriebsablaufs oder zwingende Sicherheitsvorschriften entgegenstehen.

(3) Die Gewerkschaften haben das Recht, im Betrieb außerhalb der Arbeitszeit und in den Pausen für ihre gewerkschaftlichen Ziele zu werben und Informationsmaterial mit gewerkschaftlichem Inhalt zu verteilen.

(4) ...

§ 3 Zustimmungsbedürftige Tarifverträge

(1) Durch Tarifvertrag können bestimmt werden:

1. zusätzliche betriebsverfassungsrechtliche Vertretungen der Arbeitnehmer bestimmter Beschäftigungsarten oder Arbeitsbereiche (Arbeitsgruppen), wenn dies nach den Verhältnissen der vom Tarifvertrag erfaßten Betriebe der zweckmäßigeren Gestaltung der Zusammenarbeit des Betriebsrats mit den Arbeitnehmern dient;

2. die Errichtung einer anderen Vertretung der Arbeitnehmer für Betriebe, in denen wegen ihrer Eigenart der Errichtung von Betriebsräten besondere Schwierigkeiten entgegenstehen;

3. von § 4 abweichende Regelungen über die Zuordnung von Betriebsteilen und Nebenbetrieben, soweit dadurch die Bildung von Vertretungen der Arbeitnehmer erleichtert wird.

(2) Tarifverträge nach Absatz 1 bedürfen insoweit der Zustimmung der obersten Arbeitsbehörde des Landes, bei Tarifverträgen, deren Geltungsbereich mehrere Länder berührt, der Zustimmung des Bundesministers für Arbeit und Sozialordnung. Vor der Entscheidung über die Zustimmung ist Arbeitgebern und Arbeitnehmern, die von dem Tarifvertrag betroffen werden, den an der Entscheidung über die Zustimmung interessierten Gewerkschaften und Vereinigungen der Arbeitgeber sowie den obersten Arbeitsbehörden der Länder, auf deren Bereich sich der Tarifvertrag erstreckt, Gelegenheit zur schriftlichen Stellungnahme sowie zur Äußerung in einer mündlichen und öffentlichen Verhandlung zu geben.

(3) Mit dem Irrkrafttreten eines Tarifvertrags nach Absatz 1 Nr. 2 endet die Amtszeit der Betriebsräte, die in den vom Tarifvertrag erfaßten Betrieben bestehen; eine solche durch Tarifvertrag errichtete Vertretung der Arbeitnehmer hat die Befugnisse und Pflichten eines Betriebsrats.

§ 3 Referentenentwurf

Änderung durch Tarifvertrag

(1) Durch Tarifverträge können bestimmt werden

1. zusätzliche betriebsverfassungsrechtliche Vertretungen der Arbeitnehmer, wenn dies nach den Verhältnissen der vom Tarifvertrag erfaßten Betriebe der zweckmäßigeren Gestaltung oder Zusammenarbeit der Vertretungen der Arbeitnehmer dient;

2. die Errichtung einer anderen Vertretung der Arbeitnehmer für Betriebe, in denen wegen ihrer Eigenart der Errichtung von Betriebsräten besondere Schwierigkeiten entgegenstehen;

3. die Erweiterung der Aufgaben und Befugnisse der Vertretungen der Arbeitnehmer in Angelegenheiten, die den Inhalt, den Abschluß oder die Beendigung von Arbeitsverhältnissen betreffen;

4. von § 4 abweichende Regelungen über die Zuordnung von Betriebsteilen und Nebenbetrieben, soweit dadurch die Bildung von Vertretungen der Arbeitnehmer erleichtert wird;

5. von § 38 abweichende Regelungen über die Freistellung von Mitgliedern des Betriebsrats.

(2) ...

(3) ...

§ 4 Nebenbetriebe und Betriebsteile

Betriebsteile gelten als selbständige Betriebe, wenn sie räumlich weit vom Hauptbetrieb entfernt oder durch Aufgabenbereich und Organisation eigenständig sind und die Voraussetzungen des § 1 erfüllen. Soweit Betriebsteile die Voraussetzungen des § 1 nicht erfüllen, sind sie dem Hauptbetrieb zuzuordnen; das gleiche gilt für Nebenbetriebe, die die Voraussetzungen des § 1 nicht erfüllen.

§ 5 Arbeitnehmer

(1) Arbeitnehmer im Sinne dieses Gesetzes sind Arbeiter und Angestellte einschließlich der zu ihrer Berufsausbildung Beschäftigten.

(2) Als Arbeitnehmer im Sinne dieses Gesetzes gelten nicht

1. in Betrieben einer juristischen Person die Mitglieder des Organs, das zur gesetzlichen Vertretung der juristischen Person berufen ist;

2. die Gesellschafter einer offenen Handelsgesellschaft oder die Mitglieder einer anderen Personengesamtheit, soweit sie durch Gesetz, Satzung oder Gesellschaftsvertrag zur Vertretung der Personengesamtheit oder zur Geschäftsführung berufen sind, in deren Betrieben;

3. Personen, deren Beschäftigung nicht in erster Linie ihrem Erwerb dient, sondern vorwiegend durch Beweggründe karitativer oder religiöser Art bestimmt ist;

4. Personen, deren Beschäftigung nicht in erster Linie ihrem Erwerb dient und die vorwiegend zu ihrer Heilung, Wiedereingewöhnung, sittlichen Besserung oder Erziehung beschäftigt werden;

5. der Ehegatte, Verwandte und Verschwägerte ersten Grades, die in häuslicher Gemeinschaft mit dem Arbeitgeber leben.

(3) Dieses Gesetz findet, soweit nicht ausdrücklich etwas anderes in ihm bestimmt ist, keine Anwendung auf leitende Angestellte, wenn sie zur selbständigen Einstellung und Entlassung von im Betrieb oder in einer wesentlichen Betriebsabteilung beschäftigten Arbeitnehmern berechtigt sind oder nach Arbeitsvertrag und Stellung im Betrieb regelmäßig und im wesentlichen eigenverantwortlich entweder übertragene Arbeitgeberbefugnisse wahrnehmen oder für den Bestand und die Entwicklung des Betriebes wichtige Aufgaben auf Grund besonderer Erfahrung oder Kenntnisse erfüllen.

§ 5 Referentenentwurf

Arbeitnehmer

(1) Arbeitnehmer im Sinne dieses Gesetzes sind Arbeiter und Angestellte einschließlich der zu ihrer Berufsausbildung Beschäftigten.

(2) Als Arbeitnehmer im Sinne dieses Gesetzes gelten nicht

1. in Betrieben einer juristischen Person die Mitglieder des Organs, das zur gesetzlichen Vertretung der juristischen Person berufen ist;

2. die Gesellschafter einer offenen Handelsgesellschaft oder die Mitglieder einer anderen Personengesamtheit, soweit sie durch Gesetz, Satzung oder Gesellschaftsvertrag zur Vertretung der Personengesamtheit berufen sind, in deren Betrieben;

3. Personen, denen Generalvollmacht erteilt ist oder die die Geschäfte des Betriebs mit selbständiger Entscheidungsbefugnis führen sowie Personen, die zur selbständigen Einstellung und Entlassung aller Arbeitnehmer des Betriebs berechtigt sind;

5. Personen, deren Beschäftigung nicht in erster Linie ihrem Erwerb dient und die vorwiegend zu ihrer Heilung, Wiedereingewöhnung, sittlichen Besserung oder Erziehung beschäftigt werden;

6. der Ehegatte, Verwandte und Verschwägerte ersten Grades, die in häuslicher Gemeinschaft mit dem Arbeitgeber leben.

§ 6 Arbeiter und Angestellte

(1) Arbeiter im Sinne dieses Gesetzes sind Arbeitnehmer einschließlich der zu ihrer Berufsausbildung Beschäftigten, die eine arbeiterrentenversicherungspflichtige Beschäftigung ausüben, auch wenn sie nicht versicherungspflichtig sind. Als Arbeiter gelten auch die in Heimarbeit Beschäftigten, die in der Hauptsache für denselben Betrieb arbeiten.

(2) Angestellte im Sinne dieses Gesetzes sind Arbeitnehmer, die eine durch § 3 Abs. 1 des Angestelltenversicherungsgesetzes und die hierzu erlassenen Vorschriften über die Versicherungspflicht der Angestellten als Angestelltentätigkeit bezeichnete Beschäftigung ausüben, auch wenn sie nicht versicherungspflichtig sind. Als Angestellte gelten auch Beschäftigte, die sich in Ausbildung zu einem Angestelltenberuf befinden, sowie die in Heimarbeit Beschäftigten, die in der Hauptsache für denselben Betrieb Angestelltentätigkeit verrichten.

ZWEITER TEIL

Betriebsrat, Betriebsversammlung, Gesamt- und Konzernbetriebsrat

ERSTER ABSCHNITT

Zusammensetzung und Wahl des Betriebsrats

§ 7 Wahlberechtigung

Wahlberechtigt sind alle Arbeitnehmer, die das 18. Lebensjahr vollendet haben.

§ 8 Wählbarkeit

(1) Wählbar sind alle Wahlberechtigten, die das Alter erreicht haben, mit dem die Volljährigkeit eintritt, und sechs Monate dem Betrieb angehören. Auf diese sechsmonatige Betriebszugehörigkeit werden Zeiten angerechnet, in denen der Arbeitnehmer unmittelbar vorher einem anderen Betrieb desselben Unternehmens oder Konzerns (§ 18 Abs. 1 des Aktiengesetzes) angehört hat.

(2) Besteht der Betrieb weniger als sechs Monate, so sind abweichend von der Vorschrift in Absatz 1 über die sechsmonatige Betriebszugehörigkeit diejenigen Arbeitnehmer wählbar, die bei der Einleitung der Betriebsratswahl im Betrieb beschäftigt sind und die übrigen Voraussetzungen für die Wählbarkeit erfüllen.

§ 9 Zahl der Betriebsratsmitglieder

Der Betriebsrat besteht in Betrieben mit in der Regel
5 bis 20 wahlberechtigten Arbeitnehmern aus einer Person (Betriebsobmann),
21 bis 50 wahlberechtigten Arbeitnehmern aus 3 Mitgliedern,
51 bis 150 Arbeitnehmern aus 5 Mitgliedern,
151 bis 300 Arbeitnehmern aus 7 Mitgliedern,
301 bis 600 Arbeitnehmern aus 9 Mitgliedern,
601 bis 1.000 Arbeitnehmern aus 11 Mitgliedern,
1.001 bis 1.500 Arbeitnehmern aus 15 Mitgliedern,
1.501 bis 2.000 Arbeitnehmern aus 17 Mitgliedern,
2.001 bis 3.000 Arbeitnehmern aus 21 Mitgliedern,
3.001 bis 4.000 Arbeitnehmern aus 25 Mitgliedern,
4.001 bis 5.000 Arbeitnehmern aus 29 Mitgliedern,
5.001 bis 7.000 Arbeitnehmern aus 35 Mitgliedern,
7.001 bis 9.000 Arbeitnehmern aus 39 Mitgliedern,
9.001 bis 12.000 Arbeitnehmern aus 45 Mitgliedern,
12.001 bis 15.000 Arbeitnehmern aus 49 Mitgliedern,
15.001 bis 18.000 Arbeitnehmern aus 53 Mitgliedern,
18.001 bis 21.000 Arbeitnehmern aus 57 Mitgliedern,
21.001 bis 25.000 Arbeitnehmern aus 61 Mitgliedern,
25.001 bis 30.000 Arbeitnehmern aus 65 Mitgliedern,
über 30.000 Arbeitnehmern aus 71 Mitgliedern.

§ 10 Vertretung der Minderheitsgruppen

(1) Arbeiter und Angestellte müssen entsprechend ihrem zahlenmäßigen Verhältnis im Betriebsrat vertreten sein, wenn dieser aus mindestens drei Mitgliedern besteht.
(2) Die Minderheitsgruppe erhält wenigstens bei
bis zu 50 Gruppenangehörigen einen Vertreter,
51 bis 200 Gruppenangehörigen 2 Vertreter,
201 bis 500 Gruppenangehörigen 3 Vertreter,
501 bis 900 Gruppenangehörigen 4 Vertreter,
901 bis 2 000 Gruppenangehörigen 5 Vertreter,
2 001 bis 4 000 Gruppenangehörigen 6 Vertreter,
4 001 bis 8 000 Gruppenangehörigen 7 Vertreter,
8 001 bis 13 000 Gruppenangehörigen 8 Vertreter,
13 001 bis 19 000 Gruppenangehörigen 9 Vertreter,
19 001 bis 25 000 Gruppenangehörigen 10 Vertreter,
über 25 000 Gruppenangehörigen 11 Vertreter.

(3) Eine Minderheitsgruppe erhält keine Vertretung, wenn ihr nicht mehr als fünf Arbeitnehmer angehören und diese nicht mehr als ein Zwanzigstel der Arbeitnehmer des Betriebs darstellen.

§ 11 Ermäßigte Zahl der Betriebsratsmitglieder

Hat ein Betrieb nicht die ausreichende Zahl von wählbaren Arbeitnehmern, so ist die Zahl der Betriebsratsmitglieder der nächstniedrigeren Betriebsgröße zugrunde zu legen.

§ 12 Abweichende Verteilung der Betriebsratssitze

(1) Die Verteilung der Mitglieder des Betriebsrats auf die Gruppen kann abweichend von § 10 geregelt werden, wenn beide Gruppen dies vor der Wahl in getrennten und geheimen Abstimmungen beschließen.

(2) Jede Gruppe kann auch Angehörige der anderen Gruppe wählen. In diesem Falle gelten die Gewählten insoweit als Angehörige derjenigen Gruppe, die sie gewählt hat. Dies gilt auch für Ersatzmitglieder.

§ 13 Zeitpunkt der Betriebsratswahlen

(1) Die regelmäßigen Betriebsratswahlen finden alle drei Jahre in der Zeit vom 1. März bis 31. Mai statt.

(2) Außerhalb dieser Zeit ist der Betriebsrat zu wählen, wenn

1. mit Ablauf von 18 Monaten, vom Tage der Wahl an gerechnet, .die Zahl der regelmäßig beschäftigten Arbeitnehmer um die Hälfte, mindestens aber um fünfzig gestiegen oder gesunken ist,
2. die Gesamtzahl der Betriebsratsmitglieder nach Eintreten sämtlicher Ersatzmitglieder unter die vorgeschriebene Zahl der Betriebsratsmitglieder gesunken ist,
3. der Betriebsrat mit de r Mehrheit seiner Mitglieder seinen Rücktritt beschlossen hat,
4. die Betriebsratswahl mit Erfolg angefochten worden ist,
5. der Betriebsrat durch eine gerichtliche Entscheidung aufgelöst ist oder
6. im Betrieb ein Betriebsrat nicht besteht.

(3) Hat außerhalb des für die regelmäßigen Betriebsratswahlen festgelegten Zeitraums (Absatz 1) eine Betriebsratswahl stattgefunden, so ist der Betriebsrat in dem auf die Wahl folgenden nächsten Zeitraum der regelmäßig en Betriebsratswahlen neu zu wählen. Hat die Amtszeit des Betriebsrats zum Beginn des für die regelmäßigen Betriebsratswahlen festgelegten Zeitraums noch nicht ein Jahr betragen, so ist der Betriebsrat in dem übernächsten Zeitraum der regelmäßigen Betriebsratswahlen neu zu wählen.

§ 14 Wahlvorschriften

(1) Der Betriebsrat wird in geheimer und unmittelbarer Wahl gewählt.

(2) Besteht der Betriebsrat aus mehr als einer Person, so wählen die Arbeiter und Angestellten ihre Vertreter (§ 10) in getrennten Wahlgängen, es sei denn, daß die wahlberechtigten Angehörigen beider Gruppen vor der Neuwahl in getrennten, geheimen Abstimmungen die gemeinsame Wahl beschließen.

(3) Die Wahl erfolgt nach den Grundsätzen der Verhältniswahl ; wird nur ein Wahlvorschlag eingereicht, so erfolgt die Wahl nach den Grundsätzen der Mehrheitswahl. In Betrieben, deren Betriebsrat aus einer Person besteht, wird dieser mit einfacher Stimmenmehrheit gewählt; das gleiche gilt für Gruppen, denen nur ein Vertreter im Betriebsrat zusteht.

(4) Zur Wahl des Betriebsrats können die wahlberechtigten Arbeitnehmer Wahlvorschläge machen. Jeder Wahlvorschlag muß mindestens von einem Zehntel der wahlberechtigten Gruppenangehörigen, jedoch mindestens von drei Wahlberechtigten unterzeichnet sein. In jedem Falle genügt die Unterzeichnung durch einhundert Gruppenangehörige.

(5) Ist nach Absatz 2 gemeinsame Wahl beschlossen worden, so muß jeder Wahlvorschlag von mindestens einem Zehntel der wahlberechtigten Arbeitnehmer unterzeichnet sein; Absatz 4 Sätze 2 und 3 gilt entsprechend.

(6) Besteht in einem Betrieb kein Betriebsrat, so können die im Betrieb vertretenen Gewerkschaften zur Wahl des Betriebsrats Wahlvorschläge machen. Auf diese Wahlvorschläge sind Absatz 4 Sätze 2 und 3 und Absatz 5 nicht anzuwenden.

§ 15 Zusammensetzung nach Beschäftigungsarten und Geschlechtern

(1) Der Betriebsrat soll sich möglichst aus Arbeitnehmern der einzelnen Betriebsabteilungen und der unselbständigen Nebenbetriebe zusammensetzen. Dabei sollen möglichst auch Vertreter der verschiedenen Beschäftigungsarten der im Betrieb tätigen Arbeitnehmer berücksichtigt werden.

(2) Die Geschlechter sollen entsprechend ihrem zahlenmäßigen Verhältnis vertreten sein.

§ 16 Bestellung des Wahlvorstands

(1) Spätestens acht Wochen vor Ablauf seiner Amtszeit bestellt der Betriebsrat einen aus drei Wahlberechtigten bestehenden Wahlvorstand und einen von ihnen als Vorsitzenden. Der Betriebsrat kann die Zahl der Wahlvorstandsmitglieder erhöhen, wenn dies zur ordnungsgemäßen Durchführung der Wahl erforderlich ist. Der Wahlvorstand muß in jedem Fall aus einer ungeraden Zahl von Mitgliedern bestehen. In Betrieben mit Arbeitern und Angestellten müssen im Wahlvorstand beide Gruppen vertreten sein.

(2) Besteht sechs Wochen vor Ablauf der Amtszeit des Betriebsrats kein Wahlvorstand, so bestellt ihn das Arbeitsgericht auf Antrag von mindestens drei Wahlberechtigten oder einer im Betrieb vertretenen Gewerkschaft. In dem Antrag können Vorschläge für die Zusammensetzung des Wahlvorstands gemacht werden. Das Arbeitsgericht kann für Betriebe mit in der Regel mehr als zwanzig wahlberechtigten Arbeitnehmern -auch Mitglieder einer im Betrieb vertretenen Gewerkschaft, die nicht Arbeitnehmer des Betriebs sind, zu Mitgliedern des Wahlvorstands ·bestellen, wenn dies zur ordnungsgemäßen Durchführung der Wahl erforderlich ist.

§ 17 Wahl des Wahlvorstands

(1) Besteht in einem Betrieb, der die Voraussetzungen des § 1 erfüllt, kein Betriebsrat, so wird in einer Betriebsversammlung von der Mehrheit der anwesenden Arbeitnehmer ein Wahlvorstand gewählt. § 16 Abs. 1 gilt entsprechend.

(2) Zu dieser Betriebsversammlung können drei wahlberechtigte Arbeitnehmer des Betriebs oder eine im Betrieb vertretene Gewerkschaft einladen und Vorschläge für die Zusammensetzung des Wahlvorstands machen.

(3) Findet trotz Einladung keine Betriebsversammlung statt oder wählt die Betriebsversammlung keinen Wahlvorstand, so bestellt ihn das Arbeitsgericht auf Antrag von mindestens drei wahlberechtigten Arbeitnehmern oder einer im Betrieb vertretenen Gewerkschaft § 16 Abs. 2 Sätze 2 und 3 gilt entsprechend.

§ 18 Wahlvorbereitung

(1) Der Wahlvorstand hat die Wahl unverzüglich einzuleiten. Kommt der Wahlvorstand dieser Verpflichtung nicht nach, so ersetzt ihn das Arbeitsgericht auf Antrag von mindestens drei wahlberechtigten Arbeitnehmern oder einer im Betrieb vertretenen Gewerkschaft. § 16 Abs. 2 Sätze 2 und 3 gilt entsprechend.

(2) Ist zweifelhaft, ob ein Nebenbetrieb oder ein Betriebsteil selbständig oder dem Hauptbetrieb zuzuordnen ist (§ 4), so können der Arbeitgeber, jeder beteiligte Betriebsrat, jeder beteiligte Wahlvorstand oder eine im Betrieb vertretene Gewerkschaft vor der Wahl eine Entscheidung des Arbeitsgerichts beantragen.

§ 19 Wahlanfechtung

Jeder Wahlberechtigte, eine im Betrieb vertretene Gewerkschaft oder der Arbeitgeber können binnen einer Frist von vierzehn Tagen, vom Tage der Bekanntgabe des Wahlergebnisses an gerechnet, die Wahl beim Arbeitsgericht anfechten, wenn gegen wesentliche Vorschriften über das Wahlrecht, die Wählbarkeit oder das Wahlverfahren verstoßen worden ist und eine Berichtigung nicht erfolgt ist, es sei denn, daß durch den Verstoß das Wahlergebnis nicht geändert oder beeinflußt werden konnte.

§ 20 Wahlschutz und Wahlkosten

(1) Niemand darf die Wahl des Betriebsrats behindern. Insbesondere darf kein Arbeitnehmer in der Ausübung des aktiven und passiven Wahlrechts beschränkt werden.

(2) Niemand darf die Wahl des Betriebsrats durch Zufügung oder Androhung von Nachteilen oder durch Gewährung oder Versprechen von Vorteilen beeinflussen.

(3) Die Kosten der Wahl trägt der Arbeitgeber, Versäumnis von Arbeitszeit, die zur Ausübung des Wahlrechts oder der Betätigung im Wahlvorstand erforderlich ist, berechtigt den Arbeitgeber nicht zur Minderung des Arbeitsentgelts.

ZWEITER ABSCHNITT

Amtszeit des Betriebsrats

§ 21 Amtszeit

Die regelmäßige Amtszeit des Betriebsrats beträgt drei Jahre. Die Amtszeit beginnt mit der Bekanntgabe des Wahlergebnisses oder, wenn zu diesem Zeitpunkt noch ein Betriebsrat besteht, mit Ablauf von dessen Amtszeit. Die Amtszeit endet spätestens am 31. Mai des Jahres, in dem nadl § 13 Abs. 1 die regelmäßigen Betriebsratswahlen stattfinden. In dem Fall des § 13 Abs. 3 Satz 2 endet die Amtszeit spätestens am

31. Mai des Jahres, in dem der Betriebsrat neu zu wählen ist. In den Fällen des § 13 Abs. 2 Nr. 1 und 2 endet die Amtszeit mit der Bekanntgabe des Wahlergebnisses des neu gewählten Betriebsrats.

§ 22 Weiterführung der Geschäfte des Betriebsrats
In den Fällen des § 13 Abs. 2 Nr. 1 bis 3 führt der Betriebsrat die Geschäfte weiter, bis der neue Betriebsrat gewählt und das Wahlergebnis bekanntgegeben ist.

§ 23 Verletzung gesetzlicher Pflichten
(1) Mindestens ein Viertel der wahlberechtigten Arbeitnehmer, der Arbeitgeber oder eine im Betrieb vertretene Gewerkschaft können beim Arbeitsgericht den Ausschluß eines Mitglieds aus dem Betriebsrat oder die Auflösung des Betriebsrats wegen grober Verletzung seiner gesetzlichen Pflichten beantragen. Der Ausschluß eines Mitglieds kann auch vom Betriebsrat beantragt werden.

(2) Wird der Betriebsrat aufgelöst, so setzt das Arbeitsgericht unverzüglich einen Wahlvorstand für die Neuwahl ein. § 16 Abs. 2 Sätze 2 und 3 gilt entsprechend.

(3) Der Betriebsrat oder eine im Betrieb vertretene Gewerkschaft können bei groben Verstößen des Arbeitgebers gegen seine Verpflichtungen aus diesem Gesetz beim Arbeitsgericht Antrag auf Unterlassung stellen. Handelt der Arbeitgeber einer rechtskräftigen gerichtlichen Entscheidung zuwider, so hat das Arbeitsgericht gegen ihn auf Antrag und nach vorheriger Androhung wegen jeder Zuwiderhandlung eine Geldstrafe bis zu 20.000 DM zu verhängen.

§ 24 Erlöschen der Mitgliedschaft
(1) Die Mitgliedschaft im Betriebsrat erlischt durch Ablauf der Amtszeit, Amtsniederlegung, Beendigung des Arbeitsverhältnisses, Verlust der Wählbarkeit, Ausschluß aus dem Betriebsrat oder Auflösung des Betriebsrats auf Grund einer gerichtlichen Entscheidung oder, wenn nach Ablauf der in § 19 bezeichneten Frist festgestellt wird, daß das Mitglied nicht wählbar war.

(2) Bei einem Wechsel der Gruppenzugehörigkeit bleibt das Betriebsratsmitglied Vertreter der Gruppe, für die es gewählt ist. Dies gilt auch für Ersatzmitglieder.

§ 25 Ersatzmitglieder
(1) Scheidet ein Mitglied des Betriebsrats aus, so rückt ein Ersatzmitglied nach. Dies gilt entsprechend für die Stellvertretung eines zeitweilig verhinderten Mitglieds des Betriebsrats.

(2) Die Ersatzmitglieder werden der Reihe nach aus den nichtgewählten Arbeitnehmern derjenigen Vorschlagslisten entnommen, denen die zu ersetzenden Mitglieder angehören. Ist das ausgeschiedene oder verhinderte Mitglied nach den Grundsätzen der Mehrheitswahl gewählt (§ 14 Abs. 3 Satz 1 zweiter Halbsatz und Satz 2). so bestimmt sich die Reihenfolge der Ersatzmitglieder unter Berücksichtigung der §§ 10 und 12 nach der Höhe der erreichten Stimmenzahlen.

DRITTER ABSCHNITT

Geschäftsführung des Betriebsrats

§ 26 Vorsitzender

(1) Der Betriebsrat wählt aus seiner Mitte den Vorsitzenden und dessen Stellvertreter. Besteht der Betriebsrat aus Vertretern beider Gruppen, so sollen der Vorsitzende und sein Stellvertreter nicht derselben Gruppe angehören.

(2) Gehört jeder Gruppe im Betriebsrat mehr als ein Drittel der Mitglieder an, so schlägt jede Gruppe aus ihrer Mitte je ein Mitglied für den Vorsitz vor. Der Betriebsrat wählt aus den beiden Vorgeschlagenen den Vorsitzenden des Betriebsrats und dessen Stellvertreter.

(3) Der Vorsitzende des Betriebsrats oder im Fall seiner Verhinderung sein Stellvertreter vertritt den Betriebsrat im Rahmen der von ihm gefaßten Beschlüsse.

§ 27 Betriebsausschuß

(1) Hat ein Betriebsrat neun oder mehr Mitglieder, so bildet er einen Betriebsausschuß. Der Betriebsausschuß besteht bei Betriebsräten mit

9 bis 17 Mitgliedern aus 3 Ausschußmitgliedern,
21 bis 29 Mitgliedern aus 5 Ausschußmitgliedern,
35 bis 49 Mitgliedern aus 7 Ausschußmitgliedern,
53 oder mehr Mitgliedern aus 9 Ausschußmitgliedern.

Die Ausschußmitglieder bilden zusammen mit dem Vorsitzenden und dem stellvertretenden Vorsitzenden den Betriebsausschuß.

(2) Der Betriebsausschuß muß aus Angehörigen der im Betriebsrat vertretenen Gruppen entsprechend dem Verhältnis ihrer Vertretung im Betriebsrat bestehen. Die Gruppen müssen mindestens durch ein Mitglied vertreten sein. Ist der Betriebsrat nach § 14 Abs. 2 in getrennten Wahlgängen gewählt worden und gehört jeder Gruppe mehr als ein Zehntel der Mitglieder des Betriebsrats, mindestens jedoch fünf Mitglieder an, so wählt jede Gruppe ihre Vertreter für den Betriebsausschuß; dies gilt auch, wenn der Betriebsrat nach § 14 Abs. 2 in gemeinsamer Wahl gewählt worden ist und jeder Gruppe im Betriebsrat mehr als ein Drittel der Mitglieder angehört.

(3) Der Betriebsausschuß führt die laufenden Geschäfte des Betriebsrats. Der Betriebsrat kann dem Betriebsausschuß mit der Mehrheit der Stimmen seiner Mitglieder Aufgaben zur selbständigen Erledigung übertragen; dies gilt nicht für den Abschluß von Betriebsvereinbarungen. Die Übertragung bedarf der Schriftform. Sätze 2 und 3 gelten entsprechend für den Widerruf der Übertragung von Aufgaben.

(4) Betriebsräte mit weniger als neun Mitgliedern können die laufenden Geschäfte auf den Vorsitzenden des Betriebsrats oder andere Betriebsratsmitglieder übertragen.

§ 27 Referentenentwurf

Betriebsausschuß

(1) Hat ein Betriebsrat neun oder mehr Mitglieder, so bildet er einen Betriebsausschuß. Der Betriebsrat wählt aus seiner Mitte mit Stimmenmehrheit bei Betriebsräten mit

9 bis 17 Mitgliedern 3 Ausschußmitglieder,
21 bis 29 Mitgliedern 5 Ausschußmitglieder,
35 bis 49 Mitgliedern 7 Ausschußmitglieder,
53 oder mehr Mitgliedern 9 Ausschußmitglieder.

Die Ausschußmitglieder bilden zusammen mit dem Vorsitzenden und dem stellvertretenden Vorsitzenden den Betriebsausschuß.

(2) Der Betriebsausschuß muß aus Angehörigen der im Betriebsrat vertretenen Gruppen entsprechend dem Verhältnis ihrer Vertretung im Betriebsrat bestehen. Die Gruppen müssen mindestens durch ein- Mitglied vertreten sein-. Gehört jeder Gruppe im Betriebsrat mehr als ein Drittel der Mitglieder an, so wählt jede Gruppe ihre Vertreter für den Betriebsausschuß.

(3) ...

(4) ...

§ 28 Übertragung von Aufgaben auf weitere Ausschüsse

(1) Ist ein Betriebsausschuß gebildet, so kann der Betriebsrat weitere Ausschüsse bilden und ihnen bestimmte Aufgaben übertragen. Soweit ihnen diese Aufgaben zur selbständigen Erledigung übertragen werden, gilt § 27 Abs. 3 Sätze 2 bis 4 entsprechend.

(2) Für die Zusammensetzung der Ausschüsse gilt § 27 Abs. 2 entsprechend. Dies gilt nicht, soweit dem Ausschuß Aufgaben übertragen sind, die nur eine Gruppe betreffen.

(3) Die Absätze 1 und 2 gelten entsprechend für die Entsendung von Betriebsratsmitgliedern in Ausschüsse, deren Mitglieder vom Betriebsrat und vom Arbeitgeber benannt werden.

§ 28 Referentenentwurf

Übertragung von Aufgaben auf weitere Ausschüsse

(1) Ist ein Betriebsausschuß gebildet, so kann der Betriebsrat weitere Ausschüsse bilden und ihnen bestimmte Aufgaben übertragen. Soweit ihnen diese Aufgaben zur selbständigen Erledigung übertragen werden, gilt § 27 Abs. 3 Sätze 2 bis 4 entsprechend.

(2) In den Ausschüssen müssen die im Betriebsrat vertretenen Gruppen mindestens durch je ein Mitglied vertreten sein; § 27 Abs. 2 Satz 3 ist anzuwenden. Dies gilt nicht, soweit dem Ausschuß Aufgaben übertragen sind, die nur eine Gruppe betreffen.

(3) ...

§ 29 Einberufung der Sitzungen

(1) Vor Ablauf einer Woche nach dem Wahltag hat der Wahlvorstand die Mitglieder des Betriebsrats zu der nach § 26 vorgeschriebenen Wahl einzuberufen. Der Vorsitzende des Wahlvorstands leitet die Sitzung, bis der Betriebsrat aus seiner Mitte einen Wahlleiter bestellt hat.

(2) Die weiteren Sitzungen beruft der Vorsitzende des Betriebsrats ein. Er setzt die Tagesordnung fest und leitet die Verhandlung. Der Vorsitzende hat die Mitglieder des Betriebsrats zu den Sitzungen rechtzeitig unter Mitteilung der Tagesordnung zu laden. Dies gilt auch für die Jugendvertreter und den Vertrauensmann der Schwerbeschädigten, soweit sie ein Recht auf Teilnahme an der Betriebsratssitzung haben (§ 67 und § 32). Kann ein Mitglied des Betriebsrats oder der Jugendvertretung an der Sitzung nicht teilnehmen, so soll es dies unter Angabe der Gründe unverzüglich. dem Vorsitzenden mitteilen. Der Vorsitzende hat für ein verhindertes Betriebsratsmitglied oder für einen verhinderten Jugendvertreter das Ersatzmitglied zu laden.

(3) Der Vorsitzende hat eine Sitzung einzuberufen und den Gegenstand, dessen Beratung beantragt ist, auf die Tagesordnung zu setzen, wenn dies ein Viertel der Mitglieder des Betriebsrats, die Jugendvertretung oder der Arbeitgeber beantragt. Ein solcher Antrag kann auch von der Mehrheit der Vertreter einer Gruppe gestellt werden, wenn diese Gruppe im Betriebsrat durch mindestens zwei Mitglieder vertreten ist.

(4) Der Arbeitgeber nimmt an den Sitzungen, die auf sein Verlangen anberaumt sind, und an den Sitzungen, zu denen er ausdrücklich eingeladen ist, teil. Er kann einen Vertreter der Vereinigung der Arbeitgeber, der er angehört, hinzuziehen.

§ 30 Betriebsratssitzungen

Die Sitzungen des Betriebsrats finden in der Regel während der Arbeitszeit statt. Der Betriebsrat hat bei der Ansetzung von Betriebsratssitzungen auf die betrieblichen Notwendigkeiten Rücksicht zu nehmen. Der Arbeitgeber ist vom Zeitpunkt der Sitzung vorher zu verständigen. Die Sitzungen des Betriebsrats sind nicht öffentlich.

§ 31 Teilnahme der Gewerkschaften

Auf Antrag von einem Viertel der Mitglieder oder der Mehrheit einer Gruppe des Betriebsrats kann ein Beauftragter einer im Betriebsrat vertretenen Gewerkschaft an den Sitzungen beratend teilnehmen; in diesem Falle sind der Zeitpunkt der Sitzung und die Tagesordnung der Gewerkschaft rechtzeitig mitzuteilen.

§ 32 Teilnahme des Vertrauensmannes der Schwerbeschädigten

An der Verhandlung von Fragen, welche die Interessen der Schwerbeschädigten berühren, nimmt der Vertrauensmann der Schwerbeschädigten (§ 13 des Schwerbeschädigtengesetzes) beratend teil.

§ 33 Beschlüsse des Betriebsrats

(1) Die Beschlüsse des Betriebsrats werden, soweit in diesem Gesetz nichts anderes bestimmt ist, mit der Mehrheit der Stimmen der anwesenden Mitglieder gefaßt. Bei Stimmengleichheit ist ein Antrag abgelehnt.

(2) Der Betriebsrat ist nur beschlußfähig, wenn mindestens die Hälfte der Betriebsratsmitglieder an der Beschlußfassung teilnimmt; Stellvertretung durch Ersatzmitglieder ist zulässig.

(3) Nimmt die Jugendvertretung an der Beschlußfassung teil, so werden die Stimmen der Jugendvertreter bei der Feststellung der Stimmenmehrheit (Absatz 1) mitgezählt.

§ 34 Sitzungsniederschrift

(1) Über jede Verhandlung des Betriebsrats ist eine Niederschrift aufzunehmen, die mindestens den Wortlaut der Besd1lüsse und die Stimmenmehrheit, mit der sie gefaßt sind, enthält. Die Niederschrift ist von dem Vorsitzenden und einem weiteren Mitglied zu unterzeichnen. Der Niederschrift ist eine Anwesenheitsliste beizufügen, in die sich jeder Teilnehmer eigenhändig einzutragen hat.

(2) Hat der Arbeitgeber oder ein Beauftragter einer Gewerkschaft an der Sitzung teilgenommen, so ist ihm der entsprechende Teil der Niederschrift abschriftlich auszuhändigen.

§ 35 Aussetzung von Beschlüssen

(1) Erachtet die Mehrheit der Vertreter einer Gruppe oder der Jugendvertretung einen Beschluß des Betriebsrats als eine erhebliche Beeinträchtigung wichtiger Interessen der durch sie vertretenen Arbeitnehmer, so ist auf ihren Antrag der Beschluß auf die Dauer von einer Woche vom Zeitpunkt der Beschlußfassung an auszusetzen, damit in dieser Frist eine Verständigung, gegebenenfalls mit Hilfe der im Betrieb vertretenen Gewerkschaften, versucht werden kann.

(2} Nach Ablauf der Frist ist über die Angelegenheit neu zu beschließen. Wird der erste Beschluß bestätigt, so kann der Antrag auf Aussetzung nicht wiederholt werden.

§ 36 Geschäftsordnung

Sonstige Bestimmungen über die Geschäftsführung sollen in einer schriftlichen Geschäftsordnung getroffen werden, die der Betriebsrat mit der Mehrheit der Stimmen seiner Mitglieder beschließt.

§ 37 Ehrenamtliche Tätigkeit, Arbeitsversäumnis

(1) Die Mitglieder des Betriebsrats führen ihr Amt unentgeltlich als Ehrenamt.

(2) Versäumnis von Arbeitszeit, die nach Umfang und Art des Betriebs zur ordnungsmäßigen Durchführung der Aufgaben des Betriebsrats erforderlich ist, berechtigt den Arbeitgeber nicht zur Minderung des Arbeitsentgelts des Betriebsratsmitglieds.

(3) Absatz 2 gilt entsprechend für Arbeitszeit, die auf Grund der Teilnahme an Schulungs- und Bildungsveranstaltungen versäumt wird, soweit diese Kenntnisse vermitteln, die für die Arbeit des Betriebsrats erforderlich sind. Der Betriebsrat hat bei der Festlegung der zeitlichen Lage der Teilnahme an Schulungs- und Bildungsveranstaltungen die betrieblichen Notwendigkeiten zu berücksichtigen. Er hat dem Arbeitgeber die Teilnahme und die zeitliche Lage der Schulungs- und

Bildungsveranstaltungen rechtzeitig bekanntzugeben. Hält der Arbeitgeber die betrieblichen Notwendigkeiten für nicht ausreichend berücksichtigt, so kann er die Einigungsstelle anrufen. Der Spruch der Einigungsstelle ersetzt die Einigung zwischen Arbeitgeber und Betriebsrat.

(4) Auf die Schulung und Bildung durch Einrichtungen, die im Hinblick auf die von ihnen durchgeführten Schulungs- und Bildungsveranstaltungen von der zuständigen obersten Arbeitsbehörde des Landes nach Beratung mit den Spitzenorganisationen der Gewerkschaften und der Arbeitgeberverbände als geeignet anerkannt sind, ist Absatz 3 mit der Maßgabe anzuwenden, daß jedes Mitglied des Betriebsrats während seiner regelmäßigen Amtszeit Anspruch auf bezahlte Freistellung für insgesamt drei Wochen zur Teilnahme an Veranstaltungen solcher Einrichtungen hat.

(5) Für Betriebsratstätigkeit, die aus betriebsbedingten Gründen außerhalb der Arbeitszeit durchzuführen ist, hat das Betriebsratsmitglied in derselben oder der darauffolgenden Arbeitswoche Anspruch auf entsprechende Arbeitsbefreiung unter Fortzahlung des Arbeitsentgelts.

§ 38 Freistellungen

(1) Mitglieder des Betriebsrats sind von ihrer beruflichen Tätigkeit zu befreien, wenn und soweit es nach Umfang und Art des Betriebs zur ordnungsmäßigen Durchführung ihrer Aufgaben erforderlich ist. Freizustellen sind in. Betrieben mit in der Regel

50 bis 150 Arbeitnehmern ein Betriebsratsmitglied für 12 Arbeitsstunden in der Woche,

151 bis 300 Arbeitnehmern ein Betriebsratsmitglied für 24 Arbeitsstunden in der Woche,

301 bis 600 Arbeitnehmern ein Betriebsratsmitglied,

601 bis 1000 Arbeitnehmern zwei Betriebsratsmitglieder.

In Betrieben mit bis .zu 10 000 Arbeitnehmern ist für je weitere 1000 Arbeitnehmer ein weiteres Betriebsratsmitglied, in Betrieben mit über 10 000 Arbeitnehmern für je weitere 2000 Arbeitnehmer ein weiteres Betriebsratsmitglied freizustellen. Durch Tarifvertrag oder Betriebsvereinbarung können anderweitige Regelungen über -die Freistellung vereinbart werden.

(2) Über die Freistellung beschließt der Betriebsrat nach Beratung mit dem Arbeitgeber. Die Gruppen sind angemessen zu berücksichtigen. Gehört jeder Gruppe im Betriebsrat mehr als ein Drittel der Mitglieder an, so bestimmt jede Gruppe die auf sie entfallenden freizustellenden Betriebsratsmitglieder. Der Betriebsrat hat die Namen der Freizustellenden und den Umfang ihrer Freistellung dem Arbeitgeber bekanntzugeben. Hält der Arbeitgeber den Beschluß für sachlich nicht begründet, so kann er innerhalb einer Frist von zwei Wochen nach seiner Bekanntgabe die Einigungsstelle anrufen. Der Spruch der Einigungsstelle ersetzt die Einigung zwischen Arbeitgeber und Betriebsrat. Ruft der Arbeitgeber die Einigungsstelle nicht an, so wird der Beschluß nach Ablauf der zweiwöchigen Frist wirksam.

(3) Das Arbeitsentgelt freigestellter Betriebsratsmitglieder darf für die Dauer ihrer Freistellung einschließlich eines Zeitraums von einem Jahr nach Beendigung

der Freistellung nicht geringer bemessen werden als das Arbeitsentgelt, das vergleichbare Arbeitnehmer mit betriebsüblicher beruflicher Entwicklung erhalten.

(4) Freigestellte Betriebsratsmitglieder dürfen von inner- und außerbetrieblichen Maßnahmen der Berufsbildung nicht ausgeschlossen werden. Innerhalb eines Jahres nach Beendigung der Freistellung eines Betriebsratsmitglieds ist diesem im Rahmen der Möglichkeiten des Betriebs Gelegenheit zu geben, eine wegen der Freistellung unterbliebene betriebsübliche berufliche Entwicklung nachzuholen.

§ 38 Referentenentwurf

Freistellungen

(1) Mitglieder des Betriebsrats sind von ihrer beruflichen Tätigkeit zu befreien, wenn und soweit es nach Umfang und Art des Betriebs zur ordnungsmäßigen Durchführung ihrer Aufgaben erforderlich ist. Freizustellen sind in Betrieben mit in der Regel

50 bis 150 Arbeitnehmern ein Betriebsratsmitglied für 12 Arbeitsstunden in der Woche,

151 bis 300 Arbeitnehmern ein Betriebsratsmitglied für 24 Arbeitsstunden in der Woche,

301 bis 600 Arbeitnehmern ein Betriebsratsmitglied,

601 bis 1 000 Arbeitnehmern zwei Betriebsratsmitglieder.

In Betrieben mit bis zu 10.000 Arbeitnehmern ist für je weitere 1.000 Arbeitnehmer ein weiteres Betriebsratsmitglied, in Betrieben mit über 10.000 Arbeitnehmern für je weitere 2.000 Arbeitnehmer ein weiteres Betriebsratsmitglied freizustellen.

(2) Über die Freistellung beschließt der Betriebsrat nach Beratung mit dem Arbeitgeber. Die Gruppen sind angemessen zu berücksichtigen. Der Betriebsrat hat die Namen der Freizustellenden und den Umfang ihrer Freistellung dem Arbeitgeber bekanntzugeben. Hält der Arbeitgeber den Beschluß für sachlich nicht begründet, so kann er innerhalb einer Frist von zwei Wochen nach seiner Bekanntgabe die Einigungsstelle anrufen, die verbindlich entscheidet. Ruft der Arbeitgeber die Einigungsstelle nicht an, so wird der Beschluß nach Ablauf der zweiwöchigen Frist wirksam.

(3) ...

(4) ...

§ 39 Sprechstunden

(1) Der Betriebsrat kann während .der Arbeitszeit Sprechstunden einrichten. Zeit und Ort sind mit dem Arbeitgeber zu vereinbaren. Kommt eine Einigung nicht zustande, so entscheidet die Einigungsstelle. Der Spruch der Einigungsstelle ersetzt die Einigung zwischen Arbeitgeber und Betriebsrat.

(2) An Sprechstunden des Betriebsrats kann ein Mitglied der Jugendvertretung zur Beratung jugendlicher Arbeitnehmer teilnehmen.

(3) Versäumnis von Arbeitszeit, die zum Besuch der Sprechstunden oder durch sonstige Inanspruchnahme des Betriebsrats erforderlich ist, berechtigt den Arbeitgeber nicht zur Minderung des Arbeitsentgelts des Arbeitnehmers.

§ 40 Kosten und Sachaufwand des Betriebsrats
(1) Die durch die Tätigkeit des Betriebsrats entstehenden Kosten trägt der Arbeitgeber.

(2) Für die Sitzungen, die Sprechstunden und die laufende Geschäftsführung hat der Arbeitgeber die erforderlichen Räume und die sächlichen Mittel zur Verfügung zu stellen.

§ 41 Umlageverbot
Die Erhebung und Leistung von Beiträgen der Arbeitnehmer für Zwecke des Betriebsrats ist unzulässig.

VIERTER ABSCHNITT

Betriebsversammlung

§ 42 Zusammensetzung, Teilversammlung, Abteilungsversammlung
(1) Die Betriebsversammlung besteht aus den Arbeitnehmern des Betriebs; sie wird von dem Vorsitzenden des Betriebsrats geleitet. Sie ist nicht öffentlich. Kann wegen der Eigenart des Betriebs eine Versammlung aller Arbeitnehmer zum gleichen Zeitpunkt nicht stattfinden, so sind Teilversammlungen durchzuführen.

(2) Die Abteilungsversammlung besteht aus den Arbeitnehmern organisatorisch oder räumlich abgegrenzter Betriebsteile. Sie wird von einem Mitglied des Betriebsrats geleitet, das möglichst dem Betriebsteil als Arbeitnehmer angehört. Absatz 1 Sätze 2 und 3 gilt entsprechend.

§ 43 Regelmäßige Betriebs- und Abteilungsversammlungen
(1) Der Betriebsrat hat einmal in jedem Kalenderhalbjahr eine Betriebsversammlung einzuberufen und in ihr einen Tätigkeitsbericht zu erstatten. Der Betriebsrat hat darüber hinaus einmal in jedem Kalenderhalbjahr für jede Abteilung eine Abteilungsversammlung einzuberufen, in der die besonderen Belange der Arbeitsnehmer der Abteilung zu erörtern sind. Die Abteilungsversammlungen sollen gleichzeitig stattfinden. Der Betriebsrat kann in jedem Kalenderhalbjahr eine weitere Betriebsversammlung oder einmal weitere Abteilungsversammlungen durchführen, wenn dies aus besonderen Gründen zweckmäßig erscheint.

(2) Der Arbeitgeber ist zu den Betriebs- und Abteilungsversammlungen unter Mitteilung der Tagesordnung einzuladen. Er ist berechtigt, in den Versammlungen zu sprechen.

(3) Der Betriebsrat ist berechtigt und auf Wunsch des Arbeitgebers oder von mindestens einem Viertel der Wahlberechtigten Arbeitnehmer verpflichtet, eine Betriebsversammlung einzuberufen und den beantragten Beratungsgegenstand auf die Tagesordnung zu setzen. Vom Zeitpunkt der Versammlungen, die auf Wunsch des Arbeitgebers stattfinden, ist dieser rechtzeitig zu verständigen.

(4) Auf Antrag einer im Betrieb vertretenen Gewerkschaft muß der Betriebsrat vor Ablauf von zwei Wochen eine Betriebsversammlung nach Absatz 1 Satz 1 einberufen, wenn im vorhergegangenen Kalenderhalbjahr keine Betriebsversammlung und keine Abteilungsversammlungen durchgeführt worden sind.

§ 44 Zeitpunkt und Verdienstausfall

(1) Die in §§ 17 und 43 Abs. 1 und 4 bezeichneten und die auf Wunsch des Arbeitgebers einberufenen Versammlungen finden während der Arbeitszeit statt, soweit nicht die Eigenart des Betriebs eine andere Regelung zwingend erfordert. Die Zeit der Teilnahme an diesen Versammlungen einschließlich der zusätzlid1en Wegezeiten ist den Arbeitnehmern wie Arbeitszeit zu vergüten. Das gilt auch dann, wenn die Versammlungen wegen der Eigenart des Betriebs außerhalb der Arbeitszeit stattfinden; Fahrtkosten, die den Arbeitnehmern durch die Teilnahme an diesen Versammlungen entstehen, sind vom Arbeitgeber zu erstatten.

(2) Sonstige Betriebs- oder Abteilungsversammlungen finden außerhalb der Arbeitszeit statt. Hiervon kann im Einvernehmen mit dem Arbeitgeber abgewichen werden; im Einvernehmen mit dem Arbeitgeber während der Arbeitszeit durchgeführte Versammlungen berechtigen den Arbeitgeber nicht, das Arbeitsentgelt der Arbeitnehmer zu mindern.

§ 45 Themen der Betriebs- und Abteilungsversammlungen

Die Betriebs- und Abteilungsversammlungen können Angelegenheiten, die den Betrieb oder seine Arbeitnehmer unmittelbar berühren, insbesondere tarifpolitischer, sozialpolitischer und wirtschaftlicher Art, behandeln. Sie können dem Betriebsrat Anträge unterbreiten und zu seinen Beschlüssen Stellung nehmen.

§ 46 Beauftragte der Verbände

(1) An allen Betriebs- oder Abteilungsversammlungen können Beauftragte der im Betrieb vertretenen Gewerkschaften beratend teilnehmen. Nimmt der Arbeitgeber an Betriebs- oder Abteilungsversammlung teil, so kann er einen Beauftragten der Vereinigung der Arbeitgeber, der er angehört, hinzuziehen.

(2) Zeitpunkt und die Tagesordnung der Betriebs- oder Abteilungsversammlungen sind den im Betriebsrat vertretenen Gewerkschaften rechtzeitig schriftlich mitzuteilen.

FÜNFTER ABSCHNITT

Gesamtbetriebsrat

§ 47 Voraussetzungen der Errichtung, Mitgliederzahl, Stimmengewicht

(1) Bestehen in einem Unternehmen mehrere Betriebsräte, so ist ein Gesamtbetriebsrat zu errichten.

(2) Gesamtbetriebsrat entsendet jeder Betriebsrat, wenn ihm Vertreter beider Gruppen (§ 10) angehören, zwei seiner Mitglieder, wenn ihm Vertreter nur einer Gruppe angehören, eines seiner Mitglieder. Werden zwei Mitglieder entsandt, so dürfen sie nicht derselben Gruppe angehören. Ist der Betriebsrat nach § 14 Abs. 2 in getrennten Wahlgängen gewählt worden und gehören jeder Gruppe mehr als ein Zehntel der Mitglieder des Betriebsrats, mindestens jedoch fünf Mitglieder an, so wählt jede Gruppe den auf sie entfallenden Gruppenvertreter; dies gilt auch, wenn der Betriebsrat nach § 14 Abs. 2 in gemeinsamer Wahl gewählt worden ist und jeder Gruppe im Betriebsrat mehr als ein Drittel der Mitglieder angehört. Sätze 1 bis 3 gelten entsprechend für die Abberufung.

(3) Der Betriebsrat hat für jedes Mitglied des Gesamtbetriebsrats mindestens ein Ersatzmitglied zu bestellen und die Reihenfolge des Nachrückens festzulegen. Für die Bestellung gilt Absatz 2 entsprechend.

(4) Jedes Mitglied des Gesamtbetriebsrats hat so viele Stimmen, wie in dem Betrieb, in dem es gewählt wurde, wahlberechtigte Angehörige seiner Gruppe in der Wählerliste eingetragen sind.

§ 47 Referentenentwurf

Voraussetzungen der Errichtung, Mitgliederzahl, Stimmengewicht
(1) Bestehen in einem Unternehmen mehrere Betriebsräte, so ist ein Gesamtbetriebsrat zu errichten.

(2) In den Gesamtbetriebsrat entsendet jeder Betriebsrat, wenn ihm Vertreter beider Gruppen (§ 10) angehören, zwei seiner Mitglieder, wenn ihm Vertreter nur einer Gruppe angehören, eines seiner Mitglieder. Werden zwei Mitglieder entsandt, so dürfen sie nicht derselben Gruppe angehören. Gehört jeder Gruppe im Betriebsrat mehr als ein Drittel der Mitglieder an, so wählt jede Gruppe aus ihrer Mitte den auf sie entfallenden Gruppenvertreter. Sätze 1 bis 3 gelten entsprechend für die Abberufung.

(3) ...

(4) ...

§ 48 Ausschluß von Gesamtbetriebsratsmitgliedern
Mindestens ein Viertel der wahlberechtigten Arbeitnehmer des Unternehmens, der Arbeitgeber, der Gesamtbetriebsrat oder eine im Unternehmen vertretene Gewerkschaft können beim Arbeitsgericht den Ausschluß eines Mitglieds aus dem Gesamtbetriebsrat wegen grober Verletzung seiner gesetzlichen Pflichten beantragen.

§ 49 Erlöschen der Mitgliedschaft
Die Mitgliedschaft im Gesamtbetriebsrat endet mit dem Erlöschen der Mitgliedschaft im Betriebsrat, durch Amtsniederlegung, durch Ausschluß aus dem Gesamtbetriebsrat auf Grund einer gerichtlichen Entscheidung oder Abberufung durch den Betriebsrat.

§ 50 Zuständigkeit
(1) Der Gesamtbetriebsrat ist zuständig für die Behandlung von Angelegenheiten, die das Gesamtunternehmen oder mehrere Betriebe betreffen und nicht durch die einzelnen Betriebsräte innerhalb ihrer Betriebe geregelt werden können. Er ist den einzelnen Betriebsräten nicht übergeordnet.

(2) Der Betriebsrat kann mit der Mehrheit der Stimmen seiner Mitglieder den Gesamtbetriebsrat beauftragen, eine Angelegenheit für ihn zu behandeln. Der Betriebsrat kann sich dabei die Entscheidungsbefugnis vorbehalten.

§ 51 Geschäftsführung
(1) Für den Gesamtbetriebsrat gelten §§ 25, 26 Abs. 1 und 3, § 27 Abs. 1, 3 und 4, §§ 28, 30, 31, 34, 35, 36, 37, 40 und 41 entsprechend.

(2) Haben die Vertreter jeder Gruppe mehr als ein Drittel aller Stimmen im Gesamtbetriebsrat (§ 47 Abs. 4). so schlägt jede Gruppe aus ihrer Mitte ein Mitglied für den Vorsitz des Gesamtbetriebsrats vor. Der Gesamtbetriebsrat wählt aus den Vorgeschlagenen seinen Vorsitzenden und stellvertretenden Vorsitzenden. Der Gesamtbetriebsausschuß muß aus Angehörigen der im Gesamtbetriebsrat vertretenen Gruppen entsprechend dem Stimmenverhältnis (§ 47 Abs. 4) bestehen. Die Gruppen müssen mindestens durch ein Mitglied vertreten se in. Haben die nach § 47 Abs. 2 Satz 3 entsandten Mitglieder des Gesamtbetriebsrats mehr als die Hälfte und die Vertreter jeder Gruppe mehr als ein Zehntel aller Stimmen im Gesamtbetriebsrat (§ 47 Abs. 4) und gehören jeder Gruppe mindestens fünf Mitglieder des Gesamtbetriebsrats an, so wählt jede Gruppe ihre Vertreter für den Gesamtbetriebsausschuß.

(3) Ist ein Gesamtbetriebsrat zu errichten (§ 47 Abs. 1), so hat der Betriebsrat der Hauptverwaltung des Unternehmens oder, soweit ein solcher Betriebsrat nicht besteht, der Betriebsrat des nach der Zahl der wahlberechtigten Arbeitnehmer größten Betriebs zu der Wahl des Vorsitzenden und des stellvertretenden Vorsitzenden des Gesamtbetriebsrats einzuladen. Der Vorsitzende des einladenden Betriebsrats hat die Sitzung zu leiten, bis der Gesamtbetriebsrat aus seiner Mitte einen Wahlleiter bestellt hat. § 29 Abs. 2 und 4 gilt entsprechend.

(4) Die Beschlüsse des Gesamtbetriebsrats werden, soweit nichts anderes bestimmt ist, mit Mehrheit der Stimmen (§ 47 Abs. 4) der anwesenden Mitglieder gefaßt. Bei Stimmengleichheit ist ein Antrag abgelehnt. Der Gesamtbetriebsrat ist nur beschlußfähig, wenn mindestens die Hälfte seiner Mitglieder an der Beschlußfassung teilnimmt und die Teilnehmenden mindestens die Hälfte aller Stimmen (§ 47 Abs. 4) vertreten; Stellvertretung durch Ersatzmitglieder ist zulässig.

(5) Auf die Beschlußfassung des Gesamtbetriebsausschusses und weiterer Ausschüsse des Gesamtbetriebsrats ist § 33 Abs. 1 und 2 .anzuwenden.

§ 51 Referentenentwurf

Geschäftsführung

(1) ...

(2) Haben die Vertreter jeder Gruppe mehr als ein Drittel aller Stimmen im Gesamtbetriebsrat (§ 47 Abs. 4), so schlägt jede Gruppe aus ihrer Mitte ein Mitglied für den Vorsitz des Gesamtbetriebsrats vor. Der Gesamtbetriebsrat wählt aus den Vorgeschlagenen seinen Vorsitzenden und stellvertretenden Vorsitzenden. Der Gesamtbetriebsausschuß muß aus Angehörigen der im Gesamtbetriebsrat vertretenen Gruppen entsprechend dem Stimmenverhältnis (§ 47 Abs. 4) bestehen. Die Gruppen müssen mindestens durch ein Mitglied vertreten sein. Haben die Vertreter jeder Gruppe mehr als ein Drittel aller Stimmen im Gesamtbetriebsrat (§ 47 Abs. 4), so wählt jede Gruppe ihre Vertreter für den Gesamtbetriebsausschuß.

(3) ...

(4) ...

(5) ...

§ 52 Teilnahme des Hauptvertrauensmannes der Schwerbeschädigten
An der Verhandlung von Fragen, weldle die Interessen der Schwerbeschädigten berühren, nimmt der Hauptvertrauensmann der Schwerbeschädigten (§ 13 Abs. 6 des Schwerbeschädigtengesetzes) beratend teil.

§ 53 Betriebsräteversammlung
(1) Mindestens •einmal in jedem Kalenderjahr hat der Gesamtbetriebsrat alle Betriebsratsmitglieder zu einer Versammlung einzuberufen.

(2) In der Betriebsräteversammlung hat

1. der Gesamtbetriebsrat einen Tätigkeitsbericht,
2. der Unternehmer einen Bericht über die Lage und die Entwicklung des Unternehmens zu erstatten.

(3) § 42 Abs. 1 Satz 1 zweiter Halbsatz und Satz 2, § 43 Abs. 2, §§ 45 und 46 gelten entsprechend.

SECHSTER ABSCHNITT

Konzernbetriebsrat

§ 54 Errichtung des Konzernbetriebsrats
(1) Für einen Konzern (§18 Abs. 1 des Aktiengesetzes) kann durch Beschlüsse der einzelnen Gesamtbetriebsräte ein Konzernbetriebsrat errichtet werden. Die Errichtung erfordert die Zustimmung der Gesamtbetriebsräte der Konzernunternehmen, in denen insgesamt mindestens 75 vom Hundert der Arbeitnehmer der Konzernunternehmen beschäftigt sind.

(2) Besteht in einem Konzernunternehmen nur ein Betriebsrat, so nimmt dieser die Aufgaben eines Gesamtbetriebsrats nadl den Vorschriften dieses Abschnitts wahr.

§ 55 Zusammensetzung des Konzernbetriebsrats Stimmengewicht
(1) In den Konzernbetriebsrat entsendet jeder Gesamtbetriebsrat, wenn ihm Vertreter beider Gruppen angehören, zwei seiner Mitglieder, wenn ihm Vertreter nur einer Gruppe angehören, eines seiner Mitglieder. Werden zwei Mitglieder entsandt, so dürfen sie nicht der gleichen Gruppe angehören. Haben die nach § 47 Abs. 2 Satz 3 entsandten Mitglieder des Gesamtbetriebsrats mehr als die Hälfte und die Vertreter jeder Gruppe mehr als ein Zehntel aller Stimmen im Gesamtbetriebsrat (§ 47 Abs. 4) und gehören jeder Gruppe mindestens fünf Mitglieder des Gesamtbetriebsrats an, so wählt jede Gruppe den auf die entfallenden Gruppenvertreter. Sätze 1 bis 3 gelten entspred1end für die Abberufung.

(2) Der Gesamtbetriebsrat hat für jedes Mitglied des Konzernbetriebsrats mindestens ein Ersatzmitglied zu bestellen und die Reihenfolge des Nachrückens festzulegen. Für die Bestellung gilt Absatz 1 entsprechend.

(3) Jedes Mitglied des Konzernbetriebsrats hat so viele Stimmen, wie die Mitglieder seiner Gruppe im Gesamtbetriebsrat insgesamt Stimmen haben. Entsendet ein Gesamtbetriebsrat nur ein Mitglied in den Konzernbetriebsrat, so hat dieses Mitglied so viele Stimmen, wie die Mitglieder des Gesamtbetriebsrats, von dem es entsandt wurde, insgesamt im Gesamtbetriebsrat Stimmen haben.

§ 55 Referentenentwurf

Zusammensetzung des Konzernbetriebsrats, Stimmengewicht
(1) In den Konzernbetriebsrat entsendet jeder Gesamtbetriebsrat, wenn ihm Vertreter beider Gruppen angehören, zwei seiner Mitglieder, wenn ihm Vertreter nur einer Gruppe angehören, eines seiner Mitglieder. Werden zwei Mitglieder entsandt, dürfen sie nicht der gleichen Gruppe angehören. Gehört jeder Gruppe im Gesamtbetriebsrat mehr als ein Drittel der Mitglieder an, so wählt jede Gruppe aus ihrer Mitte den auf sie entfallenden Gruppenvertreter. Sätze 1 bis 3 gelten entsprechend für die Abberufung.

(2) ...

(3) ...

§ 56 Ausschluß von Konzernbetriebsratsmitgliedern
Mindestens ein Viertel der wahlberechtigten Arbeitnehmer der Konzernunternehmen, der Arbeitgeber, der Konzernbetriebsrat oder eine im Konzern vertretene Gewerkschaft können beim Arbeitsgericht den Ausschluß eines Mitglieds aus dem Konzernbetriebsrat wegen grober Verletzung seiner gesetzlichen Pflichten beantragen.

§ 57 Erlöschen der Mitgliedschaft
Die Mitgliedschaft im Konzernbetriebsrat endet mit dem Erlöschen der Mitgliedschaft im Gesamtbetriebsrat, durch Amtsniederlegung, durch Ausschluß aus dem Konzernbetriebsrat auf Grund einer gerichtlichen Entscheidung oder Abberufung durch den Gesamtbetriebsrat

§ 58 Zuständigkeit
(1) Der Konzernbetriebsrat ist zuständig für die Behandlung von Angelegenheiten, die den Konzern oder mehrere Konzernunternehmen betreffen und nicht durch die einzelnen Gesamtbetriebsräte innerhalb ihrer Unternehmen geregelt werden können. Er ist den einzelnen Gesamtbetriebsräten nicht übergeordnet.

(2) Der Gesamtbetriebsrat kann mit der Mehrheit der Stimmen seiner Mitglieder den Konzernbetriebsrat beauftragen, eine Angelegenheit für ihn zu behandeln. Der Gesamtbetriebsrat kann sich dabei die Entscheidungsbefugnis vorbehalten.

§ 59 Geschäftsführung
(1) Für den Konzernbetriebsrat gelten §§ 25, 26 Abs. 1 und 3, §§ 30, 31, 34; 35, 36, 37, 40, 41 und § 51 Abs. 2 Sätze 1 und 2, Abs. 4 und 5 entsprechend.

(2) Ist ein Konzernbetriebsrat zu errichten (§ 54 Abs. 1). so hat der Gesamtbetriebsrat der Hauptverwaltung des Konzerns oder, soweit ein solcher Gesamtbetriebsrat nicht besteht, der Gesamtbetriebsrat des nach der Zahl der wahlberechtigten Arbeitnehmer größten Konzernunternehmens zu der Wahl des Vorsitzenden und des stellvertretenden eiersitzenden des Konzernbetriebsrats einzuladen. Der Vorsitzende des einladenden Gesamtbetriebsrats hat die Sitzung zu leiten, bis der Konzernbetriebsrat aus seiner Mitte einen Wahlleiter bestellt hat. § 29 Abs. 2 bis 4 gilt entsprechend.

DRITTER TEIL

Jugendvertretung

ERSTER ABSCHNITT

Betriebliche Jugendvertretung

§§ 60–73

VIERTER TEIL

Mitwirkung und Mitbestimmung der Arbeitnehmer

ERSTER ABSCHNITT

Allgemeines

§ 74 Grundsätze für die Zusammenarbeit

(1) Arbeitgeber und Betriebsrat sollen mindestens einmal im Monat zu einer Besprechung zusammentreten. Sie haben über strittige Fragen mit dem ernsten Willen zur Einigung zu verhandeln und Vorschläge für die Beilegung von Meinungsverschiedenheiten zu machen.

(2) Maßnahmen des Arbeitskampfes zwischen Arbeitgeber und Betriebsrat sind unzulässig; Arbeitskämpfe tariffähiger Parteien werden hierdurch nicht berührt. Arbeitgeber und Betriebsrat haben Betätigungen, einschließlich politischer Betätigungen, durch die der Arbeitsablauf oder der Frieden des Betriebs beeinträchtigt werden, zu unterlassen.

(3) Arbeitnehmer, die im Rahmen dieses Gesetzes Aufgaben übernehmen, werden hierdurch in der Betätigung für ihre Gewerkschaft auch im Betrieb nicht beschränkt.

§ 74 Referentenentwurf

Grundsätze für die Zusammenarbeit

(1) Arbeitgeber und Betriebsrat arbeiten im Rahmen der geltenden Tarifverträge vertrauensvoll und im Zusammenwirken mit den im Betrieb vertretenen Gewerkschaften und Arbeitgebervereinigungen zum Wohl der Arbeitnehmer und des Betriebs zusammen.

(Im Regierungsentwurf § 2 Abs. 1.)

(2) Arbeitgeber und Betriebsrat sollen mindestens einmal im Monat zu einer Besprechung zusammentreten. Sie haben über strittige Fragen mit dem ernsten Willen zur Einigung zu verhandeln und Vorschläge für die Beilegung von Meinungsverschiedenheiten zu machen.

(3) Arbeitgeber und Betriebsrat haben Maßnahmen des Arbeitskampfes gegeneinander sowie sonstige Betätigungen durch die der Arbeitsablauf oder der Friede des Betriebs ernstlich gestört wird, zu unterlassen. Arbeitskämpfe tariffähiger Parteien werden hierdurch nicht berührt.

(4) Arbeitnehmer, die im Rahmen dieses Gesetzes Aufgaben übernehmen, werden hierdurch in der Betätigung für ihre Gewerkschaft auch im Betrieb nicht beschränkt.

§ 75 Grundsätze für die Behandlung der Betriebsangehörigen

(1) Arbeitgeber und Betriebsrat haben darüber zu wachen, daß alle im Betrieb tätigen Personen nach den Grundsätzen von Recht und Billigkeit behandelt werden, insbesondere, daß jede unterschiedliche Behandlung von Personen wegen ihrer Abstammung, Religion, Nationalität, Herkunft, politischen oder gewerkschaftlichen Betätigung oder Einstellung oder wegen ihres Geschlechts unterbleibt. Sie haben darauf zu achten, daß Arbeitnehmer nicht wegen Überschreitung bestimmter Altersstufen benachteiligt werden.

(2) Arbeitgeber und Betriebsrat haben die freie Entfaltung der Persönlichkeit der im Betrieb beschäftigten Arbeitnehmer zu schützen und zu fördern.

§ 76 Einigungsstelle

(1) Zur Beilegung von Meinungsverschiedenheiten zwischen Arbeitgeber und Betriebsrat, Gesamtbetriebsrat oder Konzernbetriebsrat ist bei Bedarf eine Einigungsstelle zu bilden. Durch Betriebsvereinbarung kann eine ständige Einigungsstelle errichtet werden.

(2) Die Einigungsstelle besteht aus einer gleichen Anzahl von Beisitzern, die vom Arbeitgeber und Betriebsrat bestellt werden, und einem unparteiischen Vorsitzenden, auf dessen Person sich beide Seiten einigen müssen. Kommt eine Einigung über die Person des Vorsitzenden nicht zustande, so bestellt ihn das Arbeitsgericht. Dieses entscheidet auch, wenn kein Einverständnis über die Zahl der Beisitzer erzielt wird.

(3) Die Einigungsstelle faßt ihre Beschlüsse nach mündlicher Beratung mit Stimmenmehrheit. Bei der Beschlußfassung hat sich der Vorsitzende zunächst der Stimme zu enthalten; kommt eine Stimmenmehrheit nicht zustande, so nimmt der Vorsitzende nach weiterer Beratung an der erneuten Beschlußfassung teil. Die Beschlüsse der Einigungsstelle sind schriftlich niederzulegen und vom Vorsitzenden zu unterschreiben.

(4) Durch Betriebsvereinbarung können weitere Einzelheiten des Verfahrens vor der Einigungsstelle geregelt werden.

(5) In den Fällen, in denen der Spruch der Einigungsstelle die Einigung zwischen Arbeitgeber und Betriebsrat ersetzt, wird die Einigungsstelle auf Antrag einer Seite tätig. Benennt eine Seite keine Mitglieder oder bleiben die von einer Seite genannten Mitglieder trotz rechtzeitiger Einladung der Sitzung fern, so entscheiden der Vorsitzende und die erschienenen Mitglieder nach Maßgabe des Absatzes 3 allein.

(6) Im übrigen wird die Einigungsstelle nur tätig, wenn beide Seiten es beantragen oder mit ihrem Tätigwerden einverstanden sind. In diesen Fällen ersetzt ihr Spruch die Einigung zwischen Arbeitgeber und Betriebsrat nur, wenn beide Seiten sich dem Spruch im voraus unterworfen oder ihn nachträglich angenommen haben.

(7) Durch Tarifvertrag kann bestimmt werden, daß an die Stelle der in Absatz 1 bezeichneten Einigungsstelle eine tarifliche Schlichtungsstelle tritt.

§ 77 Durchführung gemeinsamer Beschlüsse, Betriebsvereinbarungen

(1) Vereinbarungen zwischen Betriebsrat und Arbeitgeber, auch soweit sie auf einem Spruch der Einigungsstelle beruhen, führt der Arbeitgeber durch, es sei denn, daß

im Einzelfall etwas anderes vereinbart ist. Der Betriebsrat darf nicht durch einseitige Handlungen in die Leitung des Betriebs eingreifen.

(2) Betriebsvereinbarungen werden durch Betriebsrat und Arbeitgeber gemeinsam beschlossen. Sie sind schriftlich niederzulegen, von beiden Seiten zu unterzeichnen und durch den Arbeitgeber an geeigneter Stelle im Betrieb auszulegen.

(3) Arbeitsentgelte und sonstige Arbeitsbedingungen, die durch Tarifvertrag geregelt sind oder üblicherweise geregelt werden, können nicht Gegenstand einer Betriebsvereinbarung sein. Dies gilt nicht, wenn ein Tarifvertrag den Abschluß ergänzender Betriebsvereinbarungen ausdrücklich zuläßt.

(4) Betriebsvereinbarungen gelten unmittelbar und zwingend. Werden Arbeitnehmern durch die Betriebsvereinbarung Rechte eingeräumt, so ist ein Verzicht auf sie nur mit Zustimmung des Betriebsrats zulässig. Die Verwirkung dieser Rechte ist ausgeschlossen. Ausschlußfristen für ihre Geltendmachung sind nur insoweit zulässig, als sie in einem Tarifvertrag oder einer Betriebsvereinbarung vereinbart werden; dasselbe gilt für die Verkürzung der Verjährungsfristen.

(5) Betriebsvereinbarungen können, soweit nichts anderes vereinbart ist, mit einer Frist von drei Monaten gekündigt werden.

(6) Nach Ablauf einer Betriebsvereinbarung gelten ihre Regelungen in Angelegenheiten, in denen ein Spruch der Einigungsstelle die Einigung zwischen Arbeitgeber und Betriebsrat ersetzen kann, weiter, bis sie durch eine andere Abmachung ersetzt werden.

§ 78 Schutzbestimmungen

Die Mitglieder des Betriebsrats, des Gesamtbetriebsrats, des Konzernbetriebsrats, der Jugendvertretung, der Gesamtjugendvertretung, des Wirtschaftsausschusses, der in§ 3 Abs. 1 Nr. 1 und 2 genannten Vertretungen der Arbeitnehmer, der Einigungsstelle, einer tariflichen Schlichtungsstelle (§ 76 Abs. 7) und einer betrieblichen Beschwerdestelle (§ 86) dürfen in der Ausübung ihrer Tätigkeit nicht gestört oder behindert werden. Sie dürfen wegen ihrer Tätigkeit nicht benachteiligt oder begünstigt werden ; dies gilt auch für ihre berufliche Entwicklung.

§ 79 Geheimhaltungspflicht

(1) Die Mitglieder und Ersatzmitglieder des Betriebsrats sind verpflichtet, Betriebs- oder Geschäftsgeheimnisse, die ihnen wegen ihrer Zugehörigkeit zum Betriebsrat bekannt geworden und vom Arbeitgeber ausdrücklich als geheimhaltungsbedürftig bezeichnet worden sind, nicht zu offenbaren und nicht zu verwerten. Dies gilt auch nach dem Ausscheiden aus dem Betriebsrat. Die Verpflichtung gilt nicht gegenüber Mitgliedern des Betriebsrats. Sie gilt ferner nicht gegenüber dem Gesamtbetriebsrat, dem Konzernbetriebsrat sowie im Verfahren vor der Einigungsstelle, der tariflichen Schlichtungsstelle (§ 76 Abs. 7) oder einer betrieblichen Beschwerdestelle (§ 86).

(2) Absatz 1 gilt sinngemäß für die Mitglieder und Ersatzmitglieder des Gesamtbetriebsrats, des Konzernbetriebsrats, der Jugendvertretung, der Gesamtjugendvertretung, des Wirtschaftsausschusses, der gemäß § 3 Abs. 1 Nr. 1 und 2 gebildeten Vertretungen der Arbeitnehmer, der Einigungsstelle, der tariflichen

Schlichtungsstelle (§ 76 Abs. 7) und einer betrieblichen Beschwerdestelle (§ 86) sowie für die Vertreter von Gewerkschaften oder von Arbeitgebervereinigungen.

§ 80 Allgemeine Aufgaben

(1) Der Betriebsrat hat folgende allgemeine Aufgaben:

1. darüber zu wachen, daß die zugunsten der Arbeitnehmer geltenden Gesetze, Verordnungen, Unfallverhütungsvorschriften, Tarifverträge und Betriebsvereinbarungen durchgeführt werden;

2. Maßnahmen, die dem Betrieb und der Belegschaft dienen, beim Arbeitgeber zu beantragen;

3. Anregungen von Arbeitnehmern und der Jugendvertretung entgegenzunehmen und, falls sie berechtigt erscheinen, durch Verhandlungen mit dem Arbeitgeber auf eine Erledigung hinzuwirken; er hat die betreffenden Arbeitnehmer über den Stand und das Ergebnis der Verhandlungen zu unterrichten;

4. die Eingliederung Schwerbeschädigter und sonstiger besonders schutzbedürftiger Personen zu fördern;

5. die Wahl einer Jugendvertretung vorzubereiten und durchzuführen und mit dieser zur Förderung der Belange der jugendlichen Arbeitnehmer eng zusammenzuarbeiten; er kann von der Jugendvertretung Vorschläge und Stellungnahmen anfordern;

6. die Beschäftigung älterer Arbeitnehmer im Betrieb zu fördern.

(2) Zur Durchführung seiner Aufgaben nach diesem Gesetz ist der Betriebsrat rechtzeitig und umfassend vom Arbeitgeber zu unterrichten. Ihm sind auf Verlangen jederzeit die zur Durchführung seiner Aufgaben erforderlid1en Unterlagen zur Verfügung zu stellen. Der Betriebsausschuß oder ein nach § 28 gebildeter Ausschuß hat das Recht, in die Listen über die Bruttolöhne und -gehälter Einblick zu nehmen.

(3) Der Betriebsrat kann bei der Durchführung seiner Aufgaben nach näherer Vereinbarung mit dem Arbeitgeber Sachverständige hinzuziehen, soweit dies zur ordnungsmäßigen Erfüllung seiner Aufgaben erforderlich ist. Für die Geheimhaltungspflicht der Sachverständigen gilt § 79 entsprechend.

ZWEITER ABSCHNITT

Mitwirkungs- und Beschwerderecht des Arbeitnehmers

§ 81 Unterrichtungspflicht des Arbeitgebers

(1) Der Arbeitgeber hat den Arbeitnehmer über dessen Aufgabe und Verantwortung sowie über die Art seiner Tätigkeit und ihre Einordnung in den Arbeitsablauf des Betriebs zu unterrichten. Er hat den Arbeitnehmer vor Beginn der Beschäftigung über die Unfall- und Gesundheitsgefahren, denen dieser bei der Beschäftigung ausgesetzt ist, sowie -über die Maßnahmen und Einrichtungen zur Abwendung dieser Gefahren zu belehren.

(2) Über Veränderungen in seinem Arbeitsbereich ist der Arbeitnehmer rechtzeitig zu unterrichten. Absatz 1 gilt entsprechend.

§ 82 Anhörungs- und Erörterungsrecht des Arbeitnehmers

(1) Der Arbeitnehmer hat das Recht, in betrieblichen Angelegenheiten, die seine Person betreffen, von den nach Maßgabe des organisatorischen Aufbaus des Betriebs hierfür zuständigen Personen gehört zu werden. Er ist berechtigt, zu Maßnahmen des Arbeitgebers, die ihn betreffen, Stellung zu nehmen sowie Vorschläge für die Gestaltung des Arbeitsplatzes und des Arbeitsablaufs zu machen.

(2) Der Arbeitnehmer kann verlangen, daß ihm die Berechnung und Zusammensetzung seines Arbeitsentgelts erläutert und daß mit ihm die Beurteilung seiner Leistungen sowie die Möglichkeiten seiner beruflichen Entwicklung im Betrieb erörtert werden. Er kann ein Mitglied des Betriebsrats hinzuziehen.

§ 83 Einsicht in die Personalakten

(1) Soweit im Betrieb Personalakten geführt werden, hat der Arbeitnehmer das Recht, in diese Einsicht zu nehmen. Er kann hierzu ein Mitglied des Betriebsrats hinzuziehen. Das Mitglied des Betriebsrats hat über den Inhalt der Personalakte Stillschweigen zu bewahren, soweit es vom Arbeitnehmer im Einzelfall nicht von dieser Verpflichtung entbunden wird.

(2) Erklärungen des Arbeitnehmers zum Inhalt der Personalakte sind dieser auf sein Verlangen beizufügen.

§ 84 Beschwerderecht

(1) Jeder Arbeitnehmer hat das Recht, sich bei den zuständigen Stellen des Betriebs zu beschweren, wenn er sich vom Arbeitgeber oder von Arbeitnehmern des Betriebs benachteiligt oder ungerecht behandelt oder in sonstiger Weise beeinträchtigt fühlt. Er kann ein Mitglied des Betriebsrats zur Unterstützung oder Vermittlung hinzuziehen.

(2) Der Arbeitgeber hat den Arbeitnehmer über die Behandlung der Beschwerde zu bescheiden und, soweit er die Beschwerde für berechtigt erachtet, ihr abzuhelfen.

(3) Wegen der Erhebung einer Beschwerde dürfen dem Arbeitnehmer keine Nachteile entstehen.

§ 85 Behandlung von Beschwerden durch den Betriebsrat

(1) Der Betriebsrat hat Beschwerden von Arbeitnehmern entgegenzunehmen und, falls er sie für berechtigt erachtet, beim Arbeitgeber auf Abhilfe hinzuwirken.

(2) Bestehen zwischen Betriebsrat und Arbeitgeber Meinungsverschiedenheiten über die Berechtigung der Beschwerde, so kann der Betriebsrat die Einigungsstelle anrufen. Der Spruch der Einigungsstelle ersetzt die Einigung zwischen Arbeitgeber und Betriebsrat. Dies gilt nicht, soweit mit der Beschwerde Rechtsansprüche des Arbeitnehmers geltend gemacht werden.

(3) Der Arbeitgeber hat den Betriebsrat über die Behandlung der Beschwerde zu unterrichten. § 84 Abs. 2 bleibt unberührt.

§ 86 Ergänzende Vereinbarungen

Durch Tarifvertrag oder Betriebsvereinbarung können die Einzelheiten des Beschwerdeverfahrens geregelt werden. Hierbei kann bestimmt werden, daß in den

Fällen des § 85 Abs. 2 an die Stelle der Einigungsstelle eine betriebliche Beschwerdestelle tritt.

DRITTER ABSCHNITT

Soziale Angelegenheiten

§ 87 Mitbestimmungsrechte

(1) Der Betriebsrat hat, soweit eine gesetzliche oder tarifliche Regelung nicht besteht, in folgenden Angelegenheiten mitzubestimmen:

1. Fragen der Ordnung des Betriebs und des Verhaltens der Arbeitnehmer im Betrieb;
2. Beginn und Ende der täglichen Arbeitszeit einschließlich der Pausen sowie Verteilung der Arbeitszeit auf die einzelnen Wochentage;
3. vorübergehende Verkürzung oder Verlängerung der betriebsüblichen Arbeitszeit;
4. Zeit, Ort und Art der Auszahlung der Arbeitsentgelte;
5. Aufstellung allgemeiner Urlaubsgrundsätze und des Urlaubsplans sowie die Festsetzung der zeitlichen Lage des Urlaubs für einzelne Arbeitnehmer, wenn zwischen dem Arbeitgeber und den beteiligten Arbeitnehmern kein Einverständnis erzielt wird;
6. Einführung und Anwendung von technischen Einrichtungen, die dazu bestimmt sind, das Verhalten oder die Leistung der Arbeitnehmer zu überwachen;
7. Regelungen über die Verhütung von Arbeitsunfällen und Berufskrankheiten sowie über den Gesundheitsschutz im Rahmen der gesetzlichen Vorschriften oder der Unfallverhütungsvorschriften;
8. Form, Ausgestaltung und Verwaltung von Sozialeinrichtungen, deren Wirkungsbereich auf den Betrieb, das Unternehmen oder den Konzern beschränkt ist;
9. Zuweisung und Kündigung von Wohnräumen, die den Arbeitnehmern mit Rücksicht auf das Bestehen eines Arbeitsverhältnisses vermietet werden, sowie die allgemeine Festlegung der Nutzungsbedingungen;
10. Fragen der betrieblichen Lohngestaltung, insbesondere die Aufstellung von Entlohnungsgrundsätzen und die Einführung und Anwendung von neuen Entlohnungsmethoden sowie deren Änderung;
11. Festsetzung von Arbeitsentgelten, deren Höhe nach der persönlichen Leistung des Arbeitnehmers bemessen wird, insbesondere von Akkord- und Prämiensätzen, sowie die Festlegung der für die Ermittlung und Berechnung dieser Entgelte maßgebenden Grundlagen.

(2) Kommt eine Einigung über die vorstehenden Angelegenheiten nicht zustande, so entscheidet die Einigungsstelle. Der Spruch der Einigungsstelle ersetzt die Einigung zwischen Arbeitgeber und Betriebsrat.

§ 88 Freiwillige Betriebsvereinbarungen

Durch Betriebsvereinbarung können insbesondere geregelt werden:

1. zusätzliche Maßnahmen zur Verhütung von Arbeitsunfällen und Gesundheitsschädigungen;
2. die Errichtung von Sozialeinrichtungen, deren Wirkungsbereich auf den Betrieb, das Unternehmen oder den Konzern beschränkt ist.

§ 89 Arbeitsschutz

VIERTER ABSCHNITT

Arbeitsplatz und Arbeitsablauf

§ 90 Unterrichtungs- und Beratungsrechte

Der Arbeitgeber hat den Betriebsrat über die Planung:

1. von Neu-, Um- und Erweiterungsbauten von Fabrikations-, Verwaltungs- und sonstigen betrieblichen Räumen,
2. von neuen technischen Anlagen,
3. von neuen Fertigungsverfahren oder
4. der Arbeitsplatzgestaltung und des Arbeitsablaufs

rechtzeitig zu unterrichten und die vorgesehenen Maßnahmen insbesondere im Hinblick auf ihre Auswirkungen auf die Art der Arbeit und die Anforderungen an die Arbeitnehmer mit ihm zu beraten. Arbeitgeber und Betriebsrat sollen dabei die gesicherten Erkenntnisse der Arbeitswissenschaft über die menschengerechte Gestaltung der Arbeit berücksichtigen.

§ 91 Mitbestimmungsrecht

(1) Werden die Arbeitnehmer durch Änderungen der Arbeitsplatzgestaltung oder des Arbeitsablaufs, die den gesicherten Erkenntnissen der Arbeitswissenschaft über die menschengerechte Gestaltung der Arbeit offensichtlich widersprechen, in besonderer Weise belastet, so kann der Betriebsrat angemessene Maßnahmen zur Abwendung, Milderung oder zum Ausgleich der Belastung verlangen.

(2) Kommt eine Einigung zwischen Betriebsrat und Arbeitgeber nach Absatz 1 nicht zustande, so entscheidet die Einigungsstelle. Der Spruch der Einigungsstelle ersetzt die Einigung zwischen Arbeitgeber und Betriebsrat.

FÜNFTER ABSCHNITT

Personalwirtschaft und Berufsbildung

ERSTER UNTERABSCHNITT

Personalwirtschaft

§ 92 Personalplanung

(1) Der Arbeitgeber hat den Betriebsrat über die Personalplanung, insbesondere über den gegenwärtigen und künftigen Personalbedarf sowie über die sich daraus ergebenden personellen Maßnahmen und Maßnahmen der Berufsbildung an Hand von

Unterlagen rechtzeitig und umfassend zu unterrichten. Er hat mit dem Betriebsrat über Art und Umfang der erforderlichen Maßnahmen und über die Vermeidung von Härten zu beraten.

(2) Der Betriebsrat kann dem Arbeitgeber Vorschläge für die Einführung einer Personalplanung und ihre Durchführung machen.

§ 93 Ausschreibung von Arbeitsplätzen

Der Betriebsrat kann verlangen, daß Arbeitsplätze, die besetzt werden sollen, allgemein oder für bestimmte Arten von Tätigkeiten vor ihrer Besetzung innerhalb des Betriebes ausgeschrieben werden.

§ 94 Personalfragebogen, Beurteilungsgrundsätze

(1) Personalfragebogen bedürfen der Zustimmung des Betriebsrats. Kommt eine Einigung über ihren Inhalt nicht zustande, so entscheidet die Einigungsstelle. Der Spruch der Einigungsstelle ersetzt die Einigung zwischen Arbeitgeber und Betriebsrat.

(2) Absatz 1 gilt entsprechend für die Aufstellung allgemeiner Beurteilungsgrundsätze.

§ 95 Auswahlrichtlinien

(1) Richtlinien über die personelle Auswahl bei Einstellungen, Versetzungen, Umgruppierungen und Kündigungen bedürfen der Zustimmung des Betriebsrats. Kommt eine Einigung über die Richtlinien oder ihren Inhalt nicht zustande, so entscheidet auf Antrag des Arbeitgebers die Einigungsstelle. Der Spruch der Einigungsstelle ersetzt die Einigung zwischen Arbeitgeber und Betriebsrat.

(2) In Betrieben mit mehr als 1.000 Arbeitnehmern kann der Betriebsrat die Aufstellung von Richtlinien über die bei Maßnahmen des Absatzes 1 Satz 1 zu beachtenden fachlichen und persönlichen Voraussetzungen und sozialen Gesichtspunkte verlangen. Kommt eine Einigung über die Richtlinien oder ihren Inhalt nicht zustande, so entscheidet die Einigungsstelle. Der Spruch der Einigungsstelle ersetzt die Einigung zwischen Arbeitgeber und Betriebsrat.

(3) Versetzung im Sinne dieses Gesetzes ist die Zuweisung eines anderen Arbeitsplatzes, die voraussichtlich die Dauer von einem Monat überschreitet oder die mit einer erheblichen Veränderung der Arbeitsbedingungen des Arbeitnehmers verbunden ist. Werden Arbeitnehmer nach der Eigenart ihres Arbeitsverhältnisses üblicherweise nicht ständig an einem bestimmten Arbeitsplatz beschäftigt, so gilt die Bestimmung des jeweiligen Arbeitsplatzes nicht als Versetzung.

ZWEITER UNTERABSCHNITT

Berufsbildung

§ 96 Förderung der Berufsbildung

(1) Arbeitgeber und Betriebsrat haben im Rahmen der betrieblichen Personalplanung und in Zusammenarbeit mit den für die Berufsbildung und den für die Förderung der Berufsbildung zuständigen Stellen die Berufsbildung der Arbeitnehmer

zu fördern. Der Arbeitgeber hat auf Verlangen des Betriebsrats mit diesem Fragen der Berufsbildung der Arbeitnehmer des Betriebs zu beraten. Hierzu kann der Betriebsrat Vorschläge machen.

(2) Arbeitgeber und Betriebsrat haben darauf zu achten, daß unter Berücksichtigung der betrieblichen Notwendigkeiten den Arbeitnehmern die Teilnahme an betrieblichen oder außerbetrieblichen Maßnahmen der Berufsbildung ermöglicht wird. Sie haben dabei auch die Belange älterer Arbeitnehmer zu berücksichtigen.

§ 97 Einrichtungen und Maßnahmen der Berufsbildung

Der Arbeitgeber hat mit dem Betriebsrat über die Errichtung und Ausstattung betrieblicher Einrichtungen zur Berufsbildung, die Einführung betrieblicher Berufsbildungsmaßnahmen und die Teilnahme an außerbetrieblichen Berufsbildungsmaßnahmen zu beraten.

§ 98 Durchführung betrieblicher Bildungsmaßnahmen

(1) Der Betriebsrat hat bei der Durchführung von Maßnahmen der betrieblichen Berufsbildung mitzubestimmen.

(2) Der Betriebsrat kann der Bestellung einer mit der Durchführung der betrieblichen Berufsbildung beauftragten Person widersprechen oder ihre Abberufung verlangen, wenn diese die persönliche oder fachliche, insbesondere die berufs- und arbeitspädagogische Eignung im Sinne des Berufsbildungsgesetzes nicht besitzt oder ihre Aufgaben vernachlässigt.

(3) Führt der Arbeitgeber betriebliche Maßnahmen der Berufsbildung durch oder stellt er für außerbetriebliche Maßnahmen der Berufsbildung Arbeitnehmer frei oder trägt er die durch die Teilnahme von Arbeitnehmern an solchen Maßnahmen entstehenden Kosten ganz oder teilweise, so kann der Betriebsrat Vorschläge für die Teilnahme von Arbeitnehmern oder Gruppen von Arbeitnehmern des Betriebs an diesen Maßnahmen der beruflichen Bildung machen.

(4) Kommt im Falle des Absatzes 1 oder über die nach Absatz 3 vorn Betriebsrat vorgeschlagenen Teilnehmer eine Einigung nicht zustande, so entscheidet die Einigungsstelle. Der Spruch der Einigungsstelle ersetzt die Einigung zwischen Arbeitgeber und Betriebsrat.

(5) Kommt im Falle des Absatzes 2 eine Einigung nicht zustande, so kann der Betriebsrat beim Arbeitsgericht beantragen, dem Arbeitgeber aufzugeben, die Bestellung zu unterlassen oder die Abberufung durchzuführen. Handelt der Arbeitgeber einer rechtskräftigen gerichtlichen Entscheidung zuwider, so hat das Arbeitsgericht auf Antrag des Betriebsrats und nach vorheriger Androhung gegen den Arbeitgeber für jeden Tag der Zuwiderhandlung eine Geldstrafe bis zu 500 DM zu verhängen. Die Vorschriften des Berufsbildungsgesetzes über die Ordnung der Berufsbildung bleiben unberührt.

(6) Die Absätze 1 bis 5 gelten entsprechend wenn der Arbeitgeber sonstige Bildungsmaßnahmen im Betrieb durchführt.

DRITTER UNTERABSCHNITT

Personelle Einzelmaßnahmen

§ 99 Mitbestimmung bei personellen Einzelmaßnahmen

(1) In Betrieben mit in der Regel mehr als zwanzig wahlberechtigten Arbeitnehmern hat der Arbeitgeber den Betriebsrat vor jeder Einstellung, Eingruppierung, Umgruppierung und Versetzung zu unterrichten, ihm unter Vorlage der Unterlagen Auskunft über die Person der Beteiligten und die Auswirkungen der geplanten Maßnahmen zu geben und die Zustimmung des Betriebsrates zu der geplanten Maßnahme einzuholen. Bei Einstellungen und Versetzungen hat der Arbeitgeber insbesondere den in Aussicht genommenen Arbeitsplatz und die vorgesehene Eingruppierung mitzuteilen.

(2) Der Betriebsrat kann die Zustimmung verweigern, wenn

1. die personelle Maßnahme gegen ein Gesetz, eine Verordnung, eine Unfallverhütungsvorschrift oder gegen eine Bestimmung in einem Tarifvertrag oder in einer Betriebsvereinbarung oder gegen eine gerichtliche Entscheidung oder eine behördliche Anordnung verstoßen würde,
2. die personelle Maßnahme gegen eine Richtlinie nach § 95 verstoßen würde,
3. die durch Tatsachen begründete Besorgnis besteht, daß infolge der personellen Maßnahme im Betrieb beschäftigte Arbeitnehmer gekündigt werden oder sonstige Nachteile erleiden, ohne daß dies aus betrieblichen oder persönlichen Gründen gerechtfertigt ist,
4. der betroffene Arbeitnehmer durch die personelle Maßnahme benachteiligt wird, ohne daß dies aus betrieblichen oder in der Person des Arbeitnehmers liegenden Gründen gerechtfertigt ist,
5. eine nach § 93 erforderliche Ausschreibung im Betrieb unterblieben ist oder
6. die durch Tatsachen begründete Besorgnis besteht, daß der für die personelle Maßnahme in Aussicht genommene Bewerber oder Arbeitnehmer den Betriebsfrieden durch gesetzwidriges Verhalten oder durch grobe Verletzung der in § 75 Abs. 1 enthalten Grundsätze stören würde.

(3) Verweigert der Betriebsrat seine Zustimmung, so hat er dies unter Angabe von Gründen innerhalb einer Woche nach Unterrichtung durch den Arbeitgeber diesem schriftlich mitzuteilen. Teilt der Betriebsrat dem Arbeitgeber die Verweigerung seiner Zustimmung nicht innerhalb der Frist schriftlich mit, so gilt die Zustimmung als erteilt.

(4) Verweigert der Betriebsrat seine Zustimmung, so kann der Arbeitgeber beim Arbeitsgericht beantragen, die Zustimmung zu ersetzen.

§ 100 Vorläufige personelle Maßnahmen

(1) Der Arbeitgeber kann, wenn dies aus sachlichen Gründen dringend erforderlich ist, die personelle Maßnahme im Sinne des § 99 Abs. 1 Satz 1 vorläufig durchführen, bevor der Betriebsrat sich geäußert oder wenn er die Zustimmung verweigert hat. Der Arbeitgeber hat den Arbeitnehmer über die Sach- und Rechtslage aufzuklären.

(2) Der Arbeitgeber hat den Betriebsrat unverzüglich von der vorläufigen personellen Maßnahme zu unterrichten. Bestreitet der Betriebsrat, daß die Maßnahme aus sachlichen Gründen dringend erforderlich ist, so hat er dies dem Arbeitgeber unverzüglich mitzuteilen. In diesem Falle darf der Arbeitgeber die vorläufige personelle Maßnahme nur aufrechterhalten, wenn er innerhalb von drei Tagen beim Arbeitsgericht die Ersetzung der Zustimmung des Betriebsrats und die Feststellung beantragt, daß die Maßnahme aus sachlichen Gründen dringend erforderlich war.

(3) Lehnt das Gericht durch rechtskräftige Entscheidung die Ersetzung der Zustimmung des Betriebsrats ab oder stellt es rechtskräftig fest, daß offensichtlich die Maßnahme aus sachlichen Gründen nicht dringend erforderlich war, so endet die vorläufige personelle Maßnahme mit Ablauf von zwei Wochen nach Rechtskraft der Entscheidung. Von diesem Zeitpunkt an darf die personelle Maßnahme nicht aufrechterhalten werden.

§ 101 Geldstrafen

Führt der Arbeitgeber eine personelle Maßnahme im Sinne des § 99 Abs. 1 Satz 1 ohne Zustimmung des Betriebsrats durch oder hält er eine vorläufige personelle Maßnahme entgegen § 100 Abs. 2 Satz 3 oder Absatz 3 aufrecht, so kann der Betriebsrat beim Arbeitsgericht beantragen, dem Arbeitgeber zu untersagen, die personelle Maßnahme aufrechtzuerhalten. Hält der Arbeitgeber entgegen einer rechtskräftigen gerichtlichen Untersagung die personelle Maßnahme aufrecht, so hat das Arbeitsgericht auf Antrag des Betriebsrats und nach vorheriger Androhung gegen den Arbeitgeber für jeden Tag der Zuwiderhandlung eine Geldstrafe bis zu 500 DM zu verhängen.

§ 102 Mitbestimmung bei Kündigungen

(1) Der Betriebsrat ist vor jeder Kündigung zu hören. Der Arbeitgeber hat ihm die Gründe für die Kündigung mitzuteilen. Eine ohne Anhörung des Betriebsrats ausgesprochene Kündigung ist unwirksam.

(2) Hat der Betriebsrat gegen eine ordentliche Kündigung Bedenken, so hat er diese unter Angabe der Gründe dem Arbeitgeber spätestens innerhalb einer Woche schriftlich mitzuteilen. Äußert er sich innerhalb dieser Frist nicht, gilt seine Zustimmung zur Kündigung als erteilt. Hat der Betriebsrat gegen eine außerordentliche Kündigung Bedenken, so hat er diese unter Angabe der Gründe dem Arbeitgeber unverzüglich, spätestens jedoch innerhalb von drei Tagen, schriftlich mitzuteilen. Der Betriebsrat soll, soweit dies erforderlich erscheint, vor seiner Stellungnahme den betroffenen Arbeitnehmer hören.

(3) Der Betriebsrat kann der ordentlichen Kündigung widersprechen, wenn nach seiner Ansicht

1. der Arbeitgeber bei der Auswahl des zu kündigenden Arbeitnehmers soziale Gesichtspunkte nicht oder nicht ausreichend berücksichtigt hat,

2. die Kündigung gegen eine Richtlinie nach § 95 verstößt,

3. der zu kündigende Arbeitnehmer an einem anderen Arbeitsplatz im selben Betrieb oder in einem anderen Betrieb des Unternehmens weiterbeschäftigt werden kann,

4. die Weiterbeschäftigung des Arbeitnehmers nach zumutbaren Umschulungs- oder Fortbildungsmaßnahmen möglich ist oder

5. eine Weiterbeschäftigung des Arbeitnehmers unter geänderten Vertragsbedingungen möglich ist und der Arbeitnehmer sein Einverständnis hiermit erklärt hat.

(4) Kündigt der Arbeitgeber, obwohl der Betriebsrat nach Absatz 3 der Kündigung widersprochen hat, so hat er dem Arbeitnehmer mit der Kündigung eine Abschrift der Stellungnahme des Betriebsrates zuzuleiten.

(5) Arbeitgeber und Betriebsrat können vereinbaren, daß Kündigungen der Zustimmung des Betriebsrats bedürfen und daß bei Meinungsverschiedenheiten über die Berechtigung der Nichterteilung der Zustimmung die Einigungsstelle entscheidet.

§ 103 Außerordentliche Kündigung in besonderen Fällen

(1) Die außerordentliche Kündigung von Mitgliedern des Betriebsrates, der Jugendvertretung, des Wahlvorstandes sowie von Wahlbewerbern bedarf der Zustimmung des Betriebsrats.

(2) Verweigert der Betriebsrat seine Zustimmung, so kann das Arbeitsgericht sie auf Antrag des· Arbeitgebers ersetzen, wenn die außerordentliche Kündigung unter Berücksichtigung aller Umstände gerechtfertigt ist. In dem Verfahren vor dem Arbeitsgericht ist der betroffene Arbeitnehmer Beteiligter.

§ 104 Entfernung betriebsstörender Arbeitnehmer

Hat ein Arbeitnehmer durch gesetzwidriges Verhalten oder durch grobe Verletzung der in § 75 Abs. 1 enthaltenen Grundsätze den Betriebsfrieden wiederholt ernstlich gestört, so kann der Betriebsrat vom Arbeitgeber die Entlassung oder Versetzung verlangen. Gibt das Arbeitsgericht einem Antrag des Betriebsrats statt, dem Arbeitgeber aufzugeben, die Entlassung oder Versetzung durd1Zuführen, und handelt der Arbeitgeber einer rechtskräftigen gerichtlichen Entscheidung zuwider, so hat das Arbeitsgericht auf Antrag des Betriebsrats und nach vorheriger Androhung gegen den Arbeitgeber für jeden Tag der Zuwiderhandlung eine Geldstrafe bis zu 500 DM zu verhängen.

§ 104 Referentenentwurf

Entfernung betriebsstörender Arbeitnehmer

Hat ein Arbeitnehmer oder eine in § 5 Abs. 2 Nr. 3 genannte Person durch unsoziales oder gesetzwidriges Verhalten den Betriebsfrieden ernstlich gestört, so kann der Betriebsrat vom Arbeitgeber die Entlassung oder Versetzung verlangen. Entspricht der Arbeitgeber dem Verlangen des Betriebsrats nicht, so kann der Betriebsrat beim Arbeitsgericht die Feststellung beantragen, daß sein Verlangen begründet ist. Stellt das Gericht rechtskräftig fest, daß das Verlangen des Betriebsrats begründet ist, so hat der Arbeitgeber die vom Betriebsrat beantragte Maßnahme unverzüglich unter Berücksichtigung der Kündigungsfristen durchzuführen. § 101 ist entsprechend anzuwenden.

§ 105 Leitende Angestellte
Eine beabsichtigte Einstellung oder personelle Veränderung eines in § 5 Abs. 3 genannten leitenden Angestellten ist dem Betriebsrat rechtzeitig mitzuteilen.

§ 105 Referentenentwurf

Ausnahmen
(1) In Angelegenheiten von Angestellten, die nach der Organisation des Unternehmens oder des Betriebs deren Leitung zugeordnet sind und regelmäßig und überwiegend eigenverantwortlich Aufgaben wahrnehmen, die für den Bestand oder die Entwicklung des Betriebs oder des Unternehmens von erheblicher Bedeutung sind und zu deren Erfüllung besondere Erfahrungen und Kenntnisse erforderlich sind, sind § 80 Abs. 2 Satz 3, § 87 Abs. 1 Nr. 10 und 11, §§ 96 bis 101 und§ 102 Abs. 1 bis 4 nicht anzuwenden.

(2) Eine beabsichtigte Einstellung oder personelle Veränderung eines in Absatz 1 und § 5 Abs. 2 Nr. 3 genannten Angestellten ist dem Betriebsrat rechtzeitig mitzuteilen.

SECHSTER ABSCHNITT

Wirtschaftliche Angelegenheiten

ERSTER UNTERABSCHNITT

Unterrichtung in wirtschaftlichen

Angelegenheiten

§ 106 Wirtschaftsausschuß
(1) In allen Unternehmen mit in der Regel mehr als einhundert ständig beschäftigten Arbeitnehmern ist ein Wirtschaftsausschuß zu bilden. Der Wirtschaftsausschuß hat die Aufgabe, wirtschaftliche Angelegenheiten mit dem Unternehmer zu beraten und den Betriebsrat zu unterrichten.

(2) Der Unternehmer hat den Wirtschaftsausschuß rechtzeitig und umfassend über die wirtschaftlichen Angelegenheiten des Unternehmens unter Vorlage der erforderlichen Unterlagen zu unterrichten, soweit dadurch nicht die Betriebs und Geschäftsgeheimnisse des Unternehmens gefährdet werden, sowie die sich daraus ergebenden Auswirkungen auf die Personalplanung darzustellen.

(3) Zu den wirtschaftlichen Angelegenheiten im Sinne dieser Vorschrift gehören insbesondere

1. die wirtschaftliche und finanzielle Lage des Unternehmens;
2. die Produktions- und Absatzlage;
3. das Produktions- und Investitionsprogramm;
4. Rationalisierungsvorhaben;
5. Fabrikations- und Arbeitsmethoden, insbesondere die Einführung neuer Arbeitsmethoden;
6. die Einschränkung oder Stillegung von Betrieben oder von Betriebsteilen;

7. die Verlegung von Betrieben oder Betriebsteilen;
8. der Zusammenschluß von Betrieben;
9. die Änderung der Betriebsorganisation oder des Betriebszwecks sowie
10. sonstige Vorgänge und Vorhaben, weldle die Interessen der Arbeitnehmer des Unternehmens wesentlich berühren können.

§ 107 Bestellung und Zusammensetzung des Wirtschaftsausschusses

(1) Der Wirtschaftsausschuß besteht aus mindestens drei und höchstens sieben Mitgliedern, die dem Unternehmen angehören müssen, darunter mindestens einem Betriebsratsmitglied. Zu Mitgliedern des Wirtschaftsausschusses können auch die in § 5 Abs. 3 genannten Angestellten bestimmt werden. Die Mitglieder sollen die zur Erfüllung ihrer Aufgaben erforderliche fachliche und persönliche Eignung besitzen.

(2) Die Mitglieder des Wirtschaftsausschusses werden vom Betriebsrat für die Dauer seiner Amtszeit bestimmt. Besteht ein Gesamtbetriebsrat, so bestimmt dieser die Mitglieder des Wirtschaftsausschusses; die Amtszeit der Mitglieder endet in diesem Falle in dem Zeitpunkt, in dem die Amtszeit der Mehrheit der Mitglieder des Gesamtbetriebsrats, die an der Bestimmung mitzuwirken berechtigt waren, abgelaufen ist. Die Mitglieder des Wirtschaftsausschusses können jederzeit abberufen werden; auf die Abberufung sind die Sätze 1 und 2 entsprechend anzuwenden.

(3) Der Betriebsrat kann mit der Mehrheit der Stimmen seiner Mitglieder beschließen, die Aufgaben des Wirtschaftsausschusses (§ 106) selbst zu übernehmen oder einem Ausschuß des Betriebsrats (§ 28) zu übertragen. Übernimmt der Betriebsrat die Aufgaben des Wirtschaftsausschusses selbst, so kann er für die Behandlung der dem Wirtschaftsausschuß obliegenden Angelegenheiten weitere Arbeitnehmer des Unternehmens einschließlich der in § 5 Abs. 3 genannten Angestellten bis zur gleichen Anzahl, wie er Mitglieder hat, hinzuziehen. Diese Arbeitnehmer sollen möglichst aus den Betriebsabteilungen und unselbständigen Nebenbetrieben hinzugezogen werden, die nicht im Betriebsrat vertreten sind. Werden die Aufgaben des Wirtschaftsausschusses einem Ausschuß des Betriebsrats übertragen, so gelten die Sätze 2 und 3 entsprechend mit der Maßgabe, daß der Betriebsrat in diesen Ausschuß bis zur gleichen Anzahl, wie er Mitglieder in ihn entsendet, weitere Arbeitnehmer des Unternehmens einschließlich der in § 5 Abs. 3 genannten Angestellten berufen kann, die nicht Mitglieder des Betriebsrats sind. Für die Verschwiegenheitspflicht der in den Sätzen 2 und 4 bezeichneten weiteren Arbeitnehmer gilt § 79 entsprechend. Für die Abänderung und den Widerruf des Beschlusses nach Satz 1 sind die gleichen Stimmenmehrheiten erforderlich wie für den Beschluß nach Satz 1. Ist in einem Unternehmen ein Gesamtbetriebsrat errichtet, so beschließt dieser über die anderweitige Wahrnehmung der Aufgaben des Wirtschaftsausschusses; Sätze 1 bis 6 gelten entsprechend mit der Maßgabe, daß für die Besdlußfassung die Mehrheit der Stimmen (§ 47 Abs. 4) seiner Mitglieder erforderlich ist.

§ 107 Referentenentwurf

Bestellung und Zusammensetzung des Wirtschaftsausschusses
(1) Der Wirtschaftsausschuß besteht aus mindestens drei und höchstens sieben Mitgliedern, die dem Unternehmen angehören müssen, darunter mindestens einem Betriebsratsmitglied. Die Mitglieder sollen die zur Erfüllung ihrer Aufgaben erforderliche fachliche und persönliche Eignung besitzen.

(2) ...

(3) ...

§ 108 Sitzungen

(1) Der Wirtschaftsausschuß tritt mindestens einmal im Monat zusammen.

(2) An den Sitzungen des Wirtschaftsausschusses hat der Unternehmer oder sein Vertreter teilzunehmen. Er kann sachkundige Arbeitnehmer einschließlich der in § 5 Abs. 3 genannten Angestellten hinzuziehen. Für die Hinzuziehung und die Verschwiegenheitspflicht von Sachverständigen gilt § 80 Abs. 3.

(3) Die Mitglieder des Wirtschaftsausschusses sind berechtigt, in die Unterlagen (§ 106 Abs. 2) Einsicht zu nehmen.

(4) Der Wirtschaftsausschuß hat über jede Sitzung dem Betriebsrat unverzüglich und vollständig zu berichten.

(5) Der Jahresabschluß ist dem Wirtschaftsausschuß unter Beteiligung des Betriebsrats zu erläutern.

(6) Hat der Betriebsrat oder der Gesamtbetriebsrat eine anderweitige Wahrnehmung der Aufgaben des Wirtschaftsausschusses beschlossen (§ 107 Abs. 3). so gelten die Absätze 1 bis 5 entsprechend.

§ 108 Referentenentwurf

Sitzungen

(1) Der Wirtschaftsausschuß tritt mindestens einmal im Monat zusammen.

(2) An den Sitzungen des Wirtschaftsausschusses hat der Unternehmer oder sein Vertreter teilzunehmen. Er kann sachkundige Arbeitnehmer hinzuziehen. Für die Zuziehung und die Verschwiegenheitspflicht von Sachverständigen gilt § 80 Abs. 3.

(3) ...

(4) ...

(5) ...

(6) ...

§ 109 Beilegung von Meinungsverschiedenheiten

Wird eine Auskunft über wirtschaftliche Angelegenheiten des Unternehmens im Sinne des § 106 entgegen dem Verlangen des Wirtschaftsausschusses nicht, nicht rechtzeitig oder nur ungenügend erteilt und kommt hierüber zwischen Unternehmer und Betriebsrat eine Einigung nicht zustande, so entscheidet die Einigungsstelle. Der Spruch der Einigungsstelle ersetzt die Einigung zwischen Arbeitgeber und Betriebsrat. Die Einigungsstelle kann, wenn dies für ihre Entscheidung erforderlich ist, Sachverständige anhören; § 80 Abs. 3 Satz 2 gilt entsprechend. Hat der Betriebsrat oder der Gesamtbetriebsrat eine anderweitige Wahrnehmung der Aufgaben des Wirtschaftsausschusses beschlossen (§ 107 Abs. 3), so gilt Satz 1 entsprechend.

§ 110 Unterrichtung der Arbeitnehmer

(1) In Unternehmen mit in der Regel mehr als 1000 ständig beschäftigten Arbeitnehmern hat der Unternehmer mindestens einmal in jedem Kalendervierteljahr nach vorheriger Abstimmung mit dem Wirtschaftsausschuß oder den in § 107 Abs. 3 genannten Stellen und dem Betriebsrat die Arbeitnehmer schriftlich über die wirtschaftliche Lage und Entwicklung des Unternehmens zu unterrichten.

(2) In Unternehmen, die die Voraussetzungen des Absatzes 1 nicht erfüllen, aber in der Regel mehr als zwanzig wahlberechtigte ständige Arbeitnehmer beschäftigen, gilt Absatz 1 mit der Maßgabe, daß die Unterrichtung der Arbeitnehmer mündlich erfolgen kann. Ist in diesen Unternehmen ein Wirtschaftsausschuß nicht zu errichten, so erfolgt die Unterrichtung nach vorheriger Abstimmung mit dem Betriebsrat.

ZWEITER UNTERABSCHNITT

Betriebsänderungen

§ 111 Betriebsänderungen

(1) Der Unternehmer hat den Betriebsrat über von ihm geplante Maßnahmen, die dazu führen können, daß

1. in Betrieben mit in der Regel mehr als 20 und weniger als 50 ständig beschäftigten Arbeitnehmern insgesamt mehr als 5 ständig beschäftigte Arbeitnehmer,

2. in Betrieben mit in der Regel mindestens 50 und weniger als 500 ständig beschäftigten Arbeitnehmern insgesamt 10 vom Hundert der im Betrieb ständig beschäftigten Arbeitnehmer oder aber mehr als insgesamt 2S ständig beschäftigte Arbeitnehmer,

3. in Betrieben mit in der Regel mindestens 500 ständig beschäftigten Arbeitnehmern insgesamt mindestens 50 ständig beschäftigte Arbeitnehmer entlassen werden

oder auf eine andere Tätigkeit umgesetzt werden, für die das Arbeitsentgelt geringer ist, oder anderweitige wesentliche Nachteile erleiden, rechtzeitig und umfassend zu unterrichten und die geplante Maßnahme mit dem Betriebsrat zu beraten.

(2) Der Betriebsrat hat in den Fällen des Absatzes 1 ein Mitbestimmungsrecht nach Maßgabe des § 112. Dies gilt nicht, wenn Maßnahmen ·nach Absatz 1 durch nicht geplante Einschränkungen der Beschäftigungsmöglichkeiten im Betrieb, insbesondere auf Grund einer Veränderung der Auftragslage oder der wirtschaftlichen Lage des Betriebs bedingt sind.

§ 112 Interessenausgleich über die Betriebsänderung, Sozialplan

(1) Kommt zwischen Unternehmer und Betriebsrat ein Interessenausgleich über die geplante Maßnahme zustande, so ist dieser schriftlich niederzulegen und vom Unternehmer und Betriebsrat zu unterschreiben. Das gleiche gilt für eine Einigung über den Ausgleich oder die Milderung der wirtschaftlichen Nachteile, die

den Arbeitnehmern infolge der geplanten Maßnahme entstehen (Sozialplan). Der Sozialplan hat die Wirkung einer Betriebsvereinbarung. § 77 Abs. 3 ist auf den Sozialplan nicht anzuwenden.

(2) Kommt ein Interessensausgleich über die geplante Maßnahme oder eine Einigung über den Sozialplan nicht zustande, so können der Unternehmer oder der Betriebsrat den Präsidenten des Landesarbeitsamtes um Vermittlung ersuchen. Geschieht dies nicht oder bleibt der Vermittlungsversuch ergebnislos, so können der Unternehmer oder der Betriebsrat die Einigungsstelle anrufen. Auf Ersuchen des Vorsitzenden der Einigungsstelle nimmt der Präsident des Landesarbeitsamtes an der Verhandlung teil.

(3) Unternehmer und Betriebsrat sollen der Einigungsstelle Vorschläge zur Beilegung der Meinungsverschiedenheiten über den Interessenausgleich und den Sozialplan machen. Die Einigungsstelle hat eine Einigung der Parteien zu versuchen. Kommt eine Einigung zustande, so ist sie schriftlich niederzulegen und von den Parteien und vom Vorsitzenden zu unterschreiben.

(4) Kommt eine Einigung über den Sozialplan nicht zustande, so entscheidet die Einigungsstelle über die Aufstellung eines Sozialplans. Die Einigungsstelle hat dabei sowohl die sozialen Belange der betroffenen Arbeitnehmer zu berücksichtigen als auch auf die wirtschaftliche Vertretbarkeit ihrer Entscheidung für das Unternehmen zu achten. Der Spruch der Einigungsstelle ersetzt die Einigung zwischen Arbeitgeber und Betriebsrat.

§ 113 Nachteilsausgleich

(1) Weicht der Unternehmer von einem Interessenausgleich über die geplante Maßnahme ohne zwingenden Grund ab, so können Arbeitnehmer, die infolge dieser Abweichung entlassen werden, beim Arbeitsgericht Klage erheben mit dem Antrag, den Arbeitgeber zur Zahlung von Abfindungen zu verurteilen; § 10 des Kündigungsschutzgesetzes gilt entsprechend.

(2) Erleiden Arbeitnehmer infolge einer Abweichung nach Absatz 1 andere wirtschaftliche Nachteile, so hat der Unternehmer diese Nachteile bis zu einem Zeitraum von zwölf Monaten auszugleichen.

(3) Absätze 1 und 2 gelten entsprechend, wenn der Unternehmer eine Maßnahme durchfuhrt, für die nach § 111 ein Mitbestimmungsrecht des Betriebsrats besteht, ohne über sie einen Interessenausgleich mit dem Betriebsrat versucht zu haben, und infolge der Maßnahme Arbeitnehmer entlassen werden oder andere wirtschaftliche Nachteile erleiden.

FÜNFTER TEIL

Besondere Vorschriften für einzelne Betriebsarten

ERSTER ABSCHNITT

Seeschiffahrt

§§ 114–117

Der in § 117 vorgesehene Reedereibetriebsrat des Reg-E wurde gestrichen, so dass sich die Nummerierung der Paragraphen im BetrVG 72 entsprechend verschob.

ZWEITER ABSCHNITT

Luftfahrt

§ 118

DRITTER ABSCHNITT

Tendenzbetriebe und Religionsgemeinschaften

§ 119

SECHSTER TEIL Straf- und Bußgeldvorschriften

§§ 120 – 122

SIEBENTER TEIL Änderung von Gesetzen

§ 123 Änderung des Bürgerlichen Gesetzbuches

§ 124 Änderung des Kündigungsschutzgesetzes

Das Kündigungsschutzgesetz wird wie folgt geändert:

1. § 1 Abs. 2 wird wie folgt geändert:

a) Es wird folgender Satz 2 eingefügt:

„Sozial ungerechtfertigt ist die Kündigung ferner, wenn sie gegen eine Richtlinie gemäß § 95 des Betriebsverfassungsgesetzes verstößt, der Arbeitnehmer an einem anderen Arbeitsplatz im selben Betrieb oder in einem anderen Betrieb des Unternehmens weiterbeschäftigt werden kann, die Weiterbeschäftigung des Arbeitnehmers nach zumutbaren Umschulungs- oder Fortbildungsmaßnahmen möglich ist oder eine Weiterbeschäftigung des Arbeitnehmers unter geänderten Arbeitsbedingungen möglich ist und der Arbeitnehmer sein Einverständnis hiermit erklärt hat und wenn der Betriebsrat aus einem dieser Gründe der Kündigung innerhalb der Frist des § 102 Abs. 2 des Betriebsverfassungsgesetzes schriftlich widersprochen hat."

b) Der bisherige Satz 2 wird Satz 3.

2. Die Überschrift des 2. Abschnittes erhält folgende Fassung:

„Kündigungsschutz im Rahmen der Betriebsverfassung"

3. § 15 wird wie folgt geändert:

Absatz 1 erhält folgende Fassung:

„(1) Die Kündigung eines Mitglieds eines Betriebsrats, einer Jugendvertretung, einer Bordvertretung oder eines Seebetriebsrats ist unzulässig, es sei denn, daß Tatsachen vorliegen, die den Arbeitgeber zur Kündigung aus wichtigem Grund ohne Einhaltung einer Kündigungsfrist berechtigen, und daß die nach § 103 des Betriebsverfassungsgesetzes erforderliche Zustimmung vorliegt oder durch gerichtliche Entscheidung ersetzt ist. Innerhalb eines Jahres nach Beendigung der Mitgliedschaft ist die Kündigung unzulässig, es sei denn, daß Tatsachen vorliegen, die den Arbeitgeber zur Kündigung aus wichtigem Grund ohne Einhaltung einer Kündigungsfrist berechtigen; dies gilt nicht, wenn die Beendigung der Mitgliedschaft auf einer gerichtlichen Entscheidung beruht."

b) Es wird folgender Absatz 2 eingefügt:

„(2) Die Kündigung eines Mitglieds eines Wahlvorstands ist vom Zeitpunkt seiner Bestellung an, die Kündigung eines Wahlbewerbers vom Zeitpunkt der Aufstellung des Wahlvorschlags an, jeweils bis zur Bekanntgabe des Wahlergebnisses unzulässig, es sei denn, daß Tatsachen vorliegen, die den Arbeitgeber zur Kündigung aus wichtigem Grund ohne Einhaltung einer Kündigungsfrist berechtigen, und daß die nach § 103 des Betriebsverfassungsgesetzes erforderliche Zustimmung vorliegt oder durch eine gerichtliche Entscheidung ersetzt ist. Innerhalb von sechs Monaten nach Bekanntgabe des Wahlergebnisses. Ist die Kündigung unzulässig, es sei denn, daß Tatsachen vorliegen, die den Arbeitgeber zur Kündigung aus wichtigem Grund ohne Einhaltung einer Kündigungsfrist berechtigen; dies gilt nicht für Mitglieder des Wahlvorstands, wenn dieser nach § 18 Abs. 1 des Betriebsverfassungsgesetzes durch gerichtliche Entscheidung durch einen anderen Wahlvorstand ersetzt worden ist."

c) Der bisherige Absatz 2 wird unter Ersetzung des Wortes „Betriebsratsmitglieder" durch die Worte „in Absatz 1 und 2 genannten Personen" Absatz 3.

d) Der bisherige Absatz 3 wird Absatz 4 und erhält folgende Fassung:

„(4) Wird eine der in den Absätzen 1 und 2 genannten Personen in einer Betriebsabteilung beschäftigt, die stillgelegt wird, so ist sie in eine andere Betriebsabteilung zu übernehmen. Ist dies aus betrieblichen Gründen nicht möglich, so findet auf ihre Kündigung die Vorschrift des Absatzes 3 über die Kündigung bei Stillegung des Betriebes sinngemäße Anwendung."

4. § 16 Satz 1 erhält folgende Fassung:

„Stellt das Gericht die Unwirksamkeit der Kündigung einer der in § 15 Abs. 1 und 2 genannten Personen fest, so kann diese Person, falls sie inzwischen ein neues Arbeitsverhältnis eingegangen ist, binnen einer Woche nach Rechtskraft des Urteils durch Erklärung gegenüber dem alten Arbeitgeber die Weiterbeschäftigung bei diesem verweigern."

§ 125 Änderung des Arbeitsgerichtsgesetzes

Das Arbeitsgerichtsgesetz wird wie folgt geändert:

1. § 2 wird wie folgt geändert:

a) Absatz 1 Nr. 4 erhält folgende Fassung:

„4. für Angelegenheiten aus dem Betriebsverfassungsgesetz, soweit nicht für Maßnahmen nach seinen §§ 120 bis 122 die Zuständigkeit eines anderen Gerichts gegeben ist;".

b) In Absatz 1 wird hinter Nummer 4 folgende Nummer 5 eingefügt:

„5. für Angelegenheiten aus dem Betriebsverfassungsgesetz 1952, soweit zu entscheiden ist über

a) die Notwendigkeit, Vertreter der Arbeitnehmer in den Aufsichtsrat von Erwerbs- und Wirtschaftsgenossenschaften zu wählen;

b) die Durchführung der Wahl von Vertretern der Arbeitnehmer im Aufsichtsrat;

c) die Durchführung der Abstimmung über den Widerruf der Bestellung eines Vertreters der Arbeitnehmer im Aufsichtsrat;".

c) Die bisherige Nummer 5 wird Nummer 6.

d) Absätze 2 und 3 werden aufgehoben.

2. In § 8 Abs. 1 werden die Worte „§ 2 Abs. 1 Nr. 4 und 5, Abs. 2 und 3" durch die Worte „§ 2 Abs. 1 Nr. 4 bis 6'' ersetzt.

3. In § 10 werden die Worte „§ 2 Abs. 1 Nr. 4, Abs. 2 und 3" durch die Worte „§ 2 Abs. 1 Nr. 4 und 5" und die Worte „§ 2 Abs. 1 Nr. 5" durch die Worte „§ 2 Abs. 1 Nr. 6" ersetzt.

4. § 12 Abs. 5 erhält folgende Fassung:

„(5) In den Fällen des § 2 Abs. 1 Nr. 4 bis 6, des § 103 Abs. 3, des § 108 Abs. 3 und des § 109 werden Gebühren und Auslagen nicht erhoben."

5. In § 16 Abs. 2 Satz 2 werden die Worte „Nr. 5" durch die Worte „Nr. 6" ersetzt.

6. In § 80 Abs. 1 werden hinter den Worten „§ 2 Abs. 1 Nr. 4" die Worte „und 5" eingefügt.

7. § 82 Satz 2 erhält folgende Fassung:

„In Angelegenheiten des Gesamtbetriebsrats, des Konzernbetriebsrats, der Gesamtjugend-Vertretung, des Wirtschaftsausschusses und der Vertretung der Arbeitnehmer im Aufsichtsrat ist das Arbeitsgericht zuständig, in dessen Bezirk das Unternehmen seinen Sitz hat/

8. § 85 Satz 2 erhält folgende Fassung:

„Die Vorschriften des Achten Buches der Zivilprozeßordnung über die Zwangsvollstreckung einschließlich der einstweiligen Verfügung gelten entsprechend mit der Maßgabe, daß

1. der nach dem Beschluß Verpflichtete als Schuldner und derjenige, der die Erfüllung der Verpflichtung aufgrund des Beschlusses verlangen kann, als Gläubiger gilt;

2. die Entscheidungen im Verfahren über Anträge auf Anordnung einer einstweiligen Verfügung durch Beschluß der Kammer ergehen, erforderliche Zustellungen von Amts wegen erfolgen und ein Anspruch auf Schadensersatz nach § 945 der Zivilprozeßordnung nicht besteht."

9. In § 86 Abs. 1 und 2 werden jeweils die Worte „§ 2 Abs. 1 Nr. 4 Buchst, o" durch die Worte „§ 2 Abs. 1 Nr. 5 Buchstabe a" ersetzt.

10. In. § 92 Abs. 1 wird folgender Satz angefügt:

„In den Fällen des § 85 Satz 2 Nr. 2 findet die Rechtsbeschwerde nicht statt."

11. § 97 wird wie folgt geändert:

a) Die Überschrift erhält folgende Fassung:

„Entscheidung über die Tariffähigkeit einer Vereinigung"

b) In den Absätzen 1 und 3 bis 5 werden jeweils die Worte „Nr. 5" durch die Worte „Nr. 6" ersetzt.

12. § 93 erhält folgende Fassung:

„§ 98 Entscheidung über die Besetzung der Einigungsstelle

(1) In den Fällen des § 76 Abs. 2 Sätze 2 und 3 des Betriebsverfassungsgesetzes entscheidet der Vorsitzende allein. Für das Verfahren gelten die §§ 80 bis 84 entsprechend.

(2) Gegen die Entscheidungen des Vorsitzenden findet die Beschwerde an das Landesarbeitsgericht statt. Für das Verfahren gelten § 87 Abs. 2 und 3 und die §§ 88 bis 90 Abs. 1 und 2 sowie § 91 Abs. 1 und 2 entsprechend mit der Maßgabe, daß an die Stelle der Kammer des Landesarbeitsgerichts der Vorsitzende tritt. Gegen dessen Entscheidungen findet kein Rechtsmittel statt."

13. §§ 99, 100, 114 und 121 werden aufgehoben.

ACHTER TEIL Übergangs- und Schlußvorschriften

§ 126 Erstmalige Betriebsratswahl nach diesem Gesetz

(1) Die regelmäßigen Betriebsratswahlen nach §13 finden erstmals im Jahre 197 ... statt.

(2) Betriebsräte und Gesamtbetriebsräte, die beim Inkrafttreten dieses Gesetzes bestehen, bleiben bis zur Neuwahl nach Absatz 1, Jugendvertretungen bis zum Ablauf ihrer Amtszeit im Amt. Ihre Rechte und Pflichten richten sich nach diesem Gesetz.

§ 127 Ermächtigung zum Erlaß von Wahlordnungen

Der Bundesminister für Arbeit und Sozialordnung wird ermächtigt, mit Zustimmung des Bundesrates Rechtsverordnungen zu erlassen zur Regelung der in den §§ 7 bis 20, 60 bis 63, 115 und 116 bezeichneten Wahlen über

1. die Vorbereitung der Wahl, insbesondere die Aufstellung der Wählerlisten und die Errechnung der Vertreterzahl;
2. die Frist für die Einsichtnahme in die Wählerlisten und die Erhebung von Einsprüchen gegen sie;
3. die Vorschlagslisten und die Frist für ihre Einreichung;
4. das Wahlausschreiben und die Fristen für seine Bekanntmachung;
5. die Stimmabgabe;
6. die Feststellung des Wahlergebnisses und die Fristen für seine Bekanntmachung;
7. die Anfechtung der Wahl;
8. die Aufbewahrung der Wahlakten.

§ 128 Verweisungen
Soweit in anderen Vorschriften auf Vorschriften verwiesen wird oder Bezeichnungen verwendet werden, die durch dieses Gesetz aufgehoben oder geändert werden, treten an ihre Stelle die entsprechenden Vorschriften oder Bezeichnungen dieses Gesetzes.

§ 129 Außerkrafttreten von Vorschriften
Mit dem Inkrafttreten dieses Gesetzes tritt das Betriebsverfassungsgesetz vom 11. Oktober 1952 (Bundesgesetzbl. I S. 681), zuletzt geändert durch das Erste Arbeitsrechtsbereinigungsgesetz vom August 1969 (Bundesgesetzbl. I S. 1106), mit Ausnahme der §§ 76 bis 77 a, 81, 85 und 87 außer Kraft, In § 81 Abs. 1 Satz 1 werden die Worte „§§ 67 bis 77" durch die Worte „§§ 76 und 77" ersetzt; Satz 2 wird gestrichen. In § 87 werden die Worte „6 bis 20, 46 und 47" gestrichen. Das Betriebsverfassungsgesetz vom 11. Oktober 1952 erhält die Bezeichnung „Betriebsverfassungsgesetz 1952".

Soweit in den nicht aufgehobenen Vorschriften des Betriebsverfassungsgesetzes 1952 auf Vorschriften verwiesen wird, die nach Absatz 1 aufgehoben sind, treten an ihre Stelle die entsprechenden Vorschriften dieses Gesetzes.

§ 130 öffentlicher Dienst
Dieses Gesetz findet keine Anwendung auf Verwaltungen des Bundes, der Länder, der Gemeinden und sonstiger Körperschaften, Anstalten und Stiftungen des öffentlichen Rechts.

§ 131 Geltung in Berlin
Dieses Gesetz gilt nach Maßgabe des § 13 Abs. 1 des Dritten Überleitungsgesetzes vom 4. Januar 1952 (Bundesgesetzbl. I S. 1) auch im Land Berlin, Rechtsverordnungen, die auf Grund dieses Gesetzes erlassen werden, gelten im Land Berlin nach § 14 des Dritten Überleitungsgesetzes.

§ 132 Inkrafttreten
Dieses Gesetz tritt am ... 197... in Kraft.

C. Quellenverzeichnis

Bei den Recherchen zur Anfertigung dieser Dissertation fiel auf, dass detaillierte archivierte Quellen zur Erstellung des Ref-E vom 1. Oktober 1970 nicht auffindbar waren. Das Bundesarchiv teilte dem Verfasser dieser Arbeit mit:

> *„Sehr geehrter Herr Polter,*
>
> *nach Auskunft der Registratur im Bundesministerium für Arbeit und Soziales sind dort auch keine Akten mehr zum Betriebsverfassungsgesetz von 1972 mit Laufzeit von 1970 bis 1972 vorhanden.“*[1778]

I. Bundesministerium für Arbeit und Soziales

Akten aus dem Bundesministerium für Arbeit und Soziales aus der Zeit vom 27. November 1970 bis zum 20. September 1971:[1779]

Referat IIIa2, Az. 3122.50, Bd. 19 – Grundzüge des Entwurfs für ein Betriebsverfassungsgesetz vom 27.11.1970 (25 Seiten)

Referat IIIa2, Az. 3122.50, Bd. 20 – Kalendarische Übersicht über die Beteiligung der Ressorts (3 Seiten)

Referat IIIa2, Az. 3122.50, Bd. 23 – Vermerk über eine Besprechung mit Vertretern des DGB vom 21.01.1971; Katalog zu „*Fragen, die bei einer Anhörung des Arbeitsausschusses des Deutschen Bundestages zur Reform des Betriebsverfassungsgesetzes von besonderem Interesse sein könnten*“; Vermerk zur „*Stellungnahme der Bundesregierung zu den Beschlüssen des Bundesrats*“; Kopie des Schreibens des Präsidenten des Bundesrats an den Bundeskanzler nebst Stellungnahme zum Entwurf des Betriebsverfassungsgesetzes vom 29. Januar 1971; Kopie des Schreibens des Bundeskanzlers an den Präsidenten des Deutschen Bundestages zur Einbringung des Gesetzesentwurfs nebst Stellungnahme des Bundesrats vom 29. Januar 1971; Bitte des Staatssekretärs um Stellungnahme zu einem Artikel der Gewerkschaftlichen Umschau; Abgleich der wesentlichen Unterschiede des CDU/CSU-E und des Reg-E (insgesamt 52 Seiten)

Referat IIIa2, Az. 3122.50, Bd. 24 – Schreiben des Referats Z 5 vom 03.03.1971 mit kurzer Stellungnahme zum öffentlichen Anhörung der Sachverständigen; Abgleich des Reg-E, des CDU/CSU-E, des BDA-E, des DGB-E und des DAG-E zur Mitbestimmung bei Betriebsänderungen (insgesamt 6 Seiten)

Referat IIIa2, Az. 3122.50, Bd. 25 – „*Unterrichtungsvermerk*“ an den Bundeskanzler zu Einzelfragen vom 06.09.1971; Schreiben des Bundeskanzleramts vom 06.11.1971 nebst geäußerter Besorgnisse des BDA Präsidenten *Friedrich*; Weiterleitung der Synopse des Reg-E mit dem Ausschuss-E an den Staatssekretär vom 20.09.1971 (insgesamt 13 Seiten)

1778 Schreiben des Bundesarchivs vom 07.06.2011 an den Verfasser dieser Arbeit.

1779 Im BMAS wurde dem Verfasser bei Akteneinsicht mitgeteilt, dass auch im Archiv in St. Augustin keine weiteren Unterlagen vorhanden seien.

II. Bundesarchiv, Koblenz

Akten des Bundesministeriums für Arbeit und Sozialordnung (B 149) zum Betriebsverfassungsgesetz vom 15. Januar 1972:

Betriebsverfassungsgesetz, Änderungsvorschläge des DGB 1967–1970, B 149/9853, Bd. 1–2, 1967–1970, BMAS-Referat IIIa, Az. 3121.9

Betriebsverfassungsgesetz, Änderungsvorschläge der CDU/CSU-Fraktion, B 149/9858, Bd. 1–3, 1967–1970, BMAS-Referat IIIa, Az. 3122.40

Betriebsverfassungsgesetz, Änderungsvorschläge der Sozialausschüsse der CDA, B 149/9854, Bd. 1, 1968–1970, BMAS-Referat IIIa, Az. 3121.9

Betriebsverfassungsgesetz, Änderungsvorschläge der SPD -Fraktion, B 149/9859, Bd. 1–2, 1968–1969, BMAS-Referat IIIa, Az. 3122.41

Betriebsverfassungsgesetz, Änderungsvorschläge der FDP-Fraktion, B 149/9859, 1967–1969, BMAS-Referat IIIa, Az. 3122.42

Betriebsverfassungsgesetz, Änderungsvorschläge der DAG, B 149/9854, 1968–1970, BMAS-Referat IIIa, Az. 3121.9

Betriebsverfassungsgesetz, Änderungsvorschläge der Landesgruppe der CSU, B 149/9854, Bd. 1 1970–1970, BMAS-Referat IIIa, Az. 3121.9

III. Bundestagsdrucksachen und Bundestagsprotokolle

Die in der Arbeit genannten und jeweils bezifferten Bundestagsdrucksachen sind aus Verhandlungen des Bundestags der 1. Wahlperiode, 4. Wahlperiode, 5. Wahlperiode, 6. Wahlperiode, 7. Wahlperiode, 8. Wahlperiode, 10. Wahlperiode, 11. Wahlperiode, 12. Wahlperiode, 14. Wahlperiode und 15. Wahlperiode.

IV. Bundesratsdrucksachen und Bundesratsprotokolle

Die in der Arbeit genannten und jeweils bezifferten Bundestagsdrucksachen sind aus Verhandlungen des Bundesrats während der 6. Wahlperiode des Bundestags.

V. Protokolle des Vermittlungsausschusses des Deutschen Bundestags und des Bundesrats

Protokolle des Vermittlungsausschusses des Deutschen Bundestags und des Bundesrats, erste bis zwölfte Wahlperiode (1949–1994), Mikrofiche Edition, Sekretariat des Bundesrates, München 2000.

VI. Archiv der Bundesvereinigung der Deutschen Arbeitgeberverbände e.V. in Köln

I. Integration der Arbeitnehmer – Vorschläge zur Betriebsverfassung, II. Erste Stellungnahme zum Bericht der Mitbestimmungskommission, Köln Februar 1970; (Sign. D VII b 11745a).

Stellungnahme des Arbeitskreises Mitbestimmung zum Bericht der Sachverständigenkommission: Mitbestimmung im Unternehmen (Bundestagsdrucksache VI/334), Köln November 1970; (Sign. D VII b 12317a).

Jahresbericht der Bundesvereinigung der Deutschen Arbeitgeberverbände 1. Dezember 1969 – 30. November 1970, vorgelegt der Mitgliederversammlung in Köln am 15. Dezember 1970; (Sign. H III 479).

Vorschlag für ein Betriebsverfassungsgesetz, Köln Februar 1971; (Sign. D VII b 12538a).

VII. Bibliothek der Friedrich-Ebert-Stiftung, Archiv der sozialen Demokratie der Friedrich-Ebert-Stiftung in Bonn

Wünsche und Forderungen der DAG zur Novellierung des Betriebsverfassungsgesetzes: Minderheitenschutz, Hamburg 1964 (Sign. C 99–6279).

Vorschläge des DGB zur Änderung des Betriebsverfassungsgesetzes, Düsseldorf, 1967 (Sign. A 82–7636).

Forderungen zur Novellierung des Betriebsverfassungsgesetzes und Entschließung zum Bericht der Mitbestimmungskommission (Biedenkopf-Kommission) des DAG-Bundesvorstands, Hamburg 1970 (Sign. C 97–1342; AKO 41500).

Entwurf eines Betriebsverfassungsgesetzes: Änderungsvorlage zur Drucksache VI/1786 / Deutsche Angestellten-Gewerkschaft, Hamburg, 1971 (Sign. C 99–5981).

Novellierungsvorschläge des DGB zum Betriebsverfassungsgesetz 1972, Düsseldorf 1998, (Sign.: C 98–4009).

DAG-Vorschlag zur Novellierung des BetrVG, Hamburg 1999 (Sign. C 01–1195).

VIII. Entwürfe zum Betriebsverfassungsgesetz von 1967 bis 1971

1. **DGB-Entwurf vom 10. Oktober 1967** – Vorschläge des DGB zur Änderung des Betriebsverfassungsgesetzes, Düsseldorf, 1967; RdA 1967, 462 ff.
2. **CDU/CSU-Entwurf vom 2. November 1967** – RdA 1967, 460 ff.
3. **Entwurf der Union der leitenden Angestellten aus dem Herbst 1968** – DLA 1968, 183 ff.
4. **SPD-Entwurf vom 16. Dezember 1968** – BT-Drs. V/3658.
5. **FDP-Entwurf vom 20. März 1969** – BT-Drs. V/4011; BA Koblenz, B 149–9859 S. 291 ff.
6. **Entwurf der Deutschen Angestellten-Gewerkschaft aus dem Februar 1970** – Forderungen zur Novellierung des Betriebsverfassungsgesetzes und Entschließung zum Bericht der Mitbestimmungskommission (Biedenkopf-Kommission) des DAG-Bundesvorstands, Hamburg 1970; BA Koblenz, B 149/9854, S. 322–339.

7. **Entwurf der Bundesvereinigung der Deutschen Arbeitgeberverbände aus dem Februar 1970** – BDA, I. Integration der Arbeitnehmer – Vorschläge zur Betriebsverfassung, II. Erste Stellungnahme zum Bericht der Mitbestimmungskommission, Köln Februar 1970; BDA-Archiv, D VII b 11745a; zusammengefasst in BB 1970, 257.
8. **Entwurf der Bundesvereinigung der Deutschen Arbeitgeberverbände aus dem Juni 1970** – RdA 1970, 249.
9. **Entwurf der Christlich-Demokratische Arbeitnehmerschaft vom 15. März 1970** – BA Koblenz, B 149/9854, S. 68 ff.
10. **CSU-Entwurf aus dem April 1970** – CSU, Mitbestimmung in Betrieb und Unternehmen. Neuregelung/Textsynopse, Stand: April 1970; BA Koblenz, B 149/9853, S. 8–82; Christlich-Soziale Union in Bayern e.V., Mitbestimmung in Betrieb und Unternehmen: Neuregelung/Textsynopse, CSU-Entwurf, München, 1970.
11. **DGB-Entwurf vom 4. Mai 1970** – Vorschläge des Deutschen Gewerkschaftsbundes zur Änderung des Betriebsverfassungsgesetzes, BA Koblenz, B 149/9853, S. 250–356, RdA 1970, 237 ff.
12. **Referentenentwurf vom 1. Oktober 1970** – RdA 1970, S. 370 ff.
13. **Regierungsentwurf vom 18. Dezember 1970** – BR-Drs. 715/70.
14. **CDU/CSU-Entwurf vom 5. Februar 1971** – BT-Drs. VI/1806.
15. **Entwurf der Deutschen Angestellten-Gewerkschaft aus dem Februar 1971** – Entwurf eines Betriebsverfassungsgesetzes: Änderungsvorlage zur Drucksache VI/1786 / Deutsche Angestellten-Gewerkschaft, Hamburg, 1971.
16. **Entwurf der Bundesvereinigung der Deutschen Arbeitgeberverbände vom 24. Februar 1971** – Vorschlag für ein Betriebsverfassungsgesetz, Köln Februar 1971.

D. Literaturverzeichnis

Adelmann, Norbert, Die soziale Betriebsverfassung des Ruhrbergbaus vom Anfang des 19. Jahrhunderts bis zum Ersten Weltkrieg – unter besonderer Berücksichtigung des Industrie- und Handelskammerbezirks Essen, Bonn 1962.

Adomeit, Klaus, Die Regelungsabrede als die neben der Betriebsvereinbarung zulässige Ausübungsform der Mitbestimmung in sozialen Angelegenheiten (§ 56 BetrVG, § 67 PersVG), 2. Auflage, Düsseldorf 1961.

Anders, Herbert (DAG), Das neue Betriebsverfassungsgesetz aus Sicht der DAG, BArbBl. 1972, S. 299–305.

Apel, Günter, Um neue Formen der Mitbestimmung, BB 1968, S. 1445–1447.

Arendt, Walter, Die Reform der Betriebsverfassung, BArbBl. 1972, S. 273–276.

Arnold, Michael, Die Entstehung des Betriebsverfassungsgesetzes von 1952, Diss. Freiburg i.Br. 1978.

Aubin, Hermann; Zorn, Wolfgang, Handbuch der deutschen Wirtschafts- und Sozialgeschichte, Band 2, Stuttgart 1976.

Auffarth, Fritz, Karl Fitting †, NJW 1990, S. 2866.

Balke, Siegfried, BDA-Mitliederanschreiben zur Erklärung der BDA zur Anwendung des Betriebsverfassungsgesetzes, RdA 1967, S. 323–324.

Baum, Siegfried, Das Mitbestimmungsrecht des Betriebsrates bei der Anordnung von Mehr- und Kurzarbeit, AuR 1962, S. 272–275.

Berlepsch, Hans-Jörg von, „Neuer Kurs“ im Kaiserreich? – Die Arbeiterpolitik des Freiherrn von Berlepsch 1890 bis 1896, Bonn 1987.

Bertelsmann Stiftung; Hans-Böckler-Stiftung, Mitbestimmung und neue Unternehmenskulturen – Bilanz und Perspektiven, Bericht der Kommission Mitbestimmung, Gütersloh 1998.

Bismarck, Fürst Otto von, Erinnerung und Gedanke, Band 3, Stuttgart 1922.

–: Erinnerung und Gedanke, Band 8, Darmstadt 1975.

Bobrowski, Paul; Gaul, Dieter, Das Arbeitsrecht im Betrieb: von der Einstellung bis zur Entlassung, 6. Auflage, Heidelberg 1970.

Boers, H., Unterliegt die Dauer der Arbeitszeit dem Mitbestimmungsrecht des Betriebsrates? BB 1963, S. 562.

Böhm, Wolfgang, 60 Jahre Betriebsverfassungsgesetz – Rückblick und Ausblick anhand der Zentralbegriffe Betrieb und Arbeitnehmer, RdA 2013, S. 193–211.

Boldt, Gerhard, Zur Frage der Anwaltsvertretung im arbeitsrechtlichen Beschlußverfahren, DB 1967, S. 1809–1811.

Born, Karl Erich, Staat und Sozialpolitik seit Bismarcks Sturz: ein Beitrag zur Geschichte der innenpolitischen Entwicklung des Deutschen Reiches 1890–1914, Wiesbaden 1957.

Bührig, Erich, Abstimmung über Gruppen- oder Gemeinschaftswahl und abweichende Verteilung der Betriebsratsmitglieder auf die Gruppen, AuR 1953 S. 138–140.

–: Betriebsvereinbarung und Arbeitszeitverkürzung, BB 1956, S. 963–965.

Bulach, Karl, Die bargeldlose Lohn- und Gehaltszahlung als betriebswirtschaftliches und sozialpolitisches Problem, BB 1959, 1266–1269.

Bulla, Gustav Adolf, „Vertrauensvolle Zusammenarbeit" von Arbeitgeber und Betriebsrat als Generalklausel des Betriebsverfassungsrechts, RdA 1965, S. 121–132.

Bundesministerium der Justiz, Bericht über die Verhandlungen der Unternehmensrechtskommission, Köln 1980.

Bundesvereinigung der Deutschen Arbeitgeberverbände (BDA), Das neue Betriebsverfassungsgesetz, Köln 1972.

–: Jahresbericht der Bundesvereinigung der Deutschen Arbeitgeberverbände von 1967, Köln 1967.

Buuck-Rupp, Gerlinde, Das Mitbestimmungsrecht in der westdeutschen Eisen- und Stahlindustrie: Entwicklung, Zielsetzung, Auswirkung, Diss. Berlin 1963.

CDA-Sozialausschüsse, Offenburger Erklärung vom 9. Juli 1967, RdA 1967, S. 324–329.

CDU, CDU überwindet Kapitalismus und Marxismus – Das Ahlener Wirtschafts- und Sozialprogramm der CDU und die Grundlegenden Anträge der CDU im Landtag von Nordrhein-Westfalen, Bergisch Gladbach 1947.

–: Düsseldorfer Leitsätze über Wirtschaftspolitik Landwirtschaftspolitik Sozialpolitik Wohnungsbau, Frankfurt/Hamburg 1949.

–: 16. Bundesparteitag der Christlich Demokratischen Union Deutschlands, Niederschrift Berlin, 04.-07.11.1968, Bonn 1968.

–: Niederschrift des 18. Bundesparteitags der CDU vom 25.-27. Januar 1971, Bonn 1971.

CDU/CSU, Politisches Jahrbuch der CDU und CSU, Frankfurt am Main 1950.

CSU, Mitbestimmung in Betrieb und Unternehmen: Neuregelung/Textsynopse, CSU-Entwurf, München, 1970.

DGB, Protokoll: Gründungskongreß des Deutschen Gewerkschaftsbundes; für das Gebiet der Bundesrepublik Deutschland, München, Kongreßsaal des Deutschen Museums 12., 13. und 14. Oktober 1949, Köln 1950.

Dietz, Rolf, Anm. zu BAG, Beschluss v. 20.10.1954, 1 ABR 17/54, AP Nr. 1 zu § 76 BetrVG.

–: Anm. zu LAG Baden-Württemberg, Beschluss v. 24.11.1965, 5 TaBV 2/65, BB 1966, 247; SAE 1959, S. 152–153.

–: § 49 BetrVG und seine Bedeutung für die Zusammenarbeit im Betrieb – vor allem in Bezug auf die Beteiligungsrechte, RdA 1969, S. 1–7.

Dreschers, Martin, Die Entwicklung des Rechts des Tarifvertrags in Deutschland: eine rechtshistorische Untersuchung über den Verlauf der Durchsetzung des Kollektivvertragsgedankens, Diss. Frankfurt am Main 1994.

Ebel, Wilhelm, Quellen zur Geschichte des deutschen Arbeitsrechts, Göttingen 1964.

Erdmann, Gerhard, Das Betriebsverfassungsgesetz, 2. Auflage, Neuwied 1954.

Euchner, Walter u. Grebing, Helga, Geschichte der sozialen Idee in Deutschland, 2. Auflage, Essen 2005.

Fabricius, Fritz, Zur Frage des bezahlten Freizeitausgleichs für Betriebsratsmitglieder, SAE 1970, 130–135.

–: *Kraft, Alfons; Wiese, Günther; Kreutz, Peter; Oetker, Hartmut,* Gemeinschaftskommentar zum Betriebsverfassungsgesetz: Band I: §§ 1–73b mit Wahlordnung, 6. Auflage, Neuwied 1997.

Farthmann, Friedhelm, Die Beschränkung der Mitbestimmung nach § 56 BetrVG auf die sog. Formellen Arbeitsbedingungen, RdA 1966, S. 249–255.

Fitting, Karl, Kontrollratsgesetz Nr. 22 und deutsche Betriebsräte-Gesetzgebung, RdA1948, S. 89–92.

–: Das neue Betriebsverfassungsgesetz, DB 1952, S. 627–632.

–: Die Grundzüge des neuen Betriebsverfassungsgesetzes, BArbBl. 1972, S. 276–287.

–; *Kraegeloh-Auffarth, Fritz,* Betriebsverfassungsgesetz nebst Wahlordnung, Handkommentar für die Praxis, 9. Auflage, Berlin 1970.

Flohr, Bernd, Arbeiter nach Maß: Die Disziplinierung der Fabrikarbeiterschaft während der Industrialisierung Deutschlands im Spiegel von Arbeitsordnungen, Frankfurt am Main 1981.

Freese, Heinrich, Die konstitutionelle Fabrik, 4. Auflage, Jena 1922.

Friese, Birgit, Kollektive Koalitionsfreiheit und Betriebsverfassung, Diss. Berlin 2000.

Galperin, Hans, Anm. zu BAG, Beschluss v. 10.11.1954, 1 AZR 19/53, AP Nr. 1 zu § 37 BetrVG.

–: Betriebsverfassungsgesetz und betriebliche Partnerschaft, RdA 1962, S. 366–370.

–: Kann die Struktur der Beteiligungsrechte im BetrVG durch Tarifvertrag geändert werden? DB 1966, S. 620–625.

–: Minderheitenschutz in der Betriebsverfassung, RdA 1968, S. 445–452.

Galperin, Hans; Siebert, Wolfgang, Kommentar zum Betriebsverfassungsgesetz, 4. Auflage, Heidelberg 1963.

Gamillscheg, Franz, Hundert Jahre Betriebsverfassung, AuR 1991, S. 272–274.

Gaul, Dieter, Theorie und Praxis der Einigungs- und Vermittlungsstelle: Zuständigkeit und Funktion, Köln 1967.

Gladen, Albin, Geschichte der Sozialpolitik in Deutschland – Eine Analyse ihrer Bedingungen, Formen, Zielsetzungen und Auswirkungen, Wiesbaden 1974.

Godeffroy, Carl, Theorie der Armut. Ein Versuch. Hamburg 1834.

Grebing, Helga, Mitbestimmung von Arbeitnehmern als Mittel zur Demokratisierung der Gesellschaft in Freiheit gestalten – Zum Demokratieverständnis des deutschen Protestantismus 1789–1989, Göttingen 1996.

Grobys, Marcel, SE-Betriebsrat und Mitbestimmung in der Europäischen Gesellschaft, NZA 2005, S. 84–91.

Groß, Harald, Die Mitwirkung des Betriebsrates bei der Regelung der betrieblichen Arbeitszeit, AuR 1953, S. 301–304.

Gumpert, Jobst, Rechtsprechung zur Betriebsratswahl, BB 1955, S. 129–131.

–: Gesetzentwurf über die Rechtsstellung der leitenden Angestellten, BB 1968, S. 1488–1489.

Habersack, Mathias; Henssler, Martin; Ulmer, Peter, Mitbestimmungsrecht, Kommentierung des MitbestG, des DrittelbG, des SEBG und des MgVG, 3. Auflage, München 2013.

Hainke, Stefan, Vorgeschichte und Entstehung der Tarifvertragsverordnung vom 23. Dezember 1918, Diss. Kiel 1987.

Hartwich, Hans-Hermann, Arbeitsmarkt, Verbände und Staat 1918–1933: die öffentliche Bindung unternehmerischer Funktionen in der Weimarer Republik, Berlin 1967.

Haßler, Konrad Dieterich, Verhandlungen der deutschen verfassunggebenden Reichsversammlung zu Frankfurt am Main, Band 2, Frankfurt am Main 1849.

Hedemann, Justus Wilhelm, Die Fortschritte des Zivilrechts im 19. Jahrhundert, Erster Teil: Die Neuordnung des Verkehrslebens, Berlin 1910.

Henning, Friedrich-Wilhelm, Das industrialisierte Deutschland 1914 bis 1972, Band 3, Paderborn 1974.

–: Die Industrialisierung in Deutschland 1800 bis 1914, Band 2, Paderborn 1973.

–: Das vorindustrielle Deutschland 800 bis 1800, Band 1, Paderborn 1973.

Hentze, Joachim; Brose, Peter, Unternehmensführung und Mitbestimmung, Würzburg 1985.

Herschel, Wilhelm, Materielle und formelle Arbeitsbedingungen, AuR 1964, S. 257–260.

–: Anm. zu LAG Frankfurt a.M., Beschluss v. 23.02.1949, II LA 19/49, RdA 1949, S. 190–191.

Hess, Hans Georg, Betriebsratswahlen, BB 1955, S. 132–135.

Hirsch-Weber, Wolfgang, Gewerkschaften in der Politik: von der Massenstreikdebatte zum Kampf um das Mitbestimmungsrecht, Köln 1959.

Hoffmann, Reinhard, Erweiterung der innerbetrieblichen Mitbestimmung durch Arbeitsgruppen, Gewerkschaftliche Monatshefte (GMH) 1968, S. 719–726.

Hohmann, Karl; Friedrich, Horst, Grundtexte zur sozialen Marktwirtschaft, Band 2, Stuttgart 1988.

Huber, Ernst Rudolf, Dokumente zur Deutschen Verfassungsgeschichte 1851–1900, Band 2, 3. Auflage, Stuttgart 1986.

Hueck, Alfred, Erweiterung des Mitbestimmungsrechts durch Tarifvertrag, BB 1952, S. 925–928.

–; *Nipperdey, Hans Carl,* Lehrbuch des Arbeitsrechts, Band 2, Kollektives Arbeitsrecht, 7. Auflage, Berlin 1967.

Hunn, Felix, Mehrheitsberechnung bei der Vorabstimmung über Gruppen- oder Gemeinschaftswahl, AuR 1954, S. 378–380.

Jantke, Carl, Der Vierte Stand. Die gestaltenden Kräfte der deutschen Arbeiterbewegung im 19. Jahrhundert, Freiburg 1955.

Kant, Immanuel, Beantwortung der Frage: Was ist Aufklärung, Berlinische Monatsschrift 1784, S. 481–494.

Kaßler, Erhard, Die Mitbestimmung der CDU-Sozialausschüsse, Gewerkschaftliche Monatshefte (GMH) 1969, S. 232–237.

–: Die Wirklichkeit der Betriebsverfassung, Gewerkschaftliche Monatshefte (GMH) 1965, S. 145–147.

Kaufhold, Karl Heinrich, 150 Jahre Arbeitsschutz in Deutschland: Das preußische Regulativ von 1839 und die weitere Entwicklung bis 1914, AuR 1989, S. 225–232.

–: Die Diskussion um die Neugestaltung des Arbeitsrechts im Deutschen Reich 1890 und die Novelle zur Reichsgewerbeordnung, ZfA 1991, S. 277–322.

Kellmann, Axel, Anton Erkelenz: ein Sozialliberaler im Kaiserreich und in der Weimarer Republik, Diss. Berlin 2007.

Kempf, Udo; Merz, Hans-Georg, Kanzler und Minister 1949–1998, Bibliographisches Lexikon der deutschen Bundesregierungen, Wiesbaden 2001.

Keylwert, Franz, Lohnzahlungspflicht bei Teilnahme an gewerkschaftlichen Betriebsrätekonferenzen und Schulungskursen, BB 1953, S. 30–31

Kiesewetter, Hubert, Industrielle Revolution in Deutschland 1815–1914, Frankfurt am Main 1989.

Klönne, Arno; Reese, Hartmut, Die deutsche Gewerkschaftsbewegung: von den Anfängen bis zur Gegenwart, Hamburg 1984.

Kocka, Jürgen, Lohnarbeit und Klassenbildung: Arbeiter und Arbeiterbewegung in Deutschland 1800–1875, Berlin 1983.

Koselleck, Reinhart, Preußen zwischen Reform und Revolution, 2. Auflage, Stuttgart 1975.

Kraft, Wilhelm, Probleme des Arbeitszeitrechts, AuR 1960, S. 353–362.

Kranig, Andreas, Lockung und Zwang. Zur Arbeitsverfassung im Dritten Reich, Stuttgart 1983.

Landmann, Robert von; Rohmer, Gustav, Kommentar zur Gewerbeordnung, Band 2, Teil 1: Handwerksordnung und Gewerbeordnung, 10. Auflage, München 1953.

Legien, Carl, Ziele und Mittel der deutschen Gewerkschaftsbewegung, Sozialistische Monatshefte (SMH) 1900, 109–116.

Leo XIII., Papst, Enzyklika Rerum Novarum, Rom 1891.

Lillich, Henry, Betriebsräte, Gewerkschaften und Parteipolitik, Gewerkschaftliche Monatshefte (GMH) 1957, S. 197–204.

Maus, Wilhelm, Handbuch des Arbeitsrechts, Teil 10, Recht der betrieblichen und unternehmerischen Mitbestimmung, Baden-Baden 1958.

Mertz, Ulrich, Rechtsfragen um Personalakten in der Privatwirtschaft, BB 1960, S. 1398–1400.

Mieck, Ilja, Preußische Gewerbepolitik in Berlin 1806 – 1844. Staatshilfe und Privatinitiative zwischen Merkantilismus und Liberalismus, Berlin 1965.

Molitor, Erich, Personalvertretungsgesetz (Kommentar), Berlin 1955.

Molitor, Karl, Betätigung für außerbetriebliche Vereinigungen und Propaganda im Betrieb, BB 1954, S. 134–135.

–: Was ist parteipolitische Betätigung im Betriebe? BB 1955, S. 167.

Mommsen, Wilhelm, Deutsche Parteiprogramme, 2. Auflage, München 1969.

Monjau, Herbert, Die Vorabstimmung über die Gruppen- und Gemeinschaftswahl, DB 1954, S. 557–559.

Muhr, Gerd (DGB), Zur Neuregelung des Betriebsverfassungsgesetzes, Gewerkschaftliche Monatshefte (GMH) 1972, S. 1–3.

Müller, Gerhard, Zur arbeitsrechtspolitischen Situation, DB 1969, S. 749–751.

–: Gegenstand und Verwirklichung des betriebsverfassungsrechtlichen Mitbestimmungs- und Mitwirkungsrechts in personellen Angelegenheiten, RdA 1969, S. 227–233.

–: Rechtspolitische Gedanken zum Betriebsverfassungsrecht (Teil 1), DB 1970, S. 1023–1033.

Müller-Forwerk, Uwe, Nicht-Betriebsratsmitglieder in Betriebsrats-Sonderausschüssen, BB 1966, S. 212–215.

Neumann-Duesberg, Horst, Betriebsverfassungsrecht, Berlin 1960.

–: Anm. zu BAG, Beschluss v. 18.04.1967, 1 ABR 11/66, AP Nr. 7 zu § 39 BetrVG.

–: Anm. zu BAG, Urteil v. 15.12.1961, 1 AZR 310/60, SAE 1963, S. 15.

–: Freie Meinungsäußerung in Tendenzbetrieben. Insbesondere im Verhältnis zwischen Redakteur und Verleger, NJW 1964, S. 1697–1702.

Nikisch, Arthur, Arbeitsrecht, Band 3, Betriebsverfassungsrecht, 2. Auflage, Tübingen 1966.

–: Zehn Jahre Betriebsverfassungsgesetz, RdA 1962, S. 361–366.

Nipperdey, Hans Carl, Die Ersatzansprüche für die Schäden, die durch den von den Gewerkschaften gegen das geplante Betriebsverfassungsgesetz geführten Zeitungsstreik vom 27.-29. Mai 1952 entstanden sind, Köln 1953.

Nipperdey, Thomas, Deutsche Geschichte 1866–1918. Band 2, Machtstaat vor der Demokratie, München 1992.

Oetker, Hartmut, Unternehmensmitbestimmung in der rechtspoltischen Diskussion – Ein Zwischenbericht, RdA 2005, 337.

Otto, Bernd, Zur Geschichte der überbetrieblichen Mitbestimmung, Gewerkschaftliche Monatshefte (GMH) 1971, S. 611–624.

Palme, Ulrich, Vorabstimmung über Gruppen- oder Gemeinschaftswahlen nach dem Betriebsverfassungsgesetz, BB 1953, S. 240.

Pinther, Helmut, Vorschläge des Deutschen Gewerkschaftsbundes zur Novellierung des Betriebsverfassungsgesetzes, AuR 1968, S. 97–104.

Pleyer, Klemens, Zur Mitwirkung und Mitbestimmung kleinerer Gruppen im Betrieb, RdA 1968, S. 447–449.

Popp, L.G., Vorabstimmung über Gruppen- oder Gemeinschaftswahlen nach dem Betriebsverfassungsgesetz (Erwiderung auf Palme BB 1953 S. 240), BB 1953 S. 296.

–: Die Bestellung des Wahlvorstandes für die Betriebsratswahl durch die Betriebsversammlung, DB 1959, S. 403–407.

Potthoff, Erich, Der Kampf um die Montan-Mitbestimmung, Köln 1957.

Puppke, Ludwig, Sozialpolitik und soziale Anschauungen frühindustrieller Unternehmer in Rheinland-Westfalen, Köln 1966.

Reichold, Hermann, Betriebsverfassung als Sozialprivatrecht, aus Schriften des Instituts für Arbeits- und Wirtschaftsrecht der Universität zu Köln, Band 66, München 1995.

–: Der „Neue Kurs“ von 1890 und das Recht der Arbeit: Gewerbegerichte, Arbeitsschutz, Arbeitsordnung, ZfA 1990, S. 5–41.

Reinicke, D., Die Auslegungsgrundsätze des Bundesarbeitsgerichts, NJW 1955 S. 1380–1385.

Richardi, Reinhard, Betriebsverfassungsgesetz mit Wahlordnung, Kommentar, 14. Auflage, München 2014.

–: Anm. zu BAG, Beschluss v. 03.06.1969, 1 ABR 1/69, AP Nr. 11 zu § 37 BetrVG.

–; *Wlotzke, Ottfried; Wißmann, Hellmut; Oetker, Hartmut,* Münchener Handbuch zum Arbeitsrecht, Band 1, 3. Auflage, München 2009.

Ritter, Gerhard A., Die Entstehung des Räteartikels 165 der Weimarer Reichsverfassung, Historische Zeitschrift (HZ) 1994, S. 73–112.

Rosenberg, Ludwig, Mitbestimmung – eine Forderung unserer Zeit, Rede des DGB-Vorsitzenden Ludwig Rosenberg am 12.03.1968 bei einer Massenkundgebung in Köln, Gewerkschaftliche Monatshefte (GMH) 1968, S. 193–197.

Rüthers, Bernd, Die Betriebsverfassung im Nationalsozialismus, AuR1970, S. 97–109.

Sabel, Anton, Die Regelung der Mitbestimmung in den Holdinggesellschaften der Montanindustrie, Gewerkschaftliche Monatshefte (GMH) 1955, S. 138–141.

Saller, Hans-Peter, Die Änderungsvorschläge zum Betriebsverfassungsgesetz, BArbBl. 1968, S. 334–351.

Schatter, Hans, Die Voraussetzung für eine gemeinsame Wahl des Betriebsrats nach § 13 Abs. 2 des Betriebsverfassungsgesetzes, AuR 1953, S. 164–167.

Schippel, Max, Vom Arbeiterausschuss bis zum Betriebsrat, Sozialistische Monatshefte (SMH) 1919, S. 440–448.

Schleyer, Hanns Martin, Zehn Jahre Betriebsverfassungsgesetz, DB 1962, S. 1306–1308.

Schmidt, Eberhard, Die Bemühungen der Gewerkschaften um eine Neuordnung der Wirtschaftsverfassung in den westlichen Besatzungszonen und in der Bundesrepublik Deutschland von 1945–1952, Marburg 1969.

Schneider, Wolfgang (DGB), Koalitionspläne zur Betriebsverfassung: Fortentwicklung oder Zerstörung bewährter Mibestimmungsstrukturen? GMH 1988, S. 409–419.

–: Das neue Betriebsverfassungsgesetz aus der Sicht des DGB, BArbBl. 1972, S. 292–299.

Schubert, Klaus/Klein, Martina, Das Politiklexikon 5. Auflage, Bonn 2011.

Schumacher, Kurt, Das Programm der Opposition im Bundestag, Jahrbuch der Sozialdemokratischen Partei Deutschlands 1948/49, Bonn 1948/49.

Siebert, Wolfgang, Grundgedanken der Betriebsverfassung, RdA 1958, S. 161–169.

Siemann, Wolfram, Gesellschaft im Aufbruch: Deutschland 1849–1871, Frankfurt am Main 1990.

Spie, Ulrich, Mitbestimmung in der Bundesrepublik Deutschland in Recht und Praxis, 1. Auflage, Frankfurt am Main 1981.

Stollreither, Konrad, Mitbestimmung: Ideologie oder Partnerschaft? Köln 1975.

Strobel, Gallus, Zum Fabrikarbeitsvertrag in Deutschland im 19. Jahrhundert; Vertragsfreiheit und Kinderschutz, Rheinfelden 1986.

Tenfelde, Klaus; Volkmann, Heinrich, Streik: zur Geschichte des Arbeitskampfes in Deutschland während der Industrialisierung, München 1981.

Teuteberg, Hans-Jürgen, Geschichte der industriellen Mitbestimmung in Deutschland, Ursprung und Entwicklung ihrer Vorläufer im Denken und in der Wirklichkeit des 19. Jahrhunderts, Tübingen 1961.

–: Ursprünge und Entwicklung der Mitbestimmung in Deutschland, Zeitschrift für Unternehmensgeschichte (ZUG), Beiheft 19, S. 7–73.

Tormin, Walter, Die Weimarer Republik, 22. Auflage, Hannover 1982.

Vierhaus, Rudolf; Herbst, Ludolf, Bibliographisches Handbuch der Mitglieder des Deutschen Bundestages 1949–2002, Band 1, Buchstaben A bis M, München 2002.

–: Bibliographisches Handbuch der Mitglieder des Deutschen Bundestages 1949–2002, Band 2, Buchstaben N bis Z, München 2002.

Vogt, Aloys, Grenzen der Lohnzahlungspflicht des Arbeitgebers gegenüber Betriebsratsmitgliedern gemäß § 37 BetrVG, DB 1952, S. 378–379.

Volkmann, Heinrich, Die Arbeiterfrage im preußischen Abgeordnetenhaus: 1848–1869, Berlin 1968.

Webb, Sydney; Webb, Beatrice, Industrial democracy, London 1920.

Weber, Hartmut; Hollmann, Michael, Die Kabinettsprotokolle der Bundesregierung, Kabinettsausschuss für Wirtschaft, Band 2, 1954–1955, München 2000.

Wiese, Günther, Entwicklung des Rechts der Betriebs- und Unternehmensverfassung, JuS 1994, S. 99–106.

–; *Kreutz, Peter; Oetker, Hartmut; Raab, Thomas; Weber, Christoph; Franzen, Martin; Gutzeit, Martin; Jacobs, Matthias,* Gemeinschaftskommentar zum Betriebsverfassungsgesetz: Band I: §§ 1–73b mit Wahlordnungen und EBRG, 10. Auflage, Köln 2014.

–; *Kreutz, Peter; Oetker, Hartmut; Raab, Thomas; Weber, Christoph; Franzen, Martin; Gutzeit, Martin; Jacobs, Matthias,* Gemeinschaftskommentar zum Betriebsverfassungsgesetz: Band II: §§ 74–132, 10. Auflage, Köln 2014.

–: Anm. zu BAG, Beschluss v. 18.04.1967, 1 ABR 11/66, SAE 1969, S. 119–121.

Willoweit, Dietmar, Historische Grundlagen des Privatrechts, JuS 1977, S. 573–578.

Wisskirchen, Alfred (BDA), Das neue Betriebsverfassungsgesetz aus der Sicht der Arbeitgeber, BArbBl. 1972, S. 288–292.

Wissmann, Hellmut, Ein mutiges Leben, Magazin Mitbestimmung 1+2/2013, S. 46–48.

Wlotzke, Otfried; Wissmann, Hellmut; Kleinsorge, Georg; Freis, Gerhild, Mitbestimmungsrecht: Mitbestimmungsgesetz, Montan-Mitbestimmung, Drittelbeteiligungsgesetz, Mitbestimmung auf europäischer Ebene; 4. Auflage, München 2011.

Zigan, Herbert, Betriebsvereinbarungen nach Kontrollratsgesetz Nr. 22, Düsseldorf 1948.

www.ingramcontent.com/pod-product-compliance
Ingram Content Group UK Ltd.
Pitfield, Milton Keynes, MK11 3LW, UK
UKHW021919290926
8980IPUK00015B/1357

9 783631 715277

Das Betriebsverfassungsgesetz
vom 15. Januar 1972

Europäische Hochschulschriften

European University Studies

Publications Universitaires Européennes

Reihe II **Rechtswissenschaft**

Series II Law

Série II Droit

Band/Volume **5905**